법정에 새긴 진실

-나고야 미쓰비시 여자근로정신대 일본 소송 자료집-

법정에 새긴 진실

-나고야 미쓰비시 여자근로정신대 일본 소송 자료집-

초판 1쇄 발행   2016년 5월 31일
     2쇄 발행   2016년 9월 12일

엮은이 ∣ 근로정신대 할머니와 함께하는 시민모임
펴낸이 ∣ 윤관백
펴낸곳 ∣ 도서출판 선인

등록 ∣ 제5-77호(1998.11.4)
주소 ∣ 서울시 마포구 마포대로 4다길 4 곳마루 B/D 1층
전화 ∣ 02)718-6252 / 6257   팩스 ∣ 02)718-6253
E-mail ∣ sunin72@chol.com
Homepage ∣ www.suninbook.com

정가   50,000원
ISBN   978-89-5933-978-5 93300

· 잘못된 책은 바꿔 드립니다.

법정에 새긴 진실

-나고야 미쓰비시 여자근로정신대 일본 소송 자료집-

근로정신대 할머니와 함께하는 시민모임

[발간사]

"여기, 바보 같은 사람들이 있습니다"

이국언

(근로정신대 할머니와 함께하는 시민모임 상임대표)

2013년 1월, '나고야 미쓰비시 조선여자근로정신대 소송을 지원하는 모임'(나고야 소송 지원회)과 '근로정신대 할머니와 함께하는 시민모임'(시민모임)은 미쓰비시중공업을 상대로 광주지방법원에 제기한 소송(2012.10.24)을 어떻게 준비할 것인지를 놓고 실무회의를 가졌습니다.

이 자리에서 '나고야 소송 지원회'는 한 뭉치의 두툼한 자료를 시민모임에 건넸습니다. 1999년 3월 1일 일본정부와 미쓰비시중공업을 상대로 제기해 2008년 11월 11일 일본 최고재판소에서 끝내 패소가 확정된 여자근로정신대 손해배상 소송 자료였습니다. 손끝이 떨렸습니다. 방대한 자료도 자료였지만, 페이지마다 흠뻑 배인 그들의 땀방울이 온몸으로 느껴졌기 때문입니다.

'시민모임'은 곧바로 자비를 들여 번역 작업에 착수했습니다. 비록 소송으로는 뜻을 이루지 못했지만 일본에서의 소중한 법정투쟁 기록을 그대로 묻혀 둘 수는 없었기 때문이었습니다. 앞서 1차 소장은 2000년『내 생에 이 한을』이라는 이름으로 소개된 것이 있었지만, 일본 재판이 마무리된 상황에서 지방재판소, 고등재판소, 최고재판소 결과까지 재판 전반을 살필 자료가 필요한 상황이었습니다.

막상 번역은 했지만 준비서면만 해도 워낙 방대한 분량이어서 윤문 등은 감히 엄두를 낼 수 없었습니다. 결국 1차로 소장, 1심 판결문, 항소장, 2심 판결문, 상고장, 최고재판소 기각 결정문만을 묶었는데, 이것도 적지 않은 손이 따라야 했습니다.

장장 10년에 걸친 세월이 말해 주듯, 일본에서의 소송은 길고도 험난한 여정이었습니다. 1심 변론 22회, 2심 변론 7회 등 변론기일만 해도 총 29차례였습니다. 어려움은 이 뿐이 아니었습니다. 이미 드러난 역사적 사실마저 은폐하려는 피고 일본정부·미쓰비시에 맞서 논박해야 하는 한편, 원고는 원고들대로 일본군 '위안부'라는 주변의 오해와 냉대를 이겨내야 했던 외로운 싸움이었습니다.

아직도 많은 사람들이 일본군 '위안부'와 '근로정신대'를 잘 구별하지 못하고 있는 현실을 감안할 때, 17년 전인 1999년 당시 주변의 편견을 무릅쓰고 일본정부와 미쓰비시를 상대로 소송에 나서는 것은 피해자들에게 크나큰 용기가 필요한 일이었습니다.

특히 기억해야 할 것은 과거 일본정부의 침략을 반성하면서 먼저 따뜻한 손을 내민 일본의 양심적 시민들입니다. 경제적으로 어려운 처지에 있던 피해자들이 일본까지 건너가 10년이라는 길고 긴 싸움에 나설 수 있었던 것은 전적으로 '나고야 소송 지원회'와 '공동 변호단'의 헌신적인 노력 때문입니다.

일본의 양심적 시민들은 '나고야 소송 지원회'를 꾸려 10년에 걸친 재판 기간 동안 일본을 오가는 원고들의 항공료와 체류비용 일체를 지원해 왔습니다. 또한 변호사들은 공동 변호단을 꾸려 무료 변론에 나서는 등 피해자들의 명예회복을 위해 국적을 뛰어넘어 헌신적인 활동을 펼쳐 왔습니다. 이에 그치지 않고, 2008년 최고재판소 상고 기각 결정으로 사법적 구제의 길이 사라진 상황에서도 지금까지 피해자들의 명예회복을 위한 고된 발걸음을 거두지 않고 있습니다.

2009년 3월 뒤늦게나마 '시민모임'이 창립하게 된 중요한 배경에 일본의 살아있는 양심 '나고야 소송 지원회'의 활동이 큰 울림이 되었음을 다시 한 번 고백합니다.

현재 진행 중인 소송 역시 마찬가지입니다. 혹자는 이미 한국 법원에 사건이 제기돼 있는 마당에 굳이 일본에서 패소한 소송 자료가 필요하냐고 반문 할 수도 있습니다. 그러나 일본에서의 소송 투쟁이 없었다면 근로정신대 문제는 이미 역사의 뒤안길로 사라졌을 것입니다. 뿐만 아니라, 소송 과정에서 피와 땀으로 확보한 증거자료들이 없었다면 한국에서 소송을 제기하는 것 역시 많은 어려움을 겪었을 것입니다.

아시는 바와 같이, 일본군 '위안부' 문제와 비교할 때, '여자근로정신대' 문제는 한국사회에서 아직도 미개척 분야입니다. 제대로 조명조차 받지 못해 왔을 뿐 아니라, 관련한 연구나 출판물도 겨우 손에 꼽을 수준입니다. 이런 우리의 현실을 감안할 때 이 소송 자료집은 지난 날 일제의 불법적인 한반도 식민지배와 일제 강제동원 행위를 고발하는 살아있는 기록일 뿐 아니라, 여자근로정신대 피해자들의 고난에 찬 대일 명예회복 투쟁에 대한 역사적인 보고서가 될 것입니다.

출판에 부쳐 오늘 이 과정에 이르기까지 '태평양전쟁희생자 광주유족회'를 이끌어 오신 이금주 회장님의 노력과 땀방울을 얘기하지 않을 수 없습니다. 일본정부와 미쓰비시중공업을 상대로 한 역사적 소송의 문을 연 것은 다름 아닌 이금주 회장님입니다. 신혼의 단꿈을 누릴 새도 없이 사랑하는 남편을 일제에 빼앗기는 아픔 속에서도 이금주 회장님은 누구보다 여자근로정신대 피해자들의 상처에 더 가슴 아파하며 함께 눈물을 흘렸습니다. 한 겨울 온기 하나 없는 허름한 방에서 새벽부터 밤늦도록 일본으로부터 의뢰받은 자료를 챙기느라 외롭게 씨름해야 했던 이금주 회장님의 그 시간들이 없었다면 미쓰비시 여자근로정신대 문제는 결코 오늘에 이르지 못했을 것입니다.

더불어 그동안 소송에 나선 원고 할머니들 및 피해 유가족들에게 다시 한 번 존경과 감사의 인사를 드립니다. 돌아보면 한탄과 눈물의 연속이었습니다. 그러나 좌절하지 않고 한 발 한 발 용감하게 헤쳐 왔습니다. 개인적 울분을 넘어 역사의 정의를 세우겠다는 각별한 뜻이 있었기 때문에 가능한 일입니다. 원고들의 지난한 투쟁은 오늘을 살아가는 우리들에게 더없는 감명과 교훈이 될 것입니다.

이 책이 나오기까지 많은 분들의 수고를 빌어야 했습니다. 번역을 맡아주신 재일동포 이양수 선생님, 전남과학대학교 김정훈 교수님, 홍두표 선생님을 비롯해, '시민모임' 일이라면 자기 일을 제치고 함께 애써주신 정경희 선생님, 오하라 츠나키 씨에게도 다시 한 번 깊이 감사드립니다. 아울러 근로정신대 사건이 보다 많은 국민들에게 알려질 수 있도록 출판에 지원을 아끼지 않은 광주광역시에도 거듭 감사의 말씀을 드립니다. 무엇보다 마땅한 독자층을 찾기도 어려운 소송자료를 보기 좋은 책으로 묶어 주신 선인 출판사 윤관백 사장님과 여러 관계자 분들께도 깊이 감사드립니다.

돌아보면 세상에는 '바보'같은 사람들이 있습니다. 그러나 역사의 반역에도 불구하고 세상은 '나고야 소송 지원회'와 같은 '바보'같은 사람들이 있어 조금씩 전진해 왔음을 다시금 확인하게 됩니다. 매주 금요일, '그들'은 새벽 안개를 헤치며 다시 도쿄행 신칸센 열차에 오를 것입니다.

　역사정의에 대한 눈물과 땀의 기록인 이 책을, 근로정신대 피해 할머니들과 평화의 사도 '나고야 미쓰비시 조선여자근로정신대 소송을 지원하는 모임'에 바칩니다.

원고에게 미소를

- 우리는 반드시 이긴다 -

다카하시 마코토

(나고야 미쓰비시 · 조선여자 근로정신대 소송을 지원하는 회 공동대표)

이번 『법정에 새긴 진실』 발간을 진심으로 축하드립니다. 방대한 자료를 번역 · 정리한 '근로정신대 할머니와 함께하는 시민모임'의 에너지와 그 작업에 깊은 이해를 보여주신 광주광역시에 존경의 머리를 숙입니다. 이번 발간은 역사적인 사업입니다. 11월 11일에 실시한 나고야 지원회의 스텝회의(운영위원회)에서 이번 발간 소식을 전했는데, '오'라는 소리가 나왔습니다. 그것은 놀라움과 칭찬의 소리였다고 생각합니다. 나는 플러스 원 '선배' 나고야에 앞서 '후배' 시민모임이 위업을 달성한 것에 '추월당했다'라는 부러움과 조금 부끄러운 마음을 솔직히 금할 수 없습니다.

나고야에서 준비를 포함하여 1998년부터 시작된 법정투쟁과 지원활동은 분노와 감동이 넘치는 드라마이기도 합니다. 나고야 지방법원 공판 22회 고등법원 공판 7회, 매번 원고를 한국에서 초청하여 통역을 섞은 진술협의와 법정 당일의 자료 만들기, 회원에 대한 안내, 법정 당일의 사전 · 사후집회, 원고와의 친목회, 공항 마중, 이백수십 번의 스텝회의와 레쥬메 · 보고서 만들기, 수십 회 개최한 학습회, 전국적으로 수차에 걸쳐 전개해 온 미쓰비시 · 국가 · 법원 앞으로의 서명활동, 법원 앞이나 번화가에서 가진 선전활동, 뉴스발행, 2년간 16회(사전협의 · 사무협의를 포함하면 32회) 걸친 미쓰비시와의 「바늘방석」에 앉은 것 같은 협의, 신일본제철이나 후지코시와 싸우는 동료들과의 연대, 전후보상 입법을 목표로 한일 공동행동의 결집, 2009년 3월부터 시작된 '시민모임'과 강력한 교류 · 연대, 2007년 7월 20일부터 햇수로 8년 300회를 넘어 지금도 계속되는 금요행동. 이길 때까지 계속되는 우리들의 활동.

그 중심을 이룬 방대한 재판기록 수백 장을 번역해서 이번에 출판에 도달한 귀회의 열정, 에너지, 집념에 다시 한 번 경의를 표합니다. 이 기록은 나고야와 광주의 연대를 넘어 한일 양국의 진실, 정의, 인권을 지키는 민중 교류 · 연대사에 찬연히 빛나는 금자탑이 될 것입니다.

그러나, 지금 우리 앞에는 "원고에게 미소를"이라는 큰 과제가 있습니다. 그 최대 걸림돌은 일본의 아베 자민, 공명당 내각에 있습니다. 우리는 지금 아베정치를 끝내는 것을 목표로, 야당 공동투쟁에 의한 2016년 참의원 선거 승리를 향한 운동을 일본 역사 사상 최초의 폭넓은 틀로 강화하고 있습니다. 그리고 양심적인 야당에게 동아시아 평화구상을 실현하기 위한 과거청산이 필수적인 과제이며, 공약으로 내걸도록 요청활동을 실시하고 있습니다. 또 매스미디어에 강제연행 · 강제노동 문제를 정당하게 보도하도록 설명활동을 계속하고 있습니다. 본래부터 미쓰비시중공업에는 금요행동을 축으로 해결에 대한 제의 활동을 지속 · 강화해 나가고 있습니다.

과거청산을 둘러싼 정세는 어렵고 장애물은 높아도 우리가 힘을 합치면 장애물은 넘을 수 없는 것이 아닙니다. 우리는 이번 발간에서 큰 힘을 얻었습니다. 우리는 반드시 이깁니다. 왜냐하면 이길 때까지 투쟁할 것이기 때문입니다.

原告に 笑顔を

—私たちは必ず勝つ—

高橋 信

（名古屋三菱・朝鮮女子勤労挺身隊訴訟を支援する会共同代表）

　この度の発刊に心からの祝意を送ります. 膨大な資料を翻訳・整理した市民の会のエネルギーとその作業に深い理解を示された光州広域市教育庁に尊敬の頭(こうべ)を垂れます. この度の発刊は, 歴史的事業です. 11月 11日に行った名古屋支援会のスタッフ会議(運営委員会)で, この度の発刊のニュースを伝えたところ,「オー」という声が出ました. それは, 驚きと賞賛の声であったと思います. 私はプラスワン,「先輩」の名古屋に先立って「後輩」の市民の会が, 偉業を成し遂げられたことに,「先を越された」との羨ましさと少しの恥じらいの気持ちを正直禁じ得ません.

　名古屋で準備を含めて 1998年からはじまった法廷闘争と支援活動は, 怒りと感動に満ちあふれたドラマでもあります. 名古屋地裁公判22回, 高裁公判7回, その都度, 原告を韓国から招いて通訳を交えての陳述の打合せと法廷当日の資料づくり, 会員への案内, 法廷当日の事前・事後集会, 原告との懇親会, 空港への送迎, 二百数十回に及ぶスタッフ会議とレジメ・報告書づくり, 数十回開催の学習会, 全国的に数次に亘って展開してきた三菱・国・

裁判所宛の署名活動, 裁判所前や繁華街で行った宣伝活動, ニュースの発行, 2年間16回(事前協議・事務協議を含めると32回)亘る三菱との「針のむしろ」に坐るような協議, 新日鐵や不二越と闘う仲間との連帯, 戦後補償立法をめざす日韓共同行動への結集, 2009年3月からはじまった「市民の会」との力強い交流・連帯, 2007年7月20日から足かけ8年, 300回を越え, 今も続く金曜行動. 勝つまでつづく私たちの活動.

　その中心をなした膨大な裁判記録, 何百枚を翻訳してこの度の出版にこぎ着けた貴会の熱意, エネルギー, 執念に改めて脱帽します. この記録は, 名古屋と光州の連帯を越えて, 日韓両国の真実, 正義, 人権を守る民衆交流・連帯史に燦然と輝く金字塔となるでありましょう.

　しかし, いま, 私たちの前には, "原告に笑顔を"という大きな課題あります. その最大のネックは, 日本の安倍自公内閣にあります. 私たちは今, 安倍政治を終わらせることを目標に, 野党共闘による2016年参議院選挙の勝利をめざす運動を日本歴史史上はじめての幅広い枠組みで強めています. そして良心的野党に, 東アジア平和構想を実現するには過去精算が不可欠な課題であり, マニフェストに掲げるよう要請活動を行っています. さらにマスメディアに強制連行・強制労働問題を正当に報道するようレクチャー活動を続けています. 元(もと)より三菱重工には, 金曜行動を軸に解決への申し入れ活動を継続・強化していきます.

　過去精算をめぐる情勢は厳しくハードルは高くとも, 私たちが力を付ければハードルは越えられないものではありません. 私たちは, 今回の発刊から大きな力をいただきました. 私たちは必ず勝ちます. なぜなら勝つまで闘うからです.

역사에 남을 한일 연대의 기록

우치카와 요시카즈
(나고야 소송 변호단장)

1999년 3월 1일 '3·1독립운동' 80주년을 기념해야 할 날에 할머니들은 아직 어린 시절 1944년 일본으로 강제 연행되어, 전시 중 나고야 미쓰비시 군수공장에서 비행기 만드는 중노동에 종사하게 되었다. 또 해방 후에도 정신대란 이유로 모진세월을 강요당한 보상을 요구하고, 일본 및 나고야 미쓰비시중공업 주식회사를 상대로 손해배상 소송을 제기했다. 그때부터 벌써 16년의 세월을 지나 할머니들도 나이를 거듭하고 나 자신도 고령의 영역(77세)에 달했다. 그러나 지금 한국에서는 2012년 5월 24일 한국 대법원 판결을 시작으로 피해자들의 구제판결이 잇따르고, 나고야에서는 원한의 눈물을 닦아냈던 할머니들도 지방법원, 고등법원의 승소판결을 얻고 기쁨을 만끽했다.

일본의 재판은 힘겨운 투쟁이었지만, 변호사들이 수차에 걸쳐 광주, 서울을 방문해 할머니들 댁에도 다니고 꼼꼼하게 원고들의 피해 발굴에 힘쓰고, 많은 자료 및 정보를 법원에 제출했다. 일본에서는 사법에서의 승리는 이루진 못했지만 특히 나고야 고등법원 판결은 원고들의 고통을 제대로 받아들여 일본과 미쓰비시중공업의 할머니들에 대한 불법행위 책임을 확실히 인정한 것은 충분히 평가되어도 좋다고 생각한다. 그 내용이 이번 한국 법원에서 충분히 활용된 것은 광주와 나고야와의 연계 플레이가 훌륭하게 결실 맺은 것으로, 기쁘기 짝이 없다. 십여 년간에 걸친 일본에서의 노력이 한국 땅에서 유효하게 활용되어 얼마간 도움이 된 것은, 나고야의 변호인단으로서도 엄청난 영광으로 생각하는 바이다.

이번 광주 '근로정신대 할머니와 함께하는 시민모임'의 진력으로, 나고야를 중심으로 한 할머니 구제운동 및 나고야 지방법원·고등법원, 또 대법원에서 투쟁하면서 거기에서 나온 많은 운동·소송 관계 자료가 한국어로 번역 출판된다는 것을 듣고, 감격함과 동시에 그 큰 사업에 대한 광주 '시민모임'의 강한 결단과 상당한 노력에 적잖은 놀라움을 느끼며 깊은 감사를 드리는 바이다.

지금 다시 생각해보면 소송을 시작했을 때는 10년에 걸친 재판투쟁을 대처하기 위한 사실관계에 관한 자료도 부족하고, 또 이론적 무장도 확립되어 있었던 것은 아니다. 특히 전후의 기나긴 할머니들의 고통을 어떻게 파악해 법적구성을 할지, 또 여성으로서 같은 고뇌 속에서 다루어지는 위안부 문제와 동질성과 이질성을 법원에 어떻게 호소할지에 대해서는 변호인단 내에서도 격렬한 논란이 있었고, 그 때문에 많은 시간이 소요됐다. 그때마다 막대한 서면자료가 추가되었던 것이 그립게 떠오른다.

투쟁은 앞으로도 계속되지만, 한국의 광주와 일본의 나고야가 함께 손을 잡고 할머니들의 한을 푸는 투쟁에 매진하고 싶다.

歴史に 殘る 韓日連携の 記録

内河 惠一

(名古屋訴訟弁護団長)

　　1999年3月1日の「3・1独立運動」80周年の記念すべき日に，ハルモニ達は，未だ幼い頃の1944年日本に強制連行され，戦時中の名古屋三菱の軍需工場で飛行機作りの重労働に従事させられ，また，解放後も挺身隊ゆえの辛い日々を強いられた償いを求めて，日本国及び名古屋三菱重工株式会社を相手取って，損害賠償訴訟を提起した．その時から既に16年の歳月を経て，ハルモニ達も歳を重ね，私自身も高齢の域(77歳)に達した．しかし，今韓国においては，2012年5月24日の韓国最高法院の判決を皮切りに，被害者らの救済判決が続き，名古屋では無念の涙をぬぐったハルモニ達も光州地裁，高裁と勝訴の判決を勝ちとり，喜びをかみしめた．

　　日本における裁判は厳しい闘いではあったが，弁護士たちが再三にわたり光州やソウルを訪れ，ハルモニ達のお宅にもお邪魔し，じっくりと原告らの被害の掘り起こしに努め，多くの資料・情報を裁判所に提供した．日本においては司法での勝利は叶えられなかったが，特に名古屋高裁の判決は原告らの苦しみをしっかりと受け止め，日本国や三菱重工のハルモニ達に対する不法行為責任をしっかりと認めたことは十分評価されて良いと思う．

その内容が，今回韓国の裁判所で十分活かされたことは，光州と名古屋との連携プレイが見事に結実したものと喜びに堪えない．10数年間における日本での努力が，韓国の地で有効に活用され，幾ばくかのお手伝いができたことは，名古屋の弁護団としても，この上なく光栄に感じている次第である．

今回，光州の「勤労挺身隊とともにする市民の会」のご尽力によって，名古屋を中心としたハルモニ救済の運動及び名古屋地裁・高裁，さらには最高裁で闘い，そこから生み出された多くの運動・訴訟関係資料が韓国語に翻訳され，出版されることになったことをお聞きし，感激するとともに，その大事業に対する光州「市民の会」の強い決断と多大な労力に少なからぬ驚嘆を覚え，深く感謝する次第である．

今，思い返すに，訴訟を開始したときは，10年に及ぶ裁判闘争を闘うための事実関係に関する資料も乏しく，また，理論的武装も確立していたわけではない．特に，戦後の長いハルモニ達の苦悩をどのように把握し法的構成をするか，又女性として同じ苦悩の中で捉えられる慰安婦問題との同質性と異質性を裁判所にどのように訴えるかについては，弁護団内でも激しい議論が交わされ，そのために多くの時間が費やされた．その度に，膨大な書面と資料が追加されていったことを懐かしく思い出す．

闘いは今後も続くが，韓国の光州と日本の名古屋が共に手を取り合い，ハルモニたちの恨を解く闘いに邁進したいと思う．

역사를 믿으며!

이상갑
(근로정신대 할머니와 함께하는 시민모임 공동대표 · 변호사)

 이 책은 한 사건에 관한 재판자료라기보다는 역사서이자 논문이라고 보
는 것이 더 적절할 듯합니다. 여자근로정신대 소송을 진행한 일본의 변호
사들은, 특정 소송에 직접적으로 관련된 사실들을 중심으로 사실관계를 재
구성하는 통상적인 작업 수준을 훨씬 뛰어넘어서 한일강제병합, 병합 후
식민지배의 방식, 황민화 교육 등에 대하여 자세하게 기술하고 있을 뿐만
아니라, 해방 후 한일청구권협정이 체결되기까지의 구체적 경위, 청구권 협
정의 성격에 대해 일본 정부가 공식적으로 표명한 견해들, 미쓰비시중공업
등 이른바 전범기업들의 재편과정, 피해자 할머니들이 한국에 귀국한 이후
에 추가로 당한 피해, 즉 '동일시 피해' 등에 대하여 사실(史實)들을 법리적
으로 탐구하고 있습니다.

 법률가들이 자주 인용하는 표현 중에 '사실(事實)이 스스로 말하게 하라'
는 법언(法言)이 있습니다. 이 법언의 이면에는, 누구도 부인할 수 없는 사
건의 객관적 실체라는 것이 존재하고, 그 실체를 밝혀내기만 하면 분쟁이
해결될 수 있다는 사고가 깔려있습니다. 그러나 E. H. Carr가 말했듯이, '사
실'이라는 것은 역사가가 불러줄 때만 말을 합니다. 어떤 '사실'에게 발언권

을 줄 것인가, 또 어떤 순서로 어떤 맥락에서 말하도록 할 것인가를 결정하는 것은 역사가인 것입니다. '사실'이라는 것은 자루와 같아서 그 속에 무엇인가를 넣어주지 않으면 사실은 일어서지 않습니다.

이런 관점에서 볼 때, 이 책은 훌륭한 역사서라고 하기에 손색이 없습니다. 이 글을 쓴 변호사들은 불러내줘야 할 사실들에게, 적절한 순서로, 적절한 맥락에서 발언권을 주고 있기 때문입니다. J. Burckhart는 "역사란 한 시대가 다른 시대 속에서 주목할 만한 가치가 있다고 생각한 일들에 대한 기록"이라고 규정하고 있는데, 이 책은 특히 한중일 3국이 새로운 평화공동체를 구축해야 하는 이 시대가 주목할 만한 가치가 있는 일들에 대한 기록이라는 점에서 훌륭한 역사서입니다.

다른 한편, 이 책은 법률논문으로서도 수작(秀作)입니다. 일반인들에게는 다소 생소하게 느껴질 수도 있겠습니다만, 이 책은 여자근로정신대 사건을 법적 관점에서 조망할 때 제기될 수 있는 모든 법리적 문제들 즉 한일청구권협정과 관련된 역사적·문리적 해석론, 부작위에 의한 국가배상책임론, Jus Cogens 위반에 따른 책임론, 신의칙 위반론 등을 빠짐없이 정교하게 정리하고 있습니다. 이 책은 법학을 전공하는 로스쿨 학생이나 실무가들이 법학논문 또는 소송서류의 전범(典範)으로 읽기에도 부족함이 없습니다.

하나의 소송서류가 이처럼 역사서로서, 학술적 논문으로서의 요건을 모두 갖출 수 있다는 점에 감탄하지 않을 수 없습니다. 동시에 이런 작업을 완성한 일본변호사님들의 노고에도 머리를 숙이지 않을 수 없습니다.

1999년부터 시작된 소송은 아직도 끝나지 못하고 있습니다. 한국 대법원이 2012년 기념비적인 판결을 선고한 사실이 있음에도 불구하고 같은 사건

이 재상고된 지 2년이 넘도록 판결 선고가 미루어지고 있는 현실, 헌법재판
소와 대법원이 일관하여 유신시대 발령된 긴급조치가 당연 무효라고 판결
을 해놓고서도 뒤이은 국가배상소송에서는 국가의 불법행위책임을 부인하
고 있는 현실, 국정교과서를 통해 다양한 역사해석을 가로막고 왜곡된 역
사 교육을 감행하려는 현실은 오히려 미래에 대한 희망을 갖지 못하게 하
고 있습니다.

"과거는 현재에 비추어보아야 이해할 수 있으며, 현재 역시 과거의 조망
을 받아야만 제대로 이해할 수 있다"는 Carr의 말이 무겁게 다가오는 오늘,
중요한 것은 역시 '현재'라는 사실을 다시 상기합니다. 이 책 출간에 즈음하
여, 이 '현재'를 바로 만들기 위해 투쟁하는 많은 분들의 노력에 경의를 표
합니다. 또한, 우리의 현재는 언젠가 분명히 제대로 조망되는 과거가 될 것
을 의심하지 않습니다!

광주와 나고야의 인권 · 평화운동 기록

윤장현
(광주광역시장)

일제강점기 근로정신대 피해자들의 10년에 걸친 대일 명예회복 투쟁이 오롯이 녹아있는 일본 소송 자료집 『법정에 새긴 진실』이 세상에 나왔습니다. 150만 광주광역시민과 함께 매우 뜻 깊게 생각합니다.

참으로 모진 세월이었습니다. 감히 '발간을 축하한다'는 말을 꺼내지 못한 이유입니다. 꽃다운 나이에 일본으로 끌려가 숱한 생명의 위협과 강제 노역에 시달려야 했던 우리 소녀들의 외롭고, 질긴 싸움의 역사이기 때문입니다.

이 책『법정에 새긴 진실』은 피해자들이 지난 1999년부터 2008년까지 일본 정부와 미쓰비시중공업을 상대로 손해배상 청구 소송을 진행한 법정 기록물입니다. 원고 변호인단이 일본 법원에 제출한 1심 소장부터, 최고재판소(대법원) 기각 결정에 이르기까지 700여 페이지가 넘는 방대한 자료에는 피해자들의 절절한 호소가 담겨있습니다. 아직 엄마 품의 온기를 느껴야할 13~15세 소녀들이 전쟁통에 침략국 땅에서 겪어야 했을 혹독한 시련. 광복 후 목숨 걸고 귀국길에 오른 소녀들이 '위안부'로 오해 받아 사회에서 버림받는 사연 부분에서는 가슴이 저려 와 책장을 넘기는 일조차 버거웠습니다.

『법정에 새긴 진실』은 피해자들의 명예회복과 역사기록이란 의미를 뛰어넘는 숭고한 가치를 담고 있습니다. 바로 '한·일 양심세력, 연대의 기록'이란 점입니다. 모국에서조차 외면 받던 피해자들에게 처음 손을 내민 사람은 '나고야 미쓰비시 조선여자근로정신대 소송지원회와 소송변호인단' 분들이었습니다. "너희가 한국 사람이냐. 한국으로 가라."는 멸시를 참아내며 일본의 '살아있는 양심'을 보여주셨습니다. 그들은 지난 2007년부터 매주 나고야에서 360㎞ 떨어진 도쿄 미쓰비시중공업 본사로 찾아가 원정시위를 벌였습니다.

일본에서 시작된 정의와 양심의 울림은 금세 현해탄을 넘어 '민주·인권·평화의 도시' 광주로 퍼졌습니다. 2009년 3월 광주에서 '근로정신대 할머니와 함께하는 시민모임'이 태동해 역사에서 잊혀 질 뻔했던 피해자들의 문제가 재조명되기 시작했습니다.

시민모임 또한 미쓰비시자동차 전시장 앞 1인 시위 208회 ▲일본 미쓰비시중공업 본사 원정 시위 및 제품 불매운동 ▲후생연금 '99엔' 항의 서명운동(13만여 명) ▲대한민국 법원의 손해배상 제기 및 항소심 승소 등의 노력으로 65년 동안 침묵하던 전범기업을 양심의 심판대에 세웠습니다.

한·일 두 단체의 인도적이고, 헌신적인 활동과 광주시민의 성원이 없었다면 결코 이룰 수 없었던 일입니다. 깊은 존경과 감사의 인사를 드립니다.

광주시도 힘이 되겠습니다. 우리 시는 근로정신대 피해자 지원 조례를 전국 최초로 만들어 시행하고, 시민모임과 광주공동체 인권보장, 증진을 위한 협력사업을 계속 펼치고 있습니다. 번역집 출판에도 힘을 보탤 수 있어서 매우 뿌듯합니다.

존경하는 광주시민 여러분.

근로정신대 피해자들이 17년 전 일본 법원에 제출한 소장 청구취지문 첫 문장은 '배상'이 아닌 '사죄'를 요구하고 있습니다. 광복 70년이 지나도록 사과도 받지 못한 백발 소녀들의 여생이 얼마 남지 않았음을 감안할 때 이 책은 진실규명과 역사교육에 중요한 사료가 될 것입니다. 나아가 역사 왜곡과 후퇴를 반복하며 이 소녀들의 상처에 소금을 뿌리고 있는 일부 일본 정치권과 전범기업에는 '불멸의 소녀상'으로 우뚝 서 지켜볼 것입니다.

중·일 전쟁 당시 30만 명의 무고한 목숨이 도륙 당한 중국 장쑤(江蘇)성 난징(南京)시에는 일제의 만행을 폭로하고, 희생자를 추모하는 '난징대학살 희생 동포 기념관'이 세워졌습니다. 그곳에 중국어·영어·일본어 3개국 언어로 새겨진 글귀로 인사를 맺을까합니다.

"용서는 하되, 잊지는 말자."(可以寬恕, 但不可以忘却, Forgivable, but Unforgettable)

대한민국 광주와 일본 나고야의 시민들이 힘을 합쳐 인권·평화의 돛을 올렸듯이, 두 나라의 더 많은 양심들이 깨어나 올바른 역사 위에서 동반자적 관계가 수립될 날을 기내합니다.

땀으로 일군 역사교육의 귀중한 기록

장휘국

(광주광역시교육감)

2009년 11월, 광주광역시 교육위원회에서 '미쓰비시 근로정신대에 대한 우리의 입장'이라는 결의문을 채택했던 기억이 새롭습니다.

"일제와 미쓰비시중공업은 일본에 가면 돈도 벌면서 공부할 수 있게 해 주겠다는 감언이설로 속여 초등학교 5-6학년, 13~4살 어린 소녀들을 끌고 가 나고야의 미쓰비시중공업 비행기 부품공장에서 전쟁 물자를 생산하는 강제 노동을 시켰다. 그 피해 당사자가 광주·전남에만 140여 명이었고, … (중략) … 우리는 일본 정부와 미쓰비시중공업이 근로정신대 할머니들에게 사죄하고 배상할 책임이 있다고 믿는다. 따라서 일본 정부와 미쓰비시중공업은 지금 당장 사죄하고 정당한 배상을 할 것을 요구한다."

7년 전의 결의문이 지금 보아도 전혀 낯설지 않은 것은 이 일이 아직도 현재진행형이기 때문일 것입니다. 그러나 그동안 근로정신대 투쟁은 많은 변화가 있었고, 앞으로도 변화는 계속될 것입니다. 그리고 이 변화의 시작은 근로정신대 투쟁의 돌파구를 만들어낸 '나고야 소송 지원회'와 '소송 변호단'이 있었기에 가능한 일이었습니다.

1999년 일본정부와 미쓰비시중공업을 상대로 제기했던 근로정신대 손해배상 청구 소송은 역사의 전환점이었습니다. 한국에서조차 외면하고 있었던 근로정신대 피해 할머니들을 찾아 수 십 차례 한국을 오가며 쓴 소장과 변론서에는 일제강점기 아픔의 역사 속에 내몰린 어린 소녀들의 고통과 나고야의 눈물겨운 열정이 고스란히 배어있습니다. 결코 쉽지 않았을 세월, 고귀한 노력을 해주신 '나고야소송지원회'와 '소송 변호단'에 한없는 감사를 드립니다.

더불어 일본의 양심세력과 연대하고 아름다운 투쟁을 이어온 '근로정신대 할머니와 함께하는 시민모임'에도 감사 인사를 드립니다. 일본의 패소 판결에도 굴하지 않고 투쟁의 불씨를 살려 우리 시민들의 관심을 이끌어 내고, 다시 또 어려운 소송을 제기하는 수고를 감당했기에 10년의 소송이 헛되지 않고, 2013년, 2015년 1,2심 승소라는 꽃을 피웠다고 생각합니다. 할머니들의 눈물을 닦아준 승소에 박수를 보내며 광주시교육청도 더욱 분발하겠습니다.

그동안 우리 광주시교육청은 '여자근로정신대' 문제가 일제식민지 시절 황민화교육 뿐 아니라, 배움에 목마른 10대 초반의 어린 소녀들의 향학열을 이용해 당시 초등학교에서 조직적으로 동원해 발생된 피해라는 점에서 각별한 관심을 갖고 활동을 지원해 왔습니다. 그 하나로 한·일 간 역사 갈등 속에서도 반전 평화의 중요성을 일깨우기 위해, 2011년 '한일청소년평화교류' 프로그램을 시작한 이래 지속적으로 지원하고 있습니다. 또, 학교 역사 동아리 활동 활성화를 통해 학생들이 자발적으로 근로정신대 문제를 알리고 일본정부와 미쓰비시의 사죄와 배상을 촉구하는 캠페인, 초청 강연, 사진전 개최 등의 활동에 나서고 있습니다.

이제 고난에 찬 피해자들의 대일 명예회복 투쟁 기록은 귀중한 역사적 사료이자, 관련분야의 학술 연구 및 시민 교양자료로 널리 활용될 것입니다. 또한 피해자들의 절절한 목소리는 역사 왜곡과 후퇴를 계속하고 있는 일본 정부와 미쓰비시에 대한 인류양심의 고발이자, 진실 규명과 역사교육의 귀중한 자료가 될 것입니다. 광주시교육청은 귀중한 책 출간을 계기로 역사 바로세우는 일에 더욱 더 앞장서고, 학생들의 올바른 역사의식을 위해 매진하겠습니다.

　그 동안 어려운 여건에서 일본의 양심적인 목소리를 내 온 '나고야 소송 지원회'와 '소송 변호단'의 땀방울에 다시 한 번 감사드리며, 이 책이 한·일 간 인권·평화 연대를 더욱 돈독히 다지는 소중한 기회가 될 것을 기대합니다.

차 례

[7부] 기각결정문 (최고재판소) / 643

[부 록] / 649

아직 해방되지 못한 소녀들

-미쓰비시 여자근로정신대를 중심으로-

1. '여자근로정신대'란?

1) "일본에 가면 돈도 벌고 상급학교에도 갈 수 있다"

양금덕(1931년생) 할머니가 당시 일본인 교사와 교장의 거짓말에 의해
일본으로 강제동원 된 것은 태평양전쟁이 막바지로 치닫던 1944년 5월말.
일본은 1938년 '국가총동원법'과 그에 기초한 여러 법령 등을 통해 물자, 자
본, 노동력을 전쟁에 동원할 수 있는 체제를 구축하였다. 아울러 고갈된 노
동력을 보충하기 위해 주요 군수산업에 대규모의 인력동원을 본격화 했다.
남성 뿐 아니라 여성도 그 대상이었다. 그러나 이것으로도 감당할 수 없게
되자 급기야 13세, 14세의 어린 초등학교 여학생과 미성년 소녀들까지 그
희생양으로 삼았다.

당시 전남 나주초등학교 6학년에 재학 중이던 양금덕 할머니는 일본인
교장과 담임선생으로부터 "일본에 가면 상급학교에도 진학할 수 있고, 돈도
벌 수 있다"며 여자근로정신대에 지원할 것을 거듭 종용받았다. 배고프고
가난하던 시절, 상급학교에 진학할 수 있다는 제안은 배움에 목마른 어린
소녀들의 호감을 사기에 충분한 것이었다.

> "6학년 때였는데, 일본인 교장선생님이 교실에 들어와서 하는 말이 일
> 본에 가면 돈도 벌고, 좋은 옷도 입혀주고, 좋은 학교도 보내 준다는
> 거야. 너도 나도 손을 들었지"
> ▲양금덕(나주초등학교 6학년 재학 중 미쓰비시 동원)
>
> "도나리구미 조장이었던 집에 함께 불려갔는데, '일본에 가 볼래?' '2년
> 간 군수공장에서 일하며 공부하면 그 후 졸업증을 받을 수 있다'며 일
> 본인이 와서 권유했어요. …"
> ▲김복례(광주 수창초등학교 졸업 후 미쓰비시 동원)
>
> "졸업 후 얼마 지나지 않아 일본인 교장이 학교로 불러, '일본에 가면
> 돈을 벌수 있다. 일을 하면 여학교에도 보내준다. 낮에는 일하고 밤에
> 는 공부한다'며 …"
> ▲박해옥(순천남초등학교 졸업 후 미쓰비시 동원)

동원 대상은 초등학교 6학년에 재학 중이거나, 막 초등학교를 졸업하고 가사 일을 돕고 있던 13~15세의 어린 소녀들이었다. 심지어 12살 어린 아이들까지 있었다. 전시 노동력 조달이 목적이었기 때문에 원활한 의사소통이 필수적이었다. 일본어 교육을 강요받은 초등학교 재학생이나 졸업생들이 적절했던 것이다.

무엇보다 이들은 식민지 조선에서 황민화 교육에 철저히 물들어 있었다는 것도 장점이었다. 전쟁에 자발적으로 협력하는 것이 '황국신민'으로서 가장 영예로운 것이라는 논리를 체계적으로 교육받아 온 세대였던 것이다.

> "우리들은 천황폐하 사진을 교실에 걸어 놓고 천황은 신이라고 받들고 있었기 때문에 천황폐하는 절대적인 존재라고 배운 것을 철저히 믿고 있었습니다. 학교 선생님이 틀린 것을 가르칠 리 없고, 그래서 부모님 말씀보다도 선생님 말씀을 더욱 믿고 따랐습니다"
>
> ▲양금덕 진술 중
>
> "당시 초등학교에서는 조회시간에 황국신민선서를 외어야 했고, '내선일체'(內鮮一體: 일본과 조선은 한 몸), '팔굉일우'(八紘一宇): 천하를 통일한다는 뜻으로, 2차 대전 때 일본이 대동아 공영권 건설을 내세워 해외 침략을 정당화하며 쓴 말)라는 말을 자주 듣고 있었기에, 근로정신대 이야기를 접했을 때 나라를 위해 도리를 다한다는 기분도 들었다"
>
> ▲김복례 진술 중

대부분 일본에 가면 좋은 조건에서 공부할 수 있다는 감언이설에 속아 지원한 경우였지만, 경우에 따라서는 조금 예외적인 상황도 있었다. 당시 일제의 억압적 통치와 시대적 분위기에서 어린 나이에 본의 아닌 운명의 갈림길에 서게 된 경우다.

"광주에 있는 친척집에서 찾아 며칠 머물러 있었는데, 영암에서 온 다른 언니(이정숙)도 와 있더라고요. 하루는 그 집 언니가 자기도 일본에 간다며 같이 가자고 그래요. 그런데 막상 일본으로 출발하기로 한 날 광주역에 가 보니, 일본에 같이 가자고 한 언니는 나타나지 않고 영암에서 온 그 언니랑 나와 둘이서만 가고 말았죠"

▲김재림(화순 능주초등학교 졸업 후 미쓰비시 동원)

"당시 아버지가 독립운동에 참여하고 있었는데, 그러다 보니 일본 순경들이 무슨 일 있기만 하면 아버지를 붙잡아가고 못 살게 하는 거예요. 그 무렵 동네에서는 일본에 갈 사람을 찾는다고 날마다 귀찮게 하는데, 그때 어린 마음에 '내가 일본에 가면 아버지를 덜 괴롭히지 않을까' 생각한 것이죠."

▲양영수(광주 대성초등학교 졸업 후 미쓰비시 동원)

목포, 나주, 광주, 순천, 여수 등 전남지역 5개 도시에서 동원된 이들은 여수에 집결한 뒤 연락선을 타고 다음날 시모노세키항에 도착했다. 이어 대표적 공업도시인 나고야로 이동한 뒤 미쓰비시중공업 나고야 항공기 제작소에 배치됐다.

당시 나고야는 일본 최대의 군수공장이 밀집해 있던 지역이었다. 미쓰비시중공업 나고야 항공기제작소는 당시 군용 항공기(정찰기)를 제작하고 있었다. 나고야 미쓰비시중공업 항공기제작소에는 광주전남 150여명 이외에도 충남지역에서 동원된 150여 명 등 약 300여 명의 소녀들이 동원됐다. 그리고 이들은 일제가 패망할 때까지 굶주림과 혹독한 감시 속에 하루 8·10시간 동안의 강제노동에 시달려야 했다.

전시 노동력 조달을 위한 여성 인력 동원은 조선인 뿐 아니라 일본인도 그 대상이었다. 식민지 조선에서의 여성동원은 한반도와 일본 본토 등지로 동원되었는데, 한국정부가 확인해 공인한 '여자근로정신대' 방식의 일본 작업장은 미쓰비시(三菱)중공업 나고야 항공기제작소(약 300명), 후지코시(不二越)

강재공업 도야마 공장(약 1,089명), 도쿄 아사이토(東京麻絲) 누마즈 공장(약 300명) 세 곳이다. 그러나 위 3개 기업 외에도 다수의 기업이 한국 소녀들을 여자근로정신대로 동원한 것으로 알려져, 추가 조사가 필요한 상황이다.

[표 1] 여자근로정신대 일본 동원 3대 기업 현황

회사명	도쿄아사이토(東京麻絲)방적	미쓰비시(三菱)중공업	후지코시(不二越)강재
작업장	누마즈(沼津)공장	나고야(名古屋)항공기제작소 도토쿠(道德)공장 오에(大江)공장	도야마(富山)공장
소재지	시즈오카현(靜岡縣) 누마즈시(沼津市) 오카(大岡)	아이치현(愛知縣) 나고야시(名古屋市) 미나토구(港區) 오에정(大江町)	도야마현(富山縣) 도야마시(富山市)
동원 인원	약 300여 명으로 추정	*272명(1945년 8월 현재) (1944년 6월 동원시점 당시 300여 명으로 추정)	*1,089명(1945년 5월말 현재) (동원 당시 인원수는 더 많았을 것으로 추정)
공탁자료	71명(3,183엔 28전)	기록 없음	485명(90,325엔 76전) *남성 포함
현재 확인된 생존자	30명	31명	101명
출처	-『조선인 노동자에 관한 조사결과』('1944년 300명 할당 302명 고용'이라는 기록 존재) -『노무자공탁금 자료』	-『미군전략폭격조사단보고서』 제16권 『三菱重工業會社』 고용분류표(宋本文雄, 『司令部偵察機と富山』, 桂書房, 2006, 47쪽에서 재인용)	-『不二越25年史』(不二越 鋼材株式會社, 1953.) -『노무자공탁금 자료』
참고자료	-《每日新報》 1944.3.16. 기사 (「싸우는 半島女工, 東京麻絲 ○○工場 訪問記 - 內鮮一體로 能率倍加, 規律있는 日課 -②裁縫과 家事까지 敎授」) -「戰時下朝鮮女性の勞務動員 - 東京麻絲紡績沼津工場の女子勤勞挺身隊を手がかりとして」(小池善之, 『靜岡近代史硏究』 22, 1996.)	『證言 從軍慰安婦, 女子勤勞挺身隊』(伊藤孝司, 風媒社, 1992.) -『司令部偵察機と富山』(宋本文雄, 桂書房, 2006.) *《中部日本新聞》 1944.8.14. 기사(「勝つ日までお化粧半納, 半島女子挺身隊」)	-『후지코시 강제동원 소송기록』 1~3 (국사편찬위원회·한일역사공동연구위원회 한국측 위원회 편, 2005.)
전범기업명단등재	2차 전범기업명단 등재	1차 전범기업명단 등재	2차 전범기업명단 등재

출처: 정혜경, 「여자근로정신대 피해자 지원의 의미와 향후전망」, 「여자근로정신대 지원방안 마련 제36차 정책토론회」, 2012, 14~15p.

2) 배고픔과 중노동에 내몰린 소녀들

부푼 꿈을 안고 일본에 도착했지만 어린 소녀들이 마주했던 것은 책상과 노트가 아니었다. 동원된 소녀들은 출신지별로 중대, 소대 등 군대식 편제로 관리되었다. 작업배치, 책임량 할당과 통제에 용이했기 때문이다. 일상생활은 철저히 통제되었다. 휴일은 겨우 한 달에 두 번 정도였다. 고향에 편지를 쓸 수는 있었지만 내용은 모두 사전에 검열을 받아야 했다. 그렇다보니 매번 '잘 먹고, 잘 지내고 있다'는 말 이외엔 쓸 말이 없었다.

미쓰비시중공업 나고야 항공기제작소로 동원된 소녀들은 주로 비행기 부품제작, 본뜨기, 페인트 칠 작업 등을 담당했다. 군수공장에서의 노동은 혹독했다. 불과 13~15세의 어린 소녀들에게 성인 기준으로 설계된 육중한 선반, 비행기 기체 등이 몸에 맞을 리 없었다. 키가 닿지 않아 사과궤짝을 놓고 그 위에 위태롭게 서서 페인트칠을 해야 했으며, 찬 겨울 장갑하나 없이 맨손으로 철판을 만지고 찬물에 부품을 씻느라 손등은 퉁퉁 붓고 갈라져 있었다.

그날그날 작업량이 강제로 할당돼 있었다. 할당량을 채우지 못할 경우 곧 심한 질책이 쏟아졌다. 열악한 환경과 할당량을 채우기 위한 무리한 작업 때문에 그만큼 부상도 잦았다. 김성주(1929년생) 할머니의 경우 선반 작업 중 사고로 왼손 집게손가락이 절단되는 부상을 입기도 했다. 그러나 부상을 당하거나 몸이 아프다고 해서 일을 빠질 수는 없었다. 일을 하지 않으면 그날 밥을 주지 않겠다고 했기 때문이다.

특히 배고픔이 문제였다. 한참 자랄 나이인데다 하루 종일 고된 노동에 매달렸지만 주어진 식사라고는 보리를 섞은 밥 약간에 반찬 한 가지가 전부였다. 반찬이라고는 매실을 절인 것이나 단무지 한 쪽이었고, 된장국은 일주일에 한 번 정도 나왔다. 허기를 견디다 못한 소녀들은 물로 헛배를 채워야 했다.

3) 죽어가는 순간에도 '증산' 당부?...억울한 죽음마저 미화

1944년 12월 7일 점심시간이 끝나고 막 오후 작업에 들어갈 무렵, 도난카이(東南海) 대지진이 나고야 일대를 강타했다. 나고야 미쓰비시 공장도 예외가 아니었다. 일본인을 포함해 많은 희생자가 발생했다. 이런 가운데 전남출신 6명(서복영, 오길애, 김향남, 최정례, 김순례, 이정숙)의 소녀들이 안타까운 목숨을 잃고 말았다. 미처 공장을 빠져 나오지 못한 채 건물더미에 깔린 것이다.

[표 2] 전남 출신 여자근로정신대 지진 사망자 현황

사망자 이름	소속	사망일	유족 주소
서복영(徐福榮)	목포소대	1944.12.7	전남 해남군 산이면
오길애(吳吉愛)	목포소대	1944.12.7	전남 목포부 대성통
김향남(金香南)	나주소대	1944.12.7	전남 나주군 나주읍
최정례(崔貞禮)	나주소대	1944.12.7	전남 나주군 나주읍
김순례(金淳禮)	광주소대	1944.12.7	전남 광주부 명치정
이정숙(李貞淑)	광주소대	1944.12.7	전남 영암군 금정면

'나고야 소송 지원회' 다카하시 마코토 공동대표 등이 1986년 10월 중순 미쓰비시중공업측으로부터 입수한 「나고야 미쓰비시중공업 항공기제작소 순직자 명부」에서 확인. 명부는 총45p 분량으로, 일본인, 대만인, 한국인 등이 섞여있음.

그런데 일제는 이 억울한 죽음마저 전시 홍보를 위해 '미화'하는 만행을 서슴지 않았다.

조선총독부 기관지였던 매일신보는 1944년 12월 23일자 2면에 '열렬 유언에도 증산'이라는 제목으로 목숨을 잃은 목포에서 동원된 서복영, 오길애의 사망 소식과 함께 장례에 관한 얘기를 크게 소개했다. 그러나 이 기사는 소녀들의 억울한 죽음을 안타까워하는 내용이 아니었다.

『매일신보』1944.12.23.2면

　기사에는 이 소녀들이 어떤 원인에 의해 목숨을 잃었는지에 대해서는 밝히지 않고 다만 두 정신대원들이 죽어가면서 "우리들이 죽기 때문에 반도 동무들의 결의가 조금이라도 약하여진다면 미안한 일이다"라는 말을 마지막으로 남겼다고 소개했다.

　특히 사망 이후 유골 반환 소식과 함께 가족의 반응을 싣고 있는데 그 내용이 참 충격적이다.

　신문에서는 서복영 아버지의 말을 인용해 "그 애가 순직한 것은 명예로 생각합니다. 아비로서 이 이상 없는 효도를 바쳤다고 기뻐합니다"라고 하는가 하면, 오길애 아버지의 말을 빌려 "나라를 위해 일한 것은 일가의 명예입니다. 지금부터 세상을 떠난 그에게 지지 않도록 나도 국가에 봉공하겠습니다"라고 소개했다.

열렬 유언에도 증산
두 반도여자정신대원 최초의 순직

목포부 야마데(山手) 여자청년대 오-야마(大山福英) 구레하라(吳源愛子.15)의 양 대원은 목포부 출신의 ○○명과 같이 지난 ○월 나고야(名古屋) ○○공장의 여자정신대원으로서 선발되어 그간 항공기 증산에 정진하였는데, 지난 ○월○일 순직을 하게 되었다.

두 정신대원들은 순직할 때 최후로 남긴 말은 "우리들이 죽기 때문에 반도 동무들의 결의가 조금이라도 약하여진다면 미안한 일입니다"하여, 전선 장병에도 지지 않는 최후는 일동을 크게 감격케 하였다. 오-야마, 구레하라 두 대원의 유골은 20일 오후 2시 그리운 고향 목포에 무언의 개선을 하였는데 목포부에서는 이 존귀한 순직에 감격하야 구민장(區民葬)을 행하야 두 여성의 영령을 위안하기로 되었다. 목포부 야마테 청년대장 에이무라(岩村武士)씨는 다음과 같이 말한다.

나라를 위하야 일하게 됐다고 즐거워하며 간 씩씩한 자태가 눈에 선하다. 오-야마와 구레하라는 다 같이 1년부터 6년까지 우등이었으며, 책임감이 강한 애였다. 모두 최후가 훌륭하였다고 듣고 감격하였다. 두 명이 순직한 최후를 들은 6년생은 모다 감격하야 전원 자원을 탄원하고 있다. 일선 장병에게 못지않은 태도라고 생각합니다. 둘이 다 비행기 증산에 몸을 바쳐 만족하였을 것입니다.

오-야마(大山福英) (서복영) 아버지의 말
내 딸이 정신대에 뽑혀 그 손으로 만든 비행기가 얄미운 미영을 쳐부수는 걸 생각하니 그대로 있을 수 없었습니다. 그 애가 순직한 것은 명예로 생각합니다. 아비로서 이 이상 없는 효도를 바쳤다고 기뻐합니다. 그리고 그 애는 최후에 뒤를 따르는 동료들이 저로 인하야 결의가 굽히지 말라고 말하였다 합니다.

구레하라(吳源愛子) (오길애) 아버지의 말
나라를 위하야 일한 것은 일가의 명예입니다. 정신대에는 나도 몰래
지원하여 나중에서야 알고 용서하였습니다. 지금부터 세상을 떠난
그에게 지지 않도록 나도 국가에 봉공하겠습니다.

사노(佐野) 목포부윤의 말
장병 출정과 같은 마음가짐으로 출발한 정신대 중에서 두 명이 직장
의 꽃으로 산화한 것은 뒤따른 대원들의 결의를 굳게 하였을 것이
다. 장의는 구민장으로 진행하고 그 유족들을 충분이 원호하겠다.
목포출신 처녀의 순충(純忠)어린 최후에 감사한다.

이 뿐이 아니었다. 매일신보는 다음날 1944년 12월 24일자 2면 기사에 '투
혼, 증산전에 불멸'이라는 제목으로 지진에 목숨을 잃은 광주 수창초등학교
출신 김순례와 전남 영암군 금정면 출신 이정숙의 사연도 소개했다. 그러
나 이 기사 역시 지진 발생에 관한 얘기는 전혀 밝히지 않고 '뜻하지 않는
사고'라며 사건의 실상을 완전히 감췄다.

기사에서는 김순례에 대해 "광주북정 초등학교를 우수한 성적으로 졸업
하고 여사정신대원에 지진하어 참가"했다며 "제4분대장으로 책임감이 강한
소녀"라고 소개했다. 아울러 이정숙에 대해서도 "남자로 못 태어나 총을 메
고 싸움을 못하러가니 그 대신 비행기 생산에 산업전사가 되겠다고 굳은
결의를 가지고 여자정신대원에 참가한 군국의 정열을 가진 소녀"라고 높이
칭찬했다.

특히 눈에 띄는 것은 사망 당시에 관한 언급이다. 『매일신보』는 "이들은 순직을 하는 그 순간까지도 비행기 증산에 좀 더 활동 못함을 부끄러워하며, 선반 앞을 떠나지 않았다"며 대대적으로 추켜세웠다. 아울러 "이들의 전투적인 그 정신대 전 공장은 큰 감명을 받았고 직장의 꽃으로 사러진 이 두 소녀를 본받겠다는 전 공장에서는 증산의 열화가 북받치고 있다"고 밝혔다.

『매일신보』 1944. 12. 24.

기사에서는 마치 서복영, 오길애 두 아버지의 말을 인용한 것처럼 보도했지만, 과연 딸의 죽음을 두고 "아비로서 이 이상 없는 효도를 바쳤다고 기뻐"하거나, "나라를 위해 일한 것은 일가의 명예"라고 말했을까. 또한 10대 나이 어린 소녀들이 긴박한 생사의 갈림길에서 "증산에 더 활동 못함을 부끄러워하며 선반 앞을 떠나지 않았"을까.

이처럼 일제는 죄 없는 어린 소녀들의 죽음마저 전쟁에 지쳐있는 일본 국민들의 사기를 진작시키고, 증산을 부추기기 위한 수단으로 적극 활용했던 것이다.

투혼, 증산전에 불멸
두 처녀의 순사를 총후전장에 살리라

싸우는 여자 정신대 귀감

[광주] 조선에서 처음으로 초등학교를 졸업한 어린 소녀들로만 된 여자정신대가 전남에서 조직되어 대원 일동은 지난 6월 12일에 용약 광주역을 출발하였다. 이들은 미쓰비시 항공기 ○○공장에서 비행기 증산에 불철주야로 분투하고 있는 중 지난 7일에 뜻지 않은 사고로 작업장에서 순직한 거룩한 두 소녀가 있다.

그는 광주부 명치정 5정목32번지의 미쓰사와(光澤禮子=舊 金順禮)와 광주부 수기옥정 6번지의 미야모도(宮本貞淑=舊 李貞淑) 두 소녀로 미쓰사와 양은 광주북정(北町) 국민학교를 우수한 성적으로 졸업하고 여자정신대원에 자진하야 참가하였고 동 대원중에서도 모범이었으며 제4분대장으로 책임감이 강한 소녀로 칭송이 자자했든 것이다. 그리고 미야모도 소녀는 광주호남(湖南) 국민학교를 우수한 성적으로 졸업한 무남독녀로 남부럽지 않게 귀여히 자라났으나 부모의 만류하는 것도 듣지 않고, 남자로 못 태어나 총을 메고 싸움을 못하러 가니 그 대신 비행기 생산에 산업전사가 되겠다고 굳은 결의를 가지고 여자정신대원에 참가한 군국의 정렬을 가진 소녀였다.

이들은 순직을 하는 그 순간까지도 비행기 증산에 좀 더 활동 못함을 부끄러워하며, 선반 앞을 떠나지 않았다하며, 이들의 전투적인 그 정신에 전 공장은 큰 감명을 받았고 직장의 꽃으로 사러진 이 두 소녀를 본받겠다는 전 공장에서는 증산의 열화가 북받치고 있다 한다.(사진은 미쓰사와양)

1945년으로 접어들면서 패전의 기운이 본토까지 이어지고 있었다. 이런 가운데 어린 소녀들은 연합군의 폭격을 피해 다니느라 또 다른 고역을 겪어야 했다. 특히 나고야와 같은 군수도시와 군수공장은 미군의 주요 폭격 목표가 되었다. B-29 소이탄 공격을 피하기 위해 한밤중에 들로 산으로 도피한 적도 한 두 번이 아니었다. 낮은 낮대로 일에 지친데다, 밤에는 밤마다 공습을 피해 방공호 등에 숨느라 몸은 점점 쇠약해져 갔다. 공포에 떨며 밤새 눈 한번 부치지 못한 몸들이었지만 다음날은 여지없이 작업장으로 나서야 했다.

약속했던 임금 역시 지급되지 않았다. '다달이 적금을 해서 나중에 지급하겠다.'는 식이었다. 일본이 패망할 무렵에는 '조선에 돌아가 있으면 보내주겠다.'고 말했다. 그러나 결국 모두 거짓이었다.

4) 광복된 땅에서까지 손가락질

1945년 8월 15일 일본은 결국 손을 들었다. 구사일생으로 고향에 돌아왔지만 이들 앞에는 또 다른 고통이 기다리고 있었다. 당시만 해도 일제 식민통치로부터 경험과 상처가 워낙 끔찍하고 컸다. 특히 남성 중심의 봉건 질서가 뿌리 깊게 자리해 있을 때였다. 일본에 갔다 왔다는 이유로 일본군 '위안부'로 오인을 받은 것이다. '저 집 딸은 일본에 다녀왔다더라.'는 말은 곧 '위안부'로 인식되었다. 결혼할 나이가 되었지만 걱정은 더욱 늘었다. 오가던 혼담도 갑자기 깨지기 일쑤였다.

겨우 가정을 꾸렸더라도 그 굴레에서 완전히 벗어난 것은 아니었다. 어렵게 가정을 이뤄 자식까지 낳고 살다가도 뒤늦게 소문을 듣게 된 남편으로부터 갖은 모욕과 학대를 받아야 했기 때문이다.

양금덕 할머니의 예다.

"하루는 10년 가까이 소식도 없던 남편이 어디서 어린 꼬마 남자 아이
셋을 데리고 들어 왔더라고요. '무슨 애들이냐'고 하니까, 대뜸 성질부터
내는 거예요. '너는 일본에 가서 몸 팔다 온 년이 내가 바람 좀 피웠다고
그게 무슨 죄냐?' 하고…"

비단 양금덕 할머니만의 얘기가 아니었
다. 많은 피해자들이 일반적인 가정을 이
루지 못했고, 결국 이혼에 이르는 경우까
지 있었다. 또한 '위안부'라는 주변의 편견
과 냉대에 사회생활에 큰 지장을 받았을
뿐 아니라, 남모를 가슴앓이를 해야 했다.
'정신대'가 곧 일본군 '위안부'인 것처럼 오
인하도록 방치한 한국 사회도 문제가 없
는 것은 아니다. 그러나 보다 큰 책임은
원인제공을 하고도 패전 후 피해자들을
내팽개친 일본정부에 있음은 물론이다.

"이날 이때까지 큰 소리로 한번 웃어본 적 없어요. 내 평생 가슴 펴고
큰 길 한번 다니지 못하고 뒷길로 뒷길로만 다녔어요…."

김성주 할머니의 피맺힌 하소연이다.

5) '일본의 양심' 연대…외로운 법정투쟁

이런 한국의 상황에서 일본정부와 미쓰비시를 상대로 뒤늦게 진상규명과

명예회복 투쟁에 나서는 것은 개인에게 있어 큰 용기를 필요로 한 일이었다.

특히 박정희 정권 시절인 1965년 '한일청구권협정' 이후 군부정권이 끝날 때까지 대일 과거사문제는 논의 자체가 금기시되어 왔다. 일제 피해자들이 일본정부와 가해 기업들을 상대로 명예회복 투쟁에 나선 것은 그나마 정치적 민주화를 획득한 1990년대에 이르러서였다. 이미 광복 45년이 훌쩍 지난 후였다.

미쓰비시중공업으로 동원된 여자 근로정신대 피해자 중 일부 용기를 낸 피해자들은 1999년 3월 1일 일본정부와 미쓰비시중공업을 상대로 나고야 지방재판소에 손해배상 청구 소송을 제기했다. 광복된 지 어언 54년 만에 제기된 소송이었다.

[표 3] 미쓰비시 근로정신대 일본 소송 원고 현황

구분	원고	당시 연령	동원경위 등
1차 소송 5명 (1999.3.1)	양금덕(梁錦德) (1931년생. 여)	14	나주초등학교 6학년 재학 중 동원.
	이동련(李東連) (1930년생. 여)	15	나주초등학교 졸업 후 동원
	진진정(陣辰貞) (1929년생. 여)	16	나주초등학교 졸업 후 동원
	김혜옥(金惠玉) (1931년생. 여)	14	나주초등학교 고등과 1년 재학 중 동원
	박해옥(朴海玉) (1930년생. 여)	15	순천남초등학교 졸업 후 동원
2차 소송 3명 (2000.12.6)	김성주(金性珠) (1929년생. 여)	16	순천남초등학교 졸업 후 동원
	김복례(金福禮) (1929년생. 여)	16	광주수창초등학교 졸업 후 동원
	김중곤(金中坤) (1924년생. 남)	유족	지진에 사망한 광주수창초등학교 졸업생 김순례(金淳禮.1930년생)의 유족

개인의 인권회복을 넘어 민족의 존엄을 되찾기 위한 역사적 법정투쟁임에도 불구하고, 한편으로는 외롭기 짝이 없는 재판투쟁이었다. '위안부'로 오해 받을까봐 스스로 피해자라는 사실마저 쉬쉬해야 세월이었다. 그러다 보니 원고들은 재판을 위해 일본에 다녀 올 때마저도 에둘러 핑계를 대야 했다. 이웃에는 '서울에 있는 아들네한테 며칠 다녀온다'거나, 반대로 자식들한테는 '동네 계모임에서 강원도 며칠 관광 다녀오기로 했다'는 식이었다.

'여자근로정신대' 문제는 일본군 '위안부' 문제와 함께 대표적인 전시 여성 수탈의 상징이다. 그러나 90년대 이후 조명받기 시작한 일본군 '위안부' 문제에 상대적으로 가려져, 그동안 '근로정신대' 존재마저 제대로 주목받지 못해 왔다. '여자근로정신대'와, 일본군 '위안부' 피해자를 구별해서 볼 수 있도록 한 결정적 계기는 아이러니하게도 '99엔' 사건이었다. 일본정부가 2009년 양금덕 할머니 등 미쓰비시 근로정신대 소송 원고들에게 후생연금 탈퇴수당금으로 99엔을 지급해 파문을 일으킨 사건이다. 그만큼 '소외 속의 소외'였던 것이다

사회적 관심 또한 전무하다시피 했다. 심지어 이런 재판이 있는지 없는지 누구하나 관심 기울이지 않았다. 한국정부나 시민사회의 인식이 미치지 못한 가운데 그 몫은 전적으로 원고로 나선 개인과 일본의 양심적 시민그룹이었다. 그러나 한국정부의 방치 속에 일본 지원단체의 도움에 의지해야 하는 재판의 결과는 이미 한계가 분명한 것이었다. 결국 1심(2005년), 2심(2007년)에 이어 2008년 11월 11일 최고재판소에서 최종 패소가 확정되면서, 장장 10년에 걸친 법정투쟁은 막을 내리고 말았다.

나고야 고등재판소 패소 판결 후 법정을 빠져나오면서 오열하는 양금덕 할머니를 태평양 전쟁희생자광주유족회 이금주 회장과 주위 동료들이 붙들고 있다. (2007년 5월 31일)

2. 여자근로정신대 문제의 본질[1)

1) 정신대, 여자근로정신대, 여자근로정신대 방식

'정신대(挺身隊)'란 '일본국가(천황)를 위해 솔선해서 몸 바치는 부대'라는 의미로 일제가 만든 용어다. 스스로, 자의(自意)에 의해 나선 것처럼 강조하기 위한 것으로, 성별과도 무관하게 모든 계층에 적용된 포괄적이고 상징적인 용어이다. 노무자나 군인, 군무원은 물론 근로정신대나 일본군 위안부도 다 포함하는 개념이다.

---

1) 정혜경, 「여자근로정신대 피해자 지원의 의미와 향후 전망」, 「여자근로정신대 지원방안 마련 제36차 정책토론회」, 2012, p.11~12 내용을 일부 재정리함.

여자근로정신대는, '정신대' 개념 가운데 하나로서 '여성노무동원'을 의미한다. 구체적으로는 '일제에 의해 아시아태평양전쟁(1931~1945) 말기 노동력 부족을 충당하기 위하여, 식민지 조선에서 다수의 미성년 여성들을 군수공장으로 동원된 인력'을 의미한다. 주로 한반도와 일본 본토로 동원되었다.

여성 노무동원은 '여자근로정신대 방식'의 동원 외에도 1938년부터 할당 모집, 관(官) 알선, 국민징용 등 다양한 형태로 동원되었으며 미성년자가 동원되었다.

이 가운데 특히 1944~45년경에 실시한 '여자근로정신대 방식'의 동원은 좁은 의미의 여자근로정신대에 해당된다. 주로 10대 초중반의 소녀들을 대상으로 주로 교장 및 담임선생 등의 지원종용('강제')과 '사기적'인 방법(상급학교 진학 및 높은 임금과 같은 비현실적 조건 제시)에 의해 동원되었다.

2) 미성년 아동에 대한 노동력 착취

일본은 공장법에 의해 미성년 노동이 금지되어 있었다. 더구나 소녀에 대한 노동은 불가능했다. 전시체제기에 들어서 일본이 법령으로 제정한 동원 연령에서도 아동은 제외되어 있었다.

그러나 조선은 일본과 달리 공장법이 적용되지 않는 지역이었으므로 일본보다 동원연령을 확대 적용했다. 한반도내 동원의 대다수를 차지하는 근로보국대의 경우에는 1941년 11월에 남 14~40세 미만, 여 14~25세 미만의 적용 규정이 1943년 12월에 남 14~50세 미만으로, 1944년 11월에는 남 14~60세 까지, 여 14~40세(배우자가 없는 여성)로 점차 확대되었다.

특히 여성노동력동원을 위해 여러 조치를 취했다. 1943년 10월 8일 조선총독부는 여성노동력 동원에 대한 지시를 포함한 '생산증강노무강화대책요강'을 결정했다. 이에 따르면, '신규학교 졸업생 및 연령 14세 이상의 미혼자 등의 전면적 동원체제 확립' 등이 하달되었다.

그러나 실제로는 이보다 어린 소녀들을 동원했다. 방적공장의 경우에는 평균연령이 12.4세로 법적으로 제시된 기준(14세)보다 낮았고, 10세 이하 아동이 18.9%를 달할 정도였다.

일제는 1944년 8월 23일 근로정신대 동원을 위한 법령, 즉 '여자정신근로령'을 제정했는데, 그 대상은 만 12세 이상 40세 미만으로 더욱 낮아졌다. 이미 만연하고 있었던 미성년 소녀에 대한 노동력 착취를 합법화한 조치였다.

미성년 아동이 군수공장에 동원됨으로써 가혹행위와 노동착취는 그만큼 심화되었다. 기계나 설비는 모두 성인에 맞춰진 것들이었고, 아동들이 성인과 같은 노동조건을 견딜 수 없음은 자명하다.

3) 한국 사회가 부여한 편견과 굴레

여자근로정신대는 일본과 한반도 등지 비행기부속공장 및 방적공장에 동원된 피해자를 의미하며 강제동원 피해 유형 가운데 노무동원에 해당한다. 그러나 한국사회에서 여자근로정신대는 '정신대(挺身隊)'라는 용어를 통해 일본군 '위안부'와 동일한 개념으로 수용, 확산되면서 사회적 편견과 차별에 시달리는 결과를 낳았다.

한국사회에 정신대=일본군 '위안부'가 확산된 연원은 일제 말기부터 시작된다. 일본군 위안부를 동원하는 과정에서 사용한 용어는 '정신대'였다. '위안부로 가자'는 데 따라 나설 소녀들은 없었기 때문이다. 당국은 '공장에 일하러' 또는 '정신대로 간다'는 식의 사기와 기만으로 소녀들을 전쟁터로 끌어냈다.

그 후 일본군 '위안부'에 대한 참상이 조금씩 한국사회에 알려지면서 '정신대'는 기피 대상이 되었다. 이러한 상황은 해방 후에도 이어져 한국 사회에서 정신대=일본군 위안부라는 도식이 자연스럽게 자리 잡게 되었고, 1990년대 초, 일본군 '위안부' 문제를 한국 사회에 제기하는 과정에서 단체 명칭에 '정신대'를 사용하면서, '정신대 할머니=일본군 위안부 피해자'라는 잘못된 등식이 더욱 공고화 되었다.

그 결과 여자근로정신대 피해자는 다시 혹독한 마음의 상처를 입어야 했다. 그러나 한국 정부나 사회는 오랫동안 이 문제를 방기했다. 그 피해는 고스란히 피해자 개인이 감당해야 했다. 가족으로부터 외면을 받거나, 경우에 따라 배우자의 지속적인 구박과 폭력을 견디지 못해 이혼을 강요당하기도 했다.

이처럼 '여자근로정신대' 피해자들은 자기 의사와는 무관하게 일본 제국주의에 의해 강제노역 피해를 입었을 뿐만 아니라, 특히 '여성'이라는 이유로 광복 후 고국에 돌아와서까지 사회적 냉대를 받게 되는 '이중의 피해'를 받아야 했다.

3. 전시 여성인권 문제와 한국사회의 과제

1) 한일 양국에서 방기

한국사회에서는 아직도 대부분 '여자근로정신대'와 일본군 '위안부' 피해자를 구분 짓지 못한다. 심지어 언론을 통해 지금도 잘못된 정보가 확대 재생산되기도 한다.

이 같은 원인의 1차적 책임은 일본정부에 있다. 일본정부는 해당 기업과 함께 전시 노동력 착취를 위해 미성년 소녀들까지 강제동원한 행위의 주체였기 때문이다. 끔찍한 일본군 '위안부' 제도와 피해실상에 대한 집단의 기억은 '정신대'라면 우선 기피하고 보는 하나의 사회적 배경이 되었다. 무엇보다 패전 후 진실규명을 외면하고 방치함으로써 '근로정신대=일본군 위안부'라는 잘못된 정보가 오랫동안 자리 잡도록 원인을 제공했다.

한국정부의 잘못도 크다. 많은 국민들이 '근로정신대'와 일본군 '위안부' 문제를 혼동하고 있는 잘못 역시 한국정부에 그 중요한 책임이 있다. 정부 차원의 제대로 된 진상조사, 역사교육이 이뤄지지 않는 상태에서 국민들이 '근로정신대'와 일본군 '위안부' 문제를 스스로 구분해 이해하는 것은 거의 불가능한 일이었기 때문이다.

'여자근로정신대' 사건에 대한 학술 연구물이라고 해야 손에 꼽을 정도인데다, 한국정부 차원의 최초 직권조사보고서[2]와 피해자 구술집이 2008년에서야 나온 마당이니 국민들이 혼동해 왔던 것은 어쩌면 당연한 일인지도 모른다.

---

[2] 일제강점하강제동원피해진상규명위원회, 「'여자근로정신대' 방식에 의한 노무동원에 관한 조사」, 2008.

일본군 '위안부' 피해자와 달리 '여자근로정신대' 피해자에 대해서는 정부 차원의 관심과 지원제도가 거의 없다는 것 또한 문제로 지적되고 있다. 일본군 '위안부' 피해자에 대해서는 1993년 '일제하 일본군 위안부 피해자에 대한 생활안정지원 및 기념사업 등에 관한 법률'을 제정해, 나름의 지원을 실시하고 있는 반면, '여자근로정신대' 피해자의 경우 제도적 지원에서도 소외된 상태다.

문제는 그로인해 피해자들이 스스로 신분을 감추는 결과를 낳고 말았다는 것이다. 어렵게 용기를 내서 자신이 피해자라고 고백하더라도 국가로부터 어떠한 지원을 받을 수 없게 되자, 스스로 피해 사실을 감추는 것이다. 괜히 피해자임을 드러내 오히려 가정과 주변으로부터 공연한 오해를 살 필요가 없다는 것이다.

국가로부터 따뜻한 보호를 받아야 할 '여자근로정신대' 피해자들이 아직도 피해자라는 사실마저 감추는 이 비극적 현실은, 전적으로 정부에 그 책임이 있다.

2) '여자근로정신대' 문제, 외교 의제화 필요

성적 노예 생활을 강요당한 일본군 '위안부'와 강제노동을 강요당한 '여자근로정신대' 피해자는 분명 다르다. 그러나 동원 대상이 미성년 소녀들인데다, 여성에 대한 성적 차별이 온존한 한국사회에서 '이중의 피해'가 현재까지 계속되어 왔던 점을 유의 깊게 볼 필요가 있다.

특히 전시(戰時) 여성 인권이라는 관점에서 '여자근로정신대' 문제가 일본군 '위안부' 문제와 달리 그 피해가 소홀히 다뤄지거나 특별히 배제되어야 할 이유가 없다.

무엇보다 한국정부의 인식전환부터 필요하다. 한국정부는 단지 한일협정 문서 공개 후속 대책과 관련 2005년 8월 26일 민관공동위원회 입장 발표를 근거로, '여자근로정신대' 문제는 이미 65년 한일청구권협정에 의해 해결된 것이라고 밝히고 있다. 즉, 일본군 '위안부' 문제는 일본정부에 법적 책임이 남아 있는 반면, '여자근로정신대' 문제를 포함한 강제 징용 피해자 문제는 이미 '한일청구권협정'에 의해 끝났다는 주장이다.

그러나 한국정부의 입장은 일제 강제동원 피해자들이 일본 기업을 상대로 제기한 손해배상 소송에서 한국 사법부가 밝힌 입장과 전혀 다른 것이어서 정부차원의 입장 정리가 우선 시급한 상황이다.

특히, '이미 해결' 됐다는 전제하에 '사인(私人)간 소송'이라며 정부가 입장 표명을 유보하고 있는 것은, 일본정부나 기업에게 잘못된 판단을 줄 환경을 제공하고 있다는 점에서 심각한 문제를 안고 있다.

[표 4] 여자근로정신대 문제에 관한 한국정부의 입장

구분	쟁점 및 질문	정부 입장 및 답변 내용
정부 민관공동위원회 (2005.8.26)	한일청구권협정의 법적 효력 범위?	"일본군 위안부 문제 등 일본정부·군 등 국가권력이 관여한 반인도적 불법행위에 대해서는 청구권협정에 의하여 해결된 것으로 볼 수 없고, 일본정부의 법적 책임이 남아있음. 사할린동포, 원폭피해자 문제도 한일청구권협정 대상에 포함되지 않음"
	무상자금의 성격?	"일본으로부터 받은 무상 3억불은 개인재산권(보험, 예금 등), 조선총독부의 대일채권 등 한국정부가 국가로서 갖는 청구권, 강제동원 피해보상 문제 해결 성격의 자금 등이 포괄적으로 감안되어 있다고 보아야 할 것임"
외교통상부 (2011.12.13)	"2011.8.30. 일본군 위안부·원폭문제 위헌판결에 따른 한·일 양자 협의시 65년 협정에서 언급되지 않은 여자근로정신대 문제도 정식 의제에 포함시켜야 되지 않느냐?" (시민모임)	"65년 한일청구권협정의 대상범위에는 강제동원 관련 △피징용 한국인 미수금(공탁금) 및 △피징용자 피해보상 문제 등이 포함되었음" "따라서 동 사안에 대해 현재로서 일본 측과의 협상은 실익이 없을 것이 예상됨"
외교부 (2013.6.12)	"2011.12.13. 공문을 통해 근로정신대 문제는 한일청구권협정 대상범위에 포함되는 만큼, 일본 측과 협상은 실익이 없을 것으로 예상된다고 밝힌 바 있는데, 외교부 입장에 변함이 없는가?" (시민모임)	"정부는 65년 한일청구권협정의 효력범위 문제 등에 대해 2005년 민관공동위원회를 개최하여 논의하고, △일본군 위안부 피해자 △사할린한인 △원폭피해자 문제는 청구권협정에 의해 해결된 것으로 볼 수 없고, 일본정부의 법적 책임이 남아있다는 입장을 밝힌 바 있음" "한편, 우리 정부는 근로정신대 문제에 대해서는 이제까지와 마찬가지로 △미수금 자료의 입수를 통한 국내 보상 △99엔 무제의 해결(후생연금 탈퇴수당의 현재가치 지급) △시민단체 활동의 측면 지원과 관련하여 노력을 기울여 나가고자 함"
	"외교부 입장과 2012.5.24. 대법원 판결 결과는 전혀 상반되는데, 외교부의 여자근로정신대 문제에 대한 기존 입장에는 지금도 변함이 없는가?" (시민모임)	"일본의 한반도 지배의 불법성을 확인하는 2012.5.24. 대법원 판시 내용과 취지에 공감하고 있음" "다만 상기 소송은 사인(私人)간 민사소송으로 재판이 진행 중인 사안에 대해 정부가 입장을 표명하는 것은 부적절한 측면이 있음"

정부의 입장은 구체적으로 다음과 같은 한계와 문제점이 있다.

① 일본군 '위안부'·'사할린'·'원폭' 문제는 미해결된 예시적 사안일 뿐

외교부는 2005년 민관공동위원회 발표 당시, 한일청구권협정에서 해결되지 않는 것으로 ▲일본군 위안부 피해자 ▲사할린 한인 ▲원폭피해자 문제를 언급한 것을 근거로, 여기에 포함되지 않은 '여자근로정신대' 문제는 65년 협정에 의해 해결된 것으로 주장하고 있다.

그러나 이는 과도한 해석이다. 2005년 민관공동위원회가 ▲일본군 위안부 피해자 문제 등을 언급한 것은 65년 협정에 의해 해결되지 않은 대표적인 사안을 단순히 예시적으로 거론한 것일 뿐이다. 바꿔 말해 세 가지(일본군 위안부, 원폭, 사할린) 문제만 해결이 안 되었고, 나머지 문제는 모두 해결된 것이라고 확정한 것이 아니다. 설령 이때 '확정'한 것이라고 하더라도 이를 뒷받침할만한 구체적 근거는 아무 것도 없다.

이와 관련해 지난 2014.10.14. 포로감시원 출신으로 B·C급 전범으로 처벌받은 피해자와 유족 10명이 "BC급 전범 문제에 관해 한일청구권 협정에서 논의되지 않았는데 한국정부가 이에 관해 아무 조처를 하지 않고 내버려둔 것은 위헌"이라며, 외교부장관을 상대로 헌법재판소에 헌법소원을 제기했는데, 이 사건 역시 같은 맥락이다.

② 일제강제동원, 원천적으로 '국가권력 개입·반인도적 불법행위'

2005년 민관공동위원회는 일본정부의 법적 책임이 남아있는 사안으로 일본군 위안부·사할린·원폭 문제 등을 예로 들면서 그 근거로 "일본정부·군 등 국가권력이 관여한 반인도적 불법행위"를 근거로 언급하고 있다.

그런데 상식적으로 일본정부의 국가권력이 관여하지 않고 일제 강제동원 문제가 발생할 수 있었을까? '여자근로정신대' 뿐만 아니라 일제 강제동원은 사건의 성격상 예외 없이 일본정부·군 등 국가권력이 관여하지 않고서는 결코 일어날 수 없는 사건이었다. 실제 일제는 '국가총동원법', '국민징용령', '여자근로정신대령' 등을 통해 '국가권력'이 처음부터 주도하거나 관여했으며, 행위 역시 '반인도적'인 '불법행위'였다.

이에 대해 2012.5.24. 대법원은 "대한민국 헌법의 규정에 비추어 볼 때, 일제강점기 일본의 한반도 지배는 규범적인 관점에서 불법적인 강점(强占)에 지나지 않고, 일본의 불법적인 지배로 인한 법률관계 중 대한민국의 헌법정신과 양립할 수 없는 것은 그 효력이 배제된다고 보아야 한다"고 밝힌 바 있다. 아울러 "일본판결 이유는 일제강점기 강제동원 자체를 불법이라고 보고 있는 대한민국 헌법의 핵심적 가치와 정면으로 충돌하는 것으로서 효력을 인정할 수 없다"고 밝힌 바 있다.

③ 한국사법부 "개인청구권 소멸되지 않아"

외교부는 2005년 민관공동위원회가 소위 8개 항목을 들어 1965년 청구권협정 대상에 강제동원 피해자의 보상 문제가 포함된 것으로 주장해 왔는데, 이것 역시 2012.5.24 대법원의 판결 요지 및 이후 잇따른 강제징용 배상 판결을 통해 설득력이 없어지고 말았다.

대법원은 판결에서 "청구권협정은 일본의 식민지배 배상을 청구하기 위한 협상이 아니라 샌프란시스코 조약 제4조에 근거하여 한일 양국 간의 재정적·민사적 채권·채무관계를 정치적 합의에 의하여 해결하기 위한 것"이라며, "청구권협정 제1조에 의해 일본정부가 대한민국 정부에 지급한 경제협력자금은 제2조에 의한 권리문제의 해결과 법적 대가관계가 있다고 보기 어렵다"고 밝혔다.

대법원은 이에 대한 근거로, "청구권협정의 협상과정에서 일본정부는 식민지배의 불법성을 인정하지 않은 채, 강제동원피해의 법적 배상을 원천적으로 부인했다"며, "한일 양국의 정부는 일제의 한반도 지배의 성격에 관하여 합의에 이르지 못했는데, 이러한 상황에서 일본의 국가권력이 관여한 반인도적 불법행위나 식민지배와 직결된 불법행위로 인한 손해배상 청구권이 청구권협정의 적용대상에 포함되었다고 보기는 어렵다"며, 개인청구권은 소멸되지 않았다고 밝힌 바 있다.

이 같은 입장은 이후 광주지방법원의 미쓰비시 근로정신대 소송 판결(2013.11.1), 서울중앙지법의 후지코시 근로정신대 소송 판결(2014.10.30), 광주고등법원의 미쓰비시 근로정신대 항소심 판결(2015.6.24) 판결에서도 그대로 유지됐다.

이상에서 살펴본 것처럼, 한국정부의 입장과 사법부 입장은 엇갈리고 있다. 법치국가에서 국가 간 조약의 해석 권한은 유일하게 사법부에 있다는 점에서, 사법부 판단 이후에도 한국정부가 기존 입장을 고수하는 것은 스스로 법치국가의 근간을 무너뜨리는 것이어서 문제라 할 것이다.

따라서 한국정부는 지금까지 정부 입장을 시급히 변경하고, 아울러 일본군 '위안부'·원폭·사할린 문제와 함께 '여자근로정신대' 문제 역시 일본정부에 법적 문제해결을 요구하고, 이를 한·일간 주요 외교문제의 하나로 정식 '의제화'해야 한다.

3) '피해자 지원법' 마련 필요...실태조사, 피해자 생활안정 등 시급

한편으로 '여자근로정신대' 피해자들에 대한 실태조사와 생활안정을 위한 피해자 지원법 제정을 진지하게 검토해야 할 때가 됐다. 부족하나마 '여자근로정신대' 문제의 실상이 어느 정도 드러났고, 이미 일부 자치단체에서는 그 필요성을 인정해 제한적이나마 피해자들에 대한 실제적인 지원에 나서고 있기 때문이다.

이를 위해 일본군 '위안부' 피해자들의 생활안정 등을 위해 1993년 제정된 '일제하 일본군 위안부 피해자에 대한 생활안정지원 및 기념사업 등에 관한 법률' 및 그에 따른 지원내용을 먼저 살펴보는 것이 참고가 될 것이다.

특히 이 법에서는 "국가는 일제하 일본군 위안부 피해자의 명예 회복과 인권 증진 및 이와 관련한 진상 규명, 올바른 역사교육 등을 위해 국내외에서 적극 노력해야 하며, 이에 필요한 조직과 예산을 확보"하며 "국내외적으로 일본군 위안부 피해자를 적극적으로 찾아내고 일본군 위안부 피해자가 안정적인 생활을 유지할 수 있도록 필요한 조치를 마련하여야 한다"며 이를 국가의 의무로 명문화 하고 있는 것이 특징이다.

피해자들에 대한 지원금은 제정 첫해인 1993년 생활안정지원금 매월 15만원, 신규 등록자 특별지원금 1회 500만원으로 시작했다. 그러다 특별지원금은 1998년 4천300만원으로 크게 올랐다. 당시 이미 500만원을 받은 피해자에게는 차액이 지급됐다. 또 2001년부터는 치료비, 2006년부터 간병비를 일부 지원하고 있다.

여성가족부에 의하면, 정부에 등록된 피해자는 2016년 3월 기준 ▲매달

생활안정지원금 126만 원 ▲간병비 105만 5천원(평균치) ▲연간 치료비 454만 3천원(평균치)을 지원하고 있으며, 그 밖에 틀니, 집 개 · 보수, 이불 등도 지원된다는 설명이다.3)

정부차원의 지원과 별개로 일부 지방자치단체는 자치단체 조례를 통해 생활안정자금을 별도 지원하고 있기도 하다. 경기도는 광주 나눔의집에 거주하는 할머니 등 도내 12명의 피해자 할머니들에게 생활안정자금으로 월 60만 원을 지원해 왔고, 2016년부터 70만 원으로 늘렸다. 서울시, 경상남도 역시 월 70만 원의 생활안정자금을 별도 지원하는 등 다른 지자체들도 액수의 차이는 있지만 비슷한 지원을 하고 있다.

이에 반해 '여자근로정신대' 등 일제강점기에 강제동원 됐던 다른 피해자들에 대한 정부 차원의 지원은 상대적으로 미미한 수준이다.

[표 5] 위로금 등 지급 기준

구분	대상	지급기준
위로금	국외 강제동원 희생자(사망 · 행방불명자)의 유족	1인당 2천만 원
	국외 강제동원 부상자	1인당 300만 원~2천만 원
미수금 지원금	미수금 피해자 또는 유족	1엔당 2천원
의료지원금	국외 강제동원 생환자 중 생존자	1인당 매년 80만원

현행 「대일항쟁기 강제동원피해자조사 및 국외강제동원희생자 등 지원에 관한 특별법」에 따르면, 정부는 2009년부터 사망 또는 행방불명된 국외 강제동원 희생자에게 1명당 2,000만 원의 위로금을 지급하고, 부상자는 장

---

3) 〈연합뉴스〉 임기창 권영전 기자, '위안부 피해자 할머니 평균 90세 … 생활자금 · 치료비 지원'(2016.3.11), 〈여성가족부〉 보도자료, 일본군 '위안부' 피해자 위한 맞춤형 지원 강화(2016.3.10.).

해 정도를 고려해 300만 원~2,000만 원 이하 범위에서 지급했다. 또 이 특별법 시행령에 따라 일본정부나 기업으로부터 돌려받지 못한 미수금 피해자에 대해서는 당시 1엔당 한화 2,000원으로 환산해 지급하고, 생존자에 대해서는 매년 한 차례 의료지원금 명목으로 80만원 씩 지급하고 있다.

그러나 연간 80만원에 불과한 의료지원금은 너무 현실성이 떨어진다. 생존 피해자들이 대부분 90세 안팎인 점을 감안할 때, 고작 한 달 7만원도 미치지 못하는 금액으로 '의료 지원'을 한다는 것은 생색내기라고 밖에는 할 수 없다.

특히, 여자근로정신대 피해자들의 경우 가족 구성원으로부터 소외를 받는 등의 이유로 일찍부터 경제적 어려움을 홀로 헤쳐 오거나 궁핍한 생활을 견뎌 와야 했고, 경제적 활동이 불가능한 현재는 더욱 어려운 형편에 있다는 점이 고려될 필요가 있다. 일본군 '위안부' 피해자들에 미치지는 못하더라도 이를 참고로, 적절한 지원 방안이 마련돼야 한다.

정부의 인식이 미치지 못한 가운데, 현재 광주시, 전라남도, 서울시, 경기도, 인천시 등 일부 지방자치단체에서는 차선책으로 '조례'를 통해 피해자들에게 월 30만 원씩의 생활보조금을 지급해 오고 있다. 그러나 일제 강제동원 피해자 문제는 한국정부도 그 도의적 책임에서 자유롭지 못한 점에서, 이를 계속 지방정부에 의탁해 손 놓고 있는 것은 맞지 않다.

'지원법'에는 기초적인 생활안정을 위한 적절한 보조금과 함께 노령에 있는 점을 감안해, 의료비 감면 혜택과 간병서비스 등이 고려되어야 할 것으로 보인다.

또한 경제적 지원뿐 아니라 '여자근로정신대' 사건의 진상규명과 역사교육도 강조되어야 한다. 우선 생존 피해자들에 대한 실태조사가 시급한 사항이다. 여자근로정신대는 일본군 위안부 피해자 문제와 함께 중요한 전시 여성 인권문제이면서도 아직까지 피해자들에 대한 제대로 된 실태조사는 이뤄지지 않았다.

국무총리 소속 '대일항쟁기 강제동원피해자조사 및 국외강제동원희생자 등 지원위원회'가 나름대로 진상조사에 나섰지만, 인력의 한계에 따라 단순히 강제동원 여부만이 판단의 주요한 기준이었기 때문에, 이후 피해자들이 현재 어떤 환경에, 어떤 어려움을 겪고 있는지에 대해서는 제대로 조사가 이뤄지지 못했다.

역사교육도 중요한 문제다. 이를 위해서는 진상규명과 함께 '여자근로정신대' 피해자에 대한 구술작업이 필요하며, 이러한 사례들이 역사교과서에 기술돼 교육과정에 포함되어야 한다. 강조하지만 역사교육이 되지 않는 상태에서 일본군 '위안부'와의 혼동은 막기 어렵다.

특히, '여자근로정신대'가 일제의 황민화교육에 길들여진 10대 미성년 소녀들을 대상으로 "좋은 학교를 보내준다"며 학교를 매개로 조직적 동원이 이뤄졌다는 점에서, 학생들에게는 당시 시대 상황을 이해하는데 가장 좋은 역사교육이 될 것이다.

무엇보다 일본의 끊임없는 역사왜곡에 대응하는 차원에서도 중요하다. 일제강점기에 벌어진 반인도적 범죄를 우리부터 가볍게 취급할 경우, 누가 가장 반겨할 것인지는 자명하다. 그런 점에서 역사는 일종의 기억투쟁이다. 그리고 아프고 시린 역사일수록 더 진지하게 대면하지 않으면 안 된다. 기억하지 않는 역사는 반드시 되풀이되기 때문이다.

[표 6] 광주전남지역 학적부 조사내용과 위원회 신고건과 비교

당시학교명	동원년도	학년	나이	인원	기재 내용	위원회 신고건과 비교
송정동공립국민학교	1945	6	11	1	산업전사로 정신대에 감	후지코시
	1945	6	12	3	산업전사로 정신대에 감	
	1945	6	13	1	산업전사로 정신대에 감	
	1945	6	14	2	산업전사로 정신대에 감	
광주서정심상소학교	1944	6	12	2	1944.6.1. 나고야 정신대	미쓰비시
	1944	6	13	2	1944.6.1. 나고야 정신대	
	1944	6	14	1	1944.6.1. 나고야 정신대	
	1944	6	15	1	1944.6.1. 나고야 정신대	
광주북정공립국민학교	1945	6	12	1	지망. 돌아와 고등과 지망	후지코시
	1945	6	12	1	급성중이염으로 돌아옴	
	1945	6	13	1	지망. 돌아와 고등과 지망	
	1945	6	13	1	지망	
광주공립보통학교	1944	6	12	3	여자정신대원 지망	후지코시 미쓰비시
광산군서방공립보통학교	1944	6		2	여자정신대원	후지코시 미쓰비시
여수서정공립국민학교	1944	6	14	4	1944.4.1.~1945.3.31. 사이에 출정	미쓰비시
	1944	6	13	6	정신대로 참여할 정도로 애국심이 강한 아이	
	1945	6	12	7	정신대를 가장 열망한 숭의한 아이로 부모 반대를 뿌리치고 출발함	후지코시
	1945	6	11	2	제1번으로 정신대를 회망하여 富山市 不二越에 가다	
나주공립국민학교	1944	6	12	1	정신대 출동	후지코시
	1944	6	13	3	정신대 출동	
	1945	6	14	3	정신대 출동	미쓰비시
	1945	6	15	5	정신대 출동	
	1945	6	16	1	정신대 출동	
벌교남국민학교	1945	6	14	2	여자정신대원으로 富山縣 不二越에 가다	후지코시

	1945	6	15	4	여자정신대원으로 富山縣 不二越에 가다	
목포제2보통학교	1945	6	13	3	정신대를 희망하여 富山 비행기공장에서 활동중	후지코시
	1945	6	13	2	고등과를 지원했으나 시대상황을 감안하여 여자정신대가 되었음	
순천남공립국민학교	1945	6	14	1	제강회사 여자정신대로 차출됨	후지코시
	1945	6	15	1	생산정신대로 차출됨	
	1945	6	16	3	생산정신대와 내지명예 정신대로 차출됨	
목포용당심상소학교	1944	6	14	1	2월 하순 내지 여자정신대로 감	후지코시
여수미평심상소학교	1945	6	14	1	일본 도야마현 비행기제작소의 정신대원을 지원하여 출발함	후지코시
쌍암공립국민학교	1945	6	13	1	6년 졸업 후 여자정신대로 내지 공장에서 근무하고 싶다고 함. 그 후 동행은 알 수 없음	없음
미력공립보통학교	1943	6	15	1	정신대 입대	없음
				73	광주: 5개교(21명) 전남: 9개교(52명)	

출처: 이현석, 「광주직할시·전남지역의 정신대 출정실상 -학적부를 중심으로」, 「국사편찬위원회사료조사위원회의 발표요지」, 1992, 56~58p를 일제강점하강제동원피해진상규명위원회, 「여자근로정신대」 방식에 의한 노무동원에 관한 조사」, 2008, p.46~47p 재인용.

[표 7] 여성노무동원 피해 생존자 현황

거주지	신고건수	동원지역		거주지	신고건수	동원지역	
서울	52	국내	14	충북	30	국내	15
		남양군도	2			남양군도	2
		일본	32			일본	13
		중국	4			중국	0
부산	49	국내	4	충남	45	국내	26
		남양군도	0			남양군도	2
		일본	40			일본	12
		중국	5			중국	5
대구	18	국내	6	전북	73	국내	33
		남양군도	1			남양군도	7
		일본	11			일본	21
		중국	0			중국	11
						불상	1
인천	14	국내	3	전남	60	국내	23
		남양군도	1			남양군도	3
		일본	9			일본	21
		중국	1			중국	13
광주	21	국내	4	경북	99	국내	75
		남양군도	1			남양군도	2
		일본	14			일본	21
		중국	2			중국	1
대전	24	국내	7	경남	50	국내	9
		남양군도	1			남양군도	1
		일본	15			일본	39
		중국	1			중국	1
울산	5	국내	0	제주	2	국내	1
		남양군도	0			남양군도	1
		일본	5			일본	0
		중국	0			중국	0
경기	51	국내	16	해외	2	국내	0
		남양군도	3			남양군도	0
		일본	28			일본	2
		국내	4			중국	0
강원	16	국내	8	합계	611		
		일본	7				
		중국	1				

※2008.6 피해자 신고 마감 기준으로, 현재 생존자 현황은 정확히 파악되지 않음.
출처: '대일항쟁기강제동원피해조사및국외강제동원희생자등지원위원회'.

[표 8] 여자근로정신대 사건 일본 소송 결과

구분	소송명(원고)	재판소	제소·항소·상고	피고	판결·취하
1	대일 민간법률구조회 소송 (독립지사, 징용, 군인군속, 근로정신대 등 369명)	도쿄 지방재판소	92.8.28	일본정부	96.3.25 기각
		도쿄 고등재판소	96.3.26		99.8.30 기각
		최고재판소	98.10.13		03.3.27 기각
2	후지코시 여자근로정신대 미불임금 등 소송 (3명)	도야마 지방재판소	92.9.30	일본정부/ 후지코시	96.7.24 기각
		나고야 고등재판소 가나자와 지부	96.8.6		98.12.21 기각
		최고재판소	98.12.25		00.7.11 화해
3	부산'위안부'·여자근로정신대 공식사죄 청구소송 (관부재판. '위안부' 피해자 3명, 근로정신대 7명)	야마구치 지방재판소 시모노세키지부	92.12.25	일본정부	98.4.27. '위안부' 관련 일부인용
		히로시마 고등재판소	98.5.1		01.3.21 기각
		최고재판소	01.4.12		03.3.25 기각
4	도쿄 아사이토 방적 여자 근로정신대 공식사죄 손해 배상 청구 소송 (2명)	시즈오카 지방재판소	97.4.14	도쿄 아사이토 방적	00.1.27 기각
		도쿄 고등재판소	00.		02.1.15 기각
		최고재판소	02.		03.3.27 기각
5	미쓰비시 여자근로정신대 손해배상 소송 (8명)	나고야 지방재판소	99.3.1	일본정부/ 미쓰비시 중공업	05.2.24 기각
		나고야 고등재판소	05.3.9		07.5.31 기각
		최고재판소	07.6.		08.11.11 기각
6	후지코시 여자근로정신대 미불임금 등 소송(2차 소송. 23명)	도야마 지방재판소	03.4.1	후지코시	07.9.19 기각
		나고야 고등재판소	07.10.1		10.3.8 기각
		최고재판소			11.10.24 기각

출처: 田中宏·中山武敏·有光健 編, 2012, 『未解決の戦後補償』, 創史社.
'대일항쟁기강제동원피해조사및국외강제동원희생자등지원위원회'.

나고야 미쓰비시 조선여자근로정신대 관련지도

① 소송 원고들의 출신지. 미쓰비시중공업(주) 나고야항공기제작소 도토쿠 공장에 동원된 여자근로정신대 출신지 중 하나. 141명이 동원되어 제1중대에 편성됨. 그 중 6명이 1944년 12월 7일 도난카이 지진으로 사망.

② 미쓰비시중공업(주) 나고야항공기제작소 도토쿠 공장에 동원된 여자근로정신대 출신지 중 하나. 138명이 동원되어 제2중대에 편성됨. 그 중 1명이 나고야 공습으로 사망. 소송에 앞서 언론을 통해 체험자나 증언자를 찾았으나 이 지역에서는 한 명도 없었음.

③ 소송 원고 8인중 4인이 나주초등학교 출신. 동 초등학교에서 24명이 미쓰비시에 동원되어 제2중대 제2소대에 편성됨.

④ 나고야 도토쿠 공장이 1944년 12월 7일 지진으로 파괴된 뒤, 전라남도 출신 여자근로정신대가 이동함. 구레하(吳羽) 방적공장을 미쓰비시항공이 전용, 100식 정찰기 부품을 생산.

⑤ 나고야 도토쿠 공장이 1944년 12월 7일 지진으로 파괴된 뒤, 충청남도 출신 여자근로정신대가 이동함. 100식 정찰기 기체를 생산.

⑥ 약 40명이 나고야 미쓰비시에 여자근로정신대로 동원.

⑦ 원고 8인중 2인이 순천남초등학교 출신. 순천 전체에서 약 15명이 나고야미쓰비시에 동원됨.

⑧ 약 50명이 나고야 미쓰비시에 여자근로정신대로 동원됨.

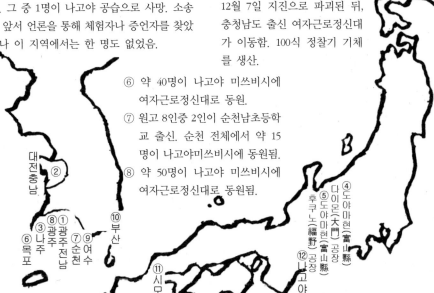

② 대전충남

⑧ 광주전남
① 광주
③ 나주
⑥ 목포
⑦ 순천
⑨ 여수
⑩ 부산
⑪ 시모노세키

④ 도야마현(富山縣)
⑤ 다이몬(大門) 공장
도야마현(富山縣)
후쿠노(福野) 공장
⑫ 나고야

⑨ 여수항~시모노세키항 연락선 항로. 미쓰비시로 동원된 여자근로정신대는 이 항에서 일본으로 건너감. 여수에서도 약 25명이 동원됨.

⑩ 원고들은 10월 하순, 도야마현 다이몬공장에서 귀국할 때 시모노세키에서 배로 이곳에 도착함.

⑪ 1944년 6월 초 배로 여수항을 출발한 원고들은 이 항구에 내려 열차로 나고야로 이동함. 또 1945년 귀국할 때에도 이 항에서 부산으로 출발.

⑫ 2차대전시 일본의 군용기생산의 메카. 미쓰비시 등 항공기 관련 산업이 밀집한 도시. 원고들이 동원된 공장은 남부 군수공장 밀집 지역이었음. 또 동원된 시기는 미군의 공습이 심한 시기였음.

소송 제기 이유서

제1차 소장

(1999년 3월 1일)

당사자 목록

(원고)

대한민국 광주광역시 남구(이하 생략)	박해옥(朴海玉)
대한민국 전라남도 화순군(이하 생략)	김혜옥(金惠玉)
대한민국 광주광역시 서구(이하 생략)	진진정(陣辰貞)
대한민국 광주광역시 서구(이하 생략)	양금덕(梁錦德)
대한민국 광주광역시 북구(이하 생략)	이동련(李東連)

(원고 소송 대리인)

변호사	우치카와 요시카즈(內河惠一)
동	마야타 무쓰오(宮田陸奧男)

(배달 장소)

사무소　나고야시(名古屋市) 모리야마(守山區) 나카신(中新)10-8
　　　　산보루 오바타(小幡) 2층 B호 모리야마(守山) 법률사무소
　　　　전화　052-792-8233
　　　　팩스　052-792-8233

변호사	이외쓰키 고지(岩月浩二)
동	고와 다다시(高和直司)
동	나카타니 유지(中谷雄二)
동	하세가와 가즈히로(長谷川一裕)
동	니시노 야스오(西野泰夫)
동	나지마 아키오(名嶋聰郎)
동	후지이 고이치(藤井浩一)

동	무라카미 미치히로(村上滿宏)
동	아사이 준로(淺井淳郎)
동	아쓰미 유스케(涯美裕資)
동	이시카와 도모타로(石川智太郎)
동	이시즈카 도오루(石塚 徹)
동	이토 긴야(伊藤勸也)
동	이노우에 쇼코(井上祥子)
동	오와키 마사코(大脇雅子)
동	오야 가즈노리(大矢和德)
동	기타무라 사카에(北村 榮)
동	고우 시게후미(鄕 成文)
동	스기우라 다쓰시(杉浦龍至)
동	다카기 데루오(高木輝雄)
동	다케시타 시게토(竹下重人)
동	다키 야스노부(瀧 康暢)
동	다케우치 다이라(竹內 平)
동	니시오 히로미(西尾弘美)
동	하라야마 고조(原山剛三)
동	박헌수(朴 憲洙)
동	하나다 게이치(花田啓一)
동	히라이 히로카즈(平井宏和)
동	후지이 시게루(藤井 繁)
동	모리타 시게루(森田 茂)
동	야마모토 마사오(山本正男)
동	야마모토 쓰토무(山本 勉)
동	야마다 유키히코(山田幸彦)

후쿠오카현 변호사회 소속 변호사 야마모토 세타(山本晴太)

(피고)

일본

미쓰비시중공업(주)

1. 피고들은 원고들에 대해 별지에 기재한 '사죄문'을 아사히신문(朝日新聞), 마이니치시문(每日新聞), 요미우리신문(讀賣新聞), 산케이신문(産經新聞), 닛케이신문(日經新聞), 주니치신문(中日新聞), 동아일보, 중앙일보, 조선일보, 한국일보, 한겨레신문과 광주일보에 게재하고 사죄하라.

2. 피고들은 연대하여 원고 박해옥(朴海玉)에 대해 3천만 엔과 이에 대한 본 소장이 송달된 다음날로부터 다 갚는 날까지 연 5%의 비율에 의한 금액을 지불하라.

3. 피고들은 연대하여 원고 김혜옥(金惠玉)에 대해 3천만 엔과 이에 대한 본 소장이 송달된 다음날로부터 다 갚는 날까지 연 5%의 비율에 의한 금액을 지불하라.

4. 피고들은 연대하여 원과 진진정(陣辰貞)에 대해 3천만 엔과 이에 대한 본 소장이 송달된 다음날로부터 다 갚는 날까지 연 5%의 비율에 의한 금액을 지불하라.

5. 피고 미쓰비시중공업(三菱重工業)주식회사는 원과 양금덕(梁錦德)에 대해 3천만 엔과 이에 대한 본 소장이 송달된 다음날로부터 다 갚는 날까지 연 5%의 비율에 의한 금액을 지불하라.

6. 피고들은 연대하여 원고 이동련(李東連)에 대해 3천만 엔과 이에 대한 본 소장이 송달된 다음날로부터 다 갚는 날까지 연 5%의 비율에 의한 금액을 지불하라.

7. 소송비용은 피고들의 부담으로 한다.

이상과 같은 판결과 가집행 선고를 구한다.

[별지]

사 죄 문

나고야 미쓰비시 조선여자근로정신대 소송 원고들 모두에게

일본과 미쓰비시중공업주식회사는 아시아·태평양전쟁 기간 동안 전쟁수행에 필요한 군수생산 노동력을 확보하기 위해 당신들이 재학하거나 또한 졸업한 지 얼마 안 되는 조선의 국민(초등)학교에서 당신들이 신뢰하는 교사들을 통해 "여학교에 갈 수 있다, 돈도 받을 수 있다"며 당신들을 속이고, 게다가 헌병들에 의한 협박을 가해 '조선여자근로정신대'라는 이름 아래 아직 어린 소녀들이었던 당신들을, 양친을 비롯한 보호자의 비호 하에서 무리하게 떼어내 이 국땅 일본에 데리고 왔습니다.

그리고 여학교에 진학시켜 준다는 약속을 지키지 않았을 뿐만 아니라 미쓰비시중공업주식회사 나고야 항공제작소 도토쿠(道德)공장에서 열악한 노동조건과 생활환경 속에서, 어린 소녀로서는 견디기 어려울 만큼 극히 가혹한 노동을 강제로 시키고 임금조차 지불하지 않았으며, 더욱이 고국에 있었더라면 결코 겪지 않았을 공습(空襲)과 대지진의 공포와 고통을 안겨주었습니다.

일본과 미쓰비시중공업주식회사는 즐겁고 풍요로워야 했을 당신들의 어린 시절을 공포와 고통으로 몰아넣은 이러한 비인도적인 행위에 대해 진심으로 사죄합니다.

또한 일본과 미쓰비시중공업주식회사는 전쟁 중에 당신들에게 이러한 고통을 준 사실을 알면서도 이에 대한 배상과 사죄를 태만히 하였을 뿐만 아니라 기초적인 조사조차 하지 않고 '조선여자근로정신대'에 관한 사실을 전혀 공표하지 않고 근로정신대에 관한 역사적 사실을 묵살해 온 결과, 당신들의 고통을 더욱 심화시켰습니다.

특히 이러한 방치는 일본이 일본군 '위안부'에 관한 명확한 역사적 총괄을 태만히 한 것과 맞물려 정신대는 모두 위안부였다는 그릇된 인식을 조장하여, 과거 일본군 '위안부' 피해자였던 사람들이 겪는 고통과 마찬가지의 고통을 지난 50여 년간 겪을 수밖에 없었으니 당신들에게 입힌 피해는 인생을 송두리째 빼앗은 것과 다름없습니다.

일본과 미쓰비시중공업주식회사는 침략전쟁에 대한 심각한 반성 위에 성립된 일본국 헌법의 정신을 외면한 채 오늘에 이르기까지 당신들에 대한 전쟁 책임을 지지 않은 것에 대해 진심으로 사죄합니다.

년   월   일

일본국
미쓰비시중공업주식회사

들어가는 말

1. 일본의 역사가 남긴 부조리

일본과 조선(한국)은 이웃나라이다. 그 관계는 일본의 역사와 문화 속에서 커다란 관련을 가져온 것만 보아도 새삼 말할 필요도 없을 것이다. 특히 중국 문화가 한반도를 거쳐 일본에 전해진 사실뿐만 아니라 독자적인 조선 문화가 일본의 역사와 문화 발전에 크게 공헌한 점은 역사가 분명히 보여주고 있는 바이다.

그러나 1592년 도요토미 히데요시(豊臣秀吉)의 조선 침략을 시작으로, 메이지(明治)유신 이후에도 일본의 권력자는 조선에 부당한 간섭을 자행하였는데 특히 1907년에는 일본이 조선의 내정권을 장악하고, 다시 1910년(명치 43년)에는 비열한 수단으로 조선을 병합함으로써, 일본과 조선의 관계는 현저하게 왜곡되기에 이르렀다. 그 비정상적인 관계와 역사는 제2차 세계대전에 이르러 극한에 달해 본 재판에 의해 거듭 밝혀지는 바와 같은 사태를 낳았던 것이다.

즉 일본이 부당한 침략전쟁을 전개하는 가운데 조선으로부터 나이도 차지 않은 소녀들을 속여 일본으로 데려가 근로정신대라는 이름으로 군수공장에서 일을 시키고, 가혹한 상태 아래서 급료도 지불하지 않은 채 전후 조선으로 돌려보냈던 것이다. 물론 전쟁의 비참함은 일본인 자신들이 깊이 체험한 바이지만 특히 원고(原告)들에 대한 대응이 부조리하다는 말을 듣는 이유는, 부당한 방법으로 식민지가 된 조선의 소녀들을 재차 비열한 방법으로 일본의 전쟁 희생자로 만들었다는 점이다.

일본정부는 최근 들어서야 겨우 전시중(戰時中)의 행위를 반성하고 사죄라는 말을 입에 담게 되었다. 그러나 만약 그 마음이 진실이라면 우선 저지른 죄에 대한 대가를 제대로 치러야 마땅할 것이다. 다시 말해 조선의 소녀들에게 그들에게 저지른 죄에 대해 배상하는 일부터 반성은 시작되지 않으면 안 된다. 양식 있는 일본인이라면 예외 없이 이와 같은 생각을 가지리라고 확신한다.

독일의 전(前)대통령인 바이츠젝커는 1985년 5월 8일 독일의 패전기념일에 가진 강연에서 "과거에 대해 눈을 감는 자는 현재를 보는 눈도 가지지 못합니다. 과거의 비인간적인 일을 기억하고 싶지 않는 자는 앞으로 일어날 비인간적인 일에도 굴복하고 말 것입니다."라고 말했다. 지금 온갖 궤변을 늘어놓으며 그 책임을 회피하려는 일본의 정치나 정부 관계자들은 여기서 말하는 양심을 다시 한 번 되새겨 보아야 할 것이다.

본 건(本件)의 문제가 정치적으로 올바로 처리되지 않아 원고들이 오랜 인내 끝에 재판소에 법적 처리를 요구하지 않을 수 없는 사태에 이르게 된 것은 실로 유감스러운 일이다.

일본의 전후(戰後) 부흥은 우선 전쟁에 대한 책임을 자각하고, 세계에 특히 아시아 각국에 사죄하는 일에서 시작되어야 했다. 그러나 일본은 그것을 모두 소홀히 한 채 경제 부흥에만 힘을 기울였다. 그리고 그 경제 부흥을 이루고도 여전히 당연히 해야 할 사죄와 배상을 하려고 하지 않았다.

이러한 문제를 재판소에 제기하는 것은 다소 부적당하다고 생각할 수 있을지도 모른다. 그러나 이러한 상황 속에서 분명히 지적해 두어야 할 것은 피고들의 행위에 의해 현저하게 인권을 침해당하고 있는 원고들이 지금 실제로 존재하고 있다는 사실이다. 이 인권 침해를 구제하는 일은 역시 사법의 역할이라고 말하지 않을 수 없다. 인권을 옹호하는 최후의 보루인 재판소에 거는 기대는 지극히 크다고 해야 할 것이다.

세계의 많은 양심이 있는 사람들이 관심을 기울이는 본 건 문제에 대해 귀 재판소가 용단을 가지고 대처해 주실 것을 절실히 요망하는 바이다.

2. 원고들의 절규

원고들은 1944년(소화 19년) 5월에서 6월경에 일본에 건너왔다. 당시 그들은 모두 13세에서 15세 정도의 소녀들이었다. 세상이 어떻다는 것을 전혀 모르는 나이였음은 말할 필요도 없다.

원고들에게 일본행을 권한 사람들은 정치적 압박과 함께 원고들이 배우고 있던 학교의 담임선생이나 교장이었다. 교사들은 제자들에게 "일본에 가면 여학교에 갈 수 있다" "급료도 충분히 받아 그걸로 집안 살림도 도울 수 있다"며, "필요할 때는 고향에 돌아올 수도 있다."라는 말까지 했던 것이다.

원고들은 그 말을 그대로 믿었다. 물론 원고들은 당시 일본이 한창 격렬한 전쟁을 치르고 있나는 사실은 상상조차 못했다. 단지 '학교에 보내준다'는 새빨간 거짓 권유에 속아 넘어간 것이었다. 여학교, 특히 일본의 여학교에 가는 것은 어린 소녀들-원고들의 꿈이었기 때문이다.

물론 원고들의 부모들은 어린아이를 전쟁 중인 일본에 보내는 것에 찬성할 리가 없었다. 너나 할 것 없이 모두 강력히 반대했던 것이다. 그러나 그런 부모들에 대해서는 심한 압력이 가해져 결국 그들도 눈물을 흘리면서 아이들과 헤어지지 않을 수 없었던 것이다.

그러나 원고들의 일본 생활은 권유의 말과는 전혀 달리 가혹한 노동을 강요당하면서 먹을 것도 제대로 못 먹는 형편이었다. 언제나 감시를 당해 자유가 없었으며, 물론 학교에 간다는 것도 모두 거짓이었고, 고향에 돌아가는 것도 허락되지 않는 상황이었다.

노동의 당연한 대가인 임금도 지불되지 않았다. 원고들은 노예상태에 놓여 있는 것이나 다름없었다. 그들은 완전히 속은 것이고, 그들을 속인 주체는 일본이며, 미쓰비시중공업주식회사였던 것이다.

원고들은 너무나 어렸던 탓으로 그 억울함을 충분히 표현할 수가 없었다. 그러나 그들의 마음 깊이 새겨진 그 고통, 그 원통함은 결코 한순간도 그들의 마음을 떠난 적이 없었을 것이다.

3. 원고들의 소송의 어려움

1) 원고들은 이제야 겨우 그 고통에 대한 배상을 가해자인 피고들에게 소송하기 위해 일어섰다. 그것을 위해 분명 50여 년의 세월이 필요했다고 해야 할 것이다.

전후 대일평화조약(샌프란시스코 조약)이 1951년에, 한일조약이 1965년에 각각 체결되었다. 그러나 그 양 조약에서는 주로 정치·경제문제가 중심이 되어 전시 중에 현저하게 권리를 침해당한 일본군 '위안부' 문제·근로정신대 문제에서 피해자들의 피해를 어떻게 구제할 것인가에 대해서는 전혀 논의된 바가 없다.

2) 특히 믿을 수 없을 정도의 굴욕과 육체적 고통을 받은 일본군 '위안부'들이 그 문제를 사회에 제기한 것은 1990년대에 들어서이다. 그것은 수치심을 억누른 통한의 소리였으며, 용기 있는 '위안부' 피해자들의 절규에 의한 것이었다.

특히 유교적 윤리관이 뿌리 깊은 한국에서 자신이 일본군 '위안부'였다는 것을 공표(公表)하는 일이 얼마나 고통스러운 일이었나 하는 것을 충분히 이해해야 할 것이다.

이와 관련하여 이러한 용기 있는 '위안부' 할머니들의 비통한 절규가 표면화하여 그것이 하나의 문제로 받아들여지게 된 것도 한국의 민주화라는 커다란 움직임이 이었던 점, 또한 그러한 상황 속에서 윤정옥 여사를 위시한 헌신적인 일부 사람들의 조사와 발언에 크게 의거했다고 하는 특수한 상황이 있었다는 것을 이해해야 할 것이다.

3) 본 건 근로정신대 문제도 같은 관점에서 보아야 할 것이다. 즉 위안부와 정신대는 한국에서는 거의 구별되지 않는다. 다시 말해 정신대는 위안부로 여겨지고 있었으며, 그 굴욕적인 심리에서 스스로가 근로정신대원이었다는 것을 도저히 발표할 수 없었던 것이다.

실제로 현재의 신문 보도에서 조차 위안부 문제와 근로정신대 문제가 혼동되고 있다. 이러한 상황 속에서 원고들이 피해구제 등의 권리주장을 한다는 것은 생각조차 할 수 없는 일이었던 것이다.

4) 이러한 한국 내의 사정에서 원고들이 이제야 자신들의 배상을 요구하고 나서게 된 것은 어쩔 수 없는 일이라고 해야 할 것이다.

실제로 일본 정부도 전시 중의 이러한 명예롭지 않은 직책에 대하여 충분하게 조사를 한 일이 없었다. 겨우 근래에 와서야 국제적인 여론에 밀려 사죄라는 말을 입에 담고 일본군 '위안부'에 관한 조사 자료를 일부 공표하기에 이른 것이다(근로정신대 문제에 대해서는 전혀 조사하지 않았다).

문제의 심각함과 죄책의 무게로 보아 시간의 경과를 이유로 '시효(時效)'니 '제척기간(除斥其間)'이니 하는 따위 말로 면책을 받아서는 절대로 안 된다.

4. 사법부의 책무

지금 세계 각국들은 본 건 문제에 대한 일본의 대응을 예의 주시하고 있다. 일본이 진정 책임 있는 대국이라면 우선 무엇보다도 해야 할 의무를 마땅히 이행해야 한다. 정치가 그것을 다하지 않으면 사법부가 그 책임을 다해야 한다. 적어도 일본의 양심에, 정치가의 영혼에, 나아가서는 그 정책에 무거운 영향을 주지 않으면 안 된다.

전쟁 범죄와 인도(人道)에 대한 죄에 대해 시효나 제도 따위의 적용에 의한 일시적인 책임회피는 결코 용납되어서는 안 된다. 귀 재판소의 영단을 기대하는 바이다.

1 역사적 사실

제1절_ 한국병합

1. 을사조약 체결

1) 메이지(明治) 유신에 의해 근대화를 추진한 일본은 당초부터 조선에 대해 제국주의적 야심을 품고 있었다. 정한론(征韓論)이 등장한 지 2년 후인 1875년 일본은 조선에 대해 무력으로 위협하여 개국을 요구했다(강화도 사건). 이 사건을 계기로 부산 등 2개항의 개항을 포함한 조일수호조규(강화도조약)가 체결되었다.

그러나 그 후에도 조선을 속국으로 삼으려는 청나라와 일본 사이에는 조선의 국내 정치적 분쟁에 깊이 관여하며 조선 지배를 둘러싼 항쟁이 계속되었다. 일본은 조선 국내의 잦은 정변에 군대를 파견하여 내정에 간섭함으로써 종주국으로서 조선으로부터 요청을 받은 청나라와 군사적 충돌을 일으켰다. 이처럼 조선을 둘러싸고 조선을 무대로 일본과 청나라 사이에서 청일전쟁이 일어난 것이다.

세계의 예상을 뒤엎고 승리를 거둔 일본은 청나라와 ① 조선의 독립 ② 요동반도와 대만 할양(割讓) ③ 배상금 2억 엔 청구를 내용으로 하는 '청일강화조약'을 체결했다. 그 후 러시아, 독일, 프랑스 삼국에 의한 간섭으로 일본은 요동반도를 반환한 대가로 조선에서 특별한 이권을 차지하게 되었다. 이것이 후일의 한국병합으로 이어진 것이다.

2) 조선정부의 중심에 친일 개화파를 심어놓고, 다액(多額")의 차관(借款)으로 조선의 개혁을 꾀하려 한 일본의 구상은 삼국간섭의 충격으로 무너졌다.

이러한 상황을 타개하기 위해 일본은 1895년 10월, 일본의 간섭을 러시아의 힘을 빌려 막으려 했던 친러파의 중심인 국왕 고종의 비(妃) 명성황후를 살해했다. 그리고 사건 후 개화파 중심의 내각이 결성되었는데 정부가 일본 측의 책임을 추궁하려 하지 않았기 때문에, 국민들로부터 지지를 받지 못하고 오히려 '국모 복수'를 부르짖는 반일 의병 투쟁이 고양되기에 이르렀다.

국왕은 제국주의 열강의 상호대립과 견제를 이용하면서 침략을 막고 '자신의 힘'으로 독립을 유지하기 위해, 스스로 황제로 즉위하고 국호를 대한제국(한국)으로 고치고 근대화 정책을 추진하며 영세중립국 구상을 일본에 밝혔다. 그러나 한국 보호국화를 정책으로 삼은 일본은 이를 거부했다.

1902년 영일동맹이 체결되어 한국에 대한 특별한 이익을 영국 측에 양도한 일본은 조선에 진출을 꾀하는 러시아가 한국에서 일본의 권익을 승인한다고 하는 이른바 만한교환(滿韓交換)을 제안하였으나, 러시아가 이를 거부하자 최후통첩을 들이밀어 러일전쟁이 시작되었다.

러일전쟁 때 한국정부는 국외중립을 선언하고 구미열강과 청나라는 이를 승인하였으나 일본과 러시아는 이를 묵살하고 일본은 선전포고 후 일본군의 한국주둔과 한국의 협력을 규정한 '한일의정서'를 강제로 조인하게 하여 한국에 중립의무를 방기(放棄)시켰던 것이다.

일본은 전시하(戰時下)에 일본정부가 추천하는 재무고문으로부터 재무에 관한 의견을 들을 것, 한국정부가 외국과의 조약체결 등을 행할 경우 반드시 사전에 일본정부 대표와 협의할 것 등을 규정한 제1차 한일협약을 체결하고, 나아가 한성 주변과 반일활동이 고양되어 있던 전라도 전주 부근의 치안경찰권을 한국경찰로부터 박탈하여 일본군 헌병이 장악하였다.

러일전쟁이 일본의 승리로 끝나 일본의 조선지배 용인, 요동반도와 남만철(南滿鐵), 남사할린(南樺太)을 일본에 할양할 것을 내용으로 하는 조약이 체결되었다.

3) 러일전쟁의 승리로 일본은 러시아의 위협을 물리치고 러시아에게도 일본의 조선에 대한 권익을 인정케 하여 한국의 보호국화를 진행, 1905년 제2차 한일협약(을사조약)을 맺어 한국을 보호국으로 만들었다.

황제는 이 보호조약을 승인하지 않고 세계 각국에 한국외교 공동보호를 요청하였다. 나아가 만국평화회의에 일본의 국제법 위반을 호소하려고 했지만 실패로 끝나고 말았다.

본래 이 제2차 한일협약은 한국의 외교권은 박탈하지만 내정간섭을 인정하는 것은 아니었다. 그런데 보호국의 내치감독은 제3국에 대한 보호를 하는 나라의 책임이라는 논리에 기초하여 일본은 내정간섭을 정당화하고, 한국내정 전반에 걸친 감독과 지배를 위한 식민지 기구로서 통감부를 설치하였다.

뿐만 아니라 일본은 한국의 고종황제가 만국평화회의에 밀사를 파견한 것을 구실삼아 한국내정의 전권 장악을 꾀하여 군대를 왕궁 내에 진입시키고, 양위(讓位)에 반대하는 대신들을 체포하고 황제를 퇴위시키고 새 황제(순종)을 즉위시켰다.

이렇게 하여 1907년 7월 대한제국의 이름을 남기면서 일본이 한국의 내정권을 전면적으로 장악하는 것을 목적으로 한 제3차 한일협약이 체결되었다.

2. 한국병합조약 체결

그러나 일본이 통치 실권을 장악하면서 형식적으로 독립국의 체재를 위한 보호국화(保護國化) 책략은 어떠한 탄압에도 굴하지 않고 전국 각지에서 일어나는 의병투쟁이 고양(高揚)되면서 좌절을 맞게 된다.

1909년 7월 6일 각료회의에서 결정되어 천황의 재가(裁可)를 얻은 대한대방침(對韓大方針)에는 적당한 시기에 한국 병합을 단행한다는 방침이 나타나 있었다. 보호국에서 병합으로 단행한다는 방침이 나타나 있었다. 보호국에서 병합으로 방침이 전환된 것이다.

이 방침에 근거하여 정부는 1910년 7월 4일에 조인된 '제2회 러일협약' 체결 교섭과정에서 러시아의 청나라 침략을 승인하는 대가로 일본의 한국병합을 승인받고, 영국에 대해서도 관세를 10년간 물리지 않겠다는 조건으로 한국병합을 승인시켰다.

같은 해 6월 24일에는 한국정부의 경찰권 위임 반대를 물리치고 '한국 경찰사무 위탁에 관한 각서'를 체결하였으며, 같은 해 7월 8일 각료회의에서 병합조약안·조칙안(詔勅案)·선언안을 승인하고 나라 이름을 '조선'으로 결정하였다.

이처럼 내외의 조건이 갖추어진 1910년 8월 22일 이완용 총리와 데라우치총감은 통감부에서 '한국병합에 관한 조약' 두 통에 서명 날인하였다. 외교교섭이나 의식도 없이 보통 사후에 행해지는 황제의 재가(裁可)도 사전 위임이라는 형태로 이루어진 이례적인 조인이었다.

더욱이 이 조인은 극비리에 진행되었으며 또 한성 시내에는 20보에 한 사람씩 보초를 세운 계엄태세 속에서 이루어졌다. 이 조약은 29일 공표되었다. 이로써 조선반도는 '완전하고 영구히' 일본의 식민지가 되었다.

제2절_ '식민지 지배'와 이에 대한 저항과 투쟁

1. 한국병합에 의해 일본은 천황이 직접 임명하는 조선총독 하에 총독부를 설치하고, 군대와 경찰을 일원화하여 '무단통치'라 불리는 강권지배로 조선을 지배하였다. 조선어의 언론과 교육을 탄압하는 한편, '토지조사사업' '임야조사사업'등을 실시해 조선 농민의 토지를 수탈하였다.

2. 이러한 식민지 지배에 반대하여 1919년에는 조선 각지에서 200만 명이 넘는 사람들이 '독립만세'를 부른 삼일독립운동이 일어났다. 그러나 일본군경은 비무장 조선인에게 무력탄압을 가해 조선인 약 7천 명을 살해하였다.

3. 삼일운동의 기세에 놀란 조선총독부는 '문화통치'를 표방하고 조선어 신문 발행을 승인하는 등 회유책을 취하였다. 그러나 1920년에 시작된 '산미(産米)증식계획'에 의해 15년간 증가율 2할에 대해 일본으로 이출(移出)은 4배에 달하는 기아(飢餓)수출을 강요하는 등 식민지 수탈의 실태에는 아무런 변화가 없었다.

제3절_ 전쟁에 동원

1. 병참기지화 정책

일본은 1931년 만주사변을, 1937년에 중일전쟁을 일으켜 중국에 대한 본격적인 침략을 개시하였다. 일본은 조선을 중국침략을 위한 '병참기지'(인적·물적 자원의 보급기지)로 삼고 식량과 공업자원의 약탈을 강화함과 동시에 조선인을 전쟁수행을 위한 인적 자원으로 이용하려 하였다.

2. 황민화(皇民化) 정책

조선인을 전쟁수행의 인적자원으로 이용하기 위해서는 조선인으로부터 그 민족성을 말살시키고 일본에 예속시켜 천황에게 충성을 다하게 할 필요가 있었다.

이를 위해 일본 정부는 이른바 '황민화 정책'을 수행하였다. 천황에게 충성을 맹세하는 '황국신민 서사(誓詞)'를 행사 때마다 암송하게 하고, 조선 각지에 근로 봉사로 신사를 건립하게 하여 그 참배를 강요하고, '창씨개명(創氏改名)'을 실시하여 이름을 일본식으로 바꾸게 하였다.

3. 강제연행에 의한 노동력 동원

전쟁이 장기화되면서 인적자원 부족이 점점 더 심각해졌다. '국책산업'이라 불리던 군수산업의 노동요원을 자유모집 방법으로는 더 이상 공급할 수 없게 된 일본정부는 전시하의 비상조치로서 일본 국민을 징용하기 위해 1938년에 국가 총동원법을 공포(公布)하고, 동 법 제4조에 의거하여 1939년 7월에 국민징용령(칙령 451호)를 공포하여 노동력 동원 체제를 갖추었다.

그러나 조선인에 대해서는 민족적 저항을 두려워하여 국민징용령을 직접 적용하지 않고, 같은 해 9월 30일에 조선총독부 제164~167호로서 조선인 노무자의 징용에 관한 일련의 시행법규를 제정하여, 같은 해 10월부터 '모집'방식에 의한 노동력 동원이 시작되었다.

'모집'방식이란 노동력을 필요로 하는 사업소가 부현(府懸) 장관을 통해 후생성(厚生省)의 모집 허가와 조선총독부의 모집지역 할당을 받아, 모집인이 할당받은 도(道)에서 지정한 면으로 가서 그곳의 직원이나 경찰관과 협력하여 노동자를 모으는 것으로, 실제로는 일본 정부의 깊은 관여 하에 행해진 노동력 '징발'이었다.

'모집'방식에 의한 연행은 처음 1년은 징병제에 준하여 신체검사, 장행회(壯行會) 거행 등 절차를 밟았으나, 대미(對美)전쟁이 시작되어 일본 본토, 사할린, 태평양군도, 조선의 많은 탄광, 군사기지 공사, 군수공장, 식량증산을 위한 대규모 간척 개간, 거대한 신사의 조영(造營) 등으로 노동자의 수요가 급격히 증대하여 노동력이 현저히 부족해지자, 조선인 청장년들을 닥치는 대로 끌어 모으기 시작했다.

조선총독부가 필요한 인원수를 각 도 지사에게 할당하면 지사는 이를 각 군의 군수에게 할당하고, 군수는 이를 다시 각 면에 할당했다. 면 당국자는 처음에는 할당받은 인원을 달성하려고 노력하였으나, 할당 인원의 달성이 불가능해지자 군 직원, 경찰, 면 직원 등이 노무자를 우격다짐으로 끌어내었다. 길가는 사람, 집에서 잠을 자는 사람을 급습하여 닥치는 대로 끌어내는 경우도 있었다.

정해진 날짜에 각 면에서 면서기나 순사가 데리고 온 노무자들을 군청이나 경찰서 앞 광장에 모아 놓고 군수나 결찰서장이 훈화를 한 후 버스나 트럭에 가득 태워 행선지도 알리지 않은 채 조선내의 각 광산이나 일본 본토, 태평양지구, 사할린 방면으로 연행했다.

1942년에는 형식상으로 '모집' 방식을 고쳐 조선총독부내에 설치된 조선노무협회를 운영주체로 하는, 더욱 강제적인 '관 알선'방식에 의한 연행이 시작되어 대규모의 '국민동원계획'이 세워졌다.

그리고 노동력 부족이 한층 심각해진 1944년 8월에는 조선에 국민징용령을 일반에게 적용하여 '백지' 한 장으로 조선인을 노동자로 멋대로 연행할 수 있게 하였다. 이처럼 '모집', '관알선', '징용' 등 방식은 달라도 그 실태는 다름 아닌 일본정부에 의한 강제연행 그것이었다.

이렇게 노무자로서 일본 본토에 연행된 조선인의 총수는 각종 통계에 의하면 적어도 110만 명에 이른다. 이들은 탄광이나 군사시설의 건설 현장 등에서 노예 같은 노동을 강요당하며, 어떤 사람은 목숨을 잃고 또 어떤 사람을 신체적으로 정신적으로 지울 수 없는 상처를 입었다.

일본에 연행되어온 사람들 중 약 30여만 명이 사상(死傷)하였고, 그 중 사망자는 약 6만여 명에 달했다.

4. 군 요원으로 동원

1) 군속(軍屬)

국민 징용령에 의해 조선인이 군속으로 동원된 것은 1939년부터였으나 대미(對美)전쟁이 개시된 후 그 수가 급속히 증가했다.

후생성(厚生省) 발표에 의하면 1945년까지 154,907명이 조선인 군속으로 동원되어 일본 본토와 남양군도에서 군사토목·취사담당·포로 감시요원이나 운수요원으로 노동에 종사하였다.

2) 지원병제도

한편 일본정부는 당초 조선인에게 무기를 갖게 하는 것을 두려워했으나 전쟁이 끝없이 확대되면서 조선인 청년을 군인으로 동원하는 일에 착수하였다.

1938년 2월 육군 특별지원병령(칙령 제95호)을 공포(公布), 같은 해 3월에 칙령 156호로 6개월 기간의 지원병 훈련소 관제를 제정하여 나남, 함흥, 평양, 대구 등에 육군병 지원자 훈련소를 설치하고 같은 해 4월부터 지원병제도를 실시하였다.

또한 태평양전쟁이 시작되어 육군 병력이 부족해지자 1943년 7월 해군특별지원병령(607호)을 공포, 진해에 해군병 지원자 훈련소를 설립하여 10월 1일부터 조선인 청년을 양성하기 시작했다.

나아가 1943년에는 학도지원병으로 전문학교와 대학에서 조선인 학생이 전장(戰場)에 동원되었다.

1938년부터 1943년 사이에 지원병으로 동원된 조선인 청년은 23,681명이다. 한편 이에 지원한 사람 수는 805,513명에 이르렀다 하여 조선총독부는 이를 조선인 청년들의 '애국적 열성' 때문이라고 선전했다.

그러나 실제로는 '지원'이라는 것은 이름뿐이었고, 면(面)마다 할당된 인원수를 채우기 위해 지방관리나 경찰에 의해 행해진 강제 동원이었다. 일본 본토에 있는 조선인 학생에게 지원하지 않는 자는 탄광 등에 징용된다는 따위 공갈까지 하며 강제적으로 지원시켰다.

80만 명을 넘은 방대한 지원자 수는 오히려 그것이 강제였다는 것을 증명해주는 것이다.

3) 징병제도

일본 정부는 대미(對美)전쟁이 시작되어 더 많은 병력이 필요하게 되자 조선인 청년을 전쟁에 동원하는 것을 더욱 의무적인 것으로 규정하기 위해 1942년 5월에, 1944년부터 징병제 도입할 것을 결정하고 '징병제실행 준비위원회'를 설립하여 준비에 착수하였다.

그리고 중학교 이상에 현역장교를 배속시키고, 초등학교 졸업생은 청년훈련소, 초등학교 미수료자는 청년특별훈련소에 의무적으로 입소시켜 군사훈련과 황민화교육을 실시하였고, 같은 해 10월에는 징병적령신고를 의무화하였다.

이러한 준비를 거쳐 1944년 4월, 마침내 조선에 징병령이 적용되어 1945년까지 조선인 청년 209,279명이 전쟁터로 내몰리게 되었다.

4) 일본군 '위안부'

1930년대 말기부터 일본군은 조선인 여성을 일본군 '위안부'로 강제 연행하기 시작했다. 강제와 감언(甘言)으로 주로 10대 여성들을 끌고 가서 일본군 병사들의 성욕 배출구 역할을 시키며 인격을 무참히 짓밟았다.

이들 여성들의 연행과 위안소 관리에 일본군이 직접 관여한 사실은 오늘날 의심할 여지가 없다.

5) 조선인 군인 군속에 대한 처우

일본군 당국은 조선인 청년을 동원하기는 했으나 그들의 반란을 두려워하여 조선인만의 부대를 편성하지 않고 일본부대 속에 드문드문 섞어서 배속시켰다.

이 때문에 그렇지 않아도 폭력이 횡행한 일본군대 내에서 조선인 병사들은 민족적 편견에서 나온 학대와 사적 제재(制裁)를 견뎌내지 않으면 안 되었다.

또한 남방(南方)에서는 조선인 군속에게 영국군과 미군의 포로를 감시하는 업무를 담당시켰기 때문에 조선인 군속 중에는 전후 BC급 전범으로 처형된 사람도 있었다. 결국 전쟁터에 내몰린 40만에 달하는 조선인 군인과 군속 중에서 약 15만 명이 귀환하지 못했다.

제4절_ 한국병합의 위법과 무효

1. 들어가는 말

본 소송에서 한국병합의 위법성과 무효를 논하는 의의는 다음과 같다.

첫째, 원고들에 대해 헤이그 육전규정(陸戰規定)의 보호가 미치는지 아닌지의 전제문제로서 중요한 의미를 갖는다. 이점에 대해서는 뒤에서 상술하겠지만 한국병합이 무효가 되면 일본의 한국지배와 일본의 한국병합을 전제로 원고들을 노동을 강요한 것은 헤이그 육전규정에 위반하는 것이 되며, 헤이그조약에 의해 개인배상을 인정해야 하기 때문이다.

둘째, 국가무답책(國歌無答責)의 적용범위 관계이다. 한국병합이 무효라면 원고들은 일본정부와 관계에서는 외국인이 되며, 통치자와 피통치자의 동일성을 이유로 한 국가무답책의 처리 적용이 없어지기 때문이다.

이 점에 대해서도 해당 부분에서 다시 상술하겠으나 어떻든 본 소송에서 이 점은 가장 중요한 쟁점의 하나이며, 원고들의 개인 배상이 피고 일본국에 대해 인정을 받을지 어떨지 문제의 결론의 귀추에 한국병합의 유효·무효가 밀접하게 관련되는 것이다.

다음에 일본의 한국병합은 위헌 무효라는 점에 대해 자세히 논하겠다.

2. 제2차 한일협약(을사조약), 제3차 한일협약과 한국병합조약의 관계

제2차 한일협약(을사보호조약)은 체결 이후의 한국 외교관계에 대해 일본 외무성이 관리, 지휘하기로 규정했다. 이에 의거해 제3차 한일협약은 한국의 내정권을 통감 지배하에 두기로 하였으며, 따라서 한국병합이 결정되었던 것이다.

한국병합조약은 조약 문헌상에서는 일본과 한국의 합의에 의한 병합 형식을 취하고 있지만, 위의 각 협약 배경으로 보더라도, 이미 서술한 조약체결에 이른 사실 경과로 보더라도 일본이 병합을 결정한 강압적 행태였다. 그리고 법적으로는 '제2차 한일협약에서의 한국 외교권에 대한 일본의 감시, 지휘가 유효한 것이었는지, 어떤지'에 따라서 그 후의 조약 유효성도 판가름이 나게 된다.

3. 제2차 한일협약(을사조약)의 무효성

한국의 외교권을 일본이 가지는 것으로 하여 그 후의 한일협약과 한국병합 조약체결에 이르는 법적 전제가 된 제2차 한일협약(을사조약)은 다음에 언급하는 이유에 의해 무효이다.

1) 조약체결권자의 승인 없음

대한제국(大韓帝國) 국제(國制)는 황제에 조약체결권이 있다는 점을 규정하고 있다. 하지만 당시의 한국 황제 고종은 조약체결 문제가 거론되기 시작한 때부터 이를 허락하지 않았다. 1905년 11월 15일에 진행된 일본 천황 특사인 이토 히로부미(伊藤博文)와의 면담 때에도 "조종(祖宗) 이래, 국가의 중대 사건이 있을 때에는 정부의 크고 작은 관리는 물론 전임, 현역 대신들 및 그 외의 학자들과도 상담한 뒤에 결정하고, 또한 국내의 국민여론까지 들으며 시행해 온 전례가 있으므로 짐이 자의로 결정할 수는 없다", "이 조약을 허락하면 즉 나라가 멸망하는 것과 마찬가지의 일이므로 짐은 오히려 종묘사직(宗廟社稷)에 순국하는 일이 있을지언정 허가할 수는 없다"고 했으며, 조약 '체결' 후에도 고종이 각국 수반(首班)에게 보낸 비밀친서에도 정부가 조인을 허락한 적이 없다는 사실을 거론했다. 이처럼 조약체결권자 자신이 조약의 체결에 대해 승인하지 않았음이 확실한 것이다.

2) 국가의 대표 개인에 대한 강제적 '체결'

국제법은 주권자인 국가대표에 대한 개인적 강제에 의한 조약은 무효로 규정하고 있다(조약법 조약 51조). 이는 제2차 한일협약(을사조약) 체결 당시 이미 국제관습법으로 제정된 내용이다. 하지만 을사조약 체결 경위는 분명히 국가 대표자에 대한 협박에 의해 이루어진 것이 분명하며, 따라서 무효이다.

일본정부는 을사보호조약에 대한 각료회의 당시, 군대 일부를 입성시켜, 보위 명목으로 각 대신(大臣) 한 사람 한 사람에게 헌병을 붙이고, 더욱이 각료회의 석상에서 이토 히로부미(伊藤博文) 특사가 직접 대신에게 찬반(贊反)을 물었다. 그리고 참정대신 한규설(韓圭卨)이 "조약에 절대 반대다"라고 하자 "너무 성가시게 굴면 죽여버리라"고 명령해 별실로 끌고 나갔던 것이다. 이는 다름 아닌 반대하는 자에 대해서는 생명에 위해를 가하겠다는 협박이었다.

3) 외상의 관인(官印)은 강탈당하고 강제로 날인

뿐만 아니라 조약에 조인된 외상의 관인은 일본 외교관보였던 누마노(沼野)가 강탈해 이토 히로부미(伊藤博文)가 직접 날인한 것으로, 국가의 대표에 의해 임의로 날인된 것은 아니었다.

4) 각료회의 불성립

또한 각료회의는 주석인 의정(議政) 한규설이 주최하게 되어 있었는데 그가 중도에 퇴장을 강요당했으므로 성립되지 않는다.

4. 한국병합조약의 무효성

한국병합조약은 위에서 서술한 것처럼 효력이 없는 '보호조약'을 전제로 체결되었다. 이 '보호조약'을 이행하기 위해 대일본제국 정부로부터 임명을 받는 '총독부'가 한국에 설치되었고 대한제국의 외교에 관한 사항을 관리하였으며, 그 외교관계 사무는 도쿄의 외무성과 일본의 외교 대표자·영사(領事)가 행사하게 되었다. 한국병합조약은 총독부 통감이 일본대표를 맡고 통감 지시대로 행동하는 괴뢰 대한제국 내각 총리대신 이완용이 한국대표를 맡아 체결되었다.

그러나 이와 같은 한국병합조약 체결 행위는 효력이 없는 '보호조약'에 근거하여 구성된 '대표자'의 행위에 의해 체결된 것이다. 1905년의 을사보호 조약이 무효가 되면 을사조약에 근거한 대한제국의 주권 제한 및 관제(官制)는 무효이며, 종전 대한제국의 완전한 주권이 존속하고 있었던 셈이 된다.

따라서 한국병합조약 체결 당시에 있어서의 대한제국 주권을 대표하는 국가의 의사는 1905년 11월 17일 당시의 대한제국 황제 고종과 그 내각(참정대신이 주재)이 행사해야 마땅하므로, 이 정당한 국가 대표자에 의해 체결되지 않은 한국병합조약은 무효이다.

2 조선여자근로정신대

제1절_ 조선여자근로정신대의 동원

1. 패전이 가까워지고 극도의 노동력 부족에 어려움을 겪은 대일본제국은 마침내 조선 여성을 노동력으로 동원하였다.

이러한 동원이 언제부터 시작됐는지 반드시 확실한 것은 아니지만, '일제말기 조선인 여자근로정신대에 관한 실태조사'에 의해 "면담한 사례를 통해 보면 그들의 동원 시기는 1941년부터이고 1944년에 가장 많았다."고 한다.

그리고 1943년 9월 22일 일본정부로부터 '여자 총동원 태세의 강화를 위하여 여자 유휴노동력(遊休勞動力)의 해소를 기할 것'이라는 '여자근로노동 촉진에 관한 건(件)'이 발표되고, '여자근로정신대(女子勤勞挺身隊)'를 자주적으로 조직하라는 지시가 내려져, 늦어도 1944년 봄에는 '여자근로정신대'라는 이름 아래 11살에서 16살 정도의 소녀들이 연행되기 시작하였다.

2. '여자근로정신대'의 법적 근거로는 1944년 3월 18일 발표된 '여자정신대 제도 강화방책 요강'에 이어, 같은 해 8월 22일 공포된 '여자정신근로령'(칙령 519호)이 있다.

그러나 앞에서 본 동원시기로 미루어볼 때 이 칙령은 조선여자근로정신대의 실제 동원 개시보다 늦게 공포된 것이다.

더욱이 동(同) 칙령은 국민직업능력 신고령에 의한 국민등록자인 만 12세 이상 40세 미만의 독신여성에게 정신(挺身)근로의 의무를 지운 것이었지만 조선에서는 기술노동자 이외의 국민등록은 실시되지 않았다. 따라서 조선인 여자근로정신대로서 동원된 소녀들 중 법령상의 의무에 의해 동원된 사람은 거의 없었다.

다만 동 칙령 3조 2항 해당자 이외에도 지원에 의해 대원이 될 수가 있다고 규정되어 있는 것을 이용하여 '지원' 형식으로 소녀들을 동원하였다. 즉 동령 동항의 지원형식을 이용하여 소녀들의 동원을 법적으로 뒷받침한 것이다.

3. 위의 '지원'형식을 취해 권유에 나선 사람은 대부분 공립학교의 교사, 면장, 구장 등의 하급관리였다. 권유하는 자리에 헌병이 입회한 예도 많았다.

소녀들은 이들의 권유에 따라 국가제도로서 근로정신대에 지원하였다. 그리고 지원한 다음에는 출신지역별 분대로 편성되어 미리 동원지로 정해진 각 공장을 선택할 여지도 없었으며, 공장에 도착할 때가지 자신의 행선지를 모른 예도 많았다.

더욱이 '지원'을 권유하는 교사와 관리들은 "지원하면 일본에서 여학교에 갈 수 있다", "돈을 벌어 금의환향(錦衣還鄕)할 수 있다." 등의 감언이설(甘言利說)을 늘어놓았다.

당시 조선의 사정으로는 상급학교 진학은 용이한 일이 아니었으므로 이러한 권유는 소녀들에게는 지극히 매력적이었다. 게다가 철저한 황민화 교육에 의해 일본에 대한 환상을 가지고 이었던 소녀들은 이 말을 믿고 지원하였으나, 실제로는 진학은커녕 공부할 기회도 없었고 임금조차 전혀 받지 못했다.

한국으로부터 나고야 미쓰비시 군수공장에 '여자근로정신대'로 징용되어 온 순진하기만한 소녀들. 나고야시의 아츠타(熱田) 신궁에 참배하러 가는 중. 깃발에 여자항공정신대라고 쓰여 있다. ※ 이 책에 실린 사진들은 『證言する風景』(風媒社, 1991年刊)에서 轉載한 것임.

나아가 당시 조선은 유교적 사제(師弟) 관념이 지극히 강하고 교사의 권위가 절대적이어서 소녀들이 이 교사의 말을 의심하거나 권유를 거절하는 일은 있을 수 없는 일이었다.

뿐만 아니라 소녀들 중에는 부모가 반대해서 일본에 갈 수 없다고 교사에게 말하기도 했는데, 만약 일본에 못 가게 되면 양친은 모두 경찰에 체포될 것이라고 하여 실질상 권유를 거부하지 못하는 상황이었다. 즉 소녀들의 부모 대부분은 소녀들이 일본에 가는 것을 반대했음에도 불구하고 그들의 뜻은 억압당한 상태였다.

이러한 실태를 살펴보면 조선여자근로정신대의 동원은 '지원' 형식을 취하기는 했으나 실질적으로는 사기에 의한 강제연행이었던 것이다. 게다가 일부는 형식적으로는 '지원'이 아니라 '영장' 같은 것을 보이며 연행해 간 경우도 있었다.

제2절_ 조선여자근로정신대가 동원된 곳

이렇게 연행된 소녀들의 수와 동원된 곳 등에 대해서는 차차로 조사가
진행되어 판명되고 있으나 여전히 불투명한 점이 많다. 현 시점까지 밝혀
진 된 곳과 동원 개요는 다음과 같다.

1. 후지코시(不二越) 강재공업주식회사(鋼材工業株式會社) 도야마 (富山) 공장

후지코시 강재공업주식회사 도야마 공장은 기계부품 제작 공장이며, 군
수대신과 해군대신 소관의 군수공장이었다. 후지코시에는 1944년 5월, 6월,
7월과 1945년 2월, 3월에 경상북도, 경상남도, 경기도, 전라남도에서 여자근
로정신대가 동원되었다. 후지코시 사사(社史)에 의하면 1945년 5월의 종업
원 총수 36,253명중 1,089명이 조선여자근로정신대원이었다.

기계부품을 제작하는 이 공장에서 여자근로정신대원들은 선반(旋盤) 등
연소자로서는 위험하기 그지없는 작업에 종사하여 많은 산업재해 사고가
발생, 부상자와 사망자가 나왔다.

2. 도쿄(東京) 아사이토방적주식회사(麻絲紡績株式會社) 누마즈 (沼津) 공장

도쿄 아사이토방적주식회사는 1916년에 창업 이듬해 누마즈 공장을 개설
하였다.

1991년 데이진(帝人)주식회사에 흡수 합병되어 소멸했지만 전쟁 중에는
미쓰비시 자본이 도입되어 있었다.

1920년대 중반부터 여자근로자를 조선에서 모집해 왔고, 1944년에는 여자
근로정신대를 포함하여 약 400명 조선인 여자노동자가 있었다('누마즈시지:
沼津市誌' 1961년 3월).

이곳에는 1944년 4월 경상남도에서 여자근로정신대가 동원되었다. 인원수는 확실하지 않지만 체험자의 증언에 의하면 약 100명 정도가 있었다고 한다.

이 공장에서는 군사적인 분야로 텐트, 대포 등의 커버, 자루, 백, 항공기의 날개천 등에 사용하는 삼베를 생산하였는데 여자근로정신대원들은 기계로 삼베의 섬유를 감아내는 작업에 종사하였다.

공장은 1945년 7월 17일의 누마즈 공습으로 거의 전소(全燒)했으며, 여자근로정신대원들은 후지(富士)방적주식회사 고야마(小山)공장으로 이동한 후 해방을 맞이하였다.

3. 미쓰비시(三菱)중공업 나고야(名古屋)항공기제작소 도토쿠(道德)공장

원고들이 동원된 공장이다.

1944년 1월 18일, 군수회사법에 의해 미쓰비시중공업 등 150사(社)가 군수회사로 지정되었다. 미쓰비시 나고야항공기 제작소 공장은 미나토구(港區) 오에초(大江町)뿐이었지만 육군의 항공기 증산 요구에 응하기 위해 1943년 닛신(日淸)방적 나고야 공장을 사들여 비행기 공장으로 개조한 것이 미쓰비시중공업 나고야항공기제작소 도토쿠 공장이며, 동 공장에서는 기(キ)46 육군 100식 사령부 정찰기를 조립하였다.

조선총독부의 준기관지로 조선에서 발해된 '매일신보'에 의하면 동 공장에는 1944년 5월에 충청남도와 선라남도 출신의 어자근로정신대가 동원되었고, 그 인원은 약 300명이었던 것으로 추정된다.

동 공장에 동원된 소녀들은 주로 비행기의 부품제작, 본뜨기, 페인트칠 작업 등에 종사하였는데 동 공장은 1944년 12월 7일 도난카이(東南海) 지진에 의해 붕괴되었고, 여자근로정신대 대원 6명이 사망하였다. 이 지진과 같은 달 18일부터 시작된 공습에 의해 동 공장은 전국으로 분산 소개(疏開)되었다.

미쓰비시 도토쿠(道德) 공장의 제4 료와(菱和) 기숙사에 들어가는 '조선여자근로정신대'. 손에손에 보따리들을 들고 있다. 환영하는 미쓰비시측의 대응으로 봐서 입료식으로 보임. 1944년 6월경.

패전 당시 분산된 공장 중 도야마현(富山縣) 후쿠노(福野) 공장에 137명, 동 현 다이몬(大門) 공장에 조선인 여자근로정신대 135명이 있었다. 후쿠야 공장에 있던 소녀들이 도토쿠 공장에서 이동해 온 충청남도 정신대요, 다이몬공장에 있던 소녀들이 같은 전라남도 정신대였던 것으로 추정된다(미국 전략폭격조사단 보고).

4. 미쓰비시중공업 나고야항공기제작소 오에(大江) 공장

미쓰비시 나고야 항공기제작소의 원래 공장이며, 해군 제로식 전투기 등의 생산공장이었다.

앞서 서술한 충청남도 정신대는 전라남도 정신대와 같은 기숙사에서 생활하고 있었는데 그들의 작업장은 오에 공장이었다는 증언이 있다.

미쓰비시 오에(大江) 본사 본부 입구. '우리의 생산이 국운을 결정한다', '안전강화주간 6월 1일~6월 7일'이라는 현수막이 보인다.

5. 기타

나가사키(長崎) 조선소, 사가미(相模) 해군공장, 야하타(八幡) 제철소와, 조선 내에서는 평양의 병기창과 광주의 종방(鐘紡) 전남공장에 근로정신대가 동원된 사례가 있다.

제3절_ 위 각 공장의 조선여자근로정신대 노동 실태

1. 조선여자근로정신대의 노동실태

1) 여자근로정신대로 동원된 소녀들은 후지코시 도야마 공장에서는 주로 선반 작업을, 미쓰비시중공업 나고야 항공기 제작소 도토쿠 공장에서는 비

행기의 부품제작, 본뜨기와 페인트칠 작업, 도쿄마사방적 누마즈 공장에서는 기계로 삼베의 섬유를 감아내는 작업에 종사하였다.

선반은 소녀들에게는 위험한 작업으로 작업 중 부상자가 많이 나왔고, 페인트칠은 용제(溶劑)대문에 두통과 후각 이상 등의 원인이 되었다.

소녀들은 이러한 일을 장시간 하지 않으면 안 되었고, 후지코시 도야마 공장에서는 야간작업까지 해야 했다. 일손을 멈추면 감독으로부터 심하게 질책을 당했으며, 민족 차별적인 말로 매도당하거나 폭행을 당하기도 하였다. 생산량의 책임량이 부과된 예도 있었다.

2) 여자근로정신대 소녀들은 공장 부속 기숙사에서 생활하였다. 기숙사에서는 출신지와 연령별로 '대대(大隊)' '중대(中隊)' '소대(小隊)' 등으로 불리는 군대식 조직이 만들어졌고, 일상생활이 철저히 통제되었다. 휴일은 한 달에 두 번 정도였지만 허가증이 없으면 외출을 하지 못하였고, 부모와 편지 왕래가 제한된 예도 있었다.

식사는 밥공기에 가볍게 담은 밥과 단무지 정도로, 당시의 식량사정을 고려한다 하더라도 육체노동에 종사하는 성장기 소녀의 식사로는 너무나도 형편없는 것이었다. 더욱이 병이 나서 일을 쉴 때에는 점심식사가 제공되지 않는 경우도 있는 등 형편없는 식사가 노동 관리에 이용되고 있었던 것이다.

소녀들은 허기진 배를 채우기 위해 물을 마시기도 하고 한밤중에 식당에 몰래 들어가 남은 밥을 훔쳐 먹기도 하였으며, 빈터에 난 풀을 뜯어먹거나 길바닥에 떨어진 껌을 주어먹기도 하였다. 미쓰비시중공업 나고야항공기제작소 도토쿠 공장에 동원된 소녀들은 밖에서 덜 익은 매실을 먹고 중독을 일으킨 적도 있다.

3) 형편없는 식생활 속에서 육체노동에 종사하였기 때문에 노동 재해가 잦았으며, 손가락이 절단되는 등의 부상자도 많았다.

후지코시 도야마 공장의 사망자는 당시의 신문에도 보도되었다. 또한 여자근로정신대가 동원된 공장이 미군기의 공습을 받아 소녀들은 견디기 어려운 공포에 떨어야 했다.

나가사키조선소에 동원된 평양 출신의 여자근로정신대는 원자폭탄으로 전원 사망한 것으로 전해지고 있다.

나고야의 미쓰비시중공업 나고야항공기제작소 도토쿠 공장은 1944년 12월의 도난카이(東南海) 지진으로 붕괴되었고, 조선여자근로정신대원도 6명이 사망했다.

4) 이처럼 소녀들의 가혹한 노동에 대해 임금이 지불된 예는 거의 없다. 후지코시 도야마 공장에서 미지불 상태가 지금까지 계속되고 있는 것이다. 미쓰비시중공업 나고야항공기 제작소 도토쿠 공장에서도 임금 대부분을 저축으로 돌려놓은 상태로 전혀 지불되지 않았다. 도쿄아사이토방적 누마즈 공장에서는 임금에 대하여 한마디 말도 들은 적이 없다고 한다.

5) 이상과 같이 조선여자근로정신대의 동원은 11, 12, 13세의 소녀들은 국가가 조직적으로 속여 연행해, 1년에서 2년에 걸쳐 장기간 부모와도 헤어진 상태로 공장노동에 종사시켰다는 점에서 지극히 비인도적인 사건이다. 물론 많은 소녀들이 동원된 1944년에서 1945년은 전쟁 말기로서, 만주사변 이래 15년에 걸친 침략전쟁을 위한 병력동원으로 인하여 고갈될 대로 고갈된 노동력을 보충하기 위하여 일본 국내에서도 학생들의 노동력이 동원되었다.

그러나 조선에서 동원된 소녀들은 어린 연령, 기만에 의한 동원, 피고 일본을 위한 강제노동, 바다를 사이에 두고 부모와 장기간 격리, 부모들로부터 아이를 박탈했다는 점에서 조신여자근로정신대는 일본 국내의 동원과는 질적으로 다른 것이었다.

2. 조선여자근로정신대의 인권 박탈

일본인 아이들이 분산된 상황에서 여자근로정신대로 동원된 조선인 소녀들은 일본인의 감시 아래 행동의 자유도 없었거니와 조선어 사용도 일체

금지 당했다. 그리고 일본식 생활습관, 군가제창, 신사참배 등을 강요당하는 등 그야말로 모든 인권을 박탈당한 노예 같은 처우를 받았다.

제4절_ 조선여자근로정신대의 해방 후 고난

현재도 한국사회에서는 유교적 정조(貞操)의식이 강한 것은 말할 필요도 없다. 일본군 '위안부' 피해자들이 과거는 물론 현재에도 쓰라린 고통을 겪고 있다는 것은 잘 알려진 사실이다.

그런데 한국에서는 현재도 일본군 '위안부'와 여자근로정신대의 구별이 충분히 알려져 있지 않다. 1992년 1월 미야자와(宮澤) 수상이 방한했을 때에도 한국의 신문은 일본군 '위안부'를 가리키는 말로 '정신대'라는 용어를 압도적으로 많이 사용하였다(아사히신문사 "論座" 1998년 11월호 34쪽 이하).

현재도 이러한 상황이니 원고들이 여자근로정신대로 일본에서 귀국했을 당시 어떠한 고난을 겪어야 했는지는 상상하기 어렵지 않다. 원고들은 일본에서 돌아왔다는 이유만으로 일본 군인들을 상대한 것으로 오해 받아 '더럽다, 공창부(公娼婦)다' 라는 비난을 받았다.

그 때문에 혼담이 오가다가도 정신대 출신이라는 사실이 알려지면 당장 깨지기기 일쑤였고, 결혼을 했다가도 이혼을 당할 수밖에 없었다. 거꾸로 소녀들에게 혼담이 들어와도 스스로 맞선을 피하는 일도 있었다. 현재까지도 친족이나 남편에게 정신대 출신임을 고백하지 않은 사람이 다수 있으며, 법정에서 원고로 남들 앞에 나서는 것은 상상할 수 없을 정도의 용기가 요구되는 일이다.

이러한 사태와 상황이 빚어지게 된 가장 큰 요인은 지금까지 일본이 위안부와 정신대 문제를 인식하고 있었음에도 불구하고 이를 방치한 채 전후 배상을 등한히 해왔기 때문인 것이다.

3

원고들의 피해 사실

제1절_ 원고 박해옥(朴海玉)의 사례

(이하 이 절에서 원고라 함은 박해옥을 말함)

1. 가족관계와 경력

원고는 1930년 9월 26일 전라남도 순천에서 출생하였다. 원고의 아버지는 원고가 한 살 때 병사하여 할머니, 어머니, 언니, 오빠로 다섯 식구였다. 어머니는 기독교 전도사를 돕는 일을 했으며, 생활은 어려웠다.

원고는 1944년 3월 순천남국민학교를 졸업한 후 여학교 진학을 포기하고 있었다.

2. 근로정신대 '권유'

국민학교를 졸업한 지 얼마 되지 않은 1944년 4월 30일, 국민학교에 불려가 교장과 곤도(近藤) 헌병으로부터 "일본에 가면 돈을 벌 수 있다, 일을 하면 여학교에도 보내준다, 낮에는 일하고 밤에는 공부한다."는 말로 근로정신대에 들어갈 것을 권유받고, 이 말을 믿고 이를 승낙하였다.

원고가 집에 돌아가 어머니에게 이 이야기를 했더니 어머니는 "일본은 전쟁 중이다. 일본에 가면 죽는다"며 반대하였다. 그래서 원고는 교장에게 근로정신대 참가를 거부하겠다는 뜻을 전했으나 교장으로부터 "부모가 대신 경찰에 잡혀갈 것이다"라는 협박을 받고 가족을 지키기 위해서 끝까지 거부도 못하고, 결국 어머니에게는 가지 않겠다고 거짓말을 하고는 가족들 몰래 근로정신대에 참가하게 되었다.

일본에 갈 때는 학교에 집합한 후 순천역으로 이동했는데 원고가 집에 없는 것을 안 원고의 어머니가 계속 반대하면 형무소에 끌려가는 것이 아닌가 걱정이 되고, 게다가 교장의 말을 믿고 있었기 때문에 원고는 울며 슬퍼하는 어머니에게 "6개월 후에는 돌아올 테니까 기다리세요."라는 말을 하고는 어머니의 손을 뿌리치며 일본에 갔다. 원고의 어머니도 일본 헌병이 지켜보고 있었기 때문에 원고를 데리고 집으로 돌아갈 수는 없었다.

순천남국민학교에서는 이 때 3명이 원고와 함께 여자근로정신대로서 일본에 갔다. 순천에는 당시 초등학교가 2개 있었는데, 결국 순천에서는 합계 14명이 여자근로정신대로 일본에 갔고 '순천부대'라 불리었다.

원고들은 곤도 헌병과 나주 대정초등학교(현 나주초등학교) 선생의 인솔 하에 일본에 갔는데 시모노세키(下關)에서 나고야 공장으로 와서야 처음으로 나고야의 미쓰비시중공업 도토쿠 공장에서 비행기 만드는 일을 한다는 사실을 알았다.

3. 미쓰비시 생활

1) 원고들은 공장에 도착하자 그 후 원고들이 생활하게 될 기숙사의 사감 손에 넘겨졌다. 기숙사에서는 한 방에 4명이 함께 생활했으며, 일에 지쳐 돌아와서도 청소와 세탁 등을 했다.

미쓰비시 제4 료와 기숙사 입구에서, 뒷줄 남자가 사감 야마조에 산페이(山添三平). 앞줄 맨왼쪽이 전남 목포 출신 박양덕씨(중대장).

기숙사 생활에서 원고가 가장 괴로웠던 것은 식사였다. 작은 밥공기에 담은 감자와 보리가 섞인 밥과 단무지와 된장국이 전부였고, 그나마 주어진 양 이상을 요구할 수는 없었다. 일주일에 한 번 정도는 생선이 나올 때도 있기 했지만 허기진 나머지 물로 배를 채우기가 일쑤였다.

기숙사에서 개인 외출은 허락되지 않았고, 나고야에 있는 동안 나고야성(城), 아츠디(熱田)신궁, 동물원에 데리고 간 것이 전부였고, 그 밖의 일요일에는 기숙사에서 바느질 등을 하며 지냈다.

당시 오사카(大阪)에 있던 원고의 사촌이 면회를 온 적이 있었는데 사촌집에서 외박하는 것도 허락해 주지 않았다.

2) 공장에서 원고는 원고와 함께 온 순천부대 소녀들과 두 사람이 한 팀이 되어 두랄루민 판(板)에 비행기의 기체(機體)를 구성하는 부품을 목형(木型)에 맞추어 본을 그리는 일을 맡았다.

본을 그린 후 그 두랄루민 판을 7, 8미터 떨어진 일본인 종업원이 있는 곳까지 날라야 했는데, 그 두랄루민 판은 2~5mm 두께로 상당히 큰 판이어서 당시 13세였던 원고에게는 너무 무거워 10~20분에 한 장 운반하는 게 고작이었다.

원고는 너무나 무거워서 두랄루민 판을 운반하던 중 발 위에 떨어드려 크게 다친 적이 있었는데 아무런 치료도 받지 못한 채 물에 적신 타올로 발을 식히기만 했을 뿐 의사에게 데려다 주지도 않았다.

본을 그려서 나르는 이 일을 하루에도 몇 번이나 되풀이했다. 아침 8시부터 12시까지, 점심식사 후 오후 1시부터 5시까지 휴식시간도 없이 이 일을 계속했다. 작업이 끝나고 뒷정리를 마친 후 5시 반에서 6시경에 기숙사에 돌아오는 생활이었다.

3) 원고들은 "학교에 갈 수 있다. 월급을 받을 수 있다"는 말을 믿고 있었지만 매일 공장에서 일만 하고 공부도 시켜주지 않고 월급도 주지 않아서, 한 달쯤 지난 후에 사감에게 "어째서 학교에 보내주지 않느냐?'고 물었다. 사감은 "공부는 무슨 공부냐? 공장은 일하는 곳이다. 월급은 준다"며, 월급에 대해서는 "고향에 돌아갈 때 주겠다"고 했다.

4) 일본에 와서 3개월이 지났을 때 광주와 목포의 부모 대표 5명이 원고들이 일하는 모습을 보러왔다. 원고의 어머니도 순천 대표로 왔는데 공장에서 일하는 모습만 보여주었을 뿐 원고와 이야기를 나눌 기회조차 주지 않아 원고들의 대우개선 등을 요구하지 못했다.

미쓰비시 제4 료와 기숙사 식당. 식사는 조악하였고, 한국에서 감자, 김치 등을 보내주어서 받아먹는 아이도 있었다.

아이치(愛知)현 호국신사를 향해 참배하는 근로정신대 소녀들.

전승기원을 위해 아츠타신궁을 방문한 전라남도대. 선두중앙이 제4 료와 기숙사 사감 야마조에 산페이(山添三平), 우측 우산을 든 여인은 미쓰비시청년학교 교사로 그녀들에게 일본의 '禮義作法'을 가르쳤다.

기숙사 문전에서 출근 전에 훈시하고 있는 야마조에 산페이 사감.

4. 도난카이(東南海) 지진

1944년 12월 7일 오후 1시 반 경, 점심식사 후 작업장에 돌아와 일을 하고 있을 때 '웅, 웅' 하는 소리가 났다.

원고들은 무슨 일이 일어났는지 몰랐으나 일본인이 "지진이다! 빨리 나가. 나무 밑으로 가." 하며 소리쳤다. 원고는 기다시피 하여 몇 미터 떨어진 곳의 나무 아래까지 빠져 나왔다.

원고의 작업장은 무너지지 않았으나 다른 공장은 모두 무너지고 "사람 살려!" "아, 아파!" 하며 울부짖는 소리가 들려왔다. 머리에서 피를 흘리고, 흙투성이가 되고, 무너진 공장 밑에 깔려 있는 등 비참한 상황이었다. 이 지진에서 원고들 순천부대는 전원 무사했지만 나주, 광주부대에서는 6명이 사망하였다.

그 후 미쓰비시에서는 일이 없어서 그냥 기숙사에서 시간을 보냈다.

5. 공습

지진이 일어난 후에 곧 공습이 시작되었다. 매일같이 공습경보가 울리고, 방공호에서 몸을 움츠리고 있어야 했다. 소이탄(燒夷彈)이 비처럼 쏟아져 기숙사 주변은 불바다가 되었고, 원고들은 물에 적신 이불을 뒤집어쓰고 소화(消火)에 나섰다.

원고는 일본이 전쟁을 하고 있다는 것을 알고는 있었지만 공습 등 전쟁의 실태는 조선에 있을 때에는 들은 적도 없고 위험하다는 것도 실감이 나지 않았다. 그러나 이를 체험한 후에 원고의 어머니가 일본에 오기 전에 "죽으로 가는 거다."라고 말린 그 뜻을 실감했다.

공습에 의한 공포 때문에 원고는 그 후 지금까지 밤에 자다가도 놀라 잠이 깨면 그 때의 공포가 되살아나 아침까지 잠 못 이루는 상태가 계속되고 있다.

6. 도야마 다이몬(富山 大門) 공장

1945년 봄 원고들은 도야마현에 있는 미쓰비시중공업 다이몬 공장으로 이동되었다.

다이몬 공장에는 한 쪽 팔을 잃은 상이군인이 사감이었다. 원고들은 지진, 공습 등 잇단 공포와 피로 때문에 직장을 쉬고, 사감에게 "약속대로 한국에 보내주세요."하며 애원했다. 그러나 사감을 화를 내면서 원고들을 한 사람씩 자기 방에 불러 놓고 "그런 말을 제일 먼저 꺼낸 게 누구냐? 여기 스파이가 섞여 있군."하며 윽박질렀다. 이런 사감의 엄한 자세에 원고들은 울면서 다음 날부터 공장에서 일을 시작했다.

그 후에도 일본의 상황은 악화될 뿐이었고, 원고들은 심한 노동에 강제적으로 종사시키면서 식사는 주먹밥만이 배급되는 상태였다. 명령에 무조건 복종해야 했고, 공포와 추위와 공복만이 계속되었다.

7. 해방

1945년 8월 15일, 일본이 포츠담 선언을 수락하고 패전한 이후 원고들은 일도 없이 기숙사에서 지내면서 귀국할 날을 기다리고 있었다. 같은 해 10월 19일 여수 출신 대원의 아버지가 데리러 와서 한국에 돌아가게 되었다.

사감도 부산까지 전송을 와 주었는데 그 때 사감이 "월급은 나중에 지급될 것이다. 무슨 말이 있겠지"라고 말을 했기 때문에 원고들은 자기들이 일한 임금에 대해서는 나중에 미쓰비시로부터 연락이 있을 것이라고 믿고 있었다.

8. 귀국 이후의 생활

원고들은 공장 작업복 차림 그대로 아무 것도 갖지 않은 채 또 집에 연락도 못한 채 돌려보내졌다.

원고는 그 후 조산부(助産婦)의 자격을 얻어 오늘날까지 많은 아기를 받아 왔다. 그러나 한국에서는 '정신대'가 '위안부'와 동일시되고 있었기 때문에 자신이 밝히고 나서는 것은 물론 결혼할 때 자신이 '근로정신대'로 일본에 갔다 왔다는 사실을 남편에게도 말하지 못하였고, 자식들에게도 말 못하는 상태가 계속되었다.

자식들이 성장하여 제 각기 자립한 후인 1995년에 겨우 나고야에 와서 근로정신대였음을 공표하였다. 공표하기 전에 남편과 자식들에게 이야기를 했는데 자식들은 이해를 해주었지만 남편을 결국 이해를 못하고 여자를 얻어 집을 나가 버리고 말았다.

원고는 조산부로서 주위 사람들로부터 존경을 받고 있었지만 신문이나 매스컴이 원고에 대해 보도한 것을 보고 듣고는 지금도 위안부였다고 오해하는 사람들한테서 '더러운 것'하며 매도당하거나, 매스컴이나 신문들로부터도 일본군 '위안부'였느냐는 질문을 받는 일이 계속되고 있다. 원고 이외의 수많은 근로정신대원이 아직도 정신대원이었음을 밝힐 수 없는 상태로 방치되고 있다.

원고는 어릴 때 받은 정신석 고통과 쇼크로 오늘날까지 불면증과 신경쇠약으로 체중이 줄고, 심리 상태가 불안정하고, 공포증에 시달려 치료를 받았다. 현재도 불면증 증세로 한번 잠에서 깨면 아침까지 잠을 못 이루는 상태가 계속되고 있다. 위가 아파서 매운 음식을 못 먹고 지금도 신경성위염 때문에 대학병원에서 계속 약을 가져다 먹고 있다.

제2절_ 원고 김혜옥(金惠玉)의 사례

(이하 이 절에서 원고라 함은 김혜옥을 말함)

1. 가족관계와 경력

원고 김혜옥은 1931년 3월 6일 전라남도 나주에서 출생하였다. 원고의 아버지는 김영화(金永化)로 나주에서 '영신상점'이라는 소금 판매업을 하고 있었으며, 가정은 유복하였다. 어머니는 원고가 5세 때 사망하고 계모와 살고 있었다.

원고는 4살 때부터 유치원에 다니고, 나주 대정(大正)국민학교(현 나주초등학교)를 1944년 3월에 졸업했다. 원고는 나주의 대화(大和)여학교 입학시험에 응시하였는데 원래 대화여학교는 일본인 자제를 입학시키기 위한 여학교였고, 조선인이 다니는 여학교는 따로 아사히(旭)여학교로 정해져 있었기 때문에 불합격이었다.

2. 근로정신대 권유

원고는 이듬해에 다시 여학교에 응시하기 위하여 대정국민학교(현 나주초등학교)에서 '재습(再習)'이라는 과정을 이수하고 있었는데 1944년 4월 학교 교실에 5학년, 6학년과 재습자들을 모아 놓고 마사키 도시오(正木俊夫) 교장과 곤도 헌병이 "일본에 가면 돈도 벌고, 여학교에도 다닐 수 있다. 좋은 학교다."라고 해, 원고는 제일 먼저 손을 들었다. 원고가 제일 먼저 손을 든 가장 큰 이유는 일본 여학교에 다닐 수 있다는 것이 기뻤기 때문이다.

그러나 원고는 당시 일본이 미국과 전쟁 중이며 미국으로부터 공습을 받고 있다는 사실을 몰랐다. 원고가 만 13세 때이다. 원고가 집에 돌아와서 이 일을 아버지에게 보고했더니 아버지는 사업상 일본인 경찰과 친교가 있었고 집 앞이 바로 경찰서였기 때문에 아버지는 일본인이 있는 곳에서는 반대할 수가 없었고, 원고가 어떻든 꼭 가고 싶다고 했기 때문에 결국 어쩔 수 없이 승낙하였다.

1944년 5월 하순경, 나주역에 24명이 집합하였다. 지금도 그 중 6명의 이름을 기억하고 있다. 곤도 헌병과 손상옥(孫相玉) 선생이 인솔했다. 나주역에서 기차를 타고 여수로 향했다. 원고의 아버지와 계모는 여수까지 전송을 나왔다. 여수에서는 가족 세 사람이 함께 '미도리여관'이라는 곳에서 일박하였다.

다음 날 부모가 돌아간 후 밤에 배로 출발하였다. 돌아갈 때 부모가 울었지만 원고는 그 진의를 알 수 없었다. 원고는 부모와 헤어지는 것은 괴로웠지만 학교에 갈 수 있다고 생각하니 오히려 즐거웠다. 아버지는 원고에게 옷가지와 함께 30엔을 들려주었다. 여수에서 출발한 사람은 목포, 광주, 여천, 여수, 나주를 합해서 약 140명 정도였다.

배로 항행하던 중에 어뢰가 지나가기 때문에 사이렌이 울렸다. 그 때 원고는 학교에 갈 수 있다는 들뜬 기분이 처음으로 사라졌다. 다음 날 아침 9시 경 시모노세키(下關)에 도착했다. 산이 보여서 다소 안심이 되었다. 시모노세키에서 곧 철도로 갈아타고 나고야로 향했다.

그리고 나고야에 간다는 것과 '여자근로정신대'라는 명칭은 일본에 와서 처음으로 알려주었다.

3. 미쓰비시 생활

1) 원고들의 숙소는 미나미구(南區) 도요타초(豊田町)에 있던 미쓰비시중공업 도토쿠 공장 내의 제4 료와(菱和)기숙사였다.

나고야 성 앞에서, 전라남도 나주대. 뒷 열 왼쪽 끝 故 최정례(崔貞禮). 왼쪽으로부터 6번째 (여자만) 故 김향남(金香南)씨, 왼쪽에서 네 번째 당시의 체험을 말해 준 귀중한 증언자 이동련(李東連).

기숙사에는 400명 정도의 학생이 있었으며, 출신지역별로 중대, 소대로 나뉘어졌다. 전라남도 출신자는 제1중대, 충청남도 출신자는 제2중대였다. 제1중대 중 나주 출신자는 제2소대였다.

기숙사에는 사감이라 불리는 감독자가 있었으며, 제4 료와(菱和) 기숙사의 사감은 야마조에 산페이(山添三平)였다. 기숙사는 한 방이 6평 정도였고 6명이 함께 생활했다.

원고들은 일을 시작하기 전에 아츠타(熱田)신궁 등을 견학했다. 기숙사의 2층 방에는 '내선일체(內鮮一體)'라는 글씨가 쓰여진 액자가 걸려 있었고, 일본에 대한 공부와 노래는 배웠으나 다른 공부는 없었다. 노래는 '우리는 소녀정신대'와 군가 등이었다.

기숙사 생활은 6시에 기상, 8시부터 오후 5시까지 작업, 12시에 휴식시간이 있었다. 취침은 밤 10시쯤이었다. 기숙사에서 공장까지는 매일 '가미카제

(神風)'라는 글씨가 쓰인 머리띠를 두르고 4열종대로 '우리는 소녀정신대'를 부르며 행진했다.

주식은 콩과 감자가 섞인 밥이었는데 양이 적었고 반찬은 한 가지 정도여서 원고들은 항상 배가 고팠다. 원고의 아버지가 콩과 김치 등을 보내준 적도 있었다.

일요일은 휴일이었지만 자유롭게 외출할 수는 없었다. 편지는 쓸 수 있었지만 검열을 받아야 했기 때문에 '배가 고프다'는 등 생활의 불만 사항을 쓰지 못했다.

전승기원과 견학을 위해 나고야성으로. 앞열 오른쪽 끝 '三上英子'씨 전남광주대 소대장. 평상시 출퇴근 때도 이러한 대형으로 군가 등을 부르면서 이동했다.

2) 원고에게 맡겨진 일은 비행기의 부품에 국방색 페인트를 칠하는 작업이었다. 환풍기도 없었고 마스크도 하지 않았기 때문에 페인트 용제 냄새 때문에 두 번쯤 머리가 아파 의식을 잃고 쓰러진 적이 있었다.

3) 학교에는 보내주지 않았고 기숙사에서 일본에 관한 공부와 노래를 가르쳐 주는 정도였다. 또한 급료는 한 달이 지나도 받지 못했기 때문에 그 무렵 속았다는 걸 눈치 챘다.

또한 일본인 아이들이 '조선인은 불쌍해. 왜냐하면 지진에 공습에 납작해지니까'라는 노래를 부르며 놀려대곤 하였다. 또한 어른한테는 '한토진(半島人)'이라 불리며 멸시 당했다.

4. 도난카이(東南海) 지진

도난카이 지진이 발생했을 때 지반이 약한 나고야 남부지역은 건물의 붕괴 등으로 막대한 피해를 입었다. 미쓰비시 중공업 도토쿠 공장도 피해를 입어 공장건물이 붕괴되고 다수의 종업원이 사망했다.

원고도 공장에서 작업하던 중 지진으로 공장의 지붕이 붕괴하여 오른쪽 어깨에 철골이 떨어져 병원에 실려 갔다. 조선여자근로정신대 중에서도 사망자 6명이 나왔다.

5. 공습

1945년 1월경부터 특히 공습이 심해져 매일같이 밤낮을 가리지 않고 경계경보와 공습경보가 울려 방공호로 피난하였다. 방공호에도 소이탄이 떨어졌는데 조선여자정신대원 중 한 명이 공습으로 사망하였다.

기숙사에도 소이탄이 떨어져 화재가 났다. 원고는 자신의 이불로 불을 껐는데 그 후 다른 이불을 공급받지 못했다.

6. 도야마 다이몬(富山 大門) 공장

1945년 봄 무렵 원고들은 도야마현에 있는 미쓰비시중공업 다이몬 공장으로 이전했다.

도야마에 이전한 사람을 전라남도 출신 130여 명이었고, 충청남도 출신자들은 어디로 갔는지 모른다. 다이몬 공장에는 야마구치(山口) 사범학교 학생들도 와 있었다.

다이몬 공장에서도 도토쿠 공장에서와 같은 생활을 하였고 일도 페인트칠이었다. 그러나 다이몬 공장의 사감은 엄격하고 차별이 심했으며 자주 폭력을 가하기도 했다. 여름에 모기가 많아서 모기향을 달라고 했는데 주지 않아서 원고 자신이 사러 나갔다가 사감에게 매를 맞았다.

또 야마구치 사범학교 학생들이 차별적인 말을 심하게 하며 때리고 머리를 잡아당기는 등 폭력적인 행동을 하였다.

7. 해방

1945년 8월 15일 이후 원고들은 작업을 하지 않았지만 기숙사에서 생활이 같은 해 10월까지 계속되었다.

10월에 여수 출신 정신대원의 아버지가 데리러 와서 기차와 배를 갈아타고 부산에 도착, 거기서 기차를 타고 나주로 돌아왔다. 미쓰비시로부터는 돌아가면 돈을 주겠다는 말을 들었지만 그 후 아무런 연락이 없었다.

8. 귀국 후 생활

원고는 귀국 후 광주사범학교에 입학했으나 아버지가 친일파로 몰렸기 때문에 나주를 떠나 부산으로 이전할 수밖에 없어 사범학교는 졸업을 못하고, 그 후 폐결핵에 걸려 6년 정도 입원생활을 했다.

원고는 한 번 결혼을 했지만 입적은 못하고, 아이 하나를 키웠는데 그 아이와는 현재 별거중이다.

현재는 광주 근교 화순에서 소규모 빵집을 꾸려가고 있다.

오늘날까지 한국에서는 '정신대'는 일본군 '위안부'와 동일시되고 있기 때문에 여자근로정신대로 일본에 갔다 왔다는 말을 제3자에게 털어놓지 못하고, 결혼을 할 때도 경력을 위조할 수밖에 없었다. 원고는 현재 친척이 없기 때문에 여자근로정신대였다는 것을 공표할 수 있었다.

제3절_ 원고 진진정(陳辰貞)의 사례

(이하 이 절에서 원고라 함은 진진정을 말함)

1. 가족관계와 경력

원고는 1929년 12월 1일 출생하였다. 형제는 오빠 셋, 언니 셋이고, 원고의 아버지는 원고가 2살 때 병사하였고 어머니는 4살 때 돌아가셨다. 오빠가 농업으로 일가의 생활을 꾸려나갔지만 애써 지은 농사를 공출로 많이 빼앗기고 생활은 어려웠다.

원고는 나주 대정국민학교(현 나주초등학교)를 1944년 3월에 졸업했다.

2. 근로정신대 '권유'

1944년 5월경, 원고는 동갑내기 조카와 6학년 때의 담임이던 일본인 오카(岡)선생에게 불려 학교에 갔다. 그 자리에서 원고는 담임인 오카 선생, 당시의 마사키 교장, '권유'하기 위해 학교와 있던 곤도 헌병으로부터 '권유'를 받았다.

곤도 헌병은 원고와 조카에게 일본의 근사한 집이 찍혀있는 사진을 보여주었고, 마사키 교장은 "일본에 가고 싶으냐?" "일본에 가면 무얼 하고 싶으냐?"고 물으면서 "일본에 가면 여학교에 진학할 수 있고, 돈도 벌 수 있다."며 '권유'하였다.

나고야에 간다는 것은 들은 바가 없고, 노동의 내용에 대해서도 이야기가 없었으며, 임금의 액수, 근로일수, 근무시간에 대해서도 아무 것도 알려주지 않았다.

또한 당시 일본이 전쟁을 하고 있다는 것에 대해서는 원고는 전혀 몰랐으며, 알려주는 사람도 없었고, 애당초 원고는 전쟁이 무엇인지조차 몰랐다. 따라서 일본에 가면 공습이 있다는 말도 전혀 듣지 못했고, 거꾸로 일본에 가더라도 집에 돌아오고 싶으면 언제든지 돌아올 수 있다고 들었다.

원고는 '권유' 이야기를 들었을 때 '갈 수 없다고 생각했던 여학교에 갈 수 있게 된다.'고 기뻐했지만 부모를 대신해 키워 준 오빠에게 이야기를 했더니 오빠는 "절대 가서는 안 된다."며 반대했다.

그러나 원고는 일본에 가지 않고서는 가정 형편상 여학교에 갈 수 없다고 생각했기 때문에 "이대로는 여학교에 갈 수 없으니 나는 일본에 가겠습니다."라고 말하고 조카와 둘이서 일본에 가자고 의논하였다.

그러나 오빠로부터 "어린 너희들이 먼 이국땅에 가서 뭘 어떻게 하겠다는 거냐? 너희들을 누가 보호해 주느냐?" "일단 가면 돌아올 수 있을지 없을지 아무도 모른다."는 무서운 이야기를 듣고, 원고와 조카는 일본에 가는 것이 싫어졌다. 다음날 아침 둘이서 학교에 가서 '가지 않겠다'고 말했다. 그랬더니 긴 칼을 찬, 키가 크고 체격이 우람하여 아주 무서운 존재였던 곤도 헌병이 "한 번 가겠다고 말한 사람을 절대로 가야 한다. 만일, 가지 않으면 경찰이 와서 가족과 오빠를 잡아 갈 것이다."라며 화를 냈다.

그래서 원고는 교장에게 "절대로 가야 하나요?"하고 물어보았으나 교장 역시 "꼭 가야 한다."고 대답하였다. 원고와 조카는 집에 돌아와서 밤새 둘이서 고민하다가 선생님들이 도장을 가져오라고 했기 때문에 도장을 훔쳐 가지고 가서 둘이서 정신대에 가게 되었다.

1944년 6월 1일 나주 대정국민학교(현 나주초등학교)에서만 24명이 근로징신대로 일본을 향해 출발히였는데 원고에게 전송 나온 가족은 없었다.

대정국민학교에 집합하여 나주역을 출발, 여수역에 도착해 학생들 약 140명이 합류하여 밤에 일본을 향해 출항하였다. 다음 날 아침식사 후에 하선(下船)하였으나, 배 멀미 때문에 원고는 내리자마자 당장에 집에 돌아가고 싶을 정도였다.

하선 후 어디로 가는지에 대해서는 한국에 있을 때부터 멋대로 행동해서는 안 된다는 주의를 들었기 때문에 시모노세키에서 기차를 타고 어디로 가는지 물어보지도 못했다.

한국에서 나고야 숙소까지 인솔은 원고의 모교 손상옥 선생과 곤도 헌병이 했다. 원고에게 손 선생은 괜찮았지만 헌병은 무서운 존재였다.

나고야 성 앞에서, 왼쪽 끝 손상옥(孫相玉, 마쓰야마) 선생. 나주초등학교 교사로서 그녀들을 인솔하여 나고야에 왔다. 오른쪽 끝 야마조에 산페이(山添三平) 사감.

당시 상황을 말하는 손상옥(65세) 선생. 1991년 5월 5일 광주시에서.

3. 미쓰비시 생활

1) 원고들의 숙소는 나고야의 미나미구(南區) 도요타초(豊田町) 제4 료와(菱和) 기숙사였다. 이 미쓰비시의 기숙사가 숙박할 장소라는 것에 대해서는 이 기숙사에 도착했을 때 처음 알려 주었다.

그리고 다음날 아침 일찍부터 공장에 가서 교육을 받고 바로 매일 매일의 공장노동이 시작되었다.

기숙에서는 7명 정도가 한 방을 사용했다. 단체로 신사참배를 하고 나고야 성에 간 적이 있으나 자유로운 외출은 금지였다. 단체외출 때에는 반드시 감시원이 따라왔다.

원고는 한국에 한 번도 편지를 쓰지 않았다. 편지를 쓰면 일일이 검열을 받아야 했기 때문이다. 그래서 한국 가족의 상황에 대해서도 전혀 몰랐다.

원고는 한국에서 먹고 싶은 만큼 먹고는 살았는데 일본에서는 언제나 식사 양이 부족했다. 일은 힘들고 식사 양은 적고 한국의 음식과 전혀 달랐다. 너무나도 배가 고플 때에는 쓰레기통에 버려진 밥을 가지고 와서 물로 씻어서 먹기도 했다. 식사시간에도 감시원이 밖에서 기다리고 있었다.

2) 원고들은 오전 6시에 일어나서 식사하고, 기숙사에서 공장까지는 4열로 줄을 서서 '가미카제(神風)"라고 쓴 머리띠를 두르고 노래를 부르며 갔다.

공장에서는 8시에 작업이 시작되어 5시경에 끝났고, 그 후 뒷정리 등을 하며 6시경까지 일했다. 점심시간은 12시에서 오후 1시까지였으며, 이 점심시간이 휴식시간이기도 했다.

작업은 사포로 비행기 부품의 목을 닦아내는 일과 페인트칠이었다. 녹을 닦아내는 일은 팔이 아팠고, 또한 페인트칠은 냄새가 너무 심하였으며, 특히 신나 냄새 때문에 술에 취한 것처럼 숨이 답답하고 머리가 심하게 아팠다.

하루 종일 서서 일을 하기 때문에 밤에 잘 시간이 되면 발이 통통 부어올랐다. 게다가 모기에 물려 심하게 부었는데 약도 없어 한국에서는 경험한 적이 없을 정도로 심하게 부어올랐다.

감시원에게 한국에 가고 싶다고 말하면 야단맞을 것 같아서 아무 말도 못했다. 일본인들은 예사로 원고들을 '한토진(半島人)', '조센진(朝鮮人)'이라고 부르며, 정신대원들에게는 언제나 성난 목소리로 말했다.

공장에 일본인을 가르치는 사람과 지휘관들이 있었으나, 그 밖에 일본인과는 교제가 없어 일본인 친구가 생길 수 있는 상황이 아니었다.

3) 휴일은 일요일뿐이었으며, 공장에서는 감시가 아주 엄격했다. 구체적으로 말하면 작업 중에는 옆으로 얼굴을 돌리거나 말을 해서는 안 된다.

화장실에 갈 때는 허락을 받고 누군가 다른 사람과 함께 가지 않으면 안 되었다. 정해진 시간에 가지 않으면 벌을 받았고, 몸이 아파서 일을 하러 나가지 못하는 사람에게는 밥을 주지 않았다. 감옥보다도 더 심한 생활 같았다.

4. 도난카이(東南海) 지진

원고는 점심식사 후 작업을 하던 중에 갑자기 "지진이다!"라는 큰소리를 듣고 서둘러 방공호로 들어가려고 했으나 몸이 한 발자국도 움직이지 않았다. 겨우 방공호에 들어가 조카와 둘이서 끌어안고 함께 죽자고 약속했다.

그 순간 물건이 부서지고, 끝이 보이지 않을 정도로 커다란 공장 전체가 무너져 내렸다. 원고가 곧바로 방공호 뚜껑을 열어 보니 피투성이가 된 사람들을 들것에 실어 나르는 모습이 보였다. 지면이 갈라지고 물이 넘쳐흐르는 것을 보고 원고는 '집에도 못 가고 이대로 죽는구나' 싶었다.

원고도 파괴된 건물을 헤치며 나올 때 다쳐서 출혈을 했다. 원고는 한국에서는 지진을 경험한 적이 없어 처음 겪는 일이라 이때 느낀 지진의 공포는 지금도 잊을 수가 없다.

현 日淸紡績 나고야공장 동쪽 가장자리에 있는 용수구. 거의 당시 그대로이다(폭 1.5m). 이 용수구 근처에서 그녀들을 포함, 여럿이 희생되었다.

5. 공습

공습 때는 매일같이 피난을 하였다. 공습이 있을 때는 죽음의 공포 속에서 모두가 서로를 밀쳐내며 피난했다.

그때 원고는 이층 계단에서 굴러 제일 꼭대기에서 밑까지 떨어져 허리를 다치고 발톱이 하나 빠지는 등의 부상을 입고 기절했다. "아파요!"하고 소대장에게 말했지만 병원에노 데려나 주지 않고 다음 날부터 일을 시켰디. 그때 굴러 떨어져 다친 데는 지금도 여전히 후유증이 남아 있으며, 결혼하여 출산할 때 의사한테서 허리뼈가 아래쪽으로 휘었다는 말을 들었다.

하루에도 몇 번이나 공습경보가 있는 날도 있었으며, 원고들은 그 때마다 방공호로 몸을 피하였고, "오늘도 살았다" "우리들은 이렇게 살아 있다." 고 서로 말하며 생각하는 나날이었다.

밤새 공습이 계속된 적도 있었으며, 고향에 돌아가고 싶다는 말을 하면

"한토진(半島人)들은 언제나 그 모양이다."라는 경멸에 찬 말을 들었다.

6. 도야마 다이몬(富山 大門) 공장

그 후 원고들은 다이몬 공장으로 이동하였는데 작업 내용과 생활은 전술(前述)한 바와 같다.

7. 해방

원고는 1945년 10월 21일 밤에 작업복과 몸뻬 차림으로 징용으로 와 있던 사람들과 함께 귀국하였다. 해방 후에는 회사 측 사람들은 전혀 모습을 나타내지 않았다.

원고는 일을 하는 동안 급료는 한 번도 받은 적이 없고, 귀국할 때에도 임금이나 임금 이외의 명목으로 어떠한 금전도 일체 받은 바가 없다.

8. 귀국 후 생활

원고는 함께 간 조카와 함께 귀국하였으나 정신대였다는 것 때문에 주위의 심한 편견과 굴욕 속에서 살아 왔다.

그 이유는 근로정신대가 일본군 '위안부'와 동일시되어 정신대로 갔다 온 사람들은 인간취급을 받지 못했기 때문이다. 그 때문에 원고는 근로정신대 출신임을 감추고 살아 왔다.

원고는 처음에 어떤 헌병과 혼담이 오고 갔는데 원고는 '헌병'하면 곤도(近藤) 헌병이 생각나 무서워서 결혼할 마음이 생기지 않았고, 또한 상대방도 원고가 정신대에 갔다 왔다는 말을 어디서 듣고 와서는 "정신대에 갔다 온 사람과는 결혼할 수 없다."며 혼담을 중단시켰다.

원고는 결혼한 남편에게도 정신대에 갔다 왔다는 이야기를 하지 않고 그 사실을 숨긴 채 22세 때 결혼하였다. 그런데 결혼한 지 4, 5년이 지나 원고가 정신대에 갔다 왔다는 것을 남편이 알게 되어 원고를 의심하게 되면서 결국 이 의심 때문에 남편은 집을 나갔고 결혼생활을 깨지고 말았다.

제4절_ 원고 양금덕(梁錦德)의 사례

(이하 이 절에서 원고라 함은 양금덕을 말함)

1. 가족관계와 경력

원고는 1931년 2월 28일 전라남도 나주에서 태어났다. 원고의 가족 구성은 당시 부모 이외에 언니가 넷, 오빠가 한 사람 있었다. 원고의 아버지는 농업에 종사하고 있었고 가정은 빈곤했다.

2. 근로정신대 '권유'

원고가 나주 대정국민학교(현 나주초등학교) 6학년이 된 지 얼마 되지 않은 1944년 5월, 마사키 도시오(正木俊夫)교장과 곤도(近藤) 헌병이 교실에 들어와서 "체격이 좋고 머리가 좋은 아이가 정신대로 일본에 가서 일하면 돈도 많이 벌 수 있고, 여학교에도 보내 주고, 돌아올 때는 집 한 채를 살 수 있는 돈을 가지고 돌아올 수 있게 된다. 그러니 근로정신대에 지원하면 어떻겠느냐? 가고 싶은 사람을 손을 들어라."라며 근로정신대에 참가할 것을 권유하였다.

이 말을 듣고 원고를 포함한 반 학생들이 모두 손을 들었는데, 그 중 10명 정도가 동원되었다.

원고가 집에 돌아와 그 이야기를 하자 ,부모는 노발대발하며 어린 딸을 일본에 보낼 수는 없다고 완강하게 거절하였다. 원고가 마사키 교장에게 이 이야기를 하자, 마사키 교장은 "지명을 받고도 가지 않으면 경찰이 너희들의 아버지를 잡아 가둘 것이다." "갈 사람은 아버지의 인감을 찍어야 한다."고 말했다.

원고는 일본에 가지 않으면 경찰이 아버지를 잡아가는 게 아닐까하고 걱정이 되어 아버지가 잠을 자는 사이에 몰래 인감을 꺼내와 담임선생님에게 건넸다.

약 20일 후 손상옥(일본명 마쓰야마) 선생과 헌병의 인솔을 받으며 출발하였는데 부모는 전송을 나와 울었다.

여수에 갔더니 목포, 광주, 순천, 나주로부터 마찬가지로 근로정신대에 동원된 여학생 약 150명이 와 있었으며, 군악대가 환영 연주를 하였다.

일본인 헌병 두 명이 인솔에 가담했는데 곤도(近藤) 헌병이 그 중 한 사람이었으며, 원고는 군도를 찬 헌병에게 공포를 느꼈다.

원고들은 배로 시모노세키에 와서 기차를 타고 나고야의 미쓰비시중공업 도토쿠(道德) 공장에 도착했다.

3. 미쓰비시 생활

1) 원고는 미쓰비시중공업 도토쿠(道德) 공장 내에 있는 제 4료와(菱和) 기숙사에서 생활하게 되었다. 4평 크기의 방에서 8명이 함께 생활하였다.

원고의 생활은 오전 6시에 기상하여 8시부터 오후 5시까지가 근로시간이었는데, 6시쯤까지 잔업을 하는 경우도 많았다. 원고들은 '가미카제(神風)'라고 쓴 머리띠를 이마에 두르고 노동을 해야 했다.

원고들은 출신지별과 연령별로 중대, 소대, 분대로 나뉘어 마치 군속(軍屬)과 같은 취급을 받았다.

야마조에 산페이(山添三平) 사감의 방에서. 머리띠에는 '神風'(가미카제)이라고 쓰여 있다.
앞열 우측 朴良德 중대장.

아침식사는 보리를 섞은 밥에 반찬은 대부분 매실 절인 것 두 가지가 전
부였고, 밥 양도 적어 충분한 영양을 취할 수 없는 상태였다. 점심은 공장
식당에서 단무지 약간, 저녁은 언제나 반찬 수가 한 가지였으며, 된장국은
일주일에 한 번만 나왔다.

원고는 너무나도 심한 배고픔에 시달려 식당에 가서 단무지를 훔쳐 먹은
적도 있었다. 원고는 짠 단무지를 먹고는 자꾸 물이 켜서 물을 마시고 설사
를 일으켰지만 돈도 없고 약도 전혀 주지 않았다.

2) 원고의 일은 신나로 비행기 부품의 녹을 닦아내고 그 위에 페인트칠을
하고 , 줄질을 하고, 부품을 절단하는 등의 일이었다. 작업장에는 강한 신나
냄새가 가득 찼고 그 때문에 항상 두통을 앓았다. 장갑도 없었기 때문에 손
이 까져서 출혈하는 경우도 있었다.

작업 중에 화장실에 가는 것은 용인되어 있었지만 화장실에 가 있는 시간이 길어지면 지켜보고 있던 자가 화를 버럭 냈다.

숙소에서 식당, 식당에서 공장 사이를 4열로 줄지어 이동하였는데 곁눈질만 조금 해도 일본인 반장이 때렸기 때문에 원고들은 무서워서 앞만 보고 걸었다.

원고는 여학교에 보내줄 것이라는 희망을 품고 일본에 왔는데 이것이 새빨간 거짓이라는 것을 알고는 속임을 당했다는 실망과 억울함에 힘이 빠져 일하는 것이 더욱 고통스러워졌다.

3) 원고도 급여는 전혀 받지 못했으며, "집에 돌아갈 때 한꺼번에 준다."는 말을 들었다.

4. 도난카이(東南海) 지진

도난카이 지진 때 천장에서 낙하한 물건에 몸이 깔리고 발가락에도 큰 상처를 입었다. 그 때 왼쪽 어깨에 강한 타박상을 입어 지금도 통증을 느낄 때가 있다. 친구 두 사람이 죽는 것을 보고 심한 공포를 느꼈다.

5. 공습

공습으로 인한 공포는 이미 언급한 대로이며, 원고도 여전히 그때의 공포를 잊지 못하고 있다.

6. 도야마 다이몬(富山 大門) 공장

원고들은 도야마현 미쓰비시중공업 다이몬 공장으로 이동하였으며, 그곳에서도 도토쿠 공장에서와 같은 작업에 종사한 것은 이미 언급한 대로이다.

7. 해방

일본의 패전으로 원고들은 귀국하게 되었는데 회사의 반장이 기차로 시모노세키까지 데려다 주었고, 거기서 배로 한국으로 건너와 기차로 나주 역에 도착한 것은 1945년 10월 22일 밤 11시였다.

8. 귀국 후 생활

원고는 집에 돌아오자 부모와 다시 만나게 된 기쁨과 서로가 정신적으로 육체적으로 경험한 슬픔이 북받쳐 울고 또 울던 일을 기억하고 있다.

부모는 어린 원고를 일본에 보내고 밤에도 잠을 못 이룰 정도로 걱정을 했다고 하였다. 원고는 부모의 얼굴이 너무나 여위고 창백해 어린 마음에도 너무 가슴이 아팠던 것을 지금도 기억하고 있다. 그리고 1년 후에 아버지는 타계하였다.

원고는 그 후 혼담이 오고 갔지만 정신대 출신이라는 이유로 '더러운 여자'라며 거부당했다. 그 후 정신대였다는 사실을 감추고 결혼할 수가 있었으나 지금까지도 정신대에 대해서는 밝히지 않았다.

현재는 아이가 4명 있는데 알고 있는 아이는 한 사람뿐이며 나머지는 모른다. 아직도 정신대와 위안부의 구별이 사회에 잘 알려지지 않아 아이들에게 진실을 전할 용기가 없기 때문이다.

제5절_ 원고 이동련(李東連)의 사례

(이하 이 절에서 원고라 함은 이동련을 말함)

1. 가족관계와 경력

원고는 1928년 9월 16일 전라남도 나주에서 출생하였다. 가족 구성은 부모와 4명의 형제자매로 일곱이다. 원고의 아버지는 농업에 종사하고 있었고 가정은 가난하였다. 원고는 나주 대정국민학교(현 나주초등학교)를 1943년에 졸업하였다.

2. 근로정신대 '권유'

원고는 학교 졸업 후 집에서 가사를 돌보고 있었는데 1944년 4월경, 나주국민학교로부터 학교에 나오라는 전갈을 받았다. 학교에 나가니 많은 재학생들이 모여 있는 가운데 설명회가 열리고 있었다.

그곳에는 와다(和田) 미유키 선생, 마사키 도시오(正木俊夫) 교장, 곤도(近藤) 헌병이 있었으며, "일본에 가면 여학교에 갈 수 있고, 일하면서 돈도 많이 벌 수 있고, 반년에 한번은 고향에 돌아올 수 있다."는 설명이었다.

원고는 직접 담임이었던 와다 미유키 선생의 권유를 받고, 돈을 받으면서 여학교에 갈 수 있다는 생각에 너무나도 기뻤다.

그러나 그밖에 구체적인 노동내용, 근무시간, 그리고 일본이 미국과 전쟁을 하고 있다는 것 등에 대해서는 다른 원고들과 마찬가지로 들은 바도 없으며 알 리도 없었다.

원고가 집에 돌아와 부모님에게 보고했더니 극구 반대였다. 당시 소녀가 부모 곁을 떠나 생활 한다는 것은 가족의 부끄러움이라는 풍조가 강했고, 또한 부모 마음 역시 아이를 먼 나라에 보내는 것이 불안했기 때문이다.

그러나 원고가 일본에 가는 것에 대해 부모가 반대하는 것은 당시 조선 사회에서는 불가능한 상황이었으며, 원고도 거부하게 되면 부모가 헌병에게 연행된다는 말을 들었기 때문에 부모의 반대를 무릅쓰고 일본행을 단행하고 말았다.

1944년 5월경 나주 대정국민학교 운동장에 24명이 집합하였다. 나주역을 출발하여 여수역에 내려 일본으로 향하는 항구에서 다른 곳에서 온 정신대 학생들과 합류하였다. 약 140명 정도 정신대원들이 모였다고 원고는 기억하고 있다. 그때 원고의 복장은 검은 바지에 흰 블라우스였다.

원고들은 연락선을 타고 시모노세키에 도착해서 열차를 타고 나고야시(市)의 도요타초(豊田町) 제4 료와(菱和) 기숙사에 도착하였다. 도착해서 처음으로 원고들의 숙박 장소가 나고야라는 것을 알았다. 한국에서 나고야까지 인솔해 온 사람은 손상옥(孫相玉, 松山) 선생과 곤도 헌병이었다.

3. 미쓰비시 생활

1) 기숙사 생활은 원고 김혜옥의 피해사실에서 언급된 것과 기본적으로 같다.

식사에 대해서도 원고는 심한 노동을 강요당하면서 항상 공복상태였으며 물로 배를 채울 수밖에 없었다. 그 때문에 가끔 설사를 하였고 몇 번이나 복통에 시달리기도 하였다.

한국의 가족들에게는 한 달에 한 번 편지를 보낼 수 있었지만 검열이 있었기 때문에 저절로 편지를 쓰는 일이 제한되었다.

2) 원고에게 부과된 일은 비행기의 작은 부품에 페인트칠을 하는 일과 닦는 일이었다. 소녀들에게는 너무나도 힘든 일이었으며 항상 일이 끝날 때에는 머리가 어질어질한 상태였다.

東山동물원 견학. 동복으로 갈아입은 것으로 보아 계절은 가을인 것 같다. 윗사진 뒤쪽에 '紅鶴'이라는 팻말이 보인다. 아랫사진 뒷열끝 故 李貞淑씨, 가운데열 오른쪽끝 金福禮씨, 그 왼쪽 옆사람 故 金淳禮씨.

작업 때는 감시가 심해 원고들은 개인적인 이야기는 한마디도 하지 못하였으며, 화장실에 갈 때에도 일일이 허락을 받지 않으면 갈 수가 없었다.

또한 화장실에 갈 때에도 반장(일본인)과 함께 가야 했다.

원고는 어느 때 한번 원고 중 한 사람인 양금덕씨가 매를 맞는 것을 본 적이 있어 무서운 느낌이 들었다. 원고 자신은 매를 맞은 적은 없었지만 "빨리 해!"라며 큰 소리로 야단맞고 무서웠던 적은 몇 번이나 있었다.

3) 원고로서는 권유 받았을 때의 이야기와 현실이 너무나도 달랐기 때문에 의문을 느끼면서도 꾹 참았는데 3개월이 지나면서 속았다는 것을 확실히 알게 되었다.

그 때부터 원고는 한국에 돌아가고 싶은 심정뿐이었지만 그 심정을 전하고 싶어도 무서워서 말도 꺼내지 못했다.

4. 도난카이(東南海) 지진

원고는 지진을 경험한 적이 없었는데 도난카이 지진으로 처음 경험했다. 원고는 다행히 다치지는 않았지만 그 때의 무서운 경험이 지금도 마음속에서 떠나지 않는다.

함께 일본에 온 친구인 '山本貞禮'(창시개명으로 최정례씨가 사용했던 이름)씨도 지진으로 목숨을 잃어 어린 마음에 깊은 상처로 남았다.

5. 공습

공습이 점점 심해졌고, 원고는 당시 공포를 체험한 것이 지금도 기억에 생생하다.

6. 도야마 다이몬(富山 大門) 공장

그 후 1945년 3월부터 4월쯤에 도야마현의 다이몬으로 이동하였는데 그곳에서도 나고야에서와 거의 비슷하게 노동도 힘들었고 식사도 엉망이었다.

7. 해방

고달픈 날이 계속되는 가운데 8월 15일 해방의 날을 맞이했다. 원고는 전쟁이 끝났다는 것을 공장 라디오를 듣고 알았다.

원고는 '이제 집에 돌아갈 수가 있다'고 생각하니 무척 기뻤다. 다만 함께 온 친구가 죽어서 그 친구를 남겨두고 혼자만 돌아간다고 생각하니 너무 가슴이 아팠다.

'나 혼자만 돌아왔다'는 죄악감에 지금도 그때의 꿈을 꾸곤 한다.

8. 귀국 후 생활

원고는 한국으로 돌아와서도 쓰라린 나날에서 해방되지 못했다.

원고는 '근로정신대'에 갔다 왔다는 사실을 비밀로 하여 17세 때 결혼하고 남편에게는 결혼 후에 이야기하였다. 그 외에는 아무에게도 말하지 않았다.

4 일본에 대한 원고들의 청구 근거

제1절_ 불법행위 책임

1. 전시체제하 여성 노동력 동원

1) 전시하 조선의 동원체제

1937년 7월 노구교 사건(盧溝橋事件) 이후 피고 일본국은 전시체제에 돌입하면서 일본 전역과 식민지 전체에 동원체제를 구축하였다.

주지하는 대로 1938년 5월에는 국가총동원법이 공포되었다. 이러한 동원체제를 더욱 효율적으로 수행하기 위해 1938년 7월에 국민정신총동원 조선연맹(國民精神總動員 朝鮮連盟)이 조직되었다.

이것은 실제로는 조선총독부가 주관한 것으로 학교·은행·공장까지 포함되어 있었으며, 종적 조직으로는 중앙조직 아래 도연맹(道連盟), 부(府)·군(郡)·도연맹(島連盟), 읍연맹(邑連盟), 정(町)·동(洞)·리(里)·부락연맹(部落連盟) 등으로 구성되어 있었다.

1939년 제2차 세계대전이 발발하면서 이러한 동원은 한층 더 절실해져 군관민을 포함한 국민조직 개편이 단행되었고, 국민정신총동원 조선연맹은 국민총력 조선연맹으로 재편성되었다.

동원은 크게 나누어 정신 동원(황민화정책)과 노동력 동원이었는데 조선반도로부터의 노동력 동원은 일반 모집·관(官)의 알선·징용 등 여러 형태를 취했다. 그러나 명목은 차치하고라도 어떤 형태든 간에 피고 일본국과 조선총독부의 통제 하에 있던 그들 관(官)이 관여하고 있었다.

2) 본 건 근로정신대와 여자근로정신령과의 관계

1944년 8월 여자근로정신령이 공포(公布)되어 조선반도에서도 이 법령이 실시될 것이라는 발표가 있었다. 그러나 조선에서는 여자근로정신대 동원은 법령과는 무관하게 행해졌다.

원고들이 조직된 여자근로정신대도 시기적으로는 상기법령이 공포되기 전에 이미 실행되고 있었고, 또한 법령에 정해진 여자 대상 요건에서 벗어난 것으로 법령의 근거를 가진 것이 아니다.

3) 조선여자근로정신대의 동원 형태

첫째, 관의 알선동원이다. 이것은 행정조치에 의해 노무에 적합하다고 인정되는 사람을 대상으로 지도를 하여 복무(服務)할 것을 장려하는 형태이다.

둘째, 모집과 지원이다. 조선총독부 부서가 신문광고·기사 등을 통해 모집하여 지원자를 모으는 형태이다.

셋째, 학교·단체를 통한 동원이다. 1943년 10월 조선총독부 사정국(司政局) 노무과장은 여자근로정신대의 동원을 위해 출신학교 교장에게 적극적으로 알선하도록 위탁하고, 또한 국민총력 조선연맹 관계단체를 활용해야 한다고 발표하였다.

넷째, 관리나 경찰에 의한 물리적 강제력으로 행해진 말 그대로의 완전한 강제동원이다.

4) 원고들의 동원 형태

원고들의 동원 형태는 셋째 방법인 '학교를 통한 동원 형태'이다.

학교를 통한 모집이었으므로 재학 중에 동원된 사람에 대해서는 해당 학교의 학적부에 근로정신대에 갔다는 기록이 남아 있어 사실 확인이 용이하다.

원고 양금덕에 대해서는 나주 대정초등학교(현 나주초등학교)의 학적부에서 위 사실이 확인되었다. 같은 나주 대정국민학교의 졸업생인 원고 김 등에 대해서는 학적부에 기재되어 있지는 않아도 원고 양금덕과 함께 일본에 온 것은 의심의 여지가 없는 사실이다.

원고들은 학교의 담임이나 교장의 거짓에 찬 권유에 의해 입대(入隊)할 결의를 한 것이기 때문에, 이 시기에 학교가 국민총력 조선연맹의 동원체제에 포함된 상황을 고려하면 조선총독부, 더 나아가서는 피고 일본국이 관여한 것은 명료하다.

2. 피고 일본국의 불법행위

1) 피고 일본국은 조선총독부 사성국 등을 통해 원고들의 출신교인 나주 대정국민학교(마사키 도시오 교장)와 순천남국민학교 교장들에게 여자근로정신대의 적극적인 알선을 위탁하였다.

그 때문에 동 교(同校) 교장과 교사들은 어린 원고들을 감언으로 권유한 것이다. 더욱이 권유하는 자리에는 헌병이 입회하였다. 조선 주재 헌병은 피고 일본국의 육군대신 관할에 속해 있었다(조선주재헌병조약 제2조).

▲ 미쓰비시중공업 순직비희생자 명판
어찌된 일인지 도난카이(東南海) 지진 때 조선여자근로정신대 희생자 6명을 포함한 조선인 관계자의 이름은 기록되어 있지 않고 대만출신 중국인 희생자는 24명이 전부 기록되어 있다.

▲ 시민운동의 요청에 의하여 지진 희생자 6명의 이름이 기입되기는 하였으나, 제일 왼쪽 李貞淑씨의 성이 '李'字로 되어 있는 등 기업 미쓰비시의 무성의한 속마음이 드러나는 대목이라고 하겠다.

2) 그 후 원고들은 헌병과 나주 대정국민학교(현 나주초등학교) 교사(손상옥, 일본명 松山)와 구(舊) 미쓰비시 중공업주식회사의 사원에게 인솔되어 여수에서 배로 시모노세키(下關)에 왔다. 그리고 기차를 타고 나고야에 와서 미쓰비시중공업 나고야항공기제작소 도토쿠 공장의 기숙사(제4 菱和 기숙사)에 입사(入舍)하였다.

기숙사에는 야마조에(山添) 기숙사장, 사모(舍母), 남성 직원들이 있었으며, 규율이 엄격한 군대식 생활이 강요되었다.

공장에서는 육군용 정찰기 제작 작업에 종사하였다. 원고들을 포함한 직원들은 편대형식으로 조직되어 편대 아래에 반(班), 반 아래에 구(區)가 있어 원고들 작업원들을 감시하였다.

각 작업은 칼을 찬 배속장교 혹은 상기(上記) 감독원들의 엄중한 감독과 감시 하에 이루어졌으며, 가혹한 노동을 강요당했다.

특히 원고들 전원에게 입대를 권유한 자리에서 ① 여학교에 다닐 수 있다 ② 급료를 지불받는다는 두 가지를 약속하였음에도 불구하고 이것들은 전혀 이행되지 않았다.

3) 원고들은 당시 겨우 13, 14세 정도의 어린 소녀였다. 부모 곁을 떠나 군대식의 엄격한 규율과 엄중한 감시 하에서 급료도 못 받고 매일 노동을 강요당한 것이다.

조선에 귀국하는 자유는 말할 것도 없고, 그러한 노동으로부터 벗어날 길도 전혀 없었다. 그런 의미에서 원고들의 노동은 명백한 강제노동이다.

공장에서 원고들에 대한 일상적인 감시와 감독 업무는 군인(칼을 찬 배속장교)과 각 작업그룹의 감독책임자(일본인 남성)가 담당했다. 감독책임자는 구(舊)미쓰비시 중공업주식회사 사원이었지만 1944년 당시 이미 동 사(同社)와의 고용계약은 징용형태로 바뀌치기 되어 있었다(이를 현원징용(現員徵用)이라 함).

어떻든 도토쿠(道德) 공장의 항공기 부품 제조는 전시 하 피고 일본국의 군수정책에 근거하여 강력하게 추진되고 있었으므로 상기 강제노동에 대해 피고 일본국도 구(舊)미쓰비시중공업주식회사와 함께 불법행위의 공동책임을 져야 마땅하다.

4) 그 후 1945년 4월 무렵에는 원고들은 도야마현의 다이몬(大門) 공장으로 소개(疏開)되었는데 동 공장의 노동 실태도 나고야 도토쿠 공장에서와 똑같았다.

5) 피고 일본국의 피용자인 헌병 등에 의한 도토쿠 공장과 다이몬 공장으로 원고들을 연행한 사실, 피고 일본국의 군사정책에 근거한 원고들의 강제관리와 강제노동에 대해 피고 일본국은 민법 709조, 715조, 719조에 근거, 그 손해(별항 '손해론'에 게재된 손해 전체)에 대해 배상책임을 져야 한다.

3. 국가무답책(國家無答責)의 법리에 대하여

1) 들어가는 말

피고 일본국은 이 사건과 유사한 소위 전후배상재판에서 '명치(明治)헌법 하에서 국가 혹은 공공단체의 권력작용에 대해서는 사법(私法)인 민법의 적용은 없고 달리 근거가 될 법령도 없으므로, 이에 근거한 손해배상은 부정되어 왔다.'고 주장한다. 이것은 국가무답책의 주장이다.

본 건에서 문제로 삼는 피고 일본국의 불법행위가 위에서 말하는 '권력작용'인지 아닌지에 대해서는 별도로 논하기로 하고, 우선 여기서는 '권력작용'이라는 것을 전제로, 본 건 소송에서 국가무답책의 법리가 성립될 여지가 없음을 지적하겠다.

2) 국가무답책의 법리와 실체

(1) 국가무답책의 법리의 근거와 이에 대한 비판

① 국가무답책의 근거로서 피고 일본국이 전개하는 논리는 다음과 같다.

'권력적 작용이란 국가가 개인에 대해 명령 복종을 강제하는 작용이며, 원칙적으로 사법원리의 적용을 배척하는 본래적인 공법(公法)관계이므로 이 권력작용에 의해 위법으로 타인의 권리를 침해하는 일이 있더라도 민법의 적용은 배제되며 특별한 규정이 없는 한 국가에게 책임을 묻지 않는다.'

② 그러나 원인행위는 공법으로서 성질을 가진다고 하더라도 그 결과 발생한 배상의무는 사익(私益)의 보호를 목적으로 하는 것이며, 사법적(司法的) 성질을 가진다(미노베 다쓰키치:美濃部達吉, '일본행정법' 상권 〈1912년 발행〉 917·918쪽).

최고재판(1971년 11월 30일, 民集25권 8호 1389쪽)에서도 국가의 배상 의무가 사법상(私法上)의 금전채권(金錢債權)임을 인정하고 있다. 그렇기 때문에 명치(明治)헌법 하에서도 피해자의 구제라는 관점을 중시하여 배상책임을 인정해야 한다는 견해를 주장하였다(와타나베 소타로:渡邊宗太郎 "일본행정법" 上 1935년, 158·160쪽, 미야케 마사오:三宅正男 "민사판례연구회·판례민사법" 1941년도, 37쪽 이하-단, 우가 가쓰야:宇賀克也 "국가책임법의 분석" 420쪽 이하에서 인용, 다나카 지로:田中二郎 "불법행위에 근거한 국가의 배상책임" 1933년 등).

③ 이들 학설에서도 확인되듯이 명치헌법 하에서도 민법의 적용 또는 유추적용을 인정하는 것은 이론상 가능하며, 민법의 적용을 배제해야 하는 실체법상의 장애는 전혀 없었다. 오히려 손해배상제도의 목적에 비추어볼 때 민법을 적용했어야 마땅한 것이다.

(2) 소송절차와 국가무답책의 관계

이처럼 국가의 배상책임에 대해 민법을 적용하는 데 실체법상의 장애는 없었다. 그러면 권력적 행위에 기인하는 국가배상에 대하여 사법재판소가 민법규정의 적용을 배제한 것은 어떠한 이유에서인가.

명치헌법 하에서는 행정재판법 16조와, 공법(公法) 사법(私法) 이원론을 기초로 한 권력행정에 대한 사법재판소의 관할을 부정함으로써 실체적 근거를 논하지도 않은 채 소송상의 이유로 국가배상 청구의 길이 막혀 있었던(宇賀克也 '국가보상법' 8쪽) 것이다. 이러한 사법재판소의 태도를 뒷받침하고 있었던 것이 실성법상에서는 명정헌법 61조와 행정재판법 16조이며, 제도상으로는 행정재판소와 사법재판소라는 이원적 재판제도이며, 이들에 의해 뒷받침되고 있던 공법, 사법 이원론이다.

그러나 오늘날에는 일본국 헌법에 의해 국가의 배상책임이 인정되고, 재판제도도 행정재판소가 폐지되어 사법재판소로 일원화되었다. 따라서 국가무답책의 법리를 뒷받침했던 관할이라는 소송상의 장애는 이미 제거된 것이므로 민법의 적용을 거부할 이유는 없다. 실체법은 소급할 수 없으나 절차법이 변화한 경우에는 당사자는 이를 수용해야 하는 것이다(국제법률가위원회 〈ICJ〉 국제법을 통해 본 '종군위안부' 문제, 194쪽).

따라서 국가무답책의 법리는 이 사건 소송에서 채용되어서는 안 되며, 민법에 근거하여 피고 일본국의 배상책임이 인정되어야 마땅하다.

3) 국가무답책의 법리와 외국인

설령 국가무답책의 법리가 용인된다 하더라도 그것은 피고 일본국의 통치권에 복종하지 않는 원고인 외국인에게는 적용되지 않는다.

(1) 원래 근대국가의 국가무답책의 법리는 '통치자(統治者)와 피치자(被治者)의 자향성(自向性)'이라는 논리로 뒷받침되고 있었다. 즉 국가는 주권자인 국민에 의해 선출된 국민대표자로 구성되는 의회의 의사에 기초하여 행동하는 것이므로 '국가(治者)는 국민(被治者)과 동일시할 수 있는 것이며, 국가가 스스로 동일시할 수 있는 국민에 대해 부정(不正)은 행하지 않는다'는 논리이다.

입헌군주제였던 명치헌법 하 일본의 경우 절대주의적 천황제 하에서 일본국민에 대한(게다가 그에 국한된) 법리임은 자명하였다. 최고재판소 판결도 '생각하건대 대개 국가 혹은 공공단체의 행동 가운데 통치권에 기초한 권력적 행동에 관해서는 사법(私法)인 민법의 규정을 적용할 수 없다는 것은 당연하다'(1941년 2월 27일 · 밑줄은 원고대리인)고 판단, 당해(當該) 권력적 행동이 통치권에 근거하여 통치권에 복종하는 자에 대해 적용된 것을 당연한 전제로 삼고 있다.

(2) 이 사건 원고들에 대해서 말하면 제1장 '역사적 사실'에서 상술한 대로 한국병합은 위법 · 무효한 것이었으며, 피고 일본국이 조선반도를 지배한 1945년 이전을 포함해 원고들이 피고 일본국 국민이었던 적은 없으며,

또한 그 통치권에 복종한 적도 없다. 따라서 국가무답책의 법리는 원고들의 본 소송 청구에 적용되지 않는다.

4. 제척(除斥) 기간

1) 들어가는 말

"민법 724조 후단 규정에 불법행위에 의해 발생한 손해배상 청구권의 제척(除斥) 기간을 정한 것으로 해석하여 그 주장[援用]이 없더라도 당해 청구권은 제척기간의 경과에 의해 소멸되며, 신의칙위반(信義則違反)과 권리남용 주장은 성립할 여지가 없다."라는 판례의 전례가 있다(최고재판 1988년 12월 21일 民集 43권 12호 2209쪽·이하 '최고재판 1988년 판결'이라 약칭함).

이 사건 재판부가 이러한 잘못된 견해를 채용하는 일이 없도록 하기 위해 미리 제척기간에 대해 원고들의 주장을 진술하겠다.

2) 민법 724조 후단의 성격

20년은 제척기간으로 해석할 것이 아니라, 시효기간으로 해석해야 한다.

(1) 입법의 연혁

① 민법 724조가 독일의 민법초안의 규정을 계승한 것임은 입법자료를 통해서도 명료하다. 독일 민법 제2초안 775조의 규정은 아래와 같다.

불법행위에 의한 손해배상 청구권은 3년의 기간 만료에 의해 시효에 걸리며, 위의 기간은 피해자가 입은 손해와 배상 의무자가 몇 명인가를 알았을 때부터 시작되는 것으로 한다.

위의 청구권이 전항(前項)의 규정에 의해 이미 시효에 걸려있지 않을 경우에는 그 시효기간은 불법행위를 행했을 때부터 기산(起算)하여 30년으로 한다.

더욱이 민법 724조에 상당하는 독일 민법전 852조에는 '불법행위에 의해 생긴 손해의 배상청구권은 피해자가 손해와 배상의무자를 알았을 때부터 3년이며, 이를 알았는지의 여부는 불문하고 행위 시부터 30년이 지나야 소멸시효가 된다'라고 규정되어 있으며(쓰바키 도시오:椿壽夫 외 편 "주석 독일 불법이득·불법행위법" 198쪽), 일본 민법 724조보다 장기(長期)인 30년이 시효임은 명문상(明文上)으로도 분명하다.

② 이상 법 계승의 계보와 입법 경위를 살펴볼 때 민법 724조 후단이 시효를 의미하는 것은 명료하며, 이를 제척기간으로 해석하는 것은 입법취지를 무시한 잘못된 해석이다.

(2) 해석론상의 합리성

① 제척기간으로 해석하는 입장은 '법률관계의 신속한 확정'이라는 요청을 근거로 하고 있다. 그 요청 자체를 일반론으로서 부정하지는 않는다 해도 구체적인 법률관계에서는 달리 고려되어야 할 것이다. 즉, '법률관계의 신속한 확정'이 기간 경과에 의해 권리를 잃고 의무를 면하는 것으로서 공평과 정의의 요청에 합치하는 것이어야 한다.

② 예를 들면 통상의 계약관계에 대해서는 채권자는 미리 권리행사의 준비가 가능하며, 채무자도 또한 그것을 예측해 행동한다. 권리행사가 용이한 이상 그 불행사(不行使)가 중시되는 것은 당연하다. 이에 반해 불법행위의 경우, 계약관계와 같은 당사자 간의 연결이 결여되었기 때문에 권리를 행사하는데 특수사정이 개재할 여지가 크다.

특히 불법상태가 오랜 기간 계속됨으로써 점차 발생하는 공해·직업병 등의 손해는 손해발생의 경로가 복잡하고 원인행위와 손해 발생의 인과관계 입증이 곤란하며, 제소에서 판결까지 시일을 요한다.

또한 가해자와 배상청구권의 존재가 분명하더라도 전쟁·사변(事變) 혹은 국교관계 등 정치적, 사회적인 여러 사정에 의해 당연히 구제 받아야 할 피해자의 권리행사가 피해자의 책임으로 돌릴 수 없는 이유에서 장기간에 걸쳐 저해되는 경우도 드물지 않다.

③ 다시 말해 민법 724조 후단을 제척기간으로 해석하는 입장은 구체적 사안의 내용을 고려하지 않고 일률 기계적으로 배상청구권을 잘라내는 경직성을 가진다.

그 결과 한편으로 피해자에게 가혹한 결과를 강요하고, 또 다른 한편으로 가해자의 의무를 부당하게 면탈시켜 법이 서야 할 공평과 정의의 이념에 반(反)하는 결과를 초래하는 중대한 결함을 내포하고 있다.

④ 이 때문에 전기(前記)한 '최고재판 1988년 판결'에 대해 학회에서는 강한 반발이 일어났고 오히려 20년은 시효로 해야 한다는 입장이 학회에서 다수를 이루는 한편(마쓰모토 가쓰미:松本克美 '민사판례연구 민법 724조 후단 제척기간의 적용 제한' 법률시보(法律時報) 871호 92쪽, 우치이케 게시로:內池慶四郎·사법판례 리마크스 1991〈상〉 78쪽, 한다 요시노부:半田吉信·民商103권 1호 131쪽 등), 법적 성격으로서는 일단 '제척기간'으로 인정하면서도 그 기산점(起算点)을 늦추거나 또는 시효정지 규정을 준용하거나 하여 그 적용을 제한하는 하급심 판례가 나타나는 것이다(후에 예시하는 판례 ①에서 ⑥. 또한 제척기간의 주장이 신의칙에 위반한다고 한 ⑦ 교토지판(京都地判) 1993년 11월 26일 판례시보 1476호 3쪽과 ⑧ 후쿠시마지방재판(福島地裁) 이와키지부 1983년 1월 25일 판결판례 타임즈 142쪽 참조). 1998년 6월 12일 최고재판 제2 소법정 판결(판결시보 1644호 42쪽, 이하 '최고재판 1998년 판결'로 약칭함)도 제척기간의 경직된 적용에 내포된 불합리성을 바로잡으려는 시도이다.

⑤ 결론

이상의 이유로 민법 724조 후단의 규정은 시효이지, 제척기간으로 이해해서는 안 된다. 다시 말하면 최고재판 1998년 판례의 재판관 가와이 신이치(河合伸一)의 의견과 반대의견도 다수의견이 의거하는 제척기간설의 근거를 일축 비판하고 시효설을 대부분 수긍하고 있다.

3) 제척기간의 기산점·정지와 적용제한

(1) 설혹 민법 724조 후단이 시효를 정한 것이 아니라 제척기간이라 하더라도 이 사건 사안의 특수성을 고려하여 기간 기산점의 타당한 결정, 시효정지 규정 준용, 제척 기간 적용제한 등을 고려해야 한다.

전기(前記)한 1998년 최고 재판의 판결은 제척기간으로 해석하면서 일정한 요건 하에 적용제한을 인정한 것이므로 본 건에 대해서도 위의 판결이 설명 제시하고 있는 법리에 따라 적용제한이 인정되는지를 엄밀하게 음미해 보아야 한다.

(2) 제척기간의 기산점과 정지

전기(前記)한 제척기간이 내포하는 결함을 극복하고 법률관계의 안정과 피해자 구제를 조화시켜 구체적 타당성이 있는 결론에 도달하기 위해, 하급심판례는 그 기산점을 늦추거나 혹은 시효정지 규정을 준용하거나 하여 제척기간이 아직 끝나지 않았다는 결론을 끌어내고 있다(① 오사카지판:大阪地判 1983년 4월 25일 판례시보 704호 22쪽, ② 오사카고판:大阪高判 1975년 11월26일 판례시보 804호 15쪽, ③ 도쿄지판:東京地判 1991년 9월 16일 판례시보 1506호 5족 등 참조).

상기 판례 중 ①, ②의 원죄(冤罪)에 관련된 사건(이른바 '김:金 사건 국가배상 청구사건')을 예로 들어 아래에서 검토하겠다.

일단 유죄판결이 확정된 이상 재심에 의해 무죄판결을 얻을 때까지는 위의 판결을 위법판결로 하여 손해배상 청구소송을 제기할 수는 없다. 가령 제소하더라도 확정 유죄판결이 존재하고 그에 근거하여 형이 집행된 이상 민사재판소는 원고의 청구를 기각할 수밖에 없다. 따라서 재판소는 위법판결을 내리고 형 집행이 수료될 때까지 일체를 계속된 불법행위로 취급하여 형기만료를 20년 기산점으로 하여 재심에 의해 무죄판결이 확정될 때까지는 손해배상 청구를 사실상 기대할 수 없으므로 제척기간의 진행은 정지된다고 해석하고 있다.

본 건에 대해서도 그 특수사정으로 볼 때 제척기간의 기산점을 늦추거나 또는 시효정지 규정을 준용함으로써 제척 기간 적용을 피해야 한다.

(3) 제척 기간 적용 제한

전기(前記)한 최고재판 1998년 판결은 제척기간의 주장이 신의칙위반·권리 남용이라고 하는 상고인들의 주장을 주장 자체가 타당성을 잃는다고 배척하면서도 제척기간을 자의(字義)대로 해석하면, "그 심신상실의 상황(常況)이 당해(當該) 불법행위에 기인하는 경우라도 피해자는 대개의 권리행사가 불가능한데다 단순히 20년이 경과했다는 것만으로 일체의 권리행사가 허용되지 않는 반면, 심신상실의 원인을 가한 가해자는 20년 경과로 손해배상 의무를 벗어나는 결과가 되어 현저하게 정의와 공평의 이념에 위반된다……"며 제척기간의 효과를 제한하고 있다.

제척기간의 주장을 신의칙위반과 권리 남용으로 배척하지 않는 것은 당사자의 주장이 필요 없다는 제척기간의 성질론도 그렇지만 전기(前記)한 최고재판 1988년 판결에 길을 열고, 게다가 적용기간의 판단기준으로 '정의와 공평의 이념'에 준거한 것은 본 건에서도 충분히 효과를 일률·형식적으로 적용시켜서는 안 되며, 정의와 공평의 이념에 근거하여 '특단(特段)의 사정'의 존재여부를 자세히 검토해야 한다.

제2절_ 입법부작위(立法不作爲)에 의한 국가배상 책임

1. 선행(先行)행위에 근거한 피고 일본국의 작위의무의 존재

스스로의 선행행위에 의해 피해를 발생시키거나 혹은 발생시킬 위험을 일으킨 자(者)는 조리(條理)상의 보호책임을 지며, 피해의 발생을 방지하고, 또는 피해 확대를 방지할 의무를 진다. 이는 법 해석상 일반적으로 확인된 법적인 의무이다(선행행위에 근거한 작위의무).

원고들은 제3장 '원고들의 피해사실'에서 언급한 대로 피고 일본국과 동일성을 가진 국가인 일본제국(日本帝國)에 속임을 당하여 강제적으로 일본에 동원되어, 그것도 어린 나이에 가혹한 조건 하에서 노동을 강요당하며 엄청난 고통을 겪은 것이다.

해방 후에도 근로정신대와 위안부가 구별되지 않은 한국사회에서 반세기에 걸친 고뇌에 찬 인생을 보낼 수밖에 없었던 것이다.

따라서 원고들에게 선행법익(先行法益) 침해행위를 한 일본제국과 동일성이 있는 국가인 피고 일본국은 원고들에 대해 과거의 피해를 회복하고, 그 이상 피해 증대를 초래하지 않도록 배려하고 보증해야 할 법적 작위의무를 져야 마땅한 것이다.

2. 전후 배상입법의무의 존재

위에서 언급한 피고 일본국이 보증해야 할 법적 작위의무는 침략전쟁에 대한 깊은 반성 위에 성립된 일본국 헌법의 근본규범, 헌법의 전문과 조문(條文)에 구체화되어 있으며, 전후 보상입법의무라는 형태에 나타나 있다.

1) 일본국 헌법의 근본규범

(1) 1945년 8월 15일 일본은 포츠담 선언을 수락, 이듬해 11월 3일 현행 일본국 헌법이 공포되었다.

(2) 포츠담 선언은 '군국주의의 구축(驅逐)', '민주주의적 경향 부활 강화에 대한 장애 제거', '언론·종교·사상의 자유와 기본적 인권 존중'이라는 이념을 내걸고, '일본 국민이 자유로이 표명하는 의사에 따르며, 평화적 경향을 가지며 또한 책임있는 정부' 수립을 목표로 삼고 있으며, 그 수락은 명치헌법의 천황주의 원리와 그 하위에 선 통치기구를 송두리째 동요시키는 것이었다(기요미야 시로:淸宮四郞 '헌법1' 51쪽).

(3) 그런데 헌법은 헌법상에 나타난 근본규범으로 규율되어 그 수권(授權)에 의해 제정되는 것으로 해석되지만(기요미야:淸宮 전게서 30쪽 이하, 사토 이사오:佐藤功 '日本國憲法槪說 全訂 제3판' 20쪽), 포츠담선언 수락으로 대일본제국 헌법에 의거한 천황주권을 중심으로 하는 근본 규범이 붕괴되었기 때문에 일본국 헌법 제정이 불가피하게 된 것이다.

즉, 일본국 헌법은 형식적으로는 대일본제국 헌법 제73조에 의해 동(同) 헌법을 개정하는 형식으로 제정되었지만 국민주권에 입각한 헌법으로 개정은 천황주권에 입각한 대일본제국 헌법이 예상하지 못한 것으로서, 실질적으로 일본국 헌법은 대일본제국 헌법의 개정이 아니라 포츠담 선언에 의해 성립된 새로운 근본규범을 승계하여 국민이 제정한 민정헌법이며, 단지 당시의 정치적 사정 때문에 대일본제국 헌법 제73조를 편의상 차용하여 일본국 헌법과 형식적인 계속성을 가지게 한 것이다(기요미야:淸宮 전게서 50쪽 이하).

(4) 따라서 일본국 헌법을 해석하는 데는 항상 그 수권규범(授權規範)의 의미를 살필 필요가 있으며, 그 단서는 포츠담 선언과 포츠담 선언에서 '카이로 선언의 조항은 준수(遵守)되도록'이라고 규정한 카이로 선언에서 찾을 수 있는 것이다. 이러한 의미에서 포츠담 선언과 카이로 선언은 일본국 헌법의 근본 규범을 이루는 것이다.

(5) 카이로 선언은 다음과 같이 규정하고 있다. '3대(미·중·영) 동맹국은 일본의 침략을 제지하고 벌하기 위해 이번 전쟁을 수행하고 있다.' '동맹국의 목적은 1914년 제1차 세계전쟁 개시 이후에 일본이 박탈 혹은 점령한 태평양의 모든 섬을 일본으로부터 박탈하는 것, 그리고 만주·대만과 팽호도(膨湖島)등 청나라로부터 도취(盜取)한 모든 지역을 중화민국에 반환하는 데 있다.' '일본은 또한 폭력과 탐욕에 의해 일본이 강탈한 다른 모든 지역으로부터 구축(驅逐)된다.' '전기(前記) 삼국은 조선인민의 노예상태에 유의하여 마침내 조선을 자유독립으로 하는 결의를 가진다.' 즉, 일본국 헌법의 근본규범은 명치(明治) 이래 일본의 침략전쟁과 식민지 지배를 불법으로 인정하고, 그 결과의 회복을 요구하고 있는 것이다.

2) 일본국 헌법 전문(前文)과 제9조

(1) 일본국 헌법 전문은 '정부의 행위에 의해 재차 전쟁의 참화가 일어나지 않도록 하는 것을 결의'한다고 규정하고 있다. 이는 위의 근본규범을 통해 보면 단순한 인도주의적 전쟁부정이 아니라 과거의 침략전쟁과 식민지 지배에 대한 반성의 표명으로 해석할 수 있다.

일본국 헌법은 이러한 반성 위에서 '항구 평화를 염원'하고, 그를 실현하는 방법으로서 전쟁 방기(放棄, 제9조)를 규정하였다.

(2) 그리고 전문이 '우리들은 전 세계의 국민이 동등하게 공포와 결핍으로부터 벗어나 평화 가운데 생존할 권리를 가지는 것을 확인하다'고 하여, 평화롭게 살 권리를 '전 세계 국민'의 권리로 규정하고 있는 것을 보면 헌법은 제9조로 실현되는 평화를 단순히 전쟁이 없는 상태로 간주하는 것이 아니다. 국가에 의한 전쟁을 비롯한 구조적 폭력의 해소를 위해 적극적으로 노력해 가는 것을 일본의 임무로 규정하고 있다고 해석되는 것이다.

더욱이 위의 전문(前文)은 평화 속에 생존할 권리를 이 헌법이 제정된 이전부터 당연히 가져야 하는 것으로 '확인'하고 있다.

일본은 식민지 지배와 침략전쟁으로 아시아 사람들의 '평화 가운데 생존할 권리'를 빼앗고, 지금도 여전히 피해자들에게 육체적·정신적 고통을 주고 있다.

이러한 일본의 손에 의한 평화적 생존권의 침해에 대해 사죄하고, 그 손해에 대해 배상을 하며, 나아가 그러한 고통을 제거해야 하는 것은 '전 세계 국민'에게 평화적 생존권을 보장한 헌법 전문과 제9조가 당연히 의무화하고 있는 바이다.

3) 헌법상의 기타 근거 규정

(1) 헌법 제14조

평등원칙은 일찍이 국가에 충의를 다하여 침략전쟁에 직접 가담한 일본인 군인과 군속에게만 전쟁배상을 하는 것을 절대로 용인하지 않는다.

평등원칙에 따라 국적의 유무를 불문하고, 또한 군인이나 군속 여하를 불문하고 일률적으로 전쟁피해를 배상하는 입법이 의무화되어 있는 것은 분명하다.

(2) 헌법 제17조와 제29조 3항

국가 권력에 의해 생명, 신체 또는 재산에 대해 침해를 받은 경우 그 침해가 위법인 경우는 물론, 적법이라 하더라도 특별한 희생을 강요당한 경우에는 국가는 그 손해를 보전(補塡)할 의무가 있다.

이러한 정신에 비추어 볼 때 과거 침략전쟁에서 피해를 입은 사람들(특히 식민지 지배를 받은 사람들)에 대해 배상을 실시하는 법을 제정하는 것은 당연히 요구되는 바이다.

(3) 헌법 제40조

형사배상의 취지에서 본다면 강제 연행되어 사실상 감금 상태 하에서 강제노동을 강요당한 사람들과의 관계에서 배상입법을 하는 것이 의무화되는 것은 당연한 일이다.

(4) 헌법 제98조 2항

후술하는 바와 같이 국제적 흐름으로 보아 전후배상을 하는 것이 이미 국제관습법으로 확립되어 있다고 할 것이다. 그렇다면 국제관습법의 준수 의무에서 당연히 피고 일본국의 배상입법 의무가 발생한다.

3. 전후 배상입법 의무의 정도

헌법 전문(前文)에 의하면 상기 의무는 '국가의 명예를 걸고 전력을 다해' 달성하지 않으면 안 된다. 그리고 헌법이 '평화를 유지하고, 전제(專制)와 예종(隸從), 압박과 편견을 지상에서 영원히 제거하려고 노력하는 국제사회에 있어서 명예 있는 지위를 점하고 싶다'고 선언하고 있는 이상, 위의 전후 배상입법 의무는 전쟁과 압정의 피해자에 대해 현재의 국제사회에서 행해지고 있는 사죄와 배상 가운데 앞선 지위를 점하는 수준의 것을 요구하고 있는 것이다.

후술하겠지만 예를 들면 일본과 동맹하여 전쟁을 수행한 독일은 연방배상법, 연방변제법 등의 법률과 여러 조건에 의해 유태인 등의 나치 피해자에 대해 충실한 배상을 행하여 막대한 재정적 부담을 안고 있다.

일본과 적대관계에 있던 미연방국은 전시 중에 강제 수용한 재미 일본인들에 대해 '시민의 자유법'을 제정하여 정식으로 사죄함과 동시에 1인당 2만 달러의 배상금을 교부하였다.

헌법이 명확하게 '국제사회에서 명예 있는 지위를 점하고 싶다'고 선언하고 있는 일본에서, 국회는 침략전쟁과 식민지 지배의 피해자에 대해 적어도 이들 예(例)에 뒤지지 않는 사죄와 배상의 입법을 행해야 마땅하다.

또한 상기 각국 법령으로 보아 피고 일본국이 입법하는 데 있어서 그 사죄와 배상의 범위와 방법 등도 이미 특정되어 있음을 말할 필요도 없는 일이다.

4. 배상입법 의무의 태만(怠慢)

1) 배상입법의 가능성과 용이성

(1) 상기(上記)한 피고 일본국 개개의 헌법 규정과 후술하는 전후배상의 국제적 흐름은 국회의원이면 당연히 인식하고 이해할 수 있는 사실이며, 배상입법 의무의 존재도 국회의원에게는 인식이 용이하였다.

(2) 여자근로정신내에 대해 조선총독부의 준(準)기관지인 "매일신보" 지상(紙上)에 되풀이 선전되고 있어 국회의원은 그 사실을 용이하게 인식할 수가 있었다.

최근 1988년 4월 25일 제112회 국회 중의원 결산위원회에서도 구사카와 쇼조(草川昭三)위원이 조선여자근로정신대의 피해사실을 설명하였고, 당시 외무대신이었던 우노 소스케(宇野宗佑)가 외무성은 후생성과 협력하여 전쟁의 상흔(傷痕)을 씻어내도록 최대한 노력하겠다고 밝힌 바 있다.

(3) 조선여자근로정신대에 관한 기록들도 후생성 등에 존재할 것이다. 실제로 후생성은 1946년 외국 국적 노동자의 임금 등에 대해 '유리 또는 불리한 취급을 할 수 없다'는 성령(省令)을 내고, 조선인 연맹과 업자와의 배상 교섭에 이와테(岩手)현이 개입하여 조정안을 제시한 직후에 배상요구에 응하는 것은 성령(省令) 위반임을 각 현의 지사 앞으로 통지하였다.

그리고 이 사건에 관해서 후생성은 전상병자(戰傷病者) 전몰자 유족(戰歿者 遺族) 등 원호법 시행과 관련하여 조선여자근로정신대의 명부를 입수하고 있다(제112회 국회중의원 결산위원회 의사록, 야마기시 지카오:山岸 親雄 후생성 원호국 원호과장 발언).

2) 합리적 기간의 경과

그러함에도 조선여자근로정신대 피해자에 대해 피해 발생 후 50년 이상을 경과한 오늘날까지 사죄와 배상을 위한 입법조치는 전혀 취해진 바가 없으며, 여자근로정신대의 피해자를 포함한 한국(남한)과 조선(북한)의 전쟁피해자에 대한 배상입법을 하려는 움직임은 거의 보이지 않는다.

5. 결론

이상 언급한 대로 국회의원들은 원고들에 대한 배상입법의무의 존재를 인식하는 것이 용이하였는데도 배상입법을 해야 할 합리적 기간을 훨씬 넘기고 있으므로 적어도 그 과실에 대한 헌법상의 작위의무를 위반한 입법부작위에 빠져 있다.

피고 일본국에서는 배상입법이 있다면 보전(補塡) 받았을 원고들 각각의 손해를 배상할 의무가 있다.

제3절_ 행정부작위(行政不作爲)에 의한 국가배상 책임

1. 들어가는 말

이미 자세히 말한 바와 같이 일본제국에 의한 침략전쟁과 식민지 지배에서 당시 소녀였던 원고들은 전시(戰時) 노동력으로서 기만과 협박에 의해 동원되어 그 노동 과정에서 극한적인 고통을 겪지 않으면 안 되었다. 그러나 원고들이 받은 피해는 위의 동원에 의해 직접적인 피해만이 아니다.

전후 일본은 가해국으로서 피해국과 피해국 국민에 대해 전후 책임을 인정하고 전쟁가해 실태에 대해 조사를 하여 조사결과를 공표하고 사죄해야 마땅하였으나, 피고 일본국은 당연히 해야 할 이들 조사·공표·사죄 등 일련의 의무를 다하지 않았기 때문에 한국 국내에서 강제노동에 동원된 근로정신대와 일본 군인들의 성적 노예가 된 위안부가 구별되지 않고 오히려 동일한 것으로 오해 받았다.

그 결과 원고들은 근로정신대 경험이 있다는 사실이 알려지면 위안부였던 것으로 오해를 받았고, 이후 일본군 '위안부' 피해자들과 마찬가지로 고통에 찬 반생을 보내야 했다.

원고들이 이렇게 받아왔고 현재도 여전히 받고 있는 인권침해의 중대성에 비추어 볼 때 그 구제의 필요성이 강하게 존재하는 것은 확실하며, 이러한 강제노동으로 전후에도 계속되는 피해의 선년적 근본직 해결을 위해서는 전항(前項)에서 언급했듯이 국회에 의한 배상입법이 마땅하게 이루어져야 하는 것이다.

그러나 적어도 일본제국이 여자근로정신대원에게 가한 강제노동 등에 기초한 피해와, 위에서 언급했듯이 전후에 위안부로 오해받은 새로운 피해에 대해서는 피고 일본국은 위의 입법 이전에 우선 그 행정권 수준에서 피해 실태를 조사 공표하고, 그 피해에 대해 공식으로 사죄하는 방법으로 해결과 회복이 가능했다고 해야 할 것이며, 피고 일본국에는 조사와 공표 그리고 사죄의 법적 의무와 그 부작위 책임이 존재하는 것이다.

아래에서 피고 일본국과 법적 연속성이 있는 일본제국이 행한 여자근로정신대에 관련된 전쟁피해에 관해 피고 일본국에는 어떠한 근거와 요건 하에 조사·공표 그리고 사죄할 법적 의무가 있는지를 구체적으로 검토하겠다.

2. 행정상 근로정신대에 관한 조사·공표·사죄 작위의무의 법적 근거

1) 들어가는 말

국가 배상법 제1조 제1항은 공무원이 개별의 국민에 대해 부담하는 직무상의 법적 의무에 위반하여 국민에게 손해를 가할 때에 국가 또는 공공단체가 이를 배상하는 책임을 지는 것을 규정하는 것이므로 행정(내각)의 행위(부작위를 포함함)가 국가배상법상 위법이 되는지 어떤지가 문제가 된다(입법부작위에 대해서는 최고재판 1985년 11월 21일 제1소법정 판결·判例時報 1177호 3쪽, 판례 타임즈 578호 51쪽 참조).

2) 법률 유보론(留保論) 관계

행정 영역에서는 법률주의 원리에서 행정이 어떠한 행위를 행하는 데는 법률적 근거가 필요하며, 전쟁피해 조사법이라고 할 만한 법률이 존재하지 않는 상황에서는 행정은 원고가 주장하는 조사를 법적 근거가 결여되어 있기 때문에 행할 수 없는 것이 아닌지가 일단 문제가 된다.

그러나 우선 결론부터 말하면 전쟁책임이든 다른 분야에 관한 것이든 국민의 기본적 인권을 침해하지 않고, 상대방의 동의 협력을 얻으면 조사·공표·사죄를 행한다는 사실상의 행위를 행정이 행함에 있어 법적 근거는 요구되지 않는다. 따라서 피고 일본국이 그러한 행위를 행정작용으로 실시하는 것은 법률 유보 원칙에 위반하는 것이 아니다.

오히려 평화주의, 복지주의를 근본규범과 가치규범으로 하는 현 헌법 하의 행정으로서는 평화 유지와 국민복지 증진이라는 분야에서 조사와 공표 활동, 그리고 필요한 경우에는 사죄한다고 하는 일련의 행위를 행하는 것은 적극적으로 요구되어 마땅하다고 해야 할 것이다.

왜냐하면 원래 행정활동에 대해서 법률유보 원칙이 문제가 되는 연유는 근대헌법의 원리이며, 또한 현 일본국 헌법의 원리이기도 한 민주주의와 인권보장 요청에 있다.

또한 행정에 의한 권력 남용을 방지하기 위해서 행정을 주권자인 국민의 하위에 위치하게 하고 국권 최고기관이며 또한 유일한 입법기관인 국회의 영역에 둘 필요성에 근거하는 것이다.

일본의 명치(明治) 이래 통설적인 견해에 의하면 '행정권이 일방적으로 국민의 자유나 재산을 제한하거나 빼앗거나 하는 경우만은 그 뜻을 계승하는 법률의 규정을 필요로 하지만, 그 밖에 행정작용, 즉 행정이 국민에게 이익을 주거나 국민의 권리의무와 직접 관련되지 않은 활동을 하는 경우 등은 행정의 자유로운 영역에 속하는 것'으로 되어 있는 것이다(침해 유보설).

3) 행정의 적극적 작위의무 근거

(1) 들어가는 말

다음에 문제가 되는 것은 행정이 그 자유로운 영역에서 적극적으로 조사와 공표 활동, 그리고 필요한 경우에 사죄행위를 행하는 것에 대해 국가가 법적의무를 지고, 그러한 의무의 나태나 부작위가 위법이 되는 경우란 어떠한 경우인가 하는 점이다.

다음에 본 건 근로정신대에 관한 전쟁피해에 대해 행정에는 어떠한 법적 근거에서 그 조사·공표·사죄의 작위의무가 생겼다고 할 수 있는지에 대해 검토하겠다.

(2) 선행행위(先行行爲)에 근거한 작위의무

국가의 입법부작위의 법적 근거로 논술한 바와 같이 원래 스스로의 선행 행위에 의해 피해를 발생시키고, 또 발생시킬 위험을 일으킨 자는 조리상 의 보호책임을 지며, 피해의 발생을 방지하거나 피해확대를 방지할 의무를 지는 것은 법 해석상 일반적으로 확인된 법적 원칙이다(선행행위에 근거한 작위의무).

원고들에 대해 선행법의 침해행위를 행한 일본제국과 동일성이 있는 국 가인 피고 일본국은 원고들에 대해 더 이상 침해의 중대를 초래하지 않도 록 배려하고, 이 침해를 배상해야 할 법적 작위의무를 지고 있다.

그리고 이미 언급한 바와 같이 피고 일본국이 보증해야 할 법적 작위의 무가 일본국 헌법의 근본규범인 헌법 전문(前文)과 전술(前述)한 헌법 각 규정을 통해 국가에 전후배상 입법부에 대해서 입법의무가 인정되고, 그 불행사가 위법이 되는 상황 하에서는 위 입법부의 입법을 기다리지 않고 행정상으로도 더더욱 그 행정권 불행사가 위법이 되는 것이다.

(3) 행정재량 관계에 대하여

① 종래 행정청이 감독권한 행사에 대하여 재량권을 가지는 경우에 그 감독권한을 행사하지 않은 것을 이유로 행정청에 손해배상책임을 묻는 것 은 특수 예외적 경우에 한한다고 되어 있다.

그리고 그 특수 예외적 경우라는 것은 '대부분은 국민의 생명·신체·건 강에 대한 훼손이라는 결과를 발생할 위험이 있고, 행정청에서 그 규제권 한을 행사하면 용이하게 그 결과의 발생을 방지할 수 있으며, 더욱이 행정 청이 권한을 행사하지 않으면 결과의 발생을 방지할 수 없다는 관계에 있 으며, 행정청에서 위 위험의 절박함을 알고 또한 용이하게 알 수 있던 정황에 있어서 피해자-결과의 발생을 전제-로서 규제권한의 행사를 요청하고 기대하는 것이 사회적으로 용인될 수 있는 경우'(東京地判) 1978년 8월 3일 〈判例時報 899호 339쪽〉 이른바 東京스몬 판결)라고 되어 있다.

'그러한 경우에 규제권한의 행사 여부에 대한 행정청의 재량권은 축소되고 후퇴하여 행정청은 결과발생 방지를 위해 그 규제권한의 행사를 의무화하고 있는 바, 따라서 그 불행사는 작위의무 위반으로 위법이 된다'(상동)고 해석되고 있다.

행정권 행사의 재량이 수축되고 그 불행사가 위법이 되는 것은 그 판결 취지가 밝히고 있듯이 '대부분은 국민의 생명·신체·건강에 대한 훼손이라는 결과 발생의 위험이 있고'로 되어 있으며, 반드시 국민의 생명·신체·건강에 대한 훼손이라는 결과 발생의 위험이 있는 경우에 행정권의 행사 재량이 수축되고 그 불행사가 위법이 되는 것은 피침해법익(被侵害法益)이 증대하고, 조리상(條理上) 행정권의 불행사를 좌시하는 것이 국민의 법 감정에 상반한다고 생각되기 때문이다.

그렇다면 마땅히 국가 자신이 행한 선행행위에 의해 국민 혹은 조리상 국민과 동일시해야 할 전쟁피해국민에게 중대한 피해가 발생하였고, 국가에 그 결과 시정책임이 인정되는 경우에 행정권의 불행사는 위법으로 해석해야 할 것이다.

② 이처럼 국가 자신이 행한 선행행위에 의해 국민 등에 중대한 피해를 발생시키고, 그 시정(是正)에 대해 조리상 행정권한 행사의 재량권이 수축되는 경우의 구체적인 요건으로서는 위의 인용한 도쿄(東京) 스몬소송 판결 논지와 형평 있게 생각하는 것이 합당하다.

즉, 그것은 국가 자신이 행한 행위에 의해 국민 등에게 중대한 피해가 발생하였으며, 그 피해 확대나 피해 회복을 위해 법률 보충적인 행정작용이 요구되는 경우이며, 또한 국가자신의 행위에 의해 만들어진 피해의 실태를 행정권의 행사로 조사하고, 그 결과를 공표하는 행정의 능력을 발휘하면

용이하게 그 결과의 발생을 방지할 수 있으며, 더욱이 반대로 행정의 권한을 발휘하지 않으면 결과의 발생을 용이하게 전제로 행정권한 행사를 요청하고 기대하는 것이 사회적으로 용인된 경우로 해석된다.

그리고 그러한 경우에는 행정이 결과 회피를 위한 권한을 행사할 것인가 아니할 것인가에 대한 재량권은 수축 후퇴하고, 행정은 결과발생 방지를 위해 그 행정권한 행사가 의무화되며, 따라서 그 불행사는 작위의무 위반으로 위법이 된다고 해석해야 한다.

그래서 본 건 사안에 있어서도 행정청이 결과발생 방지를 위해 그 권한 행사가 의무 지워지며, 따라서 그 불행사가 작위의무 위반으로서 위법이 된다고 해석해야 할 경우인지 아닌지에 대해, 위의 각 요건마다 검토하기로 하겠다.

4) 본 건에서 작위의무의 존재

(1) 원고들은 피고 일본국에 기만과 강제에 의해 식민지가 된 모국으로부터 그 의사와는 달리 이국(異國) 일본에 동원되어 가혹한 노동을 강요당한 '여자근로정신대원'이었다.

그런데 같은 피고 일본국과 법적 동일성을 가지는 대일본제국이 전시(戰時)에 한국에서 젊은 한국여성을 역시 기만과 강제의 수단으로 대일본제국 군인의 위안부라는 성적 노예로서 굴욕과 고통의 극한을 겪게 한 사실이 존재하였으므로, 한국 내에서는 일본군 '위안부'와 정신대가 구별되지 않고 오히려 동일시되어 왔다.

이 때문에 원고들은 전쟁 종료와 함께 해방된 후 50여 년간 여자근로정신 대원이었다는 사실을 계속 감추며 가족을 포함한 타자들에게 알려지면 어떻게 될까 두려워 하루하루를 불안과 공포에 휩싸이는 고통과 고뇌를 겪어야 했다.

(2) 전술한 대로 국가 자신이 행한 행위에 의해 국민 등에 중대한 피해가 발생하였을 경우에는 국가가 행한 선행행위에 근거하여 국가에 결과 시정할 책임이 인정되며, 법률 보충적인 행정작용이 요구되는 것이 전술한 헌법상의 근거와 행정법상 조리작용의 한 경우로서 당연히 지적되는 바이나, 전술한 대로 본 건은 바로 국가의 정쟁행위 수행에 부수적으로 실시된 위안부 제도와 여자근로정신 제도에 의해 중대한 피해가 발생한 것이므로 피고 일본국에는 선행행위에 근거하여 결과의 시정과 회피를 위해 행정권을 행사해야 할 작위의무가 발생해 있었다고 보아야 할 것이다.

5) 결과발생 방지의 용이성

대일본제국과 법적 연속성을 지니는 피고 일본국은 여자근로정신대에 관한 법제도, 행정실태에 대해 남과는 비교가 안 될 정도로 풍부한 자료와 지식을 가지고 있으며, 또한 대규모 행정조직과 외교상 입장을 이용할 수 있었을 것이다.

따라서 피고 일본국이 그 행정권의 집행으로서 근로정신대에 관한 조사를 행하고, 그 조사결과를 외교 루트나 매스컴 등을 통해 공표만 했더라도 피고들이 입은 전술한 바와 같은 오해는 한국 국내에서도 용이하게 불식되어 원고들이 반평생 오해로 인해 입어 온 중대한 피해만은 용이하게 회피할 수 있었을 것이다.

6) 행정권한 행사의 불가결성

일본제국은 한국 내에서 젊고 어린 여성들을 한편으로 성적 노예인 일본군 '위안부'로 삼고 또 다른 한편으로는 여자근로정신대로 징용하였다.

그리고 그 정신대라는 단어의 느낌이 원인이 되어 한국 국내에서 위안부와 정신대가 혼동되고, 그 혼동이 매스컴 등을 통해 사회적 국민적인 차원에서 정착해버렸다. 이러한 상황 하에서 국가 차원의 조사와 공표가 없으면 오해를 불식시킬 수가 없다.

7) 행정청이 위험의 절박함을 알고 또는 알 수 있었던 상황이었던 점

피고 일본국은 자국민 특히 전쟁 당시 국민·군속 등에 대해서는 여러 가지 배상입법, 배상행정을 실시해 오고 있으며, 가해행위에 기인하는 피해 실태를 파악하기 위해 조사활동을 했던 것이다.

한편 국제적으로 보아도 전쟁책임에 대한 각국의 배상활동에 진전이 보이는 외에, 일본 자신이 일본군 '위안부'제도에 관해 국제적 비판을 받아 국가책임의 존재가 분명해지는 상황 속에서, 피고 일본국은 여자근로정신대원이 한국 국내에서 일본군 '위안부'로 오인되어 새로운 고뇌를 받고 있다는 인식을 가질 수 있었을 것이다.

특히 1988년 4월 25일, 제112국회의 중의원 결산위원회에서 구사카와(草川) 위원이 본 건 여자근로정신대 문제에 관해 질문하고, 정부가 그 시정(是正)에 관해 답변을 하였다.

그 답변이 있은 후 이미 10년의 세월이 경과하고 있다. 피고 일본국의 행정에서 그 시정을 위해 필요한 합리적 기간은 이미 충분할 만큼 경과한 것이다.

8) 행정의 규제제한 행사를 요청하고 기대하는 것이 사회적으로 용인 될 수 있는 경우였다는 점

원고들은 일본제국의 기만과 강제에 의해 여자근로정신대에 참가함으로써 결혼도 못하고, 설사 결혼을 했더라도 가족이 붕괴되는 등 고통에 찬 반평생을 각각 살아왔다.

더욱이 이러한 중대한 피해가 피고 일본국의 피해에 대한 조사와 공표, 사죄에 의해 용이하게 회피가 가능했을 것이라고 생각되는 이상, 행정에 이러한 작업의 실행을 기대하는 것은 당연한 일이며, 영구 평화주의에 입각한 현 헌법 하에서 사회적인 용인을 얻을 수 있는 경우라는 것은 새삼 말할 필요가 없을 것이다.

9) 소괄(小括)

이상 각각의 요건을 검토하였는데, 본 건의 경우 행정청의 권한 불행사가 그 작위의무에 위반하여 위법이 되는 요건 모두가 충족되고 있음이 분명하다고 말할 수 있다.

제4절_ 국제법에 근거한 청구

1. 피고 일본국의 귀속성

이상과 같이 피고 일본국은 아시아태평양전쟁을 수행하기 위하여 부족한 노동력을 보충할 목적으로 조선에서 어린 소녀들을 동원할 것을 계획하고, 피고 일본국 공무원인 원고들이 다니는 초등학교의 교장, 원고들의 담임, 헌병들을 개입시켜 감언으로 권유하고, 또한 기만과 협박 등 수단을 동원하여 원고들을 근로정신대에 '응모'하게 하여 가족이나 보호자로부터 격리시켜 일본으로 끌고 와서 원고들을 피고 미쓰비시중공업 나고야항공기제작소에서 군수생산에 종사시켰다.

이러한 행위는 피고 일본국의 침략전쟁 수행을 위한 위법한 목적과 정책에 근거하여 진행된 것이며, 원고들을 '권유'한 피고 일본국 공무원의 행위와 군수생산을 위해 원고들을 노동시킨 피고 미쓰비시중공업의 행위는 국제법상 피고 일본국에 귀속한다.

2. 국제법 위반

1) 강제노동에 관한 조약 위반

(1) 강제노동 금지

1930년 6월 28일 국제노동기관(ILO) 제14회 총회에서 '강제노동에 관한 조약'(제29호 조약)과 권고 제35, 36호가 채택되어 일본은 1931년 10월 15일 동 조약을 비준하고, 같은 해 11월 21일 비준 등록하였다(조약 제10호).

이 조약에서 강제노동이란 '어떤 사람이 처벌 위협 하에 강요당하고 또한 임의로 자원하지 않은 모든 노동을 말한다'라고 정의되어 있으며(2조1항), 체결국은 '가능한 한 최단기간 내에 모든 강제노동 사용을 폐지할 것'을 의무로 규정하고 있으며(1조 1항), 강제노동이 폐지될 때까지의 기간에도 '경과기간 중 공적인 목적을 위해서만 예외 조치로서 사용할 수가 있으나, 그 경우에도 조약이 정하는 조건과 보장에 따라야 한다'고 되어 있다(1조 2항).

강제노동이 예외적으로 인정되는 경우라 하더라도 여자나 18세 미만인 자를 대상으로 하는 것은 절대적으로 금지되어 있고(11조), 강제노동의 기간은 왕복에 필요한 기간을 포함해 60일을 넘어서는 안 되며(12조 1항), 통상 지불해야 할 비율의 임금을 현금으로 지불해야 한다(14조 1항)고 되어 있는 등 조약은 엄격한 제한을 부과하고 있다.

(2) 본 건 노동위 강제노동 금지조약 위반성

① 강제성

위 조약에 의하면 '처벌에 의한 위협'이란 포괄적인 정의이며, 형사처벌에 한하지 않고 모든 불이익을 과(課)한 것에 의한 강제를 포함한다는 해석이 확립되어 있다.

원고들은 기만에 의해 연행되어 귀국할 자유나 일을 선택할 자유를 전혀 인정받지 못하고, 노동을 거부하면 불이익을 받는 것이 분명한 상황 하에서 어쩔 수 없이 노동을 하였다.

따라서 원고들이 강요당한 노동은 강제노동에 해당한다.

② 강제노동을 금지해야 할 체약국(締約國)의 책무

강제노동은 체약국인 나라 혹은 그 기관이 실행하는 경우뿐 아니라 사인 (私人)이나 사기업이 이를 부과하는 것도 금지된다.

즉, 제4조는 체약국의 권한 있는 기관은 사인(私人)이나 사기업 등을 위해 강제노동을 부과하거나 또는 부과하는 것을 허가할 수 없다고 규정하고, 제5조는 사인(私人)이나 사기업 등에 주어진 면허는 생산물의 생산 또는 모집을 위한 여하한 형식의 강제노동을 발생시킬 수도 없다고 규정하여, 사기업이 강제노동을 행하는 것을 금하는 것도 체약국의 임무임을 명문으로 규정하고 있다.

피고 일본국은 전쟁수행을 위한 노동력을 확보하기 위해 원고들을 일본으로 데리고 와서 피고 미쓰비시중공업에서 강제노동에 종사시켰으므로 본 건의 강제노동이 피고 미쓰비시중공업에서 이루어졌다는 사실로써 자신의 책임을 면할 수 없다.

조약에서 강제노동의 불법적인 강요는 형사범죄로서 처벌되어야 하며, 그를 위한 법령의 정비와 이에 근거한 범죄자의 처벌도 체결국의 의무로 정하고 있다.

③ 결론

원고들에 대한 강제노동은 다름 아닌 조약 2조 1항이 금지하는 강제노동이며, 더욱이 강제노동이 절대적으로 금지되어 있는 여자 또는 어린 사람에 대한 것이며, 또한 기간도 무한정하고 임금도 지불되지 않는 등 이것이

위 조약에 위반되는 것임은 분명하다.

더욱이 본 건 당시 이미 어린이를 착취하는 것이 허용되지 않는 것은 국제적으로 인지된 원칙이었다. 즉, 1924년 9월 26일 국제연맹총회 제5회기에 채택된 '아동의 권리에 관한 제네바 선언'은 '인류가 아동에게 최선의 것을 부여해야 할 의무를 지는 것을 인정'하고, 모든 아동에 대해 '모든 형태의 착취로부터 보호받지 않으면 안 되는' 것을 '자기 의무로 수락한다'고 선언하고 있다. 원고들에 대한 본 건 강제노동이 가혹한 착취에 해당하며, 위 선언 의무에 위반된다는 것은 분명하며 높은 위법성을 가지는 것이다.

2) 국제관습법으로서 노예제 금지 위반

(1) 노예조약

노예제의 금지에 관해서는 이미 19세기부터 1814년·1815년 파리 평화조약, 1814년 런던 조약, 1862년 워싱턴 조약이 존재하며, 국제법 중에서도 가장 일찍부터 일반 국제법의 강행규범, 이른바 유스 코겐스(jus cogens)로 여겨져 왔다.

제1차 대전 후에 발족한 국제연맹은 1924년 6월 12일에 연맹이 사회가 노예제도에 관한 모든 문제를 조사하기 위해 잠정 노예위원회를 설치하였고, 동 위원회의 검토 결과가 1926년 9월 25일에 채택되어 1927년 3월 9일 발효된 '노예조약'으로 결실을 보았다.

노예조약은 제1조에서 '노예제도란 그 자에 대해 소유권에 근거한 일부 또는 전부의 권능이 행사되는 개인의 지위 또는 상태를 말한다'고 정의하고, 노예노동을 노예제도와 노예거래 금지 관점에서 규제하였다. 이는 노예가 되는 개인 입장에서 보면 노예 상태 또는 예속상태에 놓이지 않는 것을 의미하는 것은 당연하다.

주목해야 할 것은 조약이 전문(前文)에서 특히 '강제노동이 노예노동과 유사한 상태로 발전하는 것을 방지할 필요가 있는' 것을 조약 체결 시 고려해야 할 이유로 들고 있는 점이다.

이를 받아 제5조 제1항은 '체약국은 강제노동의 이용이 중대한 결과를 초래한다는 것을 인정, (중략) 강제노동이 노예제도와 유사한 상태로 발전하는 것을 방지하기 위해 필요한 모든 조치를 할 것을 약속한다'고 하였다.

강제노동은 조약이 금지하는 노예제와 마찬가지로 금지되어야 한다는 것이 분명히 명시되어 있으며, 더욱이 동(同) 조 2항 (2)는 강제노동이 한정적으로 허용되는 경우에도 그 노동은 '반드시 예외적 성질의 것이어야 하며, 항상 충분한 보수를 받아야 하고, 아울러 노동이 복무하는 자를 통상 거주지로부터 이동시켜서는 안 된다'고 되어 있다.

(2) 관습법으로서 노예제의 금지

피고 일본국은 '노예조약'을 체결하고 비준하지 않았지만 노예제도와 이에 유사한 강제노동의 금지는 본 건 당시 이미 국제관습법으로서 확립되어 있었다고 생각한다.

1948년 12월에 유엔총회에서 결의된 세계인권선언은 제4조에서 '단 몇 사람이라도 노예가 되거나 또는 고역(苦役)에 부역하는 일이 있어서는 안 된다. 노예제도와 노예매매는 어떠한 형태도 금지한다'고 규정하고, 이 노예제 금지에 관한 국제관습법을 확인하였다.

또한 유엔은 1953년 10월 23일에 채택하고, 같은 해 12월 7일에 발효한 '1926년 9월 25일 서명된 노예조약을 개정하는 의정서' (노예제도 개정 의정서)와, 1956년 9월 7일에 채택하고, 1957년 4월 30일에 발효된 '노예제도, 노예거래와 노예제와 유사한 제도나 관행의 폐지에 관한 보완조약'(노예제도 폐지 보완조약)에서, 거듭 노예제와 이와 유사한 강제노동 폐지 원칙을 확인 보충하였다.

(3) 노예제 금지 국제관습법에 위반

피고 일본국이 원고들에 가한 조직적인 강제연행과 강제노동 정책은 다름 아닌 '노예조약'이 금지하는 노예제 혹은 이와 유사한 제도이며, 가령 그렇지 않다 하더라도 이 조약이 금지하는 노예제도와 유사한 강제노동에 해당하는 것은 분명하다.

3) 인도(人道)에 반한 죄

(1) 인도에 반한 죄에 위반

제2차 세계대전 중 일본군의 전쟁범죄 가운데 특히 평화와 인도(人道)에 반한 죄를 범한 중대한 전쟁범죄에 대해서는 극동 국제군사재판소가 설치되어 일본의 주요한 전쟁범죄인들이 재판을 받았다. 극동 국제군사재판소에서는 나치 독일의 전쟁범죄인을 재판한 뉘른베르크 국제군사법정과 마찬가지로 그때까지 국제법상 인정되고 있던 통상의 전쟁범죄(후술할 바그 육전규칙과 그 밖의 국제인도법 위반 행위)외에, 새로이 '평화에 반한 죄'(침략전쟁의 계획, 준비, 개시, 실행을 위한 공동계획과 공동모의에 참가)와 '인도(人道)에 반한 죄'(대량학살, 노예학대 등 비인도적 행위, 정치·인종 등 이유에 반한 박해 행위)가 소추(訴追)의 대상이 되었다.

유엔군 최고사령관 맥아더의 지령에 의해 포고된 극동국제군사재판소 조례(1946년 1월 19일 교부)는 이 인도에 반한 죄에 대해 다음과 같이 정의하고 있다.

즉, 인도에 반한 죄란 '전쟁 전(戰前) 또는 전쟁 중에 행해진 살육, 섬멸(殲滅), 노예적 학대, 추방 그 밖의 비인도적 행위, 혹은 정치적 또는 인종적 이유에 근거한 박해행위이며, 범행지의 국내법 위반 여하를 불문하고 본 재판소 관할에 속하는 범죄의 수행(遂行)으로서 또는 이에 관련하여 행해진 행위'(제5조 1항)를 말하며, 이 어느 쪽인가를 '범하려는 공통 계획 또는 공동모의 입안 또는 실행에 참가시킨 지도자, 조직자, 교사자(敎唆者)와 공범자는 이러한 계획 수행 상 실행된 모든 행위에 대해 그것이 몇 사람에 의해 행하여지는 것인가를 불문하고 책임을 진다'(같은 조 2항)고 되어 있다.

(2) 인도에 반한 죄와 극동국제군사재판소 판결의 국제적 승인

뉘른베르크 국제군사재판소 조례에서 인정된 '인도(人道)에 반한 죄'에 대한 전쟁범죄 처벌을 포함한 국제법의 모든 원칙은 제1회 유엔총회에서 전회(全會) 일치로 확인되고 있다(결의 3·Ⅰ·95·Ⅰ). 게다가 1951년에 일본이 48개국 연합과 체결한 '일본과의 평화조약(샌프란시스코 평화조약, 1952년 4월 28일 발효된 조약 5호)에서 피고 일본국은 극동국제군사재판소의 재판을 수락하고 일본 정부로서 위 판결의 정당성을 승인하였다.

(3) 본 건 '권유'와 강제노동과 인도에 반한 죄

조선여자근로정신대의 동원은 극동 군사재판소의 판결에 의해 위법인 침략전쟁임이 명확하게 인정된 전쟁 수행을 위해 기획·입안·실행된 정책이며, 극동군사재판소의 '관할에 속하는 범죄의 수행으로서 또는 이와 관련하여 행해진 행위'라는 것은 두말할 필요가 없다. 그리고 그 실태는 '노예적 학대' 또는 그에 필적하는 '비인도적 행위'를 행하기 위한 정책이며, 그 범죄를 '범하려는 공통의 계획 또는 공동모의 입안 또는 실행에 참가시킨 지도자, 조직자, 교사자(敎唆者)와 공범자'는 이들 인도에 반한 죄를 범한 자라고 할 수 있음이 분명하다.

4) 헤이그 육전(陸戰)조약에 관련된 국제관습법 위반

(1) 헤이그 육전조약 비준과 발효

일본은 '육전의 법규관례에 관한 조약(헤이그 조약)'(1907년 10월 18일)을

1911년 12월 6일 비준, 1912년 1월 13일 공포하고, 같은 해 2월 12일 일본에 대해 발효하였다.

(2) 헤이그 규칙에 의한 징발(徵發), 과역(課役)의 금지와 헤이그 조약의 손해배상 책임조항, 동 조약의 부속규칙인 육전 법규관례에 관한 규칙(이하 헤이그 규칙이라고 함) 제52조는 '현품 징발과 과역은 점령군의 수요(需要)를 위해 하는 것이 아니면 시(市) 구(區) 정(町) 촌(村) 또는 주민에 대해 이를 요구할 수 없다. 징발과 과역은 지방의 자력(資力)에 상응하며, 또한 인민으로 하여금 그 본국에 대한 작전동작(作戰動作)에 참가할 의무를 지우게 할 수 없는 성질의 것이어야 한다'고 규정하고 있다.

또한 동 조약 제3조는 '전기(前記) 규칙 조항을 위반한 교전 당사자는 손해가 있을 때는 그 배상 책임을 져야 한다. 교전 당사자는 그 군대를 조성하는 인원의 모든 행위에 책임을 진다'고 하여 헤이그 규칙에 위반한 경우의 손해배상 책임에 관해 명기하고 있다.

(3) 헤이그 규칙의 적용

한국은 1910년 한국병합에 의해 일본제국의 식민지가 되어 있었지만, 제1장에서 언급한 대로 한국병합은 위법이며 무효하므로 법적으로 '사실상 적군의 권력 내에 귀속한' 지역이고(헤이그 규칙 42조) 점령지에 해당하므로 일본군과 그 구성원은 헤이그 규칙의 적용을 받는다.

피고 일본국은 원고들에 대해 전쟁수행을 목적으로 군수생산 현장에서 강제로 노동을 시켰으므로 헤이그 규칙에 위반하는 것과 다르지 않은 과역을 원고들에게 부과한 것이며, 또한 원고들을 일본에 데리고 오는데 육군이 관여한 것이 분명하므로 본 건 '권유'와 강제노동은 헤이그 규칙을 위반한 것이 된다.

(4) 총가입(總加入) 조항과 헤이그 규칙의 국제관습법화

헤이그 조약 제2조는 '제1조에 열거한 규칙과 본 조약의 규정은 교전국 모두가 본 조약의 당사자일 때에 한하며, 체결국간에만 이를 적용한다'고 이른바 총가입 조항을 두고 있다. 그러나 헤이그 조약과 동 규칙의 내용은 1914년 발발한 제1차 세계대전의 경험도 겪었으므로, 제2차 대전 당시에는 총가입 조항의 존재에도 불구하고 국제관습법으로서 확립되어 있었다.

이것은 뉘른베르크 국제군사법정의 판결이 헤이그 조약과 규칙에 대해, '1939년까지 이 조약에 정해진 이들 규칙은 모든 문명국에 의해 인정을 받고, 그리고(뉘른베르크 국제군사재판소) 조례 6조 (b)에 언급된 전쟁의 법규 관례를 선언하고 있는 것으로 간주되었다'고 언급하고 있는 점을 보아도 명백하다. 또한 일본의 판례도 제2차 세계대전 당시 헤이그 조약과 규칙의 내용이 국제관습법으로 되어 있었음을 인정하고 있다(東京地判 1976년 2월 28일 · 判例時報 441호 3쪽 · 東京水交社사건).

3. 피고 일본국의 손해배상 책임

1) 국제위법행위와 국가책임의 존재

각 국가가 조약이나 국제관습법상 의무를 위반한 경우에는 그 국가는 그 의무위반행위에 의한 책임을 지며, 이 국가 책임은 의무위반행위에 의해 생긴 피해가 원상회복, 손해배상, 진사(陳謝) 그 밖의 방법에 의해 회복되었다고 인정될 때까지 해제될 수 없다. 국제위법행위가 이들의 의무를 귀결하는 것은 확립된 법리이다.

배상의무 성립을 위해 특별한 조약상 규정 등을 요하지 않는 것은 상설 국제사법재판소가 '홀쵸공장사건 판결'에서 '약정위반이 적당한 형식으로 배상을 행하는 의무를 동반하는 것은 국제법의 원칙이다. 그러므로 배상은 조약 불이행을 보완하는 것으로서 절대적으로 필요하며, 이는 조약 그 자체 안에 규정될 필요는 없다'고 언급하고 있다.

또한 국가책임의 해제방법으로서 손해배상은 국제위법행위에 의해 피해 국가가 입은 손해에 대한 배상이 아니라 피해를 입은 개인에 대한 배상이 며, 이는 동 판결에서 '위법의 배상은 국제법에 위반하는 행위의 결과로서 피해국의 국민이 입은 손해에 상응하는 배상이라는 것은 국제법의 원칙이 다. 이는 가장 통상적인 배상의 형태이다'라고 확인하고 있다(상설 국제사 법재판소 1928년 9월 13일 · PCIJ Series A No. 17, 27, 28쪽).

2) 일반적 국제법 질서와 대세적(對世的) 의무의 형성

전통적인 국제법 이론에 의하면 국제법상의 의무는 원칙적으로 국가와 국가 간의 약속인 조약에 의해 상대 국가가 이 약속에 근거한 의무를 지고 권리를 취득하는 것에 지나지 않았다. 이 단계에서는 조약의 효력은 조약 체결국에만 미치고 권리의무 관계도 체결국간에서만 생기는 것으로 되어 있다.

그러나 20세기에 들어서면서 국제법의 발전은 여러 가지 다국 간의 조약 을 낳았으며, 그 결과 다수 국가가 공동으로 한 목표를 가진 질서 형성을 추구하게 되었다. 다국 간 조약에서는 그 조약체결 가맹국의 집단적 권리 보호로서 그 조약에 규정되어 있는 경우에는 의무위반행위를 행한 국가는 이 조약의 어떠한 가맹국에 대해서도 의무위반을 구성하게 되었다.

이리하여 현대 국제사회에 있어서는 국가 책임의 존재방식이 질적으로 변용하게 된 것이다. 현대의 다국 간 조약의 누적과 진전은 종래의 조약체 결국 간의 권리의무 관계를 전제로 한 법질서로부터 보다 넓은 범위의 국 제법 질서를 형성하도록 본질적으로 변했다고 해도 좋다.

그 결과 국제법 질서의 의무위반행위가 국제적 범죄를 구성하는 경우에 는 조약가맹국에 대한 의무위반 뿐만 아니라, 넓게 조약의 비가맹국에 대 해서도 침해행위의 책임을 지는 경우가 발생했다. 여기에서 국제 인도법에 위반하는 행위는 그 것이 통상의 전쟁범죄이든 평화와 인도에 대한 죄이든 간에 국제법 질서의 침해 정도가 높은 국제범죄로서 가맹국은 모든 국가에 대해 위반행위에 의해 생긴 피해를 회복할 의무를 진다는 원칙이 승인되기에 이른 것이다.

예를 들면 이 점에 대해서 1970년 2월 5일 국제사법재판소 '바르세로나 트럭션' 판결은 다음과 같이 언급하고 있다. '국제사회 전체에 대한 국가들의 의무……는 그 본성으로 볼 때 모든 국가들의 관심사이다. 문제가 되는 권리의 중요성에 비추어 모든 국가가 당해 권리가 보호받는데 법적 이해관계를 가지는 것으로 간주된다. 문제가 되는 의무는 대세적(對世的) 의무이다. 이들 의무는 예를 들면 현대 국제법에서 침략행위나 집단살해 행위에 대한 법익박탈로부터, 또 인간의 기본적 권리에 관한 원칙과 규칙-노예제도와 인종차별에 대한 보호를 포함함-으로부터 생긴다. 이에 대응하여 보호를 행하는 일종의 권리가 일반국제법으로 통합되기에 이르렀다'(집단 살해죄 방지와 처벌에 관한 조약의 유보 ICJ Report. 4~51쪽, 미나가와 다케시: 皆川洗 '국제법 판례집' 513쪽).

3) 국제 위법행위와 개인의 배상청구권

(1) 헤이그 조약 3조에 의한 개인의 손해배상 청구권

헤이그 조약은 그 제3조에서 '전기(前記) 규칙의 조항을 위반한 교전 당사자는 손해가 있을 때는 그 배상의 책임을 지는 것으로 한다. 교전 당사자는 그 군대를 조성하는 인원의 모든 행위에 대해 책임을 진다'고 정하고 교전 당사국의 손해배상 책임을 명기하였다.

이 규정은 헤이그 평화회의에서 독일 대표 환·균델이 '만일 법규관례에 관한 규칙위반에 의해 피해를 입은 피해자가 정부에 배상을 청구하지 못하고 가해자인 장교나 병사에게밖에 청구하지 못한다고 한다면, 그것은 배상을 취득하는 모든 가능성을 피해자로부터 빼앗는 것과 마찬가지다. 따라서 정부는 책임으로부터 벗어나서는 안 된다'고 한 발언에 의해 규정된 것이 며, 개인의 손해배상 청구권을 명기하는 것을 목적으로 한 것이다.

교전 당사국간의 배상과 문제는 헤이그조약 전에도 국가는 전쟁법규에 반(反)하는 국제위법 행위를 행했을 경우 원상회복과 손해의 배상을 포함 한 위법상태의 해제를 책임져야 하는 것은 국제법상 당연한 일로 여겨지고 있었으므로 일부러 제3조와 같은 규정을 둘 필요가 없었던 것이다.

따라서 제3조가 신설된 의미는 바로 전쟁법규 위반행위에 의해 피해를 입은 피해자 개인이 가해자인 군인뿐만 아니라 당연히 그 당사국의 정부에 대한 손해배상 청구권을 취득할 수 있다는 점에 있었던 것이다.

이상과 같이 원고들은 헤이그 규칙에 위반하는 피고의 행위에 대해 개인 으로서 배상청구권을 갖는다.

(2) 국제 위법행위에 의한 개인의 배상청구권

국제인권위원회와 인권 소위원회로부터 위탁을 받은 특별 보고자 테오 · 반 · 보벤교수(전 유엔인권위원회 네델란드 정부대표. 유엔 인권소위원회 위원 · 유엔 인권센터 소장)는 1993년 7월에 '인권과 기본적 자유의 중대한 침해를 받은 피해자의 원상회복, 배상과 갱생을 요구하는 권리에 관한 연 구'라는 제목으로 최종보고서를 제출하였다.

이 특별보고 속에서 테오 반 · 보벤은 국가책임이 일반원칙으로서 국제법 하에서는 어떠한 인권의 침해도 피해자에게 배상에 관한 권리를 발생시킨 다는 것, 모든 국가는 국제법의 위반이 있었을 경우에는 인권과 기본적 자 유를 존중하고, 또 존중을 보장하기 위해 배상 의무를 지며, 배상은 직접적 인 피해자와 적절한 경우에는 피해자의 가족 등 특별한 관계자가 청구할 수 있다는 등 원칙을 제언하고 있다.

또한 유엔 인권소위원회 제52회기(1996년 1월)에 제출된 특별보고자 레

디커·크머러스 워미 여사의 보고서 '여성에 대한 폭력, 그 원인과 결과에 관한 특별보고자의 보고'(E/CN. 4/1996/53/Add. 1)는 이른바 일본군 '위안부' 문제에 대한 일본의 국제법상 책임을 명확하게 지적하였다. 그 속에서 크 머러스 워미 여사는 전쟁희생자의 권리가 국제인권법의 불가결한 요소임을 확인하고, 일본이 법적으로나 도의적으로나 일본군 '위안부'가 된 점령 지의 일반 주민인 여성에 대해 책임을 진다고 명언(明言)하였다. 그리고 세 계인권선언 제8조, 국제인권 B규약 제2조 3항 등에 의해 분명하듯이 기본 적 인권을 침해당한 개인이 적절한 손해배상을 청구하기 위한 수단을 보장 받는 것은 국제법상 당연한 권리로 인정된다고 결론짓고 있다.

이상과 같이 근년에 유엔을 무대로 한 연구의 성과는 국제인도법 위반의 행위에 의해 피해를 받은 개인에게는 손해배상청구를 할 권리가 인정된다 는 것을 분명히 하고 있는 것이다.

따라서 원고들은 전기(前記)한 피고 일본국의 조약과 국제관습법 의무위 반에 의해 입은 손해를 직접 개인 자격으로 피고 일본국에 청구할 권리를 갖는다.

4) 조약, 국제관습법의 국내법적 효력

대일본제국 헌법 제13조는 '천황은 전쟁을 선포하거나 강화를 맺는 제반 조약을 체결한다'고 하여 조약 체결은 천황의 외교대권에 속하는 것으로 되 어 있었다. 따라서 구(舊) 헌법 하에서 조약은 제국의회의 협찬을 요하지 않고 천황의 전단(專斷)에 의해 체결되었다. 천황의 재하(裁下)는 체결과 함께 비준의 뜻도 가지며, 상유(上諭)를 붙여 공포(公布)되면 국내법적 효 력을 가지는 것으로 되어 있었다. 실제, 위의 절차에 따라 조약을 공포하면 그 내용이 법률로서 신민(臣民)의 권리 의무를 정해야 할 사항에 관한 경우 라도 즉각 국내법의 효력이 있는 것으로 취급되었다. 이러한 취급은 천황 대권에 의해 체결되고 비준된 조약이 국내법의 제정(制定)을 요하게 되면

의회에 의해 협찬을 받지 못하여 성립하지 않은 경우에는 조약의 의무를 이행할 수 없는 결과가 되어 천황대권을 침해하는 결과가 된다는 이론에 근거한 것이었다.

따라서 본 건 '모집'과 강제노동은 실행된 구 헌법 하에서도 피고 일본국이 비준한 조약은 항상 직접적으로 국내법으로서 법적 구속력을 지니는 것이다. 또한 일본에 의해 준수가 당연시되는 확정적인 국제관습법도 마찬가지로 직접적인 국내법적 효력을 갖는 것은 두말할 필요가 없다.

미쓰비시중공업주식회사의 책임

5

제1절_ 강제연행과 강제노동에 의한 불법행위

1. 구(舊) 미쓰비시중공업에 의한 불법행위

1) 미쓰비시중공업주식회사(이하 미쓰비시중공업이라고 함)는 나고야(名古屋)항공기제작소 도토쿠(道德) 공장에서 기(キ)四六 육군100식 사령부정찰기를 제조하였는데, 항상 노동력 부족상태에 있었다.

이런 가운데 1943년 9월 차관회의에서 '여자근로동원 촉진에 관한 건'이 결정되어, 14세 이상의 미혼여자를 동원대상으로 정하고 행정, 관청, 부인단체 등의 협조 아래 근로정신대를 사주적으로 결성시킬 것을 시도하고, 1944년 봄 일본정부와 조선총독부에 통고하여 조선에서 초등학교를 졸업한 정도 여자를 초등학교 교사를 통해서 '여자근로정신대'라는 이름하에 일본에 연행하여 강제노동에 종사시킬 것을 계획했다.

2) 구 미쓰비시중공업의 뜻을 받아들인 전라남도 나주 대정(大正)국민학교(현 나주초등학교), 동(同) 순천남국민학교(현 순천남초등학교) 교장과 교

사와 조선총독부의 관리인 헌병들은 1944년경 초등학교 6학년 또는 졸업생이었던 원고들을 비롯한 소녀들에게 '일본에 가면 여학교에 진학할 수 있다. 돈도 벌 수 있다'는 달콤한 말로 유혹하여 원고들로 하여금 여자근로정신대에 지원하게 하고 1944년 5월 하순경 전라남도에서 소녀들 140명 정도를 일본으로 연행했다. 그리고 이들을 연행하는 과정에는 구 미쓰비시중공업의 사원이 인솔했다.

따라서 위와 같은 사항은 여자근로정신대에 응모라는 형식을 취하기는 했지만 사실은 감언이설(甘言利說)을 통한 강제연행이라고 말할 수밖에 없다.

3) 구 미쓰비시중공업은 원고들을 비롯한 소녀들을 나고야 항공기제작소 도토쿠 공장 내에 있는 '제4 료와(菱和) 기숙사'에 기거시키며 출신지별로 중대, 소대라는 군대식 조직을 만들어 엄격한 규칙을 지키게 하였으며, 기숙사장, 기숙사사관, 남성 직원들로 하여금 엄중하게 감시하도록 하고, 귀국은 물론 외출까지도 금지시켰다. 그리고 원고들에게 주어진 식사는 한창 자라나는 나이인 원고들에게는 너무나 부족한 양이었다.

4) 구 미쓰비시중공업은 원고들을 비롯한 소녀들에게 나고야항공기제작소 도토쿠 공장에서 한 달에 이틀의 휴일을 빼고는 하루 8시간에서 12시간 노동을 강제적으로 시켰다.

위에서 말한 노동 중 항공기 기체의 일부인 두랄루민 판 운반 등 초등학교 졸업을 전후한 소녀들에게는 힘겨운 작업이 대부분이었다.

위 노동 중 항공기 부품에 페인트칠을 하는 작업에서는 마스크조차 지급하지 않았고, 환풍기가 없는 상태에서 작업을 했기 때문에 유기용제에 의한 중독 상태가 자주 발생했고, 또한 두랄루민 판의 운반 작업에서는 두랄루민 판이 발에 떨어져 상처를 입은 자도 나오는 등 노동환경은 극히 열악하였다.

5) 또한 나고야항공기제작소 도토쿠 공장이 있는 나고야 남부지역은 빈번히 미군에 의한 공습을 받아 원고들도 작업 중이나 휴식 시간을 막론하고 공습의 공포에 시달렸으며, 근로정신대 중에서도 공습의 피해를 입어 희생된 자가 나왔다.

더욱이 1944년 12월 7일 도난카이(東南海) 지진이 발생하여 나고야항공기제작소 도토쿠 공장도 무너지고 근로정신대 대원들 가운데 6명이 사망하는 등 막대한 피해를 입었다.

6) 구 미쓰비시중공업은 원고들을 '권유'하는데 초등학교 교장들로 하여금 '돈을 벌 수 있다'라는 말을 하게 했음에도 불구하고 임금 등 명목으로 원고들에게 금전을 전혀 지불하지 않았다.

원고들은 당시 13, 14세 어린 소녀였으며, 부모의 슬하에서 떠나와 귀국은커녕 외출의 자유도 주어지지 않은 엄격한 규칙과 엄중한 감시 아래 매일같이 공습의 위험을 느끼며 열악한 환경 속에서 무보수 노동을 강요당한 것이니 강제노동이라 하지 않을 수 없다.

7) 따라서 구 미쓰비시중공업은 강제연행과 강제노동으로 원고들에게 끼친 정신적, 물질적 손해에 대해 피고 일본국과 함께 공동으로 불법행위책임을 져야 마땅하다.

2. 피고 미쓰비시중공업의 책임

1) 구 미쓰비시중공업과 피고 미쓰비시중공업의 관계

(1) 구 미쓰비시중공업은 회사경리 응급조치법(1946년 법률 제7호) 상의 특별경리회사, 기업재건 정비법(같은 해 법률 제40호) 상의 특별경리주식회

사가 되었다.

(2) 구 미쓰비시중공업은 1949년 7월 4일 같은 법에 의한 재건정비계획서의 인가신청서를 제출하고, 동 년 11월 3일 그 신청한 내용대로 주무대신(主務大臣)의 인가를 받았다.

그리하여 1950년 1월 11일 그 재건정비계획에 근거하여 해산되고, 같은 날 구 미쓰비시중공업의 현물출자 등에 의해 새로이 기업재건정비법상의 제2회사로서 나카(中)일본중공업주식회사(1952년 5월 29일에 신미쓰비시중공업주식회사로 상호를 변경하고, 다시 1964년 6월 1일 미쓰비시중공업주식회사로 상호 변경), 히가시일본중공업주식회사(東日本重工業株式會社로 상호 변경), 니시일본중공업주식회사(西日本重工業株式會社)(같은 해 5월 27일에 미쓰비시조선주식회사로 상호 변경)의 세 회사가 설립되었다(이하 이 세 회사를 '제2회사 3사'라 함).

(3) 그 후 1964년 6월 30일 제2회사 3사 중 신(新)미쓰비시중공업주식회사(단, 당시의 상호는 미쓰비시중공업주식회사)가 다른 두 회사를 흡수 합병하여 피고 미쓰비시중공업이 되었다.

2) 구 미쓰비시중공업과 피고 미쓰비시중공업의 일체성

(1) 기업재건정비법에 근거하여 설립된 제2회사 초대 시장은 모두 구 미쓰비시중공업의 상무이사이다.

(2) 구 미쓰비시중공업의 자산과 사업내용은 그대로 제2회사로 분할 계승되었다.

(3) 구 미쓰비시중공업의 종업원의 고용관계는 새로이 고용계약을 체결하지 않고 직책, 급료, 퇴직금 관계에서도 재직기간은 통상하여 제2회사 3

사로 인계되었다.

(4) 또한 피고 미쓰비시중공업 자신도 1960년 10월에 '미쓰비시 100년'을 1991년 2월에 '미쓰비시중공업 요코하마(橫浜) 제작소 백년사(百年史)'란 제목으로 출판물을 각각 발행하거나, 회사 안내서의 '연혁' 속에서 1870년 '99상회(商會)'를 시작으로 1964년 피고 미쓰비시중공업에 이르는 계보를 실선으로 나타내기도 하며, '미쓰비시 100년 역사'를 강조하는 등 구 미쓰비시중공업과 피고 미쓰비시중공업의 연속성과 일체성을 인정하고 있다.

(5) 따라서 피고 미쓰비시중공업은 구 미쓰비시중공업과 법인격이 다르다고 주장한다는 것은 신의칙(信義則)상 용인할 수 없다.

3) 회사경리 응급조치법과 기업재건 정비법의 적용요건 여부

(1) 회사경리 응급조치법 제7조. 동(同) 11조에 의해 특별경리회사가 소유하는 재산은 지정시점인 1946년 8월 11일 오전 0시에 신구(新舊) 양 감정(勘定, 이하 計定으로 함)으로 나뉘어져 새 계정(計定)에는 지정 당시 적극 재산 중에 '회사의 목적으로 현재 행해지고 있는 사업의 계속과 전후 산업의 회복부흥에 필요한 것'만이 소속되는 것으로 되어 있었다.

기업 재건 정비법에 의한 제2회사가 설립된 경우에도 같은 법 10조, 동법 시행령(1946년 칙령 제501호) 3조에 의거하여 특별경리주식회사가 새 계정(計定)에 속하는 자신의 전부 혹은 일부를 출자하는 경우에는 제2회사는 '지정시점 후 특별경리주식회사의 새로운 계정(計定)의 부담이 된 채무'만을 승계한 것이 되었다.

(2) 그런데 원고들에게 대한 불법행위에 근거한 손해배상 채무의 지불은 본래 '사업의 계속과 전후 산업 회복부흥'에 필요 불가결한 것으로 생각되지만 실제로는 구 미쓰비시 중공업의 원고들에 대한 불법행위에 근거한 손

해배상 채무는 구 계정(計定)에 구체적으로 계상되어 있는 것이 아니다.

(3) 한편 회사경리 응급처치법은 자산에 대하여 8조 6항에서 '구 계정(計定)에 속하는 회사재산으로 등기 등록이 있는 것에 대해서는 등기 등록을 하지 않으면 구 계정(計定)에 소속하는 것을 제3자에게 대항할 수 없다'고 규정하여, 동(同)조 7항에서 '신 계정(計定) 혹은 구 계정(計定) 어느 쪽에 소속이 되는 것인지 모르는 것은 신 계정(計定)에 소속하는 것으로 추정한다'고 규정하고 있다. 즉 동(同) 법은 자산에 대해서는 구 계정(計定)으로 하는 것을 예외로 보고 있는 것이므로 채권자 보호의 관점에서는 부채에 대해서도 같이 취급해야 하는 것으로 생각한다.

(4) 따라서 구 계정(計定)에 구체적으로 계상되어 있지 않은 채무에 대해서는 신 계정(計定)에 해당한다고 해석해야 마땅하고, 원고들에 대한 불법행위에 근거한 손해배상 채무는 구 계정(計定)에 해당되지 않는다.

(5) 그러므로 피고는 기업재건정비법에 의해 원고들에 대한 불법행위에 근거한 손해배상 채무를 계승하였다.

4) 샌프란시스코 평화조약 위반

(1) 샌프란시스코 평화조약(1952년 4월 28일 발효)에서는 4조 a항에 의해 조선 등 일정지역 주민의 일본국민에 대한 청구권 문제는 일본과 조선 등의 양 당국의 특별약속의 주제가 되고, 일본이 국내법에 따라 이를 일방적으로 처리하는 것은 인정받을 수 없게 되었다.

이는 포츠담 선언의 수락에 의해 일본이 조선 등 일정 지역 주민의 일본국민에 대한 청구권을 일방적으로 처리하는 주권을 제한함으로써 일본 국내법으로 조선 등 일정지역 주민의 일본 국민에 대한 청구권을 일방적으로 처리하더라도 그를 조선 등 일정지역 주민에게 대항할 수 없음을 분명히 한 것이다.

(2) 그리고 원고의 구 미쓰비시중공업에 대한 불법행위에 근거한 손해배상채권 관계에서 회사경리 응급조치법과 기업재건정비법 적용을 인정하는 것은 위 채권을 법률상 혹은 사실상 몰수하는 것이 되어 조선 주민인 원고들의 일본 법인에 대한 청구권을 일방적으로 처리하는 것이요, 샌프란시스코 평화조약 조약에 위반한다.

(3) 따라서 피고 미쓰비시중공업은 원고에 대해 회사경리 응급조치법과 기업재건정비법에 의한 원고들의 피고 미쓰비시중공업에 대한 청구권의 처리에 대항할 수 없다.

(4) 참고로 회사경리 응급조치법과 기업재건정비법은 전시(戰時) 배상청구권에 대해 전시 배상 특별세를 과하는 데 따른 손실을 적정하게 처리, 그 신속한 재건정비를 촉진하고 산업의 회복과 진흥을 도모하는 것을 목적으로 하는 것이므로, 새로운 과세라는 정부의 행위에 의해 결과적으로 조선 주민의 채권을 소멸시키거나 감액시키는 것은 법 본래 취지에 어긋난다.
이 점 회사경리 응급소치법은 7조 2항에서 '회사의 목적으로 현재 행하고 있는 사업의 계속과 전후 산업 회복진흥에 필요한 것을 지정한 시점에서 신 계정(計定)에 소속시킨다'고 규정하고 있으므로, 조선 주민에 대한 손해배상은 오히려 사업계속과 전후 산업 회복진흥에 필요 불가결한 것으로 생각해야 하며, 이렇게 해석함으로써 샌프란시스코 평화조약에 적합한 것이 된다.

5) 헌법 위반

(1) 채무의 법적 정리는 채권자의 집단적, 사적(私的) 자치에 기초를 두고 또한 채권자 개인의 권리를 부당하게 침해하지 않는 요건 하에 사법기관에 그 체크를 위한 관여를 하게 함으로써만 그 합리성이 승인될 수 있다.

(2) 회사경리 응급조치법과 기업재건정비법에는 이와 같은 규정이 전혀 없기 때문에 사유재산제와 적정수속의 보장을 정한 현행 헌법에 위반되고, 동(同) 헌법의 발효에 따라 그 효력을 잃었다.

6) 조리 위반

(1) 구 미쓰비시중공업은 원고들에 대해 강제연행과 강제노동이라는 불법행위를 하였으므로 원고들에 대해 손해배상 의무를 지는 것은 당연하다.

(2) 그리고 원고들에 대한 불법행위에 근거한 손해배상 채무를 구 미쓰비시중공업은 조리상(條理上) 원고들에 대한 손해배상 의무를 계승하지 않는 제2회사를 설립하는 것은 용인될 수 없다. 이 점은 파산법 336조의 12가 고의에 의한 불법행위에 근거한 손해배상 채무에 대해서는 면책의 효력이 미치지 않는다고 규정하고 있는 것으로도 분명하다.

(3) 따라서 회사경리 응급조치법과 기업재건정비법에 따라 제2회사가 원고들에 대한 손해배상 채무를 승계하지 않는다고 한다면 회사경리 응급조치법과 기업재건정비법은 그 자체가 조리에 위반되고 무효하다.

7) 상호 계속 사용자의 책임

(1) 구 미쓰비시중공업은 한때 제2회사 3사로 분할되었지만 객관적으로는 동일 인물과 물적 존재로서 계속하여 피고 미쓰비시중공업이 된 것으로 인식되고 있으며, 그런 가운데 1952년에는 제2회사 각 사(社)는 신(新) 미쓰비시중공업주식회사, 미쓰비시일본중공업주식회사, 미쓰비시조선(造船)주식회사로 각각 상호를 변경했다. 더욱이 1964년에는 피고 미쓰비시중공업이 구(舊) 미쓰비시중공업과 동일한 미쓰비시중공업주식회사로 상호 변경하여 상호를 계속해서 사용함과 동시에, 제2회사 2사를 흡수 합병한 것이므로 상법 26조 1항에 따라 피고 미쓰비시중공업에는 구(舊) 미쓰비시중공업이 원고들에 대해 진 채무를 변제(辨濟)할 책임이 있다.

(2) 그리고 일시적 형식적으로 상호의 계속적인 사용이 없었다 하더라도 원래 각 제2회사가 당초 '미쓰비시중공업주식회사'라는 상호를 사용하지 않는 것은 지주(持株)회사 정리위원회령(1946년 칙령 第133호)과 과도경제력 집중배제법(1947년 법률 제207호)에 근거하여 지주회사 정리위원회가 행한 재편성 계획에 관한 결정지령에 근거하여 '미쓰비시중공업주식회사'는 상호의 사용이 금지되었기 때문이다.

(3) 그러나 점령정책의 일환으로 행해진 재벌해체에 의해 조선 주민에 대한 손해배상 채무가 소멸되거나 감액되는 것은 예상할 수 없는 일이므로 원고들과 관계에서는 상호가 계속 사용되었다고 보아야 한다.

제2절_ 선행행위(先行行爲)에 따른 작위의무 위반에 의한 불법행위

1. 위안부라는 오해로 인한 원고들의 정신적 손해

전후 한국에서는 '정신대'라는 명칭이 일반적으로 일본군 '위안부'의 뜻으로 사용되어 원고들이 자신이 '정신대'였다는 것을 밝히면 제3자로부터 일본군 '위안부'로 오해를 받았다.

유교 영향이 강한 한국사회에서는 결혼은 물론이고 여성으로서 대접도 못 받게 될 가능성이 있기 때문에 자신이 조선여자근로정신대원으로 전시하에 나고야항공기제작소 도토쿠 공장에서 노동에 종사한 경험을 남편이나 가족을 비롯해 아무에게도 말하지 못한 채 오늘날까지 숨길 수밖에 없었다.

원고들은 이런 상황 속에서 오늘날까지 자신의 근로정신대 경험을 감추어야 한다는 굴욕과, 언제 자신이 여자근로정신대였다는 사실이 밝혀질지 모른다는 공포에 시달려야 했고, 지금도 여전히 정신적 손해를 계속 받고 있다.

2. 중의원(衆議院) 결산위원회에서 우노(宇野) 외무대신의 발언

원고들의 위와 같은 상황이 일본에서는 1988년 4월 25일 중의원(衆議院) 결산위원회에서 구사카와 쇼조(草川昭三) 위원의 우노 소스케(宇野宗佑) 외무대신에 대한 질문과 답변을 통해 사회적으로 밝혀졌다.

위 답변에서 우노 소스케 외무대신은 "이 문제는 가족분들에게도 그러한 오해가 없도록 어떠한 기회에 조속히 조치해야 한다는 것을 저도 절실히 통감했습니다 …중략… 저도 지금 말씀하신 이야기는 외무성(外務省)과 연락을 취해서 전쟁의 아픈 상처를 불식시키도록 최대한 노력할 생각입니다."
고 말했다.

3. 선행(先行)행위에 근거한 작위(作爲) 의무

일반적으로 선행행위에 의해 피해를 발생시킨 자는 조리상의 보호책임
을 지며, 피해 확대를 방지할 의무를 진다. 피고 미쓰비시중공업에 의한 원
고들에 대한 인권침해 행위는 법적인 형식의 여하를 막론하고 피고 미쓰비
시중공업 자신에 의한 선행행위와 동일시할 수 있다. 따라서 피고 미쓰비
시중공업은 구 미쓰비시중공업에 의한 불법행위 피해자에 대하여 피해 확
대를 방지할 법적 작위의무를 진다.

4. 구체적 작위의무와 그 위반

구 미쓰비시중공업은 전술한 바와 같이 스스로 '여자근로정신대'라는 이
름 아래, 원고들을 속여 일본에 연행해 강제 노동에 복역시킨 결과 전후(戰
後) 원고들로 하여금 전기(前記)한 바와 같은 오해 속에서 불안과 공포에
떠는 생활을 하게 하여 커다란 정신적 손해를 발생시켰다.

피고 미쓰비시중공업은 늦었지만 전술한 우노대신의 발언 이후 구 미쓰
비시중공업이 행한 불법행위에 의해 원고들을 비롯한 조선여자근로정신대
경험자들이 어쩔 수 없이 이러한 공포와 불안에 떠는 생활을 할 수밖에 없
었다는 사실을 인식하였다.

피고 미쓰비시중공업은 동(同) 피고와 실질적으로 동일성이 있는 구 미
쓰비시중공업이 원고들에게 행한 가해행위의 내용을 가장 잘 숙지하고 있
는 당사자이며, 원고들에 대한 오해를 용이하게 풀 수 있는 입장에 있는 것
은 분명하다.

따라서 피고 미쓰비시중공업은 구 미쓰비시중공업이 원고들에게 강요한 강제노동의 내용, 연행에 이르는 과정 등의 역사적 사실을 가능한 한 구체적으로 상세히 공표하고, 구 미쓰비시중공업이 행한 원고들에 대한 인권침해 행위에 대해 공식 사죄하고, 또한 원고들의 명예를 회복할 법적 작위의무를 지고 있음은 명백하다.

그러나 피고 미쓰비시중공업은 오늘날까지 사죄는커녕 조선여자근로정신대에 관한 역사적 사실을 밝히려 하지 않고, 원고들이 구 미쓰비시중공업에서 노동을 강요당한 사실을 나타내는 자료조차 집요하게 은닉을 계속하며 원고들의 인생을 어둠 속에 묻어버리려고 하고 있다.

5. 결론

위의 부작위(不作爲)는 선행작위에 근거한 작위의무에 위반하는 부작위이며, 그 자체가 원고들에 대한 새로운 불법행위를 구성하여 원고들에게 심각한 정신적 고통을 계속 주고 있다.

6 손해

제1절_ 강제연행과 강제노동에 의한 손해

원고들은 전술한 대로 기만과 협박에 의해 어려서 부모 형제 곁을 떠나 여자근로정신대원으로 전시하의 다른 나라인 일본에 동원된 결과, 아래에 언급한 여러 가지 재산상의 손해와 막대한 정신적 손해를 입었다.

1. 재산적 손해

1) 원고들은 피고들에게 속아서 조선에서 강제적으로 연행되어 피고 미쓰비시중공업에서 가혹한 노동을 강요딩횄음에도 불구하고 이에 대한 어떠한 재산적 급부(給付)도 받지 못하였다.

2) 원고들은 적어도 1944년 6월부터 1945년 9월까지 피고 미쓰비시중공업에 여자정신대원으로 재적하였다.

이 기간 동안 원고들이 받았어야 할 평균임금은 한 사람이 각각 월 50엔을 밑돌지 않는다. 따라서 원고들은 위의 기간(합계 16개월)의 미지불 임금 상당액으로서 적어도 각각 80엔 상당의 손해를 입은 것이다(또한 1999년도 임금수준을 기초로 위 미지불 임금 상당액을 현재의 가치고 산정하면 그 금액은 200만 엔을 밑돌지 않는다).

2. 정신적 손해

1) 원고들은 전기(前記) 강제연행과 강제노동에 의해 다음과 같은 정신적 손해를 입었다.

(1) 일본에 가면 공부를 시켜준다는 말이 거짓말이었음으로 인해 어린 이다운 꿈을 빼앗기고, 소박한 신뢰를 배반당하여 순진한 마음에 상처를 입음으로써 받은 정신적 고통.

(2) 어려서 부모 등 보호자의 비호에서 벗어나 먼 이국땅에서 불안에 견디면서 생활하지 않으면 안 되었던 정신적 고통.

(3) 어린 사람으로서 가혹한 노동에 강제적으로 종사할 수밖에 없었던 것에 의한 정신적 육체적 고통.

(4) 한창 자랄 나이에 충분한 식사를 제공받지 못하여 배고픔을 견디면서 일하지 않으면 안 되었던 것에 의한 고통.

(5) 외출을 하거나 놀거나 하는 자유, 편지를 보낼 자유 등을 제한 당하고, 본래 즐거워야 할 시절을 관리 받고 억압당하며 지낼 수밖에 없었던 것에 의한 정신적 고통.

(6) 열악한 노동조건 하에서 일을 하며, 작업 중에 다친 것 등에 의한 고통

(7) 도난카이(東南海) 지진과 공습으로 엄청난 공포를 느끼면서 본인 자신이 다치거나 친구를 잃은 것에 의한 심각한 정신적 고통과, 이에 대한 충분한 치료도 받지 못한 것에 의한 정신적 고통.

(8) 민족적 아이덴티티(정체성)를 부정당하고 일본식의 생활을 강요당

하며, '한토진(半島人)', '조센진(朝鮮人)'이라는 멸시에 찬 말을 들으면서 굴욕을 맛보아야 했던 것에 의한 정신적 고통

(9) 임금 등 모든 수당을 지불받지도 못한 채 귀국하여 오늘에 이르기까지 아무런 연락도 없이 방치당한 것에 의한 정신적 고통.

(10) 이상 사실에다 정신대와 위안부를 동일시하는 인식이 지배적인 한국사회에서 근친자에게조차 근로정신대에 동원된 것을 계속 감추고 숨을 죽이며 살 수밖에 없었던 50여년에 걸친 치유되기 어려운 중대한 정신적 고통.

2) 이상과 같은 원고들의 고통은 필설(筆舌)로는 다할 수 없고, 금전으로 이를 배상하기는 도저히 불가능한 일이겠으나, 이를 금전으로 위자(慰藉)한다고 하면 원고들 한 사람 한 사람에 대해 각각 금 2,000만 엔은 밑돌지 않을 것이다.

제2절_ 피고들의 부작위에 대한 손해

전기(前記)한 손해뿐만 아니라 본 건에서는 피고들이 행한 전후(戰後)에 이어지는 부작위로 계속되는 가해행위를 하여 다음과 같은 손해를 발생시켰다.

1. 피고 일본국은 앞서 언급한 원고들의 고통을 해소시키기 위해 행정상, 입법상 조치를 취할 수 있는 입장에 있으면서도 구체적인 행정상, 입법상 조치를 취하지 않음으로써 원고들의 피해를 확대시키고 이루 말할 수 없는 고통을 주었다.

2. 피고 미쓰비시중공업은 원고들에 대해 전후(戰後) 아무런 배상도 하지 않고 방치하였을 뿐만 아니라, 근로정신대에 관한 사실과 자료를 내외에 공표하고 원고들에게 사죄하는 등 원고들의 명예를 회복하는 의무를 게을리 하였기 때문에 원고들의 피해를 확대시키고 이루 말할 수 없는 괴로움을 주었다.

3. 위의 고통을 위자(慰藉)하려면 적어도 원고들 한 사람 한 사람에 대해 각각 금 1,000만 엔을 밑돌지 않는 금액을 요한다.

제3절_ 손해배상금 청구

원고들은 피고들에 대해 상기 제1절과 제2절의 손해 배상금으로 각각 금 3,000만 엔씩 지불을 요구하는 바이다.

제4절_ 공식적인 사죄 요구

원고들은 근로정신대로 동원됨으로써 그 청춘을 빼앗기고, 그 후 50여 년에 걸쳐 계속되는 고통을 받으며 인생을 짓밟혔다.

원고들은 인간적인 존엄을 빼앗긴 것이다. 원고들은 이 존엄의 회복을 본 건 소송에 걸고 '한(恨)을 푼다'는 뼈에 사무치는 염원을 담고 있는 것이다.

이는 단순히 금전적인 배상만으로는 원고들의 피해를 회복시킬 수 없다는 것, 그리고 원고들의 명예를 회복시킬 조치가 얼마나 중요한가를 보여준다.

따라서 권고들은 피고인들에 대해서 그 인격권(人格權)의 침해에 근거하여 별지(別紙) 내용의 사죄문을 내외에 공표하여 조선여자근로정신대에 관한 사실을 공적으로 확인하고, 또한 공식으로 사죄할 것을 요구하는 바이다.

이 청구권은 민법 제723조에 근거를 둔 것이다. 생각하건데 이 규정은 금전배상으로는 피해를 회복하기 어려운 인격권 침해 경우에 유추 적용해야 하기 때문이다.

또한 일본이 피해자인 원고들에게 사죄하는 것은 일본이 '국제사회에서 명예있는 지위를 점하기'(일본국 헌법 前文) 위해서 반드시 행해야 할 일이며, '전 세계의 국민'이 '평화롭게 생존할 권리를 가지는 것을 확인'한 일본국 헌법이 요구하는 바이기도 하다.

게다가 국제법상으로도 국가가 타국의 국민에 대하여 중대한 인권침해 행위를 하였을 경우 피해자에게 공식으로 사죄하는 것이 피해회복 의무의 주요한 내용으로 되어 있다.

7

맺는말-

각국의 전후배상(戰後賠償)의 흐름

1. 각국의 전후배상 개요

제2차 세계대전에서 일본은 아시아 각국에서 인권을 심하게 유린한 잔악행위를 대규모로 자행하고, 또한 당시 일본의 식민지로 삼으며 그 전단(戰端)을 확대하고 있던 아시아 각국으로부터 그 국민을 일본에 강제적으로 연행하여 전투요원으로 삼고, 또한 전시(戰時) 노동력으로 삼았다. 또한 일본과 동맹 하에 전쟁을 수행한 나치독일도 유태인 등의 소수민족을 강제수용소에 다수 수용하고 학살하였다.

한편 일본, 독일 등의 추축국(樞軸國)에 대항해 형성된 연합국 측인 미합중국과 캐나다도 일본계 이민의 재산을 빼앗고, 강제수용소에 수용하여 자유를 제약하였다.

이들 나라가 전후(戰後)에 위 전쟁의 희생자, 특히 외국인에 대해 어떠한 배상을 했는가를 개관하면 아래와 같다.

1) 독일의 경우

독일에서는 전후 얼마 지나지 않아 배상조치가 개시되어 약 10년 전에 대개의 배상법제가 정비되었다. 즉, 제2차 대전 중의 전쟁에 의한 장애와 사망 등에 대한 전쟁희생자 원호법, 전쟁으로 재산을 잃은 자에 대한 부담 (負擔) 조정법과 배상보상법, 나치 박해의 희생자에 대한 연방배상법, 연방 변제법 등을 제정하고 있다.

이들 배상은 모두 내외인(內外人) 평등이며, 외국인 개인도 대상으로 삼고 있다. 그리고 위의 연방배상법과 연방변제법에 의한 지불은 약 20~25% 를 국내에, 약 40%를 이스라엘에, 나머지는 그 밖의 외국들에 향해 했다.

독일은 연방배상법과 연방변제법 등에 의해 1992년까지 905억 마르크 (약 5조 4295억 엔)를 지불하였으며, 앞으로 2030년까지는 지금까지 지불한 금액을 포함해 총액 1,222억 마르크(약 7조 3359억 엔) 지불을 예정하고 있다.

국가에 의한 위 배상 외에도 독일에서는 관련기업에 의한 배상도 실시되고 있다. 즉, 1957년부터 1966년까지 다섯 회사가 유태인의 강제연행 노동자와 강제수용소에서 강제노동을 강요당한 과거 수인(囚人)들에게 5,193만 마르크를 지불하고, 1986년에는 브릭사(社)가 500만 마르크를 유태인회의에 지불하였다. 게다가 1988년에는 다임러베츠사(社)가 1,000만 마르크를 유태인회의에, 1,000만 마르크를 독일 적십자 등을 통해 의료시설과 의료기기 원조를 위해 지급하였다.

2) 미합중국의 경우

재미 일본인을 강제 이주시킨 미합중국도 그 피해에 대해 배상히였다. 즉, 합중국 회의는 1988년 '시민적 자유법'을 제정하였다. 같은 법은 강제수용을 사죄하는 조항을 명기함으로써, 의회가 나라를 대표하여 재미 일본인들에게 사죄하고, 또한 '시민적 자유 공공 교육기금'을 설립하기로 하였다.

이 기금에 의해 수용 당시 일본계 미국시민 또는 영주 외국인이었던 자로서, 또한 배상법 성립 당시 생존하고 있던 자는 현재의 국적을 불문하고 일인당 배상금 2만 달러를 지불받게 되었다.

3) 캐나다의 경우

미국과 마찬가지로 캐나다에서도 캐나다 정부가 강제이주와 강제수용을 하고 재산을 빼앗은 것, 또 일본으로 강제 송환시키고 선거권을 빼앗은 것 등에 대해 배상을 하였다.

즉 1988년에 전(全)캐나다 일본인 협회와 캐나다 정부 간에 협정이 체결되었는데 이 협정에서는 캐나다 정부가 재(在)캐나다 일본인을 강제 수용한 것 등을 인권침해로 인정하고, 다시는 그와 같은 일을 일으키지 않을 것을 서약하고 있다.

그리고 이 협정에 근거하여 캐나다 정부는 위의 피해자들을 통해 일본계 캐나다인 사회에 복리와 인권옹호의 활동비로 1,200만 달러를 지불하였다. 또한 서로 다른 문화 간의 상호이해와 인종차별의 근절을 꾀하는 것을 목적으로 캐나다 인종관계기금을 창설하였다.

4) 일본의 경우

이상 언급한 대로 제2차 세계대전 패전국 전승국 양국을 포함한 각국의 전후배상 동향에 대해 일본에서는 1988년까지 13건 전쟁 원호법을 제정 하여 1994년까지 약 38조 엔을 지출하였지만, 그 대부분은 구(舊) 군인과 군속을 대상으로 한 것이며, 전쟁 피해자를 구제한 것이 아니었다. 게다가 본 건 소송과의 관계에서 간과할 수 없는 것은 일본의 전후배상에서는 외국 국적의 전쟁피해자 개인에 대해 보상 또는 배상한다는 관점이 기본적으로 결여(缺如)되어 있다.

2. 전후배상에 대한 자세

위에서 본 대로 독일, 미국, 캐나다의 경우와 일본은 현실적 전후배상체제에 현저한 차이가 있다. 이 차이의 원인은 결론적으로 말하면 전쟁책임과 전후배상에 대한 기본적인 사상과 자세의 차이에서 유래하는 것이라고 말하지 않을 수 없다.

주지하는 바와 같이 미국, 캐나다, 독일 등 각국은 제2차 세계대전에서 한편은 연합국 측의 국가이고 전승국이며, 다른 한편은 추축국으로 연합국과 대립하여 패전국이 된 국가이다.

서로 대립하는 이들 각국이 공유하는 전후배상에서 적극적인 태도의 공통점은, 자신 혹은 자신과 깊은 관련성을 가진 국가가 행한 전쟁행위가 자기 나라 국민 또는 외국인에게 초래한 직접 간접적인 전쟁피해에 대해 이를 좌시하는 부조리를 허용하지 않겠다는 사상과 자세가 떠오르고 있는 것이다.

즉, 우선 미합중국과 캐나다에서는 외국인에 대해서도 정부에 그 책임이 있는 것을 법률로 공식적으로 또한 명확하게 인정하고, 합중국 대통령은 "손해배상과 진심으로 사죄하는 것을 법률로 제정함으로써 미국인은 진정한 의미에서 자유와 평등, 정의라는 이상에 대한 전통적인 책임을 새로이 하였습니다."(1990년 당시 부시 대통령이 재미 일본인에게 보낸 사죄장)라고 말하고 개인배상을 하였다.

또한 독일에서도 전쟁책임을 나치스의 지도자나 군부가 져야 하며, 독일연방정부가 질 일이 아니라고 하면서도 "이처럼 필설로 다하지 못할 범행이 독일민족 이름으로 행해진 이상, 독일 국민의 총력을 다해 수정해야 한다."(1951년 당시의 서독 아데나워 수상)고 정부가 국민에게 선언하고, 인도적 견지에서나 조리상 시점에서 가해에 책임을 져야 한다며, 현실적으로 주변 여러 나라의 희생자에 대한 보상·배상제도를 확립하였다.

그러나 이처럼 전쟁피해자의 개인배상을 기조로 하는 국제적 흐름에도 불구하고 아직도 일본은 외국인 피해자 개인에 대한 배상을 하려고 하지 않는다.

겨우 최근 들어 정부가 사죄다운 말을 하게 되었지만 피해자 개인의 배상은 계속 거부하고 있다. 게다가 정부의 구성원인 관료가 사죄에 반대하는 취지의 발언을 하기 때문에 일본이 전정으로 사죄를 하고 있는지조차도 각국으로부터 의심을 받고 있는 것이 현 상황이다.

3. 외국인 개인에게 배상하는 것의 의미

이상 언급한 대로 일본을 제외한 각국의 외국인 피해자 개인에 대해 전후배상을 해온 근거로서, 평화를 추구하는 개인으로서 조리(條理)있는 사상이 커다란 역할을 다해 온 것은 말할 필요도 없다. 이들 전후배상에 의해 실현된 가치도 또한 단적으로 말하면 조리의 실현이었다고 할 수 있다.

즉, 미합중국이나 캐나다에서는 정부에 책임이 있음을 법률로 공식적으로 인정하였다. 이로 인해 적어도 피해자들의 명예가 회복되고, 전시 중에 있었던 정부의 부당한 행위에 희생당한 사람들의 기분을 치유하게 되었다고 환영받고 있다.

독일에서도 독일국민의 이름으로 총력을 기울여 범행을 배상하겠다고 정부가 선언함으로써 굴욕을 느끼고 있던 전쟁 희생자의 마음에 커다란 희망과 명예회복의 가능성을 느끼게 한 것이다.

즉, 전쟁 중의 부정의(不正義)를 배상하는 '전후배상'의 실현은 피해자 한 사람 한 사람의 물질적인 피해의 구제는 물론, 그에 머물지 않고 한 인간으로서 존엄을 회복한다는 조리의 실현이라는 중요한 의미를 가지는 것이다.

돌이켜 생각하면 일본이 개인배상을 포함해 전후배상을 하는 것은 일본과 일본인으로서도 피해를 입은 아시아 여러 국가들과 그 국민들 사이에 깊은 신뢰관계를 쌓는 기초가 되며, "평화를 유지하고, 전제(專制)와 예속, 압박과 편협을 지상에서 영원히 제거하려고 노력하고 있는 국제사회에서 명예로운 지위를 확보"(헌법 전문) 하기 위한 빼놓을 수 없는 대전제이다.

헌법이 위 전문에서 국제관계에 있어서 일본이 마땅히 취해야 할 정책 기초와 그 목표로 세우고 있는 가치 규범 또한 상기 의미에서 조리 사상에 그 근거를 가진다고 할 수 있다.

4. 결론

현재 일본에 외국인 전쟁피해자 개인에 대해 전후배상을 인정하는 법률은 거의 없다. 한편 원고들은 고령(高齡)이 되어가고 있다. 원컨대 일본 정부가 신속히 미합중국이나 캐나다와 같이 전쟁피해자 개인에게 사죄하고, 또 물질적인 배상을 행해야 할 것이다. 그러나 여전히 피고 일본국의 아무런 적절한 조치를 취하려 하지 않고 있다. 원고들은 많은 곤란을 극복하면서 이번 재판에 나선 것이다.

소녀시절 기만과 협박에 의해 이국으로 연행되어 불안 속에서 노동을 강요 당하고, 겨우 해방되어 귀국한 후 전후(戰後) 50여 년 동안 인생에서도 위 피해는 모두 방치되었고, 게다가 피고가 해야 할 의무를 태만히 한 까닭에 일본군 '위안부'가 되었던 사람들로 오인 또는 동일시되어 예상도 못한 새로운 고통을 맛보게 되었다.

이러한 상황에 놓인 원고들의 마음속에는 지금 그 굴욕감과 부조리에 대한 울분이 충만해 있다. 원고들은 그 뜻을 본 건 재판에서 충분히 호소하여 귀 재판소의 이해를 구하고자 한다.

본 건 소송에서 요구되는 것은 상기 부조리에 대한 깊은 통찰이다. 또한 여전히 가해자로 남아 있을 일본인으로서 우리들이 원고들의 마음 깊이 새겨진 고뇌를 어떻게 받아들이고 이해할 것인지, 재판관과 우리들 대리인을 포함한 일본인의 깊은 반성에서 나오는 견식이다.

이상에서 살펴본 바와 같은 심각한 배경과 피해를 갖는 본 건 재판에서 입법의 부존재(不存在) 혹은 시효와 제척(除斥)기간 등 형식논리로 원고들의 청구를 기각함으로써 불필요한 부조리를 축적시켜서는 절대로 안 된다고 강하게 요망한다.

　원고들은 그야말로 인간 역사의 증인으로서 일본의 인권보장의 마지막 보루인 재판소에 법의 출발점이자 도달점이어야 할 '정의'의 실현을 절실히 요구하고 있는 것이다.

이상

舊 미쓰비시중공업 나고야항공기제작소 도토쿠(道德)공장(現 日淸紡績 나고야공장)은 1944년 도난카이(東南海) 지진으로 많은 희생자를 내었다. 그 중에는 조선여자근로정신대 소녀들도 6명 포함되어 있었으나 건립된 '순직비'에는 그녀들의 이름이 없었다. 1988년 12월 7일 (지진발생 44년만인 날) 건립한 '기념비'. 왼쪽에 그 6명의 이름을 기입했다. 다섯 명은 조사에 의해 본명을 적었으나 한 명은 제적부(除籍簿)가 발견되지 않아 창씨개명한 그대로 기입하였다. 시민운동의 요청으로 새로 건립된 순직비의 제막을 위해 1988년에 한국에서 온 근로정신대 희생자의 유족이 비에 새겨진 이름을 쓰다듬으며 주저앉아 통곡하고 있다.

의견진술서

박해옥

나는 순천남국민학교를 졸업하고 집안 형편이 어려워 진학을 못했습니다. 어려서 아버지를 여의고, 삼형제 중 막내로 태어난 나는 가난하긴 했지만 어머니의 따뜻한 보살핌 속에서 사랑을 듬뿍 받으며 자랐습니다.

1944년 5월 어느 날, 모교 6학년 때 담임선생님으로부터 학교에 오라는 연락을 받고 담임선생님을 찾아갔습니다. 담임선생님이 나를 보면서 교장실로 들어가라고 했습니다.

문을 열고 들어가 보니 교장 선생님과 일본인 헌병이 있었습니다. 교장선생님이 나를 보고 "네가 박해옥, 기야마 요시에(木山善枝)냐."고 물었습니다. 내가 "네."하고 대답하자, 교장선생님은 "일본에 가면 여학교도 갈 수 있고, 공장에서 일하면서 돈도 벌 수 있으니 일본에 가라."고 했습니다. 나는 철없이 "네, 가겠습니다."하고 쉽게 대답했습니다.

교장선생님은 "그럼 너의 부모의 인감도장을 가지고 오라."고 했습니다. "네",하고 대답은 했지만, 나는 교장실에서 나와 집에 가는 동안 무척 걱정이 되었습니다. 어머니가 승낙하지 않을 것 같았습니다.

그날 밤은 어머니 모르게 도장을 가져 갈 것을 생각하니 고민이 되어 밤새 잠도 못자고 다음날이 되었습니다. 나는 어머니가 외출하기를 기다렸습니다. 마침 어머니가 교회에 가는 것을 보고 그 틈을 타서 서랍에서 인감도장을 꺼내 학교에 가서 담임선생님에게 드렸습니다. 담임선생님은 도장을 가지고 교장실로 들어가 도장을 찍고 나에게 돌려주면서 5월 31일에 학교로 나오라고 했습니다.

어머니에게 말도 못하고 걱정만 하고 있다가 5월 28일 저녁에야 겨우 말을 꺼냈습니다. 어머니는 깜짝 놀라면서 안 된다고 소리치며 당장 학교에 가서 취소하고 오라고 했습니다.

교장선생님을 찾아가 "일본에 못 가게 되었습니다."라고 말하자, 교장선생님은 "너의 어머니는 계약을 어겼으니 형무소에 가게 될 것이다."라고 위협적인 말투로 말했습니다.

나는 무서워서 아무 말도 못하고 집으로 돌아왔습니다. 그러나 마음 한편으로는 일본에 가서 돈도 벌고 공부도 할 수 있다고 생각하니 기쁘기도 했습니다.

5월 31일에 순천남국민학교에 가보니 친구들 14명이 모여 있었습니다. 나는 학교에서 내 준 작업복으로 갈아입고, 정신대라는 글자가 쓰여진 머리띠를 두르고, 순천역에 가서 기차를 기다렸습니다.

어머니는 어떻게 알았는지 언니와 함께 달려와 나를 붙들고 홍수 같은 눈물을 한없이 흘리며 "죽으러 일본에 가다니, 이 철없는 것아!"하면서 울었습니다. 나는 "6개월에 한 번은 한국에 보내준다고 약속을 했으니 그때 만나요. 꼭 올게요."라고 말하며 어머니를 설득시켰습니다.

나는 약속을 지켜줄 거라고 굳게 믿고 있었습니다. 어머니는 어떻게 해서라도 나를 못 가게 말리고 싶었겠지만 그래도 차마 헌병이 있는 앞에서 저를 데리고 가지는 못했습니다.

우리들 순천에서 출발한 사람들은 순천부대라 불렸고, 광주에서 온 기차를 타고 여수로 향했습니다. 여수역에서 여수 학생들 25명과 합류하여 여수항에 가서 밤에 커다란 배를 타고 아침이 되어 시모노세키에 도착했습니다.

아침식사 후에 기차를 타고 한참 가다가 기차가 멈췄습니다. 내리라는 명령에 기차에서 내려서 좌우를 살펴보니 나고야라는 도시였습니다. 우리는 한참을 걸어서 숙소에 도착했습니다. 숙소 문 앞에는 남자 직원들 다섯 명 가량이 서서 우리를 환영했습니다.

곤도 헌병은 이곳 숙소의 사감선생에게 우리를 인도하고 가버렸습니다. 사감선생은 우리들에게 "나는 너희들의 아버지다. 그러니 아버지라고 불러라."라고 했습니다. 그 사감선생은 인상이 좋았습니다.

우리들은 식당에서 저녁식사를 마치고 여정을 풀었습니다. 다음 날 아침 6시에 일어나서 7시에 아침을 먹고, 사감선생님의 주의사항을 들은 후 4열로 줄을 서서 걸어서 공장에 갔습니다. 공장에 도착한 것은 8시 조금 전이었습니다.

우리들은 여수부대, 순천부대, 광주부대, 나주부대, 목포부대 등 출신지별로 나뉘어 배치를 받았습니다.

내가 맡은 일은 항공기 부품의 그림이 그려져 있고, 두랄루민 판의 두께와 수량이 표시된 노트 반 정도 크기의 종이쪽지를 가지고, 많은 색색의 나무그림판이 있는 데까지 가서 종이번호에 맞는 모형을 찾아 커다란 두랄루민 판에 대고 잉크 붓으로 그 모형의 본을 그린 후, 그 두랄루민 판을 둘이서 운반해 일본인 남자 종업원에게 건네주는 일이었습니다. 남자종업원은 큰 소리가 나는 기계에다 대고 그 모형의 본을 하나하나 자릅니다.

그러나 두랄루민 판은 어린 저에게 너무나 무거워서 운반 도중에 발등에 떨어뜨려 발을 크게 다친 적도 있습니다. 멍이 들고 피가 나고 걷지도 못할 정도로 심하게 아팠습니다. 그래도 의사의 진찰은커녕 약도 발라주지 않았습니다. 피가 많이 나서 식당에 가서 된장을 바르고 붕대를 감고 다녔습니다. 상처가 아물지 않아 2, 3주일 고생을 했습니다. 아무리 참으려 해도 통증이 너무 심해 몰래 울기도 많이 울었습니다.

우리는 식사시간이 되면 식당 앞에서 한 줄로 서서 자기 차례가 되면 한손에는 공기밥을, 다른 한손에는 반찬 한 가지를 받아 들었습니다. 양이 너무 적었지만 더 달라고 요구할 수도 없어서 언제나 배가 고팠습니다.

돈이 없어서 먹을 것을 사 먹을 수도 없었습니다. 나는 물로 허기진 배를 채운 적이 한두 번이 아닙니다. 어떤 아이들은 고픈 배를 참다못해 쓰레기통을 뒤져 일본 사람들이 먹다 버린 밥을 씻어 먹고 배탈이 나기도 했습니다.

우리들은 개인 외출은 금지 당했습니다. 우리들이 외출한 것은 호국신사에 참배하고 나고야 성을 구경한 정도입니다. 그 때도 우리들은 모두 함께 행진해 갔습니다.

한국에 편지를 보내고 싶어도 검열 때문에 제대로 써 보낼 수가 없었습니다. 우리 조선여자근로정신대원들은 감옥이나 다름없는 생활을 한 것입니다.

나는 나날이 거지처럼 초라해지는 비참한 내 모습을 보면서 내 나라, 내 가족이 그리워 혼자서 울었습니다.

그런 생활이 계속되던 1944년 12월 7일 오후 1시 반 경, 점심 식사를 마치고 작업장에 돌아와 두랄루민 판에 붓으로 모형을 그리려는 순간 "웅"하는 굉음이 들리고 몸이 흔들릴 정도로 진동이 계속되었습니다.

한국에서 지진을 경험한 적이 없는 나는 무슨 일인지 전혀 몰랐습니다. 일본 사람들이 "지진이다. 나무 밑으로 얼른 도망 가."라고 외쳤습니다. 나는 이 말을 듣고 어떻게든 빠져나가려고 애를 썼지만 발이 떨어지지 않아 겨우 기듯이 조금씩 발을 움직였습니다.

공장 밖으로 간신히 빠져나와 나무 밑에서 추위와 공포에 떨고 있을 때 갑자기 공장이 무너지는 소리가 나면서 공장 안에서 많은 사람들의 고함소리가 들려왔습니다. 신음 소리, 살려달라는 외침소리가 들리고 무너진 벽돌 사이로 부상당한 사람들이 나오기 시작했습니다.

얼굴이 피투성이가 된 사람들, 다리와 허리를 다쳐 피를 흘리며 다리를 절룩거리며 나오는 사람들, 한순간에 아수라장이 된 지옥 같은 광경을 보고 나는 너무 무서워 부들부들 몸이 떨렸습니다.

잠시 후에 점호가 있었습니다. 우리들 중에 6명이 사망한 것이 확인되었고, 일본인도 300명이 사망했다고 들었습니다.

지진의 공포에서 채 벗어나기도 전에 일본의 전황은 점점 심각해지고 마침내 공습이 시작되었습니다. 밤에는 사이렌 소리에 잠이 깨고, 방공호에서 몸을 웅크리고 새우잠을 잤습니다.

어떤 때는 B 29기가 나타나 소이탄 불길을 비처럼 쏟아 부었습니다. 사방팔방이 불바다가 되었고, 그 불길을 끄기 위해 우리들은 물에 적신 이불을 뒤집어쓰고 밤새 불을 꺼야 했습니다.

불끄기를 마치고 방으로 돌아오면 무서워서 몸이 부들부들 떨렸습니다. 몸 속 깊이 배어든 찬 물기를 닦으면서 하염없이 눈물을 흘렸습니다. 나는 어머니의 말이 생각났습니다. "네가 일본에 가는 건 죽으러 가는 거야." 어머니의 말 그대로였습니다.

그 후 몸이 약해져 밥도 못 먹을 지경이 되었습니다. 그러나 아무리 집에 돌아가고 싶어도 돌아갈 수가 없었습니다. 나는 이제 한국에 돌아가지도 못하고 일본에서 죽게 되는구나 하는 생각에 잠이 오지 않았습니다.

공습이 계속되어 공장과 숙소는 도야마현의 다이몬이라는 곳으로 옮겨졌습니다. 그곳은 눈이 많이 내리고 추운 곳이었습니다. 공장은 눈에 뒤덮인 땅굴 속에 있어서 지하에서 작업을 하는 것 같았습니다.

사감선생도 바뀌었습니다. 그 사감선생은 상이군인으로 외팔이었습니다. 인상도 무섭고 그 태도 또한 매우 강압적이었습니다. 추운데서 주먹밥을 먹으니 소화도 안 되고 배가 아파 고생을 했습니다.

몸은 지칠 대로 지치고 공포도 가시지 않았으며, 공장에 나가지 못하는 날도 있었습니다. 우리들은 사감 선생에게 약속대로 한국에 돌아가게 해달라고 간곡히 부탁했지만, 사감선생은 버럭 화를 내며 우리들을 한 사람씩 불러다가 누가 처음 이런 말을 꺼냈느냐, 이 안에 누군가 스파이가 섞여 있다며 호되게 야단을 쳤습니다. 우리는 누가 시킨 것이 아니라 그냥 한국에 가고 싶어서 그랬다고 용서를 빌고 또 빌고, 다음 날부터 지친 몸을 겨우 추슬러 일을 하러 나갔습니다.

일본의 상황은 점점 더 악화되었습니다. 우리들은 주먹밥과 단무지 한쪽으로 굶주린 배를 참아가며 죽도록 일을 하면서 해방이 되기까지 나날을 공포와 배고픔 속에서 보내야 했습니다.

1945년 8월 15일 해방이 된 그 날, 우리들은 손에 손을 잡고 "이제 한국에 돌아갈 수 있다."며 기쁜 눈물을 흘렸습니다.

해방된 지 두 달이 넘게 지난 10월 21일, 굶주림과 공포로 쇠약해질 대로 쇠약해진 나는 작업복 차림 그대로 월급은 한 푼도 받지 못한 채 거지꼴이 되어 부산에 돌아왔습니다.

부산에서 순천 가는 기차표 한 장을 손에 쥐고 귀향을 한 것입니다. 우리들의 마음의 상처는 지진과 공습으로 입은 눈에 보이는 상처보다 더욱 깊고 컸습니다.

정신적인 고통과 공포의 후유증으로 나는 이 반생을 불면증과 신경증 위장병에 시달리며 살아왔습니다. 체중이 줄고 불안감과 공포증에 시달려 치료도 받아 보았지만 회복이 되지 않았습니다.

자극있는 음식은 입에 대지도 못하고, 어른이 되어도 체중이 44킬로그램을 넘은 적이 없으며, 70이 된 지금도 여전히 병원에서 약을 받아 복용하고 있습니다. 불면증도 여전합니다. 일본에서 입은 고통이 70이 된 지금까지 나의 몸을 떠나지 않고 있습니다.

한국에 돌아온 후에 우리들은 또 다른 고통을 겪어야 했습니다. 한국에서는 일본군 '위안부'와 근로정신대가 구별되지 않은 채 정신대도 그냥 '위안부'로 불리고 있습니다.

일본군 '위안부'였던 사람들 또한 몸과 마음에 커다란 상처를 입고 이루 말 할 수 없는 고생을 하고 있습니다.

우리들 근로정신대원들 또한 이와는 다른 고통을 겪고 있습니다. 어린 소녀들의 정신과 육체에 고통을 안겨 준 국가로부터 근로정신대원 역시 배상을 받아야 마땅하나 위안부로 오인되는 것을 두려워하며, 가족에게도 알리지 못하고 권리를 획득하기 위한 운동에도 참가하지 못하는 상태가 계속된 것입니다.

내가 아는 범위에서도 광주에는 상당수 근로정신대원이 있습니다만 그들 대부분이 운동에 참가하지 못하고 있습니다. 전후 50년이 넘게 지났는데 어째서 지금 소송을 일으키느냐고 생각할지도 모르겠습니다만, 이러한 사정 때문에 그동안 나설 수가 없었던 것입니다.

지금도 이렇게 법정에 서는 것 자체가 한국 사회에서는 용기가 필요한 일인 것입니다.

나는 단순히 돈만을 목적으로 소송을 일으킨 것이 아닙니다. 일본 정부와 미쓰비시중공업이 사실을 인정하고 진심에서 우러나 공식적으로 사죄하고 반성하는 것을 확인하고 싶은 것입니다.

뿐만 아니라 일본 정부와 미쓰비시는 사실을 공표하고, 마땅히 지불해야 할 임금을 지불하고, 지금까지 고통을 배상하는 등 의무를 다해야 합니다. 이를 실현하기 위해 우리는 일본의 나고야에서 재판을 일으킨 것입니다.

우리들은 "일하면서 공부도 할 수 있고, 돈도 벌 수 있다"는 말만 믿고 일본에 왔습니다. 그리고 일본천황에게 몸 바쳐 열심히 일했습니다.

귀국한 후에도 일본에서 받은 심신의 상처로 50년을 넘게 고통 속에서 살고 있습니다. 이 고통과 싸우고 있는 우리들의 심정은 죽기보다 더 괴롭습니다. 일본 정부와 미쓰비시중공업은 이 사실을 직시하고 정직한 국가와 기업으로서 진심으로 사죄하고, 우리들의 노동 대가인 월급을 지불하고, 50여 년간을 고통 속에서 살아 온 우리들에게 배상해야 합니다.

많은 재일동포와 일본인 시민단체, 그리고 많은 일본의 변호사들이 우리들 근로정신대의 비참한 역사의 진실을 밝히는 데 힘이 되어주고 있습니다. 진심으로 감사드리며, 이러한 지원에 힘입어 우리들은 일본정부와 미쓰비시중공업에 대해 자존심을 걸고 마지막까지 싸울 것입니다.

이 문제를 자손 세대까지 남기지 말고 우리들이 살고 있는 이 시대에 해결해야 할 것입니다.

가장 가까운 나라가 가장 먼 나라가 되지 않도록 한국과 일본은 가깝고 좋은 관계의 역사를 만들어 가야 할 것입니다. 우리들은 일본 정부와 미쓰비시중공업의 진심에서 우러난 사죄와 의무의 이행, 이것이 있으면 지나간 과거를 용서하고 이 사건을 잊을 수 있을 것입니다.

1999. 9. 1
나고야 지방재판소 민사 제4부 귀중

의견진술서

김혜옥

나는 대한민국 전라남도 화순읍 향정리에 사는 김혜옥입니다.

나는 1931년 일제치하에서 태어났습니다. 불행히도 어머니가 일찍 타계하시어 어머니의 사랑을 못 받고 아버지의 사랑 속에서 자랐습니다.

집안 형편은 부유한 편이라 의식주의 고통은 전혀 없었습니다. 나는 네 살 때 유치원을 거쳐 나주 대정국민학교(현 나주초등학교)에 입학했습니다. 일본어와 일본교육을 받으면서 어느덧 6학년이 되었습니다.

나는 그 당시 광주에서 이름이 높았던 대화여학교에 가고 싶어서 시험준비를 하고 입학시험을 치렀습니다만 불합격이 되었습니다. 아버지께서는 배워야 한다면서 내년에 한 번 더 여학교 시험을 쳐 보라고 말씀하셨습니다.

나는 국민학교를 졸업한 뒤에 입시를 위해 모교에서 재습(再習)하고 있었습니다. 어느 날 일본인 마사키(正木) 교장선생님이 곤도(近藤) 헌병과 함께 우리 반 교실에 들어왔습니다.

교장선생님은 "너희들이 일본에 정신대로 가면 여학교에도 보내주고 돈도 많이 벌 수 있으니 정신대로 가라."고 말했습니다. 이 말을 듣는 순간 철부지였던 나는 '옳지, 내가 비록 시험에는 불합격했지만 일본에 가서 같이 시험쳐서 합격한 친구보다 더 좋은 학교에 다녀야지.'라고 생각하며, 자부심에 불타 '가겠다'고 그 자리에서 약속했습니다. 금방 일본의 여학교에 가게 된 것 같은 기쁨에 나는 집으로 당장 뛰어가 아버지께 말씀드렸습니다.

아버지께서는 내 말을 들으시고는 "절대 일본까지 너를 보낼 수는 없다." 며 완강히 반대하셨습니다. 나는 보내달라고 울면서 졸랐습니다. 엄마 없는 딸이라 애처로운 생각이 들었는지 아버지는 어쩔 수 없이 승낙하셨습니다.

나는 이제 온 천하가 내 것이 된 양 마냥 좋았습니다. 며칠 후 조선인 마쓰야마(松山) 선생의 인솔로 출발하던 날, 같이 가는 친구들의 부모님이 나오셔서 그 자리는 울음바다가 되었습니다.

나는 아버지께서 손수건으로 눈물을 닦으시는 것을 보면서도 속으로는 마냥 기쁘기만 했습니다. 아버지와 헤어지는 섭섭함보다는 일본의 여학교에 간다는 기쁨이 더 컸기 때문입니다.

친구들의 부모님들은 그 자리에서 울면서 작별을 했지만 나의 아버지와 새 어머니는 여수까지 동행해 주셨습니다. 그 때 내 나이 12살이었습니다. 어린 딸을 멀리 보내는 아버지의 마음은 무척 괴로우셨겠지요. 30엔을 내 주머니에 넣어주시면서 잘 가라고 하시던 아버지의 음성은 무척이나 떨렸습니다.

하지만 나는 목포, 순천, 여수, 광주, 나주에서 내 또래의 소녀들이 많이 모인 가운데 우렁찬 군악대 소리에 더욱 흥이 나서 어서 배를 타고 일본에 가고 싶었습니다.

배는 떠나 다음 날 아침에 시모노세키(下關)에서 하선하고, 그곳에서 기차로 갈아타고 도착한 곳은 나고야(名古屋)였습니다.

일본 어디에 가는지 물어보지도 않고 말도 해 주지 않아서 우리들은 아무것도 모른 채 따라만 갔습니다.

잠은 다다미 8疊(4평) 방에서 7, 8명씩 잤습니다. 여름에는 모기가 너무 많아서 잠을 제대로 잘 수가 없었습니다. 일본 소녀들한테는 모기약을 배급해주면서도 우리 조선 소녀들한테는 모기약을 주지 않았습니다.

도착한 다음날부터 우리들은 즉시 공장에 가서 여러 가지 설명과 주의사항을 듣고 각 분야별로 배치되었습니다.

내가 맡는 일은 냄새가 지독한 페인트칠과 무거운 짐짝을 운반하는 일이었습니다.

페인트칠은 냄새가 고약해서 눈과 머리가 심하게 아팠습니다. 짐짝 운반 역시 너무 무거워서 힘이 들었습니다. 공장 일은 우리 어린 소녀에게는 너무 가혹한 중노동이었습니다.

식사는 일본 소녀들이 먹고 난 후에야 우리가 교대해서 먹었습니다. 보리가 섞인 밥에 반찬은 매실 절인 것과 단무지 몇 쪽이 전부였습니다. 밥이 너무 적어 배가 고파서 밥을 조금만 더 달라고 하면 거절을 당했습니다. 배가 너무 고플 때는 물을 마시곤 했습니다.

작업 중에는 감독이 너무 무서웠습니다. 잠시라도 옆을 보거나 말을 하면 고함을 치면서 "반도인(半島人)들은 언제나 이 모양이라니까."라고 괄시하면서 개처럼 때리곤 했습니다.

같이 일하는 자리에서 왜 반도인이라고 차별을 당해야 했는지 지금 생각해 봐도 분한 마음 금할 길이 없습니다.

고향의 우리 집에서는 좋은 음식에 좋은 의복에 남부럽지 않게 실컷 먹고 놀면서 지냈는데 일할 때는 짐승 취급, 밥 먹을 때는 거지 취급을 받는 나고야 생활이 너무나 고통스럽고 슬펐습니다.

내가 꿈에 그리던 여학교에 보내주기는커녕 급료 한 푼 받지 못했습니다. 하루는 너무 배가 고프고 모기 때문에 잠을 못자서 한국에서 떠나올 때 아버지가 울면서 건네주신 돈으로 모기약을 사러 나갔다가 사지도 못하고 감독한테 들켜서 매를 맞고 벌을 선 적도 있습니다.

그 뿐만 아닙니다. 화장실에 갈 때도 정해진 5분 내에 자리에 돌아오지 않으면 단 몇 초만 지나도 얼마나 호통을 당했는지 화장실에 가는 것조차 겁이 났습니다.

우리는 당당히 일본국민으로서 일본교육을 받았고, 이름까지 일본이름으로 바꾸며, 일본천황과 일본을 위해 그토록 굶주려가면서도 어린 몸으로 힘겨운 중노동을 뼈 빠지게 해냈습니다.

그런데 일본은 말로는 내선일체(內鮮一體)를 내세우면서도 실제로는 우리들을 개돼지로 취급한 것입니다. 교장의 약속은 결국 거짓말이었습니다. 일본천황을 위시한 일본인들에게 철저히 속은 것이 억울하고 치가 떨립니다.

그리고 우리나라에서는 보지도 듣지도 못한 지진과 공습으로 입은 충격과 고통과 공포감 또한 이루 말할 수 가 없습니다.

1944년 12월 7일, 일본 중부지방을 강타한 도난카이(東南海) 지진으로 땅이 갈라지고, 큰 공장 건물이 파괴되면서 주위의 친구들이 죽어나가고, 피투성이가 된 사람들이 여기저기서 비명을 지르고, 무서운 불길과 물줄기에 어찌할 바를 몰라 두려움과 공포에 몸을 떨면서 엄마 아빠를 부르며 울기만 했습니다.

그 무서운 광경을 어찌 다 표현할 수 있겠습니까. 아버지가 두 번 오셔서 모든 광경을 보시고는 집으로 돌아가자고 하셨지만 같이 와서 고생하는 친구들을 남겨놓고 갈 생각을 하니 선뜻 마음이 내키지 않았습니다. 그리고 한 가닥 일본에 온 희망을 이룰 수 있을지도 모른다는 막연한 기대를 끝내 버리지 못했던 것입니다.

교장의 달콤한 말에 속아 일본에 와서 애초의 목적은 하나도 이루지 못하고 결국 내 몸에 남은 것은 폐결핵이라는 중병과 정신적 불안감 등 고통의 후유증과 마음에 쌓인 원한뿐입니다.

일본 정부는 우리 조선의 어린 소녀들을 속여 연행해 와서 소녀들의 몸으로는 도저히 감당할 수 없는 중노동을 무자비하게 시켰을 뿐만 아니라 인간 이하의 차별과 학대 속에서 짐승취급을 하고도 50여년이 지나도록 사실 규명도 하지 않고 한마디 사과도 하지 않고 있습니다.

정말 하늘이 노할 일입니다. 일본이라는 나라는 한 조각 양심도 없는 야만국이나 다름없습니다.

일제시대에 내가 교육을 받았을 때는 대일본제국은 〈일 · 영 · 미〉라 칭하며 영국이나 미국보다도 앞선 선진국이요, 사회질서와 가치관이 바로 선 양심국가라고 배웠습니다.

그러나 나는 일본에서 비참한 경험, 전후 50여 년 동안 일본 정부가 보여 온 기만과 무책임함을 직접 체험하면서 그 모든 것이 한낱 구호와 허상에 지나지 않았다는 것을 뼈저리게 느껴 왔습니다.

내가 지금 살고 있는 화순은 탄광지대입니다. 거기서 일하다가 병이 들면 정부로부터 의료보험 혜택을 받고 2억 원에서 3억 원 정도의 보상금을 받습니다. 이는 국민 한 사람으로서 당연히 받아 마땅한 보상일 것입니다.

그런데 우리는 대일본제국의 허상에 속아 정신적 육체적 고통을 받으며 중노동을 강요당하고도 이에 대한 급료 한 푼 받지 못한 채 50여 년의 세월을 굴욕과 고통 속에서 살고 있습니다.

일본정부와 미쓰비시중공업은 이에 대해 진심에서 우러난 사죄를 하고, 당시 우리들의 임금을 현재의 가치로 환산하여 지불해 주어야 하며, 뿐만 아니라 우리가 받은 고통에 대한 응당의 피해배상을 해야 할 것입니다.

미쓰비시는 100여 명에 이르는 조선 소녀들을 몇 년이나 호된 중노동을 시키고도 임금 한 푼 지불하지 않았고, 그러면서도 패전 후 기업의 재건을 위해 1945년 11월 도리어 일본정부로부터 보상을 받지 않았습니까.

우리는 일본 정부의 동정을 바라는 것이 아닙니다. 우리가 굶주림 속에서 매를 맞고 공포에 떨면서 그리고 부모님을 안타까이 그리면서 눈물로 중노동을 한 어린 소녀들의 정정 당당한 임금을 죽기 전에 해결해 달라는 것입니다.

마지막으로 일본과 일본인들의 양심을 기대하며, 다시 한 번 이를 강하게 요청하는 바입니다.

1999. 10 .1

나고야 지방재판소 민사 제4부 귀중

의견진술서

진진정

때는 1944년 5월 하순경, 나는 나주 대정초등학교(현 나주초등학교)를 졸업하고 여학교에 진학하지 못한 괴로운 심사를 달래며 시간을 보내고 있던 중, 무슨 영문인지 6학년 담임선생님으로부터 학교에 오라는 연락을 받았습니다.

조카와 둘이서 찾아갔더니 담임선생님은 어서 교장실로 들어가 보라고 하셨습니다. 무슨 일일까 하고 주저하며 교장실에 들어가 보니, 교장선생님과 일본 헌병이 있었고, 교장선생님이 "너희들에게 좋은 일이 생겼다. 일본에 가면 좋은 학교에도 다닐 수 있고, 돈도 많이 벌 수 있는데, 갈 생각이 있느냐. 오늘 잘 생각해보고 내일 다시 나오너라. 그리고 올 때 보호자의 도장을 가지고 오너라."라고 했습니다.

조카 애순이와 나는 "그렇게만 될 수 있다면 얼마나 좋을까."하며 둘이서 꼭 가기로 약속하고 몰래 도장을 가지고 다음날 학교에 갔습니다.

교장실에 들어가서 도장을 드렸더니 선생님은 무슨 용지에 도장을 찍고 나서 이제 다 됐으니 집에 가서 부모님께 말씀드리고 내일(6월 1일) 늦지 않게 학교로 나와야 한다고 말했습니다.

집에 가서 부지런히 심부름을 하며 저녁식사를 준비하고, 모두 모여 식사를 하는 자리에서 겨우 말문을 열었습니다.

일본에 가면 돈도 벌고 좋은 학교에도 갈 수 있다고 해서 애순이와 함께 가기로 했으니 허락해 달라고 했습니다.

어머니는 "이 철없는 것아, 그 말을 믿는단 말이냐. 절대 안 된다."며 반대를 하셨습니다. 나는 울며불며 허락해 달라고 애원해 보았습니다만 어머니의 반대는 완강하셨습니다. 우리는 결국 허락을 받지 못한 채 다음날 아침 몰래 집을 빠져나와 학교로 달음질쳐 갔습니다.

출발시간이 되자 헌병의 호루라기 소리가 나고, 모인 사람들의 인원 파악이 끝난 후 우리는 헌병의 통솔 하에 기차역으로 행진해 갔습니다.

헌병은 순식간에 표정이 엄숙해지며 지금부터는 절대 개인행동을 해서는 안 되고 자기 명령에 복종해야 한다고 강조했습니다. 기차가 와서 우리들은 차례로 기차에 올랐습니다.

기차 안에는 목포 출신 학생 40명이 타고 있었습니다. 조금 후 열차는 광주에서 멈췄고, 그곳에서 50여 명 학생들이 탔습니다. 기차는 얼마를 가다 여수에 도착하였고, 그곳에서 또 25명이 합류했습니다. 총 인원수가 150명이었습니다.

점호를 마친 후 우리들은 부두로 향했습니다. 모두 배에 올라 방으로 안내를 받은 우리들을 어리둥절해 하며 한숨을 지었습니다.

배는 커다란 연락선이었습니다. 피곤하고 지친 나는 눈을 감고 잠을 청했습니다. 멀리서 뱃고동 소리가 들리고 배가 움직이기 시작했습니다.

자정쯤 되었을까, 주위는 적막함에 쌓이고 나는 배의 흔들림에 잠을 이루지 못하며 앞날에 대한 이런 저런 생각에 빠져 있었습니다. '일본에 가는구나' 하는 실감을 느끼며 묘한 흥분과 불안감에 좀처럼 잠이 오지 않았습니다.

잠깐 잠이 들었을까요, 새벽녘에 잠을 깨고 보니 일본 시모노세키라는 곳이었습니다. 우리들은 그곳에서 다시 기차를 타고 갔습니다. 어디에 가는지 우리들은 몰랐습니다.

기차가 도착한 곳은 나고야였고, 그제야 우리는 이곳이 목적지인 모양이라고 생각했습니다. 역에서 한참을 걷다가 어떤 건물 앞에 멈추었을 때 이곳이 숙소인 모양이라고 짐작했습니다.

남자들 몇 사람이 서서 박수를 치며 우리를 환영했습니다. 이곳이 바로 우리가 먹고 자고 할 기숙사라는 설명을 듣고, 우리는 소대별로 방을 배정 받아 여장을 풀었습니다.

저녁 식사 후 우리는 다음날의 일정을 지시 받았습니다. 다음날 아침 우리들은 6시에 일어나 7시에 아침식사를 마치고 인솔자의 지시에 따라 줄을 지어 행진해 갔습니다.

도착한 곳은 일본 미쓰비시 비행기 공장이었습니다. 작업 중에 잠시라도 한눈을 팔면 어김없이 불같은 호령이 떨어집니다.

나는 무엇인가 석연치 않음을 느꼈습니다. 그러나 어린 소녀로서는 어쩔 도리가 없었습니다. 나는 모든 걸 체념하고 시키는 대로 최선을 다해 열심히 일했습니다.

어느덧 세월이 흘러 추운 겨울이 왔습니다. 1944년 12월 7일, 그 날은 몹시 날씨가 춥고 힘들고 괴로운 마음에 유난히 고향생각이 나서 우울한 오후였습니다.

점심을 먹고 작업을 하려는데 갑자기 회오리바람 같은 이상한 소리가 나며 몸이 흔들렸습니다. 나는 영문을 몰랐습니다. 옆 사람과 서로 붙들며 앞으로 나가려고 해도 도저히 걸을 수가 없었습니다. "지진이다! 모두 나가!" 하며 외치는 소리가 들려왔지만 우리는 밖으로 나가지 못하고 공장안의 방공호로 겨우 몸을 피했습니다.

공장이 무너져서 질식할 것 같았지만 방공호로 몸을 피한 우리는 무너진 건물더미를 겨우 뚫고 밖으로 나와 목숨을 건질 수가 있었습니다.

함께 일한 조선여자근로정신대원 중 6명이 목숨을 잃었다고 들었습니다. 말로만 듣던 지진이 이렇게 무서운 것인 줄 몰랐습니다.

그런데 지진으로 입은 상처가 채 아물기도 전에 공습이 시작되었습니다.

미국 측의 공습은 지진 이상으로 무서웠습니다. 나는 이젠 죽는구나 싶었습니다.

밤마다 공습경보 사이렌 소리가 나면 방공호로 몸을 피했습니다. 거의 매일 계속되는 공습에 노이로제 상태가 되었습니다. B29가 까마귀처럼 때를 지어 날아다니며 폭탄을 쏟아 부었고, 밤에는 주위를 대낮처럼 밝히는 조명탄을 쏴 놓고는 공격을 계속했습니다.

나는 어느 날 밤 사이렌 소리를 듣고 공포에 떨며 밖으로 뛰쳐나가던 중 서로 먼저 가려고 아우성을 치다가 뒤로 밀려나 2층 계단에서 굴러 떨어지고 말았습니다. 잠시 정신을 잃었지요. 겨우 부축을 받으며 방공호로 들어가서 한없이 울었습니다.

몇 달이 지나 우리는 눈이 많이 오고 추운 도야마현(富山縣)으로 이사를 했습니다.

그곳을 생활은 더욱 비참했습니다. 공장은 굴 속 같은 데 있었고, 식사는 주먹밥 하나가 고작이었습니다. 죽지 못해 살았을 뿐 그 고통은 일일이 말로 다 표현할 길이 없습니다. 지진 때 다치고 공습을 피하려다 이층에서 굴러 떨어져 생 발톱이 빠지고 척추를 다쳐 지금까지 허리의 통증은 견딜 수 없을 정도로 심합니다.

도야마현에서 일하던 중 우리는 8·15해방을 맞이했습니다. 얼마나 기뻤는지 우리들은 서로 손에 손을 잡고 함께 웃고 울었습니다. 이제야 꿈에 그리던 고향에 갈 수 있다고 생각하니 기쁜 마음과 함께 그동안 쌓이고 쌓인 울분이 한꺼번에 솟구쳐 올라 모두가 웃음범벅 눈물범벅이 되었습니다.

우리는 매일같이 고향에 보내달라고 졸랐지요. 그러나 일본사람들은 한 사람 두 사람 우리 앞에서 모습을 감추더니 한동안 좀처럼 보이지 않았습니다. 그 후 얼마 후에야 그들의 모습을 볼 수 있었고, 그제야 한국으로 돌아갈 길이 열렸습니다.

우리가 10월 21일 배를 타고 부산항에 도착하여 기차를 타고 나주역에 도착한 것은 한밤중이었습니다.

나는 일본인이라는 말만 들어도 피가 솟구쳐 오릅니다. 50여 년이라는 세월이 흘러서 이렇게 늙고 병든 몸만 남은 나는 남편에게도 미안하고 자식에게도 떳떳하지 못한 처지입니다.

일본에서 겪은 지진과 공습으로 지금까지 심장병, 신경성 위염, 요통 등 후유증에 시달리고 있습니다. 특히 공습을 피해 방공호로 가려다 밀쳐 층계에서 굴러 떨어져 다친 허리의 통증이 나이가 들수록 점점 더 심해지고 있습니다.

평생을 아내로서, 어머니로서, 제 구실도 못하고 병마에 시달려 온 제 자신이 한없이 불쌍하고 가족들에게 미안할 뿐입니다.

이 모든 불행의 근원이 일본에 있다고 생각하면 그 분함과 억울함에 치가 떨립니다. 이런 저를 일본인 당신들은 어떻게 하시렵니까? 당신들에게 인간으로서 최소한 양심이 있다면 이대로 모르는 척할 수는 없을 것입니다.

1999. 10 .1
나고야 지방재판소 민사 제4부 귀중

의견진술서

양금덕

1. 나는 1931년 2월 28일, 전라남도 나주에 있는 한 가난한 농가에서 태어났습니다.

국민학교 2학년 때 어쩔 수 없이 이름을 일본명으로 바꾸어야 했으므로, 나는 야나가와 가네코(梁川金子)가 되어 국민학교에서 일본어에 의한 일본인 교육을 받게 되었습니다.

국민학교에서는 매일 조회 시간에 전교 학생이 동쪽을 향하여 보이지도 않은 천황에게 엄숙히 경례하고, 교실에서는 천황폐하의 사진과 히노마루 앞에서 황국신민의 서사(誓詞)를 외우도록 시켰습니다.

우리들은 목소리를 맞추어 "황국신민의 서약(皇國臣民の警い) 1. 우리는 황국신민이다(我等 皇國臣民なり). 2. 충성으로 황국에 보답해야 한다(忠誠もって軍國に報ぜん)."를 합창했습니다. 그 무렵 나는 너무나 어려서 내 자신 아무것도 몰랐기 때문에 이러한 교육을 그대로 믿으며 받아들일 수밖에 없었습니다.

2. 내가 나주 대정초등학교(현 나주초등학교) 6학년이 된 지 얼마 지나지 않은 1944년 5월에 마사키 도시오(正木俊夫) 교장과 곤도(近藤) 헌병이 교실에 들어와서 "체격이 좋고 머리가 좋은 아이가 일본에 가면 여학교에도 보내주고, 돈도 많이 준다. 고향에 돌아올 때는 집 한 채를 살 수 있는 큰

돈을 가지고 돌아올 수 있게 된다. 그러니 가고 싶은 사람은 손을 들어라."
라고 말했습니다.

헌병이 교실에 들어와 있었기 때문에 나는 정말로 일본에 갈 수 있겠다
고 믿었습니다. 그 때 근로정신대라는 말은 듣지 못했습니다. 무엇보다도
여학교 갈 수 있다는 것이 가장 큰 매력이었습니다.

교장선생님의 이 이야기를 듣고 반 전체 아이들이 손을 들었습니다. 그
러자 교장선생님은 담임선생님과 의논하고는 머리가 좋고 체격도 좋은 아
이 열 명을 그 자리에서 지명했습니다. 나는 그 열 명 중 한 사람으로 지명
된 것입니다.

여학교에 갈 수 있다니! 나는 뛸 듯이 기뻐하며 집에 돌아와 부모님께 말
씀드렸습니다. 그러나 부모님은 놀라고 격분하며 어린 너를 절대로 일본에
보낼 수는 없다고 하셨습니다. 일본에 가면 죽는 게 분명하다. 여학교에 보
내준다는 말은 새빨간 거짓말이라고 하시며.

그러나 나는 철없는 아이였으니 전쟁이 무엇인지도 몰랐고, 그저 머리가
좋아서 뽑힌 거라는 사실이 너무나 기뻤습니다.

우리들은 천황폐하의 사진을 교실에 걸어 놓고 천황은 신이라고 받들고
있었기 때문에 천화폐하는 절대적인 존재라고 배운 것을 철저히 믿고 있었
습니다.

학교 선생님이 틀린 것을 가르칠 리는 없고, 학교 선생님을 존경하는 것
은 당연하다고 생각하고 있었습니다. 그래서 부모님 말씀보다도 선생님 말
씀을 더욱 믿고 따랐습니다.

3. 우리들은 미쓰비시 도토쿠(道德) 공장의 제4기숙사에서 생활하게 되
었습니다. 그곳에서는 다다미 8장 넓이의 방에서 8명이 기기했습니다.

나의 생활은 오전 6시에 일어나서 여름에는 아침 8시에서 오후 6시까지,
겨울에는 아침 8시에서 오후 5시까지 일했습니다. 뒷정리하는 등의 시간을

포함하면 결국 10시간 정도 일한 셈입니다.

나는 신나나 알콜로 비행기 부품의 녹을 닦아내고, 그 위에 페인트칠을 하거나 줄칼로 다듬거나 부품을 절단하는 일을 했습니다. 두통이 나고, 장갑도 없었기 때문에 손이 터서 통증과 함께 피가 나기도 했습니다.

공장에는 24명 반에 일본인 반장 2명이 있었으며, 작업하는 동안 내내 작업장을 왔다 갔다 하며 감시를 했습니다.

작업장에는 신나의 강한 냄새로 항상 가득해 있었습니다. 머리가 계속 아팠지만 두통으로 쓰러질 지경이 되어도 참아내지 않으면 야단을 맞으므로 억지로 참고 견뎌야 했습니다.

페인트를 작은 용기에 담아 보턴을 눌러 기체(機體)에 뿌리는 작업이었습니다. 왼손으로 오른손을 받쳐도 무거워서 오른손이 끊어져 나갈 것 같아 아팠습니다.

나는 키가 작아서 발돋움을 한 채 작업을 하지 않으면 안 되었습니다. 그것이 가장 고통스러웠습니다. 손놀림을 잠시 멈추고 반장 쪽을 봤다는 이유만으로 매를 맞은 적도 있습니다.

페인트를 비행기의 기체(機體), 날개 등에 칠하는데 그 두랄루민 기체가 엄청나게 크기 때문에 선반을 올려놓은 작업대에 올라가서 작업을 했습니다. 1미터, 2미터 높이에서 작업을 하는 것은 아주 무서웠습니다.

하루에 10시간이나 서서 하는 중노동이었습니다. 변소에 갔을 때 다른 사람들이 줄을 서 있어서 시간이 걸려 늦게 돌아가면 매를 맞기도 했습니다.

지금도 반장의 얼굴을 확실히 기억하고 있습니다. 반장은 머리를 때리기도 했고, 손을 내밀라고 하여 손바닥을 때리기도 했습니다. 그럴 때면 반장은 "조센진(朝鮮人), 한토진(半島人)"이라며 욕을 했습니다.

4. 아침식사는 기숙사의 커다란 식당에서 먹었습니다.

보리를 섞은 밥에 반찬은 된장국과 단무지뿐이었습니다. 밥 분량은 무척 적었습니다.

점심은 공장 식당에서 먼저 일본사람들이 먹고 난 후에 우리들이 먹었습니다. 반찬은 단무지였습니다. 후쿠진즈케가 가끔 나왔습니다.

저녁은 반찬이 한 가지 뿐이었습니다. 정어리가 한 달에 한번 나왔습니다. 우리들은 언제나 힘든 일을 해야 했고, 게다가 식사를 적은 분량밖에 주어지지 않아 항상 배고픔과 서러움을 참아야 했습니다. 그나마 그 적은 식사조차 말을 듣지 않는다 하여 빼앗기는 사람도 있었습니다.

어느 날 일본인과 조선인이 교대할 때 일입니다. 먹다 남긴 밥이 조금 양동이 안에 있는 것을 보고 내가 집어먹으려고 한 적이 있었습니다. 그 순간 서너 명의 일본인 소녀들이 지나가다가 그 중의 누군가가 "조선인은 더러워."하며 내손을 밟아 뭉갰습니다.

또 어느 날, 일을 끝내고 기숙사로 돌아가는 도중에 길바닥에 수박 껍질이 떨어져 있는 것을 보았습니다. 나는 반장에게 들키지 않도록 반장이 앞을 보고 있는 틈을 타서 몰래 주워 몸빼에 문질러 가지고 얼른 먹었습니다. 얼마나 맛있었는지 지금 수박을 먹어도 그때 먹은 수박만큼 맛있는 수박은 없습니다.

5. 1944년 12월 7일 오후 1시에 식당에서 작업장으로 막 돌아왔을 때였습니다. 지면이 흔들리고 "지진이다, 지진이다. 빨리 밖으로 나가라."하는 소리가 들렸습니다.

우리들은 뛰쳐나갔습니다만 나가는 도중에 벽이 무너져 내려 내 앞에 있던 기숙사 소대장이었던 최정례(崔貞醴)와 내 뒤에 있던 김향남(金香南)이 깔려 그 자리에서 목숨을 잃었습니다.

선반 위에 있던 기구들이 전부 떨어지면서 내 옆구리와 어깨에 부딪치고, 천정이 무너져 내려 나는 산산이 부서진 돌무덤에 파묻혔습니다. 양쪽

다리와 무릎이 아파서 견딜 수가 없었습니다.

친구 두 명이 바로 눈앞에서 죽는 것을 본 나는 온몸이 부들부들 떨렸습니다. 간신히 달걀만한 구멍에서 빛이 들어오는 것을 보고 "살려 줘!"하면서 있는 힘을 다해 계속 외쳤습니다. 얼마 후에 어떤 사람이 와서 돌무더기를 파헤치고 내 손을 끌어당겨 주었습니다.

내 왼쪽 옆구리에는 지금도 상처 자국이 남아 있습니다. 왼쪽 어깨도 강하게 부딪쳐 지금도 여전히 후유증으로 통증을 느낍니다.

나는 한국에서 한 번도 지진을 경험한 적이 없었습니다. 집에도 못 돌아가고 일본에서 죽는구나 생각하니 무서웠습니다. 그때 느낀 공포는 평생 잊을 수 없습니다.

한국에 돌아온 후 냄새를 제대로 못 맡게 되었는데 나는 미쓰비시에서 신나 냄새를 맡은 게 원인이라고 생각했습니다.

오른 쪽 귀가 먼 것도 늘 걱정만 해 왔지만 돈이 없으니 병원에 갈 수도 없었습니다. 3년 전쯤에 코 상태가 너무 안 좋아서 이비인후과를 찾아갔을 때 귀 검사도 받았는데 '어렸을 때 다치지 않았느냐'는 말을 들었습니다. 지진 때 말고는 다친 적이 없으니 지진 때 다친 게 원인이라고 밖에 달리 생각할 수가 없습니다.

6. 일본의 패전으로 우리들은 해방이 되어 귀국했습니다. 우리 집은 비록 가난하기는 했지만 양반으로 격이 높은 집안이었습니다. 그래서 같은 양반 집안끼리 맞선을 보기도 했습니다만, '몸을 더럽힌 여자'라는 오해를 받고 번번이 혼담이 깨졌습니다.

상대 쪽에서 마을 사람들한테 조사를 하여 정신대 출신이라는 것을 알게 된 것입니다. 이렇게 혼담이 깨지기를 세 차례나 경험했습니다.

그 후 나는 21살 때 정신대였다는 사실을 감추고 결혼을 했습니다. 남편은 병이 잦았으며, 우리들의 생활도 어려워지고, 나는 서른여섯 살 때 남편을 여의었습니다. 남편도 일본군에 징병을 당한 사람이었습니다.

7. 내가 미쓰비시에 요구하는 것은 다음의 두 가지입니다.

순진한 어린아이들을 속여 부당하게 노동을 강요한 것에 대한 공식적인 사죄와, 당연히 받아야 할 임금을 지급하고 배상을 하라는 것입니다. 이 요구를 들어주지 않는다면 나는 결코 물러나지 않을 것입니다.

나는 국민학교 때 배웠습니다. 일본인은 정직하고, 교양이 있으며, 세계 그 어느 나라보다도 뛰어난 나라라고. 또한 천황폐하는 신이다, '내선일체'라고. 우리들이 충성만 다하면 우리들이 원하는 것을 들어 줄 거라고 믿고 있었습니다. 그렇게 믿으며 나는 열심히 공부했습니다.

국민학교 때 학적부를 보았습니다. 일제시대 때 배운 모든 것들이 하나하나 생생히 되살아난 것 같습니다. 산술도, 국사도 열심히 노력했습니다. 소행 점수도 우(優)를 받았습니다. 가르쳐 준 대로 그렇게 열심히 배우고 따른 어린 소녀가 어떻게 천황폐하를 믿지 않을 수 있겠습니까?

'정신대에 출동. 순종적임'이라는 학적부에 적힌 이 글귀를 보고 나는 지금 어떤 말을 해야 할까요? 부모의 반대를 무릅쓰고 일보에 온 것이 원통하고 분해서 견딜 수 없습니다.

천황폐하와 미쓰비시는 여학교에 보내준다는 달콤한 말로 우리들을 속였습니다. 그것은 새빨간 거짓이었습니다.

1년 8개월 동안 짐승 취급을 당하며 노예같이 일만 해야 했습니다. 그런데도 어째서 밥도 그렇게 적었는지, 지금 생각해 보면 화가 머리끝까지 치밉니다. 굶주림과 공포, 그 누구 한 사람 따뜻한 말 한마디 건네주는 사람이 없었습니다.

지금도 공습과 지진에 떨었던 그 날들을 생각하면 밤에도 불현 듯 눈이 떠집니다. 내 인생은 틀어질대도 틀어졌습니다. 그렇게 보낸 지난 50여 년간 나의 이 원통한 마음이 어떻게 위안을 받았겠습니까? 위안을 받기는커녕 세월이 지날수록 그 상처는 점점 더 깊어만 갔습니다.

미쓰비시는 아무것도 해 주지 않았습니다. 어디 그뿐입니까. 자신들의 이익만을 위해 매진해 오지 않았습니까? 이 원통함을 어떻게 하면 좋겠습니까?

재판장님, 우리들은 어린 아이들이었습니다. 당신들의 아이들이 우리 같았다고 한번 처지를 바꾸어 생각해 보십시오. 자기 아이라고 생각하고 깊이 생각해 보십시오. 천진난만했던 우리들을 한번만이라도 불쌍하다고 생각해 보신 적이 있습니까?

어린 아이들을 속여 공포와 멸시 속에서 일을 시킨 행위에 대해 재판장님, 한 인간으로서 양심에 따른 판단을 해 주십시오.

1999년 10월 27일
나고야 지방재판소 민사 제4부 귀중

의견진술서

이동련

저는 광주광역시 북구 각화동에 사는 이동련입니다.

1944년 5월, 교장선생님께서 학교에 나오라고 하였습니다. 학교에 가보니 헌병과 교장선생님의 말씀이 일본에 가면 여학교도 보내주고 돈도 벌수 있다고 하였습니다.

저는 그 말에 솔깃하여 교장 선생님의 말씀에 따르기로 하였습니다. 교장선생님은 도장이 필요하니 도장을 가지고 오라고 했습니다.

집에 가서 부모님께 말씀드렸더니 부모님과 형제들이 펄쩍 뛰며 반대를 하였습니다. 그래서 저는 부모님 모르게 도장을 꺼내 와 학교에 가지고 가서 교장선생님께 드렸습니다.

집에 와 보니 부모님께서는 무엇 때문에 도장을 가지고 갔느냐고 걱정스레 물으셨습니다. 저는 일본에 가면 여학교에 보내주고 돈도 많이 번다고 해서 일본에 가기 위해 도장을 갖다 주었다고 대답했습니다.

부모님은 절대 보낼 수 없다고 노발대발하시고 그래도 정 가고 싶다면 가족들과는 인연을 끊고 호적에서 이름을 지우고 가라고 하시며, 당장 학교에 가서 못 간다고 말하고 도장을 다시 가지고 오라고 하셨습니다.

저는 도장을 가지러 학교에 다시 갔습니다. 그랬더니 교장 선생님과 헌병이 '네가 가지 않으면 너의 부모와 형제들이 좋지 못할 것'이라고 협박하였습니다. 그리하여 저는 할 수 없이 어딘지도 모르는 곳으로 울면서 끌려

가게 되었습니다.

처음에 도착한 곳은 여수였는데 그 곳에서 광주, 목포, 나주 등지에서 온 사람들과 함께 배를 타고, 울고 있는 부모 형제들을 뒤로 한 체 일본 시모노세키라는 곳으로 가게 되었습니다.

그 공장은 신나로 비행기 부속품을 닦고 빵끼칠을 하는 곳이었습니다. 요즘 말로는 페인트칠이라고 합니다. 하루 종일 신나와 페인트 냄새를 맡으니 항상 눈과 머리가 심하게 아팠습니다.

그 고통이란 말로 다 표현할 수가 없습니다. 그 냄새를 맡아보지 않은 사람은 그 고통을 상상도 하지 못할 겁니다.

하루 종일 그 냄새에 시달리면서도 저는 여학교에 보내준다는 당초 약속을 굳게 믿으며 마음을 다지고 열심히 일했습니다. 그리고 배고픔도 참아야 했습니다.

자기들(일본인 공장장과 다른 직원들)은 좋은 음식을 배불리 먹고, 임금도 우리들(한국에서 온 근로자)보다 더 많이 받고, 우리들에게는 나중에 통장에 돈을 넣어 준다고 말만 하고는 돈은커녕 음식도 겨우 굶어죽지 않을 정도로만 주어, 우리 모두는 굶주림에 허덕이며 일할 수밖에 없었습니다.

매일매일 낮에는 허기진 배를 움켜쥐고 냄새에 시달렸고, 밤에는 부모님과 형제들 생각에 몰래 울기도 많이 울었습니다. 고향에 돌아가고 싶었지만 너무 나이가 어렸고 돈도 없었고 가는 길도 몰라서 갈 수가 없었습니다.

일본에 있는 한 이 미쓰비시공장에서 더우나 추우나 일할 수밖에 없었습니다. 추운 겨울에 난로도 피우지 않고 일을 해서 손발이 통통 부르트고, 동상에 걸려도 약을 가져다주는 사람이 없어 약 한번 발라보지도 못한 채 아픔에 시달려야 했습니다.

장갑도 없이 맨손으로 일하다가 다쳐도 아무도 신경을 써주지 않았고, 오히려 엄살을 피운다고 야단쳤습니다. 몸이 아파서 앓아누워도 일하기 싫은 핑계라며 욕설을 퍼부어대며, 일을 못한 만큼 월급에서 빼겠다고 해서 아무리 몸이 아파도 참으며 일해야 했습니다.

배고픔과 추위에 떨고 아픔을 참아가며 울면서 보낸 그때를 생각하면 지금도 치가 떨리고 사지가 떨려 말로 다 표현을 못하겠습니다.

떠올리고 싶지 않은 기억들입니다. 반은 속아서, 또 반은 강제로 일본에 끌려가 고생을 너무하여 골병이 들어서 지금도 일은커녕 걸음도 걷기 힘들고 팔다리가 안 쑤시는 곳이 없습니다.

일본은 가해자이고 저는 피해자입니다. 우리의 처지를 서로 바꾸어 놓고 생각해 보십시오. 지금 당신들의 딸이 만약 우리와 같은 처지라면 당신들은 어떻게 하겠습니까?

일본 사람들은 정직하다고 세계에 알려져 있고, 또 그렇다고 믿는 사람들이 많은데, 12살, 13살의 어린 소녀들에게 한 약속을 이렇게 무참히 짓밟은 당신들의 실체를 안다면 과연 어떻게 생각할까요?

내가 요구하는 것은 내가 고생하며 일한 대가를 돌려달라는 것입니다. 당신들에게 적선을 요구하는 게 아닙니다. 이건 내가 일한 노동에 대한 정당한 품삯입니다.

50여년이 지난 그 긴 세월 동안 나는 병과 씨름하고 있습니다. 병원에 가고 싶어도 생활이 곤란하여 병원에도 못 가고 날마다 아픔에 시달리면서 살아가고 있습니다. 내가 그때 겪은 고통, 그리고 지금의 고통스런 생활을 일일이 말하려면 한도 끝도 없을 겁니다.

저의 고통스런 생활은 같은 처지에 있는 양금덕씨와 비슷합니다. 이런 일이 알려지는 게 싫어서 그동안 쉬쉬하며 지냈지만 이제는 떳떳이 사실을 밝히고 나의 노동에 대한 정당한 대가, 그리고 정신적 육체적 고통에 대한 피해 배상을 당당히 요구하고 싶습니다.

이 모든 사실을 정직함을 자랑하는 일본인 당신들이 모른 척 한다면 말이 되겠습니까?

더 이상 진실을 회피할 수는 없을 것입니다. 일본인의 양심 회복을 위해서라도 조속한 시일 내에 이 문제를 성실하게 해결해 주기 바랍니다.

1999년 10월 27일

나고야 지방재판소 민사 제4부 귀중

소송 제기 이유서

제2차 소장

(2000년 12월 6일)

1. 피고들은 원고 김복례(金福禮), 원고 김성주(金性珠)에 대하여 별지 (1)기재의 '사죄문'을 아사히신문(朝日新聞), 마이니치신문(每日新聞), 요미우리신문(讀賣新聞), 닛케이신문(日經新聞), 주니치신문(中日新聞), 동아일보, 중앙일보, 조선일보, 한국일보, 한겨레신문 및 광주일보에 게재하고 사죄하라.

2. 피고들은 원고 김중곤(金中坤)에 대하여 별지 (2)기재의 '사죄문'을 아사히신문, 마이니치신문, 요미우리신문, 닛케이신문, 주니치신문, 동아일보, 중앙일보, 조선일보, 한국일보, 한겨레신문 및 광주일보에 게재하고 사죄하라.

3. 피고들은 연대책임을 지고 원고 김복례에 대하여 금 3,000만 엔 및 이에 대한 본 소장이 송달된 다음날부터 다 갚은 날까지 연 5%에 해당하는 금액을 지불하라.

4. 피고들은 연대책임을 지고 원고 김중곤에 대하여 금 3,000만 엔 및 이에 대한 본 소장이 송달된 다음날부터 다 갚는 날까지 연 5%에 해당하는 금액을 지불하라.

5. 피고들은 언내책임을 지고 원고 김성주에 대하여 금 3,000만 엔 및 이에 대한 본 소장이 송달된 다음날부터 다 갚는 날까지 연 5%에 해당하는 금액을 지불하라.

6. 소송비용은 피고들의 부담으로 한다.

이와 같은 판결 및 가집행 선언을 요구한다.

[별지 1]

사죄문

나고야 미쓰비시 · 조선여자근로정신대 소송
원고 김복례씨
원고 김성주씨

　일본과 미쓰비시중공업주식회사는 아시아 · 태평양전쟁 기간 중, 전쟁수행에 필요한 군수생산 노동력을 확보하기 위해 김복례씨가 속한 도나리구미의 조장을 통해, 또는 김성주씨가 갓 졸업한 조선의 국민(초등)학교에서 당신이 신뢰하는 교사들을 통해 "여학교에 갈 수 있다. 돈도 벌 수 있다"는 구실로 당신들을 속였고, '조선여자근로정신대'라는 이름 아래 아직 어린 소녀였던 당신들을 부모를 비롯한 보호자의 비호로부터 떼어내, 이국 땅 일본으로 연행했습니다.

　그리고 여학교에 진학시켜 준다는 약속을 지키지 않았을 뿐만 아니라 미쓰비시중공업 나고야항공기제작소 도토쿠(道德) 공장에서 열악한 노동조건과 생활환경 하에서 어린 소녀들에게는 참으로 가혹한 노동을 강요했으며 임금도 주지 않았습니다. 또한 고국에 거주했다면 결코 경험하지 않았을 공습과 대지진의 공포와 고통을 안겨주었습니다.

　일본과 미쓰비시중공업주식회사는 당신들의 즐겁고 풍성해야할 어린 시절을 공포와 고통으로 몰아넣은, 이와 같은 비인도적인 행위에 대해 진심으로 사죄드립니다.

또한 일본과 미쓰비시중공업주식회사는 전쟁 중 당신들에게 이러한 고통을 안겨주었음을 알면서도 여기에 대한 배상과 사죄를 게을리 했음은 물론, 기초적인 조사조차 하지 않았으며 '조선여자근로정신대'에 관한 사실을 전혀 공표하지 않은 채 그 근로정신대에 관한 역사적 사실을 묵살해온 결과 당신들의 고통을 더욱 심화시켰습니다.

　특히 이러한 방치는, 일본이 일본군 '위안부'에 관한 명확한 역사적 총괄에 대해 태만했다는 것과 더불어 정신대는 모두 일본군 '위안부'였다는 잘못된 인식을 일반화해 조장하였고, 과거 일본군 '위안부' 피해자들이 겪었던 것과 마찬가지의 고통을 지난 50여년 간 겪을 수밖에 없도록 해 당신들에게 인생을 송두리째 빼앗은 것과 같은 피해를 주었습니다.

　일본과 미쓰비시중공업은 침략전쟁에 대한 심각한 반성 위에 성립한 일본 헌법정신을 위반하고 오늘에 이르기까지 당신들에게 전쟁 책임을 수행하지 않은 점에 대하여 진정으로 사죄드립니다.

년　　　　월　　　　일

일본국

미쓰비시중공업 주식회사

[별지 2]

사죄문

나고야 미쓰비시 · 조선여자근로정신대 소송
원고 김중곤씨

일본과 미쓰비시중공업 주식회사는 아시아 · 태평양전쟁 기간 중, 전쟁수행에 필요한 군수생산 노동력을 확보하기 위해 당신이 속한 도나리구미의 조장을 통해, "여학교에 갈 수 있다. 돈도 벌 수 있다"는 구실로 당신의 여동생인 김순례 씨를 속였고, '조선여자근로정신대'라는 이름 아래 아직 어린 소녀였던 김순례 씨를, 부모와 당신을 비롯한 보호자의 비호로부터 떼어내, 이국 땅 일본으로 연행했습니다.

그리고 여학교에 진학시켜 준다는 약속을 지키지 않았을 뿐만 아니라 미쓰비시중공업 나고야항공기제작소 도토쿠(道德) 공장에서 열악한 노동조건과 생활환경 하에서 어린 소녀들에게 참으로 가혹한 노동을 강요했으며, 임금도 주지 않았습니다. 또한 고국에 거주했다면 결코 경험하지 않았을 공습과 대지진의 공포와 고통을 안겨주었습니다.

일본국과 미쓰비시중공업 주식회사는 김순례 씨의 즐겁고 풍성해야할 어린 시절을 공포와 고통으로 몰아넣은, 이와 같은 비인도적인 행위에 대해 진심으로 사죄드립니다.

또한 일본국과 미쓰비시중공업 주식회사는 전쟁 중 당신들에게 이러한 고통을 안겨주었음을 알면서도 여기에 대한 배상과 사죄를 게을리 했음은 물론, 기초적인 조사도 행하지 않았으며 '조선여자근로정신대'에 관한 사실을 전혀 공표하지 않은 채 그 근로정신대에 관한 역사적 사실을 묵살해온 결과 당신들의 고통을 더욱 심화시켰습니다.

특히 이러한 방치는, 일본이 일본군 '위안부'에 관한 명확한 역사적 총괄에 대해 태만했다는 것과 더불어 정신대는 모두 일본군 '위안부'였다는 잘못된 인식을 일반화해 조장하였고, 당신들의 고통을 배가시켰습니다.

특히 전상병자 전역자 유족 등 원호법에 의한 구제는 마땅히 적용돼 해결되어야 함에도 불구하고, 이 또한 국적에 따라 차별해 처리되었고, 같은 법에 의한 구제로 해결하지 못한 결과, 당신의 고통을 더더욱 심화시켜 버렸습니다.

일본과 미쓰비시중공업은 침략전쟁에 대한 심각한 반성 위에 성립한 일본 헌법정신을 위반하고 오늘에 이르기까지 당신들에게 전쟁 책임을 수행하지 않은 점에 대하여 진정으로 사죄드립니다.

년   월   일

일본국

미쓰비시중공업 주식회사

머리말

1. 일본 역사가 남긴 부조리

원고 5명이 1999년 3월 1일 1차 소송을 제기한 이후 1년 9개월여 뒤인 2000년 12월 6일 나머지 원고 3명이 추가로 2차 소송을 제기함. 같은 사건이었으므로 1, 2차 소장 내용이 거의 유사하고, 다만 원고 개별 피해사례와 그에 따른 청구 금액에서 약간 차이가 있음. 이 책에서는 1차 소장과 중복된 내용은 생략함.

2. 원고 김복례, 사망자 김순례, 원고 김중곤, 원고 김성주의 절규

원고 김복례, 사망자(이하 망:亡) 김순례, 원고 김성주는 1944년(쇼와 19년) 5월에서 6월경 일본으로 건너왔다. 당시 그들은 너나 할 것 없이 13세에서 15세의 어린 나이였다. 세상 이치도 전혀 모르는 연령이었음은 두말할 필요도 없다.

원고 김복례, 망 김순례에게 일본행을 권유한 것은 정치적 압력 하의 도나리구미(일제가 전쟁 당시 국민 통제를 위해 만든 최 말단 지역 조직)의 조장이었다. 그리고 원고 김성주에게 일본행을 권유한 것은 그녀가 다니던 학교의 교사였다.

조장이나 교사는 그녀들에게 "일본에 가면 여학교에 갈 수 있다", "충분한 급료를 받을 수 있으니 가계에 보탬이 된다"라고 말했다. 또한 "필요할 때에는 고향으로 돌아올 수도 있다"는 말까지 덧붙였다.

원고 김복례, 망 김순례, 원고 김성주는 그러한 감언을 모두 믿었던 것이다. 물론 당시 원고 김복례, 망 김순례, 원고 김성주는 얼마나 일본이 격렬한 전쟁을 치르는 중이었는지 상상조차 할 수 없었다. 그저 "여학교에 갈 수 있다"고 하는 새빨간 거짓 권유의 말에 속아 넘어간 것이다. 여학교, 특히 일본의 여학교에 가는 것은 원고들에게 하나의 꿈이었기 때문이다.

물론 원고 김복례, 망 김순례, 원고 김성주의 부모들은 어린아이를 전쟁 중인 일본으로 보내는 것에 찬성할 리가 없었다. 너나할 것 없이 모두 강력히 반대했다. 하지만 그런 부모들에 대해서는 심한 압력이 가해져 결국 그들도 눈물을 머금고 아이들과 이별하지 않을 수 없었던 것이다.

그러나 원고 김복례, 망 김순례, 원고 김성주의 일본 내 생활은 권유의 말과는 완전히 달랐고, 가혹한 노동을 강요당했으며 먹을 것도 충분히 공급받지 못하는 상태였다.

언제나 감시를 당해 자유가 없었으며, 물론 학교에 간다는 것도 모두 거짓이었으며 고향에 돌아가는 것조차 허락되지 않는 상황이었다. 노동의 당연한 대가인 임금도 받지 못했다.

원고 김복례, 망 김순례, 원고 김성주는 노예상태에 처해 있었다고 해도 과언이 아니다. 그들은 완전히 거짓에 속았으며 속인 주체는 일본이며, 미쓰비시중공업이었던 것이다.

원고 김복례, 망 김순례, 원고 김성주는 너무 어렸기 때문에 그 억울함을 충분히 표현할 수 없었을 것이다. 김순례는 원통하게도 이국땅에서 사망해 그 억울함을 언어로 표현하는 것조차 불가능했다.

그렇지만 원고 김복례, 김성주의 마음에 새겨진 그 고통, 억울함은 결코 그들의 마음에서 지워지지 않았다. 그리고 망 김순례의 고통, 억울함을 자신의 고통, 억울함으로 받아들인 김순례의 오빠인 원고 김중곤도 마찬가지로 그 고통과 억울함을 오늘에 이르기까지 잊지 못하고 있다.

3. 소송제기의 어려움

(1차 소장의 해당 내용과 같아 생략함)

4. 사법부의 책임

(1차 소장의 해당 내용과 같아 생략함)

1 역사적 사실

(1차 소장의 해당 내용과 같아 생략함)

2 조선여자근로정신대

(1차 소장의 해당 내용과 같아 생략함)

3
원고들의 피해사실

제1절_ 원고 김복례(金福體)의 사례

(이하 이절에서 원고라고 할 때는 김복례를 말함.)

1. 경력 등

원고는 서기 1929년 7월 3일, 남자 3명, 여자 6명의 9형제 중 4녀로 한국 충청남도 강경(江景)에서 출생했다. 원고의 아버지는 주로 농업에 종사했으며 지주로서 많은 토지를 소유하고 있었다.

하지만 금 채굴사업에 실패해 어머니의 여동생이 광주에서 여관을 경영하고 있는 것을 기회삼아 1942년 광주로 이사를 왔다. 광주에 온 후부터 어머니는 여관 경영을 돕고 있었다.

2. 근로정신대 권유

원고는 1944년 광주의 북정(北町)국민학교(현 광주 수창초등학교)를 졸업한 뒤 가사 일을 도우며 지내고 있던 1944년 5월 무렵 근로정신대에 갈 것을 권유 받았다.

도나리구미의 조장이던 임씨(여성) 집에 김순례와 함께 불려갔다. "놀지 말고 일본에 가보지 않을래? 2년간 군수공장에서 일하며 공부하면 그 후 졸업증을 받을 수 있어"라며, 일본인이 와서 권유했다. 또 "너희들 함께 가면 어떠냐"는 말을 들었다.

조장의 이야기에 따르면 하루만 일하면 3일 공부하고, 기간은 2년으로, 2년이 지나면 4년 공부한 뒤 졸업하는 것과 같은 자격이 부여된다는 것이었다.

원고는 김순례와 함께 서로 "가자"라고 말하며 가기로 결정했다. 원고는 공부를 좋아하는 편이어서 일본에 가면 공부할 수 있다고 믿었다. 또한 당시의 국민학교에서는 조회시간에 황국신민선서를 외워야 했고, '내선일체'(內鮮一體: 일본과 조선은 한 몸), '팔굉일우'(八紘一宇: 천하를 통일한다는 뜻으로 2차 대전 때 일본이 대동아 공영권 건설을 내세워 해외 침략을 정당화하는 표어로 쓴 말)라는 말을 자주 듣고 있었기에, 근로정신대 이야기를 접했을 때 나라를 위해 도리를 다한다는 기분도 들었다.

하지만 집에 돌아오자 부모와 오빠가 완강히 반대했다. 나이도 어린데 일부러 일본에까지 갈 필요가 없다며 일본에 보내는 것이 불안하다고 말했다.

근로정신대에 가기 위해서는 부모의 인감이 필요했는데, 조장으로부터 "인감이 있으면 가장 좋지만 없어도 괜찮다"라는 말을 들었다. 결국 부모에게서 인감을 받지 못한 채 일본으로 가게 되었다. 단 마지막에는 아버지도 어머니도 마지못해 자신이 일본에 가는 것을 승낙해주셨다.

1944년 6월 광주시 청사 앞에 집합하자 국방복을 입은 일본인이 두 세 명정도 있었다. 집합한 사람은 광주시 부근에서 온 약 50명이었다. '반도여자정신대 근로봉사대'라고 쓰인 2m 정도의 깃발을 자신이 들고 시내 거리를 행진했다.

그 후 광주역에서 기차를 타고 여수로, 여수에서 배를 타고 시모노세키(下關)로, 시모노세키에서 기차를 타고 나고야까지 가 미쓰비시중공업 나고야항공기제작소 도토쿠(道德)공장에 도착했다.

3. 미쓰비시에서의 생활

원고는 미쓰비시중공업 제4 료와(菱和) 기숙사에 입실했다. 기숙사에는 전라남도에서 온 사람들 약 130명과 충청남도에서 온 사람들 약 150명이 생활하고 있었다. 기숙사에서는 각자가 대원으로 편성되었다. 원고가 있던 제1중대는 출신지별로 5개의 소대로 나뉘었고 김순례와 원고는 광주에서 온 사람들이 모인 제5소대에 소속되었다.

기숙사에서는 오전 6시에 기상해, 아침밥을 오전 6시 30분경~7시경에 먹었다. 아침밥은 된장국, 단무지에 보리밥, 여름에는 감자 등이었다. 오전 7시 30분경에 기숙사 앞에 제1중대, 제2중대 모두 집합했다. 소대장이 점호를 취해 중대장에게 보고했고 중대장이 기숙사 사감에게 보고했다. 집합할 때에는 가미카제(神風) 머리띠를 두르라는 명령을 받았다.

오후 5시 30분경 일을 끝내고 6시까지 기숙사로 돌아왔다. 저녁밥은 반찬이 하나뿐이었으며 한 달에 한두 번 정도 생선조림이 나왔다. 다른 날의 반찬은 검은 튀김 같은 것이 나왔다.

사감(기숙사 장)은 일본 군대에서 헌병을 하다가 그만 둔 인물로 이름이 야마조에(山添)였다. 하루는 감기로 누워있던 친구가 손을 씻고 싶다고 말해서 식기를 닦는 뜨거운 물을 내오다가 기숙사 복도 밑으로 뚝뚝 물이 떨어지는 소리가 나는 바람에 그만 야마조에 사감에게 들키고 말았다. 한번만 용서해 달라고 빌었지만 손바닥으로 여러 번 구타를 당했고 몇 차례나 쓰러졌다.

기숙사에서 공장까지는 대열을 지어 이동했으며 15분~20분정도 걸었다. 일은 오전 8시에 시작했는데, 공장으로 출발하기 전과 공장에 도착한 후 다시 집합해 인원을 확인한 후 작업에 착수했다. 공장으로 들어가는 곳에 명찰이 있었고, 앞면과 뒷면 구분이 돼있어 붉은 글자는 결근, 검은 글자는 출근이었으므로 뒤집은 뒤 들어갔다.

원고의 작업은 긴 파이프를 천으로 꿰매는 일이었다. '꿰매는 공장'이라고 불리웠다. 반장은 한네(半根)라는 일본인 남성이었다. 한국의 근로정신대 4명과 일본인 중년여성 2명이 작업장에서 일했다. 긴 파이프가 기체의 목 부분인지는 알 수 없었지만 나고야에서는 이 일만을 해야 했다.

점심밥은 공장식당에서 먹었다. 매일 반찬은 한가지였는데 콩이나, 고구마나 감자였다. 밥은 보리밥이었다.

나고야로 왔을 땐 오전 중에 작업하고 오후에 공부하기도 하고, 간혹 하루 종일 공부하거나 1주에 2번 정도 공부하는 시간이 있었다. 지진이 일어날 때까지 이러한 상태가 지속되었다. 공부에 있어선 남자 선생님에게 역사, 아마테라스, 히데요시(秀吉) 등을, 여자 선생님에게 예의작법을 배웠다. 단지 수업을 들을 뿐이었다.

4년 졸업장을 받을 수 있다는 말은 나고야에서 찾아볼 수 없었다. 나고야에 와서 금방 속았다는 것을 알았다. 먹을 것도 적어서 한국으로 돌아가고 싶었지만 사감이 무서워 좀처럼 말을 꺼낼 수 없었다.

4. 도난카이 지진

1944년 12월 7일 오후 1시 반경, 점심 식사 후 일을 시작하려던 참이었다. 원고는 앉아서 일에 손을 대고 있었다. 작업장으로 돌아와 일에 몰두하고 있었는데 테이블이 흔들흔들 움직였고, 한네 반장이 "지진이다. 피해라, 피해라"라고 외쳤다.

'꿰매는 공장' 통로로 나와 밖으로 나가려 했지만 정면 입구가 막혀서 나갈 수 없었기에 통로가 있던 기계 밑에 몸을 숨겼다. 숨은 곳에서 보니까 원고가 있던 통로 북쪽 방향에서 김순례가 도망쳐 달려오고 있었다. 하지만 김순례는 원고가 숨어 있는 곳으로 도착하기 전 벽과 지붕이 무너져 거기에 깔리고 말았다.

지진 후 원고는 자력으로 탈출했다. 곧바로 제1중대에서 점호를 취해 인원을 확인하니 6명이 보이지 않아서 모두 찾아 나섰다. 김순례는 엎드린 채로 단단한 벽돌에 머리를 맞아 피를 흘리고 있었다.

한국에 돌아와서 김순례의 부모 앞에서 친구가 세상을 뜬 사실을 고백할 수 없었다. 나중에 남편이 된 원고 김중곤에게만 말할 수 있었다.

5. 해방에 이르기까지

지진 후엔 공습이 격렬해졌다. 그 뒤에 도야마(富山) 다이몬(大門)공장으로 이동했고, 1945년 8월 15일 해방의 날을 도야마에서 맞이했다.

한국으로 돌아온 것은 1945년 10월 무렵이었다. 정신대라고 해서 위안부로 오해를 받았다. 결혼 후에 들켜서 이혼 당한 사람도 있었다. 원고는 원고 김중곤과 1947년 1월 15일에 결혼했다.

제2절_ 원고 김중곤(金中坤)의 사례

(이하 이절에서 원고라고 할 때는 김중곤을 말함.)

1. 원고의 경력, 가족관계

1) 원고는 아버지 김태원(金泰元)과 어머니 최옥선(崔玉仙) 사이에서 1924년 11월 1일에 태어났다. 부모는 4남 4녀를 두었지만 장녀와 차녀가 이른 시기에 사망, 3녀 또한 1942년에 세상을 떠나 5형제였다.

원고는 넷째로 장남이었고 근로정신대에 동원돼 도난카이 지진으로 나고야에서 사망한 김순례는 여섯째로 4녀였다. 아버지는 지주로 토지를 빌려주며 농업을 하고 있었는데 부부가 함께 요리점도 운영하고 있었기에 가족의 생활은 여유로웠다.

2) 원고는 15세 때인 1939년 일본인 하기와라(萩原) 순사부장의 도움으로 일본으로 유학하게 되었다. 처음에 데즈카야마(手塚山)공업학교에 입학했는데 곧장 오사카시 요도가와(淀川)구에 있는 간사이(關西)공학교로 전학, 1944년에 졸업했다. 같은 해 니혼(日本)대학 법학과에 입학했지만 장남이기에 혈통을 이어받으라는(호주가 되라는 뜻) 아버지의 명령으로 5월에 퇴학, 한국으로 돌아왔다. 김순례가 근로정신대 권유를 받은 것은 그 직후였다.

3) 1944년 6월 인솔을 위해 김순례와 같은 배로 나고야까지 왔다. 미쓰비시의 기숙사에 하루 동안 숙박했다. 그 후 원고는 오사카에 들려 마구(馬具)를 산 뒤 광주로 돌아왔다.

2. 김순례의 경력, 근로정신대 권유 등

1) 경력 등

원고의 여동생 김순례는 1930년 3월 10일 충청남도에서 태어났다. 1943년 4월 광주의 북정초등학교(현 광주 수창초등학교)를 졸업한 뒤 집에서 가사일 등을 도우며 지내고 있었다.

1944년 5월경에 근로정신대로의 권유를 받아 6월에 미쓰비시중공업 나고야항공기제작소에 왔다. 1944년 12월 7일 도난카이 지진으로 나고야항공기제작소에서 사망했다.

2) 근로정신대 권유

김순례에 대한 권유 사정은 제1의 2 기재, 원고 김복례에 대한 권유 사정과 동일하다. 도나리구미의 조장이던 임씨 집에 원고 김복례와 함께 불려가 권유를 받았던 것이다.

김순례는 원고 김복례와 함께 가자고 얘기해 가기로 결정했으며, 부모에게 말했지만 김순례의 부모는 일본에 가기로 한 것에 대해 최후까지 반대했다. 그래서 김순례는 옷을 원고 김복례의 집에 맡기기도 하며 일본에 가려고 했다.

원고는 그 무렵 한국에서 부모로부터 여동생이 일본에 가기로 했다는 소식을 접했으며, 원고 김복례 등과 함께 여동생이 일본에 동행하게 되었다고 들었다. 일본 미쓰비시 회사에서 일하게 되었고 학교까지 보내준다는 얘기였다. 원고는 니혼(日本)대학에 있을 무렵 아키하바라(秋葉原)에서 폭격을 받은 경험이 있었으므로 일본에 가는 것이 위험하다고 생각했다.

3) 미쓰비시에서의 생활, 도난카이 지진

김순례는 기체에 페인트를 칠하는 일을 했는데 일터는 원고 김복례가 일하는 장소 바로 옆의 작업장이었다. 1944년 12월 7일 김순례는 도난카이 지진으로 사망했다. 그 사망 상황은 전기 제1의 기술내용과 같다.

김순례가 사망했다는 통지가 사건이 일어난 지 얼마 지나지 않아 광주시청으로부터 집으로 도착했다. 원고는 통지가 도착한 다음날 일본으로 출발했다. 나고야 미쓰비시 공장까지 찾아갔지만 유골은 한국으로 보냈다는 소식을 들었다. 다시 한국으로 돌아왔더니 유골이 집에 도착해 있었다.

3. 손해배상 청구권의 상속

1) 김순례는 후기 제6장 기재대로 1945년 12월 7일 도난카이 지진으로 사망할 때까지, 또는 사망으로 같은 장에 기재한대로 손해를 입었다. 따라서 피고 일본국 및 피항소인 미쓰비시중공업에 대한 청구권을 지니고 있었다. 그 손해에는 강제연행, 강제노동에 의한 손해뿐만 아니라 제4장, 제5장에

언급하는 것처럼 사망에 의한 손해도 포함된다.

2) 앞서 서술한 대로 김태원과 최옥선의 사이엔 장녀, 차녀, 3녀, 원고, 차남 김모곤(金鉾坤), 4녀 김순례, 3남 김형곤(金炯坤), 4남 김우곤(金宇坤) 등 8명의 어린애가 있었는데, 장녀, 차녀는 일찍이 사망했고 3녀도 1942년에 사망했다.

3) 1945년 12월 7일 당시 식민지 주민에게 적용되는 민법은 없었으므로 관습에 따랐는데, 당시 관습으로는 어린애가 없는 자식의 사망에 의한 재산상속은 아버지가 단독으로 그 전부를 상속받는 것으로 되어 있었다. 따라서 위의 손해배상 청구권은 1945년 12월 7일 아버지 김태원이 단독으로 상속받은 것이 된다.

4) 1958년 2월 22일 대한민국 민법이 공포되었고 1960년 1월 1일에 시행됐으며 한국민은 이에 의해 규율을 따르게 되었다. 같은 법은 1977년 12월 31일까지 개정되지 않았다.

그 규정에 따르면 제1순위의 상속인은 피상속인의 직계자손(1958년 대한민국 민법 1000조 1항)이고, 피상속인의 처는 피상속인의 직계자손이 상속인이 되는 경우 이와 동순위로 상속인이 된다(같은 법 제1003조 제1항).

동순위의 상속인이 여러 명 있는 경우엔 그 법정 상속분은 동일시되지만, 재산상속인이 호수상속을 하는 경우 그 상속분은 고유 상속분의 5할을 가산한다(같은 법 1009조 1항). 그리고 피상속인 처의 상속분은 직계자손과 공동으로 상속할 때엔 남자 상속분의 2분의 1이다(같은 법 1009조 제3항).

1962년 4월 9일 김태원이 사망하고 김태원이 김순례로부터 상속한 손해배상 청구권은 처인 최옥선, 자식인 원고, 김모곤, 김형곤, 김우곤 등 5명이 상속했다. 이때 장남인 원고는 호주상속을 했으므로 원고의 재산상속에 있어서의 법정 상속분은 10분의 3의 비율이며 최옥선의 법정 상속분은 10분의 1이었다.

1968년 9월 20일 최옥선이 사망해 동인이 김태원에게서 상속한 손해배상 청구권은 처인 권영자(權英子), 자식인 김혜봉(金惠峰), 김은봉(金銀峰), 김용익(金勇翼) 등 4명이 상속했다. 1993년 8월 22일 김형곤이 사망해 동인이 상속한 손해배상 청구권은 처인 최영자(崔英子), 자식인 김수정(金秀柾), 김용희(金龍希) 등 3명이 상속했다.

따라서 원고는 1962년 4월 9일 김태원이 상속한 김순례의 손해배상 청구권을 10분의 3의 비율로 상속했고 최옥선은 10분의 1의 비율로 상속했으며 1968년 9월 20일 최옥선이 김태원에게서 상속한 손해배상 청구권을 4분의 1의 비율로 상속한 것이 된다. 그러므로 결국 원고는 상속으로 김순례의 손해배상 청구권의 40분의 13을 갖기에 이른다.

4. 원고 고유의 피해

앞에서 기술한 바와 같이 원고는 1944년 6월 김순례가 일본에 올 때 같은 배로 나고야의 미쓰비시 기숙사까지 동행했다. 그리고 김순례의 사망 통지를 받고 유골을 가지러 일본으로 오는 등 정식적인 호주상속은 김태원이 사망한 1962년 4월 9일이라고 해도 사실상 혈통을 이어받는 모습 등을 보였다. 따라서 김순례와의 관계에 있어서 부모에 준하는 위치에 있었다.

김순례의 사망으로 원고가 받은 정신적 고통은 부모에 준하는 아픔이었으며 김순례의 명예를 회복하지 못한 채 오늘에 이른 상황, 국적 차별로 전상병자전몰자 유족 등 원호법에 의한 구제가 일절 받아들여지지 않음에 따라 원고 입장에서 커다란 고통을 맛보았다.

제3절_ 원고 김성주(金性珠)의 사례

(이하 이 절에서 원고라고 할 때는 김성주를 말함.)

1. 경력 등

원고는 1929년 9월 8일에 순천에서 태어났다. 모친 이름은 이복례(李卜禮), 부친 이름은 김상심(金相心)이었고, 여동생 2명, 남동생 1명이 있었다. 일본인이 6명의 순천 남자들을 골라 부산의 진해로 징용해갔는데 그 중 한 사람이었다.

학교에 들어가기 전에 서당에 3년 동안 다녔다. 9세 무렵 순천남국민학교에 들어갔다. 15명의 많은 가족, 아버지에게 부인이 세 사람 있었던 점, 어머니가 모두를 돌보는 게 힘들었던 점, 학교 공부를 좋아하지 않았던 점 등을 이유로 중학교에 진학하지 않았다. 일본인이 산에 나무를 심게 하고 흙을 운반하게 해서 그 일을 하고 있었다.

2. 근로정신대 권유

1944년 5월 중순 경, 두 살 아래의 여동생(당시 6학년)에게 오가키(大垣) 선생이 원고를 불러오도록 명령했다. 오가키선생은 6학년 때 원고의 담임을 맡았던 여(女) 선생으로 같은 마을에 살고 있었다.

학교에 가자 동급생인 노부시로 미쓰코(宣城瑞子)와 한 학년 위의 학생 박광엽(朴光葉)도 불려와 있었다. 교무실에는 오가키선생, 키가 큰 일본인, 노부시로, 박광엽, 원고가 모였는데 오가키선생으로부터 "일본에 가면 여학교에 진학할 수 있고 돈도 벌 수 있다"는 말을 들었다.

교무실에는 그 외 7명의 선생들이 있었지만 각자 자신의 일을 하고 있었다. 그리고 백지에 선생이 이름을 쓰고 그 옆에 각자 손도장을 찍게 했다.

그리고 일본인이 감색 작업복 바지를 가져와서 세 사람에게 주었다.

일본에 가라는 얘기를 처음 들었을 땐, 일본에 가기 3개월 전 집에 들어와서 자신의 모친을 쫓아낸 계모가 밉고 싫었던 까닭에 일본에 가면 자유스러워질 수 있어 빨리 가고 싶다고 생각했다.

일본에 가는 것을 가족에게 함구하던 끝에 이틀 전에야 처음으로 말했다. 아버지는 징용으로 집에 안 계셔서 할머니에게 이틀 전에야 일본에 간다고 고백했다.

할머니는 얘기를 듣고 뒤로 나자빠졌다. 할머니는 "안 된다"며 반대했고 할아버지와 함께 울부짖었지만, 원고는 "도장을 찍어서 갈 수밖에 없다"고 말했다. 할머니는 어쩔 수 없어서 긴 문어를 구워서 주머니에 넣어주었고 흰 실과 검은 실을 사서 쥐어주었다.

여동생 김정주(金正珠)도 6학년 졸업을 앞둘 무렵 오가키선생에게 "언니를 만날 수 있다"는 말을 들으며 일본에 가라는 권유를 받았다. 그렇게 해서 여동생은 도야마(富山)의 후지코시(不二越)로 갔다. 원고는 나중에 이 소식을 듣고 "같은 곳에서 일하고 싶다"고 애원했지만 "회사가 다르니 안 돼"라는 말을 들을 수밖에 없었다.

권유를 받았을 때 행선지가 나고야라고 듣지도 않았고 노동의 내용, 급료에 대해서도 구체적인 내용을 들은 바 없었다. 당시 일본이 전쟁을 치르고 있다는 것에 대해선 조금 알고 있었지만 집 주변에 일본인이 살고 있기도 해서 일본이 전쟁에서 이길 것으로 확신하고 있었다.

일본에는 1944년 5월에 갔다. 순천남국민학교에서는 14명이 작업복 바지와 브라우스를 입고서 트렁크에 의류를 넣은 뒤 출발했다. 할머니는 여동생과 남동생을 데리고 여수항까지 와서 "마지막이다"라고 말했다. 그리고 일장기를 흔들며 "천황폐하 만세"라고 울먹이는 소리로 노래를 불렀다.

여수항에서 배를 탈 때 다른 140여 명의 근로정신대원과 합류했다. 배는 해질 무렵 출발해 다음날 아침 일본의 항구에 도착했다. 일본에 도착했을 땐 심하게 배 멀미를 했다. 시모노세키항에서 내려 기차로 나고야에 도착 후 나고야 미쓰비시 제4 기숙사로 향했다.

3. 미쓰비시에서의 생활

기숙사 방은 다다미 8조(약 4평) 크기로 여기에 7명이 이불을 깔고 잤다. 입욕 회수, 입욕 시간에 있어서는 자유스러웠다. 그 후 2개월 정도 철을 가는 훈련, 못을 박는 훈련, 연수 등을 하며 시간을 보냈다.

매일 6시에 기상해 7시에 아침밥을 먹었다. 기숙사에서 공장까지 4열로 줄을 서 해군노래를 부르며 걸었다. 공장에서는 아침 8시부터 저녁 6시까지 일했고, 점심시간은 12시부터 오후 1시로 점심시간이 휴식시간이었다. 일주일 중 휴일은 일요일뿐이었다.

감시가 너무나도 엄격했다. 공장 내에서는 옆의 친구와 얘기도 할 수 없었다. 편지 쓰는 것도 자유롭지 않았으며 검열 때문에 봉투를 밀봉 하지 않은 채 사무소로 가지고 가야했다. 편지를 2~3일에 한 번씩 보낼 수 있었지만 나중에 듣자니 썼던 편지가 모두 배달된 것은 아니었다. 한 차례 큰아버지로부터 편지를 받은 것을 제외하고 답장이 도착하지 않았다.

개인이 외출할 수는 없었고 단체로 외출할 때는 일본인 감시원이 붙었다. 아침식사는 밥과 된장국으로, 열을 지어 가서 밥과 된장국을 받아오는데 조금이라도 더 많이 담긴 쪽을 노려 타오는 사람도 있었다. 밥은 주걱으로 조금 엎혀주는 것으로 배분이 끝이니 늘 부족했다. 가지절임이나 오이절임이 나왔고 고추는 맘껏 먹을 수 있었다. 점심에 한번 고기요리가 나온 적이 있었다. 말고기라는 얘기를 들었다. 생선 요리도 가끔 나온 적도 있었다.

작업에 있어서는 처음에 비행기 형태를 따라 선만을 긋고 있었는데, 그 후 자리를 옮겨 일본인 남자와 둘이서 기계로 두랄루민을 자르는 작업을 하게 되었다. 그 외에 원고는 스프레이로 도장을 하는 작업도 했다. 그런데 원고는 두랄루민을 자르는 작업 중 왼쪽 집게손가락 끝이 절단기에 잘리는 사고를 당했다.

잘린 손가락이 땅에 떨어져 데굴데굴 구르자, 함께 작업하던 일본인이 그 손가락을 주워 손 위에 올려놓고 공기 구슬놀이를 하며 놀았다. 손가락에서 피가 계속 흘러 전신의 힘이 빠져 나갔고 무서웠다.

순간 어머니와 할머니의 모습이 떠올랐다. 원고의 절규하는 목소리를 듣고 조장인 가케가와가 왔다. 병원에 가니 머큐로크롬으로 소독해 주었는데, 붕대를 벗길 때 피가 나오고 가제가 손가락에 닿아 아파서 견딜 수 없었다. 손가락이 잘린 후에는 무서워져서 절단 작업은 하지 않았다.

하루는 남동생이 죽었다는 편지를 큰아버지에게서 받았다. "일본에 가더라도 한국에는 언제든지 보내준다"는 말을 들었던 터라 "조선으로 돌아가고 싶다"고 말했지만 "여권이 없으니 3개월 후에 보내준다"고 했다. 결국 돌아갈 수 없었다.

4. 도난카이(東南海) 지진

1944년 12월 7일 기계작업을 하고 있었는데 기계가 몇 번이나 서로 부딪쳤다. 이상하다고 생각하던 참에 "지진이다. 빨리 밖으로 나가"라는 소리가 들렸다. 현관문은 대나무로 만들어져 있었는데 크게 흔들리고 있었다.

운동장 쪽으로 나가야만 하는데 당황하다보니 다른 출구로 나가고 말았다. 그 틈에 많은 사람들이 쏟아져 나와서 결국 밀려 넘어지고 말았다. 누군가가 손을 밟아 왼쪽 손이 검게 변하고 말았으며 그로인한 흉터가 남게 되었다. 뿐만 아니라 넘어질 때 발을 삐어 왼쪽 다리가 부어, 그 뒤로 뜸을 뜨거나 계속 침을 맞고 있지만 지금도 부어 있는 상태이다. 지금도 1㎞ 정도만 걸으면 다리가 아프다.

이 지진으로 공장이 무너져버렸다. 벽돌이 몸 위로 무너져 내려 쓰려져 죽은 사람이 있었다. 야마모토(山本) 정례, 가네다 다케코(金田竹(武)子)가 벽돌을 피하려고 하는 모습이 보였다. 갈라진 지면에 다리가 박혀버린 사람도 목격했다. 연못의 물이 철철 넘쳐흐르고 있었고 장대가 흔들리는 것을 보고 두려웠다. 지진은 며칠 후 밤 12시 무렵까지 계속되었다. 지진 사건을 생각하면 지금도 몸이 떨린다.

5. 해방에 이르기까지

1944년 11월~12월경 공습이 시작돼 1일 3회, 저녁 때 2회, 점심 때 1회 정도 공습이 있었다. 처음에는 기숙사 일을 돌보는 여자가 가르쳐주었다. 어두운 곳에서 사이렌 소리가 울렸고, 방공호에는 언제나 물이 차 있어서 추웠을 뿐만 아니라, 바람도 불어서 떨면서 그 시간이 지나가기를 기다렸다.

지진 후 기숙사 안의 다다미방에서 노래를 부르기도 하고 교육을 받기도 하였다. 도야마로는 1945년 4월경 이동했다. 기숙사의 선생 밑에서 일하던 사람이 동행했다. 그 곳 기숙사 생활은 완전히 달라서 세면장도 없었거니와 목욕탕도 욕조가 없이 샤워뿐이었다. 일은 본을 뜨는 작업이었다.

1945년 8월 15일 도야마에서 해방을 맞이했으며 1945년 10월 다이몬, 시모노세키, 부산, 대전을 경유하는 경로로 한국에 돌아왔다. 다이몬에서 시모노세키까지는 석탄을 운반하는 기차를 타고 갔다.

돌아올 때는 고향으로 돌아갈 수 있다는 생각에 기쁜 나머지 임금에 대한 사항은 전혀 듣지 못했다. 회사 측으로부터 한 푼도 임금을 받지 못했다. 사감이 짐을 싸두면 보내준다고 들었기 때문에 작업복을 입은 채 몸뚱이 하나로 귀국했다. 그러나 그때 보냈을 물건을 지금까지 받지 못한 상태이다.

귀국 후 근로정신대에 간 사실을 완전히 숨기고 남편과 결혼했다. 한국에서는 근로정신대라고 하면 위안부라고 생각한다. 남편은 이해해줄 사람이 아니었다. 하지만 학교 때 같은 반 동급생으로 남편과 친하게 지내던 기노시타 하루코(木下春子)라는 친구가 남편에게 일본에 다녀온 사실을 알리고 말았다.

그 후 남편으로부터 어떠한 곳이었는지에 대해 집요하게 추궁을 당했다. 공장에서 엄격하게 체크당하며 일을 했을 뿐이라고 설명했지만 정말로 이해해 주었는지 알 수 없다. 남편으로부터 날마다 구박을 당했는데, 조금도 나쁜 일은 하지도 않았는데도 왜 자신이 남편에게 떳떳하지 못한 입장을 취해야 하는지 납득할 수 없었다.

아들 2명, 딸 2명의 자식이 있는데 지금까지 근로정신대에 관한 얘기는 하지 않았다. 그러다가 1999년 7월 11일 나고야에서 변호단이 온 것을 계기 삼아 근로정신대원이었던 사실을 공개했다. 공개 후 막내딸은 자연스레 사실을 알았다. 또한 결국 최근에 왼쪽 손에 대한 질문을 받고 자식 모두에게 근로정신대에 대한 얘기를 털어놨다.

국가에 대한 원고들의 청구 근거

4

제1절_ 강제연행, 강제노동에 대한 불법행위 책임

피고국은 원고 김복례, 김순례, 원고 김성주에 대해 이하와 같이 강제연행, 강제노동에 대한 불법행위 책임을 져야하고, 김순례의 손해배상 청구권은 원고 김중곤이 상속한다.

1. 전시체제 하 여성노동력 동원

1) 전쟁 하 조선에서의 동원체제
2) 이 사건 근로정신대와 여자근로정신령의 관계
3) 조선여자근로정신대의 동원 형태

(1차 소장의 해당 내용과 같아 생략함)

4) 원고 김복례, 김순례, 원고 김성주의 동원 형태

원고 김복례, 김순례의 동원 형태는 전기 제1의 관 알선동원이다. 원고 김복례, 김순례는, 관의 일익을 담당하던 도나리구미 조장의 거짓말 권유로 여자근로정신대에 가입하는 것을 결의했으므로 이 시기에 도나리구미가 국민총력 조선연맹의 동원 체제에 편입돼 있었던 상황을 고려하면 조선총독부, 나아가 피고국의 관여는 명백하다.

원고 김성주의 동원형태는 전기 제3의 '학교를 통한 동원 형태'이다. 원고 김성주는 학교 선생들의 거짓말 권유로 여자근로정신대에 가입하는 것을 결의했으므로 이 시기에 학교가 국민총력 조선연맹의 동원 체제에 편입돼 있었던 상황을 고려하면 조선총독부, 나아가 피고국의 관여는 명백하다.

2. 피고국의 강제연행, 강제노동에 대한 불법행위

1) 피고국은 조선총독부 사정국 등을 통해 원고 김복례, 김순례의 집이 속한 도나리구미 조장과 원고 김성주의 출신교인 순천남국민학교 교장들에게 여자근로정신대의 적극 알선을 위탁했다. 그런 이유로 조장이나 동교 교장 및 교사들은 어린 원고 김복례, 김순례, 원고 김성주에게 감언이설(甘言利說)로 권유한 것이다.

2) 그 후 원고 김복례, 김순례, 원고 김성주는 헌병 및 구 미쓰비시중공업 주식회사의 사원들이 인솔했다. 여수에서 시모노세키까지는 연락선으로 건넜다. 그리고 기차를 타고 미쓰비시중공업 나고야항공기제작소 도토쿠공장의 기숙사(제4 료와 기숙사)로 들어갔다.

기숙사에는 야마조에 기숙사 사감, 기숙사 돌보는 여자, 남성 직원들이 있었고 군대식의 엄격한 규율 하의 생활을 강요당했다.

공장에서는 육군용 정찰기 제작 작업에 종사했다. 원고 김복례, 김순례,

원고 김성주를 포함한 작업원은 편대형식으로 조직돼 편대 하에 반, 반 아래에 구가 있었고 각각 반장·구장이 원고 김복례, 김순례, 원고 김성주, 작업원을 감독했다. 각 작업은 허리에 칼을 찬 배속장교, 혹은 위의 감독원들이 엄중한 감독·감시 하에 행해졌으며 모두 가혹한 노동을 강요당했다.

특히 원고 김복례, 김순례, 원고 김성주 전원이 권유를 받았을 때 ①여학교에 통학할 수 있다는 것, ②급료를 받을 수 있다는 것, 이 두 내용에 대해 약속을 받았음에도 이 내용은 전혀 이행되지 않았다.

3) 원고 김복례, 김순례, 원고 김성주는 당시 겨우 13~14세 정도의 어린 소녀였다. 부모 곁을 떠나 군대식의 엄격한 규율과 엄중한 감시 하에 무급으로 매일 노동을 강요당했던 것이다. 조선으로의 귀국에 대한 자유는 물론, 그러한 노동으로부터 도망칠 방도는 없었다. 그 의미에서 원고 김복례, 김순례, 원고 김성주의 노동은 명백한 강제노동이다.

공장에서의 원고 김복례, 김순례, 원고 김성주에 대한 일상적인 감시·감독업무는 군인(허리에 칼을 찬 배속장교) 및 각 작업그룹의 감독책임자(일본인 남성)가 맡고 있었다. 감독책임자는 구 미쓰비시중공업 주식회사 사원이었는데, 1944년 당시 이미 동사와의 고용계약은 징용형태로 전환돼 있었다(이것을 '현원징용'이라 한다).

아무튼 '도토쿠공장'에서의 항공기제품 제조는 전시 하 피고국의 군수정책에 의거, 강력하게 추진된 것으로 위 강제노동에 대해 피고국도 구 미쓰비시중공업 주식회사와 함께 공동 불법행위 책임을 져야하는 것이다.

4) 그 후 1945년 4월 무렵에 원고 김복례, 김순례, 원고 김성주는 도야마현의 다이몬공장으로 강제로 이동했지만 동 공장에서의 노동 실태도 나고야의 '도토쿠공장'에서와 마찬가지였다.

5) 피고국의 피고용자인 헌병 등에 의한 도토쿠공장 및 다이몬공장으로의 원고 김복례, 김순례, 원고 김성주의 연행, 피고국의 군수정책에 의한 원고 김복례, 김순례, 원고 김성주의 강제관리 및 강제노동에 대해 그 손해(별항 '손해론'에 기재된 손해 전부)에 대하여 배상책임을 져야한다. 원고 김중곤은 제3장 제2 기재대로 김순례의 손해배상 청구권을 상속했다.

3. 국가무답책의 법리에 대해

4. 제척(除斥)기간

(1차 소장의 해당 내용과 같아 생략함)

제2절_ 입법부작위에 의한 국가배상 책임
제3절_ 행정부작위(行政不作爲)에 의한 국가배상 책임
제4절_ 국제법에 근거한 청구

(1차 소장의 해당 내용과 같아 생략함)

제5절_ 김순례(金淳禮)의 사망에 관한 책임

1. 김순례의 사망에 대한 불법행위책임

김순례는 1944년 12월 7일 도난카이 지진으로 미쓰비시중공업 나고야항 공기제작소 도토쿠공장 내에서 사망했다. 김순례의 사망에 대해서도 피고국은 불법행위책임을 져야한다.

김순례는 너무나도 위법성이 강한 강제연행으로 일본으로 끌려와서, 또한 위법성이 강한 강제노동에 종사해야 했던 동안에 강제노동을 강요당하던 장소에서 사망했다. 이와 같은 경우에는 강제연행, 강제노동에 책임을 져야 하는 피고들의 행위와 김순례 사망 사이의 인과관계가 존재함을 인정해야 마땅하다고 본다.

따라서 김순례의 사망에 대해서는 피고국, 구 미쓰비시중공업 주식회사, 즉 피항소인 미쓰비시중공업은 민법 709조, 715조, 719조에 의해 공동 불법행위 책임을 져야하고, 위와 같은 배상청구권을 원고 김중곤(金中坤)은 상속한 것으로 본다.

더욱이 전기(前記) 1의 3 및 4에 서술한 것은 이 경우에도 타당하다.

2. 김순례의 사망에 대한 안전배려 의무 위반에 의한 책임

1) 강제노동에 있어서의 안전배려 의무

(1) 안전배려 의무

앞에 서술한 대로 피고국은 피항소인 미쓰비시중공업과 공동으로 어린 소녀를 속여 전쟁 상황의 일본에 강제연행을 했을 뿐만 아니라 충분한 식사도 제공하지 않은 채 엄한 감시 속에서 군용기를 제작하는 군수공장에서 강제로 작업에 종사하게 했다.

그리고 자유로운 외출시간도 주어지지 않는 기숙사와 공장의 왕복 생활을 강요했다. 그렇지만 강제노동에 종사시키는 행위 자체가 위법성이 강한 행위라고 하는 지적만으로 그치지 않는다.

대체로 어떤 법률관계에 의거해 특별한 사회적 접촉관계로 들어선 당사자 간에 있어서는 해당 법률관계의 부수 의무로써 당사자의 일방, 혹은 쌍방이 상대방에 대해 신의칙상(信義則上) 그 자의 생명, 신체를 배려할 의무를 져야한다. 이와 같은 안전배려 의무는 법해석상 확립된 의무이다(최고재판소 1975년 2월 25일 판결 등).

(2) 강제노동에 있어서의 안전배려 의무

강제노동은 신체의 자유를 구속하고 자신의 지배, 관리 하에 두어 강제노동에 종사시킨다고 하는 관계를 강요하는 것으로 특별한 사회적 접촉관계에 돌입하는 행위이다. 따라서 위의 안전배려 의무의 근거가 타당함은 말할 나위 없거니와 신의칙상 강제노동에 종사시킨 자의 생명, 신체의 안전을 배려해야 할 안전배려 의무를 져야한다.

그리고 강제노동에 있어서의 안전배려 의무는 노동의 장소, 설비, 기구 등을 사용해 강제적으로 행하는 노동 과정에서 강제노동에 종사시킨 자의 생명, 신체를 위험으로부터 보호하도록 배려할 의무라고 해석된다.

게다가 근로정신대원에 대한 강제노동에 있어서 인정받아야 할 안전배려 의무의 정도는, 노동이 위법인데다가 어린 대상의 의사와 상관없이 강제적으로 노동에 종사시킨 점으로 보아 노동계약이 성립해 인정받는 소위 고용계약상의 안전배려 의무와 비교해 더욱 고도의 배려를 해야 마땅한 의무가 부과된 것으로 볼 수 있다. 이를 위반하고 강제적 노동에 종사해야 하는 자에게 상해를 입히고, 혹은 사망시킨 경우에는 그 상해 및 사망에 대한 책임을 져야한다고 봐야한다.

피고국도 전술한 대로 구 미쓰비시중공업, 즉 피항소인 미쓰비시중공업을 통해, 또는 직접적으로 김순례를 강제노동에 종사시켰으므로 위와 같이 안전배려 의무를 져야함은 말할 필요도 없다.

2) 구체적 안전배려 의무 위반

(1) 강제노동에 있어서의 안전배려 의무의 구체적 내용
위와 같이 강제노동에 있어서의 안전배려 의무는 노동 장소, 설비 등을 사용해 행한 강제노동 과정에서 위험으로부터 보호하도록 배려해야 할 의무이므로, 그 구체적 내용도 강제노동에 종사했던 장소, 설비 등의 실태, 노동 내용, 강제 등의 구체적 내용에 따라 그 위험성에 준해 결정돼야 한다고 본다.

덧붙여 자위대원이 동료가 운전하는 차량사고로 사망한 사건에 있어서 최고재판소 1975년 2월 25일 판결은, "안전배려 의무의 구체적 내용은 공무원의 직종, 지위 및 안전배려 의무가 문제가 되는 당해 구체적 상황에 따라 다르다"고 서술했다.

(2) 도토쿠공장에 있어서의 강제노동 위험성
신체적 자유를 완전히 구속한 상황에서의 강제노동 위험성은 대단히 높다. 그 위험성의 사례를 들면 다음과 같다.

① 군사목표로써의 위험성
전시하의 나고야 도토쿠공장은 군사목표로 가장 먼저 공습의 대상이 되었고 공습을 받으면 직접적인 폭격으로, 혹은 폭격과 폭풍에 의한 건물 붕괴, 화염 등에 의해 공장에서 작업에 종사하는 사람들은 위험에 처할 수밖에 없었다. 또한 신체에 부상을 입고 경우에 따라선 생명을 잃을 염려도 있

어서 도토쿠공장은 이러한 위험성을 지니는 장소였다.

실제로 미국 전략폭격 조사 보고(갑 제4호증의 1)에 따르면 지진에 의한 붕괴 후 직접적으로 폭격을 받았다.

② 노동재해를 받은 위험성

어린 소녀에게 두랄루민의 큰 기체, 선반, 유기용제 등의 도료 시너를 사용하는 작업에 종사시켰으므로 작업 기계 조작과정에서의 실수, 오동작, 중독 등에 의해 신체에 상해를 입었으며 경우에 따라선 목숨을 잃을 확률도 높았다. 근로정신대원은 이렇게 위험성이 있는 노동에 종사할 수밖에 없었다.

③ 공장건물의 위험성

도코쿠공장 건물은 원래 방적공장으로 공장내부의 격벽(隔壁)으로 강도가 유지되고 있었는데, 군용기 제작을 위해 격벽을 제거하였던 까닭에 그 강도를 잃은 상태였다. 벽돌식 건물로써는 격벽 철폐에 수반되는 여러 대책을 강구하지 않으면 지진 진동에 의해 붕괴되기 쉬운 상황이었기에 위험한 건물이었다.

이와 같은 상황이었으므로 지진의 경우 등에는 통상적으로 예상되는 그와 같은 건물 피해를 입을 수밖에 없었다. 그리고 붕괴 등으로 공장 내에서 강제노동에 종사하던 근로정신대원이 상해를 입거나 생명을 잃는 등의 위험 또한 존재했다.

④ 지진 등의 재해에 의한 위험성

지진에 대해서는 그것을 견딜 수 있는 공장 건물의 강도 유지가 필요하다. 가령 그 강도를 넘는 지진이 발생하더라도 한국에는 지진이 별로 없어서 어린 한국의 소녀에게 있어서 지진 발생 경우의 대처방법도 알 수 없었다는 점을 쉽게 예상할 수 있다.

따라서 그 대처방법의 지도, 훈련 등을 충분히 행하고, 예측 불가능한 사태에 대비하지 않으면 헛되이 상해를 입게 되며 경우에 따라서는 생명을 잃는 위험이 따랐다.

(3) 김순례 사망 사고에 있어서의 안전배려 의무의 구체적 내용

김순례가 종사했던 노동에는 위와 같은 위험이 수반됐던 까닭에 위의 사정에 비추어 지진의 경우엔 피고국에 다음과 같은 구체적인 안전배려 의무가 인정된다.

즉, 전기 1의 ①, ③과 같은 상황 하에 있던 공장건물의 사용에 대해서는 이를 금지하고 설령 개선되었다 하더라도 지진에 의한 공장 붕괴나 붕괴를 저지하도록 구 미쓰비시중공업에 대해 지도함은 물론, 또한 직접 조치를 강구하는 등 붕괴될 경우에 대비해 안전하게 피신할 수 있도록 안전 지도를 해야 함을 지시, 감독하고, 혹은 직접 안전 지도를 행하는 등의 조치를 취하는 것이 그 내용에 포함된다.

(4) 피고국의 안전배려 의무 위반

그러나 피고국은 구 미쓰비시중공업이 위험성 높은 공장건물을 사용하는 것을 만연 방치했을 뿐만 아니라 스스로 적절한 조치를 취하려고도 하지 않았다. 또한 안전지도를 전혀 시행하지 않았으며 위의 의무를 조금도 수행하지 않았다.

이와 같은 피고국의 안전배려 의무 위반에 따라 1944년 12월 7일 도난카이 지진 발생 시에 김순례는 대피하지 못하고 공장건물 붕괴로 잔해에 깔려 사망했다. 그리고 제5장에서 후술할 내용처럼 피항소인 미쓰비시중공업도 직접적으로 안전배려 의무를 지고 그걸 수행하지 않았기에 김순례를 사망에 이르게 한 것이다.

따라서 피고국은 피항소인 미쓰비시중공업과 연대책임이 있으므로 그와 같은 행위에 따라 결과적으로 발생한 김순례의 사망에 대해 안전배려 위반에 의한 책임을 져야한다. 원고 김중곤은 김순례의 이와 같은 손해배상 청구권을 상속했다.

또한 피고국에 안전배려 의무가 인정되는 근거로 보자면 국가무답책의 법리는 타당하지 않다. 소멸시효기간에 대해선 민법 176조 1항에 의한다(최고재판소 1975년 2월 25일 판결).

3. 전상병자 전몰자 유족 등 원호법에 관한 부작위에 의한 국가배상 책임

1) 부작위에 의한 국가배상 책임

전상병자 전몰자 유족 등 원호법은 1952년 4월 30일에 제정되었다. 군인군속 등의 공무상 부상, 질병, 사망에 관하여 군인군속이던 자, 혹은 그 유족에 대한 원호를 목적으로 하는 법률이다.

앞에서 서술한 대로 침략전쟁에 가담한 일본인 군인군속만 전후보상을 실시하는 것을 헌법은 용인하지 않는다. 또한 군인군속에 한정하지 않고 전쟁피해의 보상에 대해 입법의무가 있다고 보아야 마땅하다.

하지만 가령 군인군속에만 한정한 보상을 정했다는 부분을 두었다고 하나 피고국은 전상병자 전몰자 유족 등 원호법에 의해 김순례에 대해 준 군속 의무상의 사망으로 유족 구제를 도모해야 하는데도 그처럼 헌법 14조 등을 위반, 김순례 유족에 대한 구제를 행하지 않았다.

이와 같이 국적 차별에 의해 원고 김중곤은 대단히 큰 정신적 고통을 받았고 그 정신적 손해에 대해 피고국은 국가배상 책임을 져야하는 것이다.

2) 전상병자 전몰자 유족 등

원호법은 제2조 제3항에서 구 국가총동원법의 규정을 기반으로 하는 피징용자, 혹은 총동원업무의 협력자 등을 준 군속으로 대우한다. 또한 같은 법 제4조 제4항에 의해 준 군속이 업무상 부상하고 또한 병에 걸렸을 경우에는 공무상 부상하고 또한 병에 걸린 것으로 간주한다.

그리고 같은 법 제34조 제3항에 의해 준 군속이 공무상 부상하고 병에 걸려 그러한 이유로 1936년 12월 8일 이후에 사망한 경우에는 유족에 대한 조의 표시를 위해 조위금을 지급하기로 되어 있으며, 같은 법 제36조 1항에 의해 조위금 지급권을 가지는 주체는 미성년자로 독신인 아이가 사망한 경우 부모가 된다. 그러나 같은 법 부칙 2에는 호적법 적용을 받지 않는 자에게는 당분간 같은 법을 적용할 수 없다고 돼 있다.

3) 김순례의 사망에 대한 적용

(1) 업무상의 사망

김순례는 조선여자근로대원으로서 미쓰비시중공업 나고야항공기제작소 도토쿠공장 내에서 업무에 종사하던 1944년 12월 7일 도난카이 지진으로 사망했으므로 업무상 사망한 사실에 의심의 여지가 없다.

(2) 준 군속의 해당성

다만 1944년 8월의 국가총동원법에 의거한 여자근로정신령(칙령 제19호)이 발효돼, 이후 이에 따라 여자근로정신대의 동원이 실시되었으며 김순례의 동원은 여기에 앞선 것이다.

그러나 제2장 제1의 2에서 지적한 것처럼 지원 형식을 취해 동원된 조선여자근로정신대도 조선총독부의 통제 하에 동원된 것이다. 그리고 여자근로정신령은 이미 동원된 뒤에서야 동원을 뒷받침하는 형태로 발효된 것인

이상 전상병자 전몰자 유족 등 원호법의 적용에 관해서는 같은 법 제2조 제3항의 준 군속으로 생각해야 마땅하다.

(3) 동법 부칙 2

문제는 동법 부칙 2의 호적법 적용을 받지 않는 자는 당분간 동법 적용을 받지 않는다고 돼 있는 점인데, 호적법 적용이 없다고 동법 적용을 하지 않는 것, 즉 국적에 의한 차별은 다음처럼 국제 인권규약, 헌법에 위배되며 허용되지 않는 것이다.

4. 국제인권규약 위반, 헌법 14조 위반

(1) 국제인권규약 위반

경제적, 사회적 혹은 문화적 권리에 관한 국제규약(국제인권규약 A규약) 제2조 제 2항은 "이 규약의 체결국은 이 규약에 규정하는 권리가 인종, 피부색, 성, 언어, 종교, 정치적 의견과 그 밖의 의견, 국민적, 혹은 사회적 출신, 재산, 출생 또는 그 외의 지위 등에 의한 어떠한 차별도 없이 행사됨을 보장하는 것을 약속한다"고 정했다. 그리고 원호법에 의한 보상청구권은 동 제9조에서 정하는 사회보장에 대해서의 권리에 해당한다.

또한 시민적, 혹은 정치적 권리에 관한 국제규약(국제인권규약 B규약) 제26조는 "모든 자는 법률 앞에 평등하고 어떠한 차별도 받지 아니하며 법률에 의한 평등 보호를 받을 권리를 지닌다. 이를 위해 법률은 모든 차별을 금지한다. 그리고 인종, 피부색, 성, 언어, 종교, 정치적 의견과 그 밖의 의견, 국민적, 혹은 사회적 출신, 재산, 출생 또는 그 외의 지위 등의 어떠한 차별에 대해서도 평등함과 동시에 효과적인 보호를 모든 이에게 보장한다"고 규정, 법 앞의 평등을 정했다.

전상병자 전몰자 유족 등 원호법의 적용에 있어서 국적에 의한 차이를 두는 것은 위의 국제인권규약 각 조항을 위반하는 조치이며 허용되지 않는다.

(2) 헌법 14조 위반

또한 같은 법 적용에 있어서 국적에 의한 차별은 국제 인권규약을 전제로 한 헌법 14조의 해석으로써도 불합리한 차별이며 위헌임이 명백하다.

(3) 판례

동법 부칙 2에 관해 전 대만인 전사 부상자의 보상청구사건(1992년 4월 28일) 최고재판소 판결은 동법의 국적조항을 헌법 14조에 위배되지 않은 합헌으로 처리했지만, 이 판단은 앞서 기록한 국제인권규약 등 국제인권의 해석운용에 입각하지 않은, 현대에는 시대에 뒤떨어진 판단이며 당연히 변경되어야 마땅한 것이다. 위 판결은 판례평석에 있어서 다음과 같이 엄한 비판에 직면한다.

"인권보장의 국제화, 국가주권의 제한 · 국가조직을 위한 위양(委讓)의 지향 현상 등, 다방면에서 헌법의 국제화가 추구되는 오늘날 일본국 헌법 14조의 해석에 있어서도 '국적'에 의한 차별은 그 불합리성의 측면에서 '인종'에 의한 차별과 규범적으로 동일시 돼야 한다. 그것이 국제 협조주의에 입각, '국제사회에서 명예로운 위치를 점하려 한다'고 하는 일본국 헌법에 어울리는 해석이라고 말할 수 있겠다"(다카노 미키히사:高野幹久, 쥬리스트 별책 헌법판례 백선1, 13페이지)

또한 "(위의 소송에서) 원고들은 원심, 상고심에 있어서 '원호법' 및 '연금법'의 적용을 일본 국적보유자로 한정한 것은 국제인권규약 A규약 2조 2항, 동 9조와 동 B규약 26조를 위반했으므로 헌법 14조는 조약과 국제법규의 준수를 정한 헌법 98조 2항에 따라 해석해야 할 것이라고 주장했다. 하지만 원심, 상고심 모두 직접 판단은 피했다. 이와 같은 재판소의 태도가 어떠한 이유 때문인지 명백하지 않지만 국제인권법에 대한 인식부족, 혹은 의도적

무시에 의한 것임은 부인할 수 없다"(김동훈, 쥬리스트 1024호 별책, 1992년
도 중요판례 해설 274페이지)

더욱이 "위 판결은 드디어 맞이할 '국제적 구제'를 위한 프롤로그로 볼 수
도 있다. 물론 그렇다고 하나 이윽고 전후 50년. 그동안 이런 내용을 무위
로 방치함으로써 일본국은 씻을 수 없는 부정의를 역사에 새기고 말았다.
그 책임은 분명히 무거운 것이다"(아베 고키:阿部浩己, 쥬리스트 1040호,
141페이지)

5. 원고 김중곤의 정신적 고통

앞에 서술한 바와 같이 원고 김중곤의 부모인 김태원, 최옥선은 김순례
의 사망에 대해 전상병자 전몰자 유족 등 원호법에 의한 구제를 받을 수 없
었다.

동법 36조 1항은 부모에게 보상청구권을 인정한 것은 입법정책에 근거하
지만, 제3장 제2에서 서술한 대로 원고 김중곤은 어쨌든 호주상속을 받는
것이 예정된 장남으로서 특히 여동생의 근로정신대 동원에 깊이 관여한 경
과로 보아 김순례의 손해에 대해 고유의 위자료청구권을 취득했다고 본다.

그러므로 원고 김중곤의 부모이며 김순례의 부모인 김태원, 최옥선에 대
해 전상병자 전몰자 유족 등 원호법에 의한 구제를 행하지 않은 부작위는
원고 김중곤에 대해 큰 정신적 고통을 안긴 셈이다.

따라서 피고국은 원고 김중곤에 대해 위의 국적차별에 대해 국가배상 책
임을 져야한다.

제6절_ 원고 김성주의 상해에 대한 책임

1. 불법행위 책임

원고 김성주는 도토쿠공장에서 1944년 비행기 일부가 되는 두랄루민을 절단하는 작업에 종사하던 중 왼쪽 집게손가락 끝을 절단기에 절단당하는 상해를 입었다. 원고 김성주의 왼쪽 집게손가락은 겨우 용무를 볼 정도의 상태이다. 이 같은 사고에 의한 원고 김성주의 상해에 대해서도 피고국은 불법행위 책임을 져야한다.

원고 김성주는 너무나도 위법성이 강한 행위인 강제연행으로 일본으로 끌려와 그처럼 위법성이 강한 강제노동에 종사하던 중 상해를 입었다. 이 경우에는 강제연행, 강제노동에 책임을 져야할 피고들의 행위와 원고 김성주의 상해 사이에 인과관계가 성립된다고 말할 수 있다.

따라서 원고 김성주의 상해에 대해선 피고국과 구 미쓰비시중공업 주식회사는 민법 709조, 715조, 719조에 의해 공동 불법행위 책임을 져야하는 것이다.

2. 안전배려 의무 위반 책임

1) 안전배려 의무

강제노동에 있어서 강제노동에 종사시킨 자는 강제노동을 당한 자에 대해 안전배려 의무를 져야함은 앞에 서술한 대로이다. 강제노동에 있어서 상해를 입은 원고 김성주에 대해서도 피고국이 안전배려 의무를 지고 있었음은 설명할 것조차 없다.

그리고 성인에게도 너무나도 위험한 두랄루민 기체를 절단기를 사용해 절단하는 작업이 어린 소녀에게 위험한 일임은 언급할 필요도 없다. 어린 소녀에게 이와 같은 작업에 종사시켰으므로 기계의 조작 실수 등으로 신체에 상해를 입고 경우에 따라선 목숨까지 잃을 가능성이 있었다. 따라서 그와 같은 위험으로부터 보호할 의무를 지고 있었던 것이다.

2) 구체적 안전배려 의무 위반

(1) 원고 김성주의 상해사고에 있어서의 안전배려 의무의 구체적 내용

애당초 작업에 종사하던 원고 김성주가 사용하던 절단기는 중대한 인체사고를 초래할 위험을 당연히 내포한 기계이다.

절단기 사용이 이처럼 대단히 위험한 일이었다는 측면에서 보면 피고국은 구 미쓰비시중공업, 즉 피항소인 미쓰비시중공업에 대해 소녀가 다룰 수 없는 절단기 사용을 금지하는 지도, 감독을 해야 할 의무가 인정된다.

(2) 그러나 피고국은 위의 의무를 전혀 수행하지 않은 채 부주의하게 원고 김성주에게 절단기를 사용하게 했다. 이와 같은 피고국의 안전배려 의무 위반으로 원고 김성주는 왼쪽 집게손가락 끝을 잃는 상해를 입었다.

그리고 뒤에 서술하겠지만 피항소인 미쓰비시중공업도 직접 안전배려 의무를 져야한다. 그것을 수행하지 않았기 때문에 원고 김성주에게 상해를 입혔던 것이다.

(3) 따라서 원고 김성주의 상해에 대해 피고국은 피항소인 미쓰비시중공업과 연대해 그 손해를 배상해야할 의무를 져야한다.

또한 피고국에게 안전배려 의무가 인정되는 근거로 보자면 국가무답책의 법리가 타당하지 않다는 점, 제척기간이 문제될 여지가 존재하지 않는다는 점, 소멸시효는 민법 167조 1항에 의하는 점 등 김순례 사망의 경우와 동일하다.

5

미쓰비시중공업 주식회사의 책임

제1절_ 강제연행, 강제노동에 대한 불법행위 책임

(1차 소장의 해당 내용과 같아 생략함)

제2절_ 선행행위에 입각한 작위의무 위반에 의한 불법행위

1. 원고 김복례, 김순례, 원고 김성주가 위안부였다고 오해받은 것에 의한 원고들의 정신적 손해

전후 한국에서는 '징신대'라는 명칭이 일반적으로 일본군 '위안부'의 의미로 사용되었다. 따라서 원고 김복례, 원고 김성주는 자신이 '정신대' 경험자임을 표명하더라도 제3자로부터는 일본군 '위안부'로 오해받게 되었다.

유교의 영향이 강한 한국 사회에서는 결혼은커녕 여성으로 제대로 인정받지 못하는 분위기까지 있었다. 이로 인해 스스로 조선여자근로정신대로 전시 하의 나고야항공기제작소 도토쿠공장에서 노동에 종사한 경험을 남편이나 근친자를 비롯해 그 누구에게도 발설하는 것은 곤란했다.

원고 김복례, 원고 김성주는 이러한 상황 속에서 지금까지 자신들의 체험을 숨길 수밖에 없는 굴욕과 언제 자신이 여자근로정신대였는지 밝혀질지 모른다는 공포에 계속 시달려야 했으며 오늘에 이르기까지도 정신적 손해를 입고 있다.

원고 김중곤도 또한 여동생 김순례가 일본군 '위안부'였다는 오해에 대한 두려움을 계속 품고 부득이하게 정신적 고통에 시달려야 했다.

2. 중의원 결산위원회에서의 우노(宇野) 외무대신 발언
(1차 소장의 해당 내용과 같아 생략함)

3. 선행행위에 입각한 작위의무
(1차 소장의 해당 내용과 같아 생략함)

4. 구체적 작위의무와 위반

구 미쓰비시중공업은 앞에 서술한 대로 스스로 '여자근로정신대'라는 명칭 하에 원고 김복례, 김순례, 원고 김성주를 속여 일본으로 연행, 강제노동을 수행하게 한 결과, 전후(戰後) 원고 김복례, 김성주에게 전기(前記)와 같이 불안과 공포에 떠는 생활을 어쩔 수 없이 강요하였으며, 막대한 정신적 손해를 입혔다. 원고 김중곤에게도 김순례에 대한 오해로 크나 큰 정신적 손해를 입혔다.

피항소인 미쓰비시중공업은 늦었지만 전술한 우노 외무대신의 발언 이후 구 미쓰비시중공업이 자행한 불법행위로 원고 김복례, 원고 김성주를 비롯한 조선여자근로정신대 경험자들이 이러한 공포와 불안에 떠는 생활을 강요당했거니와 원고 김중곤을 비롯한 그 유족에게도 고유의 명예를 침해해 고통을 안겨준 사실을 인식했다.

피항소인 미쓰비시중공업은 동(同) 피고와 실질적으로 동일성을 갖는 구 미쓰비시중공업이 원고 김복례, 김순례, 원고 김성주에게 자행한 가해행위의 내용을 가장 잘 숙지하고 있는 당사자이다. 그러므로 원고 김복례, 김순례, 원고 김성주에 대한 오해를 용이하게 풀 수 있는 입장에 있음은 분명하다.

따라서 피항소인 미쓰비시중공업은 구 미쓰비시중공업이 원고, 김복례, 김순례, 원고 김성주에게 강요한 강제노동의 내용, 연행에 이르는 경과 등의 역사적 사실을 가능한 한 구체적으로 상세하게 공표하고, 구 미쓰비시중공업이 자행한 원고 김복례, 김순례, 원고 김성주에 대한 인권침해 행위에 대해 사죄해야 한다. 또한 원고들의 명예를 회복할 법적 작위의무를 지고 있는 점은 분명하다.

더욱이 김순례에 대한 오해 때문에 침해된 원고 김중곤 자신의 고유 인격권에 대해서 명예회복 의무를 져야한다.

그러나 미쓰비시중공업은 지금까지 사죄는커녕 조선여자근로정신대에 관한 역사적 사실을 어느 것 하나 밝히려 하지 않고 있으며 원고 김복례, 김순례, 원고 김성주가 구 미쓰비시중공업에서 노동을 강요당한 사실을 보여주는 자료마저 막무가내로 계속 은닉하였다. 그리하여 원고 김복례, 김순례, 원고 김성주의 인생을 어둠 속에 묻고, 원고 김중곤의 고통 또한 어둠속에 묻으려고 하고 있다.

피항소인 미쓰비시중공업에 의한 위외 같은 부자위는 정신대가 모두 일본군 '위안부'였다고 하는 오해를 불식시키기는커녕 더욱 이를 일반화시켜 원고들을 계속 괴롭히고 있는 것이다.

5. 결론

(1차 소장의 해당 내용과 같아 생략함)

제3절_ 김순례의 사망에 대한 책임

1. 불법행위 책임

1) 원고 김중곤의 여동생 김순례가 1944년 12월 7일에 일어난 도난카이 지진으로 사망한 것은 앞서 서술한 대로이다.

제4장 제5에서 서술한 대로 김순례는 너무나도 위법성이 높은 강제연행 행위로 일본으로 끌려가, 또한 그처럼 위법성이 높은 강제노동에 종사할 수 없던 상황에서 사망했다.

이와 같은 경우에는 강제연행, 강제노동과 김순례의 사망 사이에 인과관계가 인정된다고 생각되기 때문에 피항소인 미쓰비시중공업은 민법 709조, 715조, 719조에 근거, 피고국과 공동불법행위 책임을 져야한다.

2) 공작물 설치 · 관리책임(민법 717조)

김순례는 도난카이 지진으로 구 미쓰비시중공업 나고야항공기제작소 도토쿠공장이 붕괴돼 그 건물에 깔려 즉사했다.

공장처럼 다수의 종업원이 일하는 장소에서는 지진에 견디어 붕괴를 피함으로써 공장 내의 안전을 보전한다고 하는 통상 요구되는 강도를 유지하는 것이 필요하다.

하지만 앞에 서술한 대로 도토쿠공장 건물은 원래 방적공장이던 것을 군용기 제작을 위해 공장내부의 격벽을 제거함으로써 강도로 보아 위험한 건물이었고, 공장의 붕괴는 공장에 요구되는 강도를 유지하지 못했기에 발생한 것이다. 구 미쓰비시중공업에는 건물 설치, 관리에 하자가 있었음을 지적하지 않을 수 없다.

따라서 구 미쓰비시공업, 즉 피항소인 미쓰비시중공업은 위의 도토쿠공장 소유자로서 민법 717조에 근거해 위의 사고로 발생한 김순례 사망에 의한 손해를 배상할 책임이 있다.

3) 더욱이 전기 제1의 2에 서술한 것은 이 경우에도 타당하다.

2. 안전배려 의무위반에 의한 책임

1) 안전배려 의무
구 미쓰비시중공업은 피고국과 함께 김순례를 강제적으로 노동에 종사시켰다. 무릇 강제노동에 종사시킨 경우 강제노동을 당한 사람에게 그 사람의 생명 신체의 안전을 배려해야 할 안전배려 의무를 지는 점에 대해서는 제 4장에 서술한 대로이다.
구 미쓰비시중공업이 안전배려 의무를 져야하는 것은 당연하다.

2) 구체적 안전배려 의무위반
김순례가 강제노동에 종사해야 했던 도토쿠공장에서의 노동 종사, 노동 내용, 공장 건물 등이 지니고 있던 위험성은 제4, 5장에 서술한 대로이다.
근로정신대원에 대한 안전배려 의무는, 그 노동이 어린 사람의 의사에 반해 위법과 강제적으로 노동에 종사시킨 내용이었으므로 고도의 배려를 해야 할 의무인 것도 마찬가지이다.
구 미쓰비시중공업의 안전배려 의무로써 지진에 대해서 말하자면 전술한 대로 강도에 있어서 위험성이 높은 건물을 사용하지 말아야 하고, 설령 개선되었다 할지라도 지진에 의한 공장의 붕괴를 방지해야 하며 또한 안전하게 대피할 수 있도록 지도하는 등의 조치를 취하는 것이 그 내용에 포함된다.
그러나 구 미쓰비시중공업은 위의 의무를 조금도 수행하지 않았고 부주의하게 위험성이 높은 건물을 사용했으며, 게다가 위의 안전지도를 전혀 실시하지 않았다. 이러한 구 미쓰비시중공업의 안전배려 의무 위반으로 김순례는 지진 당시 안전하게 도피할 수 없었으며 공장건물의 붕괴로 그 건물에 깔려 사망했다.

3) 따라서 구 미쓰비시중공업, 즉 피항소인 미쓰비시중공업은 안전배려의무를 위반해 김순례를 사망에 이르도록 한 것에 대해서 피고국과 연대책임을 지고 그 손해를 배상해야 할 책임을 져야한다.

더욱이 전기 제1의 2에 서술한 것은 이 경우에도 타당하고 소멸시효 기간은 민법 167조 1항에 따른다.

제4절_ 원고 김성주의 상해에 대한 책임

1. 불법행위 책임

원고 김성주가 도토쿠공장에서 두랄루민을 절단하는 작업 중 왼쪽 집게손가락 끝을 잘리는 상해를 입은 것은 앞서 서술한 대로이다.

제4장 6에서 서술한 대로 위법성이 높은 강제연행으로 일본에 끌려가 강제노동에 종사하던 동안 강제노동 작업에 임해 위와 같은 상해를 입은 것이다. 그러므로 이와 같은 경우에는 강제노동과 상해 사이에 인과관계가 성립된다고 여겨진다.

따라서 피항소인 미쓰비시중공업은 민법 709조, 715조, 719조에 의해 피고국과 공동불법행위 책임을 져야한다.

2. 안전배려 의무 위반에 의한 책임

1) 안전배려 의무

강제노동에 종사시킨 경우, 강제노동에 종사해야 했던 사람에게 안전배려 의무를 지는 것은 앞에 서술한 대로이다. 그러므로 원고 김성주를 강제 노동에 종사시킨 구 미쓰비시중공업은 원고 김성주에 대해 안전배려 의무를 지는 것은 당연하다.

2) 구체적 안전배려의무 위반

도토쿠공장에서의 노동 종사, 노동 내용, 공장건물이 지닌 위험성, 그 경우의 안전배려 의무 정도에 대해서는 제4장에 서술한 대로이다.

구 미쓰비시중공업의 안전배려 의무에는 15세 소녀에게는 절단기 사용을 금지시켜야 할 의무가 포함된다. 하지만 구 미쓰비시중공업은 위 의무를 전혀 실행하지 않았고, 이러한 안전배려 의무 위반으로 원고 김성주는 왼쪽 집게손가락 끝을 절단당하는 상해를 입었다.

따라서 구 미쓰비시중공업, 즉 피항소인 미쓰비시중공업은 안전배려 의무를 위반 했거니와 원고 김성주에게 상해를 입힌 점에 대해 피고국과 연대책임을 져야하며, 그 손해배상을 해야 할 책임을 져야한다.

또한 전기 제1의 2에 서술한 내용은 이 경우에도 해당하고 소멸시효 기간은 민법 167조 1항에 의한다.

6 | 손해

제1절_ 원고 김복례의 손해

1. 강제연행, 강제노동에 의한 손해
(원고 이름만 다를 뿐, 1차 소장의 해당 내용과 같아 생략함)

2. 피고들의 부작위에 의한 손해
(1차 소장의 해당 내용과 같아 생략함)

제2절_ 원고 김중곤의 손해

1. 원고 김중곤의 손해에는 김순례가 입은 손해에 대한 배상청구권을 상속한 것과 원고 김중곤 자신이 입은 손해를 합친 손해가 포함된다.

2. 김순례가 입은 손해

1) 강제연행, 강제노동에 의한 손해

김순례는 전술한 바와 같이 기만, 협박에 의해 어린 시절 부모형제 곁을 떠나 여자근로정신대원으로 전시 하의 이국 땅 일본으로 동원되었다. 그 결과 전기(前記) 1의 1에 기재한 것과 마찬가지로 강제연행, 강제노동에 의한 재산상의 손해, 정신적 손해를 입었다.

단지 김순례의 경우 미불임금은 합계 6개월분의 금 300엔에 상당하고 1999년도의 임금수준 하에 현재의 가치를 산정한다면 그 금액은 금 70만 엔 아래로 내려가지 않는다. 또한 김순례의 경우 전기 기재된 정신적 손해 중 (9)(10)에 대해서는 제외된다.

이들 강제연행, 강제노동에 의한 김순례의 정신적 고통은 필설(筆舌)로 다 표현하기 어려우며, 금전으로 감히 이를 배상할 수 없지만, 가령 이를 금전으로 위무한다고 한다면 금 2,000만 엔에 이를 것이다.

2) 사망에 의한 손해

김순례의 사망에 의한 손해는 다음과 같다.

(1) 일실이익(逸失利益)

김순례의 사망에 의한 일실이익은 금 3,700만 엔을 밑돌지 않는다. 그와 관련해 현재 15세의 여자가 사망한 경우의 일실이익을 계산하면, 여자노동 자 전 연령의 수입평균액(1997년도)인 금 340만 2,100엔 중 생활비로써 3할 을 공제하고 라이프니츠계수 15.6948을 곱해 중간 이자를 공제해 계산한 금 액인 금 3,737만 6,695엔이다.

이를 참고하면 김순례의 일실이익도 금 3,700만 엔을 밑돌지 않는다.

(2) 위자료

15살 때 강제연행으로 강제노동에 종사해야 했고 이국 땅에서 사망할 수밖에 없었던 김순례의 사망에 의한 정신적 고통은 감히 금전으로 계산할 수 없지만, 그 막대한 고통에 대해서 설령 금전으로 치환한다면 금 2,300만 엔에 밑돌지 않는다.

3) 전기(前記) 제3장 제2절의 기재대로 김순례의 피고들에 대한 위의 손해배상 청구권 중 그 40분의 13, 즉 적어도 금 2,600만 엔을 초과하는 손해배상 청구권을 원고 김중곤의 상속에 따라 취득했다.

3. 원고 김중곤 고유의 손해

1) 정신적 고통

원고 김중곤은 단지 여동생인 김순례의 손해배상청구 건을 상속했다는 것에 그치지 않는다. 원고는 15세 때 강제연행을 당해 강제노동에 시달렸던 김순례의 사망을 확인할 수밖에 없었다.

또한 생명과 신체에 대한 아무런 배려도 없는 상태에서 그녀의 죽음에 직면함으로써 어쨌든 호주로서 가족에 대한 책임을 져야한다는 자각 하에 애정을 쏟고 있었던 원고 김중곤의 입장에서 크나큰 정신적 고통을 입었다.

이러한 정신적 고통은 금전으로 배상할 수는 없지만 설령 금전으로 위로한다고 한다면 금 1,000만 엔을 밑돌지는 않는다.

2) 피고들의 부작위에 의한 손해

(1) 게다가 피고들의 전후(戰後) 일련의 부작위라는, 계속되는 가해행위로 다음과 같은 손해가 발생했다.

(2) 피고국은 직접 원고 김중곤의 위와 같은 고통을 제거하기 위해 행정상, 입법상의 조치를 취할 수 있는 입장이었음에도 이를 게을리 함으로써 원고 김중곤의 피해를 확대했고 더욱 큰 고통을 안겨주었다.

(3) 피고국은 전상병자 전역자 유족 등 원호법의 적용에 대해 국적 차별을 함으로써 원고 김중곤에게 커다란 고통을 안겨주었다.

(4) 피항소인 미쓰비시중공업은 원고 김중곤에 대해 전후 어떠한 배상을 하지 않은 채 방치했을 뿐만 아니라, 근로정신대에 관한 사실이나 자료를 내외에 공표하고 원고 김중곤에게 사죄하는 등 원고 김순례의 명예를 회복하는 의무를 게을리 하였으므로 원고 김중곤의 피해를 확대시켰으며 더욱 큰 고통을 안겨주었다.

(5) 위 고통을 위로하고 사죄하기 위해서는 적어도 금 1,000만 엔에 이르는 금액이 요구된다.

제3절_ 원고 김성주의 손해

1. 강제연행, 강제노동에 의한 손해

원고 김성주에 대해서도 기만, 협박에 의해 어린 시절 여자근로정신대원으로 전시 하의 이국 땅 일본으로 동원돼 그 결과 재산상의 손해, 중대한 정신적 손해를 입었다.

재산상의 손해 및 정신적 손해 내용은 전기 제1의 1 및 2에 기재한 원고 김복례의 손해 내용과 동일하다. 원고 김성주의 미불임금액도 원고 김복례와 동일하다.

원고 김성주의 정신적 고통에 대해서도 감히 금전으로 이것을 배상할 수 없지만 가령 이를 금전으로 위무한다고 한다면 금 2,000만 엔에 이를 것이다.

2. 피고들의 부작위에 의한 손해

전기(前記)와 같은 손해는 물론, 피고들의 전후(戰後) 일련의 부작위에 의해 손해가 발생했다. 그 손해 내용은 전기 제1의 2 기재의 내용으로 위의 고통에 의한 손해는 금 1,000만 엔에 이를 것이다.

3. 상해에 의한 손해

원고 김성주는 강제연행, 강제노동으로 혹은 피고들의 안전배려 의무위반 등으로 왼쪽 집게손가락 끝을 절단하는 상해를 입었다.

1) 일실이익

원고 김성주의 상해에 의한 일실이익은 금 480만 엔을 밑돌지 않는다.

그와 관련해 현재 15세의 여자가, 원고 김성주가 입은 것과 마찬가지의 후유장해를 입은 경우의 일실이익은 다음과 같다.

우선 노동자 재해보상보험법 시행규칙·별표 제1·장해 등급표에 의하면 제13급의 7 "한 손의 집게손가락의 뼈 일부를 잃은 것"에 해당하고, 이 경우 노동기준 감독국장 통첩 1957년 7월 2일 기발 제 551호에 의하면 노동능력 상실률은 9퍼센트이다.

그렇다면 여자노동자 전연령의 수입평균액(1997년)인 금 340만 2,100엔에 9퍼센트를 곱하고, 여기에다 15세의 라이프니츠계수 15.6948을 곱해 중간이 자를 공제해서 계산한 금액 금 480만 5,575엔이 일실이익이다.

이것을 참고로 하면 원고 김성주의 일실이익도 금 480만 엔을 밑돌지 않는다.

2) 위자료

15살 때 강제연행으로 강제노동에 종사해야 했고 왼쪽 집게손가락 끝을 평생 잃은 것에 의한 정신적 고통은 감히 금전으로 계산할 수 없지만 설령 금전으로 치환한다면 금 200만 엔에 밑돌지 않는다.

제4절_ 손해배상금 청구

원고들은 피고들에게 위에서 말한 각자의 손해배상금으로 각각 금 3,000만 엔의 지불을 요구하는 바이다.

제5절_ 사죄요구

1. 원고 김복례, 원고 김성주에 대한 사죄요구

(원고 이름만 다를 뿐, 1차 소장의 해당 내용과 같아 생략함)

2. 원고 김중곤에 대한 사죄요구

원고 김중곤의 여동생 김순례도 근로정신대로 동원돼 청춘을 빼앗겼으며 인간으로서의 존엄을 훼손당했다.

유족으로서 원고 김중곤은 인간으로서의 존엄을 위해 '한을 푼다'고 하는 절실한 염원을 본 건 소송에 위탁했다. 김순례의 명예회복에 의한 원고 김중곤의 명예회복 조치는 중요하다.

따라서 원고 김중곤은 피고들에게 인격권 침해에 근거해 별지 2 기재내용의 사죄문을 내외에 공표함으로써 공식으로 사죄할 것을 요구한다. 일본이 피해자인 원고 김중곤에게 사죄하는 것은 국제협조주의, 평화적 생존권을 확인한 일본 헌법이 추구하는 부분이며, 국제법상 국가에 의한 중대한 인권침해 행위에 대한 피해회복 의무의 내용이다.

7 각국의 전후배상 흐름

1. 각국의 전후배상 개요

2. 전후배상에 대한 자세

3. 외국인 개인에 대한 배상의 의미

4. 결론

(1차 소장의 해당 내용과 같아 생략함)

3

판결문

나고야 지방재판소

(2005년 2월 24일)

■ 28100772

손해배상등청구사건(764호, 5341호) 손해배상청구사건(282호)

나고야(名古屋)지방 재판소

헤이세이 11년(1999) (와) 제764호/ 헤이세이 12년(2000) (와)제5341호 /

헤이세이 16년(2004) (와) 제282호/ 헤이세이 17년(2005) 2월 24일

주 문

1. 원고들의 청구를 모두 기각한다.

2. 소송비용은 원고들이 부담한다.

사실 및 이유

제1절_ 당사자들이 요구한 재판

1. 원고들

(1) 피고들은, 원고 박해옥, 김혜옥, 진진정, 양금덕, 이동련에 대하여, 별지목록1 기재의 '사죄문'을 아사히신문(朝日新聞), 마이니치신문(每日新聞), 요미우리신문(読売新聞), 산케이신문(産經新聞), 니혼케이자이신문(日本経済新聞), 주니치신문(中日新聞), 동아일보, 중앙일보, 조선일보, 한국일보, 한겨레신문 및 광주일보에 게재해서 사죄하라.

(2) 피고들은, 원고 김중곤, 김성주에 대하여, 별지목록2 기재의 '사죄문'을, 아사히신문, 마이니치신문, 요미우리신문, 산케이신문, 니혼케이자이신문, 주니치신문, 동아일보, 중앙일보, 조선일보, 한국일보, 한겨레신문 및 광주일보에 게재해서 사죄하라.

(3) 피고들은, 원고 김중곤에 대하여, 별지목록3 기재의 '사죄문'을, 아사히신문, 마이니치신문, 요미우리신문, 산케이신문, 니혼케이자이신문, 주니

치신문, 동아일보, 중앙일보, 조선일보, 한국일보, 한겨레신문 및 광주일보의 각 지면에 게재해서 사죄하라.

(4) 피고들은 연대하여, 원고 박해옥, 김혜옥, 진진정, 이동련에 대하여, 3000만 엔 및 이에 대한 헤이세이(平成)11년(1999) 3월 16일(소장 송달 날의 다음날)부터 지불 완료 다 갚는 날까지 연 5%의 비율에 의한 금원을 지불하라.

(5) 피고들은, 원고 양금덕에 대하여, 3,000만 엔 및 이에 대한 헤이세이11년(1999) 3월 16일(소장 송달 날의 다음날)부터 다 갚는 날까지 연 5%의 비율에 의한 금원을 지불하라.

(6) 피고들은, 원고 양금덕에 대하여, 3,000만 엔 및 이에 대한 헤이세이16년(2004) 2월 5일(소장 송달 날의 다음날)부터 다 갚는 날까지 연 5%의 비율에 의한 금원을 지불하라.

(7) 피고들은 연대하여, 원고 김중곤에 대하여, 6,000만 엔 및 이에 대한 헤이세이 12년(2000) 12월 19일(소장 송달 날의 다음날)부터 다 갚는 날까지 연 5%의 비율에 의한 금원을 지불하라.

(8) 피고들은 연대하여, 원고 김성주에 대하여, 3,000만 엔 및 이에 대한 헤이세이 12년(2000) 12월 19일(소장 송달 날의 다음날)부터 다 갚는 날까지 연 5%의 비율에 의한 금원을 지불하라.

(9) 소송비용은 모두 피고들이 부담한다.

(10) 가집행의 선언

2. 피고 국가

(1) 원고들의 피고 국가에 대한 청구를 모두 기각한다.

(2) 소송비용은 원고들이 부담한다.

(3) 담보를 조건으로 하는 가집행 면탈의 선언

3. 피고 회사

(1) 원고들의 청구를 기각한다.

(2) 소송비용은 원고들이 부담한다.

제2절_ 사안의 개요

1.

본 건은 대한민국(이하, '한국')에 거주하는 원고들이, 원고들(원고 김중곤을 제외함) 및 원고 김중곤의 아내인 김순례(2001년 2월 13일 사망)가 제2차 세계대전 중에 한반도에서 여자근로정신대(이하 '근로정신대')의 대원으로서 일본에 와서, 당시의 미쓰비시중공업주식회사(이하 이를 '구 회사')의 나고야항공기제작소 도토쿠(道德) 공장(이하 '본 건 공장')에서 노동에 종사당한 실태는, 강제연행, 강제관리 및 강제노동(이하 '본 건 불법행위')이며, 또, 피고들은, 전쟁 후 원고들(원고 김중곤을 제외함) 및 김순례가 새로운 피해를 입지 않도록 조사, 공표, 사죄 등을 해야 할 의무를 지니고 있었음에도 불구하고, 이를 소홀히 했다는 것 등을 주장하여, 피고들에 대하여, 정신적·재산적 손해배상 및 신문 지면에 사죄 광고의 게재를 청구한 사안이며, 갑 사건은 (a)원고 박해옥, 김혜옥, 진진정, 이동련이 피고들에게 (b)원고 양금덕이 피고 회사에게, 을 사건은 원고 김중곤 및 동 김성주가 피고들에게, 병 사건은 원고 양금덕이 피고 국가에 대하여, 각각 위의 청구를 한 것이다.

이하, 원칙적으로 원고 김중곤을 제외한 원고들 및 김순례를 '근로정신대원 원고들'이라고, 근로정신대원 원고들 및 김복례를 '본 건 근로정신대원들'이라고 함.

2. 전제로 되는 사실

갑B 제10호증, 제20호증의 1 내지 6, 제21호증의 1 및 2, 갑C 제5호증, 제7호증의 1 및 2, 8호증, 9, 11, 13, 15, 16, 21, 22, 25 및 제52호증, 71, 74, 75, 78, 79, 80 및 제81호증의 각 1 및 2, 제84호증, 갑G 제1, 2호증, 제4호증의 1 및 제2, 5호증, 제6호증, 갑H 제1호증의 1 및 2, 제2호증, 3호증의 1 및 2, 4호증, 6 및 제8호증의 각 1 및 2, 제9호증, 제17호증의 1 및 2, 제18호증, 제31호증, 제37호증의 1 및 2, 제39호증, 43, 45 및 제46호증의 각 1의 각 기재, 증인 이금주, 여순주 및 다카하시 마코토의 각 증언, 원고 박해옥, 김혜옥, 진진정, 양금덕, 이동련, 김중곤 및 김성주의 각 당사자 심문의 결과 및 변론 취지를 종합하면, 이하의 사실을 인정할 수가 있다.

1) 근로정신대 동원

1937년(쇼와:昭和 12년) 일중전쟁이 시작된 이후, 우리나라(일본)의 군수산업에서의 노동력 부족이 점차 심각해져, 그 속에서 우리나라 정부는 1938년(쇼와 13년) 4월에 「국가총동원법」을, 1939년(쇼와 14년) 7월에 「국민징용령」을 각각 공포하여, 조선에서는 모집 형식의 노무동원계획을 실시해서, 노동력의 통제와 총동원체제의 확립을 시도했다.

1940년(쇼와 15년)에는 「조선직업소개소령」이 공포되어 더욱 대대적인 노동력 동원이 행해졌고, 1941년(쇼와 16년)에는 「국민근로보국협력령」이 시행되어 노동력 동원이 이뤄졌고, 더더욱 노동력이 필요하게 되어 1942년(쇼와 17년)에는 '국민동원계획'이 세워졌다.

그러던 중, 1943년(쇼와 18년) 9월 13일 차관회의에서, 「여자근로동원의 촉진에 관한 건」이 결정되어, 여자 유휴 노동력의 해소를 기대하여, 필요한 근로 요원들을 확보하기 위하여, 동원 대상이 되는 여자들을 대체로 '신규 학교 졸업자', '14세 이상의 미혼자', '정비되어야 할 불급불요 학교 재학자' 및 '기업 정비에 의한 전직 가능자'로 하여, '항공기 관계 공장', '정부 작업청' 등에 우선적으로 충족할 것이 되어, 동원방법으로써 '도도후켄(都道府縣) 지도하에 시쿠초손(市區町村)의 장으로 하여금 되도록 그 취직의 권장에 노력할 것', '반상회, 부락회, 이웃조, 부인회, 학교장들로 하여금 적극적으로 협력시킬 것', '학교 졸업자로 하여금 여자정신대에 대해서는 도도후켄(都道府縣)의 지도하에 학교장 등을 중심으로 하여 결성하도록 지도할 것'등을 들 수 있다.

게다가 1944년(쇼와 19년) 3월 18일에는 「여자정신대 제도 강화 방책요강」이 각료회의 결정되어, 여자정신대의 결성에 관해 '학교장, 여자청년단장, 부인회장, 기타 적당한 직역 또는 지역단체의 장들로 하여금 여자정신대를 조직하는데 필요한 조치를 집행시킬 것'으로서, '여자정신대에 의해 근로에 종사시킬 자는 국민등록자인 여자로서 가정의 중심이 되는 자를 제외한 또 신체상황, 가정 사정 등을 참작해서 이들을 선정할 것', '우에 의해 선정된 자에 대해서는 필요에 응하여 징신대 조직에 의해 필요 업무에 정신(挺身) 협력해야 할 것을 명할 수 있는 것으로 함'등이라고 정하여, 국민등록자인 여자들을 강제적으로 정신대로 조직시켜, 필요 업무의 협력을 명령하는 것을 가능하게 했다.

그리고 같은 해 6월 21일에 「여자정신대 수입 측 조치 요강」이 각료회의에서 결정된 후, 8월 23일에는 「여자정신근로령」(같은 해, 칙령 제519호)이 공포 시행되어, 조선에서도 동시에 시행되었다.

조선에서의 근로정신대 동원은, 「여자정신근로령」 시행 전부터 행해지고 있었으나, 1944년(쇼와 19년) 이후가 특히 많아 주로 국민(초등)학교를 통해서 6학년 또는 졸업생들을 대상으로 모집이 실시됐다. 근로정신대들이 동원된 공장은, 이 사건 공장의 외에, 후지코시(不二越) 강재공업주식회사 도야마(富山) 공장, 도쿄(東京) 아사이토(麻糸) 방직주식회사 누마즈(沼津) 공장 등의 군수공장이었다.

2) 이 사건 근로정신대원들이 초등학교에서 받은 교육

이 사건 근로정신대원들은 1930년대 후반에 국민(초등)학교에 입학했으나, 당시 초등학교에서 아동들은 매일 아침 조례에서 동쪽을 향하여 보이지도 않는 천황폐하에 경례를 하여(황거요배:皇居遥拝), 소리를 합쳐 황국신민의 서사를 외치도록 강요당했다.

역사 수업에서는 한국 역사가 아니라 일본 신화가 취급되어, '천황은 신이다.', '일본은 좋은 나라다.'라고 배웠다. 수신 수업에서는 니노미야 긴지로(二宮金次郎), 구스노기 마사시게(楠木正成), 도고 헤이하치로(東鄕平八郎) 등을 배웠다. 또 교육 칙어 암기를 강요하여 외우지 못하면 벌까지 받았다. 기미가요나 군가 등도 배웠다. 학교 내에서는 조선어 사용이 금지되어 조선어를 사용하면 벌을 받았다.

1940년(쇼와 15)경에 창씨개명이 실시되어, 학교 내에서는 일본 이름으로 서로를 불렀다. 본 건 근로정신대원들은 이러한 교육을 순수하게 받아들이고 있었다.

3) 근로정신대 권유 및 일본 출발

1944년(쇼와 19년) 5월경, 이 사건 근로정신대원들은, 초등학교의 교장, 담임교사 등을 통하여, 근로정신대 참가를 권유받았다. 이때, 이 사건 정신대원들은, "일본에 가면, 학교에도 갈 수 있고, 돈도 받을 수 있다." 등의 말 때문에, 일본에 가면 여학교에 다닐 수 있는 줄 믿고 근로정신대에 참가하기로 했다.

같은 해 5월말 경, 전라남도 목포, 나주, 순천, 여수 및 광주의 각지에서, 이 사건 근로정신대원들을 포함한, 근로정신대에 참가하는 소녀들이 기차로 여수에 집합했다. 목포에서 약 40명, 나주에서 약 24명, 순천에서 약 14명, 여수에서 약 25명 및 광주에서 약 50명 등 약 150명이 모였다. 같은 해 6월초 경 여수에 집합한 소녀들은 나주 다이쇼(大正)초등학교(현 나주 초등학교)의 마쓰야마(손상옥) 교사와 곤도 헌병이 인솔해 여수항에서 배로 시모노세키(下關)로 향했고, 시모노세키에 도착한 후 기차로 나고야까지 가서, 이 사건 공장의 제4 료(菱和)에 도착했다. 기숙사 앞에는 10명 정도의 직원들이 마중나왔다.

4) 이 사건 공장에서의 생활

이 사건 공장에는 부품공장과 조립공장이 있으며, 약 2,000명이 주야로 2교대로 일하고 있었다. 제4 료에서는, 전라남도에서 온 근로정신대원들을 비롯한 약 150명, 충청남도에서 온 약 150명이, 요장인 야마조에 산페이(山添三平) 사감(이하, '야마조에 사감')의 감독 아래, 4평정도 크기 방에 6명 내지 8명의 사람들이 생활했다.

근로정신대는 출신지별로 중대, 소대로 나누어져, 전라남도 출신자들은 제1중대, 충청남도 출신자들은 세2중대로 편성되어, 제1중대 중 목포 제1소대, 나주 제2소대, 순천 제3소대, 여수 제4소대, 광주 제5소대로 배치되었다.

근로정신대원들은 오전 6시에 기상해, 아침식사 후 기숙사에서 공장까지 걸어서 20분내지 30분 거리를 '가미카제(神風)'라고 쓰인 머리띠를 두르고 4열종대로 '우리는 처녀정신대' 등을 노래 부르면서 행진하며 갔다. 공장에서는 출신지별로 작업장에 배치되어 오전 8시부터 오후 5시 내지 6시경까지 일했다.

공장에서의 작업은 감시가 엄격했는데, 작업 중에는 곁을 보거나 이야기 나눌 수 없었다. 화장실에 갈 때도 허가를 받고 가야 했는데, 정해진 시간 내에 돌아오지 않으면 욕을 듣거나 처벌을 받기도 했다. 휴게시간은 점심시간을 포함하여 오후 12시부터 1시까지 1시간이며, 휴일은 일요일뿐이었다. 또, 식사 양도 적었기 때문에 본 건 근로정신대원들은 항상 배가 고팠다.

근로정신대원들은 단체로 나고야성, 아츠타(熱田) 신궁, 호국(護國)신사, 히가시야마(東山) 동물원 및 마쓰자카야(松坂屋)백화점 등을 찾아간 적은 있었으나 자유로운 외출은 금지되고 있었고, 집단 외출할 때에는 감시원이 붙었다. 또 조선에 편지를 보낼 수 있었지만, 검열을 받아야 했기 때문에, 이 사건 근로정신대원들은 생활상의 불만을 쓸 수 없었다.

또, 이 사건 근로정신대원들은 제4 료에서 일본 노래나 예의범절, 재봉 등을 배울 수 있었으나 학교에 다니는 일은 없었다.

5) 도난카이(東南海) 지진

1944년(쇼와 19년) 12월 7일 오후 1시반 경, 도난카이 지진이 발생했다. 이 지진에 의하여 공장 건물이 많이 무너져 전라남도 출신 근로정신대원이었던 김순례, 김향남, 최정례, 서복영, 이정숙 및 구레하라 아이코(오길애) 6명을 포함한 57명이 사망했다.

6) 귀국까지

도난카이 지진 이후, 나고야에 공습이 심해져 근로정신대원 원고들은 매일처럼 저녁에 방공호에 피난해야 했다. 1945년(쇼와 20년) 1월, 공장의 본부 사무소, 주된 조립 부문 및 부품 제작 부문들이, 도야마현(富山縣)에 있는 구 회사의 다이몬(大門) 공장(이하, '다이몬공장')으로 이전했다. 이에 따라 근로정신대원 원고들을 포함한 전라남도 출신 근로정신대원들은 1945년 봄 경 다이몬 공장에 이동했다.

같은 해 8월 15일, 일본이 포츠담 선언을 수락하여 종전을 맞이했다. 근로정신대원 원고들은 같은 해 10월경 조선에 귀국했다.

7) 한국 사회에서 근로정신대원에 관한 인식

한국사회에서는 1990년대 초경까지 일본군 '위안부'(이하 '위안부')는 일반적으로 '정신대'라고 불리고 있어서, 1990년대 후반에 들어서야 겨우 학자들 사이에서 근로정신대원과 위안부를 구별하는 것이 일반화되었으나, 일반인들 사이에서는 여전히 양자가 구별되지 않고 인식되는 일이 많았다.

한국사회에서는 여성에 대한 정조관념이 강하며, 근로정신대원으로서 일본에 가 있었다고 알려지면 위안부였다고 생각되어, 결혼에 장해가 되거나, 주위에서 비난의 대상이 되기 때문에, 근로정신대원으로 일본에 간 사람의 대부분은 그 일을 남편이나 자식들에게 숨기며 생활했다.

제3절_ 쟁점 및 이에 대한 당사자의 주장

1. 본 건에서의 쟁점은, 원고들 각자에 관한 사정 외에, 다음 (1)~(16)과 같다.

1) 원고들과 피고 국가 사이의 쟁점

- 이 사건 근로정신대원들이 근로정신대의 모집에 응모하여 일본에서 노동한 일에 관한 민법 제709조, 715조, 719조에 의한 불법 행위 책임 (쟁점(1))
- 입법부작위에 의한 국가배상책임 (쟁점(2))
- 행정부작위에 의한 국가배상책임 (쟁점(3))
- 국제법 위반에 기초한 손해배상책임 (쟁점(4))
- 원고 김성주의 부상 및 김순례의 사망에 관한 불법행위 책임, 안전배려 의무 위반에 의한 채무불이행 책임 (쟁점(5))

- 원고 김중곤에 대한 전상병자 전몰자 유족 등 원호법(이하 「원호법」 이라고 함)에 관한 부작위에 의한 국가배상책임 (쟁점(6))

2) 원고들과 피고 회사와의 사이에서의 쟁점
- 피고 회사와 구 회사와의 동일성 (쟁점(7))
- 이 사건 근로정신대원들이 근로정신대의 모집에 응모하여 일본에 서 노동한 일에 관한 민법 제709조, 715조, 719조에 기초한 불법행위 책임 (쟁점(8))
- 선행행위에 의한 작위 의무 위반에 의한 불법행위 책임 (쟁점(9))
- 국제법 위반에 따른 손해배상 책임 (쟁점(10))
- 김순례의 사망에 대한 불법행위 책임, 공작물 설치 관리 책임, 안전 배려 의무 위반에 의한 채무불이행 책임 (쟁점(11))
- 원고 김성주의 상해에 대한 불법행위 책임, 안전배려의무 위반에 의한 채무불이행 책임 (쟁점(12))
- 회사 경리 응급조치법 및 기업재건정비법에 의한 채무의 소멸 (쟁점(13))

3) 「재산 및 청구권에 관한 문제의 해결 및 경제협력에 관한 일본국 과 대한민국 간의 협정」(쇼와 40년:1965. 조약 27호. 이하 '이 사건 협 정') 2조 또는 「재산 및 청구권에 관한 문제의 해결 및 경제협력에 관한 일본국과 대한민국 간의 협정 제2조의 실시에 따른 대한민국 등의 재산 권에 대한 조치에 관한 법률」(쇼와 40년: 1965. 법률 제144호. 이하 '재 산권조치법') 1항 1호에 의한 해결(쟁점(14))

4) 시효 또는 제척 기간의 적용 (쟁점(15))

5) 원고들의 손해 (쟁점(16))

2. 쟁점 (1)~(16)에 대한 당사자들의 주장

1) 원고들 및 피고 국가와의 사이에서의 쟁점

▶ 쟁점(1)
(이 사건 근로정신대원들이 근로정신대의 모집에 응모해서 일본에서 노동한 일에 관한 민법 제709조, 715조, 719조에 기초한 불법행위책임)

(원고들의 주장)

(1) ① 이 사건 근로정신대원들은, 당시 13, 4살이었으나, 제2차 세계대전에서의 피고 국가의 관여 아래, 기망에 의해 우리나라에 실질적으로 강제연행 되어, 이 사건 공장 등에서, 군대식인 엄격한 규율과 엄중한 감시 아래, 무급으로 노동을 강요당했다.

근로정신대원으로서 일본에 와서, 노동을 강요당한 실태는, 피고 국가에 의한 강제연행, 강제관리, 강제노동이었다. 이 사건 불법행위에 대하여, 피고 국가는, 민법 제709조, 715조, 719조에 의한 배상책임을 진다.

② 식민지 정책에 의해 조선은 경제적으로 궁핍한 상황에 빠져있었고, 정치적으로도 헌병경찰의 지배가 철저했을 뿐 아니라 또 조선 여성들한테는 식민지 정책에 의한 민족적·성적 차별이 만연했기 때문에, 조선사회에 대한 희망이나 꿈을 가질 수 없는 상황아래 놓여 있었다.

이러한 상황에서 황민화 교육이 철저했던 이 사건 근로정신대원들은, 그 마음 깊숙이 황민화교육에 동화되어, 일본을 위해 봉사하는 것을 당연한 것처럼 믿고 있었기 때문에, 감언이설이나 기망에 가득 찬 권유에 따르기 마련이었고, 또한 그 지원을 반대하는 부모, 형제들에 대해서는 전쟁의 고양을 향한 사회풍조를 형성하여, 또는 헌병과 경찰을 통한 공포심을 이용해서, 그 의사를 억압해 온 것이었다. 이상과 같은 식민지 지배의 역사적 사실을 고려하면, 근로정신대 동원이 강제연행이었던 것은 명확하다.

③ 강제동원, 강제노동에서의 가해행위는, 크게 나누면, ⟨1⟩ 모략적 기망에 의해 의사에 반하여 근로정신대에 동원한 행위, ⟨2⟩ 연금 상태에 두고, 본인 의사에 반한 가혹한 노동에 종사시킨 행위, ⟨3⟩ 도난카이 지진 및 그 후의 공습에 관한 주의 의무 위반의 행위로 나눌 수 있다. 피고 국가는 강제동원을 뒷받침하여 구 회사에 있어서의 강제노동을 지휘 감독해서 지배했던 것이다.

(2) 국가무답책(國家無答責) 법리에 대해서

① 피고 국가는 강제적인 것과 권력적인 것을 동일시하여, 피고 국가에 의한 이 사건 불법 행위가 권력 작용이라고 주장하지만, 양자는 수준을 달리하는 개념이다. 권력적인가 아닌가는 국가가 우월적 의사의 주체로서 개인에게 대할 것인가 아닌가에 따르는 것이며, 강제적이면서 권력 작용에 해당하지 않은 경우가 있다.

피고 국가는 단지 전쟁 수행을 위한 총동원정책에 따른 것이기 때문에 권력 작용에 해당하는 것이라고 주장함에 지나지 않고, 권력 작용에 해당하는 구체적 근거를 제시하지 않고 있다.

② 국가의 권력 작용에 대한 민법의 적용을 배제해야 할 실체법상의 장해는 없다. 또 재판제도가 사법재판소로 일원화 된 오늘에는 민법의 적용을 거부해야 할 소송상의 장해도 없다.

③ 국가배상법 시행 이전에, 국가가 배상의무를 부담 안 했던 것은 국가무답책의 법리가 존재했기 때문이 아니라, 민법의 불법행위 규정의 적용이 부정된 것에 불과하다. 따라서 국가배상법 부칙 6항 '이 법률 시행 전의 행위에 의한 손해에 대해서는, 여전히 종전의 예에 따른다.'라는 규정은, 국가배상법이 존재하지 않는 종전의 법 상태에서 사법재판소는 판단해야 한다는 의미에 지나지 않는다.

④ 원고들은 피고 국가의 국민이었던 적은 없고, 그 통치권에 복종한 일도 없기 때문에, 국가무답책의 법리는 원고들에게 적용되지 않는다.

⑤ 이 사건 사안처럼 현저히 위법인 인권유린행위에 대해서 국가무책임설을 적용하는 것은, 정의공평의 이념에 비춰 허용되지 않는다.

(피고 국가의 주장)

(1) 원고들은 근로정신대 가입을 강제연행이라고 주장하지만, 원고들이 주장하는 사실에 의해서도 강제연행에는 걸맞지 않다.

(2) 원고들의 주장을 전제로 하면 이 사건 불법행위는, 국가의 권력 작용에 의해서 이뤄진 일이며, 쇼와 22년(1947) 10월 27일 국가배상법 시행 전의 행위이기 때문에 국가무답책의 법리가 타당하다. 따라서 민법 제709조, 715조 및 719조가 적용될 여지는 없고 원고들의 청구는 법률상의 근거가 없다.

① 국가무답책의 법리는, 국가의 배상책임을 인정할 실체법의 규정이 없었던 것을 근거로 하는 실체법상의 법리이다.

② 당시의 법체계에서는 권력적 작용에 민법의 적용은 없었기 때문에, 원고들이 주장하는 피고 국가의 행위가 권력적 작용인 이상, 피해자가 일본인이거나 외국인이거나를 불문하고, 민법에 의해 그 손해배상을 청구할 수는 없다.

▶ 생점(2)
(입법부작위에 의한 국가배상 책임)

(원고들의 주장)

(1) 선행 행위로 인한 피고 국가의 작위 의무의 존재

스스로의 선행 행위에 의해 손해를 발생시키거나, 또는 발생시킬 위험을 야기한 자는, 조리상 보호책임을 지며, 손해발생을 막거나 손해확대를 방지

할 법적의무를 진다. 전쟁이라는 국가 행위에 의한 중대한 인권침해에 대하여, 전쟁을 수행한 나라의 정부가 자국의 부정의를 솔직히 인정하고 사죄해 가능한 한 보상을 하는 것이 국제 사회에 있어서의 조리다.

근로정신대원 원고들은 피고 국가에 의해 속아 강제적으로 일본에 동원되어, 엄격한 관리 하에서 강제노동을 강요당했고, 해방 후에도 한국 내에서 위안부로 동일시 받아, 고뇌의 인생을 보낼 수밖에 없었다. 따라서 피고 국가는 원고들에 대한 과거의 손해를 회복시켜, 손해가 확대되지 않도록 배려, 보상해야 할 법적 작위의무를 지고 있다.

(2) 전쟁 후 보상 입법 의무의 존재

피고 국가의 법적 작위 의무는, 메이지(明治)부터의 침략전쟁과 식민지 지배를 불법이라고 인정하여, 그 결과의 회복을 요구하고 있는 헌법의 근본 규범, 온 세계 국민들에게 평화적 생존권을 보장하여, 우리나라에 의한 평화적 생존권의 침해에 대한 사죄 및 배상, 또 고통의 제거를 당연한 의무로 하고 있는 헌법 전문(前文) 및 9조, 국적의 유무, 또는 군인 혹은 군속 여부를 불문하고, 일률로 전쟁 피해를 보상하는 입법을 의무화하고 있는 헌법 14조, 침략 전쟁 때문에 피해를 입은 사람들에 대한 보상 입법을 의무화하고 있는 헌법 40조 및 국제관습법으로 확립하고 있는 전쟁 후 보상에 대하여, 그 입법 의무를 당연히 한 헌법 98조 2항에 각각 구체화되어, 전쟁 후 보상 입법 의무라는 모습으로 나타나고 있다.

또한 원고들이 받은 손해에 대해서는, 포츠담 선언의 수락에 의해, 그 손해를 회복시켜야 할 의무를 입법기관이 지고 있다고 해석해야 한다.

(3) 전쟁 후 보상 입법 의무의 정도

헌법 전문에서 '국제 사회에 있어서 명예 있는 지위를 차지하고 싶다'고 선언하고 있는 이상, 피고 국가는 침략 전쟁과 식민지 지배의 피해자에 대하여, 독일이나 아메리카합중국(이하, '합중국'이라고 함)에 버금가는 사죄와 보상 입법을 해야 한다. 또 사죄와 보상의 범위나 방법은, 각국 법령 등에 의해 이미 그 예가 있다.

(4) 보상 입법 의무의 해태(懈怠)

피고 국가의 국회의원들은, 근로정신대에 관한 사실도, 전쟁 후 보상 입법 의무의 존재도 쉽게 인식할 수 있었음에도 불구하고, 충분한 시간이 있었음에도 보상 입법을 하지 않았기 때문에, 과실에 의해 헌법상의 작위 의무에 위배한 입법부작위에 빠져 있다.

(5) 피고 국가는, 입법부작위의 위헌성 판단에 관하여, 최고재판소 쇼와 60년(1985) 11월 21일 제1소법정 판결 · 민집 39권 7호 1512쪽(이하, '쇼와 60년 판결'이라고 함)에 의거하고 있으나, 위 판결은, 국가 배상 청구 소송에 의해 입법 행위의 위헌성을 물을 수 있는 상황을 좁게 한정하고 있는 점에서 엄격한 비판이 집중되어 있다.

또 국제적인 인권 과제가 큰 문제로 되어있는 이 사건과는 완전히 사안을 달리하는 것이기 때문에, 위 판결이 가리키는 '예외적인 경우'에 대해서는, 시대배경 및 헌법상의 요청(소수자의 권리 옹호)을 바탕으로 해석해야 할 것임에도 불구하고, 피고 국가는 위 판결의 판시를 부당하게 확장하여, 국가배상법상 입법 부작위가 위법으로 평가될 경우에 대하여 위 판결 이상의 한정을 마련하고 있다.

① 쇼와 60년 판결의 문제점

이 사건에 있어서는, 각각 국회의원의 국민 총체에 대한 책임이 아니고, 국회의원 총체 또는 국회 자체의 의무의 내용이 문제가 되고 있기 때문에, 정치적 평가가 아니고 법적 평가가 타당할 수 있는 경우이며, 의회제 민주주의로부터 즉시 국가배상법상의 책임을 모면하는 것이 아니다.

헌법 51조는, 국회의 위법행위에 대한 나라의 배상 책임을 부정하는 취지를 포함한 것이 아니기 때문에, 같은 조로부터 즉시 국가배상법상의 책임이 부정되는 것이 아니다. 게다가, 헌법 81조는, 헌법 문제가 모두 정치적인 것을 전제로, 재판소에 대하여 법률적으로 해결하는 임무를 주고 있기 때문에, 정치성을 근거로 국가배상법상의 책임을 부정할 수는 없다.

② 쇼와 60년 판결의 '예외적일 경우'에 대해서

중대한 인권침해가 되어 이것이 회복되지 않고 있을 경우에는 그 구제를 꾀하지 않으면 안 된다고 하는 것이 헌법의 입장이다. 권리를 침해받고 있는 사람이 소수자일 경우, 반드시 다수 의견이 되는 것은 아니고 특히, 이 사건과 같이 현시점에서는 외국인으로서 자기의 의사를 정치의 장에 반영시킬 수 없는 원고들의 권리가 침해되었을 경우에는, 의회제 민주주의의 과정에서는 그 권리를 회복할 수 없기 때문에, 사법이 보다 적극적 역할을 다하지 않으면 안 된다.

따라서 입법부작위에 대한 위헌 심사는 헌법상의 중요한 인권침해가 현실에 존재하고, 사법에 의한 구제가 요구되고 있는 장면에서는, 헌법의 해석으로부터 근본적으로 입법 의무가 이뤄지지 않아도, 헌법의 각 조항, 헌법 제정의 경위 및 우리나라의 선행 행위에 기초한 조리상의 작위 의무로부터 입법 의무가 발생할 경우를 인정해야 해서, 이것이 국회에 밝혀지고 나서 상당한 기간을 경과했을 경우에는 위헌행위로 된다고 해석해야 한다.

원고들은, 헌법 13조의 개인의 존엄 및 행복추구권을 계속 침해당하고 있기 때문에, 피고 국가는 신속히 위 침해 상태를 해소해야 할 의무를 진다.

(6) 입법부작위에 근거하는 국가배상 청구소송을 인정받기 위해서는, 입법의 부존재가 위헌인 것이 확인되면 좋고, 보상금액, 지불방법 등 상세하게까지는 특정할 필요는 없기 때문에, 국회의 입법 재량을 침해할 일은 없고, 3권 분립에도 반하지 않는다.

(7) 따라서 피고 국가에는, 보상 입법이 있으면 보충되었을 것이라고 하는 원고들의 각 손해를 배상할 의무가 있다.

(피고 국가의 주장)

(1) 입법부작위가 국가배상법상 위법이 될 것을 예외적이나마 인정하는 것은, 헌법이 예정하고 있는 권력분립 제도와의 관계에서 신중한 검토가 필요하다. 재판소가 국회의원의 입법부작위에 대한 법적 책임을 묻는 것은, 재판소가 각각 국회의원들에 대하여, 특정 내용의 법률을 특정한 시기까지 입법해야 할 의무를 부과하는 것으로 될 수밖에 없고, 재판소가 국회에 간단히 일정한 입법의무를 부과할 수 없는 권력분립의 기본이념에서 보면, 매우 큰 어려움이 있다. 입법 행위에 대한 위헌 판단과 입법부작위에 대한 그것과는 완전히 이질적인 판단구조이기 때문에, 위헌 입법 심사권이 있는 것에 의해 당연히 입법부작위의 위헌 판단이 인정되지는 않는다.

쇼와 60년 판결에 입각하여 입법부작위가 위법이 될 경우를 상정하면, 동 판결은 입법부작위가 국가배상법상 위법이 되는 것을 기본적으로는 예정하지 않고 있다고 해야 한다. 또한 입법부 작위에 관한 국가배상법의 위법성 판단 기준에 관한 쇼와 60년 판결의 틀은 확립된 것이라고 할 수 있다.

(2) 원고들이 주장하는 헌법 각 조항 등에는, 원고들에게 대한 전쟁 후 보상 입법을 일의적(一義的) 내지 한 눈으로 명백하게 정한 규정은 존재하지 않는다. 원고들이 주장하는 피해는 소위 전쟁 손해 또는 전쟁 희생이지만 헌법은 전쟁 손해의 보상을 직접 예상하지 않고 있으며, 전쟁손해에 대한 보상의 필요성의 여부와 기본적 태도에 대해서는 입법부의 재량에 맡겨져 있다는 것은, 최고재판소 판례에서도 거듭 확인되고 있다.

(3) 이상과 같이, 이 사건은 입법 행위에 대하여 국가배상법 1조 1항에 관하여 위법인 평가를 받은 예외적 경우로서 쇼와 60년 판결이 정한 요건을 충족하지 않고 있기 때문에, 원고들의 청구는 이유가 없고, 주장 자체가 걸맞지 않는다.

▶ 쟁점 (3)
(행정부작위에 의한 국가배상책임)

(원고들의 주장)

(1) 피고국가는, 전쟁 후 가해국으로서 피해국 및 피해국 국민에 대하여, 전쟁 책임을 인정해 가해의 실태를 조사하여, 조사 결과를 공표해 사죄해야 할 의무를 지고 있었음에도 불구하고, 이것을 소홀히 했다. 때문에 근로정신대원 원고들은 위안부와 동일한 것으로 취급당해, 고통으로 가득 찬 반생을 보낼 수밖에 없었다.

(2) 행정의 적극적 작위 의무의 근거
① 선행행위에 기초한 작위 의무
스스로의 선행 행위에 의하여 손해를 발생시키거나, 또는 발생시킬 위험을 불러일으킨 사람은, 조리상 보호책임을 지며, 손해발생을 방지하거나 또는 손해 확대를 방지할 의무는, 법 해석상 일반적으로 확인된 법적인 원칙이다.
② 법률의 유보론과의 관계
국민들의 기본적 인권을 침해하지 않고 상대방의 동의와 협력 하에서라면, 행정이 사실상의 행위를 함에 있어서 법적 근거는 요구되지 않는다. 따라서 피고 국가가 그러한 행위를 행정작용으로서 실시하는 것은, 법률의 유보 원칙에 반하지 않고, 오히려 적극적으로 요청되고 있다고 해야 할 것이다.

③ 행정 재량과의 관계

국민의 생명, 신체 및 건강의 훼손이라는 결과 발생의 위험이 있고, 피해 법익이 중대하며, 조리상 행정권의 불행사를 좌시할 것이 국민의 법 감정에 반한다고 생각되는 경우에는, 행정권 행사의 재량이 수축하여, 그 불행사가 위법이 된다.

④ 가해 공무원 내지 행정기관의 특정

(a) 국가배상법은 '국가 스스로의 책임 긍정설'을 뒷받침할 '자기책임설'에 있다고 해석해야 하며, 특히 이 사건처럼 국가 전체의 선행 행위에 기하여, 조리상의 책임을 물을 경우에는 공무원 개인의 특정은 필요 없다는 것, 조리에 기초한 작위 의무가 인정될 경우에는, 법령에 정하지 않아도 작위 의무가 인정될 것 및 행정실태를 고려하면, 이 사건에서 피고 국가는 조리상, 국가 전체의 책임을 져야하기 때문에, 가해 공무원 내지 행정기관을 특정할 필요는 없다.

(b) 이 사건에서 작위 의무를 지는 것은, 후생노동성의 담당부국이며, 외무성의 담당 부국이며, 또 필요에 따라 이 2개의 성 관계 부국들이 공동해서 대처해야 할일이다. 또한 이 사건에서는, 〈1〉 구 외무성 설치법에 기초한 외무성의 책임, 〈2〉 구 외무성 설치법 및 구 후생성 설치법에 기초한 두 기관의 공관(共管) 사무로서의 책임, 〈3〉 구 총리부 설치법 5조 4호에 기초한 '다른 행정기관에 속하지 않는 사항'의 하나로서의 구 총리부의 책임을 물을 수 있기 때문에, 피고 국가의 행정부작위 책임의 전제가 되는 가해 행정 기관을 파악하는데 어려움은 존재하지 않는다. 따라서 원고들은, 가해 행정기관을 특정한 손해배상 책임을 예비적으로 주장한다.

⑤ 작위 의무가 법령에 의해 구체적으로 규정되지 않고 있는 경우에서의 작위 의무

민법과 마찬가지로 국가배상법에서도 작위 의무는 위법성의 문제이지 반드시 법령상 명문규정이 있는 경우에 한정되지 않는 것이며, 정치상의

의무 또는 공무원법이 정하는 의무에 현저히 위반하고, 동시에 모든 법질서의 견지로부터 보아 국가배상책임을 지도록 하는 것이 정의에 부합하며, 합당하다고 생각될 경우에는 정치적 책임에 더하여 법률상의 책임이 발생한다고 해석해야 한다.

(3) 이 사건에서의 작위 의무

피고 국가는, 전쟁 전에 식민지로 삼고 있었던 조선에서, '공출'이라는 이름의 물적 수탈을 철저히 함과 동시에, 인적 수탈로서의 노동력 강제연행 등과 더불어, 대규모로 위안부를 연행하여, 조선사회에 있어서는 널리 '처녀 공출'에 대한 공포감에 휩싸여 있었다. 그밖에 위안부의 연행보다 뒤늦게, 또 이 보다 극히 소규모로 조선 소녀들을 근로정신대원으로 연행했다. 더하여 이들 제도에는 많은 공통점 또는 유사점이 있어서, 쉽게 혼동되는 상황이었기 때문에, 조선 사회에서는 '근로정신대'라고 하면 '위안부'라는 인식이 널리 퍼지게 되었다.

이렇듯 피고 국가가 대규모로 위안부로 연행하고, 이에 뒤늦게 소규모로 근로정신대원들을 연행함으로써, 근로정신대원 원고들이 전쟁 후 위안부와 같이 인식되는 원인이 됐으며, 그 결과 원고들은 귀국 후, 위안부와 동일한 것으로 오해 받아 고통으로 찬 반생을 보낼 수밖에 없었던 중대한 피해가 생긴 것이다. 따라서 피고국가는, 전쟁 후의 일본군 '위안부'로 오인 받게 된 피해의 원인을 창출한 주체로서, 스스로가 행한 위의 복합적 행위에 의해, 전쟁 후 근로정신대원 원고들이 일본군 '위안부'로 여겨지는 피해를 입지 않도록, 공식적으로 조사, 공표, 사죄해야 할 조리상의 의무를 진다.

(4) 작위 의무의 발생 시기

피고국가는, 위안부와 근로정신대원이 동일시되어 있는 것을 알면서도 전쟁 수행 목적을 위하여 이 사건 근로정신대원들을 동원한 것이니만큼,

1945년(쇼와20년)에 포츠담 선언을 수락해 연합국에 항복함으로써 동원 목적이 없어진 이상, 위 수락시점에서 근로정신대원 원고들을 안전하게 귀국시킬 뿐만 아니라, 한국사회에서 이들이 위안부로 취급되어 새로운 피해가 발생하지 않도록 하는 보호의무가 생겼다고 해석해야 한다. 그 후에도, 같은 해 9월 8일에 「종전에 따르는 국내 거주 조선인 및 대만인의 처리에 관한 응급조치」(후생성 발건(健)제152호)를 취하여, 한반도 피징용자 등의 송환을 내린 시기, 헌법 제정 시점, 원호법의 적용범위 확대시기, 이 사건 협정체결에 이르는 시기 등에서 피고 국가는 자기 부작위 책임을 반성해야했다.

그럼에도 불구하고 헛되게 시간을 보냄으로써 부작위에 따른 위법성을 심화시켰으며, 원고들의 피해를 가중시켰던 것이다.

작위 의무시기에 관해서는 늦어도 쇼와63년(1988) 4월 25일 제112회 국회 중의원 결산위원회에서의 구사카와 쇼조(草川昭三) 위원과 우노 소스케(宇野宗佑) 외무대신과의 질의응답의 시점에서, 피고 국가가 일본군 '위안부'로 동일시되고 있는 것에 따른 피해 사실에 대한 확정적인 인식을 갖고 있었던 것이 분명하다.

(5) 이 사건에서의 작위 의무 위반

이 사건은 적극적인 작위에 의한 권리침해와 동일시해야 할 피고 국가에 의한 작위 기인성의 부작위의 사안이기 때문에, 그 부작위가 작위 의무 위반으로서 위법이 되기 위한 요건은, 〈1〉 피해 발생의 예견 가능성, 〈2〉 결과 회피의 가능성의 2개로 충분하다고 해석해야 한다.

피고 국가는, 전쟁 후의 보상 입법 및 보상 행정의 전제로서, 전쟁 시 가해 행위와 그 피해 실태에 관한 조사활동을 했을 것이기 때문에, 근로정신대원이 한국 국내에서 위안부와 동일하게 인식되어 새로운 괴로움을 받고 있다는 것에 관한 인식을 가질 수 있었을 것이다. 또 적어도 피고 국가는, 동일시 대상인 2개의 제도를 스스로 만들어 냈으니, 근로정신대원 원고들이 오해로 인한 피해를 받게 된 것을 충분히 인식할 수 있었다고 해석된다.

또 이 사건 피해는 내면적, 정신적 피해인 오해에 기초한 동일시 피해이며, 피고 국가가 적절한 공식 사실조사 및 공표와 진지한 공식 사죄를 하면, 비교적 쉽게 오해는 풀릴 것으로 생각된다.

따라서 이 사건에서는, 피해 발생의 예견 가능성 및 결과 회피의 가능성 양쪽의 요건도 충족시킨다.

또한 가령 부작위가 작위 의무 위반으로서 위법이 되기 위한 요건으로서, 〈1〉 결과발생 방지의 용이성, 〈2〉 행정권 행사의 불가결성, 〈3〉 행정청이 위험의 절박성을 알거나, 또는 이를 알지 못했던 상황, 〈4〉 행정의 규제 권한 행사를 요청하여 기대할 것이 사회적으로 용인될 수 있는 경우와의 각 요건이 필요했다고 하더라도, 이 사건에서는 이 요건들을 모두 족하고 있다.

(6) 피고 국가는, 원고들이 주장하는 전쟁 후의 위안부와 근로정신대원과의 동일시 피해는, 원고들이 불법행위로서 주장하는 강제연행 및 강제노동의 확대 손해에 지나지 않는다고 주장한다.

그러나 원고들이 전쟁 후의 법익 침해의 원인이 된 선행행위로서 주장하고 있는 것은, 강제연행 및 강제노동 바로 그 자체가 아니라, 피고 국가가 보다 대규모로 위안부 동원을 선행시킴으로써, 이와 동일한 것으로 오해받기 쉬운 상황 및 모습 아래 강행한 복합적인 행위이며, 전쟁 후의 동일시 피해는 강제연행 및 강제노동에 의한 직접 피해와는 독립한 새로운 법익 침해이기 때문에, 강제연행 및 강제노동의 단순한 확대 손해는 아니다.

또 어떤 행위가 직접적으로 어느 법익 침해를 야기하고 있어도, 그 행위를 선행행위로서 이에 계속되는 어느 부작위가 작위 의무 위반 등의 요건을 충족하는 한 위법인 부작위로서도 독립된 불법 행위를 구성할 수 있는 것은 당연하다.

또한 동일시에 의한 피해를 한국사회의 책임으로 하는 것은 잘못이다.

(7) 따라서 피고 국가의 행정권의 미 행사는, 작위 의무 위반으로서 위법이기 때문에, 원고들에 대하여 국가배상법 1조 1항에 기초한 손해배상 책임을 진다.

(피고 국가의 주장)

(1) 가해 공무원(행정기관)이 특별히 정하지 않고 있는 것

국가배상법 1조 1항이 정하는 배상책임은, 공무원 개인의 불법행위에 대하여, 국가 또는 공공단체가 대위(代位) 책임을 지는 것이며, 고의 또는 과실의 유무, 행위의 위법성의 유무는 각각 공무원의 행위에 대해서 판단된다. 따라서 동 조항의 책임을 의논함에 있어서는 가해 공무원과 그 위법 행위의 특정이 필요하며, 이들이 특정되어 처음으로 문제가 될 기관의 권한이 밝혀져 해당 공무원 또는 행정기관에 주어진 권한의 취지 및 목적, 권한 행사에 지장이 되는 사정의 유무 등 작위 의무의 발생을 인정할 근거가 되는 구체적 사실을 검토할 수 있다.

원고들의 주장은 작위 의무를 지는 공무원 또는 행정기관의 특정이 결여하고 있기 때문에, 작위 의무 발생을 인정할 근거에 대하여 적확하게 검토할 수 없고 걸맞지 않다.

또한 원고들은 구 외무성 설치법, 구 후생성 설치법 및 구 총리부 설치법의 규정을 근거로 하여, 외무성, 구 후생성 및 구 총리부가 작위 의무를 진다고 주장한다.

그러나 위 각 규정들은 행정조직법의 규정이며, 행정 주체와 국민과의 권리의무에 관해 정한 것이 아니기 때문에, 위 각 규정으로부터 당장 개별 국민에게 대한 공무원의 법적 의무를 이끌어낼 수는 없다.

(2) 공무원 및 행정기관의 작위 의무가 존재하지 않는 것

① 원고들이 주장하는 조사, 공표의 구체적 내용이 명확하지 않은 가운

데, 현행법에 있어서 원고들이 주장하고 있는 작위를 특정한 공무원이나 행정기관의 권한 또는 의무로 할 것을 구체적으로 규정한 행정작용법은 존재하지 않는다. 이렇듯 공무원의 작위 권한이 법령에 의해 구체적으로 규정되지 않은 경우, 원칙상 공무원의 부작위에 대해서는 정치 책임을 지는 정도에 지나지 않는다.

② 원고들은 선행 행위로서 주장하는 강제연행 및 강제노동이 불법행위라고 주장하고 있는 것이니, 선행 행위에 의해 소위 위안부와 근로정신대원과의 동일시가 일어났다고 하는 피해 발생은 확대 손해이며, 그에 대하여 더욱 손해배상 의무를 질 것인가 여부는 상당한 인과관계의 유무의 문제다.

또한 원고들은, 선행 행위가 복합적 행위인 바 주장하지만, 피고 국가의 선행 행위의 내용으로서 강제연행 및 강제노동 외에 아무것도 주장하지 않고 있으며, 강제연행 및 강제노동이라는 하나의 행위에 의하여 기본적인 법익 침해와 위안부와의 동일시에 의한 법익침해라는 두 개의 결과가 생기게 했다고 주장하는 데 불과하다.

국가배상법상의 작위 의무가 인정받기 위해서는, 법령에 규정돼 있거나 이에 준하는 법률관계가 필요한 바, 이 사건에서 원고들이 주장하는 선행 행위인 강제연행 및 강제노동이 이뤄진 당시에는, 이 법은 시행되지 않고 있기 때문에, 이 법상의 작위 의무가 발생할 수는 없다. 또, 국가무답책(国家無答責)의 법리에 의하여 민법도 적용되지 않기 때문에, '위법'으로 평가할 근거가 되는 법령이 존재하지 않는다.

이러한 행위를 선행행위로서, 국가배상법 시행 후의 부작위를 같은 법상의 '공권력의 행사'로 하는 것은, 국가무답책의 법리에 의하여 법적 평가의 대상이 되지 않은 행위를 법적 평가 대상으로 하는 것이며, 결국 원고들의 주장은 국가무답책의 시대에서 권력적 행위에 의한 불법행위 책임을 형태를 바꾸어서 주장하고 있는 것이며, 국가배상법 부칙 6항의 잠탈(潛脫)을 하는 일이다.

③ 법률의 유보론(침해유보설)은 행정이 국민들에게 이익을 주거나, 국민들의 권리 의무와 직접 관계없는 활동을 할 경우 등은 행정의 자유로운 영역에 속하는 정도에 머물기 때문에, 행정의 자유로운 영역에 속하는 활동을 행정이 하지 않았다고 해도 국가배상법상의 위법을 묻는 근거가 될 수 없다. 또 원고들이 주장하는 행정재량권 수축 논의는, 행정작용법상 행정청에 권한이 부여되고 있는 경우에 관한 것이기 때문에, 이 사건에서는 전제를 결(欠)한다.

④ 원고들이 주장하는 위안부와 근로정신대원과의 동일시 문제는, 피고 국가가 의도적으로 생기도록 한 것은 아니다. 전쟁 후 한반도는 우리나라에서 분리 독립하여 그 주권이 미치지 못하게 되었기 때문에, 해당 지역 내에서의 조사를 일본국 정부가 당장 할 수 있는 것이 아니며, 이러한 행위를 해야 할 법적 의무를 타국 국민에 대해 지는 것은 아니다.

게다가 우리나라는 포츠담 선언의 수락부터 '일본국과의 평화조약'(쇼와 27년(1952) 조약 제5호. 이하 '평화조약'이라고 함)발효 때까지는 연합국에 의한 점령 관리 하에 놓여있었고, 또 한국과의 관계에서는 쇼와40년(1965) 12월에 '일본국과 대한민국 간의 기본 관계에 관한 조약'(쇼와40년(1965) 조약 제25호. 이하 '일한기본관계조약'이라고 함)을 체결할 때까지의 사이는 국교가 없었기 때문에, 이 조약 체결 이전에 한국 정부 및 한국 국민에 대하여 무슨 활동을 할 수 있는 여지는 없었다. 또 한국 교과서에 위안부와 근로정신대원을 동일한 것으로 볼 수 있는 기술이 되어있다고 하여, 피고 국가가 한국 정부 등에 대하여 이 기술을 개정하도록 요청하는 등의 의무를 지는 것은 아니다.

이렇듯 원고들이 주장하는 사실 관계를 전제로 하여도 피고 국가가 원고들 개인과의 관계로서 위 오해를 해소해야 할 법적 의무를 져야할 것은 없고, 원고들이 주장하는 조사, 공표, 사죄의 의무를 져야 할 이유도 없다.

(3) 원고들이 침해당했다고 주장하는 보호 법익은 불명확하며, 또 원고들이 주장하는 작위 의무 위반과 보호 법익의 침해와의 인과관계도 불명확하다.

① 원고들이 주장하는 부작위에 의한 위법인 공권력의 행사에 의해 확대된 피해란 원고들이 주장하는 전쟁하의 동원에 근거하는 피해에 포함되고 있으며, 독자적인 법익 침해가 생긴 것은 아니다.

② 피고 국가가 피해의 실태를 조사, 공표, 사죄함으로서 피해 확대의 회피, 한국 국내에서 위안부와 근로정신대원이 동일시되어오던 상황의 시정 및 회피가 가능했는지는 불명확하며, 결과 발생을 막을 수 있었다는 개연성이 높다고는 할 수 없기 때문에, 법익 침해와 작위 의무 위반과의 인과관계도 인정할 수 없다.

▶ 쟁점(4)
(국제법 위반에 기초한 손해배상 책임)

(원고들의 주장)

(1) 피고 국가로의 귀속성
이 사건 불법 행위는 피고 국가의 침략 전쟁 수행을 위한 목적, 정책에 의해 이뤄진 일체의 것이며, 피고 국가의 공무원의 행위와 피고 회사의 행위는 모두 국제법상 피고 국가에 귀속한다.

(2) 피고 국가의 국제법 위반
① 강제노동에 관한 조약 위반
이 사건 근로정신대원들은 기망에 의해 연행되어, 귀국할 자유나 일을 선택할 자유는 전혀 인정받지 못하고, 노동을 거부하면 불이익이 부과될 것이 확실한 상황 아래에서 노동을 강요당했기 때문에, 이들이 당한 노동은 강제노동에 관한 조약이 금지하는 강제노동(동 조약 2조 1항)에 해당한

다. 더군다나 강제노동이 절대적으로 금지되어 있는 여자나 어린이에 관한 것이며, 기간도 무한정이고, 임금도 지불되지 않았기 때문에 피고 국가의 동 조약 위반은 고도로 위법성을 갖는다.

② 국제 관습법으로서 노예제 금지 위반

피고 국가는 노예 조약을 체결, 비준하지는 않았지만, 노예 제도 및 이와 유사한 강제 노동의 금지는 이 사건 당시 이미 국제 관습법으로서 확립하고 있었다.

피고 국가의 이 사건 근로정신대원들에 대한 조직적인 강제연행, 강제노동 정책은, 노예조약이 금지하는 노예제 또는 이와 유사한 제도라고 할 수밖에 없고, 설령 그렇지 않다고 하더라도 이 조약이 금지하는 노예제도와 유사한 강제노동에 해당하는 것은 명확하며, 피고 국가의 행위는 노예제 금지의 국제관습법에 위반한다.

③ 인도에 반한 죄

극동 국제 군사재판소에서는 '인도에 반한 죄'(대량살육, 노예혹사 등 비인도적인 행위 등)는 소추 대상이 되었다. 근로정신대원의 동원은 극동 군사재판소의 판결에 의하여 위법인 침략 전쟁이라고 명확히 인정된 전쟁을 수행하기 위하여 기획, 입안 및 실행된 정책이며, 그 실태는 노예적 학대 또는 그에 버금가는 비인도적 행위를 하기 위한 정책이기 때문에, 피고국가는 그 정책의 기획, 입안 또는 실행에 참가한 지도자, 조직자, 교사자 또는 공범자로서 인도에 반한 죄를 진다.

④ 국제관습법 위반

우리나라는 '육전의 법규 관례에 관한 조약'(이하, '헤이그 조약'이라고 함)을 1911년(메이지44년) 12월 6일 비준, 1912년(메이지45년) 1월 13일 공포하여, 같은 해 2월 12일 발효되어 있는 바, 한국 병합은 위법인 동시에 무효이기 때문에 한국은 법적으로는 점령지에 해당하며, 일본군 및 그 구성원은 헤이그 조약의 부속 규칙인 '육전의 법규 관례에 관한 규칙'(이하, '헤이그 규칙'이라고 함)의 적용을 받는다. 피고 국가는 헤이그 규칙에 반한 노동을 이 사건 근로정신대원들에게 부과하고 있었으며, 이는 같은 사람들을 우리나라에 끌고 가기 위해 육군이 관여하고 있기 때문에 이 사건의 강제연행 및 강제노동은 헤이그 규칙에 위반한다. 또한 헤이그 조약은 총 가입 조항을 마련하고 있었으나, 제2차 세계대전 당시 헤이그 조약 및 헤이그 규칙은 국제관습법으로서 확립하고 있었다.

(2) 피고 국가의 손해배상책임

① 어느 국가가 조약이나 국제관습법상의 의무에 위반한 경우에는, 해당 국가가 그 의무 위반 행위에 의해 생긴 피해가 회복될 때까지 그 책임을 질 것은 확립된 법리이며, 배상 의무를 정할 특별한 조약상의 규정 등을 요하지 않는다. 또 가해국은, 위반 행위에 의해 생긴 피해 회복 책임을, 조약 가맹국뿐만 아니라 비 가맹국에 대해서도 진다.

② 개인의 손해배상 청구권

헤이그 조약 3조는, 전쟁 법규 위반 행위에 의해 피해를 입은 피해자 개인이, 가해자인 군인뿐만 아니라, 그 당사국의 정부에 대해서도 손해배상 청구권을 취득할 수 있다고 규정하고 있기 때문에, 원고들은 헤이그 규칙 위반인 피고 국가의 행위에 대하여, 개인으로서 손해배상 청구권을 갖는다.

또, 최근의 연구 성과로써, 국제 인도법 위반 행위에 의해 피해를 입은 개인에게는, 손해배상 청구권이 인정된다고 밝혀졌기 때문에, 원고들은 위 피고 국가에 의한 조약 위반 및 국제관습법상의 의무 위반에 의해 입은 손해를 개인의 자격으로 직접 피고 국가에 대하여 청구할 수 있다.

③ 이 사건의 모집, 강제노동이 실행된 구헌법 아래서도, 피고 국가가 비준한 조약은, 항상 직접적으로 국내법으로서의 법적 구속력을 가지며, 또 준수해야 할 것을 당연시하는 국제관습법도 마찬가지로 직접적인 국내법적 효력을 갖는다.

(3) 따라서, 위 국제법 위반에 대하여, 원고들은 직접 피고 국가에 대해서, 손해배상 청구권을 갖는다.

(피고 국가의 주장)

(1) 개인의 국제법 주체성에 대하여

국제법은 조약이거나 국제관습법이거나, 제1차적으로는 국가 간의 권리 의무를 정한 것이며, 거기에 규정되어 있는 것은, 직접적으로는 국가 간의 국제법상의 권리 의무이다. 어느 국가가 국제법 위반 행위에 의하여 책임 져야 할 경우, 그 책임을 추구할 수 있는 주체는 국가이다. 개인이 국제법에서 법주체로서 권리 능력을 취득하기 위해서는, 국제법상의 절차에 의하여 국가에 대해서 특정한 행위를 할 수 있도록 요구할 수 있는 권능이 주어지는 것이 필요하다.

원고들이 주장하는 국제법에는 개인에 의한 권리 실현의 절차가 정해져 있지 않기 때문에, 이들 국제법은 개인에게 가해국에 대한 손해배상 청구 권을 인정하지 않고 있다고 해석할 수밖에 없다. 따라서 원고들에게는 국제법의 법주체성은 인정되지 않고, 국제법을 근거로 하는 원고들 개인의 청구는 타당하지 않다.

(2) 원고들이 주장하는 국제법 위반에 대하여

강제노동에 관한 조약은, 손해배상 청구권의 규정을 결여하고 있다. 또 원고들이 주장하는 노예제도를 금지하는 국제관습법이 가령 성립하고 있었다고 하더라도, 노예금지의 국제관습법 위반 행위에 의하여 피해자 개인이 직접 가해국에 대하여 손해배상 청구를 요구할 수 있다고 하는 일반 관행 및 법적 확신의 존재는 인정되지 않는다. 게다가 '인도에 반한 죄'는 처음부터 위반 행위자 개인의 국제형사책임이 추궁받는다는 효과를 갖는 것에 불과하고, 국가의 민사적 책임을 기초하는 것은 아니다.

따라서 이 국제법에 기초한 원고들의 주장은 타당하지 않다.

(3) 국제법의 국내법적 효력에 기초한 손해배상청구

조약이 국내법으로서 효력을 갖더라도 국제법의 국내 적용 가능성의 유무 문제는 별도 검토할 필요가 있다. 이 사건에 있어서 원고들은 개인의 가해국에 대한 손해배상을 청구하고 있는 바, 개인의 가해국에 대한 손해배상 청구권을 근거로 하는 조약 조항을 지적할 필요가 있는데, 그러한 조약 조항은 존재하지 않는다. 따라서 조약의 규정이 그대로 국내법으로서 직접 적용 가능한 경우의 요건을 구비하고 있지 않으며, 원고들의 주장은 타당하지 않다.

▶ 쟁점(5)

(원고 김성주의 부상 및 김순례의 사망에 관한 불법 행위 책임, 안전 배려 의무 위반에 의한 채무불이행 책임)

(원고들의 주장)

(1) 불법행위책임

김순례는, 1944년(쇼와19년) 12월 7일 동남해지진에 의해 이 사건 공장 내에서 사망했고, 원고 김성주는 같은 해 동 공장에서 두랄루민 절단 작업 중 왼손 집게손가락 끝이 절단기에 의해 잘리는 상해를 입었다. 김순례 및 원고 김성주는 극히 불법적인 강제연행에 의해 일본에 끌려와, 마찬가지로 불법 강제노동에 종사당하다 강제노동 현장에서, 사망 또는 부상한 것이며, 이러한 경우에는 강제연행, 강제노동이라는 피고 국가가 책임질 행위와의 사이에 인과관계가 인정된다. 따라서 피고 국가는 김순례의 사망 및 원고 김성주의 상해에 대하여, 민법 709조, 715조, 719조에 의해 피고 회사와 공동으로 불법 행위책임을 진다.

원고 김중곤은 김순례의 피고 국가에 대한 손해배상 청구권을 상속했다.

(2) 안전 배려 의무 위반에 의한 채무불이행 책임
① 안전 배려 의무의 존재

피고 국가는, 원고 김성주들의 신체의 자유를 구속하여, 자기 지배 관리 하에 두고, 강제노동에 종사시킨다는 관계를 강요했다. 피고 국가는, 생산 과정 뿐만 아니라, 노무과정에 대해서까지 지배하고 있어서, 군수관리관을 통한 노무관리는, 피고 국가에 의한 구 회사에 대한 지배임과 함께, 구 회사에서 노동하고 있던 이 사건 근로정신대원들에 대한 직접적이고 구체적 지배였다. 이렇듯 이 사건 근로정신대원들은, 개별 기업에 대한 종속관계를 넘어 국가적 인적자원으로서 근로 노동관계에 놓여 있었기 때문에, 피고 국가와 이 사건 근로정신대원들과는 특별한 사회적 접촉 관계에 들어갔다고 해야 한다. 따라서 피고 국가는 신의칙상, 이 사건 근로정신대원들의 생명 신체의 안전을 배려해야 할 안전 배려 의무를 진다. 또한 피고 국가는 '특별한 사회적 접촉관계'를 아주 한정적으로 해석하고 있어서, 최고재판소 판례(쇼와50년(1975) 2월 25일 제3소법정 판결·민집29권 2호143쪽) 취지에 반한다.

그리고 이 경우 안전 배려 의무는, 그 노동이 위법이며 어린이들의 의사에 반하여 강제적으로 종사시킨 것부터 보면, 노동 계약이 있어서 인정받는 소위 고용계약상의 안전 배려 의무와 비교하여, 보다 고도의 배려를 해야 할 의무가 부과되어 있다.

② 이 사건 공장에서의 강제노동의 위험성

이 사건 공장에는, 〈1〉 군사목표이기 때문에 공습받는 위험성, 〈2〉 큰 기체나 도료 시너 등을 사용하는 작업내용에서 노동재해를 받을 위험성, 〈3〉

건물 격벽 철폐에 의해 강도를 잃은 것에 의한 공장 건물의 위험성 및 〈4〉 지진 등 재해 발생의 위험성이 있었다.

③ 김순례에 대한 안전 배려 의무 위반

피고 국가는, 격벽이 철폐되어, 강도를 잃은 공장 건물의 사용을 금지해 지진에 의한 공장 붕괴나 도괴를 막는 일, 또 무너진 경우에 대비하여 안전 대피를 지도할 것을, 구 회사에 대하여 지도 감독하거나 또는 스스로 그러한 조치를 강구하는 등 안전 배려 의무를 지니고 있었다.

그러나 피고 국가는, 위 안전 배려 의무에 위반해서, 구 회사가 위험성 높은 공장 건물을 사용하는 것을 태만히 방치하여, 스스로 아무런 적절한 조치를 강구하지 않았다. 이로 인해 김순례는 1944년(쇼와19년) 12월 7일 도난카이(東南海) 지진 발생 시에 안전하게 대피할 수 없어서 무너진 공장 건물에 깔려서 사망했다.

④ 원고 김성주에 대한 안전 배려 의무 위반

피고 국가는, 구 회사에 대하여, 소녀들이 다룰 수 없는 정도로 위험한 절단기 등의 사용을 금지하도록 지도 감독할 의무가 있었으나, 태연하게 원고 김성주에게 절단기를 사용하도록 시켰다. 그러한 피고 국가의 안전 배려 의무 위반에 의하여, 원고 김성주는 왼손 집게손가락 끝을 절단당하는 상해를 입었다.

⑤ 따라서 피고 국가는, 안전 배려 의무 위반에 의한 손해배상 책임을 진다.

(피고 국가의 주장)

(1) 원고 김성주의 부상 및 김순례의 사망에 관한 불법행위 책임의 주장에 대하여

쟁점(1)에 관한 피고국가의 주장대로

(2) 안전 배려 의무 위반의 주장에 대하여

① 특별한 사회적 접촉 관계에 대하여

안전 배려 의무 발생의 근거로 되는 '특별한 사회적 접촉 관계'란, 당사자 간에 고용계약 내지 이에 준하는 법률관계가 존재하며, 또한 당사자들 간에 직접 구체적인 노무 지휘 감독 등의 지배관리성이 존재하고, 당사자의 일방이 일면적으로 의무를 질 것이 아니라, 상호적으로 충실 의무를 질 것 같은 법률관계에 한정된다고 해야 한다. 원고들의 안전 배려 의무 위반 주장은, '특별한 사회적 접촉 관계'의 존재를 뒷받침하는 구체적 사실의 주장이 없다.

② 안전 배려 의무 및 동 의무 위반의 특정에 대하여

안전 배려 의무 위반을 이유로 하는 손해배상 청구 소송에 있어서, 안전 배려 의무 내용의 특정 및 의무 위반의 사실 주장 입증 책임은, 의무 위반을 주장하는 편에 있다. 그러나 원고들이 주장하는 안전 배려 의무는, 노동자에 대한 일반적인 보호 정책을 넘는 것이 아니라, 당시의 사회 정세에 비추어 피고 국가가 어떠한 안전 배려 의무를 지고 있었는가를 뒷받침할만한 구체적 사실의 주장이 없기 때문에, 의무 내용 및 의무 위반의 특정을 결한다.

③ 이상의 사실 때문에, 원고들의 안전 배려 의무 위반의 주장은 타당하지 않다.

▶ 쟁점(6)

(원고 김중곤에 대한 원호법에 관한 부작위에 의한 국가배상책임)

(원고들의 주장)

(1) 원호법은 1952년(쇼와27년) 4월 30일에 제정된, 군인군속 등의 공무상의 부상, 질병, 사망에 관하여, 군인군속이었던 자 또는 그 유족들을

원호할 것을 목적으로 한 법률이다.

(2) 김순례의 사망에 관한 적용

김순례는 근로정신대원으로 업무상 사망한 것이며, '여자정신근로령'에 앞서 동원되었지만, 조선총독부의 통제 하에 동원되어 있는 이상, 원호법 2조 3항의 준 군속에 해당한다고 해야 한다. 또 원호법 부칙 2항은, 호적법의 적용을 받지 않는 자는 당분간 같은 법이 적용되지 않다고 하지만, 이것은 국적에 의한 차별이며, 경제적, 사회적 및 문화적 권리에 관한 국제규약(쇼와54년 조약 6호. 이하 '국제인권규약 A규약'이라고 함) 2조 2항, 시민적 및 정치적 권리에 관한 국제규약(같은 해 조약 7호. 이하 '국제인권규약 B규약'이라고 함) 26조 및 헌법 14조에 위반하며 허용되지 않는다.

(3) 원고 김중곤의 정신적 고통에 대한 피고 국가의 책임

피고 국가는 원호법에 의해, 김순례에 관해서 준 군속의 업무상의 사망으로서 그 유족들의 구제를 도모해야 하는데, 국적에 의한 차별에 의해 김순례의 부모에 대한 구제를 하지 않았다. 이러한 피고 국가의 부작위는 호주 상속자인 원고 김중곤에게 큰 정신적 고통을 주었다. 따라서 피고 국가는, 원고 김중곤의 정신적 손해에 대하여 국가배상책임을 진다.

(피고 국가의 주장)

(1) 김순례의 '준 군속'의 비적합성

원고들의 주장에 의해서도, 김순례는 '여자정신근로령'이 제정되기 전에 근로정신대에 가입했기 때문에, 김순례가 '준 군속'에 해당할지는 의문스럽다.

(2) 헌법 14조 및 국제인권규약 위반의 주장에 대하여

전 군인군속의 피해에 대한 보상은, 헌법의 요청에 근거하는 것이 아니라, 그 필요의 여부 등은 입법부의 광범위한 재량에 맡겨지는 입법정책상의 문제다. 전쟁 손해에 대한 보상 입법의 필요의 여부 및 그 내용은, 입법부의 재량적 판단에 맡겨진다. 또 원호법은 생활보장으로서의 성격도 갖고 있으며, 이러한 사회 원조적 색채를 갖는 급부에 대해서는, 외국인에 대하여 다른 취급을 하는 것도, 입법부의 합리적 재량의 범위에 속한다고 해야 한다. 따라서 원호법 부칙 2항은, 헌법 14조 및 원고들이 주장하는 국제인권규약의 규정에 위반하지 않으며, 김순례의 부모는 원호법에 규정하는 조위금의 지급을 받는 입장이 아니기 때문에, 원고 김중곤의 고유한 위자료 청구는 그 전제가 잘못돼 있으며 타당하지 않다.

2) 원고들과 피고 회사와의 사이에서의 쟁점

▶ 쟁점 (7)
(피고 회사와 구 회사와의 동일성)

(원고들의 주장)

(1) 피고 회사와 구 회사와의 관계

쇼와25년(1950) 1월 11일 구 회사가 해산한 뒤, 그 현물 출자 등에 의해 제2회사 3사가 설립되어, 쇼와39년(1964) 6월 30일, 제2회사 3사가 합병해서 피고 회사가 되었다. 피고 회사 관계자에 있어서, 회사의 실체는 일제의 것으로서 연속하고 있다는 의식이 강하며, 별도의 회사라는 의식이 없었다는 것, 구 회사의 자산 및 사업내용이 그대로 제2회사 3사에 분할 계승되고 있어서, 제2회사 3사의 설립실체는 구 회사의 유기적 일체가 된 영업용재산의 분할 이전이었던 것, 제2회사 3사의 사장이 모두 구 회사의 상무이사인 것, 구 회사와 그 종업원과의 고용관계가, 새로 계약을 체결할 일 없이, 그대로 제2회사 3사에 이어진 것, GHQ의 정책에 근거하는 정령에 의해 미쓰비시

(三菱)의 상호 및 상표의 사용이 금지되고 있었던 기간 외에는, 미쓰비시의 상호 및 상표를 계속해서 사용하고 있는 것 등으로 보면, 구 회사와 피고 회사는 연속한 일체성을 갖고 있다.

또한 쇼와 32년(1957) 3월 25일에 설립된 료쥬(菱重)주식회사는, 같은 해 9월 30일에 청산 사무를 완료한 구 회사를 흡수 합병하고 있으나, 피고 회사는 료쥬주식회사에 대하여, 자본금 및 임원 및 종업원 등의 인원 구성에 있어서, 완전한 지배권을 가지고 있기 때문에, 구 회사를 흡수 합병한 료쥬 주식회사는 피고 회사의 완전 자회사이다.

가령 피고 회사가 구 회사에서 원고들에게 대한 불법행위에 기초한 손해 배상 채무를 계승하지 않고 있다고 하더라도, 료쥬 주식회사는 동 채무를 계승하고 있으며, 동사가 피고 회사의 완전 자회사이기 때문에, 피고 회사는 신의칙상 료쥬 주식회사가 피고 회사와는 다른 법인격인 것을 주장할 수 없다고 해야 한다.

(2) 법인격의 남용, 금반언(禁反言. 앞에 한 말과 모순되는 것을 해서는 안 되는 원칙)의 법리

① 피고 회사는, 형식적으로는 새 회사로서 설립 등기되어 있지만, 실질은 구 회사와 동일하다. 이러한 경우, 피고 회사는 구 회사가 지고 있었던 노동관계에 기인하는 채무에 대해서 채권자에 신의칙상 별도의 법인격인 것을 주장할 수 없다(민법 1조 2항, 3항).

② 피고 회사는 스스로, 구 회사와의 연속성, 일체성을 인정하는 언동을 해오고 있기 때문에, 피고 회사가 구 회사와 법인격이 다르다고 주장하는 것은, 금반언(禁反言)의 법리(민법 1조 2항, 3항)에 반한다.

(3) 상호 계속 사용자(続用者)의 책임

구 회사는 한 때, 제2회사 3사에 분할되었으나, 객관적으로는 동일한 인적,

물적 존재로서 계속하며, 쇼와 27년(1952)에는, 제2회사 3사는, 새 미쓰비시중공업주식회사, 미쓰비시일본중공업주식회사 및 미쓰비시조선주식회사로 각각 상호변경하여, 쇼와 39년(1964)에는 피고 회사가 구 회사와 동일한 '미쓰비시중공업(三菱重工業)주식회사'라는 상호로 변경해서 상호를 계승하여 다른 제2회사 2사를 흡수합병하였기 때문에, 피고 회사는 상법 26조 1항에 의해 구 회사가 원고들에 대하여 부담한 손해배상 채무를 변제할 책임이 있다.

또한 일시적 및 형식적으로는 상호의 계속 사용이 없었다고 하더라도, 제2회사 3사가 당초 '미쓰비시중공업주식회사'라는 상호를 사용하지 않았던 것은, '지주(持株)회사 정리 위원회령'(쇼와21년(1946)칙령 제233호) 및 '과도경제력 집중배제법'(쇼와22년(1947) 법률 제207호)에 의하여, 지주회사 정리위원회가 행한 재편성 계획에 관한 결정지령에 기초를 두고, '미쓰비시중공업주식회사'라는 상호의 사용이 금지되었기 때문이며, 이러한 점령 정책의 일환으로 행하여진 재벌 해체에 의해, 여자근로정신대에 대한 손해배상 채무가 소멸 또는 감액될 것은 예상할 수 없었기 때문에, 원고들과의 관계에 있어서는 상호가 계승되었다고 간주해야 한다.

(피고 회사의 주장)

(1) 피고 회사는, 쇼와 25년(1950) 1월 11일에 설립된 나카니혼(中日本)중공업주식회사(후에 새 미쓰비시중공업주식회사로, 다시 쇼와 39년(1964) 6월 1일 미쓰비시중공업주식회사로 각각 상호 변경)가, 쇼와 25년(1950) 1월 11일에 설립된 히가시니혼(東日本)중공업주식회사(후에 미쓰비시일본중공업주식회사로 상호변경) 및 니시니혼(西日本) 중공업주식회사(후에 미쓰비시조선주식회사로 상호변경)를, 쇼와 39년(1964) 6월 30일에 합병해서 만들어진 주식회사이다. 구 회사는 '기업재건정비법'의 정비계획에 근거하는 제2회사 3사의 설립에 의하여 쇼와 25년(1950) 1월 11일에 해산했다.

피고 회사의 사사(社史) 기술내용 및 구 회사 및 새 미쓰비시중공업주식회사 등의 대표자들이 말했다고 되어있는 내용은, 구 회사에서 피고 회사에 전통이나 기술 등의 전승을 설명하는 취지에 머물며, 두 회사 간의 법적인 연속성이나 일체성을 인정하는 취지의 것은 아니다.

또 제2회사 3사의 설립도, 새 미쓰비시중공업주식회사에 의한 다른 제2회사 2사의 합병도, 각각 법령에 의해 이뤄진 것이며, 영업용 재산의 이전이 이뤄진 것은 아니다. 게다가 제2회사 3사는 구 회사와 그 종업원들과의 고용계약을 당연히 계승한 것이 아니고, 구 회사와의 사이에 상호의 연속성도 없다.

따라서 구 회사와 피고 회사와는, 별개 독립한 회사이며, 피고 회사는 쇼와25년 (1950) 1월 11일 설립전의 사실에 대해서는 일체 관여하고 있지 않고, 구 회사의 자산이나 사업내용을 계승한 사실은 없다. 따라서 피고 회사가 구 회사와 별개 회사라고 주장하는 것은 신의칙에 반하지 않는다.

또 피고 회사의 사사의 기재나 구 회사 등의 대표자들이 말한 것은, 구 회사와 피고 회사와의 사이가 법적인 연속성이나 일체성을 인정하는 취지의 것이 아니기 때문에, 피고 회사가 구 회사와는 별개 회사라고 주장하는 것은 금반언(禁反言)의 법리에 반하지 않는다.

(2) 구 회사와 제2회사 3사의 각 상호 및 상표는 분명히 다른 것이며, 제2회사 3사가 상법 26조 1항의 책임을 지는 일은 있을 수 없기 때문에, 제2회사 3사의 합병에 의해 설립된 피고 회사가 상법 26조 1항의 책임을 져야 할 이유는 없다.

또한 피고 회사가 구 회사와 같은 상호 및 상표가 된 것이 쇼와 25년(1950) 1월 11일의 피고 회사 설립으로부터 14년 이상 경과한 쇼와 39년(1964) 6월 1일부터인 것을 보면, 피고 회사가 구 회사와 별개 회사라고 주장하는 것이 법인격의 남용이나 금반언(禁反言)의 원칙에 반할 이유는 없다.

▶ 쟁점(8)
(이 사건 근로정신대원들이 근로정신대 모집에 응모해서 일본에서 노동한 것에 관한 민법 709조, 715조, 719조에 기초한 불법행위 책임)

(원고들의 주장)

구 회사는 이 사건 근로정신대원들을 우리나라에 강제 연행하여, 이 사건 공장에서 월 2회의 휴일 외에는 하루 8시간 내지 12시간의 노동을 강제했다. 노동 환경은 열악하였고 이들에게는 충분한 금액을 지불하지 않았다. 구 회사, 즉 피고 회사는 이들 강제연행 및 강제노동에 의하여 이 사건 근로정신대원들에게 준 정신적 물질적 손해에 대해서, 피고 국가와 함께 공동 불법행위 책임을 진다.

(피고 회사의 주장)

(1) 구 회사와 피고 회사와는 별개 독립한 회사이며, 피고 회사는, 쇼와 25년 (1950) 1월 11일 설립전의 사실에 대해서는 일체 관여하고 있지 않고, 구 회사의 자산이나 사업 내용을 계승한 사실은 없다.

(2) 또한 이 사건에 대해서는 이하의 사정들이 인정된다.
① 식사는 식당에서 했으며, 식사 내용은 감자 등뿐만 아니라 쌀도 있고, 한반도 출신자와 일본국 출신자를 차별한 일은 없다.
② 임금은, 전쟁 중에도, 현금으로 매월 급여일에 본인에게 전달하고 있었다. 임금의 산정은 모두 동일하며, 한반도 출신자에게만 별도로 산정한 일은 없다.

▶ 쟁점 (9)
(선행행위에 근거하는 작위 의무 위반에 의한 불법행위 책임)

(원고들의 주장)

 (1) 위안부와 동일시 당한 것에 의한 근로정신대원 원고들의 정신적 고통
구 회사의 불법행위에 의하여, 전쟁 후 근로정신대원 원고들은 위안부와
동일시당하여 고통스러운 반생을 보낼 수밖에 없었다.

 (2) 선행행위에 근거하는 작위 의무
 구 회사는 위안부의 연행을 근로정신대원 동원의 수단으로서 적극적으
로 이용하는 의사 아래 공모 가담하여, 실제로 그러한 수단으로서 이용한
것이며, 위안부의 연행을 행한 것과 마찬가지로 평가된다.
 피고 회사는 구 회사와 동일한 실체를 이루는 것이며, 구 회사에 의한 근
로정신대 원고들에 대한 인권침해 행위는 피고 회사 자신에 의한 선행행위
와 동일시할 수 있다. 따라서 피고 회사는 구 회사의 불법 행위 피해자에
대하여, 피해 확대를 방지해야 할 법적 작위 의무를 지고 있다.

 (3) 피고 회사의 구체적 작위 의무 및 그 위반
 피고 회사의 작위 의무도 피해 발생의 예견 가능성, 결과 회피 가능성 두
가지 요건이 충족되면 성립하는 것으로 해석되는 바, 피고 회사에 있어서
는 모두 그것이 가능했다. 피고 회사는 늦어도 쇼와 63년(1988) 4월 25일의
중의원 결산위원회에 있어서의 우노 소스케(宇野宗佑) 외무대신의 답변 이
후, 근로정신대원 원고들이 위안부와 오해되어 정신적 고통을 받고 있는
사실을 인식했다. 피고 회사는, 위 오해를 쉽게 풀 수 있는 입장에 있어서,
근로정신대원 원고들의 명예를 회복해야 할 법적 작위 의무를 지고 있었는

데, 이에 위반하여 방치했다. 피고 회사의 이 부작위는, 근로정신대원 원고들에 대한 새로운 불법행위를 구성하며, 심각한 정신적 고통을 계속 주고 있기 때문에, 피고 회사는 선행 행위에 근거하는 작위 의무 위반에 의한 불법 행위 책임을 진다.

(피고 회사의 주장)

원고들이 주장하는 구 회사가 했다고 하는 각 행위들은 모두 피고 회사의 설립 전이며, 피고 회사와 구 회사와는 별개 독립한 회사이기 때문에, 원고들이 주장하는 선행행위 같은 것은 존재하지 않는다. 따라서 피고 회사가 선행행위에 근거하는 무슨 작위 의무를 져야할 이유는 존재하지 않는다.

▶ 쟁점 (10)
(국제법 위반에 근거하는 손해배상책임)

(원고들의 주장)

피고 회사의 이 사건 근로정신대원들에 대한 이 사건 불법행위는, 강제노동에 관한 조약, 국제관습법으로서의 노예제 금지, 인도에 반한 죄, 헤이그 육전 조약에 관한 국제관습법 등, 여러 가지 국제 인권법에 현저하게 위반하기 때문에, 피고 회사는 원고들에 대하여 국제법 위반에 근거하는 손해배상 책임을 진다.

(피고 회사의 주장)

원고들의 주장과는 다투겠다.

(김순례의 사망에 대한 불법행위책임, 공작물 설치관리 책임, 안전 배려 의무 위반에 의한 채무불이행 책임)

(원고 김중곤의 주장)

(1) 불법행위 책임

김순례의 사망은, 구 회사가 행한 강제연행, 강제노동과 인과관계가 인정되니, 피고 회사는 민법 709조, 715조, 719조에 근거하여 피고 국가와 공동 불법행위 책임을 진다.

(2) 공작물 설치관리 책임

김순례의 사망원인이 된 공장 건물의 붕괴는 공장에 요구되는 강도를 보유하지 않고 있었기 때문에 생긴 것이며, 구 회사의 건물 설치 및 관리에 하자(瑕疵)가 있었다고 하지 않을 수 없다. 따라서 구 회사와 동일한 피고 회사는, 공장 소유자로서 민법 717조에 의해 김순례의 사망에 의한 손해를 배상할 책임이 있다.

(3) 안전 배려 의무 위반에 의한 책임

구 회사는 피고 국가와 함께 김순례를 강제적으로 노동에 종사시키고 있었기 때문에 김순례의 생명과 신체의 안전을 배려해야 할 안전 배려 의무를 진다. 그러나 구 회사는 이 의무를 조금도 이행하지 않고 태연하게 위험성이 높은 건물을 사용하게 했다. 또한 김순례에 대한 안전 지도를 전혀 하지 않은 안전 배려 의무 위반에 의해, 김순례는 도난카이(東南海)지진 때 안전하게 대피할 수 없어서, 공장 건물 붕괴에 의해서 사망했다.

따라서 피고 회사는 안전 배려 의무를 위반하여 김순례가 사망에 이르도록 한데 대해, 피고 국가와 연대해서 손해배상 책임을 진다.

원고 김중곤은 김순례의 피고 회사에 대한 손해배상 청구권을 상속했다.

(피고 회사의 주장)

원고 김중곤의 주장과는 모두 다투겠다.

도난카이(東南海)지진 발생은 피고 회사 설립 전의 쇼와19년(1944)이기 때문에 피고 회사가 공작물의 설치, 관리 책임을 져야 할 이유는 없다. 김순례는 쇼와19년(1944) 12월 7일에 사망했기 때문에, 그 이후에 설립된 피고 회사가 김순례에 대하여 안전 배려 의무를 져야 할 이유는 없다.

▶ 쟁점(12)

(원고 김성주의 상해에 대한 불법행위 책임, 안전 배려 의무 위반에 의한 채무불이행 책임)

(원고 김성주의 주장)

(1) 불법행위 책임

원고 김성주의 상해는 구 회사가 행한 강제연행 및 강제노동과 인과관계가 인정됨으로, 피고 회사는 민법 709조, 715조, 719조에 근거하여 피고 국가와 공동 불법행위 책임을 진다.

(2) 안전 배려 의무 위반에 의한 책임

구 회사는, 원고 김성주를 강제적으로 노동에 종사시키고 있었기 때문에, 김성주의 생명신체의 안전에 배려해야 할 안전 배려 의무를 진다. 그러나 구 회사는 이 의무를 위반해 15세 나이 어린 소녀의 절단기 사용을 막지 않았기 때문에, 원고 김성주는 왼손 집게손가락 끝을 절단당하는 상해를 입었다. 따라서 피고 회사는 안전 배려의무를 위반해 원고 김성주가 상해를 입도록 한 것에 대해, 피고 국가와 연대해서 손해배상 책임을 진다.

(피고 회사의 주장)

원고 김성주의 주장과는 모두 다투겠다.

원고 김성주는 늦어도 쇼와20년(1945) 10월 말일까지는 구 회사를 퇴거하고 있었기 때문에, 그 후에 설립된 피고 회사가 원고 김성주에 대하여 안전 배려 의무를 져야 할 이유는 없다.

▶ 쟁점(13)
(회사 경리응급조치법 및 기업재건정비법에 의한 채무의 소멸)

(피고 회사의 주장)

(1) 회사 경리응급조치법 11조 2항에 의하면 특별 경리회사에 대해서 지정시(쇼와 21년 (1946) 8월 11일 오전 0시) 이전의 원인에 의해 생긴 채무는 모두 구 산정에 속한다. 원고들이 근거로 하는 같은 법 7조 2항 및 8조 7항은 특별경리회사가 소유하는 동산, 부동산, 채권 기타 적극재산에 관한 신구 산정의 소속을 정한 것이며, 원고들이 주장하는 손해배상 청구권과 같은 소극재산의 신구 산정의 소속을 정한 것이 아니다.

또한 같은 법 7조 2항은 특별경리회사가 소유하는 회사 재산 중 '회사의 목적인 현재 행하고 있는 사업의 계속 및 전쟁 후 산업의 회복 진흥에 필요한 것', 즉 생산에 필요한 재산만을 새산정으로서, 종전의 채무에 관한 책임을 지지 않는 것으로 하여, 전쟁 시 보상 채무 기타 불량자산과 종전의 채무를 구 산정으로서 채무의 변제를 금지해서, 이른바 이들을 구별해서 동결하고 있는 것이다. 따라서 가령 원고들이 주장하는 각 청구권이 존재한다고 하더라도, 구 회사가 부담하고 있었던 원고들에 대한 채무는 구 산정에 속하는 채무이며, 피고 회사는 구 회사로부터 동 채무를 계승하지 않고 있다.

(2) 원고들은 회사 경리응급조치법 및 기업재건정비법은 노동 채권에 대해서 특별한 보호를 주고 있다고 주장하며 위 각 법의 조항을 그 근거로 제시하고 있지만, 모두 잘못된 조문 해석에 의한 주장이며, 원고들이 제시하는 각 조항에 의해 제2회사 3사가 구 회사로부터 노동 채권에 관한 채무를 계승하고 있는 것으로 해석할 수는 없다.

(3) 회사 경리응급조치법 및 기업재건정비법의 입법 취지는, 전쟁 시 보상 중단에 의한 기업의 영향을 일정 한도로 막고, 경제계의 예측 불가능한 혼란을 막을 것과 함께, 이를 기회로 과거의 손실을 일체 정리해서, 기업의 급속한 재건 정비를 촉진하여, 우리나라의 산업 전체를 건전하게 회복하는 데 있다. 이 입법 취지를 감안하면, 위 각 법은 평화조약에도, 헌법에도, 조리에도 위반하지 않는다.

(원고들의 주장)

(1) 원고들에 대한 손해배상 채무는, 회사경리응급조치법 7조 2항의 '회사의 목적인 현재 행하고 있는 사업의 계속 및 전쟁 후 산업의 회복 부흥에 필요한 것'에 해당하기 때문에 '새 산정'으로 피고 회사에 인계되어 있다. 가령 동항에 해당하지 않다고 하더라도 신구 어느 쪽에 속할 지 분명하지 않은 것으로 같은 법 8조 7항에 의해 '새 산정'에 속하며, 피고 회사에 인계되어 있다.

또한 같은 법 11조 2항은 피고 회사가 주장하는 것처럼 '지정시 이전의 원인에 의해 생긴 채무가 모두 구 산정에 속한다'고 규정하고 있지 않고, 또 같은 법 7조 2항은 피고 회사가 주장하는 것 같은 '적극재산인 회사 재산'이라는 제약을 명문상 규정하지 않고 있다.

또 회사 경리응급조치법 및 기업재건정비법은 노동채권에 대해서 특별한 보호를 주고 있는 바, 원고들의 손해배상 청구는 피고 회사와 이 사건 근로정신대원들의 노동관계에 기인해서 생긴 것이며, 노동채권에 준하는 것으로 임금 등의 노동채권도 실질적으로 포함되어있기 때문에, 원고들에 대한 손해배상 채무는 피고 회사가 계승하고 있다고 보아야 한다. 게다가, 원고들에 대한 손해배상 채무는, 기업재건정비법 26조의 2 및 26조 6의 '재외 부채'에 해당하기 때문에, 특별한 보호가 주어져야 하며 피고 회사는 위 채무에 대한 이행 의무를 진다.

이상과 같이 원고들에 대한 손해배상 채무는, 회사경리응급조치법 상의 구 산정에는 해당하지 않기 때문에, 피고 회사는 기업재건정비법에 의해 원고들에 대한 손해배상 채무를 계승했다.

(2) 평화조약 위반

구 회사의 불법행위에 근거하는 손해배상 채무에 대해 회사경리응급조치법 및 기업재건정비법의 적용을 인정하는 것은 평화조약 4조(a)에 위반한다. 따라서 피고 회사는 원고들에 대하여, 회사경리응급조치법 및 기업재건정비법에 의한 손해배상 채무의 처리를 대항할 수 없다.

(3) 헌법 위반

회사경리응급조치법 및 기업재건정비법은, 사유재산제 및 적정한 절차의 보장을 정한 헌법에 위반하고 있으며, 헌법 발효에 의해 그 효력을 잃었다.

(4) 포츠담선언 위반

회사경리응급조치법 7조가, 피고 회사가 주장하듯이 전쟁에 의한 피해배상을 '새 산정'에 포함하지 않고, '전쟁 후 산업의 회복부흥'이 전쟁 피해의 배상을 배제하는 것이라고 하면, 분명히 포츠담 선언에 위반하고 있기 때문에, 그 법률 자체가 무효이다.

(5) 조리 위반

피고 회사는 원고들에 대하여, 강제연행, 강제노동의 불법행위에 근거하는 손해배상 채무를 부담하고 있기 때문에, 회사경리응급조치법 및 기업재건정비법에 의해, 원고들에 대한 손해배상 채무를 계승하지 않는 회사를 설립한 것은, 조리에 반하며 무효이다.

▶ 쟁점 (14)
(이 사건 협정 2조 또는 재산권조치법 1항 1호에 의한 해결)

(피고 국가의 주장)

원고들이 피고 국가에 대해서 주장하는 것과 같은 청구권이 존재한다고 하더라도, 이 사건 협정 2조 1항 및 3항에 의해 피고 국가에는 이 청구에 응할 법적 의무는 없다.

(1) 이 사건 협정은, 일한 양국 간의 우호관계의 확립 및 장래에 있어서 우호관계의 발전이라는 견지에서, 한국의 민생의 안정 및 경제발전에 공헌할 것을 목적으로, 일본정부가 한국에 대하여 3억 달러의 무상 제공 및 2억 달러의 장기 저금리의 대부라는 자금 공여를 하는 것과 병행해서, 청구권 문제를 최종적으로 해결하는 것으로 쇼와40년(1965) 12월에 체결된 것이다.

한국은 이를 이어 1966년(쇼와41년) 2월에 '청구권 자금의 운용 및 관리에 관한 법률'을 제정하여, 한국 국민이 갖고 있는 1945년(쇼와20년)까지의 일본정부에 대한 민간청구권은, 일본정부로부터 경제협력으로 도입될 무상 제공, 차관 및 그 사용으로부터 발생하는 자금으로부터 보상해야 하는 것으로 규정했다(5조 1항).

(2) 이 사건 협정 2조의 '재산, 권리 및 이익'이란, 법률상의 근거에 기초하여 재산적 가치가 인정되는 모든 종류의 실체적 권리를 가리키는 것이며, 같은 조의 '청구권'이란, 위에 해당하지 않은 모든 권리 또는 청구를 포함한 개념이다.

이 사건 협정 2조의 '청구권'은 같은 조 3항에서 일률적으로 '아무런 주장도 할 수 없는 것으로 한다'고 되어 있으며, 같은 조 1항에서 '청구권에 관한 문제'가 '완전 및 최종적으로 해결된 것으로' 되어 있기 때문에, 한국 국민들이 일본국에 대하여 판결에 의해 확정되지 않은 불법 행위에 근거하는 손해배상 청구권 등 위 '청구권'에 포함되는 권리에 근거해서 청구하여도, (반)점 일본정부 및 그 국민들은 이에 응할 법적 의무는 없다.

(3) 조약의 규정이 일본국의 재판소에 있어서 직접적으로 적용할 수 있기 위해서는, 조약 체결국이 국내에서 직접 적용을 인정할 의사를 갖고 있다는 주관적 요건 및 규정 내용이 명확해야 한다는 객관적 요건이 필요하다고 되어 있는 바, 이 사건 협정 2조 3항이 국내법상의 '조치'를 맡을 것을 예정하는 문구를 두지 않고 '청구권에 대해서는 아무런 주장도 할 수 없는 것으로 한다'고 규정해서, 같은 조 1항에서 '청구권에 관한 문제가 완전 및 최종적으로 해결된 것으로 하는'것이 확인된 바, 일한양국은 '청구권'에 대해서는 국내법을 제정하지 않고 이 사건 협정의 규정을 직접 적용할 의사를 갖고 있었던 것은 분명하다.

또한 위 각 조항의 문구에 의하면, 해당 청구를 거절할 수 있는 법적 효과

를 규정한 것이 명백하며 또 확정적으로 인정되기 때문에, '청구권'에 관한
위 각 조항을 일본재판소에서 직접적으로 적용할 수 있는 것은 명확하다.

(4) 원고들이 이 사건에서 주장하는 손해배상 청구권 및 공식사죄 청구권
은 모두 이 사건 협정의 서명 시점에서 권리 관계가 명확하지 않고, 법률상
의 근거에 기초하여 재산적 가치를 인정받는 실체적 권리였다고는 할 수
없기 때문에, 이 사건 협정 2조 1항 및 3항의 '청구권'에 포함되며, 따라서
원고들이 위의 각 청구권에 기초한 청구를 했어도 이 사건 협정자체의 효
과로서 피고 국가는 이에 응할 법적 의무를 지지 않는다.

이 법적 의무를 지지 않는다는 것은, 국내법적으로 소멸했다는 의미가
아니라, 청구했어도 피고 국가 및 그 국민들은 그 청구에 응할 법적 의무는
없다는 의미이다.

또한 원고들은 손해배상 청구권의 성립 전제로서 보상입법 의무, 근로정
신대원과 위안부와의 동일시를 해소하기 위한 행정의 작위 의무 및 조위금
등의 지불을 해야 할 작위 의무도 주장하지만, 이 작위를 요구할 청구권은
이 사건 협정의 서명 시점에서는 법률상의 근거에 기초하여 재산적 가치가
인정되는 실체적 권리라고 할 수는 없고, 동 협정 2조 1항 및 3항의 '청구권'
에 해당하기 때문에, 피고 국가에는 원고들이 작위를 요구하는 청구권에
응할 법적 의무는 없다. 따라서 원고들이 주장하는 손해배상 청구권은 존
재하지 않는 법적 의무의 해태를 이유로 하는 것이라고 해야 한다.

(5) 전쟁행위에 의해 생긴 피해의 배상 문제는, 전쟁 후에 체결되는 강화
조약에 의한 해결이 시도되지만, 일반적으로 배상 기타 전쟁관계로 생긴
청구권의 주체는 항상 국가에 있으며, 조약으로 피해자인 국민 개인에 대
하여 청구권자로서 직접 필요한 조치를 취하는 방법을 마련한 예외적인 경
우 이외에는, 국민 개인이 받은 피해는 국제법적으로는 국가의 피해이며,

국가가 상대국에 대하여 고유한 청구권을 행사하게 된다.

국가가 그 국민들의 타국 또는 그 국민들과의 사이의 재산 및 청구권의 문제를 해결하기 위하여 국제 약속을 체결하는 것은 국제법상 가능해 각국에서 실행되어 왔다. 그리고 근대 전쟁에서의 전쟁 후 처리의 틀로서 전쟁 후 배상은 원칙적으로 국가 간의 직접 처리, 또는 구상(求償) 국내의 구 적국 자산에 의한 만족한 방법에 의하여 해결이 시도되어, 각각 국민들의 피해에 대해서는 원칙적으로 배상을 받은 해당 당사국의 국내 문제로서 각국이 그 국가의 재정 사정 등을 고려하여, 구제 입법을 하는 등으로 해결이 시도되고 있다.

평화조약 체결 당시의 경과부터 보면, 동 조약 14조 (b)의 '청구권의 포기'란 일본국 및 그 국민들이 연합국 국민들에 의한 국내법상의 권리에 기초한 청구에 응할 법률상의 의무가 소멸한 것으로, 이것을 거절할 수 있다고 정한 것으로 해석해야 한다.

이 사건 협정 2조에 관한 일본정부의 견해도, 위 평화조약 14조 (b)의 해석과 마찬가지이며, 같은 조에 의해 일한양국이 외교보호권을 포기한 것의 일반 국제법상의 효과로서, 일본국 국민들의 개인 재산, 권리 및 이익 및 청구권이 한국에 의해 부인(否認) 당해도, 우리나라로서 한국에 대하여 이의(異議)를 주장할 수 없게 되며, 이 점을 한국의 국내법의 관점에서 보면, 한국 및 그 국민들은 일본국 국민들의 청구에 응할 법적 의무는 없는 것으로 된다.

또한 원고들의 주장에 관한 제네바 제4조약은 제2차 세계대전 중의 행위에는 적용되지 않는다. 또 처음부터 원고들이 인용하는 같은 조약 7조는 개인이 배상받는 권리에 대해서 규정하는 것이 아니며, 같은 조약 148조는 개인청구권의 발생에 대해서 규정하는 것이 아니다. 원고들의 주장은 위 조항을 올바로 이해하지 않은 것이며 타당하지 않다.

(피고 회사의 주장)

(1) 가령 원고들이 피고 회사에 대하여 주장하는 각 청구권이 과거에 존재했다고 하더라도 재산권 조치법 1항 1호에 해당하기 때문에, 위 청구권은 쇼와40년(1965) 6월 22일에 소멸했다. 이 사건 협정 2조 3항은 국내법적으로 개인청구권을 소멸시키는 것이 아니라, 외교보호권을 서로 포기한 것, 즉 구체적으로 어떠한 조치를 취할 것인지 타방의 체약국의 결정에 맡긴 것으로 해석해야 하며, 재산권 조치 1항은, 위 이 사건 협정 2조 3항을 이어 청구권을 국내법적으로 소멸시킨 것이다.

(2) 또한 가령원고들이 주장하는 각 청구권이 재산권 조치법에 의해 소멸되지 않았다고 하더라도, 위 청구권은 이 사건 협정 2조 1항 및 3항의 청구권에 해당하며, 아무런 주장도 할 수 없는 것으로 되어, 완전 및 최종적으로 해결된 것이 확인되었기 때문에, 피고 회사에는 원고들의 각 청구에 응할 법적 의무는 없다.

(원고들의 주장)

(1) 이 사건 협정은 개인청구권에 영향을 주지 않다는 것
① 피고 국가는 평화조약에 대해서, 같은 조약에서는 각국 국내법에 기초한 채권도 포함시켜서 포기되었기 때문에, 일본국 및 그 국민들이 연합국 국민들로부터 국내법상의 권리에 기초한 청구에 응할 법률상의 의무가 소멸한 것으로서 이를 거절할 수 있다고 정한 것이며, 이 사건 협정은 이와 같은 의미 내용의 조약이라고 주장한다.
그러나 일반적으로 조약의 타당 범위는 원칙으로 합의에 참가한 국가에만 한정되는 것으로, 한국은 평화조약의 당사국이 아니고, 이 사건 협정과

평화조약은 규정의 문언 및 교섭 경과가 다르며, 양자는 전혀 별도의 조약이며 평화조약의 해석은 이 사건 협정에는 적용되지 않는다.

또 평화조약에 관해서 피고 국가는, 종래 '평화조약 19조 (a)의 규정에 의해, 우리나라는 국민 개인들의 미국에 대한 손해배상 청구권을 포기한 것으로는 되지 않는다' 또는 '개인이 그 본국 정부를 통하지 않고 이와는 독립해서 직접적으로 배상을 요구할 권리는 국가의 권리와는 다르기 때문에, 국가가 외국과의 조약에 의해 어떠한 약속을 하더라도 그에 의해서 직접 이에 영향은 미치지 못 한다'고 주장하고 있었던 바, 이와 이 사건에 있어서의 주장은 모순되는 것이다.

평화조약 체결 당사국이, 동 조약 중의 '포기'라는 문언의 해석에 대해 '구제없는 권리'라는 견해로 일치시킨 적은 없고, 제24회 국회 참의원 외무위원회에 있어서의 시모다 다케조(下田武三) 외무성 조약국장의 답변에서는 동 조약에 있어서의 개인청구권의 소멸에 대해서 언급하고 있지 않다.

또 '헤이든법'(헤이세이 11년(1999년) 7월 합중국 캘리포니아주에서 성립한 법률, 제2차 세계대전 중에 나치스정권 또는 그 동맹국 지배하에서 강제노동을 당한 사람들이 그 노동을 강요한 기업 또는 그 자회사 등에 대하여 손해배상 청구 소송을 동 주(州)재판소에 제기할 수 있다는 것이 주요 내용)이 성립한 후의 합중국 정부 및 우리나라 정부의 동 조약에 대한 각 견해는, 평화조약체결 당시 해석과는 다른 것이기 때문에, 피고 국가의 위 주장은 근거가 없고, 이 사건 협정 해석의 근거는 되지 않는다.

② 근대 입헌민주주의 국가에 있어서, 국가가 국민 개인의 권리를 자유롭게 제한할 수 있는 존재가 아니라는 것은 자명한 이치이며, 또 1949년(쇼와 24년)에 체결된 제네바 제4조약에서 '국가가 배상처리에 의해 개인의 배상 청구권을 소멸시킬 수 없다'고 하는 것이 국제관습법으로 확인되었기 때문에, 일본정부 또는 한국정부가 이 사건 기초 협정에 의해 자국 국민의 개청

구권을 소멸시키는 것은 당시의 국제관습법에 위반하며 불가능했다.

피고 국가가 외교보호권의 포기에 대해서 종래의 정부 견해와 같은 입장에 선다고 하더라도 이 사건 협정은 외교보호권의 포기밖에 없으며, 외교보호권은 국가 고유의 권리이며 이를 포기할 것인가 여부는 개인의 권리 소멸과는 무관하게 국가가 결정할 수 있는 것이기 때문에, 국가끼리 외교보호권을 포기했어도 해당 국민들이 가해국의 국내법에 의거해서 청구하는 것을 막을 수 없다.

또 해당 국민 개인의 청구권 내용에는 변화가 없는 이상, 해당 국민 개인으로부터의 국내법상의 권리에 기초한 청구가 구제없는 권리로 당장 변용(変容)한다는 효과는 생기지 않는다.

제50회 국회 중의원 '일본국과 대한민국 간의 조약 및 협정 등에 관한 특별위원회'에서의 시이나 에쓰사부로(椎名悦三郎) 외무대신의 답변 및 제121회 국회 참의원 예산위원회에서의 야나이 슌지(柳井俊二) 외무성 조약국장의 답변에 의하면, 이 사건 협정 체결 과정에서, 우리나라 정부가 그 국민 개인의 권리를 장악하여 개인들을 대신해서 그 권리를 소멸시킨 것은 아니라는 것이 명확하다. 따라서 이 사건 협정에서 외교보호권이 포기되어도, 원고들 개인의 배상청구권은 아무런 영향을 받지 않는다.

(2) 원고들의 청구권이 이 사건 협정의 사정(射程)밖인 것

가령 피고 국가가 주장하듯이 이 사건 협정이 '재산, 권리 및 이익' 또는 '청구권'에 해당하는 모든 권리에 대하여, 피고 국가가 이에 응할 법적 의무가 없다는 효과를 생기게 하는 것이었다고 하더라도, 근로정신대 문제는 이 사건 협정 2조 1항의 '문제' 대상 밖에 있으며, 또 근로정신대원 원고들의 해방 후의 동일시 피해에 관한 손해배상 청구권 및 공식 사죄 청구권은 이 사건 협정 2조 3항의 '동일 전에 생긴 사유에 근거하는 것'이 아니기 때문에, 이 사건 협정 2조의 적용 외이다.

① 이 사건 협정 2조 1항의 '문제'란, 적어도 동 협정 체결 시에 문제가 된 것이어야 한다는 것은 문헌상 명확한 바, 동 협정 체결 경위에서 보면 한국 측이 피해 전체를 인식하지 못하고 있었고, 일본국 측도 한국 측이 피해 전체를 파악하지 못하고 있었던 것을 인식하고 있었던 것으로 해석된다.

근로정신대 동원의 사실은 동 협정 체결 당시뿐만 아니라 현재에 이르러도 침묵할 수밖에 없는 상황에 놓여 있었기 때문에, 일한 쌍방의 당사자들의 합리적 의사로서 근로정신대원이 '한국의 대일 청구 요강' 중의 '피 징용 한국인'에 포함되어 있었다고는 생각할 수 없고, 근로정신대 문제는 동 협정 2조 1항의 '문제'에는 해당하지 않는다. 가령 근로정신대원이 위 '피 징용 한국인'에 포함된다고 하더라도, 이 사건 협정 체결에 이르기까지의 일한회담에서 근로정신대원들의 한국에서의 해방 전 및 해방 후의 각 피해에 대해서 논의된 사실은 없기 때문에, 근로정신대 문제는 '문제'로서의 인식이나 논의조차 없었던 것이다.

게다가 가령 근로정신대원 동원과 그 노동의 사실이 이 사건 협정 2조 1항의 '문제'에 해당했다고 하더라도, 해방 후의 피해는 해방 전의 피해와는 독립한 문제이기 때문에 위 '문제'에는 해당하지 않는다.

② 해방 후의 피해에 관한 손해배상 청구권 및 공식 사죄 청구권은, 1945년(쇼와20년) 8월 15일 한국 해방 후에, 근로정신대원 원고들이 한국사회에 생활함에 있어서 생긴 행정 부작위를 사유로 하는 해방 전의 피해와는 독립한 피해이기 때문에 이 사건 협정 2조 3항의 '동일 이전에 생긴 사유에 근거하는 것'은 아니다. 따라서 해방 후의 피해에 대해서는 이 사건 협정 2조는 적용되지 않는다.

(3) 피고 회사의 재산권 조치법에 관한 주장에 대하여

① 재산권 조치법은 이 사건 협정 2조 실시를 위하여 제정된 법률이기 때문에, 외교보호권의 포기라는 한도 안에서 효과가 생기는 것에 불과하며,

개인청구권 그 자체를 국내법적인 의미로 소멸시킨 것이 아니다.

② 원고들의 피고 회사에 대한 청구권은, 불법 행위 또는 안전 배려 의무 위반에 의한 손해배상 청구권인 바, 이 사건 협정 2조 3항의 '재산, 권리 및 이익'은, 동 협정 체결 시에 있어서 존부(存否) 및 금액이 구체적으로 명확했다는 바에 의하면, 이 사건 원고들의 청구권은 이에 해당하지 않고, 동 협정의 '청구권'에 해당하는 것이다. 따라서 재산권 조치법이 적용되지 않는다.

▶ 쟁점(15)
(시효 또는 제척 기간의 적용)

(피고 국가의 주장)

(1) 가령 원고들이 주장하는 이 사건 불법행위에 민법이 적용되어 원고들의 피고 국가에 대한 손해배상 청구권이 발생했다고 하더라도, 원고들의 이 사건 제소 전에 제척 기간의 경과에 의해 청구권은 소멸하고 있다.

(2) 민법 724조 후단의 법적 성격이 제척 기간인 것은 최고재판소 1989년 12월 21일 제1소법정 판결·민집 43권 12호 2209쪽으로 확인되고 있다. 또 제척 기간의 효과가 제한된 경우로서, 최고재판소 헤이세이10년(1998) 6월 12일 제2소법정 판결·민집 52권 4호 1087쪽(이하, '헤이세이10년 판결'이라고 함.)은 적어도 불법행위에 의한 손해배상 청구권의 권리 불(不) 행사에 대한 의무자의 관여를 그 요건으로서 있는 바, 이 사건에서 원고들이 불법행위에 기초한 손해배상 청구권을 행사하지 못했던 것에 대하여, 의무자가되는 피고 국가는 아무것도 관여하지 않고 있기 때문에, 민법 724조 후단의 제척 기간의 적용 제한에 관한 원고들의 주장은 타당하지 않다.

(3) 원고들은 국제인권법 위반 행위에 대해서는 제척 기간의 적용이 없는
바 주장하지만, 원고들이 주장하는 국제관습법은 존재하지 않는다. 또 원고
들이 일본국의 국내법인 민법 내지 국가배상법에 근거해서 손해배상을 요
구하고 있는 이상 당연히 제척 기간의 적용이 있다.

(피고 회사의 주장)

(1) 불법행위에 근거하는 손해배상 청구권에 대해서

① 김순례는 쇼와19년(1944) 12월 7일에 사망하고, 근로정신대원 원고들
은 늦어도 쇼와 20년(1945) 10월 말일까지는 구 회사를 퇴사했기 때문에, 가
령 불법행위에 근거하는 손해배상 청구권이 과거에 존재하고 있었다고 하
더라도 민법 724조 후단의 20년의 제척 기간의 경과에 의해 소멸했다.

② 제척기간에 영향을 미치는 권리 행사는 재판상의 권리 행사가 필요한
바, 원고들은 제척 기간의 기산점에서 20년의 기간 내에 재판상의 권리 행
사를 하지 않았다.

③ 가령 재판 외의 청구 의사 표시가 있으면 충족한다고 하더라도, 원고
들이 주장하는 일한교섭에서 피고 회사는 일본정부 또는 그 주석 대표에
대하여 명시 또는 묵시로 개별 배상문제에 관한 대리권 내지 의사 표시의
수령 권한을 주지 않고 있기 때문에, 위 교섭 때 원고들의 청구권 행사의
의사 표시가 되었다고 하더라도 피고 회사에 전달된 것은 없다.

④ 제척 기간의 적용 제한에 대해서 말한 1998년 판결은 이 사건과는 완
전히 사안을 달리하고 있으므로, 원고들이 주장하는 제척기간의 적용 제한
의 근거와는 될 수 없고, 이 사건에서는 제척기간의 적용을 제한하면 안 될
것이다.

(2) 미불 임금 채권에 대하여

김순례는 쇼와19년 (1944) 12월 7일에 사망하여, 김순례 및 원고들은 늦어도 쇼와20년(1945) 10월 말일까지는 구 회사를 퇴사하고 있었으니, 가령 무슨 사유에 의해 원고들이 주장하는 미불 임금 채권이 존재하고 있었다고 하더라도 민법 174조 1호에 의해 쇼와 20년(1945) 11월 1일부터 1년의 경과에 의해 시효가 소멸하였다.

(3) 안전 배려 의무 위반에 의한 채무불이행 책임에 대하여

가령 구 회사가 원고들이 주장하듯이 김순례의 사망 및 원고 김성주의 상해에 관한 안전배려 의무 위반에 의한 채무불이행 책임을 지고 있다고 하더라도, 상속인이 김순례의 사망을 알았을 때 및 원고 김성주가 부상당했던 때부터 각각 10년을 경과하여 손해배상 채무는 시효가 소멸(민법 167조 1항)했기 때문에 피고 회사는 이를 원용한다.

(4) 원고들은 국제인권법 위반의 행위에 대해서는 시효, 제척기간의 적용이 없다고 주장하지만 그렇게 정한 명문규정 내지 관습법은 존재하지 않는다.

(원고들의 주장)

(1) 제척기간에 대하여

① 민법 724조 후단의 규정은 규정의 문언, 입법 경과 등에 의하면 시효에 대해서 정한 것이며 제척 기간을 정한 것이 아니다.

② 가령 제척기간을 정한 것이었다고 하더라도, 원고들은 일본정부에 대한 배상청구 및 피고 회사들에게 대한 배상청구에 대해 한국 정부에 대하여 묵시로 대리 권한을 수여하고 있으며, 1961년(쇼와36년) 12월 21일 일한

교섭으로 한국정부는 일본정부에 대하여 보상금액 약 3억 6,400만 미국 달러라는 구체적 금액을 명시했기 때문에, 늦어도 이 시기에 원고들의 제척기간에 관한 권리행사가 있었다고 간주할 수 있다.

그리고 위 일한교섭 경위는 일본국에서 상세하게 보도 되어, 또 일본국 재계도 주석 대표를 보내는 형식으로 주체적으로 일한교섭에 관여하고 있었기 때문에 재계의 일원인 피고 회사에서도 일한교섭에 관여하고 있었다고 볼 수 있으며, 원고들의 권리행사의 의사 표시는 피고 국가뿐만 아니라 피고 회사에도 전달돼 있었다. 또한 판례에 의하면 권리 행사 후에는 소멸시효의 문제가 된다.

③ 가령 권리 행사가 소송제기에 한정된다고 하더라도, 정의·공평의 이념에 근거하여 이 사건 사안의 특별한 사정(피고 국가가 원고들의 개인청구권 행사를 정치적으로 계속 방해한 사실, 불법행위 형태의 악질성, 원고들의 피해 정도, 피고들에 의한 증거 인멸, 제소 방해, 원고들의 개인보상청구의 곤란함 등)을 고려해서, 제척기간의 기산점의 타당한 결정, 시효 정지규정의 준용, 헤이세이10년 판결의 제척기간의 적용제한 등에 의하면, 이 사건에 제척기간은 적용되면 안 된다.

또한 제척기간에 대해서도 시효와 마찬가지로 '권리 행사 가능성'이 없는 한 그 적용이 제한된다고 해석해야 하는 바, 한국에서의 정치적 사정에 의하면 한국 국민들은 자유로운 의사표명조차 할 수 없는 상황에 있었고, 또 1988년(쇼와63년) 11월까지는 실질상 원고들의 일본으로 해외 출국 가능성이 없었던 것 등에 의하면 원고들이 권리를 행사하는 것은 불가능했고, 피고들이 원고들의 청구권 행사의 지연에 관여하고 있었던지 여부는 관계없다.

(2) 시효에 대하여

① 원고들의 청구에 대한 민법 724조 전단의 시효의 적용은 제한된다.

같은 조 전단에서 손해 인식의 전제인 '권리 행사 가능성'은, 권리자의 직업, 지위, 교육 및 권리의 성질, 내용 등 제반사정으로부터 그 권리 행사를 현실에 기대 내지 요구할 수 있는 것을 의미한다.

② 김순례 및 원고 김성주에 대한 안전 배려 의무 위반에 근거하는 손해 배상 청구권의 소멸 시효 기간은 민법 167조 1항에 따른다.

③ 피고 회사의 소멸 시효의 인용은 권리남용이며 허용되지 않는다.

(3) 국제인권법 위반의 행위에 대해서는, 제척 기간 및 소멸 시효의 적용은 없다.

▶ 쟁점 (16)
(원고들의 손해)

(원고들의 주장)

(1) 재산적 손해
근로정신대원 원고들은 적어도 1944년(쇼와19년) 6월부터 1945년(쇼와20년) 9월까지 구 회사 아래 근로정신대원으로서 재적했다. 그동안 받아야 했던 당시의 평균임금은 1인 각 월액 50엔 이상이다. 따라서 동인들은 위 기간의 미불임금 상당액으로 적어도 각각 당시의 일본돈 800엔 이상의 손해를 입었다. 또한 1999년도 임금수준으로 산정한 위 미불임금 상당액의 현재 가치는 200만 엔 이상이다.

(2) 정신적 손해
근로정신대원 원고들은 강제연행, 강제노동에 의해 말로 표현할 수 없는 정신적 고통을 겪었고, 더군다나 강제연행 아래서 내선일체(内鮮一体)가 허구인 것을 알고 정신적 고통을 입었다. 이에 대한 위자료는 각 인에 대해서 각각 2,000만 엔 이상이다.

(3) 피고들의 불법행위에 의한 손해

근로정신대원 원고들은 피고들의 전쟁 후의 일련의 부작위에 의하여, 새롭게 위안부와의 동일시에 의하여 근로정신대원의 경험을 은폐할 것을 강요당하고, 공포에 떠는 등 현저한 정신적 고통을 입었다. 이에 대한 위자료는 적어도 각 인에 대해 각각 1,000만 엔 이상이다.

(4) 원고 양금덕의 귀국 후의 손해

피고 국가의 행정 권한에 관한 부작위 때문에, 원고 양금덕은 귀국 후 근로정신대와 위안부를 동일시하는 한국사회에 있어서 가정생활을 파괴당하는 등 인생의 고비 고비에서 참기 어려운 중대한 피해를 계속 입었다. 원고 양금덕이 위의 동일시 피해에 의해 입은 현저한 정신적 고통에 상당하는 위자료는 3,000만 엔 이상이다.

(5) 원고 김중곤의 손해
① 김순례의 손해

김순례도 마찬가지로 피고들의 강제연행, 강제노동에 의해 재산적 손해 및 정신적 손해를 받았다. 미불임금 상당액은 합계 6개월분 300엔에 상당하며, 1999년도 임금수준으로 산정한 현재가치는 70만 엔 이상이다. 정신적 손해에 대한 위자료는 2,000만 엔 이상이다.

김순례의 사망에 의한 일실(逸失)이익은 3,500만 엔 이상이다. 또 김순례의 사망에 의한 정신적 고통에 대한 위자료는 2,300만 엔 이상이다.
② 상속에 의한 손해배상 청구권의 취득

원고 김중곤은 김순례의 피고들에 대한 위 손해배상 청구권 중, 그 40분의

13, 즉 적어도 2,500만 엔을 넘는 손해배상 청구권을 상속에 의해 취득했다.

③ 원고 김중곤 고유의 손해

원고 김중곤은 김순례의 사망에 의해 정신적 고통을 받았다. 이에 대한 위자료(민법711조)는 1,000만 엔 이상이다. 원고 김중곤은 피고들의 전쟁 후의 일련의 부작위(피고 국가의 입법상 및 행정상의 부작위, 원호법의 적용에 관한 피고 국가의 국적에 의한 차별, 피고 회사의 전쟁 후의 부작위)에 의해 새로 정신적 고통을 받았다. 이에 대한 위자료는 1,000만 엔 이상이다.

(6) 원고 김성주의 상해에 의한 손해

원고 김성주가 왼손 집게손가락 끝을 절단하는 상해를 입은 것에 의한 일실(逸失) 이익은 480만 엔 이상이다. 또 그 위자료는 2,000만 엔 이상이다.

(7) 원고들의 손해배상 청구

① 원고 박해옥, 김혜옥, 진진정, 이동련 및 김성주는 각각 피고들에 대하여 연대하여, 위 (1) 내지 (3)의 손해액(원고 김성주에 대해서는 위 (6)의 손해액을 포함함) 중 3,000만 엔의 지불을 청구한다.

② 원고 양금덕는 (a)피고 회사에 대하여 위 (1) 내지 (3)의 손해액 중, 3,000만 엔의 지불을 (b)피고 국가에 대하여 위 (4)의 위자료 3,000만 엔의 지불을 청구한다.

③ 원고 김중곤은 피고들에 대하여 (a) 김순례의 상속인으로시 동인이 입은 위 (1)내지 (2)의 손해액 중, 3,000만 엔 및 (b) 위 (5)의 ① 내지 ③의 손해액 중, 3,000만 엔 합계, 6,000만 엔의 지불을 청구한다.

(8) 사죄 요구

원고들 김성주 및 김중곤은 피고들의 행위에 의해 인격권을 침해당했다. 이 손해는 금전 배상만으로는 회복하기 어려운 피해이기 때문에, 피고들에 의한 공식 사죄(민법 723조)가 필요하다.

(피고 국가의 주장)
원고들의 주장은 모두 법적 근거를 결여해 타당하지 않다.

(피고 회사의 주장)
(1) 피고 회사가 원고들에게 손해를 주었다는 주장 및 피고 회사에 대한 손해배상 청구에 영향을 미치는 주장은 다투겠다. 이 원고들의 사죄 요구의 주장은 다투겠다.

제4절_ 당 재판소의 판단

1. 원고들 각자의 사정에 대해서는, 다음과 같이 인정된다.

1) 원고 박해옥(朴海玉)의 사례
(이하, 원고라고 할 때에는 원고 박해옥을 말함.)

위 전제가 되는 사실, 갑 H 1호증의 1 및 2, 2호증, 29, 39호증, 40 내지 42호증의 각1 및 2 기재, 원고 당사자 심문의 결과 및 변론 전체의 취지를 종합하면, 이하 사실을 인정할 수 있다.

(1) 가족 관계 및 경력
원고는 1930년(쇼와 5년) 9월 26일 전남 순천에서 출생했다. 원고의 아버지는 원고가 태어나기 약 반년 전에 병사(病死)했기 때문에 할머니, 어머니,

언니, 오빠 및 원고의 5명 가족이었다. 어머니는 기독교의 전도사를 하고 있었으나 생활은 가난했다.

(2) 초등학교에서의 생활 및 졸업 후의 상황

1938년(쇼와 13년) 4월부터 원고는 순천남국민학교에 다니고 있었으나, 국민학교에서 받은 교육에 의해 원고는 천황폐하에게 충성을 다할 것, 내선일체(內鮮一體), 일본은 정의와 양심의 나라로 믿고 있었다.

1944년(쇼와 19년) 3월 원고는 순천남국민학교를 졸업했다. 당시 초등학교를 졸업한 후 중학교나 여학교에 진학할 수 있는 한국인은 3분의 1정도이며, 가난한 가정의 어린이는 진학할 수 없었기 때문에 여학교에 가는 것은 꿈일 뿐이었다. 원고의 집도 가난했으나 초등학교의 교원이었던 원고의 언니가 1년간 돈을 모아 원고를 여학교에 보내준다고 했기 때문에, 졸업 후 원고는 집안일을 돕고 있었다.

(3) 근로정신대 권유

1944년 5월 원고는 국민학교 6학년의 담임교사로부터 학교에 호출 받아, 교장실에서 교장과 헌병으로부터 "일본에 가면, 학교에도 다닐 수 있고, 공장에서 일하면서 돈도 벌 수 있다.", "초등학교 선생님 급료 정도로 벌 수 있다.", "6개월에 한 번은 한국에 돌려보낸다." 등의 말을 듣고, 근로정신대에 참가하도록 권유당했다.

원고는 여학교에 다닐 수 있을 뿐만 아니라 돈까지 벌 수 있다는 이야기를 믿고 곧 승낙했다. 원고는 교장으로부터 도장을 가져오라는 말을 들었으나, 어머니한테 이야기하면 반대할거라고 생각되어 몰래 도장을 가져와 교장에게 건네주었다.

원고는 그 후 어머니에게 위 사정을 이야기 못하고 고민하고 있다가 같은 해 5월 28일 드디어 고백하자, 원고 어머니는 대단히 놀라서 "일본에 가는 것은 절대로 안 된다"며 반대했다. 때문에 원고는 교장에게 일본에 못 가겠다고 이야기했으나, 교장이 "너의 부모는 계약을 어겼기 때문에 감옥에 가게 된다." 고 위협했기 때문에 무서워서 아무 말 못했고, 원고의 어머니에게는 "가지 않겠다."고 거짓말을 해서 가족에게는 비밀인 채 근로정신대에 참가하기로 했다.

같은 해 5월 31일 순천남국민학교에 근로정신대로서 일본에 출발하는 소녀들이 원고를 포함해서 13명이 모였다. 원고들이 순천역에 이동해서 기차를 기다리고 있었더니, 원고의 어머니와 언니가 급히 달려와 울면서 "일본에 죽으러 간다니 어리석은 얘다."고 반대했으나, 원고는 "6개월에 한번은 돌아올 수 있는 약속이니 그때 또 뵙자."고 하여 어머니를 설득했다. 원고의 어머니도 일본 헌병이 있는 앞에서 원고를 데리고 돌아갈 수는 없었다.

원고들은 곤도 헌병과 나주초등학교 손상옥 교사가 인솔해, 여수항에서 배로 시모노세키에, 시모노세키부터는 기차로 나고야에 도착했다. 원고들은 나고야에 도착해서 처음으로 이 사건 공장에서 일하게 될 것을 들었다.

(4) 이 사건 공장에서의 생활

① 나고야에 도착한 원고들은 제4 히시와료에서 야마조에 사감으로부터 "나는 너희들의 아버지다. 그러니까 나를 아버지라고 불러라." 등의 말을 받았다. 원고는 야마조에 사감에 대해 좋은 사람이라는 인상을 받았다.

도착한 다음날부터 이 사건 공장에서 일이 시작되었다. 원고들 순천부대는 2명 1조로 두랄루민 판에 비행기 부품의 형태를 그려서, 그 후 이것을 일본인 종업원들이 있는 곳까지 나르는 일을 했다.

두랄루민의 판은 당시 13세 원고에게는 아주 무겁고, 지나친 무게에 도중에서 발위에 떨어뜨린 적도 있었다. 그러나 원고는 피가 나와 부었어도 의사의 진찰을 받지 못했고, 약도 발라주지 못했기 때문에 된장을 칠하는 등 참고 있었으나, 아픔이 지독해서 남몰래 우는 일도 있었다.

② 공장에서 저녁까지 일해서 기숙사에 돌아오면 지쳐서 자버리는 상태로 자유는 없었다. 식사시간에는 식당 앞에서 한 줄로 서서 한 그릇의 공기밥과 한 종류의 반찬을 받았으나 더는 못 받았기 때문에, 얼마나 양이 적었는지 언제나 배고파서 물로 굶주림을 채우는 일이 몇 번이나 있었다. 가족들에게 편지를 보내고 싶어도 검열이 엄격하여, 또 원고에게는 우표를 살 용돈조차 없었기 때문에 편지를 보낼 수도 없었다.

③ 원고는 "학교에 다닐 수 있다. 월급을 받을 수 있다"라는 말을 믿고 있었으나, 일이 끝난 후 2,3차례 정도 예의범절을 가르쳐 준 적이 있었던 외에는 매일 공장에서의 노동뿐이었고 전혀 공부는 없었다. 그래서 야마조에 사감에게 "학교에는 못 다니느냐?"고 물었다. 그러나 야마조에 사감은 "지금은 그런 시절이 아니다. 나중에 그 이야기를 하자."고 말하는 것이었다. 또 급료를 받을 수 없는 것에 대해서도 물어봤지만, 야마조에 사감은 "저금해놓았다. 나중에 한국에 돌아갈 때에 준다."고 말할 뿐이었다.

④ 일본에 들어와 몇 달 지났을 때 한국에서 5명의 대표단이 원고들이 일하고 있는 상황을 보러 왔다. 원고 어머니도 순천 대표로서 참가하고 있었으나 모두가 모여 있는 자리에서 인사만 하여 개인적으로 이야기를 나누는 시간은 가질 수 없었기 때문에, 원고는 원고들이 받고 있는 대우가 약속과 다르다는 것을 어머니에게 호소할 수 없었다.

(5) 도난카이(東南海)지진

1944년(쇼와19년) 12월 7일 오후 1시 반경, 원고들이 작업장에서 일하고 있을 때, '와'라는 신음 같은 큰소리가 나고, 몸이 흔들릴 정도의 진동이 계속되었다. 원고는 무엇이 일어났는지 알 수 없었으나 일본인들이 "지진이다. 빨리 나무 밑으로 도망쳐라."고 외쳤기 때문에, 원고는 어떻게 도망치려고 해서, 드디어 공장 밖에 나와 나무 밑까지 피난했다.

공장이 무너지는 큰소리가 들려, 많은 사람들의 외침소리나 신음소리, 도움을 달라는 목소리가 여기저기서 들렸다. 피를 흘리며 머리는 먼지투성이의 사람이 나오거나, 굴뚝 있는 곳으로 보이던 사람의 모습이 사라지거나 아수라장으로 변한 광경을 눈앞에서 보면서, 원고는 무서운 나머지 계속 떨고 있었다.

(6) 공습

지진 뒤, 얼마 안 되어 나고야에 공습이 계속되었다. 매일 같이 저녁에 공습경보가 울려 그때마다 원고들은 방공호 속에 피난하여 몸을 움츠리고 있었다. 소이탄이 비같이 쏟아져 기숙사 주변은 불바다가 되어, 원고는 물에 적신 모포로 밤새도록 불을 끈 적도 있었다. 원고는 공습 등 전쟁의 실태를 들은 적도 없고 위험하다는 것을 실감 못 하고 있었으나, 이런 일을 겪은 후, 원고 어머니가 "일본에 가는 것은 죽으러 가는 거다."고 한 뜻을 실감했다.

공포 때문에 며칠이나 잘 수도 없고 밥도 못 먹는 상태가 되었다. 이때 공습에 의한 공포 때문에, 원고는 귀국한 뒤에도 야밤에 놀라서 잠이 깨어, 아침까지 잠을 못 이루는 일이 있었다.

(7) 다이몬(大門) 공장에서의 생활

1945년(쇼와 20년)에 원고들은 다이몬 공장으로 이동하게 되었다. 다이몬 공장 기숙사의 사감은 상이군인이며 강압적인 태도의 사람이었다. 원고들은 지진, 공습 등 계속된 공포와 피로 때문에, 사감에 대해 "약속대로 한국에 돌려 보내주세요."라고 요구했으나, 사감은 화를 내며 원고들을 한명씩 자기 방에 호출하여, "누가 맨 처음에 그런 말을 하기 시작했느냐? 이 속에는 간첩이 있다."고 호통 쳤다. 이러한 사감의 엄격한 자세에, 원고들은 두말없이 사과하고, 다음날부터 공장에 나가 일을 해야 했다.

그 후 일본 상황은 점차로 악화되어, 원고들은 주먹밥과 한 조각의 단무지로 굶주림을 참으면서 엄한 노동에 종사했다.

(8) 해방

1945년(쇼와 20년) 8월 15일 원고들은 기숙사 앞의 운동장에 모여 라디오로 천황폐하의 방송을 들었다. 흘러온 천황폐하의 목소리를 들은 일본인들은 모두 눈물을 흘리고 있었다. 그러나 원고들은 전쟁이 끝났다는 안도감과 드디어 한국에 돌아갈 수 있다는 기쁨으로 기숙사 방에 돌아와서는 서로 손잡고 기뻐했다.

같은 해 10월, 원고들은 조선에 귀국하게 되었는데 짐은 나중에 보낸다고 해서 원고들은 지급받은 작업복만 입은 채 귀국했다. 또 다른 근로정신대원들이 사감에게 급료에 대해 물어보니, "너희들이 조선에 돌아간 뒤에 부쳐주겠다."고 해서, 원고들은 짐과 급료는 나중에 보내줄 거라고 믿으면서 귀국했다.

(9) 귀국 후의 생활

원고는 귀국 후 잠시 집에 있다가 1946년(쇼와 21년)부터 봉제공장에서 일하면서 전남여학교 야간부에 통학하여, 그 후 조대중학교, 광주수피아여자중학교, 전주예수병원 간호학교에서 공부를 계속했다. 그리고 동 간호학교 졸업 후 광주 제중병원에서 간호사로 근무하면서 조산원 면허를 취득하여, 1957년 광주시 월산동에 조산원을 개입했다.

그리고 그때쯤 원고는, 당시 육군 중위였던 남편과 선을 보고 결혼하여, 그 후 두 아들과 두 딸을 낳고 직장일과 육아 때문에 바쁜 나날을 보내고 있었다.

한국에서는 전쟁 전에 일본에 다녀왔다고 하면 친일파라고 낙인찍혀 비난받았을 뿐만 아니라 근로정신대원은 위안부와 동일시되어 근로정신대원이었던 것이 알려지면 결혼할 수 없었다. 그래서 원고는 결혼할 때 남편에게 근로정신대원으로 일본에 갔다는 것을 이야기하지 않았고, 결혼한 뒤에도 남편에게도 아이들에게도 이야기할 수 없었다.

원고는 원고의 아이들이 각자 독립한 뒤, 원고 김혜옥 및 양금덕 등과 함께 나고야를 방문하여 근로정신대원이었던 것을 공표했다. 원고의 아이들은 원고의 이야기를 듣고 사실을 이해했으나, 원고 남편은 근로정신대원은 위안부가 아니라는 원고의 말을 믿지 않고 집을 나가버렸기 때문에, 1994년 10월 원고는 남편과 이혼했다.

원고는 조산부로서 주변 사람들로부터 존경받고 있었고, 2003년 11월에 미국에서 나이팅게일 미란상까지 수여받았으나, 신문이나 언론들이 원고가 근로정신대원이었던 것을 보도한 것을 보고 위안부라고 오해한 사람들로부터 '더러운 여자'라고 욕을 들은 적도 있었다.

원고는 일본에서의 생활에서 받은 정신적 고통과 충격으로 현재까지 불면증과 신경성 위장 장해를 앓고 체중이 줄어들어, 마음이 불안정하여 치료를 계속 받고 있다.

2) 원고 김혜옥(金惠玉)의 사례
(이하, 원고라고 할 때에는 원고 김혜옥을 말함.)

위 전제가 되는 사실, 갑A 8호증, 갑C 55 내지 57호증, 갑H 2, 4호증, 6호증의 1 및 2, 29호증, 43호증의 1 및 2, 43호증의 5 기재, 원고 당사자 심문의 결과 및 변론 전체의 취지를 종합하면, 이하 사실을 인정할 수 있다.

(1) 가족 관계 및 경력
원고는 1931년(쇼와6년) 3월 6일 전라남도 나주에서 출생했다. 원고 아버지는 나주에서 '영신(永信)상점'이라는 명칭으로 소금, 고려인삼, 담배 등의 판매업을 경영하고 있었고 가정은 부유했다. 원고 어머니는 원고가 5살 때 사망했기 때문에 그 후는 새어머니와의 생활이었다.

원고는 나주대정국민학교(현 나주초등학교)를 1944년(쇼와19년) 3월에 졸업하고, 주로 일본인 자녀들이 다니는 야마토(大和) 여학교에 입학하려고 시험을 치렀으나 불합격이었다.

(2) 근로정신대 권유

원고는 다시 여학교를 수험하기 위하여, 나주대정초등학교 졸업 후에도 동교에서 '재습'(再習)이라고 칭하는 과정을 이수하고 있었다. 1944년(쇼와 19년) 5월 경 학교 교실에 5학년, 6학년 및 재습 과정의 각 아이들이 모여, 마사키(正木)교장 및 곤도(近藤) 헌병으로부터 "일본에 가면 돈을 받을 수 있고, 여학교에도 다닐 수 있다", "일본에 가고 싶은 사람은 손들어라"는 말을 들었다.

여학교에 불합격이 되어 낙심하고 있었던 원고는 일본여학교가 조선의 여학교보다 훌륭하고, 일본 여학교에 가면 자신이 가장 훌륭한 인간이 될 수 있다고 생각되어 맨 먼저 손을 들었다. 이때, 원고는 일본의 공장에서 일한다고는 생각도 안하고 있었다.

원고는 여학교에 갈 수 있는 기쁨으로 서둘러 집에 돌아가 원고 아버지에게 말씀 드렸더니, 원고 아버지는 처음에는 일본에 가는 것을 극구 반대했으나, 장사 관계로 일본인들과 사귀고 있어서 원고가 어떻게 하더라도 가고 싶다고 조르는 바람에 끝까지 반대할 수 없어서 부득이 승낙했다.

1944년(쇼와19년) 5월 말경, 원고를 포함한 24명은 곤도 헌병 및 나주대정초등학교 손상옥선생이 인솔해, 나주역에서 기차로 여수로 갔다. 원고의 아버지와 새어머니는 여수까지 동행하여 여수의 '미도리(綠)여관'이라는 여관에 원고와 함께 하룻밤을 잤다.

원고 아버지는 헤어질 때 원고에게 갈아입을 옷 외에 30엔을 건네주었다. 원고 아버지는 울고 있었지만, 원고는 여학교에 갈 수 있다는 생각에 그저 기쁘기만 했다. 여수에서 하룻밤을 자고 난 다음날 밤, 여수항에서 큰 배로 일본을 향했다.

항해 중, 어뢰가 지나가서 사이렌 소리가 울렸다. 이때 원고는 처음으로 어린 마음에도 위험한 상황에 처해 있다는 것을 느껴 후회도 들었지만, 시모노세키에 도착하여 산 등이 보였을 때에는 조금 안심했다. 시모노세키에서 곧 기차로 갈아타 나고야를 향했으나, 목적지가 나고야인 것은 도착할 때까지 알려지지 않았다.

(3) 이 사건 공장에서의 생활

제4 히시와(菱和)료에서는 한방에 6명이 동거했다. 요장인 야마조에 사감은 원고들에게 친절했고, 원고들은 야마조에 사감을 아버지라고 부르고 있었다.

원고에게 맡겨진 일은 비행기 부품에 국방색 페인트를 칠하는 작업이었다. 작업장에는 환풍기도 없고 마스크도 없었기 때문에, 원고는 두 번 정도 페인트용제의 악취로 골치가 아파 의식을 잃고 쓰러진 적이 있었다.

공장에서의 작업은 작업에 종사하는 사람들끼리 서로 이야기를 못하게끔 작업 장소를 분리해서 작업하도록 되어 있었다. 작업 중에 조금이라도 곁을 보거나 이야기를 하면 감독이 호통을 쳤다. 화장실에 갈 때에도 돌아오는 것이 조금이라도 늦으면 심하게 꾸지람을 받았다. 그리고 그때마다 감독은 "조선인이기 때문에 그렇다", "반도인"이라고 차별했다. 원고들은 내선일체라고 배웠는데 왜 차별받는가 생각하니 분한 마음에 "내선일체를 모르냐?"고 반발한 적도 있었지만, 감독한테서 오히려 꾸지람을 듣기만 할 뿐이었다.

식사는 주식이 공기 밥에 콩이나 감자 등이 섞여진 것인데, 양이 적고 반찬도 하나 정도여서 원고는 항상 배고픈 상태였다. 기숙사의 2층 방에는

'내선일체(內鮮一體)'란 액자를 걸어놓고 일본 천황, 일본 노래 및 예의범절은 배웠으나, 학교에 다니는 일은 없었고 또 다른 공부도 없었다.

원고는 괴로운 심정을 원고 아버지에게 알리기 위해, 손가락을 베어 그 피로 '일본은 반드시 이긴다'고 써서, 아버지 앞으로 보냈더니 걱정한 원고 아버지가 멀지 않아 일본에 급히 달려왔다. 원고 아버지는 원고와 함께 조선에 돌아가자고 말했으나, 원고는 무슨 일이 있어도 일본 학교에 가고 싶었고, 또 자기 혼자 돌아갈 수 없다고 생각해 일본에 남았다.

(4) 도난카이(東南海)지진

1944년(쇼와19년) 12월 7일 오후 1시 반경 점심을 마치고 작업을 다시 시작했었을 때 도난카이(東南海) 지진이 발생했다.

한반도에서 태어나 자랐던 원고는 큰 지진의 경험이 없어서 놀라고 있는데 감독이 "지진이다. 모두 밖에 나가라"고 큰소리로 외쳤기 때문에 원고는 어떻게 도망칠 수 있었으나, 지진으로 공장 지붕이 떨어져 철골이 원고의 오른쪽 어깨에 맞아서 부상을 입었다. 공장 굴뚝은 크게 흔들리고 땅바닥이 갈라져 수도관이 터져 물이 넘쳐 나와, 원고들은 떨면서 여기저기 우왕좌왕해서 공포와 불안으로 '어머니', '아버지'를 부르면서 울고만 있었다.

지진 이야기를 들은 원고 아버지는 지진 며칠 후에 일본에 급히 달려왔으나, 원고는 이때에도 일본학교에 다니고 싶다는 희망이 있어서 아버지와 함께 조선에 돌아가지 않았다.

(5) 공습

1945년(쇼와20년) 1월경부터 특히 공습이 심해져서, 매일 같이 밤낮을 막론하고 경계경보나 공습경보가 울려 그때마다 방공호로 피신했다. 방공호에도 소이탄이 떨어져 근로정신대원 중 한명이 사망했다. 기숙사에도 소이탄이 떨어져 방안이 불탄 적도 있었다. 이때 원고는 자기 이불로 불을 껐으나, 그 후 이것을 대체할 이불은 지급되지 않았다.

(6) 다이몬 공장에서의 생활

1945년 봄 경 원고들은 다이몬 공장에 이전했다. 다이몬 공장에는 야마구치(山口)사범학교 학생들도 와 있었다. 다이몬 공장에서의 생활은 이 사건 공장과 마찬가지였으며, 일도 항공기 부품에 페인트를 칠하는 것이었다.

식사도 양이 적고 원고는 너무나 배가 고파서 공장 뒤에 있는 밭에서 오이나 토마토를 훔쳐 먹은 적도 있었다. 다이몬 공장의 기숙사 사감은 원고들에게 엄격하고 차별적이어서 폭력을 휘두르는 일도 자주 있었다. 여름이되면 모기가 많아 야마구치사범학교의 학생들에게는 모기 잡는 향이 배급되었는데, 원고들에게는 배급되지 않았기 때문에 원고가 모기향을 사기 위해 외출했다가 사감에게 발각되어 맞은 적도 있었다. 또 야마구치사범학교의 학생이나 일본인 어린이들로부터 "조선인들 불쌍하다. 왜냐면 지진에 공습으로 다 무너졌다"고 노래 부르면서 모욕하는 일들이 자주 있었다.

(7) 해방

1945년(쇼와20년) 8월 15일 라디오에서 천황의 방송이 흘러 일본인들이 모두 울고 있었으나 원고는 방송 내용을 잘 알지 못해 어째서 모두들 울고 있는지 이해를 못했다. 야마구치 사범학교 학생들이 "조선인이니까 일본이 전쟁에 패배한 것을 기뻐하고 있다"며 많은 학생들로부터 맞았다.

같은 해 10월, 원고들은 기차와 배를 갈아타고 귀국했다. 조선에 귀국한 원고는 나주대정초등학교 마사키 교장의 이야기가 모두 거짓말이었고, 자신은 속았다고 확실히 느껴지다 보니 가슴이 찢어질 것만 같았다.

(8) 귀국 후의 생활

원고는 귀국 후 당분간은 나주에서 원고의 아버지와 함께 생활하다가,

1946년 원고의 아버지 및 새어머니와 함께 부산으로 이사했다. 원고는 폐결핵을 앓아 부산의 병원에 3년 가까이 입원한 후 광주사범학교에 입학했다.

해방 후 한국에서는 일본에 협력적이었던 한국인은 박해를 당하였고 정신대원으로 일본에 건너간 소녀들은 '공출'로 간주되어 일본 남자들의 노리개가 되었다고 인식되어 있었다.

원고는 군인과 혼약한 적도 있었으나, 원고가 근로정신대원이었던 것이 알려지면서 깨지고 말았다. 그 후 한 번 결혼했으나 근로정신대원이었던 것이 알려지고 그것이 원인이 되어 헤어졌다. 헤어지고 난 뒤에 아이를 하나 출산했으나, 폐결핵을 앓고 입퇴원을 되풀이하고 있었기 때문에 결국 아버지가 돌보게 되었다.

그 후 원고는 화순에서 술집이나 작은 식당, 빵집을 경영하고, 그동안에 아들을 하나 출산했다.

(9) 이 사건 소송에 이르기까지

1995년(헤이세이7년)경 원고는 원고 양금덕과 우연히 다시 만나, 그 후 일본에서 개최된 전쟁 후 50주년 기념집회에 원고 양금덕 및 동 박해옥과 함께 참가하고 이 사건 소송의 원고단에 참가하게 되었다. 원고는 전에는 근로정신대원이었던 것은 되도록 알리고 싶지 않았으나, 재판 활동에 관계를 갖는 가운데 근로정신대원이었던 괴로운 경험을 후대에 전달하는 것을 자기들의 책임으로 생각하게 되었다.

또 원고는 도난카이(東南海) 지진으로 사망한 근로정신대원 6명 가운데 일본이름 '구레하라 아이코(吳原愛子)'라는 소녀의 신원을 못 찾았다는 이야기를 듣고, 그 소녀를 불쌍히 여겨 백방으로 찾아나서, 목포의 산정(山亭) 초등학교 학적부에 '구레하라 아이코'의 이름이 있는 것을 알아냈다. 그리고 그 소녀의 한국 이름이 '오길애(吳吉愛)'라는 것, 그 본적지가 전라남도 무안군(현재의 신안군) 압해면이라는 것 및 그 유가족들을 찾아냈다.

3) 원고 진진정(陳辰貞)의 사례

(이하, 원고라고 할 때에는 원고 진진정을 말함.)

위 전제가 되는 사실, 갑H 46호증의 1 및 2 기재, 원고 당사자 심문의 결과 및 변론 전체의 취지를 종합하면, 이하의 사실을 인정할 수 있다.

(1) 가족관계 및 경력

원고는 1929년(쇼와4년) 12월 1일 전라남도 나주에서 출생했다. 형제는 오빠 3명, 언니 3명이고, 원고가 2살 때 아버지가, 4살 때 어머니가 잇따라 사망했기 때문에, 원고의 오빠들이 농사로 일가의 생활을 버티고 있었으나 생활은 힘들었다.

원고는 어릴 때 일본인에 대하여 무섭다는 이미지를 가짐과 동시에 그 풍요함에 대한 동경과 같은 감정을 품고 있었다. 1944년(쇼와19년) 3월, 원고는 나주대정국민학교를 졸업했다.

(2) 근로정신대 권유

1944년 5월경, 원고 및 원고와 동갑의 조카가 국민학교 6학년 담임교사로부터 호출 받아 학교에 갔다. 교장실에서 마사키 교장과 곤도 헌병이 일본의 훌륭한 집들이 찍혀있는 사진을 보여주고, "일본에 가고 싶어?", "일본에 가면 무엇을 하고 싶어?" 등 말을 걸면서 "일본에 가면, 여학교에 진학할 수 있고, 돈을 벌 수 있다"는 말을 하면서 일본에 가도록 권했다.

그때, 원고들은 나고야에 가는 줄도 몰랐고, 노동의 내용, 급료액, 근무일수, 근무시간에 대해서는 아무것도 알려주지 않았다. 또 원고는 당시 일본이 전쟁하고 있었던 것도 모르며, 알려준 일도 없었고, 도대체 전쟁이 무엇인지도 몰랐다. 따라서 일본에 가면 공습이 있다는 것도 전혀 몰랐고, 오히려 일본에 가도 집에 돌아오고 싶으면 언제든지 돌아올 수 있다는 말만 들었다.

원고는 일본에 가는 이야기를 들었을 때, "다닐 수 없다고 생각하고 있었던 여학교에 갈 수 있다"고 기뻐했으나 부모의 대신인 오빠에게 이야기를 했더니, "절대로 가면 안 된다"고 반대했다. 원고는 당시 가정형편으로는 여학교에 다닐 수 없다고 생각해서, "이대로는 여학교에 갈 수 없기 때문에 나는 가겠다"라고 끝까지 주장했다. 그러나 오빠로부터 "어린 너희들이 먼 외국까지 가서 어떻게 하느냐. 너희들을 누가 지켜주느냐?", "가면 돌아올 수 있는지 없는지도 모른다."고 거듭 말했기 때문에 원고는 조카와 상의하여 일본에 가는 것은 아무래도 불안하다고 생각했다.

그래서 다음날 아침, 원고와 조카는 학교에 가서, 일본에 안가겠다고 알리자 칼을 찬 몸매도 크고 무서운 느낌인 곤도 헌병이 "한번 가겠다고 한 사람은 절대로 가야 한다. 가지 않으면 경찰이 와서 가족, 오빠를 묶어가겠다"고 엄포를 놓았다. 마사키 교장도 "기필코 가야 한다"고 말했기 때문에 원고와 조카는 집에 돌아온 뒤 밤새 걱정하고 있었다. 결국 교장이 도장을 가지고 오라고 해서 도장을 몰래 훔쳐 학교에 가져가, 두 사람은 근로정신대에 참가하게 되었다.

(3) 일본으로 출발

1944년(쇼와19년) 5월 말경, 원고는 나주대정국민학교에서 일본을 향해 출발했으나 가족들의 배웅은 없었다. 나주역에서 원고들 개인행동은 절대 금지며, 헌병의 명령을 따르도록 엄격한 주의를 받았다. 때문에 원고들은 행선지조차 물어볼 수 없었다. 일본을 향하여 여수항에서 출항하고 다음날 새벽녘 시모노세키에 도착했으나, 원고는 기분이 안 좋아 그냥 돌아가고 싶다는 기분이었다.

(4) 이 사건 공장에서의 생활

원고들이 나고야에 도착한 다음날 아침 일찍 공장에 가서 노동에 관한 교육을 받은 후, 공장에서의 노동이 시작되었다.

원고들에게 맡겨진 공장 작업은 비행기 부품에 쓰인 녹을 닦는 일과 페인트칠이었다. 녹을 닦는 일은 팔이 아팠고, 또 페인트칠은 심한 냄새 때문에 숨도 가쁘고 지독하게 두통이 났다. 하루 종일 서 있는 채로 작업했기 때문에 밤에 잘 때는 발이 부어있었다. 모기에 물려 심하게 부은 일도 있었으나, 바르는 약조차 주지 않았다.

작업장의 감시는 매우 엄했다. 곁도 보지 말고 틀림없이 작업을 하라는 명령이 수없이 나와 있었기 때문에, 일할 때에는 옆도 보지 못하고 이야기도 할 수 없었다. 화장실에 갈 때는 허가를 받아 누군가와 함께 가야 했고, 정해진 시간 내에 돌아오지 않으면 벌이 가해졌다. 특히 근로정신대원은 언제나 고함소리로 욕을 먹고 있었다. 몸이 아파서 일을 못 나가면 밥을 주지 않았다.

원고들은 공장에 있는 일본인들과 일을 가르쳐주는 사람, 그리고 지휘관 외에는 상대할 일이 없었고, 일본인들은 원고들을 '반도인', '조선인'이라고 불렀기 때문에 원고들과 일본인들이 친구가 될 상황도 아니었다.

조선에 편지를 보내기 위해서는 검열을 받아야 했기 때문에, 원고는 조선에 한 번도 편지를 보낼 수 없었다. 때문에 조선에 있는 가족들의 상황에 대해서도 알 수 없었다.

원고는 조선에서도 가난한 생활이기는 했으나, 그래도 원하는 만큼의 것들은 먹을 수 있었다. 그러나 일본에서는 노동이 심한 반면에 식사는 주로 감자였으며, 양이 언제나 부족했다. 원고는 배가 고파서 참을 수 없을 때에는 주방에 살짝 들어가 쓰레기통 속에 버려진 밥알을 주어, 물로 씻어 먹으며 굶주림을 견디어낸 적까지 있었다. 또 가지고 온 옷을 멀리까지 가져가서 콩과 교환하여, 콩을 죽으로 해서 먹은 적도 있었다.

(5) 도난카이(東南海) 지진

1944년(쇼와19년) 12월 7일 오후 1시반 경, 오후 작업에 착수하려고 했던 원고는 갑자기 "지진이다"라는 큰소리를 듣고, 급히 공장 안의 방공호에 들어가려고 했으나 몸이 움직이지 않았다. 겨우 방공호에 들어가, 조카와 둘이 서로 껴안으면서 함께 죽는다고 생각하고 있는데 공장이 붕괴했다.

원고는 지진이 가라앉자 곧 방공호 뚜껑을 열어 밖의 상황을 바라보니 피투성이가 된 사람이 들 것으로 실려 가거나, 땅바닥이 깨져 물이 넘쳐 있는 상황이었기 때문에, 그대로 집에 돌아갈 수도 없고 죽지 않을까 생각했다. 또 원고도 부서진 건물을 헤쳐 나왔을 때 상처를 입었다. 원고는 한국에서 지진을 경험한 적이 없었기 때문에, 현재도 도난카이 지진의 공포를 잊을 수가 없다.

(6) 공습

도난카이 지진 후 매일같이 공습이 있어서 그때마다 피신해야 했다. 공습이 오면 죽음의 공포 때문에 누구나 서로 밀치면서 방공호에 먼저 피신하려고 했다. 하루에 몇 번씩 공습경보가 있는 날도 있었는데 원고들은 방공호로 도망칠 때마다 "오늘도 살아남았다", "우리들은 이렇게 살아있다"고 말하거나, 마음속에서 생각하고 있었다.

하룻밤 내내 공습이 계속된 일도 있었는데, 원고는 정말로 공습이 무서워서 집에 돌아가고 싶었지만 어쩔 수 없었다. 원고는 여기서 죽지 않을까 하고 매일 울고 있었다.

원고는 방공호에 피신할 때, 기숙사 2층 계단 뒤에서 밀려 계단 아래로 떨어져 허리를 다쳤고, 발톱이 벗겨지는 등의 상처를 입기도 했다. 지금도 오래 앉아있으면 서려고 해도 못 서고, 자세도 나쁜 상태이다.

(7) 한국으로 귀국

그 후 원고들은 다이몬 공장으로 이동했으나 감시 아래서의 노동, 식사의 부족 등 일이나 생활에 대해서는 이 사건 공장과 같은 상황이었다.

1945년(쇼와20년) 8월 15일 일본의 패전으로 전쟁이 끝난 것을 알아, 원고들은 이제야 고향에 돌아갈 수 있다고 생각하여 손바닥을 치면서 서로 기뻐했다. 같은 해 10월 21일에 원고는 작업복과 몸뻬(초라한 일본 작업복) 모습으로 징용으로 일본에 끌려간 사람들과 함께 귀국했다.

(8) 귀국 후의 생활

원고는 드디어 귀국할 수 있었지만 돈을 많이 벌 수 있다고 갔는데, 돈 한 푼 없이 돌아왔기 때문에, 오빠나 언니들에게 보일 돈도 없고 또 자신이 속았다고 생각하니 부끄러웠다. 부모님을 대신해 준 오빠한테도 "일본 가서 비행기 만들었다"고 이야기 한 것 외에는 아무 말도 할 수 없었다.

귀국 후 한국에서 생활한 원고는 근로정신대원이 위안부와 동일시되고 있어서, 근로정신대원으로서 동원된 사람들은 모두 이 사실을 숨기고 있다는 상황을 경험하게 되었고, 근로정신대에 참가한 것을 감추지 않으면 안 된다는 것을 뼈아프게 이해할 수밖에 없었다. 때문에 원고는 근로정신대원으로서 동원된 쓰라린 체험을 아무에게도 이야기할 수 없어서 "큰 일이 있었으나 죽지 않고 돌아와서 다행이다"고 자신을 위로할 수밖에 없었다.

원고는 결혼해서 행복한 가정을 꾸미길 원했지만, 근로정신대원으로 동원된 일이 알려지면 일본 군인들에게 몸을 팔았다고 오해받아 결혼상대로서 봐주지 않게 되니, 이 사실을 숨겨서 결혼할 수밖에 없었다. 원고는 처음 헌병과의 결혼 이야기가 있었으나, 원고는 '헌병'이라고 하면 곤도 헌병이 생각나 무서워서 결혼할 심정이 아니었고, 또 상대방도 원고가 근로정신대에 참가한 일을 어디에선가 듣고, "근로정신대에서 돌아온 사람과는 결혼하지 않겠다"고 거절해왔다.

그 후 원고는 근로정신대원으로 동원된 사실을 숨긴 채 22살 때 선을 보고 결혼하여, 다섯 명의 아들과 한명의 딸을 낳았다. 원고는 근로정신대원에 동원된 사실이 절대로 남편에게 알려지면 안 된다고 생각해 계속해서 숨겼지만, 결혼 후 4, 5년이 지나면서 원고 남편은 원고가 근로정신대에 참가했던 것을 듣게 되어, 원고를 의심하기 시작했다.

원고 남편은 원고의 과거에 대해 몇 번이나 꼬치꼬치 캐물었고, 원고가 있었던 사실을 그대로 말해도 결코 믿지 않았다. 또한 원고에게 폭력을 휘두르기도 해 원고는 남편의 폭력에 의해 의식을 잃거나, 손목을 골절하기도 했다. 결국 원고 남편은 집을 나가버리고 결혼생활은 파탄에 이르렀다.

원고 남편은 집을 나갈 때 집에 있는 돈을 모조리 갖고 나가버렸고, 그후 생활비나 양육비는 거의 보내주지 않았기 때문에, 원고는 친정의 지원을 받으면서 6명의 아이들을 키웠다. 의대에 진학한 원고의 장남은 학비가 모자라 중도 휴학을 하거나, 아르바이트를 해야 했고, 원고의 오빠나 언니들의 도움을 받아 의대를 졸업하여, 현재는 대학교 의학과 부교수가 되었다.

또한 원고 남편은 만년에 병을 앓고 원고 장남이 의사로 근무하고 있던 병원에서 검사받게 된 것이 계기가 되어, 수술한 후 집에 되돌아와 원고들의 간병 끝에 사망했다.

(9) 이 사건 소송에 참가하게 된 경위

이 사건 소송에 참가하는 것에 대해서 원고는 셋째 아들 외의 자식들에게는 이야기한 적이 없고, 셋째로부터 포기하도록 충고 받았으나, 자신의 인생을 망치게 한 원점을 다시 찾아 평생의 한을 풀고, 위안부라는 오해를 풀고 싶어서, 이 사건 소송에 참가하기로 했다.

4) 원고 양금덕(梁錦德)의 사례

(이하, 원고라고 할 때에는 원고 양금덕을 말함.)

위 전제가 되는 사실, 갑 H 3호증의 1 및 2, 29호증, 45호증의 1 내지 3 기재, 원고 당사자 심문의 결과 및 변론 전체의 취지를 종합하면, 이하의 사실을 인정할 수 있다.

(1) 가족관계 및 경력

원고는 1931년(쇼와 6년) 2월 28일 전라남도 나주의 가난한 농가에서 태어났다. 부모, 언니 네 명과 오빠 하나가 있었고, 가정은 가난했으나 양반이라는 격이 높은 집안이었다.

1939년(쇼와14년) 4월, 원고는 나주대정국민학교에 입학했으며 당시 원고는 초등학교에서 받는 교육을 끝까지 믿고 받아들이고 있었다.

(2) 근로정신대 권유

원고가 6학년이 된 1944년(쇼와19년) 5월 마사키 교장과 곤도 헌병이 교실에 들어와, "체격이 좋고 머리가 착한 아이가 정신대로 일본에 가서 일하면, 돈도 많이 벌 수 있고, 여학교에도 다닐 수 있으며, 돌아올 때에는 집 한 채 살 수 있는 돈을 가지고 돌아오게 된다. 그러므로 근로정신대에 지원하면 어떤가. 가고 싶은 사람은 손들어라"며, 근로정신대에 참가를 물었더니, 학급 모두가 손들었다. 마사키 교장은 담임교사와 상의하여, 머리가 좋고 체격이 좋은 아동 10명을 그 자리에서 지명했다. 원고는 그 10명 가운데 한 명에 들었다.

원고는 대단히 기뻐하면서 집에 돌아가 부모님께 말씀드렸더니 부모님은 깜짝 놀라서 화를 내며, "어린 딸을 일본에 절대로 못 보낸다", "여학교에 다닐 수 있다는 건 거짓말이다"라고 강하게 반대했다. 그러나 원고는 머리가 좋다고 뽑힌 것을 아주 기쁘게 생각하고 있었고, 또 천황폐하는 절대적이라는 교육을 받았던 원고는 학교 선생님은 틀린 것을 가르치지 않는다고 생각하고 있었기 때문에 부모님의 말보다 교사의 말을 믿었다.

원고는 다음날 마사키 교장에게 부모님이 반대하고 있다고 알렸더니, 마사키 교장이 "이렇게 지명 받았는데 안 가면, 경찰이 너의 아버지를 붙잡아 가둔다. 가는 사람은 아버지의 도장을 찍어야 한다"고 말했다. 원고는 자신이 안 가면 경찰이 아버지를 붙잡지 않을까 걱정하여, 아버지가 자고 있는 사이에 몰래 도장을 가져가 담임교사에게 건넸다.

이렇게 해서 원고는 근로정신대원으로 일본에 가게 되었다. 약 20일 후, 손상옥 선생의 인솔로 출발했으나, 원고 부모님은 배웅하러 나와 울고 있었다.

여수에 모인 근로정신대에 동원된 아동들을 군악대가 환영했다. 곤도 헌병 등 헌병 2명이 인솔로 합류했으나, 원고는 칼을 찬 헌병에게 공포를 느꼈다. 원고들은 배로 시모노세키로 건너가, 기차를 타고 나고야에 가서 이 사건 공장에 도착했다.

(3) 이 사건 공장에서의 생활
원고의 일은 시너나 알코올로 비행기 부품의 녹을 닦아, 그 위에 페인트를 칠하거나, 줄질을 해서 부품을 절단하는 작업이었다. 공장에서는 24명반에 2명의 일본인 반장이 있어서, 작업 중에 작업장을 왔다 갔다 하며 하루 종일 감시하고 있었다.

작업장에는 시너의 강한 냄새가 꽉 차서 골치가 아파 쓰러질 것 같아도 쓰러지면 꾸중을 듣게 되니 참을 수밖에 없었다. 장갑도 없이 손 껍질이 찢겨져 피를 흘린 적도 있었다. 원고는 키가 작아 페인트칠 할 때 자세를 크게 뻗어서 작업해야 하니 엄청 괴로웠으나, 잠시라도 일손을 멈추고 반장 쪽을 바라보기만 해도 맞은 적이 있어서 전혀 쉴 수 없었다.

작업 중 화장실에 갈 수는 있었으나, 다른 사람들이 줄지어 있어서 시간이 걸렸는데, 늦장을 피운다고 해서 맞은 적이 있었다. 반장이 원고들을 때리거나 고함칠 때에는, '조선인', '반도인'이라고 욕을 퍼부었다.

제4 히시와료에서는 한 방에 8명이 함께 생활했다. 식사는 기숙사의 큰 식당에서 먹었다. 아침식사는 보리 섞은 밥에 반찬은 매실과 된장국뿐이었고, 밥의 분량도 적었다. 점심은 공장 식당에서 일본식 김치 같은 단무지, 저녁은 대부분 정어리 등 하나만이 반찬이었다.

원고는 어느 날 일본인과 조선인이 교대할 때, 먹다가 남긴 밥이 양동이 속에 있는 것을 보고 먹으려고 손에 집어 들었더니, 지나가던 일본인 여자 아이들이 "조선인은 더럽다"라는 말을 하며, 발로 손을 짓밟은 적이 있었다.

(4) 도난카이(東南海) 지진

1944년(쇼와19년) 12월 7일 오후 1시반 경, 땅 바닥이 흔들리더니 어디선가 "지진, 지진, 모두 밖에 나가라"는 큰소리가 들려 원고는 다급히 달려서 도망쳤다.

그러나 도망치는 도중에 벽이 무너져, 원고 앞을 도망치고 있었던 기숙사 소대장 최정례(崔貞禮)와, 원고 뒤를 달리고 있었던 김향남(金香南)이 벽에 깔려버렸다. 그리고 선반 위에서 기구들이 떨어져 원고의 옆구리와 어깨에 부딪치게 되었고, 그 후 천장까지 떨어지고 원고는 암흑 속에 묻혀 버렸다. 두 명의 친구들이 죽는 것을 직접 본 원고는 부들부들 떨면서 도움을 구하고 있었더니, 한참 후 누군가 원고의 손을 잡고 꺼내 주어 살려주었다.

현재도 원고의 왼쪽 옆구리에는 상처의 자국이 남아있고, 심한 충격을 받은 왼쪽 어깨에는 아픔이 남아 있다. 또한 원고는 도난카이 지진에서 느낀 강한 공포를 지금도 잊을 수 없다.

(5) 패전과 귀국

그 후 원고들은 다이몬 공장에 이동하여 이 사건 공장과 같은 작업에 종사했다. 일본의 패전에 의해 1945년(쇼와20년) 10월 원고들은 귀국하게 되었다. 회사의 반장이 기차로 시모노세키까지 데려가, 거기서 배로 한국에 건너간 후, 기차를 타고 나주역에 도착한 것은 동월 22일 오후 11시였다.

원고는 집에 돌아와 다시 만난 부모님과 서로 껴안고 계속 울었다. 급료는 다이몬 공장으로 이동할 때는 "같은 미쓰비시이니까 도야마에 가서 돌아올 때 준다"고 사감이 말했고, 다이몬 공장에서 집에 돌아갈 때에는 "집에 연락해서 보낸다"고 말했기 때문에 원고는 귀국한 후 연락을 기다리고 있었으나 아무런 연락도 없었다.

(6) 귀국 후의 상황

원고의 어머니는 일본에서 일하고 왔다는 원고의 이야기를 믿고 있었으나 근처 사람들에게 "딸이 살아서 돌아왔다"고 이야기했더니, "몸 팔아서 얼마 벌었냐?"는 말을 듣고 울고 있었다. 원고는 일본에 갈 때는 "훌륭한 일을 하러 간다"고 생각했지만, 어머니가 울고 있는 모습을 보고 어머니를 울리는 일을 해버렸다고 느껴 부끄럽게 생각했다.

원고는 어머니나 언니들로부터 "일본에 다녀온 여자는 모두 몸을 팔고 왔다고 생각하니까, 일본에 다녀온 것을 절대로 말하지 마라"는 말을 들었다.

1946년(쇼와21년) 3월부터 원고는 자택에서 8km 정도 떨어신 곳에 있는 중학교 야간부에 다니기 시작했다. 원고와 함께 근로정신대에 참가한 사람이 따로 두 명 있었으나, 중학교가 있는 자리가 도시에서 떨어져 있어서, 원고들이 근로정신대에 참가한 것을 알고 있는 학생은 없었다. 그러나 원고들은 다른 학생보다 나이가 들었고 몸매도 컸기 때문에, 근로정신대에 참가한 것이 알려지지 않을까 항상 불안하게 여기고 있었고, 결국 원고는 근로정신대에 참가한 것이 알려지기 전에 중학교를 그만두어 버렸다.

그 후 원고는 선을 본 상대와 결혼 약속까지 했으나, 원고가 근로정신대에 참가한 것을 알게 된 상대방 어머니는 선보기를 소개한 원고의 형부에게 "당신이라면 자기 자식을 그런 딸과 결혼시키느냐?"고 말해서 결혼을 반대했다. 그 이야기를 들은 원고는 너무나 억울하고 창피해서 울었다.

1949년 원고는 근로정신대에 참가한 것을 모르는 사람과 결혼하라고 가족들이 말해 사실을 숨기고 부득이 결혼했다. 원고는 1952년에 장남을, 1954년에 차남을 출산했으나, 그 후 남편이 갑자기 모르는 아이를 3명 데리고 와서, 이것이 원인이 되어 남편과의 사이에서 싸움이 끊이지 않게 되었다.

원고가 "왜 밖에서 어린이를 만들어 데리고 오느냐?"고 캐물으면, 남편은 "너도 일본 가서 돌아온 더러운 몸 아니냐? 더러운 여자가 아니냐?"고 원고를 욕했다. 그 후 원고는 매일같이 남편과 싸우고, 남편에게 위안부라는 의심을 받아 '더럽다'는 말을 듣기가 아주 괴로웠으나, 아이들에게는 죄가 없고, 이것도 운명이라고 생각하고 참아 남편과는 이혼하지 않았다.

1963년 경 남편이 병을 앓고 일할 수 없게 되어, 원고가 일해서 생활을 유지하게 되었다. 1964년에는 딸을 출산했으나, 다음해 1965년에 남편이 사망하여, 그 후 원고는 혼자서 아이 6명을 키웠다.

현재 원고는 광주 자택에 혼자 살고 있으며, 1주일에 한두 번 시장에서 파는 야채를 정리하는 일을 해서 한 달에 5~6만 원(일본 엔으로 5천~6천 엔 정도)의 수입을 얻고, 여기에 더하여 월 8만원의 국가 지원(2003년 2월부터 수급)을 받아 겨우겨우 생활하고 있다. 원고의 자택근처에는 차남 A와 딸 B가 살고 있으나, 모두 생활이 힘들어 원고의 생활을 충분히 지원할 수는 없다.

(7) 이 사건 소송에 이르게 된 경위 등
1993년 경 원고는 위안부를 다룬 TV프로그램에서 "위안부, 근로정신대원이었던 분들은 신고해 달라"는 보도를 본 것을 계기로, 차남 박영운과 함께 태평양전쟁희생자광주유족회 회장인 이금주(李金珠)사무소를 방문했다. 그 도중 원고가 아들 박영운에게 자신도 근로정신대원으로서 일본에 다녀온 것을 고백하자 박영운은 "어머니는 훌륭하다. 시대적인 상황이었기 때문에 어쩔 수 없다. 이것도 하나님이 도와주신 거다"고 말하여 원고의 사정을 이해했다.

원고는 이금주의 중개로 일본 변호사를 만나, 그 후 야마구치 지방법원 시모노세키지부에 일본국을 피고로 하는 손해배상 청구 소송(1992년(헤이세이4년【와】)제349호, 동5년(【와】)제373호, 동6년(【와】)제51호)를 제기했다.

원고는 자신의 체험을 널리 이해받기 위해 TV에 출연해서 호소하고 있다. 이것을 본 사람들 중에는 "일본에 가서 고생하셨네요"라고 이해해 준 사람도 있었으나, "일본에 간 사람은 모두 위안부를 하고 왔는데, 어째서 당신만이 다르다고 하느냐?", "어떻게 위안부가 아닌 사람이 TV에 출연하느냐?"고 말하는가 하면 "오늘 저녁 함께 놀자?"며 놀리거나, 뒷소리를 하는 등 쉽게 이해해 주지 않는 상황이 계속되었다.

5) 원고 이동련(李東連)의 사례
(이하, 원고라고 할 때에는, 원고 이동련을 말함.)

위 전제가 되는 사실, 갑H44호증의 1 내지 5 기재, 원고 당사자 심문의 결과 및 변론 전체의 취지를 종합하면, 이하의 사실을 인정할 수 있다.

(1) 가족관계 및 경력
원고는 1930년(쇼와 5년) 1월 20일 전라남도 나주에서 출생했다. 가족은 부모, 형제자매 및 원고의 9명 가족이었다. 원고 아버지는 소작인이었고 무척 가난했다.

원고는 1937년(쇼와12년) 봄에 나주대정국민학교에 입학했다. 또한 원고는 '이동련'이 본명인데, 초등학교 입학 시 원고 삼촌의 딸 '이의임(李儀任)'이라는 이름을 써서 생년월일을 1928년 9월16일로 신고했기 때문에, 학적부에는 호적초본과 다른 성명 및 생년월일이 기재되어 있다. 초등학교에서는 "천황은 하나님이시다", "일본은 좋은 나라"고 가르쳤고, 어렸던 원고는 그냥 믿고 있었다. 1943년(쇼와18년) 3월 원고는 나주대정국민학교를 졸업했다.

(2) 근로정신대 권유

원고는 초등학교 졸업 후, 집안일을 돕고 있었으나 1944년(쇼와19년) 5월경 같은 학년의 친구였던 최정례(崔貞禮)가 "선생님께서 부른다. 학교도 가고 돈도 벌 수 있다는 이야기가 있다"며 원고들을 불러, 최정례와 함께 초등학교에 갔다. 6학년 담임교사, 마사키 교장 및 곤도 헌병은 "일본에 가면 여학교에 다닐 수 있다", "일하면 돈을 받을 수 있고 집에 도움도 줄 수 있다", "반년에 한번은 고향에 돌아올 수 있다"라고 말했다.

원고는 나주의 여학교에 다니고 있는 학생들을 보고 부럽게 생각하고 있었기 때문에, 교장의 이야기를 듣고 여학교에 갈수 있다고 믿어 대단히 기쁘게 생각했다. 또 돈을 받을 수 있으면 가난한 식구들을 도울 수 있다고 생각했다. 그러나 기타 구체적인 노동 내용, 근무시간, 그리고 일본이 전쟁을 하고 있다는 것에 대해서는 아무 것도 알려주지 않았다.

원고는 집에 돌아와서 부모님께 일본에 갈 것을 권유받은 이야기를 했더니, 강하게 반대했다. 그러나 원고는 어떻게 하더라도 여학교에 가고 싶었고 또 교장들이 강하게 유혹해 거절할 수도 없다고 생각했다. 그래서 최정례도 같이 간다면 자기도 가겠다고 생각해, 부모님의 반대에도 불구하고 원고는 일본에 가기로 했다.

원고는 아버지의 도장을 비밀리에 가지고 나와 학교에 가져가, 교장에게

"부모가 반대하니 부모에게 비밀로 하고 일본에 가겠다"고 이야기했다. 그래서 원고는 최정례와 함께 부모님께는 비밀로 한 채, 짐도 없이 집을 떠나 근로정신대에 참가했다. 부모님께는 나고야에 도착하고 난 뒤에서야 편지로 일본에 들어왔다고 알렸다.

1944년 5월말 경 나주대정국민학교에 집합하여 나주역을 출발했는데, 다른 지방에서 온 소녀들과 합류하여, 여수항에서 배를 타고 시모노세키까지 가서, 시모노세키에서 기차로 나고야에 가고 제4 히시와료에 도착했다.

(3) 이 사건 공장에서의 생활

이 사건 공장에서 원고에게 맡겨진 일은 비행기의 작은 부품들에 페인트를 칠하는 일이었다. 그날 중에 칠하지 않으면 안 되는 부품들이 탁자 위에 늘어 놓여 있고, 원고는 "빨리하라"는 큰 고함소리를 들으면서 죽기 살기로 페인트를 칠했다. 시너와 페인트냄새가 심해 두통으로 쉬고 싶어도 쉴 수 없었다. 일할 때의 감시는 매우 엄해 잡담은 생각할 수도 없었고 화장실에 갈 때에도 허락 없이는 화장실에도 갈수 없었다.

기숙사에서는 원고와 원고 양금덕을 포함한 7, 8명이 같은 방에서 생활했다. 식사는 아침은 감자와 보리, 쌀을 섞은 밥과 된장국, 점심은 감자와 보리와 쌀을 섞은 밥, 저녁 식사는 감자와 보리, 쌀을 섞은 밥과 반찬이 조금 나왔으며 한국에 있었을 때와 비교해도 양이 대단히 적었다. 그러나 배가 고파도 다른 것을 사먹을 수 없었기 때문에 원고는 항상 배고픈 상태었으며 물을 먹고 허기를 채우기도 했다.

원고는 부모님에게 비밀로 일본에 왔기 때문에 가족한테 쓰는 편지에 '힘들다. 고생이 많다'라고는 쓸 수 없고 언제나 '잘 지내고 있다'라고 쓸 수밖에 없었다. 여학교에는 못 갔고 공부도 시켜주지 않아 일은 힘들어서 원고는 빨리 집에 돌아가고 싶었으나 무서워서 도저히 말을 꺼낼 수 없었다.

(4) 도난카이(東南海) 지진

1944년(쇼와 19년) 12월 7일 오후 1시반경, 원고가 공장 안에서 페인트를 칠하는 일을 하고 있었는데, 일본인들이 큰소리로 "지진이다"고 외쳤기 때문에, 원고는 일본인과 함께 공장 밑에 있는 구멍 속에 피신했다.

흔들림이 멈춘 후 밖에 나와 보니 건물이 무너져 땅바닥이 깨지거나 땅에서 물이 솟아나와 있었다. 건물에 깔려 죽은 사람도 있었는데 아주 무서운 경험을 했다. 원고는 기숙사에 돌아왔을 때 최정례가 벽돌 밑에 깔려 죽었다는 이야기를 듣고 큰 충격을 받아 큰 소리로 울었다. 또한 원고는 귀국 후 함께 일본에 간 최정례와 함께 돌아갈 수 없었던 괴로움 때문에 국민학교 졸업 사진 속의 최정례 얼굴을 볼펜으로 까맣게 빈틈없이 칠해버렸다.

(5) 해방 및 귀국

도난카이 지진 후 나고야의 공습이 심해져서 1945년(쇼와 20년) 3월인가 4월경, 원고들은 다이몬 공장으로 이동했으나 이 사건 공장 때와 마찬가지로 노동은 힘들고 식사도 보잘 것 없는 것 밖에 없었다. 괴로운 날들이 계속 되는 중, 같은 해 8월 15일 원고는 공장의 라디오로 전쟁이 끝난 것을 알고, "이제 집에 돌아갈 수 있다"며 매우 기쁘게 생각했다. 단지 함께 온 최정례가 죽어버려 자기 혼자 돌아 갈 것을 생각하면 매우 괴로웠다.

해방 후 잠시 지나고 나서 원고는 시모노세키에서 배를 타 부산에 도착해, 거기서 기차를 타 혼자 집으로 돌아왔다.

(6) 귀국 후의 생활

원고의 집은 전체 가구가 7채 정도밖에 없는 청동리 마을에 있었기 때문에 원고가 근로정신대로 일본에 가 돌아온 것을 청동리 마을 사람들 모두가 다 알고 있었다. 원고는 청동리 마을 사람들에게 일본에 가서 페인트칠 하는 일을 해왔다고 설명했다. 원고의 가족도 청동리 마을의 사람도 원고의 이야기를 믿어 주었다.

그러나 귀국 후 얼마 지난 뒤, 원고는 '정신대'라는 말이 '처녀공출'이라는 말과 함께 일본남자들에게 '몸까지 바친다'는 의미로 사용되고 있는 것을 알고, 근로정신대에 참가한 것을 아주 부끄럽게 느꼈다. 또 일본에 다녀 온 것은 아무에게도 말하지 않도록 하자 마음먹었다.

원고는 근로정신대에 참가한 것을 숨겨서 17살 때 결혼했다. 원고는 근로정신대에 참가한 것이 남편에게 알려지면 부끄럽다고 생각해서 결혼 후 일본에서 찍은 사진을 찢어버렸다. 원고는 남편에게도 그 친척에게도 근처 사람들에게도 근로정신대원으로 일본에 다녀온 것을 알리지 않도록 했다.

원고는 남편과의 사이에 딸 4명과 아들 2명을 낳았으나, 원고 남편은 53세 때 저혈압으로 갑자기 쓰러져서 사망했다. 원고 남편은 원고가 근로정신대로 일본에 다녀온 것을 죽을 때까지 몰랐다. 남편의 사망 후 원고들의 생활은 대단히 괴로워져 원고는 식모 등을 해서 생활을 이루고 있었다.

(7) 이 사건 소송 제기에 이르게 된 경위

원고는 근로정신대원으로서 일본에 간 것을 계속 잊으려고 생활해왔지만, 1988년 (쇼와63년) 도난카이 지진으로 죽은 최정례의 고향을 찾으러 한국에 온 일본인 기자가 최정례의 가족들로부터 원고의 이야기를 듣고 원고가 살고 있는 곳까지 찾아왔다.

그때 한국 신문기자도 동행하고 있어서, 한국 신문에 원고의 기사가 얼굴사진까지 게재되어 원고의 자녀들도 이 기사를 읽어서, 원고는 처음으로 자녀들에게 어릴 때 근로정신대원으로서 일본에 가서 비행기부품에 페인트칠하는 일을 해왔다고 설명했다. 또한 그 후 원고는 자녀들의 추천을 받아 재혼했으나, 재혼한 상대에게 근로정신대 이야기를 하면 결혼생활이 파탄할 것이라고 생각해서 이야기하지 않았다.

1997년경 원고는 재혼상대가 사망해서, 자녀들이 살고 있는 광주로 이사와서 원고 양금덕과 다시 만나게 되었다. 그리고 동인을 통해서 태평양전쟁희생자광주유족회에 들어가 받지 못했던 급료를 지불해달라고 청구하고 싶어서 피고들을 상대로 한 이 사건 소송에 원고로서 합류하기로 했다.

원고의 자녀들은 이 사건 소송에 참가하는 것에 대해서 찬성하고 있으나, 원고는 이 사건 소송 참가에 의해 근로정신대원으로서 일본에 다녀온 것이 알려지면 위안부로 오해받는다고 생각해, 근처 사람들이나 친구에게는 근로정신대원으로서 일본에 갔었던 일 및 이 사건 소송에 참가하고 있는 것은 숨기고 있다.

6) 원고 김중곤(金中坤)의 사례

(이하, 원고라고 할 때에는 원고 김중곤을 말함.)

위 전제가 되는 사실, 갑C3호증의 1, 갑H9호증, 11, 13 및 17호증의 각1 및 2, 31호증, 32호증 기재, 원고 당사자 심문의 결과 및 변론 전체의 취지를 종합하면, 이하의 사실을 인정할 수 있다.

(1) 원고의 경력, 가족관계

① 원고는 1924년(다이쇼13년) 11월 1일에 전라북도 순창에서 태어났다. 원고의 부모는 4남 4녀의 자녀를 두었고, 원고는 넷째 아들이었다. 장녀와 차녀는 일찍이 사망하였고, 셋째 딸도 1942년(쇼와17년)에 사망했다. 김순례는 여섯째 아이로 넷째 딸이었지만, 3명의 언니들이 사망해 사실상 외동딸이 되었기 때문에 부모는 김순례(金淳禮)를 특별히 소중히 키웠다.

원고 아버지는 지주였고 토지를 빌려주고 농업을 하고 있었던 부부로 음식점도 경영하고 있어서 생활은 부유했다.

② 원고는 1930년(쇼와5년) 보통학교 (후에 소학교로 개명)에 입학한 후

2학년 때 가족들과 전라남도 광주로 이사하여, 1936년(쇼와11년)에 국민학교를 졸업했다.

그 후 광주농업학교 시험을 치렀지만 합격하지 못했고, 1939년(쇼와14년) 원고가 15살 때, 일본인 순경의 보살핌으로 일본에 유학하게 되었다. 원고는 당초 오사카(大阪)에 있는 데즈카야마(帝塚山) 공업학교에 입학했으나, 6개월 후에 오사카시 요도가와구(淀川區)에 있던 간사이(關西) 공학교에 전교하여 1944년(쇼와19년)에 동교를 졸업했다.

같은 해 원고는 일본대학(日本大學) 법학부에 입학했으나, 장남이어서 집안의 대를 잇기 위해서는 징병당하기 전에 결혼해야 한다는 아버지의 거듭된 권유로, 부득이 5월에 퇴학하여 한국으로 돌아갔다. 원고가 귀국했을 때 김순례는 뒤에 원고의 아내가 된 김복례와 함께 이미 근로정신대로 권유받고 있었다.

(2) 김복례(金福禮)의 가족관계 등

김복례는 1929년(쇼와 4년) 7월 3일, 3남 6녀 9형제 중 넷째로 충청남도 강경(江景)에서 출생했다. 김복례의 아버지는 주로 농업을 하여 지주로서 많은 토지를 가지고 있었지만, 금 채굴사업에 실패해서 광주에서 여관을 경영하고 있던 어머니의 여동생을 따라 1942년(쇼와17년) 광주로 이사했다. 김복례와 김순례와는 집이 가깝기도 해서 사이가 좋았다.

(3) 김순례 및 김복례에 대한 근로정신대 권유

김순례 및 김복례는 1944년(쇼와19년) 광주의 기타마치(北町) 초등학교(현 광주수창초등학교)를 졸업하여, 졸업 후는 각자 집안 일 등을 돕고 있었다. 그러다 같은 해 5월경 이웃조의 애국반 반장으로부터 "놀지 말고 일본에 가보지 않겠느냐? 2년간 군수공장에서 일해서 공부하면, 그 후 졸업증서를 받을 수 있다", "일본 분이 오셔서 추천 받은 것이니, 너희들도 함께 가면 어떻겠느냐'라고 일본에 가라고 유혹했다.

반장의 이야기에 의하면, 하루 일을 하면 2, 3일은 공부를 하고, 기간은 2년간이며, 2년이 지나면 4년간 공부해서 졸업 자격을 받을 수 있다는 것이었다. 반장의 이야기를 듣고 공부를 좋아하는 편이었던 김순례는 일본에 가면 공부할 수 있다고 순진하게 믿고, 또 초등학교에서 '내선일체(內鮮一體)', '팔굉일우(八紘一宇)'라고 배우고 있었기 때문에, 나라를 위해서 온갖 힘을 다하겠다고 마음먹었다. 또 김복례도 여학교에 가고 싶었기 때문에 김순례와 함께 '가자!'고 서로 말해 갈 것을 결정했다.

그러나 두 명이 일본에 가는 것에 대해서, 각각의 부모나 오빠들이 강하게 반대했다. 일본 유학에서 귀국하여 이야기를 들은 원고도 도쿄에서 공습을 경험하였기 때문에, 김순례들도 일본에 가면 공습을 만나거나 공습 때문에 목숨을 잃게 될 것이 아닌가 하는 불안을 강하게 느껴 일본에 가는 것은 위험하다고 생각했다. 그러나 김순례들이 학교에 가고 싶다고 강하게 원하고 있었기 때문에, 원고는 아직 어린 아이들이다보니 낮에는 일을 하더라도 밤에는 공부를 할 수 있겠다고 생각했다. 최종적으로 김순례 및 김복례의 각 부모들도 마지못해 일본에 갈 것을 승인했다.

(4) 일본으로 출발

원고는 아이들만 일본에 가는 것은 너무나 불안했고 무엇보다 사전에 행선지조차 알려주지 않았기 때문에, 이것을 확인할 필요가 있다고 생각하여 아이들과 동반해서 일본에 가기로 했다.

1944년(쇼와 19년) 6월, 광주시청사 앞에 광주 부근에서 약 50명이 집합하여 '반도 여자정신대 근로봉사대'라고 쓰인 2미터 정도의 깃발을 김복례가 가지고, 시내 혼마치(本町) 거리를 행진했다. 그 후 광주역에서 기차를 타고 여수에, 여수에서 배를 타고 시모노세키를 향했다.

원고는 배 안에서 동행하고 있던 일본인에게 행선지가 나고야(名古屋)인 것을 처음으로 들었다. 아이들한테는 나고야라고 알려주지도 않았는데, 아무도 행선지를 몰랐으나 별로 불안한 모습은 없었다. 시모노세키에 도착한 후, 기차로 나고야까지 가서 이 사건 공장에 도착했다. 원고도 이때 처음으로 아이들의 근무처가 이 사건 공장인 것을 알게 되었다.

(5) 김순례 및 김복례의 이 사건 공장에서의 생활

원고는 야마조에 사감에 인사를 드리고 기숙사에서 1박을 하고, 동생 김순례와 아이들한테 열심히 하라고 말한 후 기숙사를 떠났다. 원고는 그 회사라면 큰 회사이며 신뢰할 수 있다고 생각하여 특별히 불안을 느끼지는 않았다.

김복례는 바느질 공장이라고 불리는 작업장에서 근로정신대 4명과 일본인 여성 2명으로 긴 파이프에 천을 꿰매는 일을 했다. 김순례는 비행기의 기체에 페인트칠을 하는 일이었으며, 김복례의 작업장 바로 옆의 직장이었다. 식사는 아침은 된장국, 단무지와 보리밥, 기타 주로 감자가 나오는 정도였다. 나고야에 왔을 때에는 오전 중에 일을 해서 오후에 공부를 하거나, 가끔은 하루 공부를 하는 등, 주에 두 번 정도 공부할 시간이 있었다. 남자 선생님으로부터 일본역사 등을 배웠고, 여자 선생님으로부터 예의범절을 배웠다.

동생 김순례 등이 일본에 온 후 2, 3개월 지났을 때, 원고는 오사카에 마구(馬具)를 구입하러 가는 김에 김순례 등의 상황을 보기 위해서 나고야에 있는 제4 히시와료에 들려서 야마조에 사감을 찾았다. 원고는 김순례 등 2, 3명을 데리고 외출하려고 야마조에 사감에게 외출 허가를 요구했으나 거절당하여 부득이 기숙사의 2층에서 이야기를 나누었다.

원고가 동생에게 공부하고 있는가 물었더니, 때때로 기숙사 아줌마가 와서 재봉 등을 가르쳐 주는 것뿐이라는 대답이었으나, 원고는 아이들이 나고야에 와서 아직 얼마 안 되기 때문이고, 그 중에 공부가 시작될 것으로 생각했다. 1시간 정도 이야기를 했으나, 원고는 김순례 등이 엄한 상황에 놓여 있다고는 생각하지 않았다.

이 사건 공장에서의 생활은 그 후도 일만 계속할 뿐이었고 4년 후 졸업 증서를 받을 수 있다는 이야기는 아예 없었기 때문에 김순례 등은 "거짓말 만 하고 있다", "공부는 할 수 없다"는 생각에 조선에 돌아가고 싶었으나, 야마조에 사감이 무서워서 도저히 말할 수 없었다.

(6) 도난카이(東南海) 지진

1944년(쇼와 19년) 12월 7일 오후 1시반 경, 김복례가 오후의 일을 시작하려고 하고 있을 때 갑자기 책상이 흔들거리더니 "지진이다. 도망쳐라. 도망쳐라"라는 소리가 들려와 바느질 공장에서 통로에 나와 밖으로 나가려고 했다. 그러나 정면 출구가 무너져 나올 수 없게 되자, 통로에 있었던 기계 밑에 숨었다. 통로의 북쪽 방향에서 김순례가 달려서 도망쳐 오는 모습이 보였으나, 김순례는 김복례가 숨어 있는 곳에 다다르기 전에 무너져온 벽과 지붕에 깔려 버렸다.

지진이 멈춘 후, 김복례는 홀로 탈출했다. 곧 제1중대에서 점호가 있어서 숫자를 셌으나 6명이 없어서 모두 함께 찾았다. 김순례를 찾았을 때 김순례는 엎드린 채 단단한 벽돌이 머리에 부딪쳐 피를 흘리고 있는 상태였다. 또한 김복례는 한국에 돌아온 뒤에도 김순례의 부모에게 김순례가 죽었을 때의 모습을 이야기 할 수 없어서 남편인 원고에게만 이야기 했다.

김순례가 사망했다는 통지가 도난카이 지진 후 광주시청에서 원고의 자택으로 전해졌다. 원고는 갑작스러운 사망통지에 놀라워 그 다음날 당장 나고야를 향했다. 제4 히시와료에 도착하자 김복례가 "오빠, 죽어버렸어요"라고 말해서 원고를 붙잡으면서 울었다.

원고가 야마조에 사감에게 확인하니, 유골은 이미 한국에 보냈다는 것이었다. 야마조에 사감은 원고에게 위로의 말을 건넸으나, 원고는 여동생의 죽음을 받아들일 수 없어서 어떻게 죽었는지 현장을 보고 싶다고 이 사건 공장의 상황을 보러 갔다. 그리고 원고는 제4 히시와료에서 2박을 했는데, 그 사이에도 밤에 경계경보나 공습경보가 울려 퍼져, 원고는 소녀들과 함께 방공호에 피신했다.

(7) 해방에 이르기까지

지진 후 공습이 심해져 잠시 후에 김복례 등은 다이몬 공장으로 이동하여, 1945년(쇼와 20년) 8월 15일 해방의 날을 이 공장에서 맞이했다. 한국에 돌아온 것은, 같은 해 10월경이었다.

(8) 해방 후의 생활

1945년(쇼와20년) 5월경 일본군에 징병되고 있었던 원고는 부산에서 일본의 패전을 맞이했고, 그로부터 1, 2주일 후에 광주에 돌아왔다. 잠시 후에 귀국한 김복례가 원고의 집을 방문하여, 원고의 부모님께 도난카이 지진의 모습을 이야기했더니 원고 어머니는 쓰러져 울었다.

원고는 광주의 경찰 기마대에 입대하여, 그 후 전라남도 여수와 순천에서 일어난 공산군의 반란을 계기로 1946년 여름경 한국 군대에 입대했다. 1947년 1월 15일 원고는 김복례와 결혼했다. 원고는 1960년에 군대를 제대했다. 그 후 부산의 항만조합 등에서 일을 하고 1987년경 제주로 이사해 일어학원을 열었다.

(9) 이 사건 소송에 이르기까지의 경위 등

1988년경 일본 방송국 기자가 제주에 취재하러 온 것이 계기가 되어, 원고는 도난카이 지진 희생자의 추도 기념비 건립 제막식에 참가하게 되었다. 김복례는 나고야에는 가고 싶지 않다고 해, 원고만이 다른 한국인 유족들과 함께 일본에 가서 같은 해 12월 4일에 이 사건 공장 철거지에서 개최된 제막식에 참석했다.

그리고 원고는 2000년 12월 6일 김복례와 함께 이 사건 소송을 제기했다.
2001년 2월 13일 김복례는 제주에서 사망했다.

7) 원고 김성주(金性珠)의 사례

(이하, 원고라고 할 때에는 원고 김성주를 말함.)

위 전제가 되는 사실, 갑H2호증, 갑H37호증의 1 및 2의 기재, 원고 당사자
심문의 결과 및 변론 전체의 취지를 종합하면, 이하의 사실을 인정할 수 있다.

(1) 경력 등

원고는 1929년(쇼와4년) 9월 8일 순천에서 태어나, 부모 외에 여동생 2명
과 남동생 1명이 있었다. 경제적으로는 비교적 부유한 가정이었다. 원고가
살고 있었던 집 주변에는 일본인의 집도 많이 있었고, 원고는 그들 일본인
과도 사이좋게 살고 있었다.

원고는 9살부터 순천남국민학교에 다니게 되었다. 초등학교에서 원고는
일본역사, 황국신민의 서사, 교육칙어, 수신, 기미가요 등 일본노래를 배웠
고, 또 일본은 온 세계에서 제일인 나라이며 전쟁에서 계속 일본이 이기고
있다고 들었다. 초등학교 졸업 후 원고는 가정형편 등에 의해 중학교에는
진학하지 않고 집안일을 돕거나, 산에 나무를 심어 흙을 나르는 일본인의
사업을 돕거나 하고 있었다.

(2) 근로정신대 권유

1944년(쇼와 19년) 5월 중순경, 원고는 6학년 때 담임교사로부터 2살 어
린 여동생(당시 6학년)을 통해 학교에 나와 보라는 얘기를 전해 들었다. 학

교에 가보니 원고 외에 동급생 기죠 미즈코(宣城瑞子)와 1학년 위의 아라이 미쓰바(新井光葉)도 와 있었다.

원고들 3명은 교무실에서 6학년 때 담임교사와 키가 큰 일본인으로부터 "일본에 가면 여학교에 진학할 수 있고, 돈도 벌수 있다"는 말을 들었다. 그밖에 행선지나 노동내용에 대해서는 아무 것도 듣지 못했는데, 여학교에 다니는 사람을 부러워하고 있었던 원고는 주변 사람들이 학교에 다니고 있는 것을 보고 자신도 일본에 가서 공부를 계속하고 싶었다.

당시 원고는 교사의 이야기는 제일이라고 생각하고 있었고, 교사가 거짓말을 한다고는 생각해 보지 않았기 때문에 일본에 갈 수 있는 것이 어쨌든 기뻤고, 또 천황폐하의 도움이 되는 것은 훌륭한 일이라고 생각하고 있었다. 원고는 일본이 전쟁을 하고 있는 것을 조금은 알고 있었으나, 집 근처에 일본인이 살고 있었던 관계로 일본이 전쟁에서 이긴다고 믿고 있었다.

담임교사가 도장을 가져오라고 했기 때문에 원고는 가족에게는 비밀로 하고 도장을 가져왔다. 원고는 일본에 가는 것을 가족에게 말하면 반대할 거라고 생각하여 출발 이틀 전에야 처음으로 징용으로 집에 없는 아버지를 대신해서 원고들을 돌봐주고 있었던 할머니에게 이야기를 했다. 원고의 이야기를 들은 할머니는 깜짝 놀라며 완강하게 막았지만, 원고가 "도장을 찍어 버렸기 때문에 갈 수밖에 없다"고 말했기 때문에 할 수 없이 원고를 보냈다.

같은 해 5월 말, 순천남국민학교에 집합하여 순천역에서 여수까지 가고, 여수에서 다른 근로정신대원과 합류해서 여수항에서 배로 시모노세키로 향했다. 원고의 아버지 측 친척이 되는 삼촌 부부들이 원고의 여동생과 남동생을 데려와 여수항까지 와서, 일장기를 흔들면서 "천황폐하 만세"라고 울면서 배웅했다. 시모노세키에서 기차로 나고야로 갔고 나고야에 도착한 후, 제4 히시와료에 갔다.

(3) 이 사건 공장에서의 생활

① 제4 히시와료에서는 7명이 같은 방에서 생활했다. 나고야 도착 후 두 달 정도는 철을 닦는 훈련, 못을 박는 훈련 등 연수를 해서 시간을 보냈다. 식사는 아침에 된장국과 밥이고, 점심 및 저녁식사도 같은 식사여서 밥은 항상 모자랐다. 또 목욕은 이틀에 한번으로 목욕 시간은 자유로웠다. 편지는 자유롭지 않고 밀봉하지 않은 채 사무소로 가져갔다. 원고는 2,3일에 한 번 편지를 보내고 있었으나, 모든 편지가 집에 도착한 것은 아니었다.

원고는 처음에 "일본에 가도 조선에는 언제든지 돌아가게 해 준다"고 들었다. 일본에 가서 1년쯤 지났을 때였다. 삼촌이 편지로 원고 남동생의 사망 소식을 전해 와, 야마조에 사감에게 "남동생이 죽었으니 조선에 돌아가게 해 달라"고 말했으나, "얼마 남지 않았으니, 조금 더 있어라", "2년 계약기간 마치면 돌아가도록 해 준다"며 반대해, 결국 돌아갈 수 없었다.

또한 원고의 여동생 김정주는 1945년(쇼와 20년) 2월 경, 초등학교의 담임교사로부터 "일본에 가면 언니와 만날 수 있다"는 유혹에 이끌려, 근로정신대원으로서 도야마(富山)의 후지코시(不二越)에 와 있었다. 원고에게 딱 한 번 여동생을 만나러 가는 것이 허용되어, 만나러 가본 적이 있었다.

② 원고는 당초 순천남국민학교에서 온 다른 근로정신대원과 함께 비행기 날개의 형태를 만드는 작업을 해오다, 그 후 일본인 남자들과 함께 절단기로 두랄루민 판을 자르는 작업을 하게 되었다. 절단기의 사용방법은 함께 일하고 있는 일본인 남성으로부터 배운 것뿐이있다. 공장 안에서는 일본인 반장 및 부반장이 늘 돌아다니며 주의를 하는 등 감시가 엄하여 옆의 친구와 말을 주고받을 수 없었다.

절단기의 일을 시작해서 두 달 정도 지났을 때, 원고는 두랄루민 판을 자르는 작업 중에 잘못하여 왼손 집게 손가락 끝이 절단기에 잘리고 말았다. 원고는 절단된 손가락 끝이 바닥 위에 떨어져서 똑똑 구르고, 손가락부터 피가 흘러나오는 것을 보고 놀란 나머지 소리치며 울었다. 온몸의 힘이 빠질 정도로 무섭고 어머니와 할머니의 얼굴이 떠올랐다. 원고의 비명소리를 들은 반장이 원고를 병원에 데려가서 응급처치를 받도록 했다.

그 후 원고는 잠시 반장과 동반하여 병원에 다녀 치료를 받았으나, 붕대가 상처에 붙어 붕대를 바꿀 때마다 피가 났기 때문에 상처가 오랫동안 나아지지 않아, 결국 공장 일은 두 달 정도 쉬고, 그동안 반장 옆에 의자를 두고 앉아 있었다.

다시 일을 시작하게 된 처음에는 잡무 같은 일을 하고 했으나, 그 후 다시 위험성이 낮은 절단기로 절단 작업을 담당하게 되었다. 또한 원고 외에도 충청남도 출신의 한 근로정신대원이 가장 위험한 절단기를 사용해서 작업하다가, 오른손 집게손가락으로부터 새끼손가락까지 4개를 절단하는 부상을 입은 적이 있었다.

(4) 도난카이(東南海) 지진

1944년(쇼와 19년) 12월 7일 오후 1시반경, 원고가 절단기 작업을 하고 있었을 때, 머리가 기계에 몇 번이나 부딪쳐 이상하다고 생각하고 있었는데 "지진이다. 빨리 밖에 나가라"고 외치는 소리가 들렸다. 원고는 당황한 나머지 모두가 피신하는 방향과 반대 방향으로 도망쳐버렸다. 그 때문에 도망쳐 오는 많은 사람들과 부딪쳐 넘어지면서 몇 사람에게 손을 밟혔다. 또 무너졌을 때 발을 삐어 왼발이 부어버렸다. 원고는 지금도 걸으면 발이 아플 때가 있다.

원고는 지진이 멈춘 뒤 공장을 보러 갔더니 지붕이 여기저기 무너져 있었고, 벽도 무너져 있었다. 도장 공장에서는 소대장 최정례의 목 부근에 목재가 쓰러져 있고, 벽돌에 상처를 입은 채 피를 흘리며 죽어간 모습을 보았다. 기숙사에 돌아가 인원수를 보고했었을 때, 원고는 근로정신대원 가운데 6명이 목숨을 잃은 것을 알고 몹시 슬펐다. 그 후에도 작은 지진이 몇 번이나 있어서 원고는 깜짝 놀라면서 벌떡 일어나기도 했다.

(5) 해방에 이르기까지

1944년(쇼와19년) 11월이나 12월경부터 공습이 심해져, 밤에 두 번 낮에 한번 등 하루에 세 번이나 있었다. 방공호에는 항상 물이 고여 있는데다 춥고 바람이 세게 불어서, 떨면서 폭격이 지나가기만을 기다렸다. 원고는 공습경보가 울릴 때마다 이제 죽을지도 모른다고 생각했다.

1945년(쇼와20년) 4월경 다이몬 공장으로 이동했다. 다이몬 공장에서의 일은 페인트칠 등의 작업이었다. 같은 해 8월 15일 원고는 기숙사 방에서 라디오에서 흐르는 천황폐하의 방송을 들었다. 원고는 일본이 패배한 것을 알고 슬픈 마음이 되어, 방송을 듣고 울었다. 같은 해 10월 원고는 다이몬, 시모노세키, 부산, 대전, 순천의 경로를 거쳐 한국에 돌아갔다.

귀국할 때 회사로부터 임금을 한 푼도 못 받았고, 또 사감으로부터 "짐은 미리 준비해 두면 보내준다"고 들어서, 작업 옷 그대로 몸만 고향으로 돌아왔다. 짐 안에는 아츠타 신궁, 나고야성 등에 갔었을 때의 사진이나 가족사진 등 중요한 것도 들어 있었으나 지금까지 돌려받지 못했다.

(6) 귀국 후의 생활

귀국 후 원고는 집안일을 돕고 있었으나, 근로정신대에 참가한 것이 위안부로 여겨진다는 것을 소문으로 알고 있었기 때문에 남들 앞에서는 왼손 집게손가락 부상을 숨기고 있었다.

1947년 12월 원고는 근로정신대에 참가한 것을 숨기면서 결혼히여, 3명의 아이를 낳았다. 결혼해서 조금 시간이 경과했을 때, 초등학교 동급생이 원고 남편에게 원고가 근로정신대원으로 일본에 가 있었던 것을 알려서, 그 후 원고는 남편으로부터 "왜 말 안했냐?", "어떤 곳이었냐?", "몇 명 정도 상대했느냐?"는 등, 지속적으로 구박당하고 추궁당하고 폭행까지 당하게 되었다. 원고가 "왜 때리냐?"고 물어도 남편은 "자기 가슴에 손대고 양심에게 물어라. 반성해라"고 말했고, 원고가 "아무 것도 하지 않았다"고 하자 폭력이 더욱 심해졌다. 매일같이 폭력을 당하니 원고는 더 이상 살 수가 없어 언제라도 집에서 도망칠 수 있게 준비하고 있었다. 이러한 상황은 1960년경 원고의 남편이 간장(肝臟)을 앓게 될 때까지 계속되었다.

원고 남편의 몸이 아픈 뒤에는 폭력도 없어지고 비교적 평온한 생활을 할 수 있게 되었으나 생활은 늘 힘들었다. 1962년경 원고 남편이 숨진 후, 원고는 식모 등을 하면서 아이들을 키웠다. 1966년경 원고 김혜옥과 다시 만나 함께 화순에서 식당을 운영하게 되었으나, 경영이 어려워져 오래 계속할 수 없었다. 식당을 경영하고 있었을 때 원고는 근로정신대에 참가한 것을 숨긴 채 재혼하여 아이를 하나 낳았으나, 재혼한 상대가 술이나 담배에 돈을 낭비한 까닭에 이혼했다.

(7) 이 사건 소송에 이르기까지

1999년 7월 원고는 원고 김혜옥을 만나고 싶어서 전화했더니, "나고야에서 변호사가 오니까 7월 11일 광주에 와라"는 말이었다. 그래서 원고는 광주에 가서 나고야에서 온 변호인단과 만나 이야기를 나누고, 이를 계기로 이 사건 소송에 참가하게 되었다. 그리고 그때 원고는 아이들에게 처음으로 근로정신대원으로서 일본에 다녀온 것을 이야기했더니, 아이들은 오해하지 않고 이해해주었다.

2. 원고들은 위에 있는 것과 같이 피고들에 대해서 위 각 청구권을 갖는다고 주장한다.

이에 대하여 쟁점(14)처럼 피고들은 원고들이 그 주장하는 각 청구권을 갖고 있었다고 할지라도, 이 사건 협정 2조 1항, 3항에 의하여 피고들은 원고들의 청구에 응할 법적 의무를 지지 않는다고 주장한다. 게다가 피고 회사는 원고들이 주장하는 각 청구권은 재산권조치법 1항 1호에 의하여 쇼와 40년(1965) 6월 22일에 소멸했다고 주장하고 있기 때문에, 이 점에 대해서 검토해 보겠다.

1) 이 사건 협정에 대하여

(1) 이 사건 협정체결에 이르기까지의 경위

갑A13호증, 갑B6, 9호증, 을 12호증 및 변론 전체의 취지를 종합하면, 다음의 사실이 인정된다.

① 일본국은 쇼와27년(1952) 4월 28일 발효한 평화조약 2조에서 조선의 독립을 승인하여, 조선에 대한 모든 권리, 권원(權原) 및 청구권을 포기했다. 그리고 동 조약 4조에서 조선지역에 관하여 일본국 및 그 국민들에 대한 동 지역 시정(施政)을 행하고 있는 당국 및 주민들의 청구권(채권을 포함 함)의 처리 등은 일본국과 동 당국과의 사이의 특별 결정의 주제로 한 것으로 되었다.

② 그런데 1948년(쇼와23년) 8월 15일 한국이 독립 선언을 하여, 평화조약 발효에 앞서 쇼와26년(1951) 10월 20일부터 일본국과 한국과의 사이에서 예비회담이 개최되었다. 그리고 쇼와27년(1952) 2월 15일부터 평화조약의 발효까지 일한 양국의 국교수립을 위해 필요한 모든 현안을 해결하는 것을 목표로 하여 제1차 일한회담이 개최되었다. 그러나 한국정부가 대략 다음과 같은 8항목의 청구요강(이하, '대일청구요강'이라고 함)을 제시하여, 이것이 우리나라(일본국)의 입장과 서로 안 맞았기 때문에, 짧은 기간 내에 해결하는 것은 곤란하게 되었다.

〈1〉 조선은행을 통해서 반출된 지금 및 지은의 반환청구

〈2〉 1945년(쇼와20년) 8월 9일 현재 일본국 정부의 대 조선총독부 채무의 변제청구

〈3〉 동일 이후, 한국에서 대체 또는 송금된 금원의 반환청구

〈4〉 동일 현재, 한국에 본사, 본점 또는 주된 사무소가 있던 법인의 재일 재산의 반환 청구

〈5〉 한국법인 또는 한국 자연인의 일본국 또는 그 국민들에 대한 일본국 채, 공채, 일본은행권, 보상금 및 기타 이하에 관한 청구

　(a) 일본유가증권

　(b) 일본통화

　(C) 피 징용 한국인의 미수금

　(d) 전쟁에 의한 피 징용자의 피해에 대한 보상

　(e) 한국인의 일본정부에 대하여 청구할 수 있는 연금 기타

　(f) 한국인의 일본국 국민 또는 법인에 대한 청구

〈6〉 한국법인 또는 한국 자연인의, 일본국 또는 일본국 국민들에 대한 개별적 권리행사에 관한 항목

〈7〉 위 여러 재산 또는 청구권부터 발생한 여러 과실의 반환청구

〈8〉 위 반환 및 결제의 개시 및 종료 시기에 관한 항목

③ 쇼와28년(1953) 4월 15일부터 제2차 일한회담 이후, 쇼와36년(1961) 10월 20일부터의 제6차 일한회담까지의 사이에는 여러 가지 곡절을 겪으면서 그다지 진전을 보지 못하고 시간을 보내게 되었다.

a. 일한회담에서는 당초 평화조약 4조 해석을 둘러싸고 논쟁이 있었다.

(a) 주한 미군정청은 1945년 12월 6일자 군령 제33호로 38도선 이남의 모든 일본 측 재산을 같은 해 9월 25일자로 귀속한 뒤, 뒤이어 위와 같

이 취득한 재산을 1948년 9월 한국정부에 인도했다.

(b) 한국정부는 위 군령 제33호에 의한 효과를 몰수와 마찬가지로 이해하며 일한회담에서 교섭대상이 되는 것은 일본국에 있는 한국 측 재산 및 한국 측의 일본국 및 그 국민들에 대한 청구권 처리 문제만이라고 주장했다.

(c) 이에 대하여 일본국 정부는 헤이그 규칙 46조가 '사유재산은 이를 몰수할 수 없다'고 규정하고 있기 때문에, 평화조약 4조 (b)는 미 군정부가 국제법상 적법으로 행한 재산처분은 유효라고 인정하여 그 효력에 대해서 다투지 않다는 뜻이며, 국제법상 인정되지 않고 있는 사유재산의 처분까지 인정한 것은 아니라고 주장했다. 그리고 위 군령 제33호에 의한 일본 측 재산의 처리 중 사유재산에 관한 것은 그 관리권이 이전했다고 하더라도, 소유권이 이전한 것을 뜻하지 않기 때문에 해당 재산에 대한 원 권리자인 일본국 국민 개인의 권리는 남아 있고, 한국 및 그 국민들에 대해 청구할 수 있는 근거를 잃는 것이 아니다고 주장했다.

(d) 일본국 측과 한국 측과의 위의 견해 대립에 대하여, 미국 정부는 1957년에 "미국은 평화조약 4조 (b) 및 주한 미군정청의 관련 지령 및 조치에 의하여 한국의 관할내 재산에 관한 일본국 및 그 국민들의 모든 권리, 권원 및 이익이 제거되었다는 견해이다. 따라서 일본국은 이들 자신 또는 이 자산에 관한 이익에 관한 유효한 청구권을 주장할 수는 없다. 그러나 일본국이 평화조약 4조 (b)에서 효력을 승인한 이 자산 처리는, 평화조약 4조 (a)에 정해진 결정을 고려하는 것에 즈음하여 관련 있다"는 해석을 제시했다.

같은 해 12월31일, 일한양국은 서로 미국정부의 해석에 동의한다는 것을 밝혔다.

(e) 위 경과에 의하면, 일한양국 한국의 관할내 재산에 관한 일본국 및 그

국민들의 모든 권리는 상실하고 있으며, 이에 관한 청구권을 일본국 및 그 국민들이 주장할 수 없는 것은 평화조약 4조 (b)에서 일본국이 승인한 것이라고 하지만, 이에 대해서는 한국 측의 일본국 및 그 국민들에 대한 청구권문제에 관한 결정을 고려함에 있어서 관련이 있는 것으로 한 것이 명확하다.

b. 대일청구 요강에 관해서

대일청구 요강에 대하여 일본 측은 법적근거가 있고 사실관계가 충분히 입증된 것들에 대해서만 지불을 인정한다는 입장에서 교섭을 진척시켰으나, 법적근거의 유무에 관한 일한양국의 견해에는 큰 격차가 있었다.

한국 측에서는 전쟁 후 10 몇 년이 경과하여, 특히 그 동안에 한국전쟁을 겪어온 것부터, 관계 자료들의 유실 등 사실관계의 입증이 지극히 곤란하게 되어 있었기 때문에, 한국 내의 일본 측 재산을 한국정부가 인수함으로서 일본 측에 대한 청구권이 어느 정도까지 소멸하고 충족시켰던 것으로 인정할 지를 결정하기 위한 산출이 곤란해졌다.

또 위 대일청구요강〈5〉의 개인보상이 문제가 되었을 때, 한국 측은 생존자, 부상자, 사망자를 막론하고 군인 및 군속을 포함한 징용된 모든 사람들에 대한 보상을 요구했다.

이에 대해 일본 측은 양국 국교가 회복한 뒤에 개별적으로 해결할 방법도 있다는 것 등을 전달했으나, 한국 측은 위 청구는 국교회복에 앞서서 해결되어야 할 것, 피해자들에 대한 보상은 한국 내에서 조치해야 할 성질의 문제로 생각하고 있다는 것 등을 주장했다. 이러한 것들 때문에 소위 쌓아올리는 방식에 의하여 지불해야 할 것을 지불한다는 해결 방법을 채용하는 것은 곤란하게 되었다.

④ 위 재산 및 청구권의 처리 문제에 관한 대립을 방치해 양국의 국교정

상화의 실현을 늦추는 일은 적당하지 않기 때문에 이 문제해결을 도모하기 위하여 한국 민생의 안정, 경제발전에 공헌 할 것을 목적으로 하여, 우리나라의 재정사정이나 한국의 경제개발계획을 위한 자금의 필요성도 감안한 위에서, 한국에 대한 경제협력을 공여키로 했다. 이와 병행하여 일한 간의 청구권 문제는 해결해서, 존재하지 않는 것으로 한다는 방법이 채용되었다.

이 해결방법은 쇼와37년(1962) 12월에 실질적으로 정리되어, 쇼와40년(1965) 4월 구체적으로 합의 사항들이 정리되었다. 그래서 같은 해 6월 22일 양국에서 일한 기본관계조약 등과 함께 이 사건 협정에 서명이 이뤄져, 일본국에서는 같은 해 12월 11일에 일한 기본관계 조약 및 이 사건 협정 등에 대하여 국회에서 승인되고 12월 18일 이 사건 협정이 발효되었다.

(2) 이 사건 협정의 규정에 관하여

① 이 사건 협정은 "일본국 및 대한민국은 양국 및 그 국민들의 재산 및 양국 및 그 국민들 간의 청구권에 관한 문제를 해결하는 것을 희망하여, 양국 간의 경제협력을 증진할 것을 희망하여 다음과 같이 협정했다"라는 전문(前文)을 두고 있다. 그리고 1조 1항(a)에서 일본국이 한국에 대하여 3억 미 달러와 같은 일본 엔의 가치를 갖는 일본국의 생산물 및 일본국 국민들의 역무를 10년간에 걸쳐 무상으로 제공하는 것을, 동항(b)에서 우리나라가 한국에 대하여 2억 미 달러와 같은 일본 엔의 액에 달할 때까지의 장기 저금리의 대부를 10년간에 걸쳐 하는 것을 규정하고 있다.

② 이 사건 협정 2조는 별지 4와 같으며, 같은 조 1항에서 일한양국은 양국 및 그 법인들을 포함한 국민들의 '재산, 권리 및 이익' 및 양국 및 그 국민들 간의 청구권에 관한 문제가, 완전히 최종적으로 해결 된 것으로 한다는 것이 확인되어 있다. 그리고 같은 조 3항에서 같은 조 2항에 규정할 것

을 제외하여, ⟨1⟩ 한 쪽의 체약국 및 그 국민들의 재산, 권리 및 이익이며, 이 사건 협정의 서명날인 쇼와40년(1965) 6월 22일에 타방의 체약국의 관할 하에 있는 것에 대한 조치, ⟨2⟩ 한 쪽의 체약국 및 그 국민들의 타방의 체약국 및 그 국민들에 대한 모든 청구권이며, 동일 이전에 생긴 사유에 근거하는 것들에 관해서는 아무런 주장도 할 수 없는 것으로 되었다.

그리고 일한 양국정부에 있어서, 위 '재산, 권리 및 이익'은 법률상의 근거에 기초하여 재산적 가치가 인정되는 모든 종류의 실체적 권리를 말하는 것으로 이해되어, (이 사건 협정에 대하여 합의된 회의록 2항(a) (이하, 위 회의록을 '합의회의록'이라고 함. 동 회의록 2항은, 별지목록 5와 같다.), 이 사건 협정 2조 1항에서 말하는 완전 및 최종적으로 해결된 것으로 되는 재산, 권리 및 이익 및 청구권에 관한 문제에는 한국 측으로부터 제출된 대일청구요강 범위에 속하는 모든 청구가 포함되어 있으며, 대일청구 요강에 관해서는 아무런 주장도 할 수 없는 것으로 하는 것이 확인되었다(합의회의록 2항(g)).

(3) 협정체결에 따른 조치 등에 대해서

① 일본국에서의 조치

일본국에서는 쇼와 40년(1965) 12월 18일부터 재산권 조치법이 공포되어, 동법은 이 사건 협정의 효력발생일인 동월 18일부터 시행되었다(동법 부칙). 동법 1조 1항에는 한국 또는 그 국민들의 일본국 또는 그 국민들에 대한 채권이며, 이 사건 협정 2조 3항의 재산, 권리 및 이익에 해당하는 것들은 쇼와40년(1965) 6월 22일에 원칙으로서 소멸한 것으로 하는 규정이 있다.

② 한국에서의 조치를 13, 14호증의 각1 및 2에 의하면 한국에서 다음 입법이 이루어진 것이 인정된다.

a. '청구권 자금의 운용 및 관리에 관한 법률'(1966년 2월 19일 법률 제1741호)에서 이 사건 협정 1조 1항(a)에 의해 도입될 자금, 같은 항(b)에 의해 도입될 자금 및 이 사용으로 발생할 자금을 '청구권 자금'이라고 함(2조 1내지 4항). 위에서 한국 국민들이 갖고 있는 1945년(쇼와20) 8월 15일 전까지의 일본국에 대한 민간청구권은 동법에서 정하는 청구권 자금 중에서 보상해야 할 것으로 정했다(5조 1항).

b. 위 법률 5조 1항에서 규정된 대일민간청구권의 정확한 증거와 자료를 수집하는 데 필요한 사항들을 규정할 것을 목적으로 하여, '대일 민간청구권 신고에 관한 법률'(1971년 1월 19일 법률 제2287호)이 제정되었다. 동법 2조에는 동법 규정에 의한 신고 대상의 범위는 1947년 8월 15일부터 1965년 6월 22일까지의 사이에 일본국에 거주한 적이 있는 자를 제외한 한국 국민(법인을 포함함)이, 1945년 8월 15일 전에 우리나라 및 그 국민들(법인을 포함함)에 대하여 갖고 있었던 청구권 등이며, 〈1〉 구 군정법령 제57호 '일본은행권·대만은행권의 예입' 규정에 의하여 지정된 금융기관에 예금된 예입금과 금융기관이 보유하고 있는 일본은행권 및 우리나라 정부의 보조 화폐, 〈2〉 일본국에 의해 군인, 군속 또는 노무자로서 소집 또는 징용되어 1945년 8월15일 전에 사망한 자 등이라고 하는 것이 정해져 있다(같은 조 1항 1호 내지9호).

2) 위와 같이 평화조약 4조(a)에 의하여

일본국 및 그 국민들에 대한 조선 지역의 시정을 행하고 있는 당국 및 주민들의 청구권 처리는, 일본국과 동 당국 간의 특별 결정의 주제로 하는 것으로 되어, 이 특별 결정의 주제로 되는 것을 포함해서 해결하는 것으로 이 사건 협정이 체결되었으나, 그 체결에 이르기까지의 사이에 일본국 및 한국정부는 모두 국가와 국가 간의 청구권에 대해서 뿐만 아니라, 각각 국민들의 상대국 및 그 국민들에 대한 청구권 처리를 중요한 과제로서 검토를 거듭한 것이 분명하다.

위에서 인정한, 이 사건 협정 체결에 이르기까지의 경위, 이 사건 협정 2조의 문언, 이 사건 협정 체결에 따라 일한 양국에서 취해진 조치에 의하면, 일본국 또는 그 국민들에 대한 한국 및 그 국민들의 (a)채권에 대해서는 그것이 이 사건 협정 2조 3항의 재산, 권리 및 이익에 해당하는 것이라면, 재산권조치법 1항에 의해 원칙적으로 쇼와40년(1965) 6월 22일에 소멸하고, (b)기타 동일 전에 생긴 사유에 근거하는 모든 청구권에 대해서는 이 사건 협정 2조 2항에 규정된 것을 제외하고, 같은 조 1항, 3항에 의하여 한국 및 그 국민들은 일본국 및 그 국민들에 대하여 아무런 주장도 할 수 없는 것으로 된 것이 분명하다.

그리고 위 인정된 여러 사정을 전제로 이 사건 협정 2조 1항, 3항의 취지를 생각하면, 일본국 및 그 국민들은 한국 및 그 국민들로부터 위(b)에 해당할 청구권의 행사를 받은 경우, 한국 및 그 국민들에 대해서 이 사건 협정 2조 1항, 3항에 의하여 위 청구권에 대해서는 주장할 수 없는 것으로 되어 있는바 주장할 수 있는 것으로 해석하는 것이 타당하다.

또한 평화조약 14조(b)에는 '연합국은, 연합국의 모든 배상청구권, 전쟁 수행 중에 우리나라 및 그 국민들이 취한 행동 때문에 생긴 연합국 및 그 국민들의 기타 청구권을 포기하는' 규정이 존재하며, 동 조약 26조에는 '일본국이 어느 국가와의 사이에서, 동 조약에서 정하는 것보다도 큰 이익을 그 국가에게 주는 평화처리 또는 전쟁 청구권 처리를 했을 때에는, 이와 동일한 이익은 이 조약 당사국에도 미치지 않으면 안 되는' 규정이 존재한다.

한국은 평화조약의 당사국이 아니지만, 가령 일본국이 어느 국가와의 간에서 동 조약 14조(b)에서 합의한 내용보다도 큰 이익을 주는 처리를 하고 있는 경우에는 일본국과 한국간의 합의효력을 검토하는 것에 대하여 위의 점을 고려해야 할 것으로 생각되나, 이 사건 각 증거 및 변론의 모든 취지에 의해도 일본국이 어느 국가에 대하여 동 조약으로 정하는 것보다도 큰 이익을 두는 전쟁 청구권 처리 등을 하는 것은 인정되지 않는다. 따라서 이 점에서 이 사건 협정에 관한 위 해석을 검토해야 할 여지는 없다고 해야 할 것이다.

3) 이상에서 검토한 바에 근거하여,

원고들의 이 사건에서의 청구에 대해서 검토하겠다.

(1) 피고 회사는 원고들이 주장하는 각 청구권은 재산권조치법 1항 1호에 의해 소멸하고 있다고 주장한다. 그러나 위 인정된 이 사건 협정 체결에 이르기까지의 경위 등과 비추어서 생각하면, 재산권조치법 1항 1호에 규정되어 있는 한국 또는 그 국민들의 일본국 또는 그 국민들에 대한 채권이며, 이 사건 협정 2조 3항의 '재산, 권리 및 이익'에 해당하는 것이라는 것은 이 사건 협정 서명날인 쇼와40년(1965) 6월 22일 당시 일한 양국에서 사실관계를 입증하는 것이 용이하며, 그 사실 관계에 근거하는 법률관계가 명확하다고 판단할 수 있는 채권을 말하는 것이라고 해석하는 것이 타당하다.

이것을 이 사건에 대해서 보면, 원고들의 피고 회사에 대한 각 청구권은 위 채권에 해당하지 않은 것이 분명하다. 따라서 피고 회사의 위 주장은 채용할 수 없다.

(2) 원고들은 이 사건 협정이 체결된 당시 문제로서 거론되지 않은 청구권은 이 사건 협정의 대상이 아니라고 주장한다.

그러나 (a) 위 인정의 이 사건 협정 체결에 이르기까지의 경위에 의하면, 이 사건 협정의 체결에 즈음하여 한국 측이 자료에 의하여 법률관계를 명확히 하는 것이 곤란한 것들이 존재 하는 것이 고려되어 있었던 것을 엿볼 수 있는 것, (b) 이 사건 협정 2조 1항, 3항은 같은 조 2항에 규정한 것을 제외하고 청구권에 대해서 아무런 한정이나 유보를 두지 않고 있는 것, (c) 법률상의 근거에 기초하여 재산적 가치가 인정되는 실체적 권리인 재산, 권리 및 이익은 소멸한 것으로 하는 조치를 취할 것에 대해서 아무런 주장도 할 수 없는 것으로 되어 있는 것과의 균형을 고려하면, 이 사건 협정의 체결 당시에 구체적인 문제로 거론되지 않았던 청구권에 대해서도, 그것이 쇼와40년(1965) 6월 22일 전에 생긴 사유에 근거한 것이라면 아무런 주장도 할 수 없는 것으로 되었다고 해석하는 것이 타당하다. 따라서 원고들의 위 주장을 채용할 수는 없다.

(3) 원고들의 피고들에게 대한 각 청구권에 관하여

① 위에서 검토한 바에 의하면 원고들이 피고들에 대하여 갖는다고 주장한 각 청구권은 모두 이 사건 협정 2조 1항, 3항에 규정하는 재산, 권리 및 이익에 해당하는 것이 아니라, 동 각 조항에 규정하는 청구권에 해당하는 것으로 해석된다. 그리고 이들이 같은 조 2항에 해당하지 않는 것은 분명하다.

② 원고들 이 사건 근로정신대원들이 일본국에 끌려와, 이 사건 공장 및 다이몬 공장에서 강제노동을 당한 일, 김순례가 쇼와19년(1944) 12월 7일 이 사건 공장에서 사망한 것이 피고들의 불법행위에 의한 것인 등이며, 이에 기초하여 피고들에 대해서 갖는다고 주장하는 각 청구권은 쇼와19년(1944)부터 동 20년(1945) 10월경까지 사이의 사유에 근거하는 것은 분명하다.

③ 원고들은 근로정신대원 원고들이 귀국 후에 한국 사회에서 위안부와 동일시된 것에 의해 입었던 손해, 피고들의 부작위를 원인으로 생긴 해방 후의 피해에 관한 청구권은 이 사건 협정 2조 1항, 3항에 규정하는 청구권에 해당하지 않는다고 주장한다. 그러나 원고들이 위에서 주장한 피해도,

결국은 근로정신대원 원고들이 쇼와19년(1944)부터 동 20년(1945)에 근로정신대원으로 일본국에 있었다는 사실을 원인으로 하여 생긴 것이라고 해야 한다. 따라서 위 피해에 관해서 원고들이 피고들에 대하여 갖는다고 주장하는 각 청구권도, 이 사건 협정2조 1항, 3항에 규정하는 청구권에 해당하는 것으로 해석된다.

④ 위에서 검토한 바에 의하면, 이 사건에서 원고들이 피고들에 대하여 갖는다고 주장하는 각 청구권이 존재한다고 하더라도, 피고들이 이 사건 협정 2조 1항, 3항에 의해 원고들은 이들에 대해서 아무런 주장도 할 수 없는 것으로 되어있는 것으로 주장하는 이상, 원고들의 청구를 인용해서 피고들에 대해서 그 이행을 명령할 수는 없다.

3. 원고 김중곤의 원호법에 관한 주장 쟁점 (6)에 관하여

1) 원고 김중곤은, 김순례가 원호법 2조 3항에 정하는 준 군속에 해당하고, 원호법 부칙 2항이 호적법의 적용을 받지 않는 자는 당분간 동법이 적용되지 않는다고 하고 있는 것은 국적에 의한 차별이며, 국제인권규약 A규약 2조 2항, 동 B규약 26조, 헌법 14조에 위반하며 허용되지 않는다며, 피고 국가는 원호법에 의해 김순례 유가족들의 구제를 도모해야 했다고 주장한다.

2) 그것을 검토하기에는, 헌법 14조 1항은 절대적 평등을 보장한 것이 아니라 합리적 이유가 없는 차별을 금지하는 취지이고, 법적 취급에 구별을 마련해도 그 구별이 합리적 근거에 근거하는 것인 한, 동 조항에 위반한 것이 아니라고 해석된다. 국제인권규약 A규약 2조 2항 및 동 B규약 26조도 동 취지에 따라 해석하는 것이 상당하다.

그리고 위 인정대로 평화조약에 의해 일본국 국적을 잃었던 자의 청구권 처리에 관해서는 특별 결정을 주제로 하는 것으로 되어, 그 후 일본국과 한국 간에 협정이 체결된 것에 의하면, 쇼와27년(1952) 4월 30일에 공포된 원호법 부칙 2항에서 호적법의 적용을 받지 않는 자에 대해서는 당분간 원호법을 적용하지 않도록 규정한 것은 합리적 근거에 의한 것이라고 해석된다.

또 전상병자에게 대한 보장의 필요여부 및 그 존재는 입법부의 재량적 판단에 맡겨져 있다는 것, 이 사건 협정 내용 등에 비추어서 생각하면, 이 사건 협정이 체결된 후에 위 부칙 2항이 존치되어 온 것에 대해서도 합리적인 근거를 결여했다고 할 수는 없다. 따라서 원고 김중곤의 위 주장은, 전제를 결여한 것으로 받아들일 수 없다.

4.

위에서 검토한 바에 의하면, 기타의 점에 관하여 판단할 필요도 없이 이 사건에서 원고들이 피고들에 대하여 갖는다고 주장하는 각 청구권에 대해서는 모두 용인할 수가 없다.

5.

이상과 같고 원고들의 피고들에 대한 각 청구는 모두 이유가 없기 때문에 기각하고, 소송비용의 부담에 대해서 민사소송법 61조, 65조를 적용해서 주문과 같이 판결한다.

민사 제4部
재판장 재판관 사쿠마 구니오(佐久間邦夫)
재판관 구라사와 모리하루(倉澤守春)
재판관 오이카와 가쓰히로(及川勝廣)
별지목록은 생략

4

항소이유서

(2005년 4월 28일)

2005년 제374호 손해배상
항소인   박해옥외 6명
피고   일본정부
동   미쓰비시중공업 주식회사

항소이유서

2005년 4월 28일

나고야 고등재판소 민사 제3부 귀 중

공소인 등 소송대리인
변호사 우치가와 요시카즈

항소에 임해

1. 원판결 잘못의 근원

원판결은, 공소인(원고) 등의 간절한 소원을 유린하며, 공소인 등의 청구를 전면적으로 기각했다. 원판결은, 이 사건 소송에서 다루고 있는 중요한 쟁점을 정면으로 답하지 않고, 모두 판단을 회피하며, 사법의 책임을 포기해 버렸다.

공소인 등은 이 사건 소송 제기에서, "이 사건 소송에서 다루고 있는 것은, 부조리에 대한 깊은 통찰이다. (중략) 이 사건 재판에서, 입법 부존재 혹은 시효·제척기간 등의 형식논리를 가지고 원고들의 청구를 기각하는 부조리를 저질러서는 안 된다. 원고 등은 정말로 인간 역사의 증인으로서, 일본 인권 보장의 마지막 보루인 재판소에 법의 출발점인 동시에, 또한 목표이기도 해야 할 '정의' 실현을 절실하게 요구하고 있다"며 재판소가 사법부의 역할을 할 것을 기대했다.

그런데 1심 재판소는 이 기대를 보기 좋게 저버리며, '한일청구권협정론'이라는 잘못된 형식논리로 공소인 등의 청구를 기각하며, 더욱더 부조리를 저지르는 우를 범했다.

역시 원판결은 공소인 등 조선여자근로정신대의 사실 관계를 대략 인정했다. 전후보상 재판 중에는 모든 사실 인정을 거부하며, 오로지 법률 판단만으로 청구를 기각한 판결이 있었는데, 그런 판결들과 비교하면 원판결은 일단 사실 인정을 하는 한은, 재판소의 일정한 견해를 나타냈다고 할 수 있다.

그러나 문제는 이런 사실을 바탕으로 '재판소로서 해야 할 책임을 다했는가?'이다. 유감스럽지만 이런 사실에 대해 일정한 판단을 내리는 사법으로서의 책임을 1심 재판소는 다하지 않았으며, 사실에서 등을 돌려 버렸다.

1심 재판소는 사실을 의연하게 판단하지 않고, '한일청구권협정론'을 가지고 도망갈 구멍을 찾아 그 구멍에 숨음으로써, 이 사건 소송에서 재판소에 맡겨진 책임을 포기하고, 인권의 마지막 보루로서의 역할을 포기해 버렸다.

1심 재판소는 '왜 이러한 태도를 취했을까?'. 그 근본적인 이유는, 1심 재판소가 아시아, 태평양전쟁이나 일본의 식민지지배 같은 '역사 인식'에 대해서, 재판소로서 이것을 정면으로 바라보지 않으며, 이런 사실에 눈을 감아버린 것에 있다.

원판결은, 공소인이 지적한 이 사건의 역사적 사실에 대해 일본 제국의 침략전쟁 역사 등, 그 중요한 부분들을 무시했다. 공소인의 주장 사실을 '사실 적시'(事実摘示)조차 하지 않았다.

특히, '한국병합' 역사, 대일본제국에 의한 한반도 식민지화 역사, 아시아 국가들을 침략한 전쟁 역사, 아시아, 태평양전쟁 중 조선에서의 물적 & 인적수탈 실태, 특히 강제연행 및 강제노동실태, 역사상 유례를 찾기 힘들 정도로 무서운 일본군 '위안부' 실태 등에 대해서는, 공소인들이 주장하는 중요한 뼈대를 이루는 것이었음에도 불구하고, 원판결은 이것들에 대해서 눈을 감고, 거의 언급하지 않았다.

대체로 원판결에서, 전쟁 전 제국 일본이 범한 침략전쟁책임, 식민지 지배의 책임 같은 시점이 결여되어, 공소인 등이 누차 주장하고 입증한 사실들을 성실히 받아들이려는 자세를 전혀 보이지 않았다.

전후보상 재판에서, 국가나 기업 책임을 인정한 판결 중에는, 이런 전쟁책임에 대해 정면으로 받아들이며 '피해자' 구제를 도모했던 것도 있다.

그런데, 이 사건의 1심 재판소는 유감스럽지만 이런 시점이 결여되었다. 그 결과, 모처럼 조선여자근로정신대의 존재 사실을 인정하면서도, '그것을 역사 속에서 평가하고 그 책임 소재가 어디에 있었는지?'를 찾아내어 항소인 구제를 단행하는 데 이르지 않았다.

2. 원고(공소인) 등의 '피해 사실'을 인정하지 않고, 피고를 감싸준 1심 재판소

원판결은, 원고들의 '사실'에 대해서 상당히 상세하게 인정했다. 즉, 공소인들이 전시 하에서, '일본에 가면, 학교도 다닐 수 있고, 돈도 벌 수 있다'라는 말에 이것을 믿고 여자 근로정신대에 참가한 것, 피항소인 미쓰비시 공장에서 엄격한 감시 아래에서 노동한 것, 식사 양이 적어서 공소인들이 항상 배고픔을 느꼈던 사실, 도난카이(東南海)지진을 당해 정신대원 중 6명이 사망한 사실, 또, 항소인들을 학교에서 황국신민 맹세(皇国臣民の誓詞)를 하게 해 교육 칙어(教育勅語)를 외우도록 강요받은 사실 등을 인정했다.

그리고 또 귀국 후 일본군 '위안부'로 동일시되어, 그 사실이 결혼의 방해가 되거나 주위에서 비난을 받거나 했기 때문에 근로정신대 출신임을 숨기며 살아온 사실 등을 인정했다. 그 사실 인정에 의해서, 역사에 파묻힐 뻔했던 '조선여자근로정신대' 존재와 그 실태가 표면화되어 항소인들에 대한 일정한 배려가 담겨 있다고 평가할 수도 있다. 그러나 유감스럽게 원판결에는 그런 '사실'이 항소인들에게 '피해 사실' 그 자체라고 하지 않았다. 정말로 그런 점이야말로 원판결의 치명적 약점이었다.

또 항소인들의 '일본 방문'이나, 항소인들이 전쟁 전에 일본에 '있었다'는 표현에서 상징할 수 있듯이, 항소인들이 아무 문제없이 일본에 가서 기쁘게 노동했었다고 오해할만한 표현들만 있어, 이 사건의 항소인 등 조선여자근로정신대 동원 및 노동실태가 결국은 '강제동원·강제노동'이었는가라는 점에 대해서도 정확한 판단을 내리지 않았다.

또, 항소인들이 받은 교육이 제국 일본의 극단적인 '황민화교육(皇民化教育)'이었다는 지적도 없었다. 또한 항소인들이 해방 후에 일본군 '위안부'로 동일시된 피해에 대한 판단도 없었다.

이와 같이, 원판결은 재판소로서의 명확한 가치판단을 내리는 것을 철저하게 외면했다. 이것이 원판결의 결정적인 약점이다. 원판결을 평가하면서, 어떤 신문이 '차가운 판결'이라고 보도했는데 이 판결의 본질을 날카롭게 파악했다고 할 수 있다.

또, 사실에 대한 가치적인 판단을 회피한 것과 정반대 관계로서, 원판결은 이 사건 피고들의 행위가 위법 혹은 불법행위를 저질렀는지에 대해서조차 그 판단을 회피했다.

즉, 원판결은 항소인들이 주장한 '사실'을 인정했지만, "원고들이 그 주장하는 각 청구권을 가지고 있었다고 하더라도……."라는 표현으로, 항소인들의 청구권 존재여부에 대해서 명확한 판단을 내리지 않고 오로지 '한일청구권 협정론'을 시종 일관 근거로 삼았다.

또, 이 사건 소송의 중요한 쟁점의 하나인 군 '위안부'와의 동일시 피해(이른바 해방 후 피해) 및 피고 등의 부작위의 위법성에 대해서도 그 판단을 회피했다.

이렇게, 1심 재판소는 재판소로서 판단이 요구되는 중요한 점에 대해서 결국엔 아무것도 판단하지 않고 그런 식으로 회피했다면, 결국 피고 등의 죄를 면해주었다고 봐야 된다.

3. 압력에 굴한, 뻔뻔한 1심 재판소

1심 재판소는, 가치적인 판단을 전부 회피하면서 딱 하나, 재판소로서 적극적인 판단을 나타낸 것이 있다. 그것은 다름 아닌 '한일청구권 협정론'이다. 이 청구권협정론에 관한 판단의 잘못에 대해서는, 이하 본 항소 이유서에서 상세하게 논의되므로, 여기에서는 이 점에 관한 1심 재판소의 자세를 다루는 데 그친다.

1심 재판소는 이미 양국 정부의 협정에 의해 "어떠한 주장도 할 수 없다는 취지를 주장하는 이상, 원고들의 청구를 인용하며 피고 등에 대해···(중략)…그 이행을 명할 여지는 없다"라며 항소인 등의 청구를 기각했다. 그것은 전후 책임에 대한 일종의 뻔뻔함을 나타낸 것이며, 무력한 사법이라고 스스로 선언하는 꼴이기도 했다. 그것은 인권 구제를 위한 마지막 보루의 역할을 스스로 포기하고 '정치적인 결탁'에 몸을 맡기는 매우 무책임한 자세였다.

1심 재판소는, 피고들이 사실 인정 여부조차 명확히 하지 않고 형식론을 내세우면서 항소인들에게 매몰찬 판결을 요구했지만, 굳이 사실 취조에 들어가며 이런 일본정부(후생성)에 대해서 항소인들의 청구내용에 대한 조사촉탁을 했고, 다카하시(高橋) 증인, 이(李)모 증인, 여타 증인들을 채택한 다음, 이들의 증언을 경의를 가지고 들었다.

또한 모든 항소인에 대해 본인 심문을 하며, 항소인 등의 진심 어린 호소에 대해 성실하게 귀를 기울였다. 이런 증거 조사에 임하는 일련의 소송 지휘권 행사 모습은, 항소인들에게 재판소에 대한 일정한 신뢰와 판결에 대한 기대를 갖게 하기에 충분했다.

그런데, 내려진 판결은 완전히 항소인들의 기대를 저버리는 것으로써 증거 조사를 했던 재판소와 판결을 내린 재판소가 '같은 재판소인가'라고 의심될 만큼 그 '폭'은 엄청났다. 항소인들은 1심 재판소가 '법과 양심' 이외의 '어떤 큰 압력에 굴복될 것이 아닐까'라고 의심하지 않을 수 없었다.

항소인들은 항소심 재판소가 이상과 같은 1심 재판소의 무책임한 자세를 답습하지 않고, 가해의 역사를 정면으로 마주보며 법과 양심에 따라 항소인들에 대한 구제의 길을 열기를 간절히 바란다.

1

피해 사실

제1절_ 원판결이 빠뜨린 중요한 사실

원판결은, '제2'의 '2 전제가 되는 사실', '제4'의 '1 원고들 각자의 사정'에서, 항소인 등의 피해 사실을 일정부분 인정했다.

원판결이 인정한 사실을 최대공약수로 나타내면 다음과 같다.

1. 전제가 되는 사실

(1) 근로정신대의 동원

(2) 이 사건 근로정신대원 등이 초등학교에서 받은 교육
황궁 요배(遙拜), 황국신민의 맹세, 일본의 신화, 수신, 교육칙어 암송, 기미가요(일본국가) · 군가, 조선어 사용 금지, 창씨개명.

(3) 근로정신대 권유 및 일본에 출발
초등학교 교장 · 담임교사 등을 통해 '근로정신대 지원을' 권유받았다. "일

본에 가면, 학교도 갈 수 있고, 돈도 벌 수 있다", 마쓰야마(손상옥:孫相玉) 교사와 곤도(近藤) 헌병의 인솔.

(4) 이 사건 공장에서의 생활
다다미 8개 정도의 방에서 6명 내지 8명, 중대 · 소대 제도, 오전 6시 기상, '가미카제'(神風) 머리띠를 하고 4열 종대로 '우리는 소녀정신대'를 외치면서 행진, 오전 8시부터 오후 5시 내지 6시까지 노동, 엄격한 감시, 휴식 시간 1시간, 휴일 일요일 뿐, 식사 양도 적음, 자유로운 외출 금지, 집단으로 외출할 때는 감시원이 붙음, 편지는 검열을 받아야 함, 학교에 다닌 적은 없었다.

(5) 도난카이(東南海) 지진
지진에 의해 전라남도 출신인 근로정신대원 김순례(金淳禮), 김향남(金香南), 최정례(崔貞禮), 서복영(徐福榮), 이정숙(李貞淑) 및 오길애(吳吉愛) 등 6명을 포함한 57명이 사망.

(6) 귀국까지
도난카이 지진 후, 격렬한 나고야 공습으로 원고들은 매일 저녁 방공호로 피난, 1945년 봄 무렵 다이몬(大門)공장으로 이동, 원고들은 1945년 10월 무렵 조선에 귀국.

(7) 한국사회에서의 근로정신대원에 대한 인식
한국사회에서는, 1990년대 초까지 일본군 '위안부'는 일반적으로 '정신대'라고 불렸다. 한국사회에서는 여성에 대한 정조 관념이 강해서, 근로정신대원으로 일본에 갔던 사실이 알려지면 위안부라고 판단했기 때문에, 근로정신대원으로 일본에 갔던 상당수는 그 사실을 남편이나 아이들에게 숨기며 생활.

2. 원고들 각자의 사정

일본 왕에 대한 충성, 내선일체, 교장·헌병의 위협, 두랄루민 판에 비행기 부품 형태를 그려 옮김, 페인트칠로 인해 두통으로 의식을 잃음, 절단기로 손가락이 잘림, '반도인' 등의 용어를 들으며 차별 받음, 야마조에 사감 "(급료는) 저금되어 있다. 나중에 한국에 돌아갈 때 준다.", "너희가 조선에 돌아가고 나서 지불한다.", 무일푼으로 귀국, 지진·공습 공포, 지진에 의한 사망, 파혼, 결혼할 때 남편에게 근로정신대로 끌려간 사실을 말하지 않았다가 결혼 후 생활 파탄, 남편과 이혼.

3. 원판결이 빠뜨린 중요한 사실

원판결은 상당한 지면을 할애하며 항소인들의 피해 사실을 인정했지만, 원판결에는 이 사건 조선여자근로정신대로 항소인들이 동원된 중요한 배경인 '한국병합'의 역사, 대일본제국에 의한 한반도 식민지화 역사와 일본에 의한 식민지 지배구조에 대한 인정은 전혀 없었고, 그것이 항소인들에게 '어떤 영향을 끼쳤는가'라는 시점에 대한 고찰도 전혀 없었다.

후술하듯이, 이런 원심의 자세는 1951년 예비회담부터 시작된 14년에 걸친 한일교섭에서 일본정부가 식민지 지배라는 관점, 가해국이라는 관점을 교묘히 빠뜨렸던 것과 궤를 같이 하고 있으며, 일본정부가 한 번도 한국에 식민지 지배를 사죄했던 적이 없는 사실, 한 번도 일본이 한국에게 끼친 전쟁피해를 사죄했던 적은 없다는 사실을 생각나게 한다.

식민지 지배, 가해국이라는 관점을 빠뜨린 채 이 사건 소송에서 문제가 되고 있는 사실을 올바르게 바라보는 것은 무리이며, 일본이 저질렀던 수

많은 약탈, 침략행위의 반성 뒤에 '다시 전쟁의 참화가 일어나지 않도록 결의'했던 헌법의 이념도 저버리는 것이다.

원판결을 읽고 매우 담담하게 사실을 인정하는 듯한 인상을 받았던 원인은 거기에 있다. 원판결의 인정에는 "피해(자)는 있는데 가해(자)가 없다". 결과만 있고 원인이 없다.

보다 단적으로는 원판결이 '피고 등의 부작위가 원인이 되어 생긴 해방 후의 피해'도 "결국, 근로정신대원 원고들이 1944년부터 1945년에 근로정신대원으로 일본에 있었다는 사실에 근거해 발생되었다"라는 판시 부분에 원판결의 자세를 여실하게 볼 수 있다. 근로정신대원이었던 항소인들은 '일본에 있었다'. 하지만 거기에는 가해자는 존재하지 않았다. 또 '일본에 있었다'는 결과만이 있고 그 원인이 빠져 있다.

이것만으로는 항소인들의 피해 사실, 그리고 그 중대함을 올바로 알 수 없다. 때문에, 원판결은 "이 사건에서 원고들이 피고들에 대해서 가진다고 주장하는 각 청구권이 존재한다고 하더라도……"라고 인정하는 데 머무르며, 항소인들의 피해 사실이 피고들의 책임에 의한 것이라고 인정되지 못했다. 아니 인정하지 않았다.

여기에서 반복해서 상세한 논의는 하지 않겠지만, 당 항소심에서는 사실이 바르게 인정되도록 재차 항소인 등의 피해사실을 말한다.

제2절_ 항소인들의 고통을 안긴 역사적 배경

1. 한국병합

일본정부는 1907년 8월 1일 한국군대를 해산하고 각부 차관에 일본인을 배치하며 행정권을 실질적으로 장악해 사법권 위임 등에 의해 한국 직접 지배체제를 순조롭게 구축해 갔다.

당시 한국에는 전시 편제된 육군 2개 사단(3만 6,000명), 해군 2개 분견대 (分遣隊)에 이르는 일본군대가 상주했고, 군청 소재지나 각 정류장에는 수비대가 배치되어 1,624곳에 1,500명이 넘는 헌병 경찰들이 배치되어 있었다.

또한, 일본은 병합조약 조인을 위하여 군대를 서울에 집결시켰다. 각 성문, 왕궁, 통감·사령관·대신 등의 저택을 삼엄하게 경계·감시했고, 조인하는 날에는 서울의 마을들을 일본 헌병들이 순회하며, 조선인은 둘이서 이야기만 하고 있어도 심문을 받는 경계 속에서 '병합조약'이 체결되었다. 일본정부는 1910년 8월 22일 '한국병합에 관한 조약' 체결을 강행했고, 같은 달 29일에 공표했다. 이에 한반도는 '완전하고 영구적'으로 일본의 식민지로 여겨졌다.

2. 병합 후 식민지 지배

1931년 만주사변을 계기로 일본의 식민지 지배정책은 한반도를 대륙침략을 위한 병참기지로 만드는 방향으로 강하게 전개되었다. 이런 조선의 병참기지화 정책은 중국 침략전쟁, 태평양전쟁의 확대와 함께 강화되어 조선인 노동력은 모두 전력으로서, 모든 물적 자원은 군수물자로서 수탈되는 방향으로, 문자 그대로 일본의 '병참기지'로서 전면적으로 전쟁에 동원되어 희생되었다.

이런 전쟁을 위한 물적, 인적 동원을 목적으로 했던 대륙침략의 병참기지화 정책은, 그것을 성공시키기 위해 더욱 더 '내선융화(內鮮融和), 일시동인(一視同仁)'을 부르짖으며 조선을 일본의 하나의 지방으로 만들기 위해 제도 변혁과 국민의 정신 동원을 위해 정책으로서 진행시켰다.

3. 황민화교육(皇民化敎育)

일본 현지에서의 교육 이상으로 황민화교육이 진행되었던 조선에서, 항소인들은 그 성장기 때 황민화교육 아래에서 스스로 '자기 동일성'을 확립해 갔다. 식민지 조선에서 이루어진 일본의 지배는 매우 교묘했다.

항소인 등 식민지 주민들에게 있어서 일본에서의 생활이나 일본에서 공부하는 동경과 희망을 갖는 것은 매우 당연한 상황이었다. 게다가, 항소인들에게 학교 교육으로 황민화교육이 용의주도하게 준비되어 일본 왕에 생명을 바치는 것이 일본인(원고들 당시의 식민지 조선민중의 의식으로서)으로서 당연하다는 인식을 갖게 했던 것이다. 식민지시대 앞 세대였던 부모 세대와 비교해, 태어날 때부터 일본의 식민지 지배하에 있었던 항소인들이 보다 황민화교육에 영향을 받으며 심리적으로 받아들이는 것도 자연스러웠다.

또한, 당시 조선에는, 헌병 경찰에 의한 일상생활 전체에 걸친 관리와 지배체제가 깔려있어 전쟁 체제의 진행에 따라 사상통제, 치안대책은 너욱 강화되어 생활 구석구석까지 감시되었다. 이러한 상황에서 조선여자근로정신대 동원이 이루어졌던 것이다.

제3절_ 식민지 지배가 만든 '조선여자근로정신대'

피항소인 일본국은 조선의 식민지지배를 철저히 함과 동시에, 조선의 물적 · 인적수탈을 모든 수단을 사용해서 진행했다. 조선의 병참기지화가 이런 것이다. 일본 제국이 본격적으로 중국에 침략전쟁을 개시하는 것과 동시에 본토의 노동력 부족을 보충하기 위해 조선에서 대량의 노동력을 강제적으로 끌어 모으기 시작했다.

그리고 더욱 더 태평양전쟁 돌입에 박차를 가하는, 그 마지막 단계에서 '조선여자근로정신대' 동원을 피항소인 미쓰비시는 피항소인 일본국과 하나가 되어 추진해 군수생산 노동력에 이를 충당했다.

항소인 등 근로정신대원은, 철저한 '황국신민 교육'(황민화교육) 결과, 일본 왕과 국가를 위해 아무 의심 없이 기꺼이 일할 아이들이었으며, 군수생산을 위해 돌관(突貫) 작업을 하는 공장의 노동력으로서 많은 도움이 되었다.

항소인 등 근로정신대 소녀들은 50년 이상 지난 지금도 당시 철저히 교육된 '황국신민의 맹세'나 역대 일본 왕 이름을 외울 수 있다. 그 정도로 황민화교육이나 군국주의 교육은 철저하게 이루어지고 있었던 것이다.

제4절_ 항소인 등의 고뇌

1. 강제연행 · 강제노동 피해

(1) 황민화교육
황민화는, 대륙침략 병참기지로서 식민지의 물적 · 인적자원을 수탈할 때, 조선인의 일본에 대한 충성심을 육성하고 병력 동원이나 노동력 동원을 보다 쉽게 하기 위해서 감행된 것이다. 그리고 조선민족을, 천황(天皇, 일본 왕)을 정점으로 하는 천황 중심 가부장제 아래에 편입하는 것을 목적으로 하고 있었다. '내선일체(內鮮一體)' 정책은 조선이 식민지가 아닌 하나의 일본 지방에 불과하다며 조선이란 이름 자체를 부정했다. '민족말살 정책'이라고 불리는 까닭이다.

(2) 강제연행

항소인들은 "여학교에도 갈 수 있다. 일하고 돈도 받을 수 있다"라는 기만에 의해, 제국 일본에 의해 끌려갔다. 피항소인 일본국의 행위는, 당시의 법으로도 미성년자 유괴에 해당하는 범죄 행위이며 국가적인 범죄라고 밖에 할 수 없다.

여기서 이용된 기만 방법은 단지 감언이설을 하는데 그치지 않는 심각한 의미를 가지고 있다. 풍부하고 맑으며 강한 정의로 가득찬 국가로 이미지화된 일본, 그것도 동경해왔던 여학교에 갈 수 있다는 희망을 준 피항소인 일본국의 기만행위가 어린 소녀들에게 고민 속에서도 얼마나 매력적으로 비쳐졌을지는 말할 필요도 없을 것이다.

모략적 기만을 할 때, 물적 수탈에 의해서 피폐해진 가난한 생활도 최대한으로 이용되었다. 항소인들의 '가난한 상황'이 풍족한 생활에 대한 동경 그리고 가족을 돕고 싶은 마음으로 '지원' 동기화가 되었음은 쉽게 상상할 수 있다.

(3) 강제노동

조선여자근로정신대로 동원된 소녀들을 기다리고 있던 것은, 권유받을 때 소녀들이 생각한 꿈과는 정말 거리가 먼 생활이었다. 시너가 넘쳐나는 환경 아래에서 페인트칠, 소녀들에게는 너무 무거운 두랄루민 판 운반, 성인 남자들조차 위험한 절단기 작업을 연수도 없이 강요받는 등 매우 열악한 환경 아래에서 엄격한 노동에 매일 시달렸다. 게다가 임금조차 받지 못했다.

또 외출도 엄격하게 제한되어 감금 같은 상태에 놓였고, 식사도 너무나 부족했다. 편지도 검열되어 힘든 생활을 호소할 수도 없었으며, 멀리 조선에서 찾아 온 부모나 오빠와의 면회도 제한되었다.

또한 체벌, 조선인 차별적인 말을 수도 없이 듣는 등 비인도적인 환경에 놓이며 어린 마음들이 깊은 상처를 입었다. 또한 조선에서는 결코 경험하지 못했을 공습, 지진의 공포를 맛보며 도탄의 괴로움을 맛보게 되었다.

(4) 자기 동일화(同一化) 과정의 침해

항소인들은 황민화교육에 의해서 일본은 정의로운 나라라고 믿으며 찾아왔다. 어린 항소인들은 "세계 제일의 대일본, 일본은 좋은 나라, 맑은 나라, 세계에서 유일한 신의 나라"(항소인 김혜옥)라고 하는 황민화교육 아래에서 일본을 정의와 도의의 나라라는 것을 조금도 의심하지 않았다. 어린 항소인들의 마음에 '정의의 나라 일본'은 절대적인 '진실'로서 강렬하게 뇌리에 박혔던 것이다. 일본은 이러한 그녀들을 속이고 이용했으며 그리고 버렸다.

소녀들의 가슴에는, 스스로를 동일화시키려고 했던 '내선일체'가 허위였다는 인식과 함께, 황민화교육을 통해서 강렬하게 새겨진 '내선일체'를 부정할 수 없는 심정 사이에서 균열이 생겼다. 이 균열은 지금도 항소인들의 심정 속에 남아 있다. 항소인들 그리고 태평양전쟁희생자 광주유족회 회장인 이금주(李金珠) 증인은 입을 모아 일본이 양심적인 나라이고 정의의 나라였으면 하고 바라면서 이 사건 소송에 임했는데, 이를 경시하는 것은 용납할 수 없다.

2. 해방 후 동일시(同一視) 피해

(1) 사회에서 배제되는 위험

해방 후 한국에 귀국한 항소인들이 직면한 것은, '정신대로 일본에 건너간 여자는 순결을 잃은 여자다'라는, 예상치 못한 오해였다.

일제에서 해방된 식민지 조선에는 수탈을 당했던 일제 강점기의 고난의 기억이 남겨졌다. 그 중에는 한반도 전체를 뒤덮은 '처녀 공출(供出)', '정신대(挺身隊)'라고 불렀던 공포가 생생하게 존재하고 있었다. 이것은 현재는 군 '위안부'라고 불리고 있는, 일본 군인들의 성욕해소를 위해 연행된 성노예를 의미한다.

항소인들은 처음에 그런 오해를 받는 것을 이해조차 할 수 없었다. 결국은 자신들을 둘러싼 깊고 두터운 오해의 벽을 점차 인식했다. 항소인들은, 근로정신대 경험은 부끄러운 것이고 결코 사람들에게 말해서는 안 되는 것이라고 인식하며, 사람들이 잘못 오해하는 것을 통렬하게 느끼면서도 드러낼 수 없었다.

항소인들이 우선 직면한 상황은 '결혼'이었다. 항소인들은 결혼 생활에 들어간 후에도 자신의 과거를 계속 예민하게 신경 써야만 했다. 근로정신대 경험이 순결을 잃은 것이라는 의미와 '동일시'되는 아래에서는, 근로정신대 경험은 남편에게 절대적으로 비밀로 해야만 되는 과거였다. 또, 이런 과거를 가진 것은 가족의 수치이고, 아이들의 장래를 위해서도 중대한 영향을 미치는 수치였다.

항소인들은 자신들의 과거를 단단하게 봉인하며 계속 필사적으로 숨길 수밖에 없는 사회적 소외자로서, 사회에 당당히 설 수 없었다.

그러나 아무리 필사적으로 계속 숨겨도 결국 알려질 때는 온다. 항소인들은(고 김복례 및 끝까지 근로정신대의 과거를 숨겨온 항소인 이동련 제외) 모두 남편의 폭력, 부정, 별거, 이혼에 의한 가정 파괴를 경험해야만 했다.

(2) 동일시 피해는 인생 전체로서 나타난 피해이다.

항소인들의 동일시 피해는, 해방 후 항소인들의 인생 전체를 지배하며 괴롭힌 인생 피해나 다름없다. 언제 과거가 발각되어 가정이나 사회에서 배제될지도 모른다는 끊임없는 공포는 항소인들의 인생을 지배하며, 그들의 인생 전체를 힘들게 했다고 할 수 있다. 과거를 숨기고 스스로 원래의 체험이라고 말할 수 있는 근로정신대 경험을 말할 수 없는 항소인들은 '자신이 본래 있어야 할 장소에 있을 수 없는' 깊은 '한'에 사로잡히게 된다.

항소인들은, 60년 가까이 과거를 계속 숨겨 왔다. 항소인들이 과거를 계속 감춰 온 60년은 너무 길고 무겁다. 항소인들이 60년 가까이 고통을 받았고 실제로 지금도 괴로움과 불안의 어둠 속에서 아무것도 할 수 없는 존재로서 계속 받아온 피해는 너무 심각하고 중대하다.

피고 등의 부작위에 의해 항소인 등의 동일시 피해는 날마다 가중 누적됐다. 동일시 피해는 항상 인생이 가지는 다양하고 풍부한 가능성을 항소인들에게서 계속 빼앗았던 것이다.

말할 수 없는 몸부림이라고도 할 수 있는 '한'으로 나타난 피해는 계속된 인생 피해이다. 그리고 계속된 인생 피해는 그 자체로 하나의 개념으로 평가되지 않으면 안 된다.

(3) 강제연행·강제노동 피해와 동일시 피해의 별개 독립성

동일시 피해는 강제연행·강제노동 피해와는 별개의 독립적인 피해이며, 강제연행·강제노동 피해의 단순한 확대 손해는 아니다. 그것은 아래의 각 설명에서도 분명하다.

① 동일시 피해의 중대성

동일시 피해는 해방 후 항소인 등의 인생이 전체적으로 왜곡되어 인생이 가진 풍부한 가능성을 송두리째 빼앗긴 피해이며, 강제연행·강제노동 피

해의 범주를 가지고 평가할 수 없는 중대한 피해이다.

② 동일시 피해의 피침해법익(被侵害法益)

동일시 피해는 전형적인 '한'의 구조를 가지고 나타난 인생 피해이며, 피침해법익은 직접적으로는 명예이지만 '사회 속에서 평온하게 생활할 권리' 또는 '자기실현의 권리'가 침해된 것이다. 한편, 강제연행·강제노동 피해의 직접적인 피침해법익은 생명 신체의 자유·인신의 자유이며, 양자의 피침해법익은 분명히 다르다.

③ 동일시 피해의 관련성 희박

강제연행·강제노동 피해와 성차별 피해인 동일시 피해 사이는, 그 자체로는 전혀 관련성이 없다. 이것은 항소인들이 귀국 직후에 생각할 수도 없는 오해로, 동일하고 뚜렷하게 고통 받던 것을 웅변적으로 말하고 있다. 이상과 같이, 인생 피해인 동일시 피해는 강제연행·강제노동 피해와는 별개의 독립적인 피해이다.

제5절_ 소결

이상과 같이, 원판결에는 이 사건 조선여자근로정신대로 항소인들이 동원된 중요한 배경인 '한국병합'의 역사, 대일본제국에 의한 한반도 식민지화의 역사와 일본에 의한 식민지지배 구조에 대한 인정은 전혀 없었고, 그것이 항소인들에게 '어떤 영향을 주었는가'라는 관점의 고찰도 전혀 없었다. 이런 원심의 자세가 나중에 말하는 한일청구권협정 해석, 적용이나 피고 등의 책임에 대한 판단에 영향을 미치고 있음은 틀림없다.

2

한일청구권협정론의 논리적 모순

제1절_ 원판결의 논지

1. 원판결은, 결론적으로 1965년 6월에 일본과 대한민국 사이에 체결된 '재산 및 청구권에 관한 문제해결 및 경제협력에 관한 일본과 대한민국 사이의 협정'(통칭 '한일청구권협정', 이하 '이 사건협정'이라고 한다)을 이유로 항소인들의 청구를 기각했다.

2. 원판결의 논지는 아래와 같다.

(1) 이 사건 협정체결에 이르기까지의 경위

원판결은 이 사건 협정 체결에 이르기까지의 경위로서 증거부터 대체로 아래와 같은 사실을 인정했다.

① 1952년 4월 28일에 발효된 평화조약(이른바 샌프란시스코 평화조약) 에서, 일본은 조선의 독립을 승인하며, 조선에 대한 모든 권리, 권한 및 청구권을 포기, 조선지역에 관한 일본 및 일본국민에 대한 청구권

처리는 한일양국의 특별 처리의 주제로 한다고 했다.

② 1951년 10월부터 일본과 한국 사이에 예비회담이 개최되었고, 계속된 1952년 2월부터 제1차 한일회담이 개최되었지만, 한국의 8항목 요구 (이중에는 전쟁에 의한 피징용자 피해에 대한 보상이나 한국인의 일본의 국민 또는 법인에 대한 청구 등의 개인청구권이 포함되어 있었다)가 일본의 입장과는 맞지 않아 단기간에 해결할 수 없게 되었다.

③ 1953년 4월부터 제2차 한일회담, 그리고 1961년 10월부터 제6차 한일 회담까지 이렇다 할 진전을 보이지 못했다. 특히, 한국 내 일본 재산을 한국정부가 가져간 것에 의해 한국의 대일청구권이 어느 정도 만족되었는지 산출이 곤란해 이른바 '누적 방식'에 의한 해결이 곤란해 졌다.

④ 청구권 대립을 방치하며 국교정상화가 늦어지는 것이 바람직하지 않기 때문에, 한국에 대한 경제협력을 공여했고, 이와 병행해서 한일 간의 청구권 문제는 해결되고 존재하지 않는다는 해석이 채택되며, 1965년 6월에 한일 기본관계 조약 등과 함께 이 사건협정에 서명을 했고, 같은 해 12월에 발효했다.

(2) 이 사건 협정 규정

그리고 원판결은 이 사건협정의 규정에 대해서 아래와 같이 말한다.

① 이 사건 협정 전문은, "대한민국 및 일본은, 양국 및 그 국민의 재산 및 양국 및 그 국민 사이의 청구권에 관한 문제를 해결하는 것을 희망하고, 양국 간 경제협력을 증진하는 것을 희망하며, 다음과 같이 협정했다"고 규정했다.

② 이 사건 협정 1조는, 일본이 한국에 대해서 3억 달러에 상당하는 생산물·역무의 무상공여 및 2억 달러에 상당하는 장기 저리대출을 하는

취지를 규정한다.

③ 이 사건 협정 2조 1항은, "양 체결국은, 양 체결국 및 그 국민(법인을 포함한다)의 재산, 권리 및 이익 및 양 체결국 및 그 국민 사이의 청구권에 관한 문제가 1951년 9월 8일에 샌프란시스코 시에서 서명된 일본과의 평화조약 제4조(a)에 규정된 것을 포함하고, 완전한 한편 최종적으로 해결된 것을 확인한다."라고 규정하며, 양국 및 양 국민 사이의 재산, 권리 및 이익 및 청구권에 관한 문제가 완전하고 최종적으로 해결된 것을 확인하고 있다.

④ 그리고 같은 조 3항은, "2의 규정에 따르는 것을 조건으로서 상대 체결국 및 그 국민의 재산, 권리 및 이익을, 이 협정 서명일에 상대 체결국 관할 아래에 있는 것에 대한 조치 및 상대 체결국 및 그 국민의 상대 체결국 및 그 국민에 대한 모든 청구권이 동일 이전에 발생한 사유를 바탕으로 하는 것에 관해서는 어떠한 주장도 할 수 없다."고 규정하며, i) 재산, 권리 및 이익에 대한 조치, ii) 청구권을 동일 이전에 생긴 사유를 바탕으로 하는 것에 관해서는 어떤 주장도 할 수 없다고 했다.

⑤ 그리고 이 사건 협정에 대해 합의된 의사록(이하 '합의 의사록'이라고 한다)에서, 한일양국 정부에서는, '재산, 권리 및 이익'은 법률상 의거에 따라 재산적 가치를 인정받는 모든 종류의 실체적 권리를 말하며 (합의 의사록 2항(a)), 또한 이 사건협정 2조 1항에서 말하는 완전한 한편 최종적으로 해결되는 재산, 권리 및 이익 및 청구권에 관한 문제는 한국 측의 대일청구 요강 범위에 속하는 모든 청구가 포함되어 있어 대일청구 요강에 관해서는 어떠한 주장도 할 수 없는 것이 확인되었다(합의 의사록 2항(g)).

(3) 이 사건 협정체결에 수반하는 조치 등

그리고 원판결은 덧붙여서, 이 사건협정 체결에 수반한 조치 등으로서 한일양국에서 아래와 같은 조치가 취해졌다고 인정하고 있다.

① 일본에서는, 1965년 12월 17일에 「재산 및 청구권에 관한 문제해결 및
경제협력에 관한 대한민국과 일본 사이의 협정 제2조 실시에 수반한
대한민국 등의 재산권에 대한 조치에 관한 법률」(이하 '재산권조치법'
이라고 한다)이 공포되었고, 같은 달 18일에 시행되었다.
동법 1조 1항은, 한국 또는 그 국민의 채권이며, 이 사건 협정 2조 3항
의 재산, 권리 및 이익에 해당하는 것은 1965년 6월 22일에 원칙적으
로 소멸됐다고 규정한다.

② 한국에서는, 1966년 제정된 「청구권자금 운용 및 관리에 관한 법률」에
서 이 사건 협정 1조 1항의 자금을 '청구권자금'이라고 한 뒤에 한국
국민은 일본에 대한 민간 청구권은 청구권자금 속에서 보상해야 한다
고 했다.
또, 한국에서는, 1971년에 「대일 민간청구권 신고에 관한 법률」이 제
정되어 신고대상 범위가 정해졌다.

    (4) 원판결은, 이상과 같이 인정한 사실을 바탕으로 아래와 같이 판시
했다.
    "이 사건 협정 체결에 이르기까지의 경위, 이 사건 협정 2조 문언, 이 사
건협정 체결에 수반한 한일양국에서 취한 조치에 의하면, 일본 또는 그 국
민에 대한 한국 및 그 국민의, (a) 채권에 대해서는, 그것이 이 사건협정 2조
3항의 재산, 권리 및 이익에 해당한다면, 재산권조치법 1항에 의해서, 원칙
적으로 1965년 6월 22일에 소멸했고, (b) 그 외의 동일 이전에 생긴 사유를
바탕으로 하는 모든 청구권에 대해서는, 이 사건협정 2조 2항에 규정된 것
을 제외한, 같은 조 1항, 3항에 의해서, 한국 및 그 국민은, 일본 및 그 국민

에 대해서 아무런 주장도 할 수 없는 것이 분명하다", "그리고, 상기에서 인정한 여러 가지 사정을 전제로 이 사건협정 2조 1항, 3항의 취지를 생각하면, 일본 및 그 국민은 한국 및 그 국민으로부터 상기(b)에 해당하는 청구권 행사를 받았을 경우, 한국 및 그 국민에 대해 이 사건협정 2조 1항, 3항에 의해서 상기 청구권에 대해서는 주장할 수 없다고 주장할 수 있다고 해석하는 것이 타당하다".

(5) 이상을 전제로, 원판결은, 항소인 등의 각 청구는 이 사건협정 2조 1항, 3항의 청구권에 해당한다고 인정했고, 그런 이상, "피고 등이, 이 사건협정 2조 1항, 3항에 의해서 원고들은 어떠한 주장도 할 수 없다는 취지를 주장하는 이상 원고들의 청구를 인용할 여지는 없다"라고 결론 맺었다.

제2절_ 원판결의 이유 미비에 대해서

1. 원판결의 논리

이상과 같이, 원판결은 이 사건협정 체결의 경위, 이 사건협정 2조 문언, 협정체결에 수반한 양국의 조치를 근거로서 한국 및 한국 국민은 이 사건협정 2조 1항, 3항에서 말하는 '청구권'에 대해서는 같은 조 1항, 3항에 의해서 일본 및 일본국민에 대해서 아무런 주장도 할 수 없는 것이 분명하다고 해석했다.

또한 이 사건협정 2조의 취지에 대해서, "일본 및 일본국민에 대해서 한국 및 한국 국민으로부터 이 사건협정 2조 1, 3항에서 말하는 '청구권' 행사를 받았을 경우에 '이 사건협정 2조 1항, 3항에 의해서 청구권에 대해서 주장할 수 없다'라는 취지를 주장할 수 있도록 한 것이다"라고 해석하고 있다.

그렇지만, 여기에 이르는 판결 논리는 분명히 비약이 있으며, 판결 이유로서 준비가 매우 부족하다. 아래에 상술한다.

2. 원판결의 이유 부여에 대해

(1) 원판결의 논리 비약 · 설명 부족에 대해

원판결은 상기 '제1'에서 지적한 논지로 이 사건협정 해석을 도출하고 있지만 그 결론에 이르는 논리에는 명확한 비약이 있다.

즉 원판결의 논리는,

"협정체결의 경위 · 문언 · 협정체결에 수반한 조치는 이러하다. 이렇게 보면, 한국 및 한국국민은 '청구권'에 대해서 아무런 주장도 할 수 없는 것이 분명하며, 협정 2조의 취지는 일본 및 일본국민이 '청구권'에 대한 청구를 받았을 경우 '이 사건협정에 의해서 주장할 수 없다'고 설명할 수 있도록 한 것이다."라는 것에 불과하다.

여기에서는, 그러한 경위 · 문언 · 조치를 전제로 했다고 해도, '왜 그런 것들에서 그런 협정 해석에 도달했는가'에 대한 설명이 전혀 이루어지지 않았다.

원판결은 단지, 경위 · 문언 · 조치 "에 의하면" "그것이 분명하다"고 밖에 말하지 않았고, 합리적인 설명은 전혀 없이 논리를 비약하고 있는 것이 분명하다.

(2) 이 사건 협정의 효과 해석에 대한 쟁점의 존재

이 사건협정의 해석에 대해서는, 지금까지 심리 속에서 원고와 피고 쌍방의 주장이 격렬하게 대립해 왔고, 원판결 스스로의 정리에서도 대체로 아래와 같은 쟁점이 있었던 것이 분명하다.

① 조약 규정을 재판소에서 직접 적용할 수 있는가?

(조약이 국내법적 효과를 가지는가?)

② 협정 효과는 어떠한 것인가?

　a. 외교보호권의 포기인가?, 국내법적 권리의 소멸인가?

　b. 평화조약 해석과의 관련은 어떻게 생각할 수 있는가?

　c. 피항소인 일본국의 해석은 종전과 달라지고 있는가? 변경되었다면, 그 변경이 허용될까?

　d. 제네바 제4조약에 의해서 확인된 국제관습법은 협정의 효과 해석에 얼마나 영향을 주는가?

상기의 각 쟁점은, 원고·피고 쌍방이 이 사건협정 효과를 주장할 때에 피할 수 없는 검토 요소로 나온 것이며, 이 사건협정의 효과에 대해 검토할 때 상기와 같은 쟁점에 대해 하나하나 대답을 만들어 가는 것이 필수 작업이다.

따라서 재판소가 이 사건협정의 효과를 해석할 때에도 상기의 각 쟁점에 대해 각각 검토하지 않고서는 결론에 도달할 수 없을 것이다.

(3) 원판결의 이유 미비에 대해서

그럼에도 불구하고, 원판결은 이것들을 전혀 검토도 하지도 않고, 당돌하게, "경위·문언·조치에 의하면 분명하다"라는 비약된 논리로 결론에 이르렀으며, 그에 이르는 과정에 대한 설명을 전혀 하지 않아 결론에 이르는 근거에 대한 준비가 너무 소홀했다.

이 점에서 원판결은 파기를 면할 수 없다.

제3절_ 이 사건 협정 2조 해석에 대해서

상술한 것처럼, 원판결의 이 사건 협정 2조 해석에 대해서 근거에 대한 준비가 너무 소홀했는데 원래 해석 자체에 크게 잘못이 있다. 아래에 상술한다.

1. 이 사건 협정 2조의 주체에 대해

(1) 원판결의 논지

원판결은, 상술한 것처럼, 한국 및 한국 국민은 이 사건협정 2조 1항, 3항에서 말하는 '청구권'에 대해서는 같은 조 1항, 3항에 의해서 일본 및 일본국민에 대해서 아무런 주장을 할 수 없고, 2조의 취지는 일본 및 일본국민에 대해서 한국 및 한국국민으로부터 이 사건협정 2조 1항, 3항에서 말하는 '청구권' 행사를 받았을 경우에 "이 사건협정 2조 1항, 3항에 의해서 청구권에 대해서 주장할 수 없다"는 취지를 주장할 수 있다고 해석하고 있다.

이 해석에 따르면, 한국 국가뿐만 아니라 한국 국민도 주장을 할 수 없기 때문에, 결과적으로 한국 국민이 '청구권'에 근거한 주장을 할 수 없게 된다.

즉, 한국 국민의 개인청구권에 대해서는 이 사건협정에 의해서 "청구해도, '이 사건협정으로 주장할 수 없다'고 주장(이 주장은 법적으로는 일종의 항변이라고 생각할 수 있다)할 수 있다."는 의미에서, 협정 자체의 직접적인 효과로, 소멸되지 않아도 실체적으로 권리행사가 불가능하다는 것이다.

그렇지만, 이러한 해석은 2조 1항, 3항의 문언과 분명하게 다른 모순이 있으므로 잘못이 있다.

(2) 이 사건협정 2조 1항에 대해

우선 이 사건협정 2조 1항에서는, '양 체결국은…… 완전한 한편 최종적으로 해결되는 것을 확인한다.'로 명시, 그렇게 확인한 주체가 양 체결국인 것을 명확히 하고 있지만, 거기에는 양국 국민에 대한 언급은 전혀 없다.

이 규정은, 양 체결국이 국가 간에 해결된 것을 서로 확인했다는데 지나지 않는다. 이것은 즉 항소인이 재차 지적하고 있는, 국가로서의 외교보호권 포기를 확인하고 있는 규정 이외 아무것도 아니다.

그런 이상, 완전한 한편 최종적으로 해결된 것을 국가가 확인했고 서로 외교보호권을 포기했다고 해도, 그것만으로는 양국 국민의 청구권에 대해서 어떤 효과가 생긴다고 하는 것은 논리적으로 있을 수 없다.

따라서 2조 1항에 의해서, '이 사건협정 2조 1항, 3항에 의해서 청구권에 대해서 주장할 수 없다'는 취지를 주장하는 원판결의 해석은 동 조항의 '양 체결국은……확인한다.'라는 문언과 분명히 반하므로 잘못이다.

(3) 이 사건협정 2조 3항에 대해

또, 이 사건협정 2조 3항에서는, 그 결론에서, '어떠한 주장도 할 수 없다'라고 규정되고 있지만, 1항과는 달리 그 주체는 국가나 국민 모두 규정되지 않았다.

그러나 밀접 불가분의 관계에 있는 1항과 3항의 관계에서 보면, 3항의 주체도 1항처럼 '양 체결국'이라고 보는 것이 가장 합리적이다

따라서 2조 3항에서, 어떠한 주장도 할 수 없다고 여겨진 주체는, 1항과 같이 협정 당사자로서의 '양 체결국'이라고 보아야 한다.

이것에 의해 양 체결국은 청구권에 대한 어떠한 주장도 할 수 없게 되지만, 이것은 일본정부가 종래부터 주장하고 있는 '외교보호권 포기론'과도 매우 정합적이다.

따라서 2조 3항에 의해서 '이 사건협정 2조 1항, 3항에 의해서, 청구권에 대해서는 주장할 수 없다'는 취지를 주장할 수 있는 원판결의 해석은, 동 조항의 문리 해석, 합리적 해석과 반하므로 잘못이다.

2. 이 사건 협정의 국내법적 효력에 대해

(1) 원판결의 논리 구조

또 원판결은, 상술한 것처럼 이 사건 협정에서 말하는 '청구권'에 대해서 이 사건협정으로부터 직접, 그 청구를 받은 일본 및 일본국민에 대해서 일종의 항변권을 부여하는 국내법적 효과가 발생한다고 해석하고 있다.

이것은 즉 '청구권'에 대해서는 재산권조치법에 해당하는 국내법 제정을 없애고, 이 사건협정 단독으로 협정 자체의 직접적인 효과로서 한국 국민의 청구권에 변화를 가져오는 것을 인정한 꼴이다.

(2) 조약에 국내법적 효력이 인정되기 위한 요건에 대한 판단 빠짐

그렇지만, 이러한 해석은, 국제법의 관점에서 봐도 잘못된 해석이다.

이 점에 대해서는, 조약의 국내법적 효력 문제로서 원심에서도 주장을 전개했었다. 즉, 모든 조약이 즉시 국내법적 효력을 갖는 것이 아닌 것은 분명하며, 조약이 직접 국내법적 효력을 가지기 위해서는 아래의 요건을 채울 필요가 있다.

즉 그것은 ① 주관적 요건(체결국의, 국내에서 직접 적용을 인정할 의사)과 ② 객관적 요건(규정 내용의 명확성)이며, 원심에서 피항소인 일본국은 이 사건협정에는 상기의 각 요건이 있으므로 직접적 효력을 가진다고 주장하는 한편, 원고는 이 사건협정에 이런 요건들을 인정할 수 없다고 주장하고 있었다.

그런데, 이 점에 대해서 원판결은 어떤 검토도 하지 않는 채, 이 사건협정에 상기와 같은 직접적 효과를 인정했다. 원판결은 '왜 이 사건협정에서 그러한 직접적 효과가 발생했는지'에 대해서 전혀 대답하지 않았는데, 이 사건 협정에서 직접적으로 효과가 발생한다고 해석하는 것은 잘못이다.

(3) 똑같은 규정에서 국내법적 효력에 차이가 생기는 모순

원심에서도 항소인이 주장해 온 것처럼, 이 사건협정에는 주관적 요건과 객관적 요건 모두 인정받지 못했고, '청구권'에 대해서 국내법 제정 없이 즉시 직접적 효과가 발생한다는 할 수 없다.

원판결처럼 '청구권'에 대해서 직접적 효과가 발생한다고 볼 경우, '재산, 권리 및 이익'에 대해서는 '왜 재산권조치법을 제정해서, 이것에 의해서 소멸했다고 봤는가'라는 점에 대해 합리적인 설명이 불가능하다.

'재산, 권리 및 이익'이 재산권조치법이라는 국내법 제정에 의해서 비로소 소멸했다는 것은, 이 사건협정이 직접적 효과를 갖지 않는다는 큰 증거이다.

그런 이상, '청구권'에 대해 직접적 효과를 인정한 원판결은 이 사건협정 해석을 잘못하고 있는 것이다.

3 한일청구권협정 체결과정과 사정 범위

제1절_ 한일청구권협정 체결과정에 비춘 원판결 해석의 잘못

1. 원판결의 이 사건협정 체결과정 파악의 치명적 잘못

'제2장 한일청구권협정론의 논리적 모순'의 '제1'에서도 말했던 것처럼, 원판결은 제4의 2에서 이 사건협정 체결의 과정을 정리해서 말하고 있다.

그렇지만, 원판결의 이 사건협정 체결과정 파악에는 치명적인 결함이 있다. 즉, 원판결에서는 일본정부가 1951년 예비회담부터 시작된 14년에 이르는 한일교섭에서 한 번도 한국에 식민지지배에 대해서 사죄했던 적이 없다는 사실, 한 번도 일본이 한국에 끼친 전쟁피해에 대해 사죄했던 적은 없다는 사실, 나아가서는 일본정부가 이 사건협정에 의해서 한국정부에 공여한 3억 달러의 무상 공여(다만, 금액이 아니라 생산물 혹은 역무로 공여) 및 2억 달러의 장기 저리 대출에 대해서도 일본에서 한국에 대한 배상으로서 지불된 것이 아니라는 사실 모두가 간과되어 빠져 있다.

일본이 한 번도 한국에 대해서 식민지지배 및 전쟁피해에 대해서 사죄한 적도 배상한 적도 없기 때문에, 일본이 패전하고 식민지지배가 끝난 지 55년이 흐른 뒤에서야 본 소송이 제기되었다. 항소인들이 고령에 더해 자신들의 가족이나 지인들에게 과거 근로정신대원이었던 사실이 알려지는 위험을 감수하면서까지 일본과 미쓰비시중공업 주식회사에 대한 재판을 계속하고 있는 것이다.

원판결은, 이 사건 소송에서 문제가 된 항소인들의 청구권이 이 사건협정 체결 교섭에서 일본정부가 한 번도 정면으로 대응하지 않았던 종류의 청구권이며, 이 사건협정에 의해서 '해결'하기에는 기초가 부족한 것을 의도적으로 간과하며, 항소인들에 대해 이 사건협정을 잘못해서 해석·적용하고 있다.

아래, 이 점에 대해 상술한다.

2. 조약해석은 조약 체결과정에 구속된다.

전제로서, '이 사건협정 체결 교섭 과정이 이 사건협정 해석에 어떤 영향을 미칠지'에 대해서 일반론으로서 말한다.

이 사건협정도 조약의 일종으로서 국가 간 조약 해석을 정하는 일반 원칙이 「조약법에 관한 빈 조약」(이하 '조약법조약'이라고 한다) 제31조 1항 "조약은, 그 문맥에 의하는 한편 그 취지 및 목적에 비추어 주어진 통상적인 의미에 따라 성실하게 해석한다"라는 취지에 따라야 한다.

물론, 조약법조약은 이 사건협정이 발효된 1965년 12월 18일 이후인 1981년 8월 1일에 발효된 조약이지만, 그것에 의해서 이 사건 협정 해석이 조약법조약 31조 1항에 규정된 조약 해석의 일반 원칙에 따라야 하는 것을 부정하는 것은 아니다.

일반적으로, 조약법조약의 상기 31조 1항에 규정된 조약 해석의 기본 원칙은 당시 성립된 국제관습법을 확인하는 규정이며, 또한 만일 그렇게 해석하지 않는 입장에서도 원래 조리상 당연한 원칙을 확인하는 규정이라고 말할 수 있기 때문이다.

그리고 조약법조약은 31조 1항에 계속되는 2항에서 31조 1항에 말하는 '문맥'으로서 조약문 외에,
(a) 조약 체결에 관련된 모든 당사국 사이에 이루어진 조약 관계 합의
(b) 조약 체결에 관련된 모든 당사국 1 또는 2 이상이 작성한 책이며, 이들 당사국이 조약 관계 문서로서 인정한 것을 포함하는 것으로 하고,

또, 같은 조 3항에서, 1항에 말하는 '문맥'과 함께 고려해야 할 것으로서
(a) 조약 해석 또는 적용에 대해 당사국 사이에 나중에 이루어진 합의
(b) 조약 적용에 대해 나중에 생긴 관행이며 조약 해석에 대해 당사국 합의를 확립하는 것
(c) 당사국 사이에서 적용되는 국제법 관련 규칙을 들고,

같은 조 4항에서는, (d) 용어는, 당사국이 특별한 의미를 줄 것을 의도했을 경우에는 그 특별한 의미에 따른다. 라고 여겨지며,

32조에서, (e)(a) 내지 (d)의 법칙에 의해서 얻을 수 있는 의미를 확인하기 위해, 혹은, (a) 내지 (d)의 법칙에 의해 의미가 애매하거나 또는 불명확할 경우, (a) 내지 (d)의 법칙에 의해서 얻을 수 있는 결론이 명백하게 상식에 반하거나 불합리한 결과가 초래되는 경우에는 해석의 보완적인 수단, 특히 조약의 준비작업 및 조약 체결시의 사정에 따를 수 있다고 되어 있다.
그리고 이들 조약법조약이 들고 있는 원칙에 대해서는 그것들이 조리상 당연한 규정이기도 하기 때문에 조약 해석상 조리를 형성하는 것은 원판결

스스로, 인정하고 있다. 즉, 원판결은, '제4'의 2 '(1) 본 협정에 대해'에서,

　가. 이 사건협정 체결에 이르기까지의 경위

　나. 이 사건협정 규정에 대해

　다. 이 사건협정에 수반하는 조치 등에 대해

라고 제목을 붙이며, 그 표제의 각 관점에 대해 차례차례 검토를 한 뒤에 2(3)에서 "이상으로 검토한 것을 기초로 원고들의 이 사건에 있어서의 청구에 대해 검토한다."라고 했다.

그러나 우선, 원판결에서 보이는 상기 '나. 이 사건협정 규정에 대해'에서, 문리 해석을 하는 것은 당연하고, 원판결은 그 외 2개의 관점인 '가', '다'가 왜 이 사건협정의 해석 기준이 되는지에 대한 이유는 명시하지 않았지만, 그 이유는 조리 이외에 없는 것은 분명하다. 이 의미에서 조약법조약도 조리를 확인하고 추인한 조약으로서 이 사건협정 해석의 지침이라고 해석된다.

즉, 원판결의 상기 '가'에 대해서는 조약법조약 31조 1항(a),(b)의 취지에서, 또 상기 "다"에 대해서는 조약법조약 31조 3항(a), (b)의 취지와 합치하는 것은 그것들이 모두 조리에 기초를 둔 것에 유래하고 있다고 해석되는 것이다.

이상과 같은 조약법조약 규정을 근거로 이 사건협정 2조를 고찰할 때, 이 사건협정 2조 1항 및 3항 해석 시에 상기(e)에서 말하는 조약 해석의 보완적 수단으로서의 '조약의 준비작업 및 조약 체결시의 사정'이 매우 중요하다.

왜냐하면, 이 사건협정 2조 1항에서 말하는 '양 체결국 및 그 국민의 재산, 권리 및 이익 및 양 체결국 및 그 국민 사이의 청구권에 관한 문제'가 '완전한 한편 최종적으로 해결되었다'는 것의 의미(주어가 되는 '문제' 범위 및 '완전한 한편 최종적으로 해결'의 효과) 및 이 사건협정 2조 3항에서 말하는 '재산, 권리 및 이익을 이 협정 서명 일에 상대 체결국 관할아래에 있는 것에 대한 조치 및 상대 체결국 및 그 국민의 상대 체결국 및 그 국민에

대한 모든 청구권을 동일 이전에 생긴 사유에 근거하는 것'에 대해서 '어떠한 주장도 할 수 없다'는 의미('청구권'으로 나타난 것의 범위 및 '어떠한 주장도 할 수 없다'의 효과)에 대해서는, 이 사건협정만으로는 모두 판명되지 않기 때문이다.

또, 이 사건협정에 대해서 합의된 합의의사록(원판결 말미에 별지 5로 해서 자료 첨부되고 있다)에서도, "…….재산, 권리, 이익 및……청구권에 관한 문제에는, 한일회담에서 한국 측이 제출한 '한국의 대일청구 요강'(이른바 8항목)의 범위에 속하는 모든 청구가 포함됐다"는 것밖에 정해지지 않아(합의 의사록 2조(g)), 역시 이 사건협정에서 말하는 '청구권'의 사정 범위는 명백하지 않기 때문이다.

따라서 이 사건협정 해석 시에는, 이 사건 협정이 어떤 경위에서 체결되었으며, 한일 양정부가 어떤 의도를 가지고 이 사건 협정을 체결했는지의 한일교섭의 경과에 관한 사실이 매우 중요하다. 그런데 원판결은, 한일교섭 경과에 대해 의도적으로 중요한 사실을 추상하면서 중대한 잘못을 범했기 때문에, 원판결은 그 점을 가지고도 파기를 면할 수 없다.

3. 한일청구권협정 체결과정의 개괄적 상황

원판결은 「검증 한일회담」(갑B6) 외에 기초를 두고 이 사건협정의 체결과정을 정리했지만, 원판결이 따랐던 갑B 제 6호증에 의하면 이해가 분명하다.

(1) 일본 측이 교섭에 임한 자세 −식민지 지배, 가해의 '망각'−
일본국이 이 사건에서 항소인들이 호소하고 있는 식민지 피해·전쟁피해에 대해서 한일교섭에서 해결할 의사가 없었던 것은, 한일교섭에 들어가기 이전 다음과 같은 말에서 단적으로 나타나고 있다.

즉, "(1) 먼저 지적하고 싶은 점은, 일본의 이들 지역(항소인 대리인 주: 한반도를 포함한 할양지)에 대한 시정은 결코 이른바 식민지에 대한 착취 정치로 인정되어선 안 된다"(1949년 12월 3일자 외무성 평화조약 문제 연구 간사회 '할양지에 관한 경제적 재정적 사항의 처리에 관한 진술', 갑B6).

또, 한일 예비 교섭에 앞선 샌프란시스코 강화회의 및 샌프란시스코 강화조약에 나타난 일본의 자세도, 마찬가지로 일본의 식민지 지배에 대한 사죄·청산(배상)을 하는 것은 아니었다. 이 점은 연합국 측이 한국도 동 강화 회의에 초청하려고 했는데 일본이 강경하게 이를 반대한 사실(갑B6)에서 잘 나타나 있다.

동 강화조약은 어디까지나 전승국인 연합국 측과 패전국 일본 사이의 청산에 지나지 않고, 패전국 일본이 식민지 지배하고 있던 한국(한반도)에서 그곳에서 생활하는 백성이 받은 피해에 대한 청산(배상)은, 동 강화조약이 상정하는 범위 외에 있었다.

(2) 교섭을 통해서 '가해' 사실의 자구책을 도모하는 일본의 자세

한일교섭이 시작된 후에도, 일본은 이 사건협정 체결 직전에 이를 때까지 일본이 한국을 식민지 지배하면서 전쟁피해를 끼친 사실을 부정하며 '일본은 한국의 발전에 공헌했다'라는 종류의 말을 반복했다.

여기에서는 그 대표적인 언행만을 채택하기로 한다.

① 구보타(久保田) 발언(제3차 회담, 1953년 10월, 갑B6)

제3차 회담 일본 주석 대표인 외무성 구보타 간이치로우(久保田寛一郎)는 제3차 회담에서 "일본으로서도 조선의 철도나 항구를 만들거나 농지를 조성하거나 했고, 대장성은 당시 여러 해 동안 2천만 엔이나 썼다"라고 말했고, 카이로선언에서 '조선인민의 노예 상태'라는 말이 삽입되었던 것에 대해서도 "사견이지만, 그것은 전쟁 중 흥분된 심리상태에서 쓰인 것으로

나는 노예라고는 생각하지 않는다."라고 말했다.

한국 측은 당연히 그 자리에서 "당신은, 일본인이 오지 않았다면 한국인은 잠자고 있었다는 것을 전제로 말하고 있는 것인가" 등이라고 반론했지만, 쿠보타는 국회에서 한국 측의 반론을 아래와 같이 표현했다.

> 한국이 그런 식의 태도로 나오는 것은 실은 우리가 평소에 생각하는 것과 상당히 다른데, 한국은 일본이 과거에 죄를 범했으니까 한국에 대해서 사죄해야 한다는 생각이 있습니다.
>
> 그리고 또 이번 제2차 대전 결과를 바탕으로 해서 하나의 새로운 국제법에 관한 견해가 나오고 있습니다. 예를 들어 핍박을 받은 민족 사례를 들며 조선 해방과 독립이라는 식의 국제법에서 매우 높은 원칙이 생긴다면, 한층 높은 원칙 앞에는 지금까지 있었던 것 같은 사유재산의 존중 같은 옛 국제법의 원칙은 개정되어야 하며, 또 경우에 따라서는 버려져야 할 것이라는 식의 근본적인 생각을 가지고 있기 때문에 서로의 생각이 매우 달랐습니다.

구보타의 이 발언에 나타나고 있듯이, 한일교섭은 '일본이 과거에 범한 죄에 대해 사죄한다'는 것은 아니었다.

② 이타가키 오사무 외무성 아시아 국장 발언(제3차 회담부터 제4차 회담 동안, 1958년 5월, 갑B6)

이타가키 오사무(板垣修) 아시아 국장은, 일본이 한일교섭 중단 시기에 한국에 반환하는 것으로 한 보물에 대해서 다음과 같이 발언했다.

> 일본 측으로서는 전혀 약탈하지 않았고, 문화재를 돌려준다는 법적 근거에 대해서도 의의(疑義)가 있어 이것은 계속 거부해 왔습니다. (중략) 향후, 한일 간의 국교를 정상화하는 대국적인 견지에서, 일본정부는 그것을 반환할 법적 근거는 인정하지 않지만, 역시 한국이 독립해 그에 대

한 하나의 선물로서 일본 측의 호의로 약간의 것을 증여하는 의사결정
이 이루어진 것입니다. (밑줄은 항소인 대리인)

이와 같이, 일본 측의 의식은 한국에 대한 사죄·배상과 동떨어진 것이었다.

③ 이케다 하야토 수상의 국회답변(제6차 회담후반, 5페이지) 1963년, 갑
B6·14

노사카 산조(野坂参三) 의원이 한반도를 식민지화해 조선인에 노예 노동
을 강요한 것에 대해서 "조선인민에 대한 이러한 비인도적인 여러 내용에
대해서 총리는 진지하게 반성하고 있습니까"라고 질문하며 한일교섭 중지
를 요구했다. 이에 대해, 이케다(池田) 수상은 "조선 병합 후 일본의 비행에
대해서는 저는 별로 들은 바가 없어서 충분하게 생각하지 못했습니다"라고
답변했다.

④ 다카스기 신이치 수석대표의 기자 클럽에서의 발언(제7차 한일회담
중, 1965년 1월 7일, 갑B6)

이 사건협정 체결을 앞두고도 일본 측의 자세는 변하지 않았다. 다카스
기(高杉) 수석대표는 외무성 기자 클럽에서 아래와 같이 발언했다.

일본은 조선을 지배했다고 하지만, 일본은 좋은 일을 하려고 했다…….

일본은 조선에 공장이나 가옥, 산림 등을 모두 두고 왔다. 창씨개명도
좋았다. 조선인을 동화시켜 일본인과 똑같이 대우하기 위해 취한 조치
이며, 착취나 압박을 했던 것이 아니다.

⑤ 이런 일련의 발언으로 분명한 것처럼, 일본은 한일교섭 처음부터 끝
까지, 한국에 대해서 진지하게 식민지지배 및 전쟁의 소용돌이에 말려들게

했던 것에 대해서, 반성도 사죄도 배상도 하려 하지 않았고 그 의사마저 없었다.

(3) 조약 체결 시 한국정부의 자세(갑B6)

한일교섭이 개시된 1951년 이후, 한국에서는 정변으로 정부 구성이 세 번 크게 바뀌었다. 이 사건협정 체결과정을 고찰하는 데 있어서 특히 중요한 것은 이 사건 체결 시 정부였던 박정희정권이다.

1961년 5월 16일 군사 쿠데타에 의해서 정권을 잡은 박정희정권은 한일협정 타결을 적극적으로 희망하며 서둘렀다. 그 이유는, '첫 번째는 경제개발 5개년 계획을 위한 자금과 기술을 일본에서 시급하게 얻기 위해서'이며, 두 번째는 '한국전쟁 때 체험한 것처럼 일본을 후방 보급 기지로서 확보한다. 즉 안보적 측면에서 반드시 타결시켜야 했던' 것, 세 번째로 '한국에서 민정이양이 되면 국회가 열려 시끄러워질 것이다. 회담 타결을 위해서는 지금이 가장 좋은 기회였기' 때문이었다.

이러한 이유에 여실하게 나타나 있는 것처럼, 한국의 국민정서와 달라도 어쨌든 경제지원을 얻기 위해서 한일협정을 타결한다라는 것이 박정희정권의 견해였다. 따라서 이 사건협정 체결 시 박정희정권에 있어서 식민지 지배 청산, 혹은 전쟁피해 배상, 또 개인보상은 이 사건협정에 의해서 해결해야 할 사항은 아니었던 것이다.

(4) 배상을 요구하는 한국정부의 요구를 간접적으로 거절한 일본정부

그런데도 한국정부는 제5차 회담에서 8항목에 걸친 대일청구권 요강(갑B6)을 들고, 일본정부에 대해서 일정한 요구를 했다. 이 대일청구 요강에 대해서는 박정희정권도 계승하며 청구 금액을 구체화시켰다.

그런데, 일본정부는 한국정부의 요구에 대해 합리적인 대응을 취하듯 하면서도, 한국정부에게 불가능한 요구를 반복하며 그 요구 관철을 방해했다.

즉, 우선 제5차 회담에서 8항목 요구를 낸 한국 측에 대해 피해자 "인원수·금액·피해 정도는 구체적으로 해야 한다고 생각하며, (중략) 개인의 권리도 구체적인 신고를 받은 후에 지불하는 것이 타당하지 않은가"라고 말했다. 한국 측 대표가 "어떤 방법, 어떤 기준으로 1명당 얼마의 금액을 산출할지, 기술적으로 불가능합니다. 결국, 하나하나 기술적으로 계산하지 않고, 정치적으로 타협할 수밖에 없다고 생각하고 있었습니다"라고 말하게 했다.

또, 박정희정권이 수립된 후인 제6차 회담에서 한국 측이 1961년에 '청구권으로 8억 달러를 요구한 것에 대해 일본 측이 암시한 금액은 겨우 5,000만 달러'였다는 사실도 있다. 한국정부가 조금이라도 성과가 있는 배상을 청구권 문제로 얻으려 했던 것에 반해, 일본정부는 끝까지 그 희망을 모두 꺾었다.

1962년에는 한일교섭 청구권 소위원회에서 피징용 한인 등의 숫자 대조를 했다. 그러나 그 때, 한국 측이 '군인 군속 36만 5,000명, 사망자 6만 5,000명, 징용된 노동자 사망자 1만 2,603명, 부상자 7,000명이라는 숫자 등을 보인' 것에 대해, 일본 측은 '한국 측에게 숫자의 근거를 제시하도록 강요하며, 피해자 명부의 존재 여부를 물으며, 자료가 부족한 한국 측을 꼼짝 못하게 했던' 것이다.

일련의 사실은, 일본이 처음부터 한국의 피해에 대한 배상 요구에 응할 의사가 없었던 것을 보다 한층 명확하게 함과 동시에, 한국 측이 이 사건 협정의 합의의사록에서 대일청구 요강 8항목의 청산을 한 것 같은 합의를 한 것은, 일본정부와의 교섭에서 그렇게 하지 않을 수 없었기 때문이다. 그렇게 하지 않으면 시간이 한 없이 지나도 한일교섭이 타결되지 못한다는 배경과 사정이 있었던 것이 분명하다. 충분한 협의 뒤의 납득할만한 합의라고 할 수 없는 체결 경과가 있었던 것이다.

(5) 박정희정권의 자세에 대한 한국 국내에서의 비판

역시, 박정희정권의 교섭 자세에 대해서는 1964년 한국 국내에서 격렬한 비판이 치솟으며, 제6차 회담이 중지에 몰리는 사태에까지 이르렀다(갑B6). 반대운동의 도화선이 된 것은 어업수역을 둘러싼 이해관계가 컸던 어민들이었는데, 그 반대 슬로건으로 '대일청구권 27억 달러, 전문 관리 어업수역 40마일'이라고 내걸었다.

또, 서울에서 4만 명이 참가하는 한일회담 반대 연설회가 열린 3일 후에는 3,500명 남짓의 학생들이 한일회담 반대 데모를 했고, 그 2일 후에는 지방에서 약 5,000명, 서울에서 약 4만 명의 학생이 데모를 했다. 그 다음날에도 약 6만 명, 그 다음날에도 거의 같은 규모의 데모를 했다. 잡지 '사상계(思想界)'도 임시 증간호를 발간하는 등 한일회담을 비판했다.

또, 그 약 한 달 뒤에는 학생 2,000명이 시민 약 1,000명과 함께 집회를 열었고 데모로 연결되었다. 같은 날, 서울시내의 32대학이 참가해 '한일 굴욕외교반대 학생총연합회'가 결성되었고, 그 5일 후에는 서울대 학생들이 단식투쟁에 들어가는 등 반대의 목소리는 사라지지 않았다.

그렇지만, 군사쿠데타에 의해서 수립된 박정희정권은 한국 국내의 반대운동을 군사력으로 눌러 버렸다. 박정희정권은 비상계엄령을 발령했고(약 2개월 지속) 대학에는 무기한 휴교령을 내림으로써 한일회담 반대운동을 압살했다.

이 한 가지를 가지고도, 일본정부뿐만 아니라 한국정부(박정희성권)도 식민지지배 청산·전쟁피해 청산을 요구하기 위해 이 사건협정 체결에 이른 것이 아닌 것이 분명하다.

(6) 한국정부의 자세에 반대하는 한국 국민조차 개인보상을 요구하지 않았던 사실

일본정부 및 한국정부(박정희정권)에 반대하고 있던 한국 국민들도 피해를 입은 개인보상을 요구하는 자세는 희박했다.

앞의 (5)에서 말한 학생 데모 슬로건은 '대일 굴욕외교'이며 '피해 경시'는 아니었다. 또, 한국 측의 이 사건협정 비준 국회에서 '이 협정이 전쟁피해자에 대한 개인보상 문제를 어떻게 해결했는지에 대해 추궁한 국회의원이 한 사람도 없었던'(갑B6) 점에서도 분명하다.

(7) '지원'한 학생에 대한 피해가 한 번도 다루어지지 않았던 사실

이상과 같이, 체결과정에서는 식민지지배·피해의 청산이 이루어지지 않았고 개인보상에 대해서도 논의되지 않았다. 덧붙여, 이 사건 항소인 등을 포함한 조선여자근로정신대원은 원래 논의의 대상조차 되지 않았다.

즉, 이 사건협정의 합의 의사록 2조(g)에 겨우 기재되어 있는 '한국의 대일청구 요강'에서는 한국인의 인적피해에 대해서는 5번째 항목으로 거론되고 있을 뿐이었다. 그리고 5번째 항목으로 거론된 사항 가운데, '항소인들이 해당되는지'에 대해서 일단 검토할 필요가 있는 것은, '피징용 한국인', '피징용자', '한국인의 일본국민 또는 법인에 대한 청구' 부분이다.

여기서 '피징용' 한인이라고 할 수 있는 경우, 조선총독부(일본)로서는 '여자근로정신대령'(갑C1)의 적용 외이며, 어디까지나 초등학교 재학생 혹은 졸업생이 스스로 부모의 승낙을 얻어 '지원'한 형식을 취했으므로, 강제적으로 일본에 연행된 항소인 등 조선여자근로정신대원들이 '피징용자'로 포함될 리는 없었다.

또, 연행 당시 12세 정도였던 소녀들이 '노동자'로서 인식될 리도 없었다. 그리고 무엇보다, 일본이 한일교섭 시점에서 기만적 권유에 의한 강제연행 사실을 분명히 하지 않은(현재도 분명히 하지 않았다) 이상, 독자적인 자료가 없었던 한국정부의 인식도 항소인들을 '피징용'자로 포함하지 않았던 것은 당연했다.

그리고 마찬가지 '한국인의 일본국민 또는 법인에 대한 청구'에 대해서도, 당연히 이 사건협정 체결 당시 체결 당사국인 한일 양 정부가 인식해서 밝힌 범위의 청구를 가리킨다고 생각할 수 있으므로, 그 점에서 5번째 항목에서 나온 다른 사항과 다른 것이 아니다.

따라서 항소인들의 피해는 원래 이 사건협정에 의해서 해결되는 피해로 상정되지 않아 이 사건협정에 의해서 청산되어 해결될 소지는 없었던 것이다.

4. 상기 체결과정에서 도출된 이 사건협정의 사정 범위

이렇게 이 사건협정 체결과정을 보면, 이 사건협정이 해결 대상으로 했던 범위에 대해 아래의 것들이 판명된다.

① 이 사건협정은 일본의 한국에 대한 식민지지배 전체 피해를 청산한 것이 아니다.

② 이 사건협정은 개인보상의 필요와 불필요 그리고 그 금액에 대해 협의 없이 체결된 것으로 개인보상에 대해서 청산한 것이 아니다

③ 특히, 항소인들처럼 '지원'한 학생에 관한 피해는 8항목으로 이루어진 '한국의 대일청구 요강'에서 거론된 '피징용자'로 포함되지 않았으며, 이 사건협정 체결과정에서 피해 존재 여부마저도 전혀 논의되지 않았다.

따라서 이 사건협정을 해석할 때 이 3가지 점이 원래 이 사건협정에 의해서 해결되지 않았으며, 이 사건협정에 의한 해결의 사정 외인 것을 충분히 유의해야 한다.

5. 소결

이상과 같이, 원판결은 마치 나무만 보고 숲을 못 보고, 이 사건협정 체결과정을 쫓으며 이 사건협정을 해석·적용하는 형식을 취하면서도 가장 근본적인 점에 대한 이해가 부족한 채로 이 사건협정을 해석·적용했다.

그리고 원심은 이 사건에서 항소인들이 호소하는 청구에 대해서 '한일병합'에서 시작하는 한반도 식민지화 역사, 일본 제국의 침략전쟁 역사의 결과로서 생긴 것을 무시하고, 항소인들이 호소하는 것이 '피해'였다는 인식이 부족한 상태에서, 이 사건협정에 대한 한일양국의 역사를 비춘 종합적인 이해 없이 잘못된 해석·적용을 해버렸던 것이다. 이것은 원판결의 치명적인 결함이며 잘못이다.

이 사건협정은 일본이 한반도에 끼친 식민지지배 피해 및 전쟁피해를 사죄·배상하기 위한 것이 아니었다. 따라서 이 사건협정 체결에 이르는 교섭 과정을 보면 이 사건협정에 의해서 일본의 식민지지배로 전쟁을 수행했기 때문에 발생한 항소인들의 피해가 해결 수 없었다.

따라서 이 점에 대해 원판결에는 치명적인 잘못이 있다.

제2절_ 한일청구권협정의 실시과정에 비쳐진 원판결 해석의 잘못

1. 원판결은 이 사건협정의 실시과정을 의도적으로 무시한 것이다.

게다가 원판결은 '이 사건협정이 지금까지 일본정부 및 일본 재판소에 의해서 어떻게 해석됐는지'와 같은 실시과정에 대해서 전혀 접근하지 않았다. 이 사건협정 체결 후 일본정부 및 일본 재판소가 이 사건협정을 어떻게 해석해 왔는지에 대해서 항소인들이 제1심 단계에서 자세히 반복적으로 주장해 왔다.

그럼에도 불구하고, 원판결이 한마디도 언급하지 않은 것은 원심 스스로 일본정부가 지금까지 해온 실시과정과 원판결이 해 온 해석이 명백하게 모순되는 것을 인정하고 있음에 틀림없다.

아래에 첨가한다.

2. 이 사건협정에 관한 일본정부의 종전 답변 · 정부 해석

(1) 「시(時)의 법령」 별책(을 12)의 기술

우선, 「시의 법령」 별책(을 12)에 나타난 정부 해석을 검토한다.

상기 서적은 '한일 제 조약 및 부속 문서' "~에 대해서, 가능한 한 정확한 이해에 이바지하기 위해, 개괄적인 해설을 시도하기"(머리말) 위해 1966년 3월 10일 외무성 외무 사무차관 다니다 마사미 등을 편집자로 하여 대장성 인쇄국(당시)에서 발행된 것으로, 확실히 일본정부의 이 사건협정 체결 당시의 인식을 나타내는 것이다.

그리고 동 64페이지에는 아래와 같이 기록되어 있다.

> "협정 제2조 3의 규정 의미는, 일본 국민의 재한(在韓) 재산에 대해서 한 국이 맡는 조치 또는 일본 국민의 대한(対韓) 청구권(클레임)에 대해서 는 국가가 국제법상 가지는 외교보호권을 행사하지 않는 것을 약속한 것이다"

이 책은 일본 국내를 위한 설명용으로 기재됐기 때문에 '일본 국민의 대한 청구권'에 대해서는 기재하고 있지만, 이것을 이 사건의 '한국 국민의 대일청구권'이라고 읽어도 무리가 아니다. 이 사건협정 체결 시 일본정부의 이 사건협정에 대한 해석 방침은 상기와 같이 '한일 양정부가 외교보호권을 서로 포기한다'이고, 거기에는 전혀 한국 국민 개인의 청구권이 들어가지 않았다. 이것이 그 후에도 일본정부가 이 사건협정 해석을 지지하는 견해이다.

(2) 「한일 제 조약에 대해」(갑B43)

또한 1965년 11월에 발행된 외무성 편 「한일 제(諸) 조약에 대해」(갑B43)라는 소책자 중에 '3. 청구권·경제협력 협정'에서도 아래와 같이 기술되어 일본정부의 견해와 해석 지침이 나타나 있다.

청구권 문제는 다음과 같이 처리되었다.
……중략…….

또, 협정 서명일 전에 생긴 사유에 따른 국가 및 국민의 청구권에 대해서도 상대국은 향후 어떠한 주장도 할 수 없다"(동 17페이지, 밑줄은 항소인 대리인)

상기 소책자에서는, 동 협정에 의해서 주장이 제한되는 것이 '상대국'인 것이 명기되었고, '상대국 및 국민'이라고 되어 있지 않다.

이상과 같이, 이 사건협정 체결 직후의 일본정부의 인식은 외교보호권의 포기이고 그것이 해석 지침이었던 것이다.

(3) 제121회 국회 참의원 예산위원회 회의록 제3호(1991년 8월 27일)의 정부위원 야나이 슌지의 답변(갑G14)

상기(1) 및 (2)에서 나타나고 있는 이 사건협정 체결 당시의 일본정부 견해가 그 후에도 일본정부의 해석 지침이 되고 있어, 일본정부가 이 사건협정 효과에 대해 '한일 양 정부가 서로 외교보호권을 포기했다'고 생각하면서 실행해 왔다는 점은 정부위원 야나이 슌지(柳井俊二)의 아래 답변에 여실하게 나타나 있다.

즉, 1991년 8월 7일에 열린 제121회 국회 참의원 예산위원회에서 정부위원 야나이 슌지는 시미즈 스미코(清水澄子) 의원으로부터 '한일청구권협정 법적 효과에 관한 질문'을 받고 아래와 같이 답변했다.

"선생님께서 알고 계신 대로, 이른바 한일청구권협정에 관해서 양국 간의 청구권 문제는 최종적인 한편 완전히 해결된 것입니다.

한일양국이 국가로서 가지고 있는 외교보호권을 서로 포기했다는 것입니다. 따라서 이른바 개인의 청구권 그 자체를 국내법적인 의미로 소멸시켰다는 것은 아닙니다. 한일양국 간 정부로서 이것을 외교보호권의 행사로서 채택할 수 없다는 의미입니다."

동 답변에서는, 외교보호권 포기는 어디까지나 '정부로서 개인청구권문제 채택'을 국제법상의 국면에서 작용하는 것이 명확히 언급되고 있다.

이상과 같이, 일본정부가 「시의 법령」 혹은 「한일 제 조약에 대해서」에 나타낸 해석 지침에 따라 약 30년에 걸쳐 이 사건협정을 실시해 왔던 것이 분명하다.

(4) 소결

이상과 같이, 일본정부는 이 사건협정 체결 당시부터 일관되게 이 사건협정 2조 1항 및 3항의 효과는 '외교보호권 포기'이므로 개인청구권 소멸(消滅)에는 영향을 주지 않는다는 해석에 의해서 이 사건협정을 실시했다. 이러한 형태로 일본정부가 이 사건협정을 실시해 온 의미는 매우 중요하다.

지금까지의 일본정부에 의한 이 사건협정 실시과정은 비록 이 사건 소송에서 피고늘이 이 사건협정을 기지고 항소인들의 청구권 소멸을 주장한다고 해도 뒤집을 수 없다.

원판결은 단 한마디, "피고 등이 이 사건협정 2조 1항, 3항에 의해서 원고들은 이것들에 대해 어떤 주장도 할 수 없다고 주장하는 이상"이라고 하며 이렇다 할 이유 없이 항소인들의 청구를 배척했지만, 그렇게 간단하게 정리할 수 있는 문제는 아니다.

3. 이 사건협정에 관한 재판소의 해석

앞의 2에서 말한 것처럼, 이 사건협정 효과에 대해서, 일본정부는 종래 '외교보호권 포기'라고 해석·실시해 왔다. 이 일본정부의 해석은 재판소의 재판 례(例)에서도 답습되어 왔다.

즉, 2001년 3월 29일에 히로시마(広島) 고등재판소에서 선고했던 관부소송(関釜訴訟) 항소심 판결에서 한일청구권협정의 법적 효과가 외교보호권 포기인 것이 명확하게 인정되었다. 이하, 해당 부분을 인용한다(관부소송 항소심 판결, 히로시마 고등법원 2001년 3월 29일 판결, 판례 시보 1759권 57페이지).

> "한일양국은 한일협정에서… '청구권'에 관한 외교보호권을 서로 포기하는 것으로서, 이른바 전쟁 손해보상·배상 등의 문제에 대해 국제법상 양국 국가 간에 '완전하고 최종적으로 해결된 것으로 한다.'는 것을 확인했다고 할 수 있다.
> 그리고 개인이 타국의 가해행위에 의해 피해를 받았을 경우에, 해당 피해자 개인이 가해국의 국내법에 따라 실체적인 권리를 행사하는 것은, 국제법상의 외교보호권의 존재 여부에 관계없이 허용된다. 따라서, 한국 사람이 일본의 재판소에 이 사건의 주장과 관련된 손해보상·배상 등을 요구하며 제소하는 것은 방해되지 않고, 해당 청구권에 대한 법률적 근거 유무는 해당 소송을 맡은 재판소가 개별적이고 구체적으로 판단해야 할 것이라고 해석하는 것이 타당하다."

이상과 같이, 이 사건협정의 법적 효과가 외교보호권 포기이고 국내법에 따라 개인청구권이 소멸되지 않았다는 점은 고등재판소도 이미 인정하고 있다.

4. 소결

이상과 같이, 일본정부 및 재판소의 지금까지의 해석에 비추어 이 사건 협정에 대하여 일본에서 종전에 "한일 양정부가 각각 자국민에 관한 외교 보호권을 포기했다"고 생각해 온 것은 분명하다.

일본정부 및 재판소는 모두 이 사건협정 효과에 대해서 외교보호권 포기 이므로, 항소인들이 이 사건에 대해 주장하고 있는 개인청구권 소멸에는 영향을 주지 않는다는 해석을 해 왔다. 이 사건협정은 원래 '개인청구권'이 소멸되는 것이 아니고, 그렇기 때문에 이 사건협정이 사정 범위로 하고 있 는 '청구권'의 종류 및 범위에 대해서는 지금까지 일본에서는 문제시되지 않았던 것이다.

이 실시과정을 완전히 무시하면서 "피고 등이 ……. 어떠한 주장도 할 수 없다는 취지를 주장하는 이상"이라는 한마디로 항소인들의 청구를 배척한 원판결에는 중대한 잘못이 있다.

4 한일청구권협정의 국제법 위반

1. 처음에

원판결은 이 사건협정 2조 1항, 3항의 유효성을 전제로 항소인 등의 청구를 모두 기각하고 있다.

> "이 사건협정의 해석, 적용에 잘못이 있는 것은 이미 지적했는데, 만일 이 사건협정에 의해 항소인들의 청구권 소멸이 발생했다고 한다면, 이 사건협정 2조 1항, 3항은 항소인들의 청구권 소멸을 초래하므로, 국제법상 강행규범인 유스 코겐스(Jus Cogens)를 위반하여 무효이다."

2. 조약법조약이 정하는 '강행 법규'

조약법조약에 의하면, '강행규범'이란 일반적 구속성을 가진 국제법규 가운데 각국이 조약 체결에 의해서 일탈하는 것도 허용되지 않는 규범(동일 성질을 가지는 향후의 일반 국제법 규범에 의해서만 변경할 수 있는 규범)으로서 국제사회 전체가 승인한 것을 말하며, 이에 저촉되는 조약은 당연히 무효로 간주되어 종료된다고 정했다(53조, 64조).

'강행규범'의 구체적 내용에 대해서는 논란은 있지만(66조a), 노예 거래 금지 및 이와 유사한 강제노동 금지는 이 사건 당시 이미 국제법상의 강행 규범으로서 확립돼 있었다. 여기에 '노예'란, 국제법상 다른 사람의 소유권 아래에 놓여 있는 사람의 지위를 말한다(국제 노예 조약 1조, 1927년 발효).

3. 강제노동에 관한 조약이 금지하는 '강제노동'

이 사건 근로정신대원 등은 기만에 의해 연행되어 귀국의 자유나 일을 선택할 자유는 전혀 인정되지 않았고 노동을 거부하면 불이익을 받을 것이 확실시되는 상황 아래에서 노동이 이루어졌다. 따라서 원고 등이 강요받은 노동은 '혹자가 처벌의 위협 속에서 강요되어 위의 사람이 자신이 임의로 신청할 수 없는 모든 노무'로서 「강제노동에 관한 조약」(ILO 조약 제 29호, 1932년 11월 21일 비준)이 금지하는 '강제노동'(2조 1항)에 해당한다.

또한, 항소인들은 동 조약에서 강제노동이 절대적으로 금지되었지만 미쓰비시라는 개인기업의 이익을 위해서 강제노동을 하게 되었다(동 조약 4조). 또 추정 연령 18세 미만(동 조약 11조 1항 본문)의 여성이었다(동 조약 11조 1항 본문). 그리고 학생이었고(동 조약 11조 1항(b)) 원래의 가족 관계에서 그들을 이탈하게 했으며(동 조약 11조 1항(c)) 기간도 무기한이었고(동 조약 12조 1항) 임금지불도 이루어지지 않았다(동 조약 14조).

따라서 이러한 이 사건 항소인들의 강제노동은 그 자유의사를 완전히 부정한 실태를 보면 다른 사람의 소유권 아래에 놓여 있는 노예 또는 이와 유사한 '강제노동'에 해당해 국제법상 강행규범인 유스 코겐스에 위반하는 것이다.

【참고】 강제노동에 관한 조약

4조
1. 권한 있는 기관은 개인, 회사 또는 단체의 이익을 위해 강제노동을 시키거나 부과하는 것을 허가하지 않는다.
2. 하나의 가맹국에 의한 본 조약의 비준이 국제 노동 사무국장에 의해 등록되는 날에 개인, 회사 또는 단체의 이익을 위해 위의 강제노동이 존재할 경우에는 해당 가맹국은 본 조약이 위 가맹국에 대해 효과가 발생하는 날부터 위의 강제노동을 완전하게 폐지해야 한다.

11조
1. 추정 연령 18세 이상 45세 이하의 건장한 성년 남자만, 본 조약 제 10조에 정해진 종류의 노동에 대해서만, 다음의 제한 및 조건 아래에서 강제노동에 징집될 수 있다.
   (a) (생략)
   (b) 학교 교사 및 학생, 그와 동등한 일반 행정청 직원은 제외할 것
   (c) 각 부락에서 가족생활 및 사회생활이 결여된 건장한 성년 남자의 숫자를 유지할 것
   (d) (생략)

12조
1. 누구나 종류를 불문하고 강제노동에 징집되는 최장 기간은 노무 장소에 왕복할 수 있는 기간을 포함해 연간 60일을 넘길 수 없다.

14조
1. 본 조약 제 10조에 정해진 강제노동을 제외한 모든 종류의 강제노동은 노동력이 사용되는 지방 또는 노동력이 징집되는 지방에서 유사한 노무에 대해 통상 받고 있는 것보다 낮은 현금으로 보수로 받아야 한다.
2. 책임자[首長]에 의한 이런 행정상의 직무집행상 사용되는 노동력에 대해서 앞항의 규정에 의한 임금을 가능한 빨리 지불해야 한다.

3. 임금은 각 노동자에게 개별적으로 지불해야 하고, 또한 이 부락의 책임자 또는 그 밖의 권력자에게 지불하지 않는다.
4. 임금지불에 관해서 노무 장소 왕복에 필요한 날짜는 노무일수로 계산해야 한다.

4. 이 사건 협정의 유스 코겐스(강행규범) 위반

그런데, 이러한 국제법상의 강행규범인 유스 코겐스에 위반하는 행위를 금지하기 위해서는, 그것에 의해 생긴 보수청구권이나 손해배상 청구권을 당사자 동의 없이 당사국의 합의만으로 소멸시키거나 또한 인정되어서는 안 된다.

그런 당사국의 합의 즉 조약은 국제법상의 강행규범인 유스 코겐스의 실효성을 확보하기 위해서도 적어도 노예 또는 이와 유사한 강제노동에 의해 생긴 보수 청구권이나 손해배상 청구권에 대해 당사자 동의 없이 당사국의 합의만으로 소멸시키는 경우 국제법상의 강행규범인 유스 코겐스에 위반하여 무효라고 보아야 한다.

따라서 이 사건협정 2조 1항, 3항은 항소인들의 청구권 소멸을 초래하는 한 국제법상의 강행규범인 유스 코겐스에 위반하므로 무효이다.

5

한일청구권협정과 동일시 피해
(해방 후 성차별 피해)

제1절_ 처음에(원판결의 오판 구조)

1. 원판결은 '제4'2(3) 다(다)에서 "근로정신대 원고들이 귀국 후에 한국사회에서 위안부로 동일시되며 입은 손해, 피고 등의 부작위를 원인으로 하여 생긴 해방 후의 피해와 관련된 청구권은, 이 사건협정 2조 1항, 3항에 규정된 청구권에 해당하지 않는다고 주장했다. 그러나 원고들의 상기 주장과 관련된 피해도 결국, 근로정신대원이던 원고들이 1944년부터 1945년에 근로정신대원으로 일본에 있었다는 사실이 원인으로 발생된 것이라고 할 수 있다. 따라서 상기 피해에 관해. 원고들이 피고들에 대해 가진다고 주장하는 각 청구권도 이 사건협정 2조 1항, 3항에 규정된 청구권에 해당된다고 해석된다."(밑줄은 항소인 대리인)라며, 항소인들이 주장하고 있는, 항소인들이 전쟁 후에도 여전히 계속되고 있는 군위안부로 동일시되는 피해(해방 후의 성차별 피해, 인생 피해)에 대해서도 이 사건협정 2조 1항, 3항에 규정

된 청구권에 해당한다며, 전쟁 전의 강제연행·강제노동 피해와 일괄하여 그 청구를 기각하고 있다.

2. 그러나 우선, 원래 이 사건협정은 한국 국가의 일본에 대한 외교보호 권 소멸을 넘어 한국국민 개인의 대일청구권까지도 소멸시키는 효과를 가지는 조약이 아니고, 전쟁 전과 전쟁 후를 불문하고 항소인들이 받은 손해 배상 청구는 이 사건협정의 존재에 의해서 방해될 수 없다.

두 번째로, 설령 백 번 양보해서, 원판결이 판단하듯이 이 사건 청구권협 정이 그 성립에 의해서 항소인 등 개인의 청구권을 포함해서 청구를 거부 하는 일종의 항변권을 준다고 해도, 이 사건협정은 항소인들의 인생 피해 로서 전후 발생한 군위안부로 동일시되는 피해까지 그 해결 대상으로 한 것이 아니고, 피고 등이 전후 60년이 흐른 지금까지도 위법하게 계속하고 있는 부작위에 의해서 항소인들이 계속해서 입고 있는 동일시 피해에 관한 청구권까지 '동일 이전의 사유에 기초해 생긴' 청구권이라고 했던 점에서 중대한 조약 해석상의 판단 과오를 범했으므로 취소를 면할 수 없다.

아래, 차례차례 상세하게 검토한다.

제2절_ 개인청구권에 관한 원판결의 잘못

우선, 원래 이 사건 청구권협정에 대해서는 그것이 한국 국가의 일본에 대한 외교보호권 소멸을 넘어 '한국 국민 개인의 대일청구권까지 소멸시키 는 효과를 가지는 조약인지'에 대한 검토를 피할 수 없다.

그런데, 원판결은 이 필수적인 검토 과제에 대해 전혀 법적검토를 취하 지 않았고, 협정 문언을 단지 열거하다가 갑자기 결론에서 서로 연결시킨 점에서 중대한 이유 미비가 있다.

이 점에 대해서는, '제2장 한일청구권협정론의 논리적 모순'에서 상세하게 검토했기 때문에 재차 여기서 자세히 반복하지 않는다.

그러나 그 요점만 열거하면, ① 첫째, 이 사건협정은 2조 1항에서 이 사건협정에서 정하는 조항을 가지고 일본의 패전, 식민지지배 종식에 수반한 양국 간의 청구권 현안 해결을 확인한 것이지만, 그 확인 행위주체가 누구인지에 대해서 '양 체결국'이라고 할 뿐 '양 체결국 및 양 체결국 국민'이라고 하지 않았다. 또, ② 둘째, 같은 조 3항의 확인 행위주체가 누구인지에 대해서, 1항, 3항의 '일체 불가분성'으로 보면, 그 주체는 개인이 아니라 국가라고 해석돼야 하는데, 원판결은 해석을 잘못하고 있다.

게다가, ③ 셋째, 원판결은 이 사건협정을 당연히 국내법적 효력을 가지는 것으로서 직접 적용해 항소인들의 청구를 기각했지만, 일반적으로 조약의 국내법적 효력을 인정하려면 조건이 필요한데 이 사건협정에서는 그 요건이 부족해 국내적 효력은 없으므로, 이 점에서도 원판결은 잘못하고 있다.

따라서 '양 체결국', 즉 한국 및 일본의 국가 간 청구권에 관한 합의한 문서이고, 외교보호권을 소멸시키는 효과를 발생시키는 것을 목적으로 한 협정에 의해서, 항소인 등 한국 국민 개인의 일본 및 일본의 법인에 대한 청구권 소멸이 아닌 것은 명백하다.

그리고 그 개인적 청구권이 피고 등이 항소인 등에게 가한 전쟁 전의 강제연행·강제노동 피해에 관한 청구권이나, 전후 피고 등의 위법한 부작위에 의해서 발생한 군 '위안부'와 동일시 피해에 관한 청구권 모두와 관련하여 변하지 않는 것은 물론이다.

보다 상세한 설명은, 상술한대로, 본 항소 이유 '제2장'과 같기 때문에 여기에서는 쓰지 않는다.

제3절_ 이 사건협정을 전후 항소인 등이 계속 겪고 있는 동 일시 피해에까지 적용한 원판결의 잘못

그 다음으로, 본 항에서는 만일 이 사건협정이 한일의 최종적이고 전면 적인 해결을 목표로 했던 협정이라 하더라도, 혹은 이 사건협정이 '개인청 구권까지 영향을 주는가'에 대한 여부는 별개로, 원래 이 사건 소송에서 항 소인들이 주장하는 군 '위안부'와 동일시되는 피해와 그 피해를 끼친 피고 들의(전쟁 전이 아님) 전후 현재까지 계속된 위법한 부작위 침해행위에 의 해서 생긴 손해배상 청구권은 이 사건협정의 상정 외의 사항이다. 이하에 서 이 사건협정에 의해서 소멸되거나 청구가 거절될 성질이 아닌 것이라는 근거에 대해서 말한다.

우선, 모두(冒頭)에서, 원판결의 근본적인 결함을 지적하자면, 원판결은 한일청구권협정 해석 및 이 사건 전후 동일시 피해에 관한 사실 인정 내지 는 평가 양면에서 판단을 잘못했다. 하나는 조약 해석을 포기하며 실천하 지 않았고, 또 다른 하나는 피해 사실에 관해서 말하자면 한꺼번에 묶어서 판단을 했다는 비판을 면할 수 없다.

즉, 항소인 등이 주장하는 전후피해에 대해 바르게 판단하기 위해서는, 우선 ① 첫 번째로, 해당 피해, 침해행위의 평가 기초가 되는 규범으로서 한일청구권협정에 대해서 그 문언 · 취지, 협정의 성립에 이르는 경위에 비 추어 그 성질과 사정 범위에 대해 바르게 해석하는 한편, ② 두 번째로, 평 가 대상인 전후피해에 대해서 그 피해의 특징 즉, 전쟁 전 피해와의 관계, 독립성에 대해 구체적으로 살펴보고, 또한 평가를 꼭 해야 하는 것은 당연 하다.

그런데 원판결은, 상기 2가지 측면에서의 당연한 법적 요청에 대해 전혀 형식적인 포즈조차도 취하지 않고 완전히 사법으로서의 직무를 포기하며,

'결국' (근로정신대원 원고 등이 1944년부터 1945년에 근로정신대원으로서 일본에 있었다는 사실이 원인이 되어 발생한 것) 겨우 6글자 내지 3줄을 '이유'로 말 할 뿐, 조약 해석을 하지 않고 직접 결론으로 연결시키는 폭동을 저질렀다.

상기 ①의 조약 해석의 포기라는 점에 대해서는 이미 말했지만, 원판결은 이 사건협정 해석에 대해서 그 성립 과정 일반에 대해서 확인했으며 동 협정의 문언에 대해서도 외형적으로는 조금 살펴봤지만 그것을 '전후 피해와의 관계에서 어떻게 해석해야 할지'와 같은, 이 사건이 요구하고 있는 논점에 대해서는 전부 사법적 판단을 회피했다.

그리고 결국 상술한대로 결론으로 연결시키고 있지만, 그 결론은 이 사건협정에 대해서 진지하게 살펴보면 분명하게 그 근본적인 취지를 오해하고 그 해석을 잘못했다고 말할 수 있다.

한편, 또, 상기 ②의 이 사건 피해의 특징에 대해서도 항소인들이 입은 피해 사실과, 해당 피해 사실을 가져온 피고들이 자행한 침해행위(위법한 부작위)가 분명하게 전후 발생했고, 또 한편 이 사건협정 성립 후에도 계속되었다는 점을 간과하고 있다.

그리고 그 피해 문제가 중대한 국면(국회에서 쿠사카와 질문에 대한 우노 외무대신의 답변 및 군 '위안부' 피해자가 마침내 커밍아웃)을 맞이한 엄연한 사실에 대해서도 모두 무시하고 있다.

그리고 결국, ①이 사건협정 해석과 ② 피해 사실 및 침해행위(위법한 부작위)에 관한 인정·평가 면에 대해서 중첩적으로 판단하는 잘못을 범했고, 결과적으로 항소인들의 인생 피해가 전후 새롭게 발생하였다는 점, 항소심 단계인 지금도 여전히 위법한 부작위(즉 이 사건 피해를 막기 위해서 필요한, 피항소인 일본국에 의한 공식 조사·공표·진지한 사죄 같은 일련의 행위에 관한 부작위)가 계속되는 점에 대한 판단이 전혀 이루어지지 않고 있다.

제4절_ 이 사건협정의 바른 해석과 원판결의 잘못

1. 원판결 자체가 명시하는 조약 해석 적용에 관한 판단 구조

항소인들이 주장하는 전후 피해가 이 사건협정에 비추어 '해결 대상 범위에 포함되는지'에 대한 판단은 모두에서 확인했던 대로 ① 적용 기준이 되는 이 사건협정의 올바른 해석과 ② 적용 대상인 전후 피해에 관한 올바른 인정·평가를 기초로 해야 되는데, 우선 ① 협정의 올바른 해석에 대해 검토한다.

동 협정도 조약의 일종으로서 국가 간 조약 해석에 관해 정하고 있는 일반 원칙, 즉 조약법조약 31조 1항 "조약은 그 문맥에 의하는 한편 그 취지 및 목적에 비추어 주어진 통상적인 의미에 따라 성실하게 해석한다"는 취지에 따라야 한다는 것은 앞서 말(제3장 '제1' 2)했던 대로이다.

그러나 결국, 원판결은 자신이 말했던 상기 조약 해석 및 적용상의 제 원칙을 잘못 적용하고, 상술한 대로 근본적으로 잘못된 결론을 이끌어냈다.

이하, 검토한다.

2. '이 사건협정 체결에 이르기까지의 경위'에서 본 원판결의 이 사건 협정 해석의 잘못

1) 원판결은 그 '제4' 2(1) 본 협정에 대해'에서, 그 모두에 우선, '가. 이 사건협정 체결에 이를 때까지의 경위'를 검토했는데 그 검토 대상이 되는 사항은 5항목이 있다. 즉,

(1) 샌프란시스코조약에서의 일본의 대한청구권 포기에 관한 사실

(2) '대일청구 요강' 8항목

(3) 제2차에서 6차까지의 교섭 답보상태 원인이 샌프란시스코조약 4조 해석을 둘러쌌던 사실

(4) 대일청구 요강 중 ⑤의 개인보상에 관한 사실

(5) 한일청구권협정이 성립에 이른 경위가 국교정상화의 촉진이고, 정치적으로 결탁한 사실 등 5항목이다.

여기서, 재차 여기 5항목의 '이 사건협정 해석 의의'를 재확인해보면, 상기 원판결이 말한 검토 항목은 원판결 자신이 동 협정을 올바르게 해석하기 위한 필수 검토 요소라고 평가했기 때문에 검토 항목으로 했다. 따라서 항소인들이 주장하는 전후의 동일시 피해에 대해서도 그 검토 항목은 원판결이 '한일청구권협정에 의한 해결 대상으로 여겨질지'에 대해 판단할 때 당연히 그 기초로 여겼다고 해석된다.

2) 거기서, 이하 전후의 동일시 피해에 대해서 재차 상기 각 항목의 관점에서 차례차례 검토한다.

(1) 우선 첫 번째로, '(1) 샌프란시스코조약에서의 일본의 대한청구권(對韓請求權) 포기'에 대해서인데, 동 사실은, 일본 측 청구권은 샌프란시스코조약에 의해서 포기되었지만, 그 청구권은 당연히 전쟁 전에 대일본제국이 한반도를 식민지화 한 결과 일본이 한반도에서 재산을 소유하게 되었지만 식민지 종식에 의해 청산의 시점에서 이것을 청구하지 않은 것이 확인된 것으로, 어디까지나 포기대상이 된 일본 측 청구권은 전쟁 전에 발생했고, 전쟁 전에 완전 해결한 재산관계와 연관된 것이 분명하다.

이 (1)의 검토 사항과의 관계에서 우선 말할 수 있는 것은, 일본 측 청구권과 대항 관계에 있던 한국 측 청구권도 또 전쟁 전 사항과 관련됐다고 해석하는 것이 자연스럽다는 점이다.

(2) 다음으로, '(2) 대일청구 요강 8항목'인데, 우선 ①부터 ⑧까지의 모든 항목이 기본적으로 전쟁 전 사유에 따른 것이다.

(3) 세 번째로, '(3) 제2차에서 6차까지의 교섭 답보상태'인데, 이것이 샌프란시스코조약 4조 해석을 둘러싼 것이었다고 지적되고 있다. 이것은, 상기 (가)에서 검토했던 대로이고, 당연히 전쟁 전 사실에 관해서 교섭을 한 것을 나타내고 있다.

(4) 네 번째로, '(4) 대일청구 요강 중 ⑤의 개인보상에 관한 사실'에 대해서인데 여기 개인보상에서 전후피해에 대해서는 전혀 언급되지 않았다.

(5) 다섯 번째로, '(5) 한일청구권협정이 성립에 이른 경위가 국교정상화의 촉진이고, 정치적으로 결탁한 사실'이다. 이것은, 이 사건협정이 국가 간의 정치적인 결탁이라는 의미에서, 근본적으로 원래 모든 개인청구권 밖의 사건이고 항소인 등 개인청구권과 전혀 무관하다고 할 수 있지만, 이 사건 논점에 한해서는 적어도 양국의 전쟁 전 청구권을 정리하고 전후 국교정상화와 한국의 경제발전을 도모하는 의도 아래에서 해결한 것으로, 전후에 항소인들이 전혀 생각하지 못한 동일시 피해까지 시야에 넣지 않은 것은 분명하다.

3) 정리

이상, 항소인들이 주장하는 전후 피해와의 관계에서 이 사건협정이 '선후의 피해까지 시야에 넣고, 협의가 성립됐는지'에 대해서 봤는데, '이 사건협정 체결에 이르기까지의 경위'를 원판결이 검토 항목으로 했던 사항을 어느 관점에서 보더라도, 이 사건협정은 전쟁 전에 성립된 청구권에 관한 것이고, 전쟁 전의 문제해결을 의도했던 것이 분명하다. 그 성립 경과를 보면 전후피해를 시야에 넣지 않았다고 해석되는 것을 확인할 수 있었다.

즉, 반대로, 전후 동일시 피해를 전쟁 전 청구권 하나로 뭉뚱그린 원판결의 이 사건협정 해석은 잘못이 명백하다.

3. '이 사건협정 규정'의 문리 해석 관점으로 본 원판결의 잘못

이상으로, '이 사건협정 체결에 이르기까지의 경위'에서 이 사건협정의 사정 범위를 봤다. 그 다음으로, 단적으로 '이 사건협정 규정'의 '문리 해석 관점에서 보면 어떨까'에 대해서 검토한다.

(1) '동일 이전에 생긴 사유에 근거한' 청구권은 아니다.

이 사건협정은, 그 대상으로 하는 청구권에 대해서 '동일 이전에 생긴 사유에 따른' 것으로 한다.

우선, 협정을 올바르게 논리상으로 해석하는 것에 대해서, "조약은 그 문맥에 의하는 한편 그 취지 및 목적에 비추어 주어진 통상적인 의미에 따라 성실하게 해석한다"는 취지에 따라야 한다(조약법조약 31조 1항).

거기서 우선, 단적으로 지적하면, '동일 이전에 생긴 사유에 따른' 것이라는 문언을, '그 문맥에 의하는 한편 그 취지 및 목적에 비추어 주어진 통상적인 의미에 따라 성실하게 해석'하면, 이 사건협정에 규정된 '동일 이전에 생긴 사유에 따른 경우'의 '사유'는, 동일 이전에 발생해야 한다고 해석하는 것이 '주어진 통상적인 의미'를 가장 자연스럽게 따른 것이다.

그리고 동일시 피해는 정말 그 피해 및 피해를 가져 온 침해행위가 전후에 발생되는 한편, 또 이 사건협정 성립 후에도 계속되고 또한 피해의 중대한 국면을 맞이하는 것인 이상, 원판결의 판단과는 전혀 반대로 '동일 이후에' 발생한 것이라고 해석해야 한다.

보다 구체적으로는, '동일 이후의' 피고 등의 위법한 부작위라는 '사유에 따라' 새롭게 발생된 것이다.

또, 문언 해석에서는, 우선 문언을 있는 그대로 읽어야 하지만, 이 사건협정은, '동일 이전의 사유를 원인으로 발생한 것'이라고는 하지 않았다.

원판결은, 원래 문언 해석으로서도 잘못이 있다고 말할 수 있다.

(2) 원판결의 과오 이유

그러나 그럼, 원심이 '왜 이러한 판단에 했는지'라는 관점으로 원판결을 살펴보면, 본래 법적 검토를 좀 더 해야 하는 '항소인들이 계속 입었던 피해 및 피해를 가져온 피고들의 침해행위(위법한 부작위)의 전후성(戰後性), 즉, 전쟁 전의 피해, 침해행위로부터의 독립성 존재 여부'에 있었음에도 불구하고, 원판결은 '항소인들이 주장한 피해가 전쟁 전 사실에 기인하고 있는가'라는 잘못된 명제로 몰래 바꿔버린 것을 알 수 있다.

바꿔 말하면, '항소인들이 전후에도 계속 입고 있는 동일시 피해가 전쟁 전 피고 등의 행위(일본군 '위안부' 및 근로정신대의 연행이라는 복합 행위)에 기인했다는 사실'과, '법적 평가의 대상이 되는, 항소인들이 계속 입고 있던 피해 및 피해를 가져온 피고 등의 침해행위(위법한 부작위)가 가진 순전한 전후성'은 명확히 구별해서 법적 평가를 해야 함에도, 원판결은 양자를 올바로 구별하지 않고 고의로 혼동을 일으켜 결론을 이끌어냈다고도 할 수 있다.

이 무리함은 사법이 실시해야 할 법적 고찰 전에 '우선 원고들(항소인들)의 청구는 모두 기각한다는 결론이 이미 나온 것이 아닐까'라는 의심마저 들게 할 정도이다.

(3) 청구 원인으로서의 침해행위는 전후 피고 등의 부작위이다.

또한, 이 사건에서, 항소인들이 주장하고 있는 것은 피고 등의 위법한 부작위에 의한 침해행위를 바탕으로 하는 불법행위 책임이고, 불법행위 책임의 존재 여부를 판단하는 데 있어서 불가결한 것은 해당 '침해행위(부작위)'의 존재 여부이며, 그 부작위가 위법이 되는 원인에 불과한 '선행행위'가 있었던 시기의 사실이 아닌 것은 당연하다. 일반적으로, 만일 부작위를 위법이라고 할 만한 '선행행위'가 있었다고 해도, 그 후 작위의무를 가진 책임자가 피해를 피하는 행동을 하면 원래 위법행위도, 불법행위도 발생하지 않기 때문이다.

(4) 합의 기준시

또 표현을 달리하면, 이 사건에서는 이 사건협정에 대해서 그 합의 대상에 대한 기준시를 '어디에 둘지'가 기본적인 쟁점이 될 수 있다. 그러나 부칙 등에 특별한 기준시를 둔 경우라면 몰라도 이 사건협정에서는 그런 부칙은 없었고, 반대로 '동일 이전에 생긴 사유에 따른' 것으로 해서 협정 성립 시간을 정하고 있다.

결국, 이 사건협정은 '동일'까지 발생하고, 협정 당사자가 인식하는 피해 사실, 침해행위를 기초로 한다. 또한, 해결 대상으로서 결탁을 도모하는 것에 불과한데도 원판결은 이 너무도 당연한 조리를 무시하면서 무리한 판단을 강행했다.

4. '이 사건협정 체결에 수반한 조치'에서 볼 수 있는 이 사건 청구권의 사정거리와 원판결의 잘못

이 사건 청구권협정의 사정 범위에 관한 해석을 규율하는 요소로서 세 번째로 중요한 검토 과제는 '이 사건협정에 수반한 조치', 즉 이 사건 청구권협정에 관해 '사후적으로 취해진 조치로서 어떠한 것이 있었는가' 하는 점이다.

이 점에 대해서도, 조약법조약을 꺼낼 것도 없이 원판결 자신이 '(다) 이 사건협정 체결에 수반한 조치 등에 대해서'의 '(나) 한국에서의 조치'로써 검토 과제로 하고 있다.

그리고 원판결의 상기 검토에 의하면, 한국에서는 이 사건협정 체결에 수반한 조치로서 「청구권자금 운용 및 관리에 관한 법률」을 제정, 이 사건 협정에 의해서 한국에 도입된 자금을 '청구권자금'이라고 정의한 뒤에 "한국국민이 가지고 있는 1945년 8월 15일 이전까지의 일본에 대한 민간 청구권은 동법에서 정한 청구권자금으로 보상해야 한다고 정했다(5조 1항)"고 했다.

그 다음으로, 상기 법률을 보면, "상기 법률 5조 1항에서 규정된 대일 민간 청구권의 정확한 증거와 자료를 수집하는데 필요한 사항을 규정하는 것을 목적으로 「대일 민간 청구권 신고에 관한 법률」……이 제정되었다"고 되어있다.

그리고 원판결은, "동법 2조에는 동법 규정에 의한 신고대상 범위는 1947년 8월 15일부터 1965년 6월 22일까지 사이에 일본에 거주했던 적이 있던 사람을 제외한 한국 국민(법인을 포함한다.) 이 1945년 8월 15일 이전에 일본 및 그 국민(법인을 포함한다.)에 대해서 가지고 있던 청구권 등에서, ① 옛날 군대정법령 제 57호……의 규정에 의해서…… 금융기관에 예입된 예입금과 금융기관이 보유하고 있는 일본 은행권……, ② 일본에 의해서 군인, 군속 또는 노무자로서 소집 또는 징용되어 1945년 8월 15일 이전에 사망한 사람 등으로 한다고 정해져 있다(같은 조 1항 1호 내지 9호)"라고 한 뒤에, 다음과 같이 결론을 냈다.

즉, "……상기에서 인정한 이 사건협정 체결에 이를 때까지의 경위, 이 사건협정 2조의 문언, 이 사건협정 체결에 수반해 한일양국에서 취한 조치에 의하면, 일본 또는 그 국민에 대한 한국 및 그 국민의…… (b) 그 외의 동일(주: 1965년 6월 22일) 이전에 생긴 사유를 바탕으로 하는 모든 청구권에 대해서는 같은 조 1항, 3항에 의해서, 한국 및 그 국민은 일본 및 그 국민에 대해서 아무런 주장도 할 수 없다"고 결론을 내렸다.

그러나 상기 원판결의 인정에 의하면 '이 사건협정 체결에 수반해 한일양국에서 취한 조치'를 해석의 근거로 하고 있지만, 한국에서 취한 조치는 앞서 말한 대로 신고자 범위를 '1945년 8월 15일 이전에 일본 및 그 국민(법인을 포함한다)에 대해서 청구권'을 가지고 있던 사람으로 한정해(대일 민간청구권 신고에 관한 법률 2조 1항) 1945년 8월 15일을 기준일로 했으며, 전후 새롭게 발생하거나 또 발생할 수 있는 손해에 대해서는 전혀 고려되지 않았고, 전후 피해는 전혀 본 협정의 실시 대상으로 하지 않아 조치되지 않았다.

따라서 원판결이 '같은 날(1965년 6월 22일) 이전에 생긴 사유에 근거한' 청구권일 경우, 그것은 문자 그대로 동일 이전에 청구권으로서 가지고 있었다는 의미로 해석돼야 하며, 상기 원판결 자신의 논리를 보더라도 전후피해까지 이 사건협정에 의해서 해결이 끝났다는 결론은 그야말로 당돌하고 무리가 있다.

제5절_ 전후 군 '위안부'와의 동일시 피해 및 피고 등의 위법한 부작위 특징으로 본 원판결의 잘못

1. 처음에

이상, 항소인들이 전후 입은 동일시 피해가 이 사건협정에 의해서 '해소됐는가'에 대해, 판단 기준이 되는 이 사건협정 해석 측면에서 살펴봤다. 그 다음으로, 이하에서 판단 대상이 된 피해, 가해행위의 성질, 특징에 대해서 검토한다.

2. 이 사건 피해의 특징(가해행위와 피해의 계속성, 현재성, 누적성)

이 사건 피해의 특징을 우선 열거하면 가해행위(위법한 부작위)와 피해의 계속성, 현재성, 누적성 같은 각 특징을 들 수 있다.

그리고 또, 군 '위안부'문제가 피해자 자신의 커밍아웃에 의해서 표면화된 시점과, 피항소인 일본국의 계속된 호도·은폐 대응에 의해서 생긴 피해의 심각화와 작위의무는 '동일 이전'은 아니다.

즉, 우선, 이 사건 동일시 피해가 과거의 역사적 사건이 아닌 것은, 전후 60년이 지난 현시점에서도 이 사건 소송이 계속되고 있는 것 자체가 단적으로 증명하고 있다. 그리고 이 사건 '동일시 피해'가 끝나지 않는 것은 피고들이 이 소송을 통해 그 책임을 묻기 위해 계속 싸우고 있기 때문이다.

원래, 피항소인 일본국과 동일성을 가진 대일본제국은 조선을 대륙침략의 병참기지로 삼아 한반도를 식민지화 해 물적 수탈을 최대한으로 한 뒤에, 또 인적 수탈로 눈을 돌렸다. 그 결과 3만 명 심지어 20만 명으로 추정되는 한반도의 젊은 여성들을 대규모로 '처녀 공출'해 전시 하에서 성노예로 만들었다.

그리고 전쟁 말기에 초등학교 졸업생 정도의 소녀들을 속여 강제연행 해 강제노동을 시켰는데, 이 복합 행위가 선행 행위가 되어 전후 항소인들은 위안부 피해자로 동일시되는 피해를 계속 받고 있다.

그리고 피고들은 1988년 시점에 한 번 당시 우노(宇野) 외무대신이 이 사건 피해를 해소하는 작위의무를 인정한 것 외에는, 시종일관 사실의 호도·은폐로 대응을 해 왔다. 상기 전후 동일시되는 피해의 원인이 된 역사적 사실을 가해국, 가해 기업으로서 공식적으로 진지하게 조사, 공표, 사죄, 배상해야 할 때, 피고 등은 전혀 반대로 계속 게을리 하고 있다.

전후 60년이 지나 지금에까지 이르는 위법한 부작위야말로 이 소송에서 항소인들이 그 피해 회복을 요구하는 불법행위이고, 침해행위(위법한 부작위) 그 자체이다. 이런 침해행위와 그 결과로 인해 항소인들이 계속 입고 있는 피해의 계속성, 현재성을 보면, 그것이 원판결이 인정한 것과 달리 이 사건협정에서 말하는 '동일 이전'의 사항이 아닌 것은 재차 말할 필요도 없다.

그리고 또한 이 동일시되는 피해는 항소인들의 인생을 계속 따라다니면서 그들의 인생을 빼앗는 누적성을 가지는 특징이 있다. 이 사건협정이 말하는 '동일 이전'의 사항은 이 피해의 누적성을 보지 않았다는 점에서도 부당하다.

3. 동일시 피해에 관한 피고의 작위 의무의 자인 행위에 의해서 재확인된, 동일시 피해의 이 사건협정 사정외성[射程外性]

그런데, 피고들이 주장하는 이 군 '위안부'와 동일시되는 피해(성차별 피해)에 대해서, 1988년 4월 25일 제112 국회 중의원 결산위원회에서, 쿠사카와 쇼우조우(草川昭三) 위원이 조선여자근로정신대원의 한국 귀국 후 피해 상황을 지적하며, 상기 상황에 관한 정부의 대응에 대해서 질문했다. 이 때 답변한 사람은 당시 피항소인 일본국의 외무대신 우노 소스케(宇野宗佑)이며, "외무성으로서도 후생성과 연락을 취해 전쟁의 상흔을 닦도록 최선의 노력을 하고 싶다"고 밝혔다(갑C6).

이 자인행위에 대해서, 항소인(원고) 등은 소장을 시작으로 해서 원심의 각 단계에서 반복해 주장했고 또 주의 환기를 시켰다. 그런데, 원판결은 이 점을 전혀 언급하지 않고, 항소인들의 전후피해에 관한 청구를 기각시켰다.

그러나 상기 우노 외무대신 답변에서, 항소인들을 괴롭혔던 전후 동일시되는 피해에 관해서 대처해야 할 피고의 작위의무에 대하여 획기적이라고 말할 수 있는 명확화(작위의무의 자인행위)하였다는 의의를 확인할 수 있다.

즉, 원래 '동일시 피해'는 전후의 피고의 위법한 부작위에 의해 새롭게 발생한 전후피해이고, 이 협정에서 처리가 끝난 전쟁 전에 성립한 청구권은 아니지만, 이 협정이 성립한 1965년부터 약 23년이나 흐른 1988년 단계에서 피항소인 일본국은 우노 외무대신 답변에 의해서 이 사건 동일시 피해의 존재, 그리고 피해의 심각성을 인정했다. 그리고 그 피해 회복에 대해 최대한 노력할 것을 명언했다.

이 피항소인 일본국에 작위의무가 존재함에 대한 자인행위는, 특히, 국회라고 하는 국권 최고 기관에서 이루어진 점에서 중대하고, 피항소인 일본국 내각을 구성하는 외무성 담당 대신에 의한 작위의무의 자인행위는, 항소인들이 전후에도 계속 받았던 동일시 피해가 원래 이 사건협정에 의해서 소멸될 성질의 것이 아니었다는 사실을 보여준다. 바꿔 말하면, 이 사건협정의 사정 외의 문제인 것을 피항소인 일본국 정부 자신은 확실히 인식했던 것을 여실하게 보여주는 것이다.

제6절_ 최근 전후피해에 관한 판례 이론으로 본 원판결의 문제성

1. 최근, 피항소인 일본국의 전시 위법행위에 의한 피해에 대해 불법행위 책임을 물을 뿐만 아니라, 전쟁 전 중국에 독가스탄을 유기한 사안 등 피항소인 일본국이 전쟁 전 위법행위와 관련은 있지만, 그것과는 독립적으로 전쟁 전 위법행위의 특징이 원인이 되어 전후 피침략국 국민들에게 새로운 피해가 생기고 있는 사안이 있다.

그리고 그 피해는 피항소인 일본국의 전후 위법한 부작위에 의한 사안에서 국가의 책임을 묻는 형태의 전후보상 재판 판결이 잇따랐다.

구체적으로는, 전쟁 전에 일본의 강제연행이 있었고 일본의 패전에 의해 해방된 중국인이 전후 유기된 채로 있었던 피해에 대해 일본의 책임을 물은 유련인(劉連仁) 사건 판결, 전시에 중국 국내에서 국제법상 금지된 독가스탄을 개발, 사용, 저장 후 일본의 패전 시에 전후 그 책임을 피하기 위해 독가스탄을 유기했기 때문에 전후, 심각한 피해를 입은 중국인이 일본의 책임을 묻는 독가스 1차, 2차 판결이 있었다.

2. 이 사건에서도, 전후 동일시되는 피해는 피고에 의한 전쟁 전 행위에 기인해 발생했던 것에는 이견이 없다. 이 점에 대해서, 피항소인 일본국은 원심에서는 전쟁 전 행위의 확대 손해라고 반론하고 있다. 또, 원판결도 "결국, 원고들이 1944년부터 1945년에 근로정신대원으로 일본에 있었던 사실이 원인이 되어 생긴 것"이라며 항소인들의 전후피해에 관한 청구를 기각했다.

이 사건협정 범위 외인지의 판단에 대해서는 실질적으로는 전후피해와 전쟁 전 위법행위와의 관계, 바꿔 말하면 '전후피해가 전쟁 전 위법행위와의 관계에서 독립성을 가질 수 있는지'가 문제가 된다.

이와 같이 정리한 뒤에, 상기 3사건 판결과 원판결을 비교하면, 상기 3사건의 원고들의 청구도 원판결의 실질적인 판단 즉, 전후 행위에 대해 그 독립성을 살피지 않고 전쟁 전 행위로 바꿔 흡수시켜 버리는 논법을 적용한다면, '전쟁 전 강제연행이 원인이 되어 생긴 것', 또 '전쟁 전 독가스탄을 은닉한 것이 원인이 되어 생긴 것'이 되어 독립적인 피해가 아니라고 여겨졌을 것이다.

그러나 이들 3판결은 전후피해의 중대성, 심각성, 일본의 전후 부작위라는 전후피해의 특징을 정확하게 살피고, 전후 침해행위의 독립성을 인정하는 한편, 또 전후피해에 대해서도 그 독립적인 피해성을 인정하고 있다.

상기 3판결을 봐도, 원판결은 이렇게 누적되어 온, 전쟁 전 행위에 기인하면서도 전후 위법한 부작위가 있는 경우에 대한 판례 이론에 반하는 독자적인 견해이므로 합리성이 부족하다고 할 수 있다.

제7절_ 우노 외상 답변과 신의칙 위반

1. 처음에

상기 우노 외무대신 답변에 대해서는 앞서 말한 이 사건 동일시 피해의 독립 전후성(戰後性)을 직접적으로 근거를 제시한 의의 외에 또 하나의 의의가 있다.

그 의의는, 피고 우노 외무대신 답변에 의해서 이 사건 동일시 피해에 관한 피항소인 일본국의 책임을 일단 인정하면서, 이 사건 소송에서는 '법적으로 응할 의무가 없다'라며 그 책임에 대해 싸우고 있다는 점에 관한 것이다.

2. 신의칙 위반

즉, 상기 우노 외무대신 발언은 항소인들의 청구에 대해 그 긍정·부정을 판단하는데 있어서 피할 수 없는 논점이고, 만일 원판결 입장에서 항소인들의 청구권이 이 사건협정 존재에 의해서 피고들이 그것을 '주장하는 이상, 이행을 명령할 여지는 없다'는 입장에 있다고 가정해도, 원판결은 시효(時效)의 원용을 신의칙에 의해서 차단한 최고재판소 판례의 취지에 반하는 한편, 또 해당 최고재판소 판례가 근거로 한 신의칙에 반하는 판단으로서 인정할 수 없다.

즉, 원판결은 피고의 주장을 요건으로 해서 항소인들의 청구를 배척할 수 있는 일종의 항변 사유로서 인정하는 법률 구성을 채택했지만, 이 법률 구성은 원용을 요건으로 하는 항변 사유라는 점에서 시효 원용의 항변을 방불케 한다.

재판소가 우노 외무대신 발언의 존재를 무시하고 앞서 말한 '주장하는 이상, 이행을 명령할 여지는 없다'라는 판단을 한다면, 그 판단은 적어도 '시효 완성 후 채무 승인을 기초로 한 신의칙상 시효 원용이 금지된다'라는 최고재판소 판례(최고재판소 대법정 1966년 4월 20일·최고재판소 민사판례집 20권 4호 702페이지) 취지에 반하는 판단이고, 또한 근본적으로는 해당 최고재판소 판결도 그 판단의 법적 근거인 신의칙에 반하는 것이므로, 적어도 최고재판소 판례 취지에 반하는 것이 명백하다. 또한, 상기와 같이 신의칙 위반을 하며 법 해석을 잘못한 것이라고 말할 수 있다.

6 이 사건 청구는 한일청구권협정의 항변에 의해서 배척되지 않는다

제1절_ 개요

원판결은, "피고들이, 이 사건협정 2조 1항, 3항에 의해서 원고들은 이것들에 대해 어떠한 주장도 할 수 없다는 취지를 주장하는 이상, 원고들의 청구를 인용해서 피고들에 대해 상기의 각 청구권 이행을 명할 여지는 없다"라고 했다.

원판결의 논리가 일종의 항변권 구성을 취하는 것에 의해서, 이 사건협정에 관한 자기모순이라고 할 수밖에 없는 피항소인 일본국의 수상(청구권 존재 여부를 불문하고, '응할 법적의무는 없다'라고 하는 주장은, '청구권이 존재해도 청구할 수 없다', '청구권은 존재한다. 그러나 청구권은 존재하지 않는다.'라고 주장하는 것과 같다)을 법적으로 보충하는 것은 앞서 말했던 대로이다.

이 법적 보충이 그 자체로서 부당한 것도 이미 말했지만, 만일 이 일종의 항변권 구성을 옳다고 해도, 첫째 항소인들의 이 사건 피해(해방 후 피해에 한정하지 않고 해방 전 피해도 포함한다)는 이 사건협정의 사정 외이고, 동 협정에 규정된 청구권에는 해당되지 않기 때문에 피고 등이 어떠한 주장도 할 수 없다고 주장하는 것 자체가 이 사건협정의 전제를 빠뜨렸다.

둘째, 피고 등이 어떠한 주장도 할 수 없다고 주장하는 것은 권리남용 내 지 신의칙에 반하는 것으로, 허용되지 않는다.

아래 이유를 말한다.

제2절_ 이 사건 청구는 한일청구권협정의 사정 외이다

1. 원판결의 논리 구조

'제2장 한일청구권협정론의 논리적 모순'에서 말했던 대로, 원판결은 비 약된 논리를 가지고 이 사건협정에서 일종의 항변에 의해 항소인들의 청구 를 모두 배척했다. 원판결이 한일회담 경위를 기술하고 있는 것에서 판결 의 취지를 감히 선해(善解)한다면 아래 3단 논법에 따랐다고 이해된다. 즉,

① 한일회담에서 한국정부가 제시한 '대일청구 요강' 8항목에 들어가는 청구권은 이 사건협정에 의해서 모두 '완전한 한편 최종적으로 해결', '어떠 한 주장도 할 수 없다'는 것으로 이해된다.

② 이 사건 조선여자근로정신대 항소인 등의 청구권은 '대일청구 요강' 8 항목에 포함되어 이 사건협정의 범위에 포함되어 있다.

③ 따라서, 피고들은 한일청구권협정의 항변을 가지고 항소인들에게 대 항할 수 있다.

즉, 원판결은 항소인들의 청구는 한국정부가 제시한 '대일청구 요강' 8항 목에 들어간 것을 전제로 했다고 생각할 수 있다.

2.

이 사건 청구는 한일회담에서 나타난 '대일청구 요강' 8항목에 포함되지 않는다. 그러나 '제3장 한일청구권협정 체결과정과 사정 범위'의 '제1' 3(7)에서 말한 이유, 다음 제2, 제3의 이유에 의해 항소인 등의 피해배상 청구는 '대일청구 요강' 8항목 어떤 것에도 해당하지 않는다.

첫째, 항소인들은, '징용'된 것이 아니다. 항소인들의 동원은 '여자정신근로령'의 근거가 아닌 '관(官)의 알선'에 의한 동원이라고 밖에 생각될 수 없는 점은 반복해서 밝혔다. 항소인들은 모략적인 기만에 의해 속아서 일본에 왔고, 이것이 '징용'에 해당되지 않는 것은 분명하다.

둘째, '대일청구 요강' 8항목에서 거론되는 항목에서도 일본에 동원된 여성이 포함되었다는 것은 있을 수 없다. 방대한 인원의 젊은 여성들이 식민지 조선에서 일본군 '위안부'로 연행된 결과 한국에서는 일본에 다녀온 여성은 '순결을 빼앗긴 여성'이고, '민족의 수치'라는 인식이 1990년대에 들어설 때까지 지배적인 생각이었다(여순주 증인, 갑C24). 따라서 한일회담 시에 한국정부가 일본에 의해서 연행된 여성 문제를 '청구권'으로서 제기했다고 볼 수 없다. 제국 일본에서 해방된 후 민족주의의 고양 아래에 있는 한국의 정부당국자 스스로 '일본에 의해서 끌려간 여성'의 '청구권'을 제기하는 것은 스스로 '민족의 수치'를 인정하는 것과 다름없었기 때문이다.

셋째, '대일청구 요강' 8항목이 한국 내에서의 식민지지배·선생피해의 대일배상을 요구하는 국민여론이나 운동으로 인해 제기된 것은 쉽게 이해할 수 있다. 이런 여론이나 운동에 항소인들을 비롯한 '일본에 끌려간 여성'이 참가할 여지는 없었다. 원판결에서도 밝혀진 것처럼, 항소인 및 일본군 '위안부' 피해자들은 해방 후에도 가정이나 사회에서 배제될 수 있다는 두려움으로 피고들에게 입은 피해를 계속 숨길 수밖에 없었다.

이상과 같이, 항소인 등의 피해(해방 후 피해에 한정하지 않고 해방 전

피해도 포함한다)는 이 사건협정의 사정범위 밖이기 때문에, "피고들이 어떠한 주장도 할 수 없다"고 주장할 근거가 부족하다. 원판결이 이 사건협정의 '주장'을 가지고 항소인들의 청구를 배척한 그 자체가 논리 모순이다.

제3절_ 한일청구권협정 항변에는 실질적인 법적 근거가 없다

1. 국가 간 합의와 피해 구제

이 사건은, 항소인 등의 해방 전의 연행·노동 피해 및 해방 후의 일본군 '위안부'로 동일시되는 피해를 입은 책임을 민법 및 국가배상법에 따라 청구하는 것이다.

따라서 이 사건을 지배하는 기본 법리는 당사자 사이의 공평을 도모하는 것이고 궁극적으로는 '항소인들의 피해를 구제해야 할 것인가'에 있다고 말할 수 있다.

국가 간의 정치 결탁의 합의인 이 사건협정이 민사법상 항소인들의 청구를 거절할 근거가 된다면, 이 사건 합의 및 그 이행이 피해자에 대한 '배상' 내지 '변제'에 준하는 구제를 하는 것이 아니면 안 된다. 일반적으로, 사법 관계에서 국가 간 합의가 배상 청구권을 배척하는 실질적인 이유는 될 수 없기 때문이다.

이 사건협정이 '배상' 내지 '변제'에 준하는 구제가 됐다고 하기 위해서는, 동 합의가 피고 등의 피해 구제를 목적으로 했던 것 및 동 합의가 현실적으로 피고들에 대해서 이행됐다는 것이 필요하다. 일반적으로, 이미 말했던 것처럼 국가는 소속된 국민의 청구권에 대해 외교보호권을 가지는데 머물고, 국가는 개개의 국민의 청구권을 그 자체로서 포기할 수 없기 때문이다. 이 이유는 피고와 원심 모두 동일하게 전제하고 있다.

2. 이 사건협정 체결과정과 피해 구제

항변권 구성은 국가 간 합의를 가지고 개인의 청구를 배척해 결국 청구권 소멸과 같은 결과를 발생시킨다. 따라서 동 항변권의 적용 가능성 판단에 대해서는 각별한 신중함이 요구된다. 원판결처럼, 개별적으로 청구권 내용을 확정하지 않고 포괄적으로 단지 이 사건협정 이전의 사유에 의한 청구라는 것만으로 청구를 배척하는 항변으로서의 효력을 인정하는 것은 허용되지 않는다.

이 사건 합의가 항소인들의 피해 구제를 목적으로 하지 않았던 것, 현실적으로 피고들의 피해가 이 사건협정에 의해서 구제되지 않은 것은 '제3장 한일청구권협정 체결과정과 사정 범위'에서 말했던 대로이다.

항소인들의 피해가 방치되어 있음에도 불구하고 국가 간 합의의 항변을 인정하는 것은, 손해의 공평한 분담, 피해 구제를 목적으로 하는 불법행위 법리에 비추어 허용될 수 없다. 원판결은 이 사건협정에 기초한 항변이 정당화되는 사법적인 근거를 전혀 나타내지 않았으므로 잘못이 분명하다.

3. 항소인들 피해의 중대함

항소인들은 어린 나이에 일본에 속아 끌려온 뒤에 이미 60년 이상 그 인생을 빼앗기는 것과 동일한 중대한 피해를 입었다. 이 사건협정은 항소인들의 이런 피해에 대해서 전혀 구제하지 못했다.

한국정부도 '청구권자금'(청구권자금의 운용 및 관리에 관한 법률 2조 1~4항)을 통해 항소인들에게 환원하지 않았던 것은 말할 필요도 없다.

항소인들은 이 사건협정에 의해 해결이 완료됐다는 '정치적 언설'이 유포되는 중에 무시되고 고립된 존재로 있었기 때문이다.

피해 구제 없는 국가 간 합의에 의해서 항소인들의 청구를 배척한 원판결은, 정치에 의해 계속 휘둘려 온 항소인들의 인생에 새로운 정치적 부조리를 그 위에 더하는 것으로, 부조리 위에 부조리를 더한 것이라고 말하지 않을 수 없다.

제4절_ 이 사건협정에 근거한 항변은 권리남용에 해당하므로 허용되지 않는다

1. 만일 한일청구권협정의 항변이 사법상 긍정된다고 해도, 이 사건 소송에서 가해자인 피고들이 피해자인 항소인들에 대해서 이것을 원용하는 것은 권리남용에 해당한다.

아래 이유를 말한다.

2. 첫째, 이 사건협정에 기초한 피항소인 일본국의 자금 거출은 국가 간 경제협력·경제 원조로서 이루어진 것이지 개인의 청구권에 대한 보상으로서 이루어진 것이 아니다. 당시 일본정부는 한국 측 정부의 공식적인 코멘트에 관계없이, 이 사건협정에 기초한 원조가 군사 독재 정권의 연명책으로 사용되어, 개인청구권에 대한 변제로 이어질 가능성이 없는 것을 인식했음이 분명하기 때문이다.

3. 둘째, 이 사건협정 체결 당시 항소인들이 피항소인 미쓰비시중공업에서 노동을 강요당한 사실이 의도적으로 은폐되었다.

1963년 12월에 작성된 피항소인 미쓰비시의 순직비 명판에는 한반도에서 끌려온 소녀들의 이름은 없었다. 누락이 있었던 것이 아니다. 순직자 명부에서 의도적으로 말소되었던 것이다(다카하시 마코토 증인 조서, 갑G1 등).

이미 말했던 대로, 피항소인 일본국은 한국정부와의 협정 체결과정에서 개인청구권에 관해서 한국정부가 보유한 결정적인 자료가 없을 것을 예측하고 개인청구권에 대한 구체적 사실 확인을 한국정부에 요구하며 교섭을 유리하게 진행하려 했다.

한편, 피항소인 일본국은 이미 1959년 시점에 미쓰비시중공업의 도토쿠 공장의 인적피해에 대해서 상세하게 파악하며 원호법 적용에 관한 조사를 끝내고 있었다. 한편 피고 등은 항소인 등을 포함한 한국인 피해자에 대해서는 그 존재를 나타내는 증거 공개를 피하며 전력을 다해 은폐했다.

즉, 피고들은 개인청구권 자료가 될 수 있는 증거를 은폐하고, 한일청구권협정을 유리하게 이끌기 위해서 순직자 명부에서 한국 소녀들의 이름을 고의로 누락시켰던 것이다. 덧붙여서, 다카하시 증인 조서 6페이지에 있듯이, 순직비에는 대만에서 끌려온 희생자들의 이름이 새겨졌지만(이것은 피항소인 일본국이 이미 1952년에 일화 조약을 체결해 중화민국과의 국교를 회복하고 있었기 때문이다), 조선여자근로정신대 피해자 및 조선인 징용공만 누락되고 있었다. 피고들은 이 사건 도토쿠 공장에 조선여자근로정신대원이 동원된 사실 자체를 의도적으로 은폐한 것이나 다름없다.

이 사건협정 체결시에 스스로 의도적으로 은폐한 가해자가, 은폐된 피해자에 대해서 동 협정에 의한 정치 결탁을 주장하는 것은 권리남용이라고 하지 않을 수 없다. 이런 불합리는, 도둑이 피해자가 눈치 채지 못한 절취물 증거를 은폐한 뒤에 피해자와 합의한 뒤, 나중에 피해를 눈치 챈 피해자의 주장을 이전에 합의했던 '전혀 청구할 수 없다'라는 문장을 인용해 '응할 법적의무는 없다'고 주장하는 것과 같다고 생각하면 쉽게 이해할 수 있다.

제5절_ 금반언(禁反言) -피항소인 일본국에 의한 개인청구권은 소멸되지 않다는 견해의 확립-

1. '제3장 한일청구권협정의 체결과정과 사정 범위'의 '제2'에서 말했던 대로, 피항소인 일본국은 이 사건협정의 법적 효과에 대해서 한일 양 정부가 외교보호권을 포기하는 것에 머물며 국내법상의 청구권 소멸에 영향을 미치지 않는다는 견해에 따라 약 40년간에 걸쳐 이 사건협정을 실시해 왔다.

피항소인 일본국은, 「시(時)의 법령」(1966년 3월 발행)을 시작으로, 외무성 편 「한일 제 조약에 대해」(1965년 11월 발행)(갑B43)에서도, 이 사건협정 체결 당시부터 반복해서 외교보호권을 포기한 것을 밝히고 있었다.

그리고 제121회 국회 참의원 예산위원회(1991년 8월 27일)에서 당시 외무성 조약국장 야나이 슌지는 한일청구권협정의 법적 효과에 대해서 "한일양국이 국가로서 가지고 있는 외교보호권을 서로 포기했다는 것입니다. 따라서 이른바 개인청구권 그 자체를 국내법적인 의미로 소멸시킨 것이 아닙니다"라고 하며(갑G14), 개인청구권을 국내법적으로 소멸시킨 것이 아닌 것을 명확하게 했다.

2. 이 정부 답변은 후지코시 소송 1심 판결(도야마 지방법원 1996년 7월 24일 판결 판례 타임스 941호)에서, 조선여자근로정신대원 피해자들이 가진 임금 청구권의 소멸시효 기산점으로 여겨지는 등 사법을 포함한 일본의 공통 해석으로서 확립되었다. 동 항소심(나고야 고등법원 가나자와 지부 1998년 12월 21일 판결·판례 타임스 1046호)에서도, 동 취지의 해석이 채택되었고, 관부소송 항소심 판결(히로시마 고등법원 2001년 3월 29일)에서도 똑같은 해석이 채택되어 일본에서는 정치부문·사법부문을 불문하고 공통된 견해로서 확립되었던 것이다.

3. 그런데 피항소인 일본국은, 제6 준비 서면(2002년 11월 14 일자)에서 종전의 견해를 뒤집고 '응할 법적의무가 없다'(실질적으로 개인청구권을 소멸시켰다)라고 주장하기에 이르렀다.

이런 피항소인 일본국의 해석의 변화는 자신의 책임을 면하기 위한 궤변이라고 말할 수밖에 없고, 정의 형평 관념에 비추어도 현저히 반한다.

자신이 주체가 되어 체결한 이 사건협정에 대해서 "개인청구권을 소멸시킨 것은 아니다"라는 자신의 견해가, 사법에서도 확인 및 확립된 단계에서 이것을 "원고들은 어떠한 주장도 할 수 없다"라고 주장하는 것은, 적어도 이 사건협정에 의해 고소가 배척되지 않을 것을 확신하고 소송 관계에 들어간 본 사건 항소인들과의 관계에서는 신의칙(민법 1조 2항)에 반하므로 허용되지 않는다(금반언 禁反言).

제6절_ 피항소인 일본국에 의한 이 사건협정에 기초한 항변의 포기

1. 항변의 포기

또, 설령 백 번 양보해서 이 사건협정을 항변으로 대항하는 것이 허용된다고 해도, 피항소인 일본국은 적어도 이 사건 근로정신대 피해자들이 동일시되는 피해를 입은 것에 대해서는 이 항변을 행사하지 않는 것을 명확하게 하며 항변권을 포기하고 있다.

즉, 1988년 4월 25일 제112 국회 중의원 결산위원회에서 도토쿠 공장에 동원된 조선여자근로정신대 피해자들이 오해에 의해서 괴로움을 당하고 있는 것을 질문 받고 우노 소스케 외무대신(당시)은 "이 문제는 가족들도 그런 오해가 없도록 기회를 만들어 신속하게 처리해야 된다고 정말로 저도 통감했습니다. (생략) 즉시 외무성으로서도 후생성과 연락을 해서 꺼림칙한 전쟁의 상흔을 닦도록 최대한 노력을 하고 싶습니다"라고 회답하며 오해를 풀 것을 약속하고 있다(갑C 6).

이 답변은 작위의무 발생 시기를 명확하게 하는 것을 알 수 있을 뿐만 아니라 동일시되는 피해에 대해서는 전혀 해결 완료 상태의 문제가 아닌 것을 솔직하게 승인하고 이 사건협정에 기초한 항변을 행사하지 않을 것을 명확하게 한 것이나 다름없다.

2. 일본군 '위안부' 문제를 둘러싼 피해의 심각화

이런 항변 포기가 이루어진 후인 1990년대에 들어와 한일 양국에서 일본군 '위안부' 문제가 표면화됐다. 피항소인 일본국이 자신의 관여를 부정하고 책임 회피로 일관한 결과, 일본군 '위안부' 문제는 더욱 더 사회 문제가 되어 국제 문제로까지 발전되었다. 그 결과, 항소인들의 동일시 피해는 더욱 심각하게 되어 항소인들의 고뇌는 상상을 초월하게 되었던 것이다.

이런 경위에 비추어 보면, 적어도 동일시 피해에 의한 항소인들의 인생에 걸쳐 입은 피해에 의한 청구권이 이 사건협정을 기초로 하는 항변에 의해서 배척될 것이 아님은 분명하다.

제7절_ 결론

이상, 어느 관점에서도 피고들이 이 사건협정에 의해서 항소인들이 어떤 주장도 할 수 없음을 주장할 수 있다고 판시한 원판결의 잘못은 명백하다.

7 원호법에 관한 부작위에 의한 국가배상 책임

제1절_ 원판결의 판결취지

전쟁 부상자 전몰자 유족 등 원호법(이하 '원호법'이라고 한다)에 관한 부작위에 의한 국가배상 책임(쟁점(6))에 대해, 원판결은 "……1952년 4월 30일에 공포된 원호법 부칙 2항에서 호적법 적용을 받지 않는 사람에 대해서는 당분간 원호법을 적용하지 않는다는 취지를 규정한 것은 합리적 근거에 따른다고 해석했다. 또 전쟁 부상자에 대한 보장의 필요와 불필요 및 그 자세는 입법부의 재량적 판단에 맡겨지고 있다. 이 사건협정 내용 등에 비추어 생각하면, 이 사건협정이 체결된 후에 상기 부칙 2항이 존치되었던 것에 대해서도 합리적인 근거가 부족하다고 할 수 없다"고, 항소인 김중곤(金中坤)의 주장을 전제가 부족하다며 배척하고 있다.

그러나 원판결의 원호법에 관한 판단은 국제인권 규약에 위반되고 나아가서는 헌법 14조도 위반했다.

제2절_ 원호법의 국제인권규약 위반, 헌법 14조 위반

1. 국제인권 규약 위반

경제적, 사회적 및 문화적 권리에 관한 국제 규약(국제인권규약 A규약) 2조 2항은 "이 규약 체결국은, 이 규약에서 규정하는 권리가 인종, 피부색, 성별, 언어, 종교, 정치적 의견 그 외의 의견, 국민적 혹은 사회적 출신, 재산, 출생 또는 다른 지위에 의해 어떠한 차별 없이 행사될 것을 보장하는 것을 약속한다"라고 정하고 있고, 원호법에 따른 보상 청구권은 동 9조에서 정하는 사회 보장에 대한 권리에 해당한다.

또, 시민적 및 정치적 권리에 관한 국제 규약(국제인권규약 B규약) 26조는 "모든 사람은 법 앞에 평등하고 어떠한 차별 없이 법률에 의한 공평한 보호를 받을 권리를 가진다. 이를 위해, 법률은 모든 차별을 금지하고 또한 인종, 피부색, 성별, 언어, 종교, 정치적 의견 그 외의 의견, 국민적 혹은 사회적 출신, 재산, 출생 또는 다른 지위 등 어떠한 이유에 의한 차별에 대해서도 평등하고 효과적인 보호를 모든 사람에게 보장한다"라며 법 앞에 평등할 것임을 정했다.

원호법 적용에서, 국적에 의해서 차이를 두는 것은 분명하게 상기 국제인권 규약의 각 조항에 반하는 차별이며 허용되지 않는다.

2. 헌법 14조, 98조 2항 위반

또, '일본' 헌법 14조는 조약과 국제법규 준수를 정한 헌법 98조 2항에 따라서 해석되는 것이 당연하기 때문에 동법 적용에서 국적에 의한 차별은 국제인권규약을 전제로 한 헌법 14조의 해석을 봐도 불합리한 차별이며 위헌인 것이 명백하다.

3. 판례에 대해

대만인 전 전사상자(前 戰死傷者)의 보상 청구사건에 관한 최고재판소 1992년 4월 28일 판결은 원호법 부칙 2에 관해서 동법의 국적 조항을 헌법 14조에 위반하지 않는 합헌이라고 했지만, 이 판단은 국제인권규약 등 국제 인권의 해석 운용을 따르지 않는, 오늘날에는 시대에 뒤떨어진 판단이므로 당연히 변경되어야 할 것이다.

원판결은 "헌법 14조 1항은 절대적 평등을 보장한 것이 아니라 합리적 이유 없는 차별을 금지하는 취지이며, 법적인 취급으로 구별을 해도 그 구별이 합리적 근거에 따르는 한 동 B규약 26조나 동 취지로 해석하는 것이 상당하다"라고 판시했지만, '어떤 차별도 없이 행사되는 것을 보장'하며 '어떠한 차별도 없이 법에 의한 평등한 보호를 받을 권리를 가진다'라는 국제인권 규약 해석을 잘못하고 있다.

4. 원호법의 국적 조항은 합리적 근거를 바탕으로 하지 않는다

원판결은 "앞서 인정한대로, 평등 조약에 의해 일본국적을 잃었지만 청구권 처리에 관해서는 특별 주제로 하는 것으로 여겨졌다. 그 후, 일본과 한국 사이에서 이 사건협정이 체결된 것에 의하면, 원호법 부칙 2항에서 호적법 적용을 받지 않는 사람에 대해서는 당분간 원호법을 적용하시 않는다는 취지를 규정한 것은 합리적 근거에 따랐다고 해석된다.

또, 전쟁 부상자에 대한 보장의 필요와 불필요 및 그 자세는 입법부의 재량적 판단에 맡겨지고, 이 사건협정 내용 등에 비추어 생각하면 이 사건협정이 체결된 후에 상기 부칙 2조가 존치됐던 것에 대해서 합리적 근거가 부족하다고 할 수 없다"라고 했다.

그러나 제5장 '제4' 4에서 말했던 대로, '이 사건협정 체결에 수반하는 조치'에서 본 경우에서도 '대일민간 청구권 신고에 관한 법률' 2조에는, '동법 규정에 의한 신고대상 범위는 1947년 8월 15일부터 1965년 6월 22일까지 사이에 일본에 거주했던 적이 있는 사람을 제외한 한국 국민(법인을 포함한다)이 1945년 8월 15일 이전에 일본 및 그 국민(법인을 포함한다)에 대해서 가지고 있던 청구권 등에서 ①옛 군대정법령 제 57호……의 규정에 의해서……금융기관에 예입된 예입금과 금융기관이 보유하고 있는 일본 은행권……, ②일본에 의해서 군인, 군속 또는 노무자로서 소집 또는 징용되어 1945년 8월 15일 이전에 사망한 사람 등으로 정해져 있다(동 조 1항 1호 내지 9호)'에 불과하며, '준 군속' 유족이며 결국 호주 상속이 예정되어 있던 항소인 김중곤이 '이 사건협정에 수반하는 조치'에 의해서 보상되는 것은 아니다.

이 점에서도 '이 사건협정이 체결된 것'을 차별의 합리적 근거로 삼은 원판결에서는 이 사건협정 해석을 잘못했으며, 나아가서는 국제인권규약 A규약 2조 2항 및 동 B규약 26조, 헌법 14조의 해석을 잘못한 위법성이 있다.

또, 설령 '전쟁 부상자에 대한 보장의 필요와 불필요 및 그 자세는 입법부의 재량적 판단에 맡겨지고 있다'고 해도, 이 사건협정에 의해 아무런 보상도 이루어지지 않았고 전후 60년이 흘러도 전혀 보상이 이루어지지 않았는데 이것을 방치한 재량은, 나중에 말하지만, 전후보상 입법 의무를 정한 헌법 규정을 봐도 인정받지 못하기 때문에 원판결의 판단은 틀렸다.

8

강제동원 · 강제노동에 대한 피고 등의 책임

제1절_ 처음에

원판결은, '제2'의 '2전제가 되는 사실', '제4'의 '1 원고들 각자의 사정'에서, 항소인들의 피해 사실을 일정부분 인정하면서도 '이 사건에서 원고들이 피고 등에 대해서 가진다고 주장하는 각 청구권이 존재한다고 해도' '피고 등이……어떠한 주장도 할 수 없다고 주장하는 이상 이행을 명령할 여지는 없나'며 '각 청구권이 존재하는지'에 대한 판단을 하지 않았다.

이것은 사실을 인정하고도 법에 비추어 판단하는 사법의 직무를 완전히 소홀히 해 인권을 침해당하고 있는 개인 구제책임을 외면했다는 비난을 면할 수 없다.

아래에서 말하지만, 원판결이 인정한 사실을 가지고서도 강제동원 · 강제노동에 대해 피항소인 일본국, 피항소인 미쓰비시의 책임은 당연히 인정된다. 원판결은 자신이 인정한 사실을 전제했다면 당연히 판단할 수 있는 사항을 고의로 회피한 것으로 사법의 직무 태만도 심하다고 할 수 있다.

제2절_ 강제동원·강제노동에 대한 불법행위

1. 불법행위성

이미 최종 준비 서면 등에서도 주장한 것처럼, 강제동원·강제노동에서의 가해행위는 크게 나누면 ① '여학교에 갈 수 있다', '돈도 벌 수 있다' 등이라고 말하고, 모략적 기만에 의해 소녀들의 의사와는 상관없이 근로정신대로 동원한 행위, ② 연금 상태로 둔 채 엄격한 노동 환경, 열악한 생활 하에서 의사와 상관없이 위험하고 가혹한 노동에 종사시킨 행위, ③ 1944년 12월 7일의 도난카이(東南海) 지진 및 그 후 공습에 대한 주의의무 위반 행위이다.

원판결은, '제2'의 '2전제가 되는 사실', '제4'의 '1 원고들 각자의 사정'에서, 불법행위 책임의 전제가 되는 이러한 사실들을 인정하고 있다.

이들 강제동원·강제노동에 대한 피고 등의 가해행위는 매우 위법성이 높고, 항소인들(전 근로정신대원들)이 받은 피해도 심각하고 중대하므로, 피항소인 일본국, 피항소인 미쓰비시는 항소인들에 대해 민법 709조에 따라 무거운 손해배상 책임을 진다.

2. 공동 불법행위

상기 ① 내지 ③의 불법행위는 모두 피항소인 일본국과 피항소인 미쓰비시와의 공동 불법행위(민법 제719조)이다. 근로정신대 강제동원은 전쟁수행을 위한 노무동원 정책의 실시이며, 군수공장인 도토쿠 공장에서의 강제노동 및 그것을 위한 강제연금에 대해서는 국가 총동원정책 중에서 군수산업이 큰 축을 담당했다. 현재 이 사건에 대해서는 동원 및 노동에서 서로 공동 협력한 사실이 엄연히 존재하고 있다.

이상과 같이 ① 내지 ③의 불법행위는 모두 피고들에 의한 항소인들(전 근로정신대원)에 대한 위법성 높은 공동 불법행위이다.

제3절_ 강제동원·강제노동에 대한 안전배려 의무위반

고 김순례의 사망, 항소인 김성주의 왼쪽 인지 절단 상해에 대해서, 피항소 인 일본국 및 피항소인 미쓰비시는 모두 안전배려 의무위반 책임을 가진다.

1. 피고 등의 안전배려 의무의 존재

피고들과 항소인들의 관계 및 피고 등에 의한 지배 경과, 항소인들의 동 원 및 노동실태 등 일본에서의 구체적 생활 상황에서 보면, 피항소인 일본 국, 피항소인 미쓰비시와 항소인들과의 사이에 노동계약에 준하는 법률관 계가 형성되어 피항소인 일본국, 피항소인 미쓰비시에 의해 소녀들이 심상 치 않은 힘든 노무관리를 강요당하며 특별한 사회적 접촉 관계 하에 있었 던 것은 분명하다.

2. 구체적 안전배려 의무와 그 위반

(1) 고 김순례의 사망에 대해
피항소인 미쓰비시는 도토쿠 공장 건물을 전혀 개선대책을 강구하지 않 은 채 사용하였고, 피난경로에 대해서도 철저한 주의나 대책 없이 지진 경 험조차 없는 고 김순례를 붕괴 위험이 있는 공장에서 작업을 하게 했다.

또, 피항소인 일본정부는 노무관리 권한을 가진 군수 감리관을 통해 피 항소인 미쓰비시에 대해서 즉시 도토쿠 공장 건물 사용금지 및 보강공사를 하도록 하는 개선책을 강구하도록 지도 감독을 해야 했다. 그리고 강제노동을 시킨 고 김순례 등의 피난 경로를 확보해, 지진 시 피난 훈련을 실시하도록 하는 등의 지도 감독을 해야 했다.

또, 피항소인 미쓰비시의 대응이 불충분한 때는 직접 이러한 조치를 해야 했다. 그럼에도 불구하고 피항소인 일본국은 이러한 의무를 전혀 이행하지 않았다.

피항소인 일본국 및 피항소인 미쓰비시의 상기 의무위반에 의해, 고 김순례는 1944년 12월 7일 오후 1시쯤 발생한 도난카이 지진으로 도토쿠 공장 내 도장 공장 건물붕괴에 깔려 사망했다.

(2) 항소인 김성주의 상해에 대해

피항소인 미쓰비시는 항소인 김성주에게 사용시켜서는 안 되는 절단기를 작업에 사용하게 했으며, 작업 안전에 관한 주의·지도 감독이 전혀 없는 채로 쉬지 않고 빨리 절단작업을 수행해야 할 만큼의 속도로 작업을 하게 했다.

또, 피항소인 일본국은 노무관리 권한을 가진 군수 감리관을 통해서 피항소인 미쓰비시에 대해 절단기 사용을 금지하도록 지도 감독하거나, 혹은 작업의 안전에 관한 주의를 충분히 기울이도록 지도 감독해, 안전을 확보할 수 있는 속도로 작업을 하도록 지도 감독해야 했다. 또, 피항소인 미쓰비시의 대응이 불충분한 때는 직접 이러한 조치를 해야 했다.

그럼에도 불구하고, 피항소인 일본국은 이러한 의무를 전혀 이행하지 않았다. 피항소인 일본국, 피고항소인 미쓰비시의 상기 의무위반에 의해 항소인 김성주는 왼쪽 인지가 절단기로 잘리는 중대한 상해를 입었다.

제4절_ 강제동원·강제노동에 대한 국제법 위반

1. 강제노동에 관한 조약 위반행위의 위법성

(1) 이 사건 노동의 강제노동 금지조약 위반성

항소인들에 대한 강제노동은 조약 2조 1항이 금지하는 강제노동이며, 또한 강제노동이 절대적으로 금지되고 있는 여자·유아에 관한 것이다. 또, 기간도 무한정이었고 임금지불도 이루어지지 않는 등 이것이 상기 조약에 반하는 것은 분명하다.

또한, 이 사건 당시 이미 아이들에 대한 착취를 허용하지 않은 것은 국제적으로 인지된 원칙이었다('아동 권리에 관한 제네바 선언').

(2) 국제관습법으로서의 노예제 금지 위반행위의 위법성

피항소인 일본국의 항소인들에 대한 조직적인 강제연행·강제노동 정책은 '노예조약이 금지하는 노예제 혹은 이와 유사한 제도이며, 만일 그렇지 않더라도 동 조약이 금지하는 노예 제도 유사한 강제노동인 것이 분명하므로 그 위법성은 현저하고 중대하다.

(3) 인도(人道)에 반한 죄 위반행위의 위법성

조선여자근로정신대원의 동원은 극동 군사재판소 판결에 의해서 위법힌 침략전쟁이라고 명확하게 인정된 전쟁수행을 위해서 기획·입안·실행된 정책이며, 그 실태는 '노예적 학대' 또는 그에 필적하는 '비인도적 행위'를 하기 위한 정책이며, 그 범죄를 '범한 공통의 계획 또는 공동 모의 입안 또는 실행에 참가한 지도자, 조직자, 교사자 및 공범자'는 이런 비인도적인 죄를 범한 사람들이라고 분명하게 말할 수 있으며 그 위법성은 현저하고 중대하다.

2. 피항소인 일본국의 손해배상 책임

국가책임의 해제 방법으로서의 손해배상은 국제 위법행위에 의해 피해 '국가'가 입은 손해에 대한 배상이 아니라 피해를 입은 '개인'에 대한 배상이다 (상설 국제사법재판소 1928년 9월 13일·PCIJ, SeriesA No.17, 27~28페이지).

최근 유엔을 무대로 하는 연구 성과(테오 환 보벤 교수(전 유엔 인권위원회 네덜란드 정부 대표, 유엔 인권소위원회 위원·유엔 인권센터 소장)의 「인권과 기본적 자유의 중대한 침해를 받은 피해자의 원상회복, 배상 및 갱생을 요구할 권리에 관한 연구」, 라디카 쿠마라스와미 여사의 「여성에 대한 폭력, 그 원인과 결과에 관한 특별 보고자 보고」)는 국제인도법위반 행위에 의해서 피해를 입은 개인은 손해배상을 요구할 권리가 인정됨을 밝히고 있다.

따라서 항소인들은 앞서 말한 피항소인 일본국의 조약 및 국제관습법 상 의무위반에 의해 입은 손해를 직접 개인 자격으로 피항소인 일본국에 대해서 청구할 권리를 가진다.

9

피고 등의 부작위 책임

제1절_ 행정 부작위 책임의 구조

이 사건은 '작위 기인성 부작위 책임'의 유형에 해당한다. 작위 기인성 부작위 책임의 유형에서는, 그 부작위가 위법이 되는 작위의무 위반의 성립 요건은 ① '피해발생 예견 가능성' ② '결과 회피 가능성' 같은 2가지 요건을 충족시켜야 한다고 해석한다.

일반적으로, 스스로 만들어 낸 위험은 그것을 예견할 수 있는 한편 회피 가능한 이상 원인자로서 스스로 그 위험을 제거하는 것이 당연히 요구되기 때문에 그 부작위가 위법이 되는 것은 조리상 당연하다.

'규제 권한 불행사형(不行使型)'에 대해서, 제1차적으로 결과회피를 위해 행동해야 할 기업 등이 존재하는 경우와 달리 보충성이나 국민의 기대 등의 요건은 필요 없기 때문이다.

제2절_ 이 사건에서의 피항소인 일본국의 행정 부작위 책임

1. 피항소인 일본국에 의한 선행 행위의 존재

(1) 대규모 일본군 '위안부'의 연행

(2) 근로정신대의 동원

(3) 일본군 '위안부' 연행과 이 사건 근로정신대 동원의 유사성과 구별의 불가능성

상기 2가지 동원정책 실행에서, 항소인들의 운명에 관련해서 결정적이고 중대한 사실은 양자의 유사성과 구별의 불가능성이었다.

일본군 '위안부'에 대해서는 주요 동원 방법은 취업 사기이다.

항소인 등이 근로정신대로 '지원'했던 것도 여학교에 갈 수 있다, 돈을 벌 수 있다는 기만이 중요한 요소였다.

또, 일본군 '위안부'의 민족적 구성에서도 조선 여자가 그 큰 부분을 차지했지만, 그 구성 연령은 일본인이 일본군 '위안부'로 생각했던 경우와 비교해서 어렸다. 하지만 이 사건 근로정신대 소녀들도 젊은 여성이라서 위안부들과 겹친다.

거기에 양자의 구별을 곤란하게 한 것은 양자의 연행 시기와 규모였다. 피항소인 일본국은 먼저 수만 내지 20만 명의 압도적인 대규모 일본군 '위안부'를 연행해서 한반도를 공포의 도가니로 빠뜨렸다. 한편 전쟁 말기에 비교적 소규모(수천 명 규모)로 이 사건 피해자인 근로정신대의 동원을 진행했다. 식민지 조선인들에게 양자의 식별은 절대적으로 불가능했다고 할 수 있다.

덧붙여, 양 제도의 실시에 혼란도 있었던 점이 지적되고 있다. 전시에는 이러한 혼란은 당연히 생기는 것이다.

2. 피항소인 일본국의 동일시 피해발생에 관한 예견 가능성

피항소인 일본국의 동일시되는 피해발생 인식에 관해서, 제소 단계부터 항소인들이 일관해서 지적하고 있는 사실에 대해 피항소인 일본국이 전혀 변명이 불가능한 사실은 외무대신 우노 소스케가 했던 국회답변이다(갑E1, 갑C6).

피항소인 일본국이 동일시 피해의 존재에 대해서 늦어도 이 답변이 이루어진 1988년 4월 25일 시점에 확정적 인식을 가지고 있던 것은 분쟁의 여지가 없다.

3. 결과 회피 가능성

항소인들이 결과회피 조치로서 일관되게 요구하고 있는 공식 조사, 공표, 진지한 공식적 사죄는, 복합적 선행 행위인 일본군 '위안부' 동원과 근로정신대의 역사적인 실태를 분명히 하고 오해를 푸는 것, 가해자가 가해책임을 인정하고 피해자를 피해자로 인정하는 것이다.

그리고 이에 의해 일반인들에게 사회적으로 동일시되었던 피해를 완전히 해소할 수 없지만, 차별의식을 가진 사람들이 양적으로 감소해 그 결과 동일시 피해는 양적 단계를 넘어 질적인 감소가 합리적 시점에서 기대된다.

그리고 일반인들에게 널리 사회적으로 상기와 같은 상태가 조성된 것에 더해 진지한 공식적인 사죄가 피해자 각 개인 앞에 이루어진다면, 본 사건에서 각 항소인들의 인생을 크게 망친 결혼 가정에서의 오해, 차별, 불행이 근본적으로 개선, 해소될 것이 충분히 기대된다.

이러한 사죄에 의한 피해 회복 가능성에 대해서는 실정법도 인정하고 있다. 민법 제723조는, 명예훼손에 대해서 원칙적인 금전 배상에 더해 사죄광고를 요구할 수 있음을 명확하게 규정하고 있다.

4. 작위의무 위반의 중대성·부작위 책임의 성립 시기

피항소인 일본국의 작위의무 위반 성립 시기에 대해서도 준비 서면(20)에서, 그리고 보다 상세하게 준비 서면(37) 23페이지 이하에서 논하고 있는 대로이다.

오랫동안 피항소인 일본국의 부작위 역사 속에서 ① 1945년 8월 15일 포츠담선언 수락 시점, ② 같은 해 9월 8일 '종전에 수반하는 내지(內地) 거주 조선인 및 대만인 처리에 관한 응급조치'(후생성 발건 제152호)를 발하여 항소인들을 포함한 한반도에서 피징용자들을 송환했던 시기(갑A34·63페이지) ③ 1946년 일본국 헌법 제정 시점 ④ 그 후 전쟁 부상자 유족 등 원호법 적용 범위 확대 시기 ⑤ 1965년의 한일청구권협정 체결에 이르는 시기 등에서 피항소인 일본국은 각각 자기의 부작위 책임을 반성해야 했다.

그럼에도 불구하고, 피항소인 일본국은 그 시기를 그냥 흘려보내 그 부작위의 위법 정도가 더욱 심해져 항소인들의 피해를 더욱 누적시켰고 심각화 했다. 특히 ⑥ 앞서 말한 우노 소스케 답변 후 작위의무 위반의 중대성은 결정적이다.

제3절_ 항소인 등의 괴로움을 새롭게 만든 피항소인 미쓰비시의 책임

1. 미쓰비시중공업도 처녀 공출에 적극적으로 관여했다.
2. 미쓰비시중공업은 피해발생을 인식하고 있었다.

피항소인 미쓰비시는 '동일시 피해발생'을 확정적으로 인식하고 있었다.

위안부와 동일시됐다는 것이 근로정신대 동원 장소인 도토쿠 공장에까지 전해지고 있었기 때문이다.

도토쿠 공장에서 근로정신대원을 데리러 간 재향군인이 "한국에서는 그쪽 부모들이 '조선 삐'(주·군대 전용 위안부)로 되지 않을까 라며 불안해하고 있는 것을, '절대로 그렇지 않다. 예의범절을 가르치고 공부도 시킨다'고 안심시켰다"고 했다는 이야기도 있다(갑G6·44페이지).

이러한 사실을 보더라도, 미쓰비시중공업은 동일시 피해 발생을 당연히 인식했다고 말할 수 있다.

3. 연속성·일체성과 피항소인 미쓰비시의 부작위 책임

이 사건의 경우, 미쓰비시중공업 그 자체에는 작위의무를 이행해야 할 재산, 자료 등이 존재하지 않는 한편, 피항소인 미쓰비시는 미쓰비시중공업으로부터 종업원뿐만 아니라 재산, 자료 등 모두 이어받고 있기 때문에, 만일 피항소인 미쓰비시가 주장하는 것처럼 법인격이 별도라고 해도 실태에 입각하면 재산, 자료 등을 보유해 가장 결과회피 조치 이행이 가능하고, 이행해야 할 당사자인 피항소인 미쓰비시에 작위의무가 귀속되는 것이 조리에 맞다.

4. 피항소인 미쓰비시가 취해야 할 결과 회피 조치

(1) 근로정신대 실태에 관한 공식 조사, 공표, 진지한 공식적인 사죄를 피항소인 일본국과 공동 혹은 단독으로 실시할 것

미쓰비시중공업은 피항소인 일본국의 공모에 가담해 선행 행위를 했던 자인데, 항소인들과의 관계를 보면 직접 노동관계에 있는 당사자이다.

직접 노동관계에 있는 당사자인 미쓰비시중공업 그 전부를 이어받아 누구나 미쓰비시중공업과 동일성, 일체성을 갖고 있다고 볼 수 있는, 피항소인

미쓰비시로부터 근로정신대의 실태에 관한 조사·공표·사죄가 이루어지면, 세상 일반이 봐도 신용성이 매우 높아 동일시 피해 발생을 회피할 수 있다.

그리고 항소인들에게도, 피항소인 미쓰비시 자신이 근로정신대의 실태에 관한 조사·공표·사죄를 실시하면, 기만에 의해서 동원된 것을 자책하지 않으며 동일시 피해로 인해 현재까지 고통 받고 있는 피해 혹은 피해의 누적·확대·계속을 회피할 수 있다.

(2) 조사, 공표, 사죄와 함께 임금지불을 할 것

항소인들이 아직도 임금체불을 문제시하는 것도 상술한 것과 같은 문맥으로 이해할 수 있다. 임금이 지불되는 것에 의해서 항소인들은 일본군 '위안부'로 연행된 것이 아니라 노동자로서 미쓰비시중공업에서 일했던 것이 공공연히 분명히 밝혀지게 된다(임인숙 논문(갑 85의 2)). 물론 임금 지불만으로는 상술한 결과를 회피할 수 없지만, 조사, 공표, 사죄와 함께 임금지불을 한다면 보다 한층 결과를 회피할 수 있는 것은 분명하다.

5. 피항소인 미쓰비시의 작위의무 위반의 중대성

(1) 항소인들의 귀국 시 작위의무 위반 중대성

피항소인 미쓰비시는 맨몸으로 항소인들을 귀국시킨 것만 보더라도 이런 오해로 인한 피해발생을 방지하는 조치를 전혀 취하지 않았다.

또한, 피항소인 미쓰비시는 항소인들을 귀국시킬 때 노동에 종사시켰다면 당연히 지불해야 할 임금지불조차 하지 않았다. 임금 미불 사실은 작위의무 성립 후에 동일시 피해 발생을 조장한 중요한 사실이다.

(2) 피항소인 미쓰비시의 증거 은폐

그뿐만 아니라, 피항소인 미쓰비시는 적극적으로 사실·자료를 은폐하고 항소인들에 의한 책임추궁, 권리행사, 시효중단 조치를 방해하고 있다.

피항소인 미쓰비시는 미쓰비시의 순직비 지하에 있는 순직자 명판에 한국 출신 정신대원 6명의 이름 및 조선 징용공 수십 명의 이름을 고의로 누락시켰다.

또, 피항소인 미쓰비시는 전시하의 근로 동원 사정 및 그 전후 처리 사정에 대해서 "이세만(伊勢灣) 태풍에 의해 1층에 있던 관리 부서에 심각한 피해가 있었다는 등의 이유로 자료가 남아 있지 않다"라며 사실에 반하는 회답을 하고 있다(갑G6).

마찬가지 갑G 제 1호 증거 원본에 대해, 1998년 12월 7일에 다카하시 마코토 등이 미쓰비시와 절충했을 때, 피항소인 미쓰비시는 그 자료가 없다며 사실에 반하는 내용을 말하고 있다(동 조서).

이상의 사실로 보면, 피항소인 미쓰비시가 사실·자료를 계속 은폐했던 것은 분명하다. 피항소인 미쓰비시는 회답서를 제출한 1960년에는 항소인들을 포함한 조선여자근로정신대원이 이 사건 도토쿠 공장에서 일했던 것을 재차 명확하게 인식하고, 항소인들을 포함한 전 근로정신대원들이 (위안부와) 동일시되는 참기 어려운 고통 속에서 인생을 보내고 있는 상태를 확정적으로 인식할 수 있었다.

그럼에도 불구하고, 피항소인 미쓰비시는 동일시에 의한 피해를 회피하는 조치를 취하기는커녕 항소인들에 의한 책임추궁, 권리행사, 시효중단 조치를 계속 방해하고 있다.

제4절_ 피항소인 일본국의 입법 부작위 책임

1. 전후보상 입법 의무의 존재

항소인들에게 대해서 침해행위를 한 제국 일본과 동일성이 있는 국가인 피항소인 일본국은 조리상 항소인들에 대해, 과거 피해를 회복하고 더 이상 피해 증대가 없도록 배려, 보장해야 할 법적 작위의무를 지고 있다. 이 법적 작위의무는 침략전쟁에 대한 깊은 반성 위에 성립한 일본국 헌법의 근본 규범, 헌법전문 및 각 조문에 각각 구체화되어 전후보상 입법 의무의 형태로 나타나 있다.

덧붙여 입법 부작위에 관해서는 최고재판소 1985년 11월 21일 판결이 있는데, 준비 서면(6)에서 말했던 대로, 이것은 당시의 시대 배경을 짊어진 시간적 한계가 있는 판결이고 이론상 문제점도 많을 뿐만 아니라, 만일 이 판결을 전제로 했다고 해도 입법 부작위가 국가배상법상 위법 평가를 받는 '예외적인 경우'는 좁게 해석되는 것이 아니므로 이 사건에 대해서도 전후보상 입법 의무를 위반하고 있는 이상 입법 부작위는 위법이다.

(1) 일본국 헌법의 근본 규범

포츠담선언, 카이로선언에 나타난 일본국 헌법의 근본 규범은, 메이지 이후 일본의 침략전쟁, 식민지 지배를 불법으로 인정하고 그 결과의 회복을 요구하고 있다.

(2) 일본국 헌법전문, 9조

일본은 식민지지배와 침략전쟁에 의해서 아시아 사람들의 '평화 가운데 생존할 권리'를 빼앗고 지금도 피해자들에게 육체적·정신적 고통을 계속 안겨주고 있다. 일본에 의한 이러한 평화적 생존권 침해에 대해 사죄하고, 그 손해에 대해서 보상을 하며, 이런 고통 제거에 힘을 써야 함은, '전 세계 국민'에게 평화적 생존권을 보장한 헌법전문 및 9조가 당연히 의무화 하고 있다.

(3) 헌법 14조, 17조, 29조 3항, 40조, 98조 2항

그 외, 소장에서 말했던 대로 헌법 14조, 17조, 29조 3항, 40조, 98조 2항에서도 보상 입법을 하는 것이 당연한 의무라고 하고 있다.

2. 전후보상 입법 의무 정도

헌법전문에 의하면, 전후보상 입법 의무는 '국가의 명예를 걸고 전력을 다해' 달성해야 한다. 그리고 헌법이 "평화를 유지하고 전제와 예종(隸從), 압박과 편협을 지상에서 영원히 제거하려고 노력하고 있는 국제사회에서 명예 있는 지위를 얻고 싶다"라고 선언하고 있는 이상, 보상 입법 의무의 정도는 전쟁이나 압정 피해자에 대해 현재 국제사회에서 이루어지고 있는 사죄나 배상 중에서 첨단적 지위를 차지하는 수준이 요구되고 있다.

3. 전후보상 입법 의무의 태만, 합리적 기간의 경과

헌법이 전후보상 입법을 의무로 하고 있는 점, 전후보상의 국제적 흐름은 국회의원이라면 당연히 인식하고 이해할 수 있는 사실이다.

여자 근로정신대에 대해 조선총독부 기관지인 「매일신보」에서 반복해서 선전하고 있어 국회의원은 그 사실을 쉽게 인식할 수 있었다. 또, 앞서 말한 것처럼, 1988년 4월 25일 국회 중의원 결산위원회에서도, 구사카와 쇼죠(草川昭三) 의원에 의해서 확실히 조선여자근로정신대의 피해 사실이 설명되어, 우노(宇野) 외무대신이 "외무성은 후생성과 협력하며 전쟁의 상흔을 닦는 노력을 최대한 할 생각이 있다"고 답변했다. 뒤늦게라도 이 시점에서는 전후보상 입법 의무가 인식되었지만 현재까지도 그 의무가 지켜지지 않고 있다.

4. 소결

이상과 같이, 국회의원이 항소인들에 대한 전후보상 입법 의무 존재를 쉽게 알 수 있고, 또한 피해발생 후 60년이 흐르고 있어, 보상 입법을 이루어야 할 합리적 기간을 이미 훨씬 더 지나쳐, 적어도 그 과실에 의해 헌법상의 작위의무를 위배한 입법 부작위에 빠져 있다.

피항소인 일본국은 보상 입법이 있다면 보전되었을 항소인들의 각 손해를 배상할 의무가 있다.

피고 등의 면책 주장의 부당성

제1절_ 처음에

원판결은 "상기에 검토한 바에 의하면, 그 나머지 점에 대해서 판단할 것도 없이, 이 사건에서 원고들이 피고들에 대해서 가진다고 주장하는 각 청구권에 대하여 모두 인용할 수 없다"라며, 이 사건협정 내지 재산권조치법에 따르는 해결(쟁점(14) 및 원호법에 관한 부작위에 의한 국가배상 책임(쟁점(6))에 대해서만 판단하고, 원판결 자신이 16가지를 인정한 쟁점 대부분을 전혀 판단하지 않았다.

그러나 앞서 말한 깃치럼, 이 사건협정 내지 재산권조치법에 따르는 해결 및 원호법에 관한 부작위에 의한 국가배상 책임에 대해서도 원판결은 잘못된 판단을 하고 있기 때문에, 그 나머지 쟁점이 심리·판단되어야 한다.

피고 등의 책임에 대해서는 제8장, 제9장에서 언급한 대로이고, 피고 등의 면책 주장의 부당성에 대해서도 이미 준비서면으로 말했는데, 그 요지를 설명하면 다음과 같다.

제2절_ 국가무답책에 대해서

1. 국가무답책의 실체

(1) '손해 배상을 요구하는 소송'에 대해, 행정재판소에서의 관할은 부정되고 있을 뿐, 민법 부적용의 법 정책이 확립되어 있었다는 피항소인 일본국의 주장은 명백한 잘못이다. 이 점은 원고들 준비 서면(24) 및 동同(27)에서 상술했다. 이들 항소인 주장에 대한 피항소인 일본국의 유효한 반론은 이루어지지 않았고, 상기 피항소인 일본국의 주장은 작금 완전히 파탄됐다고 간주해도 좋다.

(2) 구 민법 및 현행 민법 715조 등의 제정 과정·심의 내용을 바탕으로, 국가 작용에 대한 민법의 적용·부적용은 사법 재판소의 판단에 맡길 수 있다고 해석하는 것이 올바르다(갑D3, 7).

(3) 민법 적용·부적용 범위는 메이지 헌법 하 판례에서 동태적이고, "'권력적 작용'에는 민법이 적용되지 않는" 등이라고 하는 범주가 처음부터 확정되었던 것은 아니다. 따라서 '국가무답책 법리'라는 호칭은 그 형성 과정 및 실태에도 맞지 않으므로, 단지 국가무답책이라고 칭해야 한다.

2. 국가배상법 부칙 6항

국가배상법 부칙 6항의 '더 종전의 사례에 의한다'라는 것은, 국가배상법의 소급 적용을 부정하고, 동법 제정 전의 사안은 종전 법령에 의한다는 취지에 지나지 않는다. 당연히, 종전의 법령 해석은 재판시가 기준으로 여겨진다. 즉, 법령의 해석(판례)은 종전의 사례에 포함되지 않고, 판례의 소산인 국가책임설도 포함되지 않는다. 게다가 종전의 법령은 실체법을 대상으로 하고 절차법은 포함되지 않기 때문에 어쨌든 '종전의 사례'로서 국가무답책이 적용되지 않는다.

3. 본 사안은 '공권력 행사' 내지 '권력적 작용'에 해당하지 않는다

(1) 국가무답책은, 민법 부적용 범주를 '권력적 작용' 내지 '공권력의 행사'로서 확정하려고 한다. 근대국가에서 국가 권력에 우월적 지위가 부여되어 그것이 합법으로 여겨지기 위해서는 법률에 의한 수권이 필수이다. 또한 그 전제로서 공권력을 행사하는 것으로써 보호되어야 할 공익의 존재를 전제로 하고 있다.

(2) 그런데, 항소인들은 법률상 근거에 따르지 않고, '지원'형식으로 동원됐다고 했다(원고들 준비 서면(36)). 이 사건은 위법한 강제연행·강제노동이고 국가무답책을 전제로 보호해야 할 공무는 존재하지 않는다.

4. 국가무답책의 정의·공평의 이념에 의한 적용 제한

(1) 본 사안처럼 현저하고 위법한 인권조약 행위에 대해서, 국가무답책을 적용하는 것은 정의·공평의 이념으로도 결코 허용되지 않는나.

(2) 니가타(新潟)재판 2004년 3월 26일(1999년 제543호·중국인 강제연행 사건은, "……. 현행 헌법 및 법률 아래에서 이 사건 강제연행·강제노동처럼 중대한 인권침해를 한 사안에 대해, 재판소가 국가배상법 시행 전 법체계 하에서의 민법의 불법행위 규정 해석·적용을 할 때, 공권력 행사에는 민법 적용이 없다는 전쟁 전 법리를 적용하는 것은 정의·공평의 관점에서

현저하게 타당성이 부족하다"라고 판시하고 있다.

또한 후쿠오카(福岡) 고등재판소 2004년 5월 24일(2002년(네) 제511호·중국인 강제연행 사건)은, "일본의 주권에 복종하지 않는 중국인을, 말하자면 고의로 폭력이나 기만을 이용해 가족들과 떨어지게 해 적국에 연행해서 강제로 노동에 종사시키는 것은, 개인의 존엄, 인간적 가치를 부정하고 심하게 말하면 인륜에 반하는 행위이다. 구 헌법의 기초를 이루는 자연법에 위배되고 명백하게 정의·공평에 반하고 있다.

그렇게 본다면, 이 사건 강제연행·강제노동은 공무원의 권력적 작용에 따른 행위이지만, 정의·공평의 이념에 현저하게 반하고, 행위 당시의 법령과 공서에 비추어 봐도 허용되지 않는 위법 행위이다. 국가 무답책 법리를 적용해서 책임이 없다고 하는 것은 부당하고, 민법에 의해 불법행위 책임이 인정되어야 할 것이다"라고 판시했다.

(3) 만일 본 사안이 권력적 작용 내지 공권력 행위의 범주에 포함된다고 해도 정의·공평의 이념에서 국가무답책은 배제되어야 한다.

5. 결어(結語)

(1) 이상으로, 피항소인 일본국은 이 사건 위법행위를 가한 것에 민법 709조 내지 715조의 책임을 가진다.

(2) 민법 715조의 적용 시에는, 같은 조의 '사업 집행에 대해서'라는 의의에 대해서, 행위 외형이 직무 집행 행위에 해당할 경우를 포함하는 외형 이론에 의해서 국가의 배상 책임은 긍정된다.

제3절_ 제척기간을 바탕으로 한 면책론에 대한 반론

1. 민법 724조 후단(後段)의 기간(20년)의 법적 성질

(1) 최고재판소 판결 1989년 12월 21일(최고재판소 민사판례집 43권 12호, 이하 '1989년 판결'이라고 한다) 및 최고재판소 판결 1998년 6월 12일(최고재판소 민사판례집 52권 4호, 이하 '1998년 판결'이라고 한다)은 모두 민법 724조 후단 기간의 법적 성질을 제척기간이라고 해석하고 있다.

1989년 판결이 제척기간이라고 해석되는 이유는, '불법행위를 둘러싼 법률관계의 조속한 확정' 및 '청구권 존속 기간의 획일화'라는 데 있다. 그리고 1998년 판결은 제척기간이라고 해석하는 1989년 판결 결론을 답습할 뿐으로 그 이유는 말하지 않았다.

(2) 그러나 민법 724조 후단 기간을 제척기간이라고 해석하는 적극적 논거는 찾아내기 어렵다. 원래 제척기간이라는 용어는 조문상 명기되지 않고 학설·판례에 의해서 형성되어 온 법 개념이며, 덧붙여 지금은 그 정의조차 명확하지 않다.

(3) 이상 지적한 제척 기간 설을 청구권에 적용하는 불합리성에 더해 법률 문언, 입법 경과, 입법자 의사, 법계수의 계보 등에서도(이러한 여러 가지 점은 이미 원고들 준비 서면(40) 제2항으로 상술), 민법 724조 후단의 기간은 시효로 해석돼야 한다.

제척기간설은 그 해석·운용에서 '기간 경과'라는 한 가지 사항을 가지고 피해자 청구를 인정하지 않는 점에서 너무나 획일적이고, 사안에 따라서는 정의·공평의 이념에 반하며, 조리도 몰각하는 결과를 초래할 우려가 있다.

이것이야말로 제척기간설의 최대의 치명적 결함이 있다. 1998년 판결은 제척기간설에 입각한 것을 표방해도, 그 결함을 바로잡을 수 있도록 법의 상위개념인 정의·공평의 이념 및 조리를 제척 기간 개념의 수정 원리로서 평가해 피해자 구제를 도모한 것이나 다름없다.

2. 민법 724조 후단의 적용 제한에 대해

1998년 판결은 정의·공평의 이념에서 구제해야 되는 피해자(청구권자)는 비록 제척기간이라는 장벽이 있어도 구제해야 한다고 했다. 말하자면 법의 정의에 입각한 지도 원리를 명시한 것이야말로 최대의 의의가 있다. 1998년 판결 취지를 보면, 민법 724조 후단의 적용 제한의 판단 기준으로서 아래의 요소들이 검토되는 것이 당연하다.

(1) 불법행위 모습의 악질성
1998년 판결 사안이 이 요소에 해당하지 않는 것은 앞서 말했다. 한편, 이 사건 사안은 13, 4세의 소녀들을 기만하면서 강제 연행했고, 게다가 대가(代償)도 없이 강제적으로 노무에 종사시킨 것으로 국내법 차원에서는 미성년자 유괴죄 등에 해당하며, 국제법상은 강제노동에 관한 조약(1930년의 ILO 제 29호 조약, 일본은 1932년에 비준) 및 국제관습법의 노예제 금지에 위반하는 등 국내외를 불문하고 위법인 것은 명료하고, 그 악질성은 현저하다.

(2) 피해 정도
1998년 판결 사안에서는 피해자는 고도의 정신장해·운동장해를 동반하는 와병생활 상태가 되어 그 피해 정도는 심했다. 이 사건 사안에서는 강제연행·강제노동에 따라 생긴 유년기의 정신적·육체적 피해에 머무르지 않고, 귀국 후에도 일본군 '위안부'와 동일시되는 피해에 의해서 항소인들은 중대한 정신적 고통을 입었다. 젊은 시절부터 가치 있는 인생을 보내는 것을 단념해야 하는 입장·상황에 있었다는 의미에서, 1998년 판결 사안과 비교해 뒤지지 않다고 평가할 수 있다.

(3) 소송 수행 절차 그 자체의 곤란성 유무

이 사건 소송을 본인 소송으로서 수행하는 것은 거의 불가능하다. 그것은 1998년 판결 사안에서도 마찬가지이다. 그런데 1998년 판결 사안에서는 일본인 피해자가 일본인 변호사에 위임해 일본 재판소에 소송을 제기했다. 이것이 이 사건 소송처럼 한국인이 일본인 변호사에 의뢰해 일본 재판소에서 소송을 제기한 것과 비교해서 훨씬 쉽다는 것은 논할 것도 없다.

그런데 이 사건 소송 항소인들을 그렇게 곤란하게 만든 것은 다름 아닌 피항소인 일본정부을 지게 하려면, 주권 면제의 원칙에 따라 일본의 재판소에 제소하는 수밖에 방법이 없다. 1998년 판결 사안은 이런 곤란성이 없었다.

(4) 권리행사의 객관적 가능성 유무·정도

1998년 판결 사안에서는 권리행사 가능성은 있었다고 할 수 있다. 한편, 이 사건 사안에서는 아래와 같이 권리행사에 장해가 되는 사유가 많이 보여, 이 사건 소송 제기 바로 전까지 권리행사는 불가능했다고 평가할 수 있다.

첫째는, 동일시 피해이다.

둘째는, 한국 국내의 정치 상황이 제소를 불가능하게 했다.

셋째는, 제소의 전제로서 필요불가결한 한일 쌍방향 도항(渡航)이, 1990년대 초까지 불가능했다.

넷째는, 피항소인 일본국 및 피항소인 미쓰비시가 항소인들의 강제연행·강제노동을 뒷받침하는 자료를 처분 내지 은닉했기 때문에, 사실 관계

발굴에 오랜 세월이 필요해 이 사건 소송 제기가 현저하게 곤란했다.

(5) 가해행위와 권리행사를 곤란하게 한 것과의 인과관계의 존부(存否)
1998년 판결은 확실히 이 요소를 충분히 충족하고 있다. 이 사건 사안에
대해서도, 앞서 말했던 대로 피고들이 한반도에서 항소인들을 강제 연행했
다는 사건 성격 그 자체가 소송 수행의 곤란성을 가져오고 있다. 게다가 강
제연행 모습 그 자체가 일본군 '위안부'와 동일시되는 피해도 입게 해 권리
행사의 중대한 장해를 만들고 있다. 따라서 가해행위와 권리행사 곤란성
사이에는 충분한 인과관계가 있다.

(6) 증거 인멸ㆍ제소 방해의 존재 여부
1998년 판결은 국가의 증거 인멸 내지 제소 방해 등의 사실은 인정하지
않았다. 한편, 이 사건 사안에서는 피항소인 일본국 및 피항소인 미쓰비시
의 증거 은닉 및 피항소인 일본국의 제소 방해(한일교섭 등 한국정부와의
정치 교섭을 통한 방해 행위)가 존재한다.

(7) 권리행사 가능 후 제소의 신속성
1998년 판결 사안에서 피해자가 미성년 시절에 친권자를 법정 대리인으
로 하여 제소가 가능했던 것을 고려하면 동 사안은 본 요소를 채우지 못한
다. 한편, 이 사건 사안은 한국 내 정치 상황, 도항 가능성 및 동일시 피해
로부터 탈각 등 많은 장애를 극복한 후 신속하게 제소한 사안이며(이 사건
소장에 익명의 원고가 존재한 것은 소송 제기 시에 아직 동일시 피해가 장
해로서 존재하고 있던 것을 나타내고 있다), 본 요소를 충족하고 있다.

(8) 결론
이상과 같이, 각 판단 요소의 검토를 통해서 1998년 판결 사안과 비교해

도 그 사안 이상으로 이 사건의 항소인 등을 구제할 필요성이 확인되었다.

따라서 민법 724조 후단의 기간이 시효라면, 후술하듯이, 만일 피고 등이 소멸시효를 원용했다고 해도 권리남용의 법리에 의해서 그 효과는 발생하지 않는다. 또, 제척기간이라고 해석했다고 해도 정의·공평의 법리 내지 조리에 의해서 그 효과는 제한되는 것이 당연하다.

제4절_ 시효를 바탕으로 하는 면책론에 대한 반론

1. 처음에

앞서 말했던 대로 민법 724조 후단이 시효 기간이라고 해석되는 것, 또 안전배려 의무위반에 의한 손해배상 청구권의 소멸시효가 10년으로 되어 있는 것을 생각하면, 피항소인 미쓰비시의 소멸시효 원용에 의한 손해배상 청구권 소멸을 생각할 수 있다.

그러나 이 사건에 대해서는 이 사건 소송에 이르기까지 권리행사 가능성이 없기 때문에 원래 시효 기간은 만료되지 않으며, 백번 양보해서 만일 시효 기간이 만료됐다고 해도 피항소인 미쓰비시가 소멸시효를 원용하는 것은 권리남용으로서 허용되지 않는다.

2. 소멸시효 원용의 권리남용에 관한 판례 법리

이 점을 분명히 한 것이 니가타 지방법원 2004년 3월 26일 판결이다.

즉, 동 판결은 "소멸시효는 채무자에 의한 원용권의 행사(원용의 의사표시)라는 권리행사를 기다려야 비로소 효과가 발생되기 때문에, 권리남용 등을 이유로 그 권리행사(원용의 의사 표시)가 제한되어 그 효과 발생을 방해할

수 있는 것은 해석상 당연하다"고 한 뒤에, "채권자에 의한 권리행사·시효
중단 조치와의 관계에서 채무자가 소멸시효를 원용하는 것이 사회적으로
허용된 한계를 일탈됐다고 인정되는 사정이 존재하는 경우에는, 소멸시효
의 원용은 신의에 반하는 것으로서 권리남용이 된다고 해석하는 것이 타당
하다"라고 하면서, "구체적으로는, ① 채무자가 위법·부당한 행위에 의해
서 채권자에 의한 권리행사·시효중단 조치를 불필요하다고 믿는 것에 대
해 어쩔 수 없는 사정이 있어, 채권자에 의한 권리행사·시효중단 조치를
기대할 수 없는 경우 등이 이에 해당한다고 해석된다"고 판시했다.

마찬가지 소멸시효의 원용을 권리남용으로 한 재판례는 다수 인정되지
만, 재판례 모두 '채무자가 소멸시효를 원용하는 것이 사회적으로 허용된
한계를 일탈한다고 인정되는 사정이 존재하는가'를 기준으로 했던 니가타
지방법원 판결과 동 취지이다. 이것은, 그 권리행사(원용의 의사 표시)를
제한해 그 효과 발생을 방해하는 이유로서 권리남용(민법 1조 3항)의 법리
를 이용하면 당연하다.

3. 이 사건에서, 피항소인 미쓰비시의 소멸시효의 원용은 권리남용이며 허용되지 않는다

피항소인 미쓰비시는 안전배려 의무위반에 따른 손해배상 청구권의 소
멸시효, 체불임금 청구권의 소멸시효를 원용하고 있다.

그러나 다음에서 말하는 것처럼, 피항소인 미쓰비시의 소멸시효의 원용
은 권리남용이며 허용되지 않는다.

(1) 가해자의 지위

피항소인 미쓰비시가 가해자 입장에 있는 것은 말할 필요도 없다. 하물
며, 피항소인 미쓰비시는 피항소인 일본국과 함께 이 사건 불법행위를 저

질러 왔는데 함께 공모한 가해자인 피항소인 일본국이 설정한 시효제도에 편승해 그 책임을 면하는 것은 부당하다.

(2) 의무자에 의한 권리행사의 저해도(阻害度)

피항소인 미쓰비시는 위법·부당한 행위에 의해서 항소인 등에 의한 권리행사·시효중단 조치를 방해하고 있다.

이른바, 일본군 '위안부'로 동일시되는 피해에 의해서 항소인들의 권리행사 가능성이 현저하게 어려웠다. 그 책임은 피항소인 미쓰비시에도 귀속되어야 함이 분명하다.

또, 피항소인 미쓰비시 자신도 위법·부당한 행위에 의해서 항소인들에 의한 권리행사·시효중단 조치를 방해하고 있다.

(3) 의무자 보호의 부적격성

피항소인 미쓰비시는 피항소인 일본국과 공동으로 혹은 단독으로 근로정신대 실태를 조사, 공표, 사죄함에 의해서 항소인 등의 구제가 가능했는데도, 60년이란 오랜 세월에 걸쳐서 그 의무를 다하지 않고 항소인들을 방치했다.

이 때문에 이른바 '동일시 피해' 등에 의해서 항소인들은 중대하고 심각한 피해를 계속 입었다. 이는 이 사건 강제연행, 강제노동이라는 선행 행위에서 유래했고, 그 후 피해의 누적·확대는 선행 행위의 위법성이 중대함을 나타내고 있다. 이러한 피항소인 미쓰비시를 보호할 필요성은 조금도 인정받을 수 없다.

(4) 권리행사 조건의 성숙도

가. 외적 사정에 의한 권리행사 불가능

① 한국 국내의 정치 사정 ② 도항 가능성 ③ 공문서 소각과 은닉에 의해

항소인들의 권리행사가 사실상 불가능하게 사정은 준비 서면(40)에서 상술했던 바이다.

나. 손해 파악의 곤란성

근로정신대원인 항소인들이 일본군 '위안부'로 동일시됨에 의해 동일시 피해를 당해 온 것은 이미 준비 서면(36)등에서도 기술되어 있는 대로이다. 동일시 피해 때문에 항소인들뿐만 아니라, 항소인들을 포함한 전 근로정신대원은 근로정신대원인 것을 드러내지 못했으며 손해를 파악하는 것도 곤란했다.

(5) 위법성 · 피해의 크기

강제연행 · 강제노동 피해가 중대한 것은 말할 필요도 없다. 피항소인 일본국과 공모해서 함께 관여한 피항소인 미쓰비시의 책임은 매우 무겁다.

그것뿐만이 아니라 항소인 등의 동일시 피해가 중대한 것은 준비 서면 (36)에서 말했던 대로이고, 이것을 계속 방치한 피항소인 일본국, 피항소인 미쓰비시의 위법성도 중대하다.

(6) 소결

이상으로 보면, 피항소인 미쓰비시의 소멸시효의 원용은 '채무자가 소멸시효를 원용하는 것이 사회적으로 허용된 한계를 일탈한다고 인정되는 사정이 존재한다'고 말할 수 있어, 권리남용이며 허용되지 않는다.

제5절_ 미쓰비시의 별도 회사론의 파탄과 부조리성에 대해

1. 피항소인 미쓰비시와 전쟁 전 미쓰비시는 실질적으로 동일하며, 다른 법인격이라고 주장할 수 없다

(1) 피항소인 미쓰비시 내에서의 연속성·일체성 의식

피항소인 미쓰비시 내에서 피항소인 미쓰비시와 전쟁 전 미쓰비시는 같다는 의식은 부인할 수 없으며, 오히려 그것을 전면으로 드러내 경제활동을 전개할 의도가 있었던 것은 의심할 필요조차 없다.

그럼에도 불구하고 사태의 일면만을 보고 "전통, 기술 전승, 연혁을 설명하는 취지다"라는 피항소인 미쓰비시의 주장은 필요할 때만 연속성을 강조하고, 사정이 좋지 않으면 발뺌하며 '자기의 행위에 모순된 태도를 취하는 것은 허용되지 않는다'라는 금반언의 법리에 분명히 반하는 것이다.

(2) 물적 연속성·일체성

미쓰비시중공업(전쟁 전 미쓰비시)은 지역적 기준에 의해 제2회사 3사(社)로 분할되었고, 그 후 합병해 피항소인 미쓰비시가 되었다. 이전, 우선 미쓰비시중공업와 유기적으로 한 몸인 영업용 재산이 미쓰비시중공업에서 제2회사 3사(社)로 이전되었다. 법률적으로는 현물출자이지만 실태는 유기적으로 하나가 된 영업용 재산분할 이전이다(원고 준비 서면(9)).

덧붙여 피항소인 미쓰비시는 미쓰비시중공업에서 지진에 의한 사망자 명부('지진에 의한 사망자 인명 표'(갑C25), '구(舊) 미쓰비시 오에·도토쿠 공장 순직자 명부'(갑G1) 등의 자료를 계승하고 있다.

(3) 인적 연속성·일체성

또, 피항소인 미쓰비시에서는 종업원이 제2회사 3사(社)로 인계되는 한편, 임원 구성도 전쟁 전 미쓰비시, 제2회사 3(社), 피항소인 미쓰비시 사이에 연속성·일체성이 인정된다.

(4) 형식적 연속성·일체성

'상호'·'상표'에 대해서도, 전쟁 전 미쓰비시와 피항소인 미쓰비시의 상호, 상표는 동일하다.

(5) 소결

이상과 같은 사실을 보면, 피항소인 미쓰비시가 전쟁 전 미쓰비시와 하나인 것은 분명하며, 피항소인 미쓰비시가 별도의 회사라고 주장하면서 책임을 면하는 것은 법인격 남용이며, 금반언의 법리에 반한다.

2. 피항소인 미쓰비시는 전쟁을 통해 얻은 막대한 이익을 항소인 등의 배상에 이용해야 한다

(1) 총론

전쟁 전 미쓰비시는 전쟁을 통해 막대한 이익을 얻었고, 전후에도 1951년 한국 전쟁을 기회로 피항소인 미쓰비시는 군수산업 업체로 부활해 막대한 이익을 올렸다.

전쟁 전부터 오늘날에 이르기까지 일본 최대의 군수 산업체였다는 점에서도 확실히 피항소인 미쓰비시는 전쟁 전 미쓰비시와 실질적으로 동일한 회사라고 할 수밖에 없지만, 포츠담선언 수락의 의미, 전시 보상 중단의 취지에 비추어 보면 피항소인 미쓰비시는 '군수 발주' 등으로 얻은 막대한 이익을 온전하게 보존하는 것을 인정할 수 없고, 이 이익을 전쟁책임에 따라 배상 채무 변제에 이용해야 한다.

(2) 피항소인 미쓰비시의 회사 경리 응급조치법 내지 기업 재건 정비 법상의 책임에 대해

① 피항소인 미쓰비시는 "전쟁 전의 미쓰비시가 부담하고 있던 원고들에 대한 채무는 회사 경리 응급조치법상의 '구(舊) 계산'에 속하는 채무이므로, 피항소인 미쓰비시는 기업 재건 정비 법상 전쟁 전 미쓰비시로부터 이 채무를 승계하지 않는다"는 취지를 주장했다.

그러나 회사 경리 응급조치법, 기업 재건 정비법이 제정된 것은 배상 문제를 포함한 평화조약을 체결하기 전이며, 배상 문제가 미해결된 시기이다. 이것을 보더라도, 전쟁책임에 따른 배상 의무는 회사 경리 응급조치법, 기업 재건 정비법의 장외이기 때문에 이러한 법으로 배상 의무에 관한 명문 규정이 정해지지 않은 것은 오히려 당연하다.

무엇보다, 이러한 법률에도 후의 배상 문제(배상 의무)를 예정하고 있는 조항이 있다.

② 기업 재건 정비법 26조 2, 같은 조의 6의 규정은 '재외 부채(在外負債)'에 관한 규정이며, 이런 규정이 샌프란시스코 평화조약이 조인되어 각국과의 배상 조약, 협정이 체결되기 시작한 1954년에 추가됐으므로, 그때까지 당연히 승계되어야 할 전제인 배상 의무에 대해 재차 명문화됐다고 해석된다.

따라서 항소인 등에 대한 배상 채무도 '재외 부채'로서 득별한 보호가 주어지며, 소멸이 인정되지 않고 오히려, 청구가 있었을 경우에 대비해 자금을 준비하는 것이 필요하다.

③ 회사 경리 응급조치법 7조에 의하면, '회사의 목적인 현재 운영하고 있는 사업의 계속 및 전후 산업 회복에 필요한 것'은 '새로운 계산'으로 배분된다. 피항소인 미쓰비시의 전쟁책임에 따르는 배상 채무는 피항소인 미

쓰비시의 '사업의 계속' 내지 '전후 산업의 회복'에 없어서는 안 될 것이므로, '새로운 계산'으로 피항소인 미쓰비시에 인계되고 있다.

덧붙여 말하면, 점령 당시 최고 규범인 포츠담선언은 앞서 말한 것처럼 "일본은 기본 경제를 지지하며 또한 공정한 실물 배상 징수가 가능하다면 산업을 유지하는 것을 허용해야 한다"라고 하고 있다. 이 최고 규범의 구속 아래에서 제정된 회사 경리 응급조치법에서 말하는 '전후 산업의 회복'은 당연히 상기 포츠담선언에 기속되어 전쟁에 의한 피해의 배상을 당연히 포함하게 된다.

이상의 점에서도, 피항소인 미쓰비시의 전쟁책임에 따른 배상 채무는 적어도 '전후 산업의 회복 부흥에 필요한 것'에 해당하며 '새로운(新) 계산'으로서 피항소인 미쓰비시에 인계되고 있다.

11 | 결론

이상의 모든 점에서, 원판결은 파기를 면할 수 없다.

항소인들은 모두 70세를 넘겨 노인이 되었다. 이런 항소인들을 위해서라도 한시라도 빨리 해결이 요구되고 있다. 사죄와 보상 실현에 의해 비로소 항소인들의 60년에 달하는 인생 피해인 한이 풀리는 것이다.

귀 재판소가 정당한 역사 인식에 따라 항소인 등의 존엄을 회복하는 것이야말로 사법의 책무이며, 가해행위를 한 일본국민으로서의 책무이다.

이상

5

판결문

나고야 고등재판소

(2007년 5월 31일)

헤이세이19년(2007) 5월 31일 판결

헤이세이17년(2005) (네) 제374호 손해배상, 손해배상 등 청구 항소 사건

헤이세이11년(1999) (와) 제764호 [갑사건],

헤이세이12년(2000) (와) 제5341호 [을사건],

헤이세이16년(2004) (와) 제282호 [병사건]

구두변론 종결일: 헤이세이18년(2006) 12월 5일

판결

대한민국 광주광역시 남구 서2동 ***

항소인 (1심 갑 사건 원고) 박해옥(朴海玉)

대한민국 광주광역시 남구 진월 *** 이금주

항소인 (1심 갑 사건 원고) 김혜옥(金惠玉)

대한민국 광주광역시 서구 화정 4동 ***

항소인 (1심 갑 사건 원고) 진진정(陳辰貞)

대한민국 광주광역시 서구 양1동 ***

항소인 (1심 갑 및 병 사건 원고) 양금덕(梁錦德)

대한민국 광주광역시 북구 우산동 ***

이의임(李儀任) 즉 항소인 (1심 갑 사건 원고) 이동련(李東連)

대한민국 울산직할시 남구 신정3동 ***

항소인 (1심 을 사건 원고 겸 동 사건 원고 망 김순례金淳禮 소송 승계인)

김중곤(金中坤)

대한민국 경기도 안양시 동안구 비산동 ***

항소인 (1심 을 사건 원고) 김성주(金性珠)

항소인 소송대리인 변호사 우치카와 요시카즈(內河惠一)

동 　　　　　　　　미야타 무쓰오(宮田陸奥男)

동 　　　　　　　　이와츠키 고지(岩月浩二)

동 　　　　　　　　다카기 데루오(高木輝雄)

동 　　　　　　　　나카타니 유지(中谷雄二)

동 　　　　　　　　나지마 아키오(名嶋聡郎)

동 　　　　　　　　하세가와 가즈히로(長谷川一裕)

동 　　　　　　　　후지이 고이치(藤井浩一)

동 　　　　　　　　모리 히로노리(森弘典)

동 　　　　　　　　와카마쓰 히데나리(若松英成)

동 　　　　　　　　우오즈미 쇼오조(魚住昭三)

동 　　　　　　　　다마키 히로코(田巻紘子)

동 　　　　　　　　야마다 아사토(山田麻登) 기타

도쿄토(東京都) 지요다쿠(千代田区) 가스미가세키(霞ケ関) 1쵸메(丁目)1반(番)1호(号)

피 항소인 (1심 갑, 을 및 병사건 피고) 국가

동 　　　　　　　　대표자 법무대신 나가세진엔(長勢甚遠)

동 　　　　　　　　지정대리인 쓰지 유키(辻由起)

동 　　　　　　　　후지이 마사키(藤井正樹)

동 　　　　　　　　쓰즈키 마사토시(都築雅利)

동 　　　　　　　　이와모토 가즈키(岩本一起)

도쿄도 미나토쿠 고오난 2쵸메 16반 5호

피 항소인(1심 갑 및 을 사건 원고) 미쓰비시중공업(三菱重工業)

주식회사

동   대표자 대표 취제역 쓰쿠다 가즈오(佃和夫)

동   소송대리인 변호사 오카지마 아키라(岡島章)

동   미야자키 료이치(宮嵜良一)

주문

1. 이 사건 항소를 모두 기각한다.
2. 항소비용은 항소인들의 부담으로 한다.

사실 및 이유

제1절_ 항소취지

1. 항소인들

(1) 제 1심 판결을 취소한다.

(2) 피 항소인들은

① 항소인 박해옥, 김혜옥, 진진정, 양금덕 및 이동련에 대하여 별지1 기재의 '사죄문'을

② 항소인 김중곤 및 동 김성주에 대하여 별지2 기재의 '사죄문'을,

③ 항소인 김중곤에 대하여 별지3 기재의 '사죄문'을

모두 아사히신문(朝日新聞), 마이니치신문(毎日新聞), 요미우리신문(読売新聞), 산케이신문(産經新聞), 니혼케이자이신문(日本經済新聞), 주니치신문(中日新聞), 동아일보, 중앙일보, 조선일보, 한국일보, 한겨레신문 및 광주일보에 게재해서 사죄하라.

(3) ① 피고들은 연대하여, 항소인 박해옥, 김혜옥, 진진정, 양금덕, 이동련

및 김성주에 대하여 각각 3,000만 엔 및 이에 대하여

(A) 항소인 박해옥, 김혜옥, 진진정 및 이동련에 대해서 헤이세이11년 (1999) 3월 16일부터

(B) 항소인 양금덕에 대하여, 피항소인 일본국은 헤이세이16년(2004) 2월 5일부터 피항소인 미쓰비시중공업주식회사는 헤이세이11년(1999) 3월 16일부터

(C) 항소인 김성주에 대하여 헤이세이12년(2000) 12월 19일부터 다 갚는 날까지 연 5%의 비율에 의한 금액을 지불하라.

 ② 피 항소인들은 연대하여 항소인 김중곤에 대하여 6000만엔 및 이에 대한 헤이세이12년(2000) 12월 19일부터 다 갚는 날까지 연 5%의 비율에 의한 금액을 지불하라.

(4) 소송비용은 제1심, 제2심 모두 피고들이 부담한다.

(5) 제(3)항은 가집행할 수 있다.

2. 피항소인 일본국

(1) 항소인들의 피항소인 일본국에 대한 이 사건 항소를 모두 기각한다.

(2) 항소비용 중 항소인들과 피항소인 일본국 간에 생긴 부분에 대해서는 항소인들의 부담으로 한다.

(3) 가집행을 선고할 경우에는

 ① 담보제공을 조건으로 가집행을 면할 수 있다.

 ② 가집행 시기는 판결이 피항소인과 일본정부에 송달된 후 14일이 경과했을 때로 한다.

3. 피항소인 미쓰비시중공업주식회사(이하 '피고 회사'라고 함)

(1) 이 사건 항소를 모두 기각한다.

(2) 항소비용은 항소인들의 부담으로 한다.

제2절_ 사안의 개요

1. 이 사건은 대한민국(이하 '한국'이라고 함)에 재주하는 항소인 박해옥, 김혜옥, 진진정, 양금덕, 이동련 및 김성주 및 망 김복례(항소인 김중곤의 아내) 및 망 김순례(항소인 김중곤의 여동생)는 제2차 세계대전 중에 한반도에서 여자근로정신대(이하 '근로정신대'라고 함)의 대원으로서 일본에 온 뒤, 당시의 미쓰비시중공업주식회사(이하 이것을 '구 회사'라고 함)의 나고야항공기제작소 도토쿠(道德) 공장(이하 '이 사건 공장'이라고 함)에서 노동에 종사당했다.

그 실태는 강제연행, 강제관리 및 강제노동(이하 원칙적으로 '이 사건 불법행위'라고 함)과 다름이 없었으며, 또 피고들은 전쟁 후 항소인들이 근로정신대의 대원이었다는 이유로 새로운 피해를 입지 않도록 조사, 공표, 사죄 등을 해야 할 의무를 지니고 있었다. 그럼에도 이를 소홀히 함으로써 항소인들에 대하여 손해를 끼쳤다는 이유로 피고들에 대해 사죄 광고의 게재와 손해배상금 지급을 요구한 사안이며,

(1) 갑 사건 및 병 사건은, 항소인 박해옥, 김혜옥, 진진정, 양금덕, 이동련이 피고들에 대하여 각각 〈1〉 신문지면에 사죄 광고(원판결 별지1) 게재와 〈2〉 손해배싱금 지급을 요구한 사안이며 (그 중 항소인 양금덕의 피항소인 일본국에 대한 손해배상금 지급 청구사건이 병 사건이다. 기타는 모두 갑 사건이다)

(2) 을 사건은
① 김순례(1944년 〔쇼와19년〕 12월 7일 사망)의 오빠이며 상속인인 항소인 김중곤이 피고들에 대하여 〈1〉 신문지면을 통한 사죄광고(원판결 별지3) 게재와 〈2〉 손해배상금의 지급을 요구한 사안과

② 김복례가 피고들에 대하여 〈1〉 신문지면을 통한 사죄 광고 게재와 〈2〉 손해배상금의 지급을 요구한 사안이었으나, 김복례가 2001년 (헤이세이13년) 2월 13일 사망함으로써 김복례의 남편인 항소인 김중곤이 김복례의 지위를 승계하여, 동 항소인이 피고들에 대해 〈1〉 신문지면을 통한 사죄 광고(원판결 별지2) 게재와 〈2〉 손해배상금의 지급을 요구하기에 이른 사안 그리고

③ 항소인 김성주가 피고들에 대하여, 〈1〉 신문지면을 통한 사죄 광고(원판결 별지2)의 게재와 〈2〉 손해배상금의 지급을 요구한 사안이다.

이하 원칙적으로 항소인 김중곤을 제외한 항소인들 및 김복례를 '근로정신대원 항소인들'이라고, 근로정신대원 항소인들 및 김순례를 '이 사건 근로정신대원들'이라고 함.

2. 원판결은 항소인들이 주장하는 각 청구권이 존재한다고 하되, 재산 및 청구권에 관한 문제의 해결 및 경제협력에 관한 일본국과 대한민국 간의 협정(쇼와40년(1965) 조약 27호, 이하 '이 사건 협정'이라고 함) 2조 1항, 3항의 규정에 의하여 항소인들은 상기 각 청구권에 대하여 어떠한 주장도 할 수 없는 것으로 되어 있다. 그리고 피 항소인들이 그러한 취지를 주장하는 이상, 항소인들의 청구는 이유 없다고 하여 항소인들의 청구를 모두 기각했다. 이에 원 판결에 불복해 항소인들이 항소했다.

3. 당 재판부의 판단에 전제가 되는 사실, 쟁점 및 이와 관련한 당사자들의 주장은 다음과 같이 원 판결(제1심판결)에 부가정정을 하는 것 이외에, 원 판결 '제2사안의 개요'란의 2 및 원 판결 '제3쟁점 및 이에 대한 당사자들의 주장'란에 기재된 대로이기 때문에 이를 인용한다.

4. 원판결의 부가정정

1) 원판결 3쪽 22행의 '43, 45 및 46호증의 각1'을 '43호증의 1, 44 내지 46 호증의 각1 및 2'로 변경한다.

2) 원판결 5쪽 7행 처음부터 동쪽 11행 마지막까지 다음과 같이 변경한다.

"조선근로정신대들의 동원은 '여자정신근로령' 시행 이전부터 시행되고 있었다. 1944년(쇼와19년) 이후 특히 많았는데 주로 초등학교 6학년 또 는 졸업생을 대상으로 모집을 하였다.

상기 '여자정신대 제도 강화 방책 요강'및 '여자정신근로령'에서는 국민등 록자인 여자들을 정신대 대원이 되는 것을 기본이라고 하고 있었으나(갑 C8) 당시 조선에서 여성들의 국민등록은 기능자(12세 이상 40세 미만의 기 능자로서 중학교 정도의 광공(鑛工)계 학교 졸업자 또는 실력과 경험에 의 해 광산기술자, 전기기술자, 전기통신기술자 등으로 현직에 취업하고 있거 나 예전에 일한 적이 있는 자)만으로 되어 있으며, '필요업무에 정신 협력해 야 할 것을 명할 수 있는' 국민등록자의 범위는 좁은 범위에 머물고 있었다 (갑C1).

그러나 상기 '여자정신내 제도 강화 방책 요강' 및 '여자 정신근로령'에 '특히 지원을 한 자는 정신대원이 되는 것을 막지 않기로 함' 그리고 '전 항 해당자 (국민등록자) 외의 여자들은 지원을 한 경우에 한하여 대원으로 될 자격을 얻을 수 있기로 함'이라고 규정되고 있었기 때문에(갑C8), 상기처럼 근로정신대원을 모집하고 지원이라는 형식으로 정신대원으로 된 자들이 이 사건 공장 외에도 후지코시(不二越) 강재공업주식회사 도야마(富山) 공 장, 주식회사 도쿄아사이토(麻絲) 방적 주식회사 누마즈(沼津) 공장 등의 군수공장에 동원되었다.

또한 '여자정신근로령'에 의하면 '정신근로를 받으려고 하는 자는… 지방장관에게 이를 청구 또는 신청'하여, 지방장관이 필요성을 인정하면 시정촌(市町村)장 기타 단체의장 또는 학교장에게 대원의 선발을 명한다. 결과를 보고받아 대원을 결정하면 근로령서에 취지를 통지하여 정신근로를 하는 것으로 규정됐다. 또 정신근로를 받게 된 자가 원칙적으로 그 경비를 부담하나 '후생대신… 또는 지방장관은 …필요하다고 인정할 때에는…정신근로를 받아들일 사업주에 대하여 대원들의 사용 또는 급여 기타 종업조건에 관하여 필요한 명령을 내릴 수 있다' 그리고 그 위에 '후생대신 또는 지방장관은… 정신근로에 관하여 시정촌장 기타 단체의장 혹은 학교장 또는 대원 혹은 정신근로를 받아들일 사업주를 감독한다'고 규정되어 있었다"(갑C8).

3) 원 판결 12쪽 18행에 '동일시'라고 있는 것을 "동일시(여기서 동일시란 1990년대까지는 '정신대'라는 말이 일본에 의해 성적으로 더럽혀진 여성인 것을 나타내고 있었기 때문에 그러한 여성으로 여겨진 것과 1990년대 이후는 그와 더불어 군 '위안부'와 혼동·동일시 당한 모든 것을 포함한다. 이하도 같음)"로 변경한다.

4) 원 판결 54쪽 10행의 '3,500만엔'을 '3,700만엔'으로, 동쪽 14행의 '2,500만엔'을 '2,600만엔'으로 각각 변경한다.

5) 원 판결 55쪽 10행의 '(b)상기'를 '(b)김순례의 상속인 및 고유의 손해로서 상기'로 변경한다.

5. 당 재판부에 있어서의 항소인들의 주장

1) 이 사건 협정과 조약법에 관한 비엔나조약

(1) 조약의 해석에 대해서는 1969년(쇼와44) 5월 23일에 채택된 조약법에 관한 비엔나 조약(이하 '조약법 조약'이라고 함) 31조, 32조에 규정이 있다. 그리고 이 조항은, 종래의 국제관습법을 확인한 것이기 때문에 1965년(쇼와40)에 체결된 이 사건 협정에도 적용된다(조약법 조약 4조 단서).

(2) 이 사건 협정의 문언은 다의(多意)적 혹은 애매한 해석이 있을 수 있는 것이다. 특히, '청구권에 관한 문제', '완전 및 최종적으로 해결'(이 사건 협정 2조1항) 혹은 '모든 청구권이 동일 전에 생긴 사유에 근거하는 것', '어떠한 주장도 할 수 없는 것으로 한다'(이 사건 협정 2조 3항)라는 문언은, 일어로서 통상적인 해석을 시도할 수는 있지만, 여전히 그 자체가 명확히 그 사정범위, 법적효과를 가리키는 것이 아니다.

(3) 조약법의 규정에 따라 이 사건 협정을 검토해 보면 원판결은 다음과 같은 문제점이 있다.

① 이 사건 협정의 사정범위 문제로서 한일청구권협정 체결에 즈음하여 항소인들의 피해를 포함시킨 식민지 지배 피해에 대해서는 아무런 협의도 없고 합의도 되지 않았다. 합의가 되지 않은 사항에 대하여 이 사건 협정의 효과가 미칠 수는 없고 항소인들의 청구권에 대해서도 이 사건 협정에 의해 '완전 및 최종적으로 해결'되어 '어떠한 주장도 할 수 없다'라는 효과도 생길 수 없다.

② 이 사건 협정 2조 1항, 3항에 있어서 '완전 및 최종적으로 해결'되어 '어떠한 주장도 할 수 없다'는 문구의 해석은 한일양국 정부 간의 이 사건 협정 체결 후의 해석에 비추어 양국정부가 외교보호권을 서로 행사하지 않는다는 합의로 해석될 뿐, 개인의 청구권을 소멸시킨다

는 내용으로 해석될 수 없다. 만일, 항소인들의 청구에 이 사건 협정의 효과가 미친다고 하더라도 그것은 양 국가가 외교보호권을 행사하지 않는다는 것에 지나지 않는다.

2) 이 사건 협정과 국제법(특히 '강제노동에 관한 조약)

(1) 일본은 '강제 노동에 관한 조약'(1930년(쇼와5) 6월 28일 채택. ILO조약 제29호, 이하 'ILO 29호 조약'이라고 함)을 1932년(쇼와7년) 10월 15일에 비준하여 같은 해 11월 21일 비준 등록을 하고 있다.

① 여기서 강제노동이란 '어떠한 자가 처벌의 위협 하에서 강요받거나 또는 임의로 제공하는 것이 아닌 모든 노무'로 되어 있고,(동 조약 2조1항) 일본이 위 조약을 1932년(쇼와7) 11월 21일에 비준 등록하여 일본에서 사기업을 위한 강제노동은 일절 허용되지 않는 것이었다.(동 조약 제4조)

또 예외적으로 강제노동이 인정된 경우(동 조약 10조 1항)에도, '추정연령 18세 이상 45세 이하의 건장한 성인 남자만을 강제노동에 징집할 수 있는 것'(동 조약 11조1항)이며, 여성 또는 18세 미만의 아동에 대한 강제노동은 일체 허용되지 않고 있다.

② 게다가 동 조약 14조에서는 동 조약 제10조에서 정하는 강제근로 이외의 모든 종류의 강제근로에 대해서는 노동력이 사용되는 지역 또는 노동력이 징집된 지역의 어느 쪽에 대해서건 유사한 노무에 통상적으로 지급되는 비율보다 낮지 아니한 비율로 현금으로 보수를 지급하여야 한다고 규정되어 있다. 그러나 피고들은 항소인들에게 임금을 일절 지급하지 않았다.

③ 따라서 이 사건 근로정신대원들에 대한 피항소인 일본국의 행위는 위법이라는 평가를 면할 수 없다.

④ 또한 동 조약 2조 2항 (d)은, '긴급한 경우 즉 전쟁인 경우 … 처럼

재해의 경우 혹은 그 우려가 있을 경우 및 일반적으로 주민들의 전부 또는 일부의 생존 또는 행복을 위태롭게 할 일체 사정에 있어서 강요당하는 노무'에 대해서는 강제노동에 포함되지 않다고 되어 있으나, 국제법상의 비례의 원칙 '일반적으로 주민들의 전부 또는 일부의 생존 또는 행복을 위태롭게 할 일체 사정'의 해석에 의하면 이 사건 근로정신대원들에 대한 행위가 동 조약 2조 2항 (d)에 해당하지 않는 것은 분명하다.

⑤ 동 조약이 금지하는 강제노동에 대해 처벌하는 것은 비준한 국가의 의무이다. (ILO협약 제25조는 "강제근로의 불법적인 강요는 형사상의 범죄로 처벌되어야 하며, 또한 법령에 의하여 부과되는 형벌이 실제로 적당하고도 엄격하게 실시되도록 확보해야 하는 것은 이 협약을 비준하는 회원국의 의무이다."라고 명시하고 있으므로 피항소인 국가는 위와 같은 의무를 부담한다.)

(2) 그리고 조약법 조약 53조에 의하면 일반국제법의 '강행규범'이란 어떠한 예외도 허용되지 않는 규범으로, 동일한 성질을 갖는 일반국제법의 규범에 의해서만 변경할 수 있는 규범이다. 국가에 의해 구성되어 있는 국제사회 전체가 승인한 규범을 가리키는 것으로, 체결 시에 일반국제법의 강행규범에 저촉할 조약은 당연히 무효로 되어 있기 때문에, 강제노동의 금지는 이 사건 당시 이미 국제법상의 '강행규범'으로서 확립되어 있었던 것이다.

(3) ILO 29호 조약의 14조, 15조에 따르면, 이 협약 제10조에서 정하는 강제근로 이외의 모든 종류의 강제근로에 대해서는, 가해자에게 임금 지급 및 기타 보상의무가 부과되어야 한다.

그러나 만일 원 판결처럼 이 사건 협정을 해석하면, 일본정부와 구 회사(혹은 피고 회사) 모두 ILO 29호 조약을 위반한 강제노동에 대해서, 그 피해자들에게 보상의무를 지지 않는 결과가 된다. 이러한 결과는 이 사건 협정이 ILO 29호 조약에 위반한 것이 되며 무효라는 효과로 귀결할 뿐만 아니라, 헌법 98조 2항에도 위반하는 해석이 된다. 따라서 이 사건 협정이 일반국제법의 강행규범에 위반하지 않는 협정이라거나, 무효인 협정이 아니라고 해석하기 위해서는, 이 사건 협정에 의해 항소인들 피해자 개인의 청구권은 아무런 영향을 받지 않는다고 해석해야 한다.

(4) 게다가 이 사건 협정에 의해 항소인들의 청구권이 소멸하고 있다(실질적인 구제를 얻을 수 없다)는 해석은, 헌법 전문, 9조, 13조에 비추어 헌법 29조 1항, 3항에 위반한 해석이며, 그 해석·적용의 한계에서 헌법위반이다.

3) 이 사건 협정과 권리남용

이 사건 소송에서 이 사건 협정을 바탕으로 하는 항변은 권리의 남용에 해당하며 허용되지 않는다.

(1) 이 사건 협정을 바탕으로 하는 피항소인 일본국의 자금 거출은 국가 간의 경제협력·경제원조로 이뤄진 것이며, 개인의 청구권에 대한 배상으로 이뤄진 것이 아니다.
당시 일본정부는 한국 측 정부의 표면상 언명에 관계없이, 이 사건 협정을 바탕으로 하는 원조가 군사 독재 정권의 연명책으로 사용되어 개인청구권에 대한 변제에 충당될 가능성이 없는 것을 인식하거나, 혹은 인식할 수 있었던 것이 분명하다.

(2) 한일청구권협정 체결 당시 항소인들이 구 회사에서 노동을 강요당한 사실은 의도적으로 은폐되고 있었다.

피항소인 일본국은 한국정부와의 협정체결 과정에 있어서, 개인청구권에 관한 구체적 사실의 확인을 한국정부에 요구해서 교섭을 유리하게 진행시키려고 하고 있었다. 동시에 일본정부는 이미 1959년(쇼와34) 시점에 구 회사 이 사건 공장의 인적피해에 대해 상세하게 파악하고 있었으며, 원호법의 적용에 관한 조사를 끝내고 있었다. 그런데 피고들은 항소인들을 포함한 한국인 피해자의 존재를 확인할 수 있는 증거 노출을 회피하고 적극적으로 은폐하고 있었다.

한일청구권협정 체결 시 스스로 의도적으로 은폐한 가해자들이, 은폐된 피해자들에 대해 동 협정에 의한 정치적 결착을 주장하는 것은 권리 남용에 해당한다.

6. 피항소인 일본국의 반론

1) 조약법 조약

(1) 조약의 시간적 적용 범위는 체약국의 자유로운 결정에 맡겨지나, 별 다른 합의가 없으면 해당 조약이 당사자국 간에 발효된 이후이다. 조약법 조약 4조도 동 조약의 다른 조약에 대한 불소급을 명문으로 정하고 있다.

또한 동 조약 4조의 단서는 본문에 규정될 조약법 조약의 적용 대상 외의 조약에 대해 일반 국제법상 존재하고 있는 규칙이며, 조약법 조약에 정하는 규칙과 동일한 것이 있는 경우에는 일반 국제법상 존재하고 있는 규칙들이 동 조약과 별개로 적용될 것을 확인적으로 규정한 것이다.

그리고 조약법 조약은 이 사건 협정 체결 후에 일본정부에 효력이 생긴 조약이기 때문에, 동 조약이 직접 이 사건 협정의 해석에 적용되지 않는다.

따라서 이 사건 협정의 해석에 조약법 조약이 당연히 적용되는 것을 전제로 한 항소인들의 주장은 잘못이다.

(2) 이 사건 협정의 규정내용은 명확하며 이것이 불명확한 것을 전제로 하는 항소인들의 주장은 부당하다.

이 사건 협정 및 합의의사록은 '재산, 권리 및 이익'과 그 외의 '청구권'을 나누어서 규정하였다. '재산, 권리 및 이익'이란 합의 의사록 2(a)에 의하여 '법률에 근거하여 재산적 가치가 인정되는 모든 종류의 실체적 권리'를 가리키며 '청구권'이란 이에 해당하지 않는 모든 권리 또는 청구를 포함한 개념으로 해석된다.

그리고, 이 사건 협정 2조 2는 재일 한국인의 재산 및 종전 후의 '통상적인 접촉과정'에서 취득된 재산 등에 이 사건 협정 2조의 규정의 영향이 미치지 않는 것을 규정하여 이를 처리대상에서 제외한다. 이외의 '재산, 권리 또는 이익'에 대해서는 이 사건 협정 2조 3에 의해 이들에 대한 조치(조치법에 의하여 이 사건 협정에 명기될 일부 예외를 제외하여, 한국 국민의 일본국 또는 일본 국민에 대한 채권, 담보권은 소멸 당하며 한국 국민의 물건(동산 및 부동산)은 보관자에 귀속한 것으로 하는 조치)에 대해 어떠한 주장도 할 수 없는 것으로 했다.

이에 대하여 '재산, 권리 또는 이익'에 해당하지 않은 이 사건 협정 2조의 '청구권'에 대해, 이 사건 협정 2조 3에 의해 일률적으로 '어떠한 주장도 할 수 없는 것으로 한다'고 되어, 동 협정 2조 1에 의해 '청구권에 관한 문제가 완전 및 최종적으로 해결된 것으로 되는' 것이 확인되었다.

이 '재산, 권리 또는 이익'에 대한 조치 및 기타 '청구권'에 대해서 어떠한 주장도 할 수 없고 완전 및 최종적으로 해결했다는 것은, 한국 및 그 국민들이 어떤 근거에 기초를 두고 일본국 및 그 국민들에게 청구하려고 해도 일본국 및 그 국민들은 이에 응할 법적 의무가 없다는 뜻이다.

따라서 이 사건 협정의 규정내용은 명확하며 그 '법적 의미'는 조금도 불명확하지 않다.

2) 국제법(특히 ILO 29호 조약)

(1) 항소인들의 주장은 'ILO 29호 조약이, 가해국에 대하여 피해자 개인에 대한 임금 지불 기타 보상의무를 부과하고 있다'고 하는 잘못된 전제에 기초를 두는 것이며 부당하다.

(2) ILO 29호 조약상, 피해자 개인이 가해국의 국내재판소에서 가해국을 상대로 손해배상을 요구할 수 있다고 하는 특별한 제도는 마련되어 있지 않으며, 동 조약 위반에 의해 피해자 개인이 가해국에게 손해배상을 요구할 수 있다는 국제관습법의 성립을 나타내는 일반관행, 법적 확신의 존재도 인정되지 않고 있다.

항소인들은 동 조약 14조를 근거로 임금에 상당하는 손해금 청구권이 인정된다고 주장하지만, 동 규정도 국제법의 기본적인 생각으로 보면 체약국 상호에게 의무를 부과한 것이며, 개인이 체약국에 대하여 직접 임금을 지불하도록 청구할 권리를 부여한 것이 아니다.

(3) 따라서 이 사건 협정을 원 판결처럼 해석 했다고 하되, ILO 29호 조

약이 가해국에 대하여 피해자 개개인의 손해배상 청구권 등을 보장한 것은 아닌 이상, 이 사건 협정이 ILO 29호 조약에 위반한 것이 아니다. 이 사건 협정을 항소인들이 주장하는바 같이 한정해서 해석해야 할 근거는 없다.

3) 권리남용

(1) 이 사건 협정 2조에 의하여 피항소인 일본국은 항소인들의 청구에 응해야 할 법적인 의무가 없으나, 이것은 이 사건 협정이 조약인 것에 근거한 법령의 적용의 결과이며, 당사자들의 항변 사유가 아닌 것은 분명하다.
이것은 제척기간(민법724조 후단)의 주장이 소멸시효의 인용과 달리 '당사자들로부터의 주장이 없어도 제척기간의 경과에 의해 청구권이 소멸된 것으로 판단해야 한다'(최고재판소 헤이세이10년[1998] 6월12일 · 민집 52권 4호)고 한 것과 동일하다.

(2) 이 사건 협정 2조에 관한 주장은, 피항소인 일본국의 항변 사유가 아니기 때문에 이 주장이 권리의 남용으로 될 수 없고, 항변권의 포기를 의논할 의미도 없는 것이며, 항소인들의 주장은 모두 부당하다. 상기 재판 예에서도 '당사자들로부터의 주장이 없어도 제척기간의 경과에 의해 청구권이 소멸된 것으로 판단해야 하기 때문에 제척기간의 주장이 신의칙(信義則) 위반 또는 권리남용이라고 하는 주장은 자체가 맞지 않다고 해석해야 한다'고 판시하여 같은 해석을 제시하고 있다.

제3절_ 당 재판소의 판단

1.

당 재판소도 항소인들의 청구는 모두 이유가 없기 때문에 이것을 기각해야 할 것으로 판단하며, 그 이유는 다음과 같이 원 판결에 부가정정을 하여 당 재판부 주장에 대한 판단을 부가하는 것 이외에, 원 판결 '제4. 당 재판소의 판단'란의 1 내지 4에 기재된 그대로이니 이것을 인용한다.

2. 원 판결의 부가정정

1) 원 판결 93쪽 13행과 14행 사이에 다음과 같이 삽입한다.

(1) 상기대로, 이 사건 정신대원들이 정신대원을 지원하기에 이른 경위에 대해서

⟨1⟩ 권유를 받은 당시의 연령(항소인 박해옥은 13세, 김혜옥은 13세, 진진정은 14세, 양금덕은 14세, 이동련은 14세, 김순례는 14세, 김복례는 14세, 김성주는 14세로 모두 어렸으며, 충분한 판단능력을 갖지 못한 연령이었고, 그때까지 상기 제2의2(2)와 같은 교육을 받고 있었던 것

⟨2⟩ 이에 대한 권유자들(교장, 담임교원, 헌병, 애국반의 반장)은 교장이나 담임교원 등의 신뢰를 받고 있었고 , 더욱이 이들은 경의를 받는 자들로 그 영향력이 컸던 것을 전제로

⟨3⟩ 권유 내용("일본에 가면 학교에 다닐 수 있다", "공장에서 일하면서 돈도 벌수 있다" 혹은 단순히 "돈을 받을 수 있다", "2년간 군수공장에서 일해서 공부하면 그 후에 졸업증서를 받을 수 있다")이 향학열을 가지고 상급학교 진학을 기원하고 있는 자에게는 지극히 매력

적인 것이었으나, 그렇게 학습할 기회의 보장은 제도적으로 예정되지 않았고 실제로 없었다는 것

〈4〉 부모들의 반대에 대해서는 교장으로부터 "너의 부모는 계약을 위반했기 때문에 감옥에 갈 것이다"(항소인 박해옥), "…안 가면 경찰이 너희 아버지를 붙잡아 가둔다"(항소인 양금덕), 헌병으로부터는 "한번 간다고 한 사람은 반드시 가야 한다. 안 가면 경찰이 와서 가족, 오빠들을 잡아간다"(항소인 진진정) 등 협박당하거나, 무단으로 인감을 훔쳐서 서류를 마련한 것을 알면서도 묵인한 사실(항소인 이동련)을 종합하면, 각 권유자들이 이 사건 근로정신대원들에 대하여 기망 혹은 협박으로 정신대원에 지원시킨 것이 인정되며, 이것은 강제연행이었다고 해야 한다.

2) 또 상기처럼 이 사건 공장에서 이뤄진 이 사건 근로정신대원들의 노동·생활이 동인들의 연령에 비해 가혹한 노동이었고, 빈약한 식사, 외출이나 편지의 제한·검열, 급료의 미불 등의 사정이 인정되고, 정신대원을 지원하기에 이른 경위 등을 종합하면 강제노동이었다라고 해야 할 것이다.

3) 또 김순례가 도난카이(東南海) 지진에 의해 1944년(쇼와19) 12월 7일 이 사건 공장 내에서 사망하고, 항소인 김성주가 이 사건 공장 내에서의 작업 중에 왼쪽 집게손가락에 부상을 입었던 일은, 모두 상기 강제연행, 강제노동에 의해 생긴 손해로 인정된다.

4) 그리고 근로정신대는 일본 군수산업의 노동력 부족을 보충하기 위해 벌어진 일로, 상기 제2의 2(1)처럼 차관회의에서 '여자근로동원의 촉진에 관한 건'의 결정(1943년 〔쇼와18년〕 9월 13일, 내각회의에서의

'여자정신대 제도강화 방책요강'의 결정(1944년 〔쇼와19년〕 3월 18일 과 그 내용, 게다가 그 후 '여자정신근로령'에서 '후생대신 또 지방장 관은… 정신근로에 관하여 시정촌장 기타 단체의 장 혹은 학교장 또 는 대원 혹은 정신근로를 받아들일 사업주를 감독한다'고 규정한 것 에 비추어, 이 사건 근로정신대원들에게 대한 권유행위는 피항소인 일본국의 감독 아래에서 이뤄진 것이라 할 수 있다.

또 구 회사가 근로정신대의 파견을 받아들인 것은 그 요청에 근거하 는 것으로 추측된다(여자 정신근로령 5조 참조). 정신대원들의 감독 은 직접적으로는 사업주가 하지만, 사업주에 대한 감독은 후생대신 또는 지방장관이 하도록 되어 있었다(여자 정신근로령 12조, 13조, 16 조). 이에 따르면 이 사건 공장에서 이뤄진 이 사건 근로정신대원들 의 노동ㆍ생활에 대한 관리는 피항소인 일본국의 감독 아래 이뤄지 고 있었다고 할 수 있다.

5) 따라서 이 사건 근로정신대원들에 대한 권유행위나 이 사건 공장에 서 이뤄진 노동ㆍ생활, 다시 말해 강제연행ㆍ강제노동에 대해 일본의 민법을 적용하면 피고 회사에 대해 구 회사와 법인격의 동일성 혹은 구 회사의 채무 계승이 인정되어, 피고들은 민법 709조, 715조, 719조 에 의하여 그 손해배상 등의 책임을 부담해야 한다.

3. 국가 무답책의 법리에 대하여

1) 피항소인 일본국은 항소인들의 주장을 전제로 하면 이 사건 불법행 위는 국가의 권력적 작용을 바탕으로 행해진 것이며, 쇼와22년(1947) 10월 27일 국가배상법 시행 전의 행위이기 때문에 국가무답책의 법 리(권력적 작용에 민법 적용이 없다고 하는 실체법상의 법리)가 타당

하며, 민법 709조, 715조, 719조의 적용의 여지는 없다고 주장한다.

2) 국가배상법 시행 전에 국가배상법처럼 일반적으로 국가의 손해배상 책임을 인정하는 명문규정을 갖는 실체법은 없다. 동법 부칙 6조는 '이 법률의 시행 전의 행위에 근거하는 손해는 여전히 종전의 예에 의한다'고 규정한다. 동법 규정의 소급적 적용이 부정된 이상, 동법 시행 전의 공무원의 공권력 행사의 위법을 이유로 하는 국가의 배상 책임은 민법(메이지31년(1898) 시행)의 불법행위에 관한 규정이 공무 원의 공권력의 행사에 대해서도 적용이 있는지, 아니면 실체법상의 법리로써 국가무답책의 법리가 있어서 이에 의해 민법의 적용이 배 제되고 있었던 것인가에 따라 정해지게 된다.

3) 분명히 최고재판소는 국가배상법 시행 전의 복수의 사례에서 민법의 불법행위에 관한 규정은 공무원의 권력적 작용에는 적용이 없다는 해석으로, 국가의 권력적 작용에 의해 개인에게 손해가 발생해도 국 가에게 불법행위 책임을 인정하지 않고 있었다.
또한 공무원의 권력적 작용을 바탕으로 개인에게 손해가 발생한 경 우 국가 또는 공공단체에게 책임을 물어야 할 것인가에 대한 여부는 물어야 하되, 어떤 요건 아래서 어떠한 범위에서 책임질 것인가는 입 법 재량에 맡겨져 있다.
구 민법이나 민법 715조의 입법과정의 논의나 국가 또는 공공단체에 책임지게 하는 특별법을 인정하지 않았기 때문에, 국가의 책임을 인 정할 여지가 없다고 하는 견해도 있을 수 있다.

4) 그렇기는 하나 이하의 사정을 종합 검토하면, 공무원의 권력적 작용 을 바탕으로 하는 불법행위에 대해서 민법 715조를 적용할 것인가 에

대한 여부는, 국가배상법 시행 전의 판례에 맡겨져 있었다고 해석하는 것이 타당하다.

(1) 우선 원칙적인 규정으로 민법 709조, 715조가 존재하며 이들은 문리상 공무원의 권력적 작용을 바탕으로 불법행위 책임이 발생하는 여지를 배제하지 않고 있다.

(2) 분명히 구 민법의 제정과정에서 당초 초안에는 '공공의 사무소'인 국가 또는 공공단체도 불법행위책임(사용자책임)을 지는 것으로 되어 있었으나, 후에 이것이 삭제된 것은 공무원의 권력적 작용에 의한 불법행위에 대해서는 특별한 배려가 필요하다는 생각 때문이라고 해석된다.

그러나 상기처럼 원칙적인 규정인 민법 709조, 715조는 존재하고 있으며, 공무원의 권력적 행위에 의한 불법행위에 대해 국가의 책임을 모두 부정해야 한다는 것은 행정재판법 16조를 막론하고 명확한 실정법규가 없어 당연히 위와 같은 결론이 도출된다고 할 수 없다.

(3) 또한 행정재판법 16조는 실체법상 공권력의 행사에 위법이 있었을 경우, 국가에게 손해배상 책임을 생길 것을 전제로 행정재판소는 손해배상 청구소송을 수리하지 않는 소송 수속상의 규정을 두고 있다고 해석할 여지가 있다.

(4) 그래서 최고재판소의 판례가 당초 권력적 작용과 비권력적 작용을 막론하고 사(私) 경제적 작용을 제외하는 모든 공무원의 행위에 책임을 인정하지 않고 있었다. 그런데 다이쇼5년(1916)의 유동원봉(遊動円棒事件) 사건(일본 시코쿠 도쿠시마(德島)현 데라시마(寺島) 소학교에서 유구의 지주가 썩어 있었기 때문에 아동이 전락사한 사고에 대해 민법상 점유권을 시가 가지고 있었던 이유로 손해 배상 책임이 인정된 사건) 판결 이래, 비권력적 작용에 대해 민법의

적용을 인정하여 국가의 불법행위 책임을 인정하도록 변천해 온
것도, 공무원의 권력적 작용에 의한 불법행위에 대한 민법 적용을
인정할 것인가의 여부가 판례에 맡겨져 있었다는 근거로 볼 수 있
다.

(5) 게다가 전쟁 전의 유력 학설도 국가무답책의 법리에 대해 모두 지
지하고 있었던 것도 아니며, 이론(異論)이 없었던 것도 아니다.

5) 이상과 같이 국가배상법 시행 전, 모든 권력적 작용에 근거하는 행위
에 대해서 민법이 적용되지 않는 법리가 존재했다고 인정되지 않는
다. 그래서 이 사건에 대해 민법적용의 유무를 검토할 필요가 있는
데, 위법성의 유무 등에 대하여는 행위 당시의 법령과 공서에 비추어
판단해야 하며, 상기(3)처럼 전쟁 전의 판례 법리에 의하면 이 사건에
대하여 민법의 적용이 없다고 해석할 여지가 있다고도 할 수 있다.
그렇지만 상기는 어디까지나 판례 법리에 비쳐 이 사건을 보면, 일본
은 ILO 29호 조약을 1932년(쇼와7) 10월 15일에 비준해서 같은 해 11
월 21일에 비준등록을 하고 있으며, 동 조약에서는 여성이며 또 18세
미만인 아동에 대한 강제노동이 일체 인정되어 있지 않았음에도 불
구하고 상기 2처럼 이 사건 근로정신대원들에게 대한 권유행위나 동
인들의 이 사건 공장에서 이뤄진 노동·생활은 피항소인 일본국에
의한 감독 아래 행해진 강제연행·강제노동으로 인정된다.
그리고 이들 행위는 개인의 존엄을 부정하여 정의·공평에 현저히
반하는 행위임을 감안하면, 행위 당시의 법령과 공서 아래서도 허용
되지 않는 위법 행위였다.
따라서 피항소인 일본국은 이 사건 근로정신대원들의 강제연행·강
제노동에 대해 민법 709조, 715조, 719조에 의해 그 손해배상 등의 책
임을 부담해야 한다.

4. 구 회사와 피항소인 미쓰비시중공업 주식회사의 동일성에 대하여

1) 피항소인 미쓰비시중공업 주식회사는, 구 회사는 기업재건정비법에 있어서의 정비계획에 근거한 제 2회사 3개 회사의 설립에 의해 쇼와 25년(1950) 1월 11일에 해산하고, 피고 회사는 나카니혼(中日本) 중공업주식회사(쇼와25년(1950) 1월 11일 설립)가 쇼와39년(1964) 6월 30일에, 히가시니혼(東日本) 중공업주식회사 및 니시니혼(西日本) 중공업주식회사(모두 쇼와25년(1950) 1월 11일 설립)을 합병해서 만들어진 주식회사로써, 구 회사와 현재의 피항소인 미쓰비시중공업 주식회사는 별개 독립된 회사라고 주장한다.

2) (1) 분명히 구 회사는 회사경리 응급조치법 상의 특별경리회사, 기업재건정비법 상의 특별경리 주식회사가 되어 기업재건정비법의 재건정비 계획을 바탕으로 쇼와 25년(1950) 1월 11일에 해산하여 구 회사의 자산 중 기업재건정비법에 의한 정비계획을 바탕으로 새로운 계정에 속하게 될 자산의 현물출자에 의해 새로 나카니혼 중공업주식회사, 히가시니혼중공업주식회사 및 니시니혼중공업주식회사가 설립되었고, 형식적으로 법인격의 동일성이나 계속성이 있다고 할 수 없다.

(2) 그러면서도 구 회사와 새로 설립된 3개의 제2회사 사이에 인적 구성상 3개 회사의 초대 사장들이 모두 구 회사의 상무이사이고, 종업원들도 특별한 절차를 밟지 않고 새 회사로 승계되었다.

또 물적으로는 상기 새 계정에 회사의 사업이 계속되고 전후 산업의 회복부흥에 필요한 것이 포함되어 있었으며 실제로는 사업의 계속에 필요한 인적·물적 재산이 새 회사 3사(社)에 분할해서 이어지고 있다고 인정된다(병 7, 8, 12, 16, 18의 1 및 2, 변론의 모든 취지). 그리고 이 새 회사 3사 중, 나카니혼중공업식회사가 쇼와 39년(1964) 6월 30일에 히가시니혼중공업주식회사 및 니시니혼중공업주식회사를 합병하여 피항소인 미쓰비시중공업 회사로 되어있다.

또 구 회사는 쇼와 32년(1957) 9월 30일 료쥬(菱重) 주식회사에 흡수합병되었으나 동사는 피고 회사의 자회사이며, 피고 회사는 료쥬 주식회사가 발행한 주식총수의 84.5%을 보유하여 양사의 임원 및 직원들의 일부는 겸임하고 있고, 또 피고 회사에서 료쥬 주식회사로 전출, 전직을 하고 있는 자도 있으며, 동사가 피고 회사의 본사 빌딩 일부를 차용하고 있는 사정도 인정된다(변론의 모든 취지).

이상에서 보면 구 회사와 피항소인 미쓰비시중공업 주식회사와의 사이에는 실질적으로 동일성이 있으며, 피고 회사에서 구 회사의 위법행위에 대해서는 일체 관여하고 있지 않고 책임을 지지 않는 취지의 주장을 하는 것은 신의칙상 인정되지 않는다고 해석할 여지가 있다.

(3) 따라서 이 사건 근로정신대원들에게 대한 권유행위나, 이 사건 공장에서 이뤄진 노동·생활, 즉 강제연행·강제노동에 대하여 피고 회사는 민법 709조, 715조, 719조에 의하여 그 손해배상 등의 책임을 부담해야 할 여지가 있다고 할 수 있다.

5.

또한 항소인들은 국제법 위반(강제 노동에 관한 조약 위반, 국제관습법으로서의 노예제의 금지 위반, 인도에 반한 죄, 헤이그 조약·헤이그 규칙에 관하는 국제관습법 위반)을 바탕으로 피고들에게 대한 손해배상 청구권 등이 발생한다고 주장한다.

그렇지만 강제 노동에 관한 조약에는 위법으로 강제노동을 강요당한 피해자인 개인이 조약에 위반한 국가나 사인(私人)에 대한 손해배상 청구권을 규정하지 않고 있으며, 그렇게 해석해야 할 조항도 존재하지 않는다.

노예제 금지의 국제관습법에 관해서도 그 관습법을 위반한 것을 이유로 피해자인 개인이 직접 가해자인 국가나 사인에 대해 손해배상 청구권을 행사할 수 있다는 일반 관행이나 법적 확신이 존재하고 있었다고 인정할 수 없다.

더욱이 인도에 반한 죄는 범죄의 구성요건을 규정하여 국가의 처벌을 의무화할 뿐 민사책임의 근거규정으로 볼 수는 없다. 마지막으로 헤이그 조약·헤이그 규칙은 그 규정내용으로 보면 교전에 의한 전쟁 손해에 관한 규정이라고 해석되어, 손해배상을 해야 할 상대방이 다른 교전 당사자인 국가 또는 단체로 해석되기 때문에 항소인들의 피해에 대해 그 규정이 적용되지 않는다. 따라서 항소인들의 상기주장은 모두 이유가 없는 것으로 귀결된다.

1) 원판결 93쪽 14행 첫음의 '2'를 '6'으로 변경한다.

2) 원판결 93쪽 22행 '을12호증'을 '을 12호증, 을 30호증 내지 35호증'으로 변경한다.

3) 원판결 94쪽 3행 끝에 줄을 바꾼 뒤 다음과 같이 부가한다.
"또한 이 평화조약에서 개인청구권을 포함하여 전쟁 수행 중에 생긴 모든 청구권을 서로 포기할 것을 전제로 일본국은 연합국에 대한 전쟁배상의 의무를 인정하여 연합국의 관할 하에 있는 재외 자산의 치분을 연합국에 맡겨 역무배상을 포함한 구체적인 전쟁배상의 결정은 각 연합국과의 사이에서 개별로 한다는 일본국의 전후처리의 틀을 정하고 있었다."

4) 원판결 100쪽 7행 처음부터 101쪽 15행 끝까지를 다음과 같이 변경한다.

"2) (1) 위와 같이 평화조약 4조 (a)에 의하여, 일본정부 및 그 국민들에게 대한 조선 지역의 시정(施政)을 행하고 있는 당국 및 주민들의 청구권 처리는 우리나라와 동 당국 간의 특별 거래의 주제에 포함시켜 해결하는 것으로 이 사건 협정이 체결되었다.

(2) 또한 그 전제로 되는 평화조약은 개인의 청구권을 포함하여 전쟁수행 중에 생긴 모든 청구권을 서로 포기할 것을 전제로, 일본국은 연합국에 대한 전쟁배상의 의무를 인정하여 연합국의 관할 하에 있는 재외자산의 처분을 연합국에 맡겨, 역무배상을 포함한 구체적인 전쟁배상의 결정은 각 연합국 간에 개별적으로 행한다고 하는 일본국의 전후 처리의 틀이 정해져 있었다.
그러나 여기에서 청구권의 '포기'(평화조약 14조 (b), 19조 (a))란, 국가는 전쟁의 종결에 동반하는 강화조약의 체결에 즈음하여 대인주권(対人主権)을 바탕으로 개인청구권을 포함한 청구권 처리를 전제로, 또 청구권 포기의 취지가 전쟁수행 중에 생긴 여러 가지 청구권에 관한 문제를 사후적 개별적인 민사재판상의 권리행사를 해결한다는 처리에 맡긴다면, 장래 어느 쪽의 국가 또는 국민에 대해서도 평화조약 체결 시에 예측 곤란한 과대한 부담이 발생할 경우 혼란에 대한 우려로 평화조약의 목적 달성에 방해가 되기 때문에, 이것을 피할 것에 있었던 것을 감안하여 해당 청구권에 대해 재판상 소구할 권능을 잃게 한 것으로 해석해야 할 것에 있었다.

(3) 위에서 인정한 평화조약의 내용이나 그 역할, 이 사건 협정체결에 이르기까지의 경위(그 과정 속에서 일본정부 및 한국정부는 양쪽 다 국가와 국가 간의 청구권에 대해서 뿐만 아니라, 각각 국민들의 상대국 및 그 국민들에 대한 청구권의 처리를 중요한 과제로 거듭 검토한 것은 분명하다)와 이 사건 협정 2조의 문구, 이 사건 협정체결에 따라 일한 양국에서 취해진 조치에 의하면, 일본정부 또는 그 국민들에 대한 한국 및 그 국민들의 (a)채권에 대해서는 그것이 이 사건 협정 2조 3항의 재산, 권리 및 이익에 해당하는 것이라면 재산권 조치법 1항에 의해 원칙적으로 쇼와 40년(1965) 6월 22일에 소멸하며, (b) 기타 동일 이전에 생긴 사유를 바탕으로 모든 청구권에 대해서는 이 사건 협정

2조 2항에 규정된 것을 제외하여, 동 조 1항, 3항에 의해 한국 및 그 국민들은 우리나라 및 그 국민들에 대해서 아무런 주장도 할 수 없게 된 것이 명확하다.

그리고 위에 인정된 여러 사정을 전제로 이 사건 협정 2조 1항, 3항의 취지를 생각하면, 일본정부 및 그 국민들은 한국 및 그 국민들에게 위 (b)에 해당하는 청구권의 행사를 받은 경우, 한국 및 그 국민들에 대해서 이 사건 협정 2조 1항, 3항에 의하여 위 청구권에 대해서는 주장 못하게 되어 있기 때문에, 그 청구에 응할 법적의무가 없다고 주장할 수 있다고 해석하는 것이 맞다

(4) ① 항소인들은 이 사건 협정 2조 1항, 3항의 주체는 일한 양 체약 국이며, 양국이 국가로서의 외교보호권 포기를 확인했다고 하되, 그 것으로 양국 국민들의 청구권에 대한 무슨 효과가 생긴다는 것은 논리적으로 있을 수 없다고 주장한다.

그렇지만 조약은 국가 간의 합의이며, 조약 체결에는 국회의 승인을 요하고(헌법 73조3호) 그 성실한 준수의 필요성이 규정되어 있는 것 (헌법 98조2항)부터 보면, 법률과 조약과의 국내법적 효력에 있어서 우열관계는 조약이 법률에 우위에 있는 것으로 해석되어 국회가 국내 입법절차에 의해 국민들의 사법상의 권리·의무의 설정, 변경, 소멸이 가능하기 때문에, 국회의 승인을 얻은 조약에 의해 국민들의 사법상의 권리·의무의 설정, 변경, 소멸이 가능하다고 해석된다.

또 국가는 전쟁 종결에 따르는 강화조약의 체결에 즈음해 대인주권에 기초를 두고 개인의 청구권을 포함하는 청구권 처리를 할 수 있다고 해석될 수 있어, 국가 간의 합의로 국민의 권리를 제한할 수 없는 것을 전제로 한 항소인들의 상기주장은 그 전제에 있어서 채용할 수 없다.

한편, 위와 같이 해석하여 항소인들에게 생긴 손해에 대해 보상이 행해지지 않는다고 하더라도, 제2차 세계대전의 패전에 따르는 국가 간의 재산처리와 같은 사항은 원래 헌법이 예정하지 않는 것이며, 기타 처리에 관해서 손해가 생겼다고 하여도 그 손해에 대한 보상은 전쟁 손해와 동일하게 헌법이 예상하지 않는 것이기 때문에(최고재판소 쇼와 43년(1968) 11월27일 대법정 판결·국민집 22권 12호), 그것과

동일하게 이 사건 협정에 대해 헌법위반을 말할 수 없다(대재판소 2001년 11월22일 제1소법정 판결·판례타임즈 1080호, 헤이세이16년 (2004) 11월29일 제2소법정 판결·판례타임즈 1170호).

② 항소인들은 조약이 국내법적 효력을 지니기 위해서는 주관적 요건으로 조약체결국이 국내에서 직접 적용을 인정할 의사와, 객관적 요건으로서 명확한 규정 내용이 필요하지만 이 사건 협정은 이들 요건을 충족시키지 않고 있다고 주장한다.

그러나 이 사건 협정 2조가 '재산, 권리 및 이익'에 국내법상의 '조치'를 예정하고 있는데 대해, '청구권'에 대해서 '어떠한 주장도 할 수 없다'고 규정하여 '양 체약국 및 그 국민들 간의 청구권에 관한 문제가 …완전 및 최종적으로 해결된 것'을 확인한다고 된 것으로 볼 때, 일본과 한국의 양 체약국은 '청구권'에 대해 '주장할 수 없는 것으로 되어 있는' 것을 주장할 수 있다는 법적 효과를, 이 사건 협정의 직접적인 효과로 예정하고 있었던 것은 분명하다.

또 뒤에 있는 바와 같이, 이 사건 협정 2조 2항에 규정된 것을 제외한 '청구권'에는, 쇼와 40년(1965) 6월22일 이전에 생긴 사유에 기인하는 것이라면 이 사건 협정이 체결될 당시 구체적인 문제로 다루어지지 않고 있었던 청구권도 포함해서 이 사건 협정의 대상으로 해석되어, 그 규정 내용이 불명확하다고도 할 수 없다.

따라서 항소인들의 위 주장은 채용할 수 없다.

③ 항소인들은 제네바 제4조약에서 '국가가 배상처리에 의해 개인의 배상청구권을 소멸시킬 수는 없다'라는 것이 국제관습법으로서 확인되기 때문에(동 조약 7조, 148조 참조), 이 사건 협정에 의해 일본 및 한국의 양국정부가 자국민들의 개인청구권을 소멸시키는 것은 당시의 국제관습법에 반하며 불가능했다고 주장한다.

조약의 시간적 적용범위는 체약국들의 자유로운 결정에 맡겨지나, 별다른 합의가 없으면 조약 불소급의 원칙이 적용된다. 조약법에 관한 비엔나조약 28조에는 '조약은 … 조약 효력이 당사국에 대하여 발생하는 날 이전에 이뤄진 행위, 동일 전에 생긴 사실 … 에 관하여 해당 당사국을 구속하지 않는다'고 규정되어 있다.

그리고, 제네바 제4조약은 1949년(쇼와24년)에 체결된 것이며, 시간적 적용범위에 대하여 특별한 규정은 없고 동 조약으로부터 별다른 의도가 명확하다고도 할 수 없기 때문에, 제2차 세계대전 중의 행위에 동 조약을 적용할 수 없다.

또 항소인들이 주장하는 제네바 제4조약의 7조는 '어떠한 특별협정도 이 조약에서 정하는 피보호자의 지위에 불리한 영향을 미치거나, 또는 이 조약으로 피보호자에게 줄 권리를 제한하면 안 된다'고 규정하지만, 위처럼 제2차 세계대전 중의 행위에 대하여 제네바 제4조약이 적용되지 않는 이상, 동 조약 7조가 이 사건 협정의 효력에 영향을 줄 수 있다고 인정할 수 없다.

게다가 항소인들이 주장하는 제네바 제4조약 148조는, 체약국이 동 조약에 대하여 중대한 위반행위를 행한 사람, 그것을 명한 사람에 대하여 형벌을 정하기 위해 필요한 입법을 하여 공소 제기하는 것을 전제로 '체약국은 전조에 내거는 위반행위에 관하여 자국이 져야 할 책임을 면제하거나, 다른 체약국들이 그 국가가 져야 할 책임에서 면제시키면 안 된다'고 규정하지만, 이에 대해서도 마찬가지로 이 사건 협정의 효력에 영향을 줄 수 있다고 인정하지 않는다.

그리고 '국가가 배상처리에 의하여 개인의 배상청구권을 소멸시킬 수 없다'고 하는 국제관습법이 이미 성립하고 있고, 제네바 제4조약의 7조, 148조가 그것을 확인한 것이라는 항소인들의 주장을 인정할만한 증거는 없다.

따라서 항소인들의 위 주장은 채용할 수 없다.

(5) 항소인들은 여태까지 피항소인 일본국이 이 사건 협정의 효과는 외교보호권의 포기이며 소위 개인청구권 그 자체를 국내법적인 의미로 소멸시킨 것이 아니다 라고 주장했는데도, 2002년 11월 14일자 제6 준비서면에서 그 주장을 바꾸어 '응할 법적의무가 없다' (실질적으로 개인청구권을 소멸시켰다)고 주장하기에 이르렀으나, 이것은 자기책임을 면하기 위한 궤변이며 정의 형평의 관념에 현저히 반하는 것이라고 주장한다.

항소인들은 또, 이 사건 협정에 대하여 개인청구권을 소멸시킨 것이 아니다는 견해가 사법에 의해 확인된 후의 단계에서 피항소인 일본국이 이처럼 주장하는 것은, 적어도 이 사건 협정에 의하여 제소가 배척될 일은 없다고 확신하여 소송관계에 들어간 항소인들과의 관계에서 신의칙(민법 1조2항)에 반하며, 허용되지 않는다(禁反言)고 주장한다.

분명히 항소인들이 주장하듯, 헤이세이 3년(1991) 8월 27일 제121회 국회 참의원 예산위원회에서의 정부위원 야나이 슌지(柳井俊二) 외무성 조약국장 답변은 "… 소위 일한청구권 협정에 있어서 양국 간의 청구권문제는 최종 및 동시에 완전히 해결된 셈입니다. 그 뜻하는 바 대로 일한 양국 간에 존재하고 있었던 각 국민들의 청구권을 포함하여 해결했다는 것이지만, 이것은 일한 양국이 국가로서 갖고 있는 외교보호권을 서로 포기했다는 것입니다. 따라서 소위 개인청구권 그 자체를 국내법적인 의미로 소멸시켰다는 것이 아닙니다. 일한 양국 간에서 정부가 이것을 외교보호권의 행사로서 거론할 수는 없다는 뜻입니다."라는 것이다(갑G14).

그러나 이 사건 협정에 관하여 쇼와 40년(1965) 11월 5일에 열린 제50회 국회 중의원 '일본국과 대한민국 간의 조약 및 협정 등에 관한 특별위원회'에서 일본 국민들의 재한 재산과 이 사건 협정 2조와의 관계에 대한 시이나 에쓰사부로오(椎名悦三郎) 외무대신 답변은 "나는 '개인청구권을 포기했다'는 표현이 적절하지 않다고 생각합니다. 다카쓰지(高辻) 법제국장관이 말한 바와 같이 정부가 이것을 일단 쥐고, 그리고 그것을 포기했다는 것이 아니고, 어디까지나 정부가 재한 청구권에 대한 외교보호권을 포기했다는 것입니다. 그 결과 개인청구권이라는 것을 주장했어도 상대방이 취급하지 않는다. 취급하지 않더라도 어쩔 수 없다. 결론적으로 구제할 수 없다. 이렇게 되는 것이며 내가 만약 그것을 포기했다는 듯한 표현을 사용했다면 여기서 정정하겠습니다"라고 했다.

또 그 답변에 대하여 질문자는 "이것은 총리에게 여쭙고 싶습니다. 당신은 아까 실질적으로 포기해서 좋냐고 하면 그렇다고 분명히 말씀하셨습니다. 그것은 아주 정직한 답변입니다. 외교보호권은 포기했지만 개인청구권은 남아있다고 말해 봤자 한국에 대해 소송을 일으켜 회수하는 길은 닫혀있다. 실질적으로 포기한 셈이 된다.…"(을16)라고 하고 있다.

위 시이나 에쓰사부로오(椎名悅三郎) 외무대신의 답변과 이 사건 협정의 문구를 보건데, 피항소인 일본국은 이 사건 협정의 체결 당시부터 청구권은 이 사건 협정에 의해 최종적으로 법적구제를 얻을 수 없는 상태에 있다고 주장하고 있었던 것으로 인정된다.

따라서 야나이 순지(柳井俊二) 외무성 조약국장의 답변이 불충분한 것이었다는 비판은 면할 수 없다고 하되, 그로부터 피항소인 일본국이 이 사건 소송에서 밝힌 한일청구권 협정에 관한 주장이 신의칙상 허용되지 않는다고 할 수 없고, 기타 항소인들의 위 주장을 인정할만한 증거는 없다.

(6) 또한 평화조약 14조 (b)에는 "연합국은 연합국의 모든 배상청구권, 전쟁의 수행 중에 우리나라 및 그 국민들이 취한 행동 때문에 생긴 연합국 및 그 국민들의 다른 청구권을 포기한다는 규정이 존재하며, 동 조약 26조에는 '조약이 정한 것 보다 더 큰 이익을 그 국가에 부여하는 평화처리 또는 전쟁배상청구권 처리를 할 때는, 그와 동일한 이익을 조약 당사국에 미치도록 해야 한다'는 규정이 존재한다. 한국은 평화조약의 당사국은 아니지만, 만일 우리나라가 어느 국가와 동 조약 14조 (b)에 의해 합의한 내용보다 큰 이익을 주는 취지의 처리를 하고 있는 경우에는, 우리나라와 한국 간의 합의의 효력을 검토함에 있어서 위 점을 고려해야 하게 된다고 생각된다. 그러나 이 사건 각 증거 및 변론의 모든 취지에 의해서도 우리나라가 어느 국가에 대하여 동 조약에서 정하는 것보다도 큰 이익을 주는 전쟁 청구권 처리 등을 한 사실을 인정할 수 없다. 따라서 이 점으로부터 이 사건 협정에 관한 위 해석을 검토헤아 할 여지는 없다고 해야 한다."

5) 원 판결 101쪽 26행 '이것을 이 사건에 대해서 보면'에서 동 102쪽 3행 끝까지를 다음과 같이 변경한다.

"이것을 이 사건에 대해서 보면 항소인들의 피고 회사에 대한 각 청구권은 위 채권에 해당하지 않는다고 해야 한다. 또한 항소인들의 청구 중에 미불임금의 지급청구가 포함되어 있다면 그것은 이 사건 협정 2조 3항의 '재산, 권리 및 이익'에 걸맞는 것으로 해석되나, 항소인들은 피고들의 강제연행, 강제노동에 의한 손해배상을 청구하여 그 재산적 손해액의 산정근거로 당시의 미불임금 액수를 쓰고 있는 것으로 해석된다.

이 때문에 쇼와40년(1965) 6월22일 당시 피고들에 의한 강제연행, 강제노동에 대한 사실관계의 입증이 용이하며 그 사실관계에 기초하는 법률관계가 명확했다고 할 수 없기 때문에 위와 같이 해석해야 한다. 따라서 피 항소인 회사의 위 주장은 채용할 수 없다"

6) 원 판결 102쪽 18행 처음부터 103쪽 18행 끝까지를 다음과 같이 변경한다.

"(4). 항소인들의 피 항소인들에게 대한 각 청구권에 대하여

① 위에서 검토한 바에 의하면 항소인들의 피고들에 대한 각 청구권은 어느 것도 이 사건 협정 2조 1항, 3항에서 규정하는 재산, 권리 및 이익에 해당하는 것이 아니며, 동 각 조항에 규정하는 청구권에 걸맞은 것으로 해석된다. 그리고 이들이 같은 조 2항에 해당하지 않는 것은 명확하다.

② 항소인들이, 이 사건 근로정신대원들이 일본에 끌려와 이 사건 공장 및 다이몬(大門) 공장에서 강제노동 당한 일, 김순례가 쇼와19년(1944) 12월 7일에 이 사건 공장에서 사망하고 항소인 김성주가 이 사

건 공장 내에서 작업 중 왼 집게손가락에 부상을 입은 것을 이유로 하는 불법행위에 근거하는 각 청구권은 쇼와19년(1944)부터 쇼와20년(1945) 10월경까지 사이의 사유에 근거하는 것이다.

(5) 동일시 피해에 대하여
증거(갑B40 및 43호증, 갑C1, 5, 7, 17, 20, 24, 81호증의 2 및 91호증, 원심 증인 여순주(余舜珠), 증인 야마시타 영애(山下愛), 원심에서의 항소인 박해옥, 김성주 변론의 모든 취지에 의하면 이하의 사실이 인정된다.

① 소위 군 '위안부'와 30년대 특히 중일전쟁이 전면화한 1938년(쇼와13) 이후 1945년(쇼와20)에 이르기까지 다수의 여성들이 한반도에서 군 '위안부'로 끌려갔으나 그 대상은 10대로부터 20대의 여성들이었고, 특히 미성년 여성들이 많았다.

a. 한편 제2차 세계대전 말기인 1943년(쇼와18년)부터 1945년(쇼와20년)에 걸쳐 주로 초등학교 졸업 직후인 12세에서 16세 정도의 어린 소녀들이 근로정신대로 동원되어 일본에 보내졌으나, 그 수는 군 '위안부'로 된 자들에 비해 소수였다.

b. 군 '위안부'의 경우 경찰과 군대의 개입, 납치 등의 방법으로 끌려 간 자들도 있다고 하지만, 대부분은 "공장에 간다", "배부르게 먹을 수 있다", "돈을 많이 준다" 등으로 속여 간호원, 여자정신대, 위문단 등에 취업시키는 것처럼 유혹하여 모집했다.
한편 근로정신대에 있어서는, "여학교에 갈수 있다", "일해서 돈도 벌수 있다"고 어린 소녀들을 속여 동원하고 있었다. 대부분 공립학교의 교사, 교장, 면장, 구장 등 행정기관이 관여했고, 헌병들이 개입한 예도 많았다.
이렇게 양쪽 모두 형식적으로는 권유에 의한 것으로, 경제적 이익 등을 강조해서 기망하는 등 그 방법도 매우 흡사했다.

c. 군 '위안부' 동원은 특수한 예를 제외하면 공연히 '위안부'라고 부

를 일이 없었고, 종군간호원, 여자정신대, 위문단, 가극단, 봉사대 등 여러 가지 명목 아래 추진되었다. 때문에 '위안부'라는 말은 일반적으로는 완전히 낯선 말이었다.

한편 1940년(쇼와15년) 이후 '정신대'라는 명칭으로 여러 가지 동원이 이루어졌다. '농촌정신대', '학도정신대', '보국정신대', '국어보급정신대', '보도정신대', '부인농업정신대', '여자구호정신대', '특별여자청년정신대'등 총독부 혹은 일본군에 의하여 '정신대'라는 명칭이 쓰인 조직은 아주 다방면에 이르고 있었다. 그래서 1944년(쇼와19) 이후 총독부는 대대적인 선전을 하여 근로정신대 동원을 하게 되었다.

d. 그런데 근로정신대로 동원되면서 군 '위안부'로 된 예가 6건 확인되어 있다. 한 번은 공장에 동원되었으나 공장에서 탈출한 후에 붙잡혀 군 '위안부'로 된 하나의 예와, 공장에는 안 가거나 조금 들렀다가 곧 군 '위안부'가 된 5건이다.

② 정신대 언설 피해의 발생

a. 위의(ㄱ)처럼 많은 젊은 미혼 여성들이 일본에 의해 동원되었으나 '정신대'로 널리 표현되어 군 '위안부'가 된 사람들도 다수 포함되어 있었다. 이 때문에 '정신대'라는 말이 불분명해졌고, 일본에 의해 성적으로 더럽혀진 여성을 나타내는 말이 되어갔다.

b. 한국사회는 철저한 남성 중심의 가부장제였기 때문에, 여성들은 아내와 어머니라는 역할 속에 존재가 규정되어 강한 정조(貞操)관념이 요구되었다. 그리고 순결한 여성이 결혼대상이며, 그렇지 않은 여성들은 놀기 위한 상대로 여겨졌고, 비록 성폭력에 의해 정조를 잃어도 그 여성은 부도덕한 여성으로서 비난 받고 있었다.

c. 이러한 한국사회 안에서, 근로정신대원들이 가정생활이나 사회생활에서 여성으로서의 자존을 지키며 살아가기는 매우 곤란하였다. 이 사건 근로정신대원들을 포함한 근로정신대원들은 결혼하기

위하여 자기 과거를 숨길 필요가 있었고, 만일 결혼할 수 있었더라도 과거가 알려지는 것을 계속 두려워하지 않으면 안 되었다. 어떤 기회에 근로정신대에 동원되었던 일이 남편에게 알려지면 가정 붕괴를 초래할 뿐만 아니라, 가족들의 수치가 되어 어린이나 집안이 여러모로 공격당하기 때문이었다. 그래서 근로정신대원이었다는 과거 때문에 계속 벌벌 떨고 살 수밖에 없는 인생을 보내야했다.

③ 동일시 피해

a. 1990년대에 들어서기까지 군 '위안부'의 구체상은 불명했다. 그 동안 남자들의 징용·강제연행은 문제로 거론되었고 보상 문제도 떠올랐다. 그러나 군 '위안부'와 근로정신대피해자들은 자신의 피해를 스스로 이야기하지 못했다. 과거에 '정신대' 대원이었다고 말하면 자신이 더러운 여성이라고 이야기하는 것과 똑같이 간주되었기 때문이다.

b. 그 후, 한국이 민주화 된 1990년대에 이르러 여성들이 그때까지의 생각을 극복하여 성폭력문제를 본격적으로 고발하게 되었다. 성폭력에 의한 피해가 여성의 수치가 아니라 위법이며 인권침해라는 의식이 사회에 정착하기 시작한, 1990년대에 이르러 군 '위안부' 문제가 구체적으로 다뤄지게 되었다.

c. 동일시 피해의 발생
그래서 군 '위안부'의 실태가 구체적으로 밝혀짐에 따라 '정신대'가 구체적으로 군 '위안부'를 뜻하는 말로 실체화되어 갔다. 때문에 근로정신대원으로 동원된 사람들은 군 '위안부'와의 동일시에 의한 위험에 노출되어 갔다. 군 '위안부'문제에 사회의 관심이 모여짐에 따라 오히려 근로정신대원들은 언제 자기들의 과거가 주위에 알려질까 걱정하며 더 한층 두려워하며 살 수 밖에 없었다.

④ 위의 ① 내지 ③에서처럼 귀국한 뒤에 근로정신대원으로 일본에 간 사실이 알려지면 당장 성적으로 더럽혀진 여성으로 인식될 상황

에 있었기 때문에,

a. 항소인 박해옥은 근로정신대원이었던 사실을 숨겨 1957년(쇼와 32년)경에 결혼하였고 이후에도 그 일을 가족들에게도 이야기하지 않고 살아왔다. 그러다 아이들이 독립한 후에 근로정신대원이었던 사실을 밝혔지만, 남편의 이해를 얻지 못하고 1994년(헤이세이6년) 10월에 남편과 이혼한 일,

b. 항소인 김혜옥은 한 번 군인과 약혼했으나 근로정신대원이었던 것이 알려져 혼담이 깨지고 말았고, 후에 결혼했으나 다시 근로정신대원이었던 것이 알려져 이혼한 일,

c. 항소인 진진정은 근로정신대에 참가한 것을 숨기고 있던 중 한 번 헌병과 결혼이야기가 오고 갔지만 동 항소인이 근로정신대원이었던 것을 알게 된 후 상대방이 거절해 왔으며, 그 후 결혼생활에서도 결혼 4, 5년 뒤쯤 근로정신대원이었던 것을 남편이 알게 되어 남편으로부터의 신용을 잃고 폭력을 당하고 남편의 가출로 혼인관계가 파탄난 일,

d. 항소인 양금덕은 한 번 선을 본 상대와 결혼 약속을 했으나 근로정신대에 참가한 것이 알려져 상대방 어머니의 반대로 혼담이 깨지고 말았고, 이후 1949년(쇼와24년)경 근로정신대원이었던 것을 숨겨 결혼했으나, 결국 그 사실을 알게 된 남편이 군 '위안부'로 의심하여 "더러운 여자"라고 욕까지 들었으나 아이들에게는 죄가 없다고 생각하여 참고 이혼까지는 안했던 일,

e. 항소인 이동련은 17세쯤 근로정신대원이었던 것을 숨겨 결혼해서 남편이 죽을 때까지 이것을 알리지 않았던 일,

f. 항소인 김성주는 1947년(쇼와22년) 12월 근로정신대원이었던 것을 숨겨 결혼했으나 얼마 후 남편이 알게 되어 남편이 간장을 앓게 된 1962년(쇼와37년)경까지 남편에게 심한 폭력을 계속해서 당한

일 등 피해가 생기고 있었다.

위 ① 내지 ④의 상황으로 분명히 알 수 있듯이 정조관념이 강하게 요구되는 한국사회에서 성적으로 더럽혀진 여성이라고 인식되면 이를 바로잡아 가정生活이나 사회生活에서 여성으로 살아가기가 곤란하였다. 때문에 근로정신대원 항소인들도 위의 피해뿐만 아니라 근로정신대원이었던 사실이 알려질지 모른다는 공포에 벌벌 떨면서 살아야했던 피해를 입고 있었다.

(6) ① 항소인들은 근로정신대원 항소인들이 귀국 후에 한국사회에서 위안부와 동일시되어 입은 손해, 피고들의 부작위를 원인으로 생긴 해방 후의 피해에 관한 청구권은 이 사건 협정 2조 1항, 3항에 규정하는 청구권에 해당하지 않는다고 주장한다.
먼저 근로정신대원 항소인들의 위 손해는 성적으로 더럽혀진 여성이라는 잘못된 인식에 의하여 가정生活이나 사회生活에서 여성으로 살아가기 곤란한 상황에 놓인 일이 있으나, 귀국한 직후와 군 '위안부' 문제가 사회문제화 된 1990년대 이후의 그 피해 본질에 차이가 있다고 하는 주장은 인정하기 어렵다.
그리고 이 피해는 근로정신대 동원에 앞서 '정신대'라는 명칭으로 벌어진 대규모 군 '위안부' 연행행위가 중요한 배경·원인의 하나라고 하되, 원인행위의 핵심은 제2차 세계대전 말기에 근로정신대원으로 일본에 끌려 간 사실(그것은 위에 언급한 것과 같이 강제연행에 걸맞는 것이다)에 있다.
한일청구권 협정 2조 3항은 '다른 체약국 및 그 국민들에 대한 모든 청구권이며 동일(이 사건 협정 서명의 날) 전에 생긴 사유에 근거하는 것'이라고 규정하여, 원인발생의 시기에 의해 이 사건 협정의 대상이 될 청구권의 여부를 정하고 있다.
이 때문에 상기와 같이 근로정신대원 항소인들의 동일시 피해 원인의 핵심은 쇼와19년(1944)부터 쇼와20년(1945)에 걸쳐 동인들에 대한 강제연행·강제노동(주로는 강제연행)에 있으며, 또 동일시 피해 발생에 중대한 영향을 주고 있는 군 '위안부'의 연행행위도 한일청구권 협정 체결 이전의 행위이다.

따라서 위의 피해에 관하여 항소인들이 피고들에 대해 존재한다고 주장하는 각 청구권도 한일청구권협정 2조 1항, 3항에 규정하는 청구권에 해당한다고 해석해야 한다.

② 항소인들은 대규모 군 '위안부' 연행과 이와 유사한 상황과 형태로 진행된 근로정신대의 동원을 선행행위라고 하여, 동일시 피해의 예견가능성과 결과 회피가능성이 있는 이상, 피고들이 조사, 공표, 책임을 인정하고 사죄해야 할 의무가 있으며, 이것을 게을리하고 있는 이상 피고들의 부작위에 대해서는 이 사건 협정의 대상 외의 별개 독립한 국가배상법상의 위법행위나 민법상의 불법행위를 구성한다고 주장한다.

그러나 항소인들이 주장하는 '근로정신대'(더욱이 군 '위안부'를 포함하여)의 실태에 관한 조사, 조사결과의 공표 의무라는 것은 법령 등에 의하여 규정되어 있는 것은 아니다. 또 선행행위를 바탕으로 주장하는 의무내용도 광범위하고 추상적인 것들인데다 결과 회피의 가능성면에 있어서도 추상적 가능성에 머무는 것이다.

더하여 항소인들이 주장하는 동일시 피해에 대해서도 한일청구권 협정의 대상이 된다고 해석해야 하는 것 등에 비추어, 위의 의무는 정치상·도의상의 의무와 책임에 해당한다. 강제연행·강제노동과 별개 독립한 위법행위나 불법행위를 뒷받침하는 작위 의무를 구성하는 것이라고는 아직 인정하기 어려운 바이다. 항소인들의 위의 주장은 채용할 수 없다.

③ 항소인들은 피항소인 일본국이 근로정신대원 항소인들의 동일시 피해에 대해, 이 항변을 사용하지 않는 것을 분명히 하여 항변권을 포기하고 있다고 주장한다. 즉 제112국회 중의원 결산위원회(쇼와63년(1988) 4월 25일에서 이 사건 공장에 동원된 조선여자근로정신대 피해자들이 오해로 인해 괴로움을 당하고 있다는 사실에 대해 질문을 받은 우노 소스케(宇野宗佑) 외무대신(당시)이 "이 문제는 가족들에 대해서도 그러한 오해가 없도록 무슨 기회에 신속히 해야 한다는 것을 나도 참으로 통감했습니다. … 당장 외무성에서도 후생성과 연락을 하면서 그리고 꺼림칙한 전쟁의 상처를 불식하도록 최대한 노

력을 하고 싶다고 생각하고 있습니다"라고 회답해, 오해를 풀 것을 약속하고 있다. 이 답변은 동일시 피해가 해결된 문제가 아닌 것을 솔직히 인정해, 이 사건 협정을 바탕으로 하는 항변을 행사하지 않을 것을 명확히 한 것이라고 주장한다.

그러나 우노 소스케 외무대신(당시)의 답변내용이 항소인들 주장과 같다는 것은 인정되나, 그 답변내용에 비춰 봐도 항소인들이 주장하듯 본 소송에서 동일시 피해에 대해 이 사건 협정의 효과를 주장할 것을 포기했다고까지는 인정되지 않고, 이외에 항소인들의 위 주장을 인정할만한 증거는 없다.

(7) 위에서 검토한 바에 의하면 이 사건 소송에서 항소인들이 피고들에 대해 갖는다고 주장하는 각 청구권들은, 동일시 피해에 의한 것도 포함하여 피고들이 이 사건 협정 2조 1항, 3항에 의하여 항소인들은 이들에 대해 어떠한 주장도 할 수 없는 것으로 되어 있다고 주장하는 이상, 항소인들의 청구를 받아 들여 피고들에 대해 위의 각 청구권들에 대하여 그 이행을 명할 여지는 없다."

7) 원판결 103쪽 18행 끝에 줄을 바꾼 위에서 다음과 같이 부가한다.

"항소인들은 피항소인 일본국의 포츠담선언(Potsdam Declaration) 수락에 의해 입법기관은 항소인들에 대해서 항소인들의 손해를 회복하여 손해증대를 초래하지 않는 조치를 취해야 할 의무를 가지고 있는데도, 헌재까지 보상입법을 하지 않아 과실에 의해 헌법상의 작위의무에 위배한 입법부작위에 빠져있다고 주장한다.

그러나 국회의원은 입법에 관해 원칙적으로 국민전체에 대한 관계로 정치적 책임을 질뿐, 개별국민들의 권리에 대응한 관계에서 입법의무를 지는 것은 아니다. 국회의원의 입법행위는 입법내용이 헌법의 일의적인 문구에 위반하고 있는데도 불구하고 국회가 굳이 해당 입법행위를 하는 경우와 같은, 쉽게 상정하기 어려운 예외적인 경우가 아닌 한, 국회배상법 1조 1항의 규정 적용상 위법이라는 평가를 받지 않은 것으로 해석해야 하는데(최고재판소 쇼와60년(1985) 11월 21일·민집 39권 7호), 헌법상 항소인들이 주장하는 바와 같은 입법의무를 정한 규정은 찾을 수 없고 항소인들의 위 주장은 이유가 없다."

8) 원 판결 103쪽 19행 처음의 '3'을 '8'로, 동 104쪽 15행 처음의 '4'를 '9'로 각각 변경한다.

6. 항소인들의 당 재판부 주장에 대한 판단

1) 조약법 조약

(1) 항소인들은 한일청구권 협정에도 조약법 조약 31조, 32조의 적용이 있고, 또 이 한일청구권협정의 문구는 다의적 혹은 애매한 해석을 허용하여, 조약법 조약 31조, 32조를 바탕으로 이 사건 협정을 해석하면 항소인들의 청구권은 한일청구권협정의 대상이 아니며, 만일 이 사건 협정의 대상으로 보아 협정의 효력이 미친다고 하더라도 그것은 외교보호권의 포기라고 하는 한도에 멈춘다고 주장한다.

(2) 그렇지만 조약법 조약은 이 사건 협정 체결 후에 일본국에서 효력이 생긴 조약인 데다가, 이 사건 협정 내용은 위(인용에 관여하는 원 판결, 부가정정 후의 것)와 같이 이 사건 협정 2조 2에 해당하는 것을 제외해서, '재산, 권리 또는 이익'에 해당하지 않는 이 사건 협정 2조의 '청구권'에 대해서는 이 사건 협정 2조 3에서 일률적으로 '어떠한 주장도 할 수 없는 것으로 한다'고 되어 있다.

또한 동 협정 2조 1에서 '청구권에 관한 문제가 완전 및 최종적으로 해결된 것'으로 규정하므로, 한국 및 그 국민들이 어떤 근거에 바탕을 두고 일본국 및 그 국민들에게 청구하더라도 일본국 및 그 국민들은 이에 응할 법적 의무가 없어졌다는 의미인 것은 분명하며, 항소인들의 위 주장은 그 전제에 있어서 채용할 수 없다.

2)

(1) 항소인들은 ILO 29호 조약의 14조, 15조에 의하면 동 조약에 어긋나는 위법인 강제노동에 대해서 가해자들에게 임금의 지불, 기타 보상의무가 부과되어 있다고 해석되기 때문에, 한일청구권협정이 이러한 의무를 실질적으로 소멸시킨다는 것이라면 이것은 ILO 29호 조약(강제노동의 금지는 이 사건 불법행위 당시 이미 국제법상의 강행규범으로서 확립하고 있었다)에 위반하는 것으로 무효로 보아야 한다고 주장한다.

또 헌법 98조 2항에 비추어 한일청구권협정을 유효한 것이라고 해석하기 위해서는, 이 협정에 의해서도 항소인들 피해자 개인의 청구권은 아무런 영향을 받지 않는다고 해석해야 한다고 주장한다.

(2) 그렇지만 ILO 29호 조약에서, 피해자 개인이 가해국의 국내재판소에서 가해국을 상대로 손해배상을 요구할 수 있다는 특별한 제도는 규정되어 있지 않고, 동 조약 위반을 이유로 피해자 개인이 가해국에게 손해배상을 요구할 수 있다는 국제관습법 성립도 인정되지 않는다. 따라서 동 조약 14조, 15조를 바탕으로 이 사건 근로정신대원들이 피고들에 대한 손해배상 청구권을 갖는 것을 전제로 하는 항소인들의 위 주장은 그 전제에 있어서 채용할 수 없다.

3)

(1) 항소인들은, 〈1〉한일청구권 협정을 바탕으로 하는 자금은 개인청구

권에 대한 보상으로 행해진 것이 아닐 뿐 아니라, 당시 일본정부도 그 자금이 개인청구권에 대한 변제에 충당될 가능성이 없는 것을 인식하거나 혹은 인식할 수 있었던 일, 〈2〉 협정체결 당시, 항소인들이 구 회사에서 노동을 강요당한 사실이 피고들에 의해 의도적으로 은폐되고 있었던 것에 비추면, 이 사건 소송에서 한일청구권 협정을 바탕으로 하는 항변은 권리의 남용에 해당하므로 허용될 수 없다고 주장한다.

(2) 그러나 한일청구권 협정을 바탕으로 하는 자금을 어떻게 사용할지는 한국정부가 정한 것이어서, 그 용도를 이유로 피고들의 한일청구권 협정에 기초하는 주장이 권리의 남용에 해당하는 것이라고는 도저히 인정되지 않는다.

또 이 사건 협정 체결 당시 한국에서 동원된 근로정신대들이 일본 군수공장에서 가혹한 노동을 강요당한 것 자체는 객관적인 사실로 명확했던 데다가, 항소인들이 주장하는 바와 같은 은폐행위 등이 있었다고 하더라도, 그에 의하여 한일청구권 협정내용이 특히 항소인들에게 불리한 것이 되었다는 관계도 인정되지 않기 때문에, 은폐행위의 존재를 이유로 피고들의 이 사건 협정을 바탕으로 하는 주장이 권리남용이라고 인정할 수는 없다. 따라서 항소인들의 위 주장은 모두 채용할 수 없다.

제4절_ 결론

따라서 원 판결은 정당하며 항소인들의 이 사건 항소는 모두 이유가 없기 때문에 항소인들의 항소를 기각하여 주문대로 판결한다.

민사 제3부

(재판장 재판관 아오야마 구니오(靑山邦夫),

재판관 쓰보이 노부유키(坪井宣幸),

재판관 다나베 히로노리(田邊浩典)는 전직 때문에 서명 날인할 수 없음.

재판장 재판관 아오야마 구니오(靑山邦夫))

6

상고이유서

(2007년 8월)

2007년 제75호

원고 = 박해옥 外 6명

피고 = 일본국

피고 = 미쓰비시중공업주식회사

상고이유서

2007년 8월   일

최고재판소   = 貴中

상고인(上告人) 등 소송대리인

변호사 우치카와 요시카즈(內河 惠一)

1 원판결의 판시내용과 인정 사실

제1절_ 원판결의 판시내용

1. 강제연행·강제노동에 의한 피해

1) 강제연행·강제노동에 대한 사실 인정

원판결은 1심 판결에서 인정한 사실을 기초로 다음과 같이 명확하게 원고 등이 강제연행·강제노동에 의해 피해를 입은 것을 인정했다.

우선 강제연행에 대해서는 1심 판결이 인정한 사실에 근거하고 당시 원고 등이 놓인 사회 상황도 고려해, 기만 혹은 협박에 의한 권유인 점을 인정하며, 원고 등의 의사에 반하는 강제연행이었다고 인정하고 있다.

즉, ① 권유를 받은 당시 연령이 모두 어린 나이로 충분한 판단 능력을 갖지 못하는 연령대이며, 그때까지 위의 제2의 2(2)와 같은 교육을 받았던 점, ② 권유자(교장, 담임교사, 헌병, 도나리구미:隣組의 애국반의 반장)는 교장이나 담임교사 등 신뢰를 하고 있었던 사람, 또 경의를 표해야 할 사람이며, 그 영향력이 컸던 것을 전제로, ③ 권유 내용이 향학열을 가지고 상급학교 진학을 바라는 사람들에게는 매우 매력적인 것이었지만, 그런 면학 기회 보장은 제도로서 예정되지 않았고, 실제로도 이루어지지 않았던 것, ④ 부모 등의 반대에 대해서는 교장이 "너희 부모는 계약을 위반했기 때문에 형무소에 보내질 것이다"(원고 박해옥), "……가지 않으면 경찰이 너희 아버지를 잡아 가둔다."(원고 양금덕), 헌병에게 "한 번 간다고 말한 사람은 절대로 가지 않으면 안 된다. 가지 않으면 경찰이 와서 가족, 오빠를 데려 간다."(원고 진진정)라고 협박당하거나 무단으로 인감을 꺼내서 서류가 갖춰진 것을 알면서도 묵인하거나 한 것(원고 이동련)을 종합하면, 각 권유자가 이 사건 근로정신대원 등에 대해서 기만 혹은 협박으로 정신대원으로 지원시킨 것으로 인정되므로 이것은 강제연행이었다고 판시했다.

계속해서 위 사례와 같은 강제연행을 했던 피항소인 미쓰비시 지배 하에서의 노동에 대해서 '강제노동'이라고 인정했다. 즉, "위와 같이 이 사건 근로정신대원 등의 이 사건 공장에서의 노동 · 생활에 대해서는, 원고 등의 연령, 그 연령과 비교해 가혹한 노동인 것, 궁핍한 식사, 외출이나 편지의 제한 · 검열, 급료의 미지불 등의 사정이 인정되며, 또한 정신대원을 지원하기에 이른 경위 등도 종합해보면, 그것은 강제노동이었다고 해야 한다."고 인정되고 있는 것이다.

(*도나리구미 = 제2차 세계 대전 당시, 국민을 통제하기 위해서 만들어진 최말단의 지역 조직)

2) 강제연행 · 강제노동에 대한 상대국의 책임

그 다음으로 원판결은 이런 강제연행에 대해서는, 우선 피항소인 일본국의 책임 아래에서 이루어진 것을 인정하고 있다. 즉, 강제연행에 대해서는 "근로정신대는 일본의 군수산업에서의 노동력 부족을 보충하기 위해서 이루어진 것이며, 위의 제2의 2(1)처럼, 차관 회의에서의 '여자 근로 동원의 촉진에 관한 건'의 결정(1943년 〔쇼와18년〕 9월 13일), 내각회의에서의 '여자 정신대 제도 강화 방책 요강'의 결정(1944년 〔쇼와 19년〕 3월 18일)과 그 내용, 또, 그 후, '여자 정신 근로령'에서 '후생 장관 또는 지방장관은 … 정신 근로에 관한 시읍면장 그 외의 단체장 혹은 학교장 또는 대원 혹은 정신근로에 관한 사업주를 감독한다'라고 규정되었던 것을 비추어 보면, 이 사건 근로정신대원 등에 대한 권유 행위는 피항소인 일본국의 감독아래에서 이루어진 것일 수 있다."라고 인정되고 있다.

계속해서 강제노동에 대해서는 "근로정신대로 파견된 것은 그 요청에 따른 것이라고 추측되며(여자 정신 근로령 5조 참조), 또 그 정신대원 등의 감독은 직접적으로 사업주가 맡지만, 사업주에 대한 감독은 후생 장관 또는 지방장관이 하게 되어 있던 것(여자 정신 근로령 12조, 13조, 16조) 등에 비추어 보면, 이 사건 근로정신대원 등의 이 사건 공장에서의 노동·생활에 대한 관리는 옛 회사에서 피항소인 일본국의 감독 아래에서 이루어지고 있었다고 인정할 수 있다"라고 판시하며, 피항소인 일본국의 지배 아래에서의 행위인 것을 인정하고 있다.

그 다음으로 원판결은 피고의 지배 아래에서 이루어진 강제연행·강제노동에 대해서, "이러한 행위는 개인의 존엄을 부정하고, 정의·공평에 현저하게 반하는 행위라고 볼 수 있는 점에 비추어 보면, 행위 당시의 법령과 공서公序 아래에서도 허용되지 않는 위법한 행위였다고 해야 한다"(원판결 19페이지)라고 판시하며, 민법의 적용이 해당되는, "민법 709조, 715조, 719조에 의해 그 손해배상 등의 책임을 부담해야 할 것이다"라고 피항소인 일본국의 책임을 인정했다.

3) 강제연행·강제노동에 대한 피항소인 미쓰비시의 책임
계속해서 원판결은 강제연행·강제노동에 대해 피항소인 미쓰비시의 책임에 대해서도 다음과 같이 판시했다.

원판결은 원고 등의 강제연행·강제노동은, 그것을 받아들인 피항소인 미쓰비시의 옛 회사에 책임이 있는 것을 전제로, 피항소인 미쓰비시와 별도의 회사라는 주장이 신의칙상 허용되지 않을 여지가 있다고 하며, 다음과 같이 판시했다.

즉, "형식적으로는 법인격의 동일성이나 계속성이 있다고는 말할 수 없는 점이다"라고 말했다. 그 한편, 원판결은 "옛 회사와 새롭게 설립된 3개의 제2 회사와의 사이에는, 인적으로는 새로운 회사 3사(社)의 초대 사장은 모두 옛 회사의 상무이사인 점, 종업원도 특별한 절차를 거치지 않고 새 회사로 인계된 점, 물적으로는 위의 새로운 계산에서는 회사의 목적인 현재 운영하고 있는 사업의 계속 및 전후(戰後) 산업의 회복 부흥에 필요한 점이 포함되어 있었던 것이며, 실태로서는 사업의 계속에 필요한 인적·물적 재산이 3개의 새 회사로 분할해서 인계되고 있는 것이라고 인정된다. 그리고 이 3개의 새 회사 가운데, 중일본(中日本)중공업 주식회사가, 쇼와 39(1964)년 6월 30일에 동일본(東日本)중공업 주식회사 및 서일본(西日本)중공업 주식회사를 합병해 피고 회사가 되고 있다"고 밝혔다.

덧붙여 "또, 옛 회사는 쇼와 32년(1957) 9월 30일 미쓰비시중공업주식회사에 흡수 합병되었지만, 이 회사는 피고 회사의 자회사이며, 피고 회사는 미쓰비시중공업주식회사의 발행이 끝난 주식 총수의 84.5%을 보유해 양 회사의 임원 및 직원의 일부는 겸임하고 있거나, 혹은 피고 회사로부터 미쓰비시중공업주식회사로 출향, 이직하고 있는 사람들도 있었던 것, 또, 이 회사는 피고 회사의 본사 빌딩 일부를 전차(轉借: 남이 빌려 받은 것을 다시 빌림)하고 있는 등의 사정도 인정된다."라고 인정했다.

"이상을 보면 옛 회사와 피고 회사와의 사이에는 실질적으로 동일성이 있어, 피고 회사에서 옛 회사의 위법행위에 대해서는 전혀 관여하고 있지 않아 책임을 질 수 없다는 취지의 주장을 하는 것이 신의칙상 허용되지 않는다고 해석할 여지가 있다고 해야 한다."고 명확하게 말해, 피항소인 미쓰비시가 민법 709조, 715조, 719조에 의해 원고 등에 대한 손해배상 등의 책임을 질 여지가 있는 것을 인정했던 것이다.

4) 강제연행·강제노동의 위법성이 현저한 것

원판결에서는 위 피항소인 일본국 및 피항소인 미쓰비시의 책임에 대해서, 그 위법성이 현저한 것도 인정·판시하고 있다.

즉, "일본은 ILO 29호 조약을 1932년(쇼와 7) 10월 15일에 비준하고 같은 해 11월 21일에 비준 등록을 하고 있지만, 동 조약에서는 여성이면서 한편 18세 미만의 아동에 대한 강제노동이 전혀 인정되지 않았던 것에도 불구하고, 위의 2처럼 이 사건 근로정신대원 등에 대한 권유 행위나 원고 등의 이 사건 공장에서의 노동·생활은 일본정부의 감독 아래에서 이루어진 강제연행·강제노동이라고 인정되는 점, 그리고 이러한 행위는 개인의 존엄을 부정하고 정의·공평에 현저하게 반하는 행위라고 말하지 않을 수 없는 점에 비추어 보면, 행위 당시의 법령과 공서 하에서도 용서되지 않는 위법한 행위였다고 해야 한다."라고 기술되어 원고 등이 받은 강제연행·강제노동이 ILO 29호 조약에 반하는 강제노동인 것이 인정되며, '행위 당시의 법령과 공서 아래에서도, 허용되지 않는 위법한 행위'라고 명확하게 인정되고 있다.

2. 해방 후에 피해를 입은 군 '위안부'와 동일시 피해

원판결은 또, 전후에 원고 등이 받은 군 '위안부'와 동일시 피해(원판결에 대해 '동일시 피해'에 대해서, '정신대'라는 존재가 '일본에 의해서 성적(性的)으로 더럽혀진 여성을 표상하는 것'임을 다음과 같은 사정을 들어 인정하고 있다.

즉, 군 '위안부' 연행은 여자 근로정신대에 앞선 시기부터 그 규모도 대규모로 이루어지고 있었던 것, 두 곳의 연행 대상이 된 여성의 연령과 겹쳐지는 점이 있던 것, "두 곳 모두, 형식적으로는 권유에 의했고, 권유할 때는 경제적 이익 등을 강조해 기만하는 등 그 방법도 아주 비슷했다"는 것, 군 '위안부' 동원은 "특수한 사례를 제외하면 일반적으로 '위안부'라고 칭하지 않고, 종군 간호사, 여자 정신대, 위문단, 가극단, 봉사대 등 여러 이름 아래에서 이루어졌다"는 것, 한층 더 "근로정신대로서 동원되면서, 군 '위안부'라고 여겨진 사례가 6사례 확인되고 있다"는 것 등의 여러 사정 때문에, "다수의 젊은 미혼 여성들이 일본에 의해서 동원되었지만 그것이 넓게 '정신대'로서 표상되게 되어, 그 중에는 군 '위안부'라고 여겨진 사람들도 다수 포함되어 있었기 때문에, '정신대'라는 말은 구체적인 실태는 불분명한 채로 일본에 의해서 성적으로 더럽혀진 여성을 표상하게 되었다."라고 인정되고 있다.

그 다음으로, 원고 등이 실제로 결혼할 때 '정신대원'인 것이 알려져 파혼되거나 혹은, 그것을 알리지 않고 결혼했다가 후에 남편에게 '정신대원'이었던 것이 알려져 '더럽혀진 여자'라고 두들겨 맞거나 남편이 다른 여성과의 혼외 관계를 갖는 등의 학대를 당한 것을 인정한 뒤에, "정조 관념이 강하게 요구되는 한국 사회에서는 성적으로 더럽혀진 여성이라고 인식돼버리면 갱생해 가정생활이나 사회생활을 하는 여성으로서 사는 것이 곤란하다. 그 때문에 근로정신대원 원고 등도 위의 피해뿐만 아니라 근로정신대원인 것이 알려질지도 모른다는 공포에 무서워 떨며 사는 것을 받아들일 수밖에 없는 피해를 입고 있었다."고 피해 실태가 명확하게 인정되고 있다.

이 전후 '동일시 피해'에 대해서도 일본정부 및 피항소인 미쓰비시에 책임이 있는 것은 "이 피해는 근로정신대 동원에 앞서 '정신대'라는 명칭 아래에 대규모 군 '위안부' 연행 행위를 했던 것이 중요한 배경·원인 중 하나이지만, 원인 행위의 핵심은 제2차 세계대전 말기에 근로정신대원으로서 일본에 데리고 간 부분(그것은 위와 같이, 강제연행에 해당하는 것이다.)에 있다고 하지 않을 수 없다."라고 명확하게 인정되고 있는 바이다.

원판결이 이후 계속해서, 그렇게 되었기 때문에 전후의 '동일시 피해'에 근거해서 청구한 것에 대해서도 한일청구권협정 2조 1항 및 3항에 의해서 피고 등에 응할 법적 의무가 없는 것이라고 판시한 점 및 피고들이 짊어진 작위(作爲)의무에 대해 "강제연행·강제노동과는 별개의 독립적인 위법행위나 불법 행위를 기초하는 작위 의무를 구성하는 것이라고는 역시 인정하기 어렵다"라고 판단한 점에 대해서는 잘못이지만, 피고 등에 '동일시 피해'에 대해서도 책임이 있는 것은 한층 명확하다.

제2절_ 소괄

이상 말했던 것처럼, 원판결에서는 원고 등의 구제가 부정되고 있는 것이 이상할 만큼, 원고 등의 강제연행·강제노동 피해 및 군 '위안부'가 피해를 입은 것과 동일한 인생 피해를 인정하고, 그것뿐만 아니라 이들 피해에 대해 일본정부 및 피항소인 미쓰비시에 책임이 있는 것(특히 강제연행·강제노동 피해에 대해서는 명확하게 민법상의 불법 행위 책임이 있는 것)을 인정하고 있는 것이다.

원고 등의 이러한 심대한 피해를 인정하면서 그 피해를 구제하지 않는 것은 사법부로서 역할 포기와 다름없다.

귀 재판소가 원고 등의 피해를 구제하지 않는 사법부의 역할 포기와 같은 잘못된 수레바퀴의 전철을 여러 번 밟음으로써, 더 이상 원고 등에 대해서 새로운 정신적 고통을 가져오지 않도록 간절히 바라는 바이다.

2 강제연행·강제노동 피해에 대해

제1절_ 법령 해석에 관한 중요한 사항의 전제 – 일본국 헌법 전문의 해석

1. 헌법 전문(前文)을 역사적으로 해석하는 것에 의해 도출되는 헌법 해석의 자세

(1) 이 사건에서의 상고 수리 제기 이유 검토의 전제로서 일본국 헌법, 특히 전문(前文)의 해석에 대해 우선 말한다.

일본국 헌법 전문을 역사적 문맥을 근거로 해서 그 규범 의미를 해명하는 것으로써, 다음과 같은 해석이 도출된다.

이하에서 말하는 해석은 갑E 제 2호 중 고바야시(小林) 의견서 6페이지 이하에 대해서 기술되며, 원심 단계의 항소 이유서 보충서 등에 의해 주장하고 있지만, 이번 이 점을 한층 더 부연해서 말한다. 원고는 추후에 고바야시에 의한 이 사건에 맞는 의견을 귀 재판소에 제출할 것을 예정하고 있으며, 현재 준비 중이다.

(2) 일본국 헌법에 대한 역사적 문맥에서 해석할 필요성

원고가 역사적 문맥에서 일본국 헌법 전문의 규범 의미를 해명하고, 그렇게 해서 도출되는 일본국 헌법의 규범적 해석에 준거해 한일청구권협정을 해석해야 하는 것은, 다음 이유에 의한다.

즉, 법은 과거의 잘못이나 부적당을 시정하고 국가나 사회가 있어야 할 미래상을 제시하고 있는 것이며, 그런 의미에서 규범 내용은 역사적 과오에 대한 반성을 할 필요가 있다. 특히 일본국 헌법은 일본의 패전에 의해, 메이지 헌법에서 개정해서 책정된 것이다. 식민지주의 및 침략전쟁이라고 하는 역사적 잘못을 극복하고, 평화로운 사회를 구축하는 것이 그 최대의 과제이다.

그러므로 일본국 헌법 전문에서는 '인류 보편의 원리'로서의 민주주의 및 자유의 중요성을 강조하며, 헌법 9조와 함께 평화 달성에 최대의 가치를 두고 있다. 동시에 전문에 대해서는, 식민지주의 및 침략전쟁 같은 '과거의 잘못'을 극복하고, 항구적으로 평화로운 것에 기초를 두는 국제사회의 미래상을 제시하고 있는 것이다.

(3) 일본국 헌법 제정에 이르는 역사적 과정

이상과 같은 시점에서, 일본국 헌법 제정에 이르는 역사적 과정을 보면, 다음과 같은 이해가 가능하다.

1945년 8월 14일, 쇼와 천황이 연합국에 의한 포츠담 선언을 받아들이며 일본은 패전을 맞이했다. 이에 의해 주권자인 천황과 그 정부는, 천황 주권의 부정(국민 주권의 확립), 군국주의의 부정과 무장해제, 전쟁 범죄자의 처벌, 민주주의의 부활, 봉건적인 여러 제도의 폐지와 함께, 식민지 해방을 받아 들였다. 주권자의 변경, 민주주의의 확립, 영토 문제는, 헌법에 정해져 있기 때문에, 일본의 패전 시점에서의 실질적인 헌법은 포츠담 선언이었다고 해도 좋다. 일본국 헌법은 직접적으로는 포츠담 선언을 이행하기 위해서, 그 취지에 따라서 제정된 것이다.

그 포츠담 선언에서 이행이 의무가 된 것은 1943년 카이로 선언이다. 카이로 선언에서 정해진 사항은 다음과 같다.

즉, '1941년의 제1차 세계 전쟁 개시 이후에 일본이 탈취, 또는 점령한 태평양에서의 모든 섬들을 박탈할 것, 또한 만주, 대만 및 펑후다오(澎湖島) 같은, 일본이 중국인에게서 빼앗은 모든 지역을 중화민국에 반환할 것', '또 일본은 폭력 및 탐욕에 의해 일본의 탈취한 다른 모든 지역에서 물러날 것', 또한 '조선 인민의 노예 상태를 유의하며, 이제 조선을 자유롭게 독립시킨다'라고 하고 있다.

이와 같이, 위법 점령지의 원상회복과 일본이 당시 식민지 지배하고 있던 한반도 사람들의 해방을 일본의 의무로 정하는 것이다.

(4) 일본국 헌법 전문에 나타난 '도의적 국가가 되어야 할 의무'와 국가에 부과된 행동 규범

이것을 이어받은 일본국 헌법 전문에서는, 포츠담 선언의 취지를 이행하고, 일본의 전쟁 책임을 완수할 의무와 평화로운 국제사회 구축의 책무를 명확하게 하고 있다. 이는 특히 다음 문구에 나타나고 있다.

즉, 일본국민이 '정부의 행위에 의해서 다시 전쟁의 참화가 일어나지 않게 결의하며', '이 헌법을 확정했다'(일본국 헌법 전문 1항)는 것, '전제(專制)와 예종(隸從), 압박과 편협을 지상에서 영원히 제거하려고 노력하고 있는 국제사회에서 명예 있는 지위를 차지하고 싶다고 생각한다'(일본국 헌법 전문 2항)는 것, '전 세계 국민이 똑같이 공포와 결핍에서 벗어나 평화로움 속에서 생존할 권리를 가지는 것을 확인한다.'(일본국 헌법 전문 2항)는 것, 더욱이 '우리들은 어떤 국가도 자국만을 생각하고 타국을 무시해서는 안 되며, 정치 도덕의 법칙은 보편적인 것이며, 이 법칙에 따르는 것은 자국의 주권을 유지하고 타국과의 대등 관계에 서려고 하는 각국의 책무라고 믿는다.'(일본국 헌법 전문 3항)는 것으로 나타나고 있다.

이러한 전문의 규범적 내용은, 당시의 역사 상황에 비추어 생각하면, 역사의 연속 면으로서의 전쟁 책임(및 전후 처리)을 완수해야 할 국가의 책임과 장래에 두 번 다시 똑같은 잘못을 반복하지 않기 위한 평화로운 국제사회 구축의 책무를 명료하게 한 것이다. 즉, 일본이 가져온 '전쟁의 참화', 즉 식민지 지배에 의한 강압 정치나 카이로 선언에서 말하는 '조선 인민의 노예 상태'를 시작으로 중국, 대만, 그 외의 아시아의 사람들에 대한 노예적 강제나 전제적인 지배에 의해, 많은 사람들의 생명을 빼앗고, 신체를 상하게 하며, 재산을 빼앗아 다대한 정신적 고통을 가져온 사실에 대한 반성에 입각해, 국가주권을 넘어선 '고차원의 법'으로서 '보편적인 정치 도덕'을 인정하는 것이다.

이러한 헌법 전문의 문구는, 타국의 주권 혹은 민족의 자결권을 존중해야 하는 당시에 확립된 국제법의 원리를 확인하는 것과 동시에, 식민지 지배·침략 전쟁 피해자의 피해 회복, 즉 배상(보상)과 사죄를 해야 할 것, 즉 '전후 보상의 수행 의무'를 요청하고 있다.

이는, 고바야시(小林) 의견서(갑E 제2호 증)에서 '도의적 국가가 되어야 할 의무'라고 불리며 '국가의 행동 원칙을 본질로 한다'라고 말하고 있으며, 나이토(內藤)씨는 이것을 '평화 헌법 사관'이라고 부르며, 국가 권력에 대해서 일본국 헌법 전문에서, '전쟁의 참화'가 가져온 내외의 개인 피해자에 대한 '중대한 인권침해'(국제법 위반행위를 포함한다)의 보상을 성실하게 하는 것이 요청되고 있다고 말한다.

일본국 헌법 전문을 일본국 헌법 제정에 이르는 역사적 과정을 근거로 해서 해석했을 경우에 도출되는, 일본국가로서 '전쟁의 참화'가 가져온 내외의 개인 피해자에 대한 '중대한 인권침해'에 대한 배상(보상)을 성실하게 실시해야 할 의무는, 국가 권력에 부과된 의무이다. 그것은 법률을 적용·해석하는 사법부에 대해서도 입법부와 그 외에 대해서도 부과된 의무이며,

이 사건에서 특별히 문제가 되는 한일청구권협정의 해석에 대해서도 충분히 고려해야 할 규범이다.

2. 헌법 전문 해석의 이 사건에 있어서의 위치설정

헌법 전문의 법 규범성에 대해서는 여러 논의가 있지만, 원고에게 있어서 헌법 전문이 직접적으로 피고 등의 배상 의무의 근거가 되는 취지를 말하는 것은 아니다. 헌법 전문이 헌법 본문의 해석 지침이 되는 것에 대해서는 이론이 없기 때문에, 앞서 말한 것과 같은 헌법 전문의 해석에 따라 조약 해석 등이 이루어지지 않으면 안 된다.

이하에서 말하는 상고 이유의 각 논점에서도, 법령의 해석 시점에선 헌법 전문에 따른 해석이 이루어져야 된다. 그렇지만, 원판결은 이것에 반하는 법령 해석을 하고 있어, 그 점에서 중요한 사항에 대한 법령 해석의 잘못을 원판결은 포함하고 있다.

이하 상술한다.

제2절_ 한일청구권협정의 개인청구권에 대한 효력에 대해

1. 본 항에서 말하는 상고 이유

원판결은 한일청구권협정의 직접적 효과로서 한국 국민의 개인청구권이, 재판상 소구(訴求:소송에 의하여 권리를 행사함)할 수 없을 권리가 된다(소구한다고 해도 일본정부 및 미쓰비시중공업에서 그 소구에 응할 법적 의무가 없다)라고 판단했다.

한일청구권협정의 직접적 효과로서 한국 국민의 개인청구권이 재판상 소구할 수 없을 권리가 된다고 판단한 원판결에는 여러 부분에 대한 잘못된 해석이 있지만, 우선 확립한 국제 관습법규(헌법 98조 2항)에 반하는, 법령 해석상의 중요 사항에 대해서 잘못을 포함하고 있다.

본 항에서는 그 점을 말한다.

2. 일본정부 주장의 변천과 이것에 영합한 원판결

지금까지 일본정부가 이 사건 협정에 대해서 채택해 온 견해는, 이 사건 협정의 효과는 한일 양국의 외교 보호권의 상호 포기이며, 이른바 개인청구권 그 자체를 국내법적인 의미로 소멸시켰다는 것은 아니라는 것이었다 (1991년 8월 27일 참의원 예산 위원회 야나이 슌지 외무성 조약 국장 답변, 갑G 제14호 증).

그런데 일본정부는 이 사건 소송에서, 개인청구권에 대해서도 이 사건 협정에서 모두 해결 완료했다고 주장하기에 이르렀다.

그리고 이 점에 대해 원판결은, 이 사건 협정의 개인청구권에 대한 효과로서 일본정부의 주장에 영합 하는 형태로 이하와 같이 판시했다.

"일본정부 또는 일본 국민에 대한 한국 및 한국 국민의, (a) 채권에 대해서는, 그것이 이 사건 협정 2조 3항의 재산, 권리 및 이익에 해당하는 것이라면, 재산권 조치법 1항에 의해서 원칙적으로 쇼와 40년(1965년) 6월 22일에 소멸하고, (b) 그 외의 동일 이전에 생긴 사유에 근거하는 모든 청구권에 대해서는, 이 사건 협정 2조 2항에 규정된 것을 제외하고, 같은 조 1항, 3항에 의해서 한국 및 한국 국민은 일본정부 및 일본 국민에 대해서 아무런 주장도 할 수 없는 것으로 여겨졌던 것이 분명하다.

그리고 위의 인정 하에 여러 사정을 전제로 해서 이 사건 협정 2조 1항, 3항의 취지를 생각하면, 일본정부 및 일본 국민은 한국 및 한국 국민으로부터 위(b)에 해당하는 청구권 행사를 받았을 경우, 한국 및 한국 국민에 대해 이 사건 협정 2조 1항, 3항에 의해서 위에 기록된 청구권에 대해서는 주장할 수 없게 되어 있는 취지를 주장하는 것, 즉, 그 청구에 응할 법적 의무가 없다는 주장을 할 수 있다고 해석하는 것이 타당하다.”(이상, 원판결)

“이 사건 소송에서 원고 등이 피고 등에 대해서 가진다고 주장하는 각 청구권은, 동일시 피해에 의한 것도 포함해서 피고 등이 이 사건 협정 2조 1항, 3항에 의해서 원고 등은 이런 것에 대해서 어떠한 주장도 할 수 없다는 취지를 주장하는 이상, 원고 등의 청구를 인용해 피고 등에 대해 위에 기록된 각 청구권에 대해 이행해야 할 취지를 명할 여지가 없다고 밖에 할 수 없다.”(원판결)

원판결은 이와 같이 판시하며, 한국 국민의 개인청구권에 대한 이 사건 협정의 효과로서 이러한 청구권은, 일본 및 일본국민에 대해서 행사했을 때에, 일본 및 일본국민에게, ‘그 청구권에 대해서는 이 사건 협정 2조 1항, 3항에 의해서 어떠한 주장도 할 수 없다’고 주장을 했을 경우에는, 재판상 소구(訴求)할 수 없는 권리인 것을 나타냈다.

즉 원판결은 이 사건 협정의 개인청구권에 대한 직접적인 효과를 인정하며, 일본정부가 양국 간 조약에 의해 자국민의 개인청구권을 사실상 포기할 수 있다는 뜻을 나타냈던 것이다.

이 점에 대해서, 원판결은, “조약은 국가 간의 합의이며, 조약 체결에는 국회의 승인을 필요로 하며(헌법 73조 3호), 그 성실한 준수의 필요성이 규정되고 있는 것(헌법 98조 2항)으로 본다면, 법률과 조약과의 국내법적 효력에서의 우열 관계에 관해서는 조약이 법률에 우위에 있다고 해석되고 있는 점, 국회는 국내의 입법 절차에 의해 국민의 사법상의 권리·의무의 설정, 변경, 소멸하는 것이 가능하기 때문에, 국회의 승인을 얻은 조약에 의해서 국민의 사법상의 권리·의무 설정, 변경, 소멸하는 것도 가능하다고 해석되는 것.

또, 국가는 전쟁 종결에 수반하는 강화(講和) 조약 체결 시에, 대인(對人) 주권에 근거해 개인의 청구권을 포함한 청구권 처리를 할 수 있다고 해석 되는 것에서 보면, 국가 간 합의에 의해서 국민의 권리를 제한할 수 없는 것을 전제로 하는 원고 등의 위의 주장은 그 전제로 채택할 수 없다.", "덧 붙여 위와 같이 해석하는 것에 의해서, 원고 등에 생긴 손해에 대해서 보상 이 이루어지지 않는다고 해도, 제2차 세계대전의 패전에 수반하는 국가 간 의 재산 처리 사항은 본래 헌법이 예상하지 못한 점이며, 그것을 위한 처리 에 관해서 손해가 생겼다고 해도, 그 손해에 대한 보상은, 전쟁 손해와 같 이 헌법이 예상하지 못한 것이라고 해야 하기 때문에(최고재판소 1968년 11 월 27일 대법정 판결·최고재판소 민사판례집 22권 12호), 그것과 마찬가지 로 이 사건 협정에 대해 헌법위반이라고 할 수 없다(최고재판소 20011년 11 월 22일 제1 소법정 판결·판례 타임스 1080호, 2004년 11월 29일 제2 소법 정 판결·판례 타임스 1170호)."라고 말하며(원판결), 국가가 국가 간의 합 의에 의해서 국민의 권리를 제한해도, 그에 대한 헌법위반 문제는 생기지 않는다고 보충하고 있다.

3. 한일청구권협정에 개인의 청구권을 폐기하는 효력은 없다 - 국제 관습법에 따른 해석

(1) 한일청구권협정의 해석은 일의적(一義的)이 아니다

① 바람직한 한일청구권협정의 해석

한일청구권협정에서 한국 국민의 개인청구권에 대해서 한국이 했던 것 은 외교 보호권 포기뿐이며, 한국 국민 개인의 손해배상 청구권을 포기한 것은 아니다.

원고 등이 이 사건 소송에서 주장하고 있는 손해배상 청구권은, 원고 등의 국적국인 한국과 일본과의 합의에 의해서 포기되거나 박탈할 수 없는 원고 개인의 청구권이다.

한일청구권협정을 이렇게 해석해야 하는 점에 대해서는 원고가 원심 단계부터 반복해서 말해왔는데, 원판결은 이 점을 조약 해석 첫걸음부터 잘못했기 때문에, '일본이 체결한 조약을 성실하게 준수한다.'(헌법 98조 2항)라는 헌법상의 의무에 반한 해석·적용을 했다. 이하에서 이 점을 우선 말한다.

② 조약의 해석 – 빈(Wien) 조약 법 조약

조약의 해석은 무엇보다 우선 조약을 체결한 당사국의 의사에 의하지만, 일단 성립된 조약 해석은 다양하게 이루어질 수 있으며 그 때문에 분쟁을 부를 수도 있다.

이런 가운데 조약 해석에 해당하는 확립된 국제관습법은, 일본도 비준하고 있는 빈 조약법 조약에 나타나고 있다.

빈 조약 법 조약에서는 가장 우선 조약 문구를 주목해 '문맥에 의하는 한편 그 취지 및 목적에 비추어, 주어진 용어의 통상적인 의미에 따라 성실하게 해석하는 것으로 한다.'(빈 조약 법 조약 31조 1항)라는 동시에 '문맥과 함께 다음 것을 고려한다.'로서 '(b) 조약 적용에 대해 나중에 생긴 관행이며, 조약 해석에 대한 당사국의 합의를 확립할 것'(같은 조 3항)이 지적되고 있다.

게다가, '전조(前條) 규정에 의해 얻은 의미를 확인하기 위해서' or '(a) 전조 규정에 의한 해석에 따라서는 의미가 애매 또는 불명확한 경우'나 '(b) 전조 규정에 의한 해석에 의해 분명하게 상식에 반하거나 또는 불합리한 결과가 초래될 경우'에 대해서는 '해석의 보완적인 수단, 특히 조약의 준비작업 및 조약 체결시의 사정에 의거할 수 있는' 부분이 나타나고 있다(빈 조약법 조약 32조).

③ 원판결의 잘못 - 한일청구권협정은 일의적(一義的)으로 명확한 해석을 할 수 없는 조약이다

이 점 원판결은 나중에 지적하는 샌프란시스코 평화조약 골자를 꺼내, 최고재판소 2007년 4월 27일 판결(2004년(수) 1658호, 이하, 이 판결을 '니시마쓰 최고재판소 판결'이라고 한다)의 논리에 의거해, "일본정부 및 그 국민은 한국 및 그 국민에게 위(b)에 해당하는 청구권 행사를 받았을 경우, 한국 및 그 국민에 대해 이 사건 협정 2조 1항, 3항에 의해서 위의 청구권에 대해서는 주장할 수 없다는 취지를 주장하는 것, 즉 그 청구에 응할 법적 의무는 없다는 주장을 할 수 있다고 해석하는 것이 상당하다."(원판결)라고 판시하고 있다.

그런데, 원판결이 스스로 말하고 있듯이(원판결 27페이지), 야나이 슌지 외무성 조약 국장은 "이것은 한일 양국이 국가로서 가지고 있는 외교 보호권을 서로 포기했다는 것입니다. 따라서 이른바 개인의 청구권 그 자체를 국내법적인 의미로 소멸시켰다는 것이 아닙니다."(갑G 제14호 증)라고 말했고, 원판결에서는 이것을 "야나이 슌지 외무성 조약 국장의 답변이 불충분했다는 비난은 면할 수 없다고 해도 …"(원판결)라는 한마디로 정리하고 있다.

그렇지만 행정부라는 일본국가 권력인 한편, 외무성 조약 국장이라는 전문 관료가 국회에서 답변한 내용이 "불충분했다는 비난은 면할 수 없다"는 정도로 끝내는 것이 과연 좋을까? 이 점에 관해 현재의 외무성 홈 페이지를 보면, 경제 조약 및 사회 조약에 소관에 속하는 것을 제외하는 조약을 관할하는 국제법국에 대해 다음과 같이 소개하고 있다. 즉,

"국제법에 관한 외교 정책, 조약 체결, 해석 및 실시, 확립된 국제법규 해석 및 실시 등에 관한 업무를 하고 있습니다. 국제 관계의 긴밀화와 일본의 국제적 역할의 증대에 수반해, 국제적인 역할 형성이 날마다 이

루어져 체결되는 조약의 숫자가 해마다 증가해, 국제법 질서 구축이 진
행되고 있습니다. 그 대상으로 하는 분야도, 정치·안전 보장, 경제, 인
권, 환경 등 보다 광범위하게 되어, 국민의 생활에 밀접하게 관계되고
있습니다.
　…중략…
　일본이 체결한 조약 및 확립된 국제법규를 성실하게 준수하는 것은 헌
법상의 요청인 것과 동시에, 일본 외교의 계속성과 일관성을 유지해 일
본 외교에 대한 신뢰를 높이는 데 있어서도 중요합니다. 그러한 관점에
서 일본정부가 외교 정책 등을 기획·입안할 때에, 그것이 국제법에 합치
하도록, 국제법국(國際法局)은 국제법 해석 등의 업무를 하고 있습니다."

라는 것이다.

야나이 슌지 조약 국장은, 국회에서 이 답변을 한 헤세 3년(1991년) 당시,
일본정부가 '일본이 체결한 조약 및 확립된 국제법규를 성실하게 준수한다'
라는 헌법 98조 2항의 요청에 응하는 정책을 담당하는 임무를 부여받은 조
약 국장이었던 것이다.

　이 사건에서 중요한 것은, 그 조약 국장이 그 답변 속에서 원판결에서 보
면 '불충분한 답변'을 할 정도로, 이 한일청구권협정의 해석은 일의적(一義
的)인 것은 아니라는 것이다.

　이 점, 이 사실을 직시하지 않았던 원판결의 논리는 조약 해석 제1단계에
서 해석·적용을 잘못한 것이며, '일본이 체결한 조약을 성실하게 준수한
다'(헌법 98조 2항)라는 헌법상의 요청에 반하는 해석·적용을 하는 것으로,
법령 해석의 중요한 점에 대한 잘못을 범하고 있다.

(2) 한국정부와 일본정부의 합의 내용 - 한국정부의 의사

① 그럼, 한일청구권협정은 어떤 방법으로 해석되어야 될까?
　이 점을, 원판결이 의도적으로 무시하고 있는 것은, 한국정부의 동(同)

조약의 문구 해석이다.

② 한국정부의 해석과 조약 체결의 의사

한국이 한일청구권협정에 의해서 한국 국민의 청구권에 어떠한 효과를 미칠 것으로 생각했는지에 대해서는, 1965년 동 협정 체결 당시에 한국정부가 어떠한 의사를 가지고 있었는가에 의한다.

그렇지만 한국정부가 본 협정 체결에 관해서 어떠한 의사를 가지고 있었는지에 대해서는, 본 소송의 제1심 단계, 원심 단계를 통해서 명확하지는 않았다. 피고 등도 이 점을 명확하게 얻지 못했다.

이 점은 원심 증인인 김창록 증인이 "1965년 단계에서, 이 재판에서 문제가 되고 있는 법률적인 여러 논점에 관해서, 한국정부는 어떠한 태도를 취하고 있었는지를 명확하게 확인할 수 없습니다."라고 말하고 있는 대로(원심 제3회·김창록 조서)이다.

한국정부의 조약 체결 당시의 의사를 명확하게 할 수 없는 이상, 그 후의 한국정부의 이 사건 협정 해석 및 그 실행을 보지 않으면 안 된다. 거기서, 원고는 원심 단계를 통해서, 다음과 같이 주장해 왔다.

우선, 1990년대에 들어오고 나서 한국 외무부장관의 국회답변으로서 "청구권협정에 의해서 해결된 것은 국가 레벨로 해결된 것입니다. 개인 문제는 남아 있습니다. 그래서 개인이 일본을 상대로서 소송을 제기할 수 있습니다. 나아가서 청구권협정은 식민지 지배 문제를 다룬 것이 아니라, 재정적·민사적인 문제 해결을 위해서 이루어진 것이므로, 식민지 지배에 관한 부분은 해결되지 않았다고 주장한 이유입니다"라고 몇 번이나 기술되어 왔다(전기 조서).

그리고 2005년 8월 현재, '한일회담 문서 공개 후속 대책 관련 민관공동위원회'(공동위원장 중 한 사람은 민간인이지만 또 한 사람은 한국 국무총리)가 분명히 한 해석에 의하면, "청구권협정은, 기본적으로 식민지 지배의 배상을 해결하기 위한 것이 아니라, 샌프란시스코 조약 제4조에 근거해 한국과 일본 사이의 재정적·민사적인 채권 채무와 관계되는 문제를 해결하는 것이다.… 일본정부 혹은 일본군 등 국가 권력이 관여한 반인도적인 불법 행위에 관해서는 청구권협정에 의해서 해결되었다고 할 수 없고, 그것에 관해서는 여전히 일본정부에 법적 책임이 있다"(동 조서)라는 것이다.

이상과 같이, 본 소송에서 밝히고 있는 한국정부의 이 사건 협정의 법적 효과에 대한 해석을 정리하면 다음과 같다.

  a. 식민지 지배에 관한 것은 대상 외이다.

  b. 협정 대상으로 포함된 사항에 대해서도, 한국정부가 협정으로 포기한 것은 어디까지나 외교 보호권이며, 피해자 개인의 청구권에는 직접적인 소멸의 효과는 미치지 않는다.

  c. 협정 대상으로 포함된 사항이라도, 일본이 국가 권력으로서 관여한 반인도적인 불법 행위에 관해서는 협정에서 전혀 해결을 도모할 수 없고, 일본정부가 법적 책임을 국가 간 관계에서도 가지고 있다.

이 점을, 원판결은 한마디도 한국정부의 조약 체결 의사나 그 후의 한국정부의 해석에 대해서는 언급하지 않았다.

조약 해석에 대해 당사국의 견해를 충분히 심리하지 않고 판결을 내린, 원판결은 심리를 다하지 못한 비난을 면할 수 없다.

③ 외교 보호권 포기에 의한 법적 효과

앞서 말해 왔던 대로, 한일청구권협정에 의해서 생기는 효과에 대해서 한국정부와 일본정부의 의사가 일치하는 범위에서 말하면, 그것은 '외교 보호권의 포기'이다.

'외교 보호권 포기'란 즉, 상대국 일본이 한국 국민의 일본 및 일본국민에 대한 청구권은 '해결 완료'라고 주장하는 것에 대해서, 한국 국가로서 외교적으로는 한국 국민의 권리 주장을 보호할 수 없는 것과 다름없다.

따라서 외교 보호권을 포기했다고, 한국 국민의 일본 및 일본국민에 대한 청구권 그 자체가 포기되거나 하는 것은 아니다.

(이 점은, 시모다(下田) 사건 판결(1963년 12월 7일 도쿄 지방법원 판결. 도쿄 지방법원 1955년(와) 제2914호, 1957년(와) 제4177호) 최고재판소 민사 판례집 14권 12호)

이 시모다 사건에서는 원자 폭탄 투하가 국제법상 위법인 것을 이유로 손해 배상 청구를 했던 사안이기 때문에, 국내법상의 위법에 근거해서 청구를 한 이 사건과는 사안을 달리한다)에서 피고로 여겨진 국가가, "국가가 개인의 국제법상의 배상청구권을 기초로 외국과 교섭하는 것은 국가의 권리이며, 이 권리를 국가가 외국과의 합의에 의해서 포기할 수 있는 것은 의심할 여지가 없다.

그러나 개인이 그 본국 정부를 통하지 않고 이것과는 독립해서 직접 배상을 요구할 권리는 국가의 권리와는 다르기 때문에, 국가가 외국과의 조약에 의해서 어떤 약속을 하든, 그에 따라 직접적으로 이에 영향은 미치지 않는다"고 항변하고 있었던 것도 명확하다(덧붙여 이 사건에 대해서 나타난 재판소의 견해에 대해서는 나중에 말하지만, 국가가 개인의 청구권을 기초로 교섭하는 것이 아니라 외교 보호권은 국가 고유의 권리라고 판단하고 있다. 어쨌든 위의 인용 취지는 변하지 않는다).

그리고 여기서 국가가 말하고 있는 "개인이 그 본국 정부를 통하지 않고 이것과는 독립해서 직접 배상을 요구할 권리"를 확실히 행사하고 있는 것이 원고 등이다.

현재처럼, 원고 등이 비행기를 이용해 타국인 일본국내 재판소에 일본법의 적용을 주장해서 재판을 제기하는 것 등을 생각할 수 없었던 시대에는, 외교 보호권 포기에 의해 문제를 해결하고 있었다.

이 사건 협정이 체결된 1965년에도, 아직도 개인의 해외여행은 일반적이지 않았다. 특히 한국과의 관계에 대해 말하면, 군정치하의 한국에 대해서

본 소송의 변호단·지원자가 일본으로 가는 것은 불가능했기 때문에(이것이 사실인 것에 대해서는 1심 단계에서 문서로 제출한 고이데 유타카(小出裕)의 진술서, 갑E 제14호 중의 1), 이 사건과 같은 소송이 제기될 것을 걱정할 필요도 없었다.

따라서 이 사건 협정 체결 당시에는 외교 보호권 포기라는 것이 양 체결국인 일본정부 및 한국정부의 의향이며, 그걸로 충분했던 것이다. 그 후 40여 년의 경과에 의해, 오늘날과 같이 일본 국내 재판소에 대해서, 일본 국내법(민법)의 적용을 주장해 피해자 개인이 제소하는 것이 가능하게 되었다.

그러한 큰 사정의 변화가 있었기 때문에 피항소인 일본국은 "외교보호권 포기는 개인의 청구와는 관계없다"는 종래의 주장을 버리고, "외교보호권 포기의 결과로서 '응할 법적 의무가 없다'라고 주장을 변천시켰다.

그것은 즉, 1965년 당시의 한일 양 정부의 합의 내용으로서는 '외교 보호권 포기'에 지나지 않는 한일청구권협정을, 지금 한국의 피해자들이 일본 국내법에 따라서 청구가 이루어지는 사태를 '차단'하기 위해 무리하게 그 적용을 확대해서, 조약 해석의 근본을 잘못 해석하는 것이다. 사법부도 역시 이 피항소인 일본국의 논리를 용인해, 잘못된 조약 해석으로 시종일관하며 피해자의 구제를 방해하고 있는 것이다.

사법부는 피해자 구제에 주저할 필요가 전혀 없다. 정치권에 대해서는 피해자 개인이 일본정부 및 일본 기업의 가해 행위에 의해 막대한 피해를 받고 있고, 아직도 아무런 보상을 받지 못한 것을 판시해, 그 책임을 밝히면 되는 것이다. 그 후 조치는 정치권이 생각해야 할 과제이며, 그것은 확실히 전후 반세기 이상이 지나 일본이 경제대국으로 불리는 '큰 성장'을 이루었음에도 불구하고, 전혀 피해자 개인에 대한 구제를 하지 않았던 이 나라의 정치권이 지불해야 할 '빛'이다.

④ 원판결의 틀을 따르더라도 이 사건 청구는 배척되지 않는다.

원래, 외국의 가해 행위에 의해서 피해를 입은 국민이, 개인으로서 가해국에 대해서 손해배상을 요구하는 것은 해당 국민 고유의 권리이며, 조약을 가지고 청구권을 포기시키는 것은 원칙적으로 할 수 없다.

이 점에 대해 원판결은 "국가는 전쟁의 종결에 수반하는 강화 조약 체결시에 대인(對人) 주권에 근거해, 개인의 청구권을 포함한 청구권의 처리를 할 수 있다고 해석된다."라고 판시하고 있다(원판결).

그렇지만, 원판결은 여기서 말하는 '대인 주권'의 구체적 의미·사정 범위 등에 대해서 전혀 분명히 하지 않았다. 원래 이러한 애매한 근거만으로 조약의 국내법적 효력을 인정하는 것은 너무나 빈약한 논리라고 할 수밖에 없다.

그 다음으로 원판결의 논리를 고찰하는데, 앞에서 본 시모다 사건 판결에서 도쿄 지방재판소가 다음과 같이 판시하고 있는 것이 참고가 된다.

즉, "국가가 자국민의 국내법상의 청구권을 포기하는 것은 가능하다고 해야 된다. 왜냐면, 국가는 그 통치권의 작용에 의해 국내법상의 일정한 절차에 의해 국민의 권리 의무에 대해 설정, 변경, 포기할 수 있기 때문에, 이러한 관계에 있는 국민의 권리를 상대국에 대해서 포기할 것을 약속하는 것은, 맞고 틀린 것은 차지하고 법리로서는 가능하기 때문이다"라고 기술되어 있는 점이다.

그렇지만, 이 논리를 따르더라도 역시 한국 국민의 청구를 일본정부가 저분할 수는 없다. 이 논리에 따르면, 이 사건에서 문제가 되는 원고 등(한국 국민)의 권리를 처분할 수 있는 것은, 한국 국민에 대한 통치권을 가지는 한국정부로 한정된다. 원판결이 말하는 '대인 주권'이 시모다 사건 판결의 법리를 따른다면, 원판결의 논리는 이 시점에서 깨질 수밖에 없다. 한국정부가 원고 등의 권리를 처분하는 것을 일본정부에 약속한 것은 아니기(이것은 전기(1) 내지 (3)에서 말했던 대로이다) 때문이다.

게다가 원판결의 논지(시모다 사건 판결의 판시내용)에 의하면, 가장 먼저 국민의 권리를 처분하는 국가가 정당한 통치권을 가지는 것이 전제가 돼야 하지만, 1965년에는 한국은 군사 독재 정권하에 놓여 있었으므로, 원래 정당한 통치권을 가지는 국가라는 점에 중대한 의문이 생긴다.

두 번째로 일정한 국내법상의 절차를 거쳐(일본의 국내법상 요청되는 최소한의 절차는, 헌법 29조 3항의 '보상'이다) 권리를 처분하는 것이 요구되지만, 한국에서 원고 등에 대해서 어떠한 절차가 취해졌다는 사실은 없다 (이 점은, 상대국이 제1심 단계에서 제출하고 있는 한국 법률에 대해 해설한 원심 제3회 · 김창록 증인 조사).

그런 이상, 원판결의 논지가 만일 올바르다고 해도, 역시 이 사건에서 원고 등의 권리가 일본 국내에서 소구(訴求)할 수 없는 권리가 되는 것은 있을 수 없다.

4. 소괄

이상 언급한 대로, 원판결은 일본이 체결한 조약을 '성실하게 준수하는' 것이 아니라, 오히려 조약을 위반해 해석하는 것으로, 헌법 전문의 취지에도 반하는 해석을 이끌어냈다. 이 헌법 위반 잘못은 상고심에서 바로잡지 않으면 안 된다.

제3절_ 협정에 의해 권리를 소멸시킨다는 법령 해석의 잘못

1. 본 항에서 말하는 상고 이유

본 항에서는, 원판결이 원고 등에 생긴 피해, 피고 등의 책임 및 원고 등에 대해서 손해를 준 피고 등의 책임을 인정하면서, 원고 등이 보상을 요구할 권리를 무조건 이 사건 협정에 의해서 소멸시킬 수 있다고 한 것에 대해서(후기 2항), 또 원고 등이 입은 피해의 성질을 전혀 고려하지 않고 이 사건 협정에 의해 무제한으로 권리를 소멸시킬 수 있다고 한 것에 대해서(후기 3항), 각각 조약 해석·헌법 해석에 관한 중요한 부분에서 법령 해석을 잘못하고 있어, 상고심에서 그 잘못을 바로잡아야 될 것에 대해 지적한다.

2. 헌법 29조 3항 위반

1) 본 항에서 말하는 상고 이유

원판결은, 한일청구권협정의 효과로서 한국 국민의 청구권이 아무런 보상도 없이 소멸되는 결과를 인정하고 있는 점에서, 헌법 29조 3항을 위반하고 있다.

이와 관련해 원판결은, 한일청구권협정의 효과로서 한국 국민이 개인청구권을 일본 및 일본국민에 대해 행사했을 때에, 일본 및 일본국민으로부터, "그 청구권에 대해서는 이 사건 협정 2조 1항, 3항에 의해서 어떤 주장도 할 수 없게 되어 있다"라는 주장을 했을 경우에는, 재판상 소구할 수 없는 권리라고 밝혔다.

이러한 판시는 결국, 원판결이 앞서 서술된 것처럼 인정한 원고 등의 심대한 피해에 대해 사법부를 통해서는 구제되지 않는다는 것으로, 이로써 원고 등의 청구권이 재판상의 구제를 얻을 수 없는 권리로 변용돼 버린 것이다. 그 효과는, 실질적으로는 원고 등의 청구권을 소멸시키는 것과 같다.

만일 한일청구권협정에 이런 효과가 인정된다고 하면, 이것은 즉, 원고 등에 있어서 참을 수 있는 한도를 넘어선 재산권 박탈과 같다.

이런 재산권 박탈을 일본이 국내법에 따라 실시할 경우 헌법 29조 3항에 의해서 보상해야 하는데, 원고 등은 한일청구권협정에 의해서 전혀 보상을 받지 않았다. 아무런 보상 없이 청구권이 소멸되는 원판결의 한일청구권협정 해석은, 분명히 헌법 29조 3항에 위배되며, 법령 해석의 중요한 사항을 잘못 이해하는 것이다.

2) 1968년 11월 27일 최고재판소 판결을 이유로 사용하는 잘못

(1) 원판결의 판시
이 점에 대해 원판결은, "역시 위와 같이 해석하는 것에 의해, 원고 등에 생긴 손해에 대해 보상이 이루어지지 않는다고 해도, 제2차 세계대전 패전에 따르는 국가 간의 재산 처리 사항은 본래 헌법이 예상하지 못한 점이며, 그것을 위한 처리에 관해서 손해가 생겼다고 해도, 그 손해에 대한 보상은, 전쟁 손해처럼 헌법이 예상하지 못한 것이라고 해야 하기 때문에(최고재판소 1968년 11월 27일 대법정 판결 · 최고재판소 민사판례집 22권 12호 2808페이지), 그와 마찬가지로 이 사건 협정에 대해서 헌법위반을 말할 수 없다"라고 판시하고 있다.

즉, 원판결은, 한일청구권협정의 효과로서 원고 등에 생긴 손해에 대해서 보상이 이루어지지 않는 결과가 되는 것에 대해서, 이것이 본래는 헌법위반이 될 수 있는 것을 자인하면서도, 손해에 대한 보상은 '헌법이 예상하지 못한 것'이기 때문에 일본국 헌법 규정은 어떠한 고려를 하지 않아도 된다는 논리를 취하고 있는 것이다.

(2) 1968년 11월 27일 최고재판소 대법정 판결 문제
그런데, 원판결이 이용한 '국가 간 재산 처리 사항은 본래 헌법이 예상하지 못한 점'이라는 논리는 틀렸다.

앞서 말한 제2절 제1에서 말했던 대로, 헌법 전문에서 국제 협조주의 및 평화주의를 내거는 일본국 헌법에서는, 침략 및 식민지 지배에 의해서 여러 가지 일본 내외에 대한 손해를 배상해야 하는 것이 그 역사적 규범 해석이며, 원고 등 한국 국민의 전쟁 손해에 대해 정당한 보상을 하는 것은 확실히 헌법이 예상하는 점인 것이다.

원판결처럼, '본래 헌법이 예상하지 못한 점'이라는 말이, 어떤 원고 등의 구제를 가로막는 논리가 될 수는 없다. 원래 이 점에 대해서, 원판결의 논지에는 법령 해석에 관한 중요한 사항에 대한 잘못이 있다고 해야 할 것이다.

(3) 이 사건에 쇼와 43년(1968년) 11월 7일 대법정 판결을 적용하는 잘못

또, 원판결이 손해에 대한 보상이 되지 않는 것에 대해, '헌법이 예상하지 못한 점'을 근거로 한 최고재판소 쇼와 43년(1968) 11월 27일 대법정 판결은, 이 사건과는 사정 범위를 달리하는 사례에 대한 판례이며, 이것을 근거로 할 수 없다.

즉, 위의 쇼와 43년(1968) 판결은, 제2차 세계대전 전부터 캐나다에 거주하며 캐나다 정부에 의해 자산을 빼앗긴 일본 국민인 원고 등이, 샌프란시스코 평화 조약에 의해 해당 자산의 처분권은 캐나다 정부가 취득해 반환을 청구할 수 없게 여겨졌던 것에 대해서, 국민의 재산을 공용 수용(收用)힌 것이라고 주장하며 일본에 대해 보상을 청구한 케이스이다.

위의 쇼와 43년(1968년) 판결은, "패전국의 입장 상, 평화 조약의 체결 시에 어쩔 수 없는 경우에는 헌법의 범위 밖에서 문제 해결을 도모하는 것도 피하기 어려운 점", "국민의 모든 것이 많든 적든, 그 생명·신체·재산의 희생을 참고 견뎌야 하는 것을 피할 수 없었고, 이러한 희생은 결국 전쟁 희생 또는 전쟁 손해로서 국민이 동일하게 참고 받아들여야 하는 점이며, 위의 재외(在外) 자산 배상에 대한 충당에 의한 손해와 같은 것도, 일종의 전쟁 손해로서 이것에 대한 보상은 헌법이 전혀 예상하지 못한 점이라고 해야 할 것이다."라고 판시해 원고 등의 상고를 기각했다.

위의 사안의 개요, 판시내용에서 분명히 나타난 것처럼, 쇼와 43년(1968년) 판결은 원래 헌법 원리를 위반하고 있지만, 만일 이 판결을 전제로 했다고 해도 어디까지나 패전국으로서의 일본 국민의 전쟁 손해에 대한 문제이고, 또한 일본의 통치권이 미치는 일본국민에 대해서만 타당한 판례이다. 아울러 한국 국민인 원고 등이 일본 국내법에 따라서 일본정부 및 일본 법인에 대해서 청구를 하고 있는 이 사건과는 결정적으로 사안을 달리하고 있다.

이 사건과 같은 한국 국민으로부터의 청구에 대해, 일본국민에 대한 쇼와 43년(1968년) 판결 논리는 타당하지 않는다.

3. 헌법 98조 2항 위반 – 제네바 제4 조약은 나중의 평화 조약의 해석 규범이며, 한편 강행규범에 반하는 권리포기라고는 할 수 없다

1) 본 항에서 말하는 상고 이유

원판결이 나타내 보인 제네바 제4조약(동 조약 7조, 148조 참조)의 해석에 대한 판단 및 이 사건에서 문제가 되어야 할 강행규범에 대한 판단은 해석을 잘못하고 있는 한편, 조약·국제법규의 준수(헌법 98조 2항)에 반하는 중요한 점에 대한 잘못이 있다.

2) 제네바 제4조약의 해석에 관한 잘못

(1) 원심의 판시내용

원심 판결은 그 25페이지 이하에서 제네바 제4조약에 대해 다음과 같이 판시한다.

즉, '국가가 배상 처리에 의해서 개인의 배상청구권을 소멸시킬 수 없다'

라고 정하는 제네바 제4조약(동 조약 7조, 148조 참조)은, 1949년(쇼와 24년)에 체결된 것이며, 제2차 세계대전 중의 행위에 동 조약을 적용할 수 없다(조약 법에 관한 빈 조약 28조).

그리고 제네바 제4조약의 7조는, '어떠한 특별 협정도, 이 조약에서 정하는 피보호자의 지위에 불리한 영향을 미치거나, 또는 이 조약으로 피보호자에게 줄 권리를 제한하는 것이어서는 안 된다'라고 규정하지만, 제2차 세계대전 중의 행위에 대해서 제네바 제4조약이 적용되지 않는 이상, 동 조약이 이 사건 협정의 효력에 영향을 주는 것으로는 인정받지 못한다.

동 조약에 대한 '중대한 위반행위'에 관해, '자국이 져야 할 책임을 면하거나, 또는 다른 체결국을 통해서 그 나라가 져야 할 책임에서 면하게 해서는 안 된다.'라고 정한 제네바 제4조약의 148조에 대해서도 마찬가지이다. 그리고 원고가 원심 단계에서 말한 주장, 즉 "국가가 배상 처리에 의해서 개인의 배상청구권을 소멸시킬 수 없다."라고 하는 국제관습법이 이미 성립되어 있어 제네바 제4조약의 7조·148조가 그것을 확인한 것이라는 주장에 대한 증거는 없다는 사실을 판시했다.

(2) 1965년에 체결된 이 사건 협정은 제네바 제4조약의 영향을 받는다.

우선, 확실히 1949년 제네바 조약의 공통 조항은 기본적으로는 창설적 조항이며, 형식적으로 생각하는 한 선행하는 조약-국가 실행을 무효로 하는 효력 또는 소급효과는 없다. 또, 조약에 선행한 피해에 대해서도 원칙적으로 불소급이다(조약 법 조약 28조 참조).

그렇지만, 각 체결국이 보다 바람직한 규범으로서 채택한 1949년 제네바 조약의 공통 조항이, 그 후의 평화 조약에 관해 그 해석 기준으로서 구속력을 가지는 것은 명확하다.

그 때문에, 1949년 이후인 1951년에 체결된 샌프란시스코 평화 조약의 국민의 청구권 '포기' 조항에서, 이것을 1949년 제네바 조약을 전혀 무시하고 독단적으로 해석하는 것은 허용되지 않는다.

원판결이 채택하고 있는 샌프란시스코 평화 조약의 내용, 즉 국민의 청구권 '포기' 조항에 대해서 청구권을 실질적으로 '소멸'시킨다(가해 국가의 책임을 '면하게 한다')라는 방향으로 해석하는 것, 역시 제네바 제4조약의 해석 기준에 적합할지를 물어야 된다. 그 의미에서 원판결이 나타내 보인, 샌프란시스코 평화 조약의 내용은 거의 근거가 희박하다고 해야 한다.

한편, 샌프란시스코 조약 체결 과정에서의 네덜란드 정부의 동 조항에 대한 대응(을 제 42호 증 국역문 16페이지 참조)도, 단지 네덜란드 국내법상의 문제라고 정리할 수 없다.

즉, 네덜란드 정부는 샌프란시스코 조약 14조 b항에 대해서, "이 청구권의 포기에는, 사권(私權)을 수용하는 효과는 없으며, 네덜란드 국민은 일본의 재판소에 일본정부나 일본국민을 상대로 소송을 제기할 수 있지만, 네덜란드 정부는 이것을 지지할 수 없다는 의미"(이것은 전기 제2절 제2의 3항에 대해 말했던 대로, 시무다 사건에 있어서의 일본정부의 예전의 '외교 보호권만 포기'론에 가깝다)라는 해석을 일본 측에 통고해 동의를 요구해 왔다.

네덜란드 정부 입장으로서는 헌법이 국민의 사권을 수용할 수 없다고 정하고 있던 사정뿐 아니라, 청구권의 소멸을 받아들이기 어려운 국민 여론이 있었던 것이다.

이것에 대해 일본 측은 "사권 몰수 효과를 가지는 것이 아니라, 단지 조약의 결과 국민은 청구권을 일본정부 또는 일본국민에 대해 추궁할 수 없게 되는데 머무른다."라고 주장했고, 네덜란드 대표 '스티카'는 이 사실을 알고 격노했다. 이것들은 바로 널리 알려진 사실이다.

즉, 샌프란시스코 평화 조약 14조 b항에 대해서는, 논의과정 중에 그 '국민의 청구권 포기'의 법적 효과에 관해서 결정적이라고 해야 할 해석의 차이를 내포하고 있었던 것이다.

실제 일본정부는 1956년 네덜란드 정부와의 사이에서 '어떤 종류의 사적 청구권에 관한 의정서'를 체결해, 당시 1000만 미국 달러를 지불했고, 이 금액은 모두 네덜란드 정부의 손에 의해 관계자 개인에게 분배되었다. 거기에다 동 의정서(議定書) 제3조에서 "네덜란드 정부는 동 정부 또는 네덜란드 국민이, 제2차 세계대전 사이에 일본정부의 기관이 네덜란드 국민에게 준 고통에 대해서, 어떠한 청구도 일본정부에 대해서 제기하지 않는 것을 확인한다."라고 알려지고 있다.

즉, 네덜란드 정부는 '국민의 청구권 포기'에 대해서, 일본에 대해서 실제로 배상을 지불하는 취지를 약속받고(요시다-스티카 서간), 그 뒤에 비로소 14조 b항의 표현을 허용했던 것이다.

그렇다면, 이 의정서 체결에서도 1949년 제네바 조약의 존재를 전제하고 있었다고 생각하는 것이 자연스럽다.

이와 같이, 1949년 이후에 체결된 평화 조약에 대해 제네바 제4조약이 해석 기준으로 여겨져야 하는 부분은, 1965년에 체결된 한일청구권협정의 개인의 청구권 '포기' 조항 해석 시에도 당연히 적용되어야 하는 것이다.

즉, 이 사건 협정에서의 개인의 청구권 '포기' 조항은, 1949년 제네바 조약 공통 조항을 해석 규범으로서 해석하는 이상, '중대한 위반행위'에 관해서는 개인의 청구권을 소멸시켜서는 안 된다는 취지로 해석할 수밖에 없다. 즉, 조약 체결국 정부(한일 양 정부)에서, 이후 외교 보호권을 주장하지 않는다는 신언이리고 해석될 수밖에 없는 것이다.

(3) 원판결의 인정 사실을 전제로 했을 경우, 보다 한층 위의 취지가 타당하다.

이 사건에서 원판결은, 앞서 말했던 대로 이 사건 근로정신대원 등에 대한 권유 행위나 원고 등의 이 사건 공장에서의 노동·생활에 대한 관리는, 피항소인 일본국의 감독 아래에서의 강제연행·강제노동이라고 인정된다.

그리고 '이러한 행위는 개인의 존엄을 부정하며, 정의·공평에 현저하게 반하는 행위라고 말하지 않을 수 없다'라고 단정한다.

이러한 원판결의 인정을 전제로 하면, 피고 등의 행위는 개인의 청구권을 소멸시켜서는 안 되는 '중대한 위법행위'에 해당한다고 말할 수밖에 없다. 따라서 조약 체결국 정부인 한일 양정부가, 이후 외교 보호권을 주장하지 않기로 선언했고 그 밖에 해석의 여지는 없다. 이것에 반하는 해석을 나타내는 원판결에는 법령 해석의 중요 사항에 대한 잘못이 있다.

3) 강행규범의 해석에 관한 잘못

(1) 조약에 의한 권리 제한은 만능이 아니다.

만일 원판결이 말하는 대로, '국가가 배상 처리에 의해서 개인의 배상청구권을 소멸시킬 수 없다.'고 하는 강행규범이 성립하지 않았다고 해도, 한일청구권협정은 국가가 배상 처리에 의해서 근로정신대원과 같은 강제노동의 피해자 개인의 배상청구권을 소멸시키는 것에 대해, '노예 금지'라는 강행 국제 관습법(강행규범)을 위반하므로, 무효이다.

이 점은, 아무리 국가가 전쟁이라고 하는, 말하자면 비상사태의 처리를 위한다고 하더라도 자유롭게 처분할 수 없다는 것이 최근의 국제사회 상식이다.

즉, "최근 국제사회는 중대한 국제인권법·국제인도법 위반에 의해 손해를 입은 피해자 개인에게는 구제를 받을 권리가 있으며, 가해자는 소추되고 손해배상을 할 의무가 있다는 국제법의 발전을 한층 강화해왔다. 국제연합 총회는 적어도 1907년 헤이그 육전(陸戰) 조약 이후, 국제 인도법 위반 피해자는 구제를 받을 권리가 있는 점을 확인하고 있다.

지금까지 '국가'사이의 이해 조절로 계속된 국제법 규범은, 지금 '개인' 차원으로 확대하는 과정에 있다. 이미 국가는 국제 관계의 처리를 '국민의 권리'를 포함해 자유롭게 처분할 수 없다. 이런 점들도 고려한 최고재판소의 판단이 바람직하다."(이가라시 마사히로, 「중국인 강제연행 니시마쓰 사건의 최고재판소 변론」 법학세미나 2007년 6월호)고 말하는 것이다.

덧붙여 원고에 대해서는 이 사건에 의거한 이가라시 마사히로(五十嵐正博) 씨의 의견서를 현재 준비 중이며, 제출 예정이다.

원판결은 국제사회의 상식에 반할뿐만 아니라, 강행규범에 반했을 경우에도 국가가 자유롭게 그 권리를 처분할 수 있다는 판단에 따라, 원고 등의 피해 구제를 거절했다. 이 잘못된 판단은 법령 해석의 중요한 잘못을 포함하고 있기 때문에, 상고심에서 그 잘못을 바로잡지 않으면 안 된다.

(2) 노예 금지의 강행규범

20세기 중반인 제2차 세계대전의 시대에, 이미 노예제에 해당하는 강제노동은 전시 하에서의 극단적 비인도적 중대한 피해이며, 아우슈비츠의 대량 학살을 면책할 수 없는 것과 같이, 당시의 국제 인도법의 원칙상 본래 정부 간 조약으로 서로 면책될 것이 아니다. 즉, '노예 금지'에 대해서는, 20세기 중반의 제2차 세계대전 시에는 이미 강행규범으로서 국제 관습법으로서 확립되어 있었다(도쿄 고등법원 2000년 11월 3~ 판결, 도쿄 고등법원 1999년(네) 제5333호 참조).

(3) 노예 금지의 강행규범과 이 사건에 대한 적용

여기서 노예란, 개인으로서의 인격이 부정되어 타인 소유권의 객체가 된 사람을 말한다. 이 사건에서 원고 등은 전시 하에서 보호자인 부모의 의사에 반해 가족과 헤어져, 조선에서 부모의 보호를 전혀 받을 수 없는 바다 저 쪽의 일본에 강제 연행되어 일본에서 강제노동을 당했다.

사물에 대한 비판력도 없는 12세 전후의, 게다가 소녀들인 원고 등은, 실질적으로는 아무런 반항도 하지 못하고 개인으로서의 인격을 완전히 상실한 상태에서, 피고 소유권의 객체가 되어 노동력을 제공한 '노예'에 해당한다.

그리고 '노예 금지'는 원고 등의 연행 당시에 이미 절대적인 한편, 그 효력범위는 노예 노동에 종사시키는 것 자체의 금지에 그치는 것만은 아니었다. 만일 노예 노동에 종사시켰을 경우에는, 노예로부터 임금 청구권에 그치지 않고, 불법 행위에 따른 개인의 배상청구권(위자료 등)까지 발생한다. 뿐만 아니라 이런 노예 노동의 '절대적' 금지를 보장하기 위해서, 피해자 개인의 배상청구권을 피해자 개인의 의사에 반해 소멸시키는 것은 절대적으로 금지해야 할 것이다.

즉, 강행규범(국가에 면책의 자유가 없는 강행 국제법 규범) 위반의 피해, 여기에서는 노예 금지의 강행규범에 위반한 것에 의한 피해에 대해서는, 피해국(여기에서는 한국정부)이라고 해도 개인(여기에서는 원고 등)의 배상청구권을 포기하거나 소멸시키거나 할 수 없다.

이것이 근대 국제 인권법의 원칙이며, 일본의 사법부가 준수해야 할 '확립된 국제법규'(헌법 98조 2항)에 의해서 이끌어진 해석이다.

이상의 해석을 이 사건에 대해 검토하는데, 이 사건에서 문제가 되고 있는 한일청구권협정에 대해서, 국가가 전후 처리라고 하는 명목에 의해서, 원고 등 여자 근로정신대원과 같은 강제노동의 피해자 개인의 배상청구권을 소멸시키는 것은, '노예 금지'라는 강행 국제 관습법(강행규범)을 위반하므로 무효이다.

따라서 만일 이 사건 협정이, 피고 등에 대해 원고 등이 요구한 피해에 대한 배상 청구에 응할 법적 의무를 면제하는 것을 의도해서 체결된 것이었다고 하면, 그러한 해석은 강행규범 위반이며 헌법 98조 2항에 반한 잘못된 법령 해석이다. 그 결과 피항소인 일본정부와 미쓰비시중공업은 스스로의 책임을 피할 수 없게 되는 것이다.

4) 소괄

이상과 같이, 원판결은 본 항 2및 3의 근대 국제 인도법의 원칙을 무시하고, 낡은 국가 만능의 주장을 하고 있는 것이다. 이것에 대한 한 사례를 들면, 1991년의 '독일·폴란드 화해 기금 교환 공문'에서 폴란드 정부는, "나치 박해로 발생한 폴란드 국민의 청구를 더 이상 제기하지 않는다"라고 하면서, 한편으로는 "양국 정부는 이것이 양국 국민 권리의 제한을 의미하지 않는 것에 대해 합의를 보았다"라고 정하고 있다. '대인 주권'이 만능이며, 국민의 청구권을 기꺼이 처분할 수 있다고 하는 원판결의 판단은 단순한 독선에 지나지 않는다.

이와 같이, 원판결은 '확립된 국제법규를 성실하게 준수한다'(헌법 98조 2항)라고 하는 헌법상의 요청 및 의무에 반해, 원고 등에 강행규범에 위반하는 피해가 있었다는 사실을 이 사건에서 인정하면서도, 원고 등의 배상을 요구하는 청구권에 대해서는 무조건 이 사건 협정을 적용했다.

이러한 조약 적용의 자세는, '확립된 국제법규'를 성실하게 준수하는 것이 아니라 오히려 '확립된 국제법규'에 반하는 것이며, 법령의 중요한 점에 대한 해석을 잘못하는 것이다. 따라서 상고심에서 그 잘못이 바로잡히지 않으면 안 된다.

제4절_ 샌프란시스코 평화 조약 내용을 이 사건에 적용하는 법령 해석의 잘못

1. 본 항에서 말하는 상고 이유

원판결은 니시마쓰 사건 최고재판소 판결을 답습해, 샌프란시스코 평화 조약의 내용에 따른 판단을 나타내, 원고의 피해 구제를 막았다.

이것은 제2절 제 1에서 말한 헌법 전문의 규범적 해석에 반할 뿐만 아니라, 헌법 9조, 13조 및 98조 2항에도 반하는 것이며, 법령 해석의 중요한 잘못을 포함하고 있는 것이다.

2. 원판결의 판시내용

원판결은, 평화 조약 4조 (a)의 "특별 취극(取極)의 주제가 되는 것을 포함해, 해결하는 것으로서 이 사건 협정이 체결되기에 이른 것이다"라고 하며, "평화 조약에서는 개인의 청구권을 포함해 전쟁의 수행 중에 생긴 모든 청구권을 서로 포기하는 것을 전제로, 일본은 연합국에 대한 전쟁 배상 의무를 인정하며, 연합국의 관할 하에 있는 재외(在外) 자산의 처분을 연합국에 맡기고, 역무배상을 포함해 구체적인 전쟁 배상의 상호결정은 각 연합국과의 사이에서 개별적으로 한다는 일본의 전후 처리의 내용이 정해져 있다"라고 했다.

하지만, 여기서 청구권의 '포기'(평화 조약 14조(b), 19조(a))란, "국가는 전쟁의 종결에 수반하는 강화조약의 체결 시에, 대인 주권에 근거해 개인의 청구권을 포함한 청구권의 처리를 할 수 있는" 것을 전제로 하며, 또 청구권 포기의 취지가 "전쟁 수행 중에 생긴 여러 가지 청구권에 관한 문제를,

사후적 개별적인 민사 재판상의 권리행사를 가지고 해결하는 처리에 맡겼다면, 장래 어느 쪽의 국가 또는 국민에 대해서도 평화 조약 체결 시에는 예측 곤란한 과대한 부담을 지게하고 혼란을 일으키게 될 우려가 있어, 평화 조약의 목적 달성의 방해가 되기" 때문에, 이것을 피하기 위한 것이었던 것에 비추어, 해당 청구권에 대해 "재판상 소구하는 권능을 잃게 하는 것으로 해석"해야 한다고 판시하고 있다.

3. 샌프란시스코 평화 조약에 대한 해석의 잘못

1) 본 항에서 말하는 상고 이유
원판결은 샌프란시스코 평화 조약의 해석을 잘못하고 있어 헌법 98조 2항에 위반하는 법령 해석의 중요한 잘못이 있다.

그 이유는 첫 번째로, 한국은 일본의 식민지였기 때문에 연합국이 아니고, 또 한일(韓日)은 교전 상태가 아니었고, 만일 샌프란시스코 평화 조약에 의한 '전후 처리의 내용'을 생각한다고 해도, 한일청구권협정은 '강화 조약'조차도 아니다.

두 번째로, 이 사건이 전쟁 피해뿐만 아니라 식민지 피해의 문제도 묻고 있는 소송이기 때문이다.

2) 한일청구권협정에는 강화 조약의 내용이 미치지 않는 것
원판결은 위와 같이, "일본은 연합국에 대한 전쟁 배상의 의무를 인정하며, 연합국 관할아래에 있는 재외 자산의 처분을 연합국에 맡기고, 역무배상을 포함해 구체적인 전쟁 배상의 상호결정은 각 연합국과의 사이에서 개별적으로 실시한다고 하는 일본의 전쟁 처리 내용을 정하고 있었다"라고 말하고 있다(원판결).

이것은 '일본의 전쟁 처리 내용'인데, 확실히 전쟁 배상의 상호결정, 즉 교전국 사이의 강화 조약과 관련되는 것이며, 마찬가지 청구권의 '포기'도, 교전국 상호간 또는 그 국민 상호간의 청구권과 관련되는 것이다.

그렇다고 하면, 식민지 지배하에 있던 한국의 경우 원판결이 말하는 '일본의 전쟁 처리 내용'마저 미치지 않고, 또, 청구권 '포기'가 문제가 되는 장면도 아니다.

이 점, 김창록(金昌祿) 증인은 "그것은 어디까지나 전쟁 처리에 관한 사항이며, 이 법정에서 문제가 되고 있는 권리에 관한 사항은 아니기 때문에, 그 법정 재판을 구속하는 것은 절대 아니다"라고 명확하게 말하고 있다(원심 제3회 · 김창록 증인 조서).

그리고 "한국정부는 일본과의 평화 조약에 참가하고 싶었습니다. 그것을 주장했습니다만 영국과 일본이 그에 대해 반대한 것입니다. 그래서 한국 측은 평화 조약의 서명국이 될 수 없었습니다."라고 말했다.

이 때문에, "한국과 일본과의 사이는 전쟁 상태가 아니었다고 하는 것이 일본 측의 인식입니다. 그러니까 이것은 강화 조약이라는 식으로는 볼 수 없습니다. 그것은 일본 측의 인식에도 반하는 것이고, 또 한국과 일본 사이의 한일 회담의 실태와도 맞지 않습니다", 샌프란시스코 평화 조약에 대한 해석이 어떻든 이 사건 협정의 해석에는 관계가 없다고 밝히고 있다(동 증인 조서).

3) 이 사건 원고 등의 피해는 식민지 지배에 의한 피해인 것

게다가 원고가 되풀이해서 말했던 것처럼, 이 사건 원고 등의 피해는 일본 정부가 한반도를 식민지 지배하고 있었던 것을 기초에 둔 피해이다.

그리고 앞서 말했던 대로 원판결이 말하는 '일본의 전쟁 처리 내용'조차 미치지 않았고, 또 청구권 '포기'가 문제가 되는 장면도 아닌 '한일청구권협정'에 대해서조차, 일본의 식민지 지배에 의한 피해는 협정의 대상 외였다.

이 점은 김창록 증인이 항소심 법정에서 명확하게 증언했던 대로, "식민지 지배와 관계된 문제에 대해서는, 결국 협정의 해결의 범위에 들어가 있지 않는"(동 조서) 것이며, 그 이유는 한일 양 정부 사이에서 일본에 의한 식민지 지배를 어떻게 볼 것인지에 대한 "합의는 얻지 못한 채, 기본 조약과 협정이 체결되어 버린" 것으로, "진정한 합의가 있었다고 말할 수 없다."(동 페이지)라고 한 것처럼, 즉 한일청구권협정 체결 당사국 사이에 합의가 없었다고 하는 것이다.

마찬가지로 샌프란시스코 평화 조약이 식민지 지배 문제를 전혀 해결하지 않는 것은, 갑B38의 증「한일 교섭과 식민지주의의 청산」의 2페이지에서 오오타 오사무(太田修)씨가 명쾌하게 말하고 있다.

즉, "샌프란시스코 강화(講和) 조약 제4조가 식민지 지배의 청산을 목표로 하는 것이 아니라, 거기에 기초를 두고 이루어진 교섭에서도 스스로 식민지 지배·전쟁의 청산을 목표로 하지 않았다"라는 것이다.

따라서 나중에 말하듯이, 원판결이 나타내 보인 '일본의 전쟁 처리 내용'의 '관념' 자체에는 잘못이 있지만, 만일 이 '관념'에 지나지 않는 '내용'이 사법부가 실시해야 할 법적 해석 자세로서 정당성을 가진다고 해도, 이 사건에서 이 '내용'은 전혀 관계가 없고, 기능하지 않는다.

4) 소괄

결국 식민지 지배에 관련된 것은 어떤 의미에서도 해결되지 않았다. 그것은 일본정부와 미쓰비시중공업이 스스로 해 온 것의 당연한 보답이다. 식민지 지배 피해를 묻는 이 사건 재판에서, 피항소인 일본국 및 미쓰비시는 재판상, 재판 외를 가리지 않고 식민지 지배에 의한 피해가 해결되었다고 주장할 수 있는 입장에 없을 뿐만이 아니라, 앞서 말해 왔던 대로 법적으로도 주장할 수 없는 것이다.

원판결은 샌프란시스코 평화 조약의 해석, 나아가서는 한일청구권협정의 해석을 잘못한 것으로, 헌법 98조 2항에 위반해 법령 해석의 중요한 사항에 관한 잘못을 포함하고 있다.

4. 원판결의 '핑계'의 잘못

1) 본 항에서 말하는 상고 이유

원판결이 이러한 '핑계'에 이른 잘못은, 샌프란시스코 평화 조약의 '내용', '일본의 전쟁 처리 내용'은 매우 정치적인 관념이었음에도 불구하고, 이 '내용'을 법적 해석상에서도 절대시한 것이다.

특히, 원판결이 인정한 것처럼 원고가 입었던 피해는 당시의 법령과 공서(公序) 아래에서도 허용되지 않을 만큼 위법한 행위이며, 그 피해는 막대한 것이다.

그리고 원고가 입고 있는 이러한 피해는 확실히 일본이 일찍이 범한 침략 및 식민지 지배를 배경으로 이루어진 것이며, 그런 이상 이들 피해의 구제를 도모할 방향으로 법 해석을 하는 것은 헌법 전문·9조에 의해서 일본의 국가 권력인 사법부에 부과된 사명이다.

게다가 이 정도로 심대한 피해를 방치하는 방향의 법해석·적용은, 개인의 존엄에 대한 존중을 정한 헌법 13조에도 위반하는 것이며, 법령 해석의 중요한 점에 대해서 잘못하고 있다.

이처럼 원판결의 판시에 나타나고 있는 헌법 위반은 상고심에서 바로잡지 않으면 안 된다.

2) '골자(틀)'론을 법적 해석의 근거로 한 잘못

(1) 원판결의 판지

원판결은, 일본이 1951년에 미국 외와 체결한 샌프란시스코 평화 조약에 대해서, "일본과 연합국 48개국과의 사이의 전쟁 상태를 최종적으로 종료시켜, 장래를 향해서 확고부동한 우호 관계를 쌓아 올리는 평화 조약의 목적을 달성하기 위해서 정해진 것"이라고 한 뒤, 이 '틀'이 정해진 것은, "전쟁 수행 중에 생긴 여러 가지 청구권에 관한 문제를, 사후적 개별적인 민사 재판상의 권리행사를 통해 해결하도록 맡긴다면, 장래 어느 쪽 국가 또는 국민 입장에서도 평화 조약 체결 시에는 예측 곤란한 과대한 부담을 지게하고 혼란을 일으키게 될 우려가 있어, 평화 조약의 목적을 달성하는데 방해가 되기 때문에, 이것을 피하는 것에 있었다"라고 했다(원판결).

그리고 '일본의 전쟁 처리 내용'에 있어서 청구권 포기의 취지가, 사후적 개별적인 민사 재판상의 권리행사에 의한 해결에 맡기는 것을 피한다는 점에 있다는 것에 비추어 보면, "청구권의 '포기'… 란, … 해당 청구권에 대해 재판상 소구하는 권능을 잃게 하는 것으로 해석해야 한다"라고 했던 것이다(원판결).

(2) '일본의 전쟁 처리 내용'은 샌프란시스코 평화 조약의 조문과 동떨어진 정치적인 관념에 지나지 않는다.

그러나 '일본의 전쟁 처리 내용'은, 샌프란시스코 평화 조약의 조문 자체를 봐도 원판결이 말했던 것처럼 절대시되지 않기 때문에, 원판결은 샌프란시스코 평화 조약의 해석을 잘못하고 있어 헌법 98조 2항을 위반하고 있다.

왜냐면, 샌프란시스코 평화 조약 제 14조(a) 전문에는 "일본은 전쟁 중에 발생하게 한 손해 및 고통에 대해서 연합국에 배상을 지불해야 하는 것이 승인된다. 그러나 또 존립 가능한 경제를 유지해야 할 것이라고 하면, 일본의 자원은 일본이 모든 앞서 말한 손해 및 고통에 대해서 완전한 배상을 하는 한편, 동시에 다른 채무를 이행하기 위해서는 현재 충분하지 않는 것이 승인된다."라고 규정되고 있다.

이 규정, 특히 '현재 충분하지 않다'는 문구에 의해, 샌프란시스코 평화 조약에 의한 전쟁 처리가 경제 능력을 기준으로 한, 중간 해결적인 것임이 분명해진다.

그리고 또 샌프란시스코 평화 조약이, 미국에 있어서 '동아시아에서 서방 진영의 일원인 공업국으로서 양성 가능한 유일한 나라'로서 일본의 경제적 재건을 조기에 추진할 뿐 아니라, 일본을 미국의 병참 기지화하기 위한 미국의 전략에 근거하는 것인 것은 원고 최종 준비 서면 25 페이지 이하에서 말했던 대로이다.

강화 조약이 일본이 아시아에서 실시한 전쟁 책임을 지게 하지 않았던 것, 그리고 일본이 일찍이 끼친 피해를 구제하지 않는 것, 현재는 물론 장래의 군국주의를 지지하는 주춧돌이 되는 것은 굳이 미국의 언어학자인 노엄 촘스키(Noam Chomsky)의 말을 빌릴 필요도 없다.

"일본은 지금까지 미국 군국주의에 전면적으로 협력해 왔습니다. 전후 일본 경제의 번영은 철두철미 아시아 국가들에 대한 전쟁에 가담한 것에 비롯됐습니다. (중략) 그리고 오키나와는 변함없이, 미군의 일대 군사기지인 채로 입니다. 50년간 미국의 아시아 지역에서의 전쟁에 전면적으로 관련되어 왔습니다.

50년 전으로 거슬러 올라가 봅시다. 샌프란시스코에서 강화 조약이 조인되었습니다. 그 조약에 어떤 나라들이 참가했고, 참가하지 않았는지 알고 계십니까?

아시아 국가들은 거의 나오지 않았습니다. 코리아(한국)는 나오지 않았다. 중국도 나오지 않았다. 인도도 나오지 않았습니다. 필리핀도 나오지 않았습니다. 참가국은 프랑스의 식민지와 당시 영국의 식민지였던 세이론(Ceylon: 현 스리랑카)과 파키스탄뿐이었습니다. 식민지만이 출석했습니다. 왜일까요?

그것은 강화 조약이, 일본이 아시아에서 범한 범죄 책임을 지도록 만들어지지 않았기 때문입니다. 일본이 하게 된 배상이라는 것은 아시아에 물품을 보내는 것, 일본에 있어서는 만 만세였습니다. 자금은 결국 미국이 조달해 주기 때문입니다.

그러나 물론, 미국에게 지불하지 않으면 안 됩니다. 점령 경비나 그 외의 범죄 청구서를 미국에 지불합니다. 아시아 사람들에게는 지불하지 않습니다. 아시아에 대해서는 아무것도 제안되지 않았습니다. 그것은 일본이 누구나가 아는 진정한 전쟁 범죄자인 천황 아래에서, 이전의 파시즘 체제를 부활시켜 국가를 재건하려고 하고 있었기 때문입니다. 그것도 미국의 패권 시스템 안에서"(「미디어 컨트롤」)

이와 같이 샌프란시스코 평화 조약에 의한 전쟁 처리는, 일본이 아시아에서 가했던 전쟁 책임을 지지 않게 하고, 미국의 극동 전략(당시 상황에서는 일본만이 미국의 서방 진영의 일원인 공업국으로서 양성 가능한 유일한 나라였던 것)에 큰 영향을 받은 정치적인 산물이다.

따라서 샌프란시스코 평화 조약의 '내용'이 지극히 정치적인 의미가 강한 것으로서 상정해도, 아시아 국가들에 대한 전쟁 책임은 전혀 달성되지 않고, 법적으로 동 조약을 해석했을 경우에는 원판결이 말하듯이 평화 조약 체결 후의 장래에서 '예측 곤란한 과대한 부담을 지게 하지' 않는다, 라는 것까지가 조문의 문헌상 상정되어 있지 않다. 원판결이 말하는 '내용' 그 자체는 법적 해석 시에 절대시해야 할 자명한 것이 결코 아니다.

하물며 이 '내용'론에 따른 해석을 하려고 하면, 필연적으로 일본국 헌법 전문 · 9조에 나타난 헌법의 규범적 해석 및 헌법 13조에서 명기되어 있는 개인의 존엄에 대한 존중에 반하게 된다.

그러한 헌법 위반 해석은, 일본국 헌법 아래의 사법부에 허용되어 있지 않다. 원판결은 안이하게 '내용'론을 답습한 것에 의해 헌법에 반하는 해석 · 판단을 하고 있기 때문에, 법령 해석의 중요한 점에 관한 잘못을 범하고 있다.

(3) 소괄
원판결은, 원래 샌프란시스코 평화 조약 문구에 의해서도 법적 해석으로 이끌어낼 수 없는 '일본의 전쟁 처리 내용'을 만들어내, 동 조약의 체결 한편 당사국인 일본정부의 일관된 해석(외교적 보호권만 포기), 또 일본 사법부의 판단(국가와 개인의 권리는 별도)까지도 무시하며, 그러한 판단을 거슬러서까지, '내용'이라는 법적 해석을 '작출'(作出: 사건의 진상과 다르게 꾸미거나 변형시켜 드러낸 것)했다.

이러한 '내용'은 법적인 것이 아니라, 앞서 말했던 대로 원래 정치적인 관념에 지나지 않음에도 불구하고, 그리고 정치적인 잘못에 대해서는 사법부가 그 잘못을 바로잡는 것이 요구되고 있음에도 불구하고, 종래 조약의 해석 권한을 가지는 일본정부에 의해서 나타난 해석을 무시해서까지도, 그 '내용'을 마치 법적인 해석인 양 절대시한 것이 원판결의 잘못이다.

이상과 같이 원판결은, 샌프란시스코 평화 조약의 해석, 나아가서는 한일청구권협정의 해석을 잘못한 것으로, 법령 해석의 중요한 사항에 대한 잘못을 포함하고 있다.

제5절_ 피고 등의 한일청구권협정의 원용을 인정한 잘못

1. 본 항에서 말하는 상고 이유

원판결은, 원고 등의 피고 등에 대한 청구권의 존재를 인정한 다음, 피고 등이 한일청구권협정을 이유로 응해야 할 법적 의무가 없다고 주장한 항변을 인정했다.

그러나 만일 한일청구권협정의 법적 효과로서 한국 국민의 일본정부 또는 일본국민에 대한 청구권에 대해, 일본정부 또는 일본국민이 응해야 할 법적 의무가 없다는 취지를 주장할 수 있다고 해도, 재판부가 피고의 주장을 허용하는 것은 다음과 같은 이유로 헌법 12조를 위반해 무효이며, 법령 해석의 중요한 사항에 관한 잘못을 포함하고 있다.

이하 자세히 말한다.

2. 금반언(禁反言: 일단 행한 표시나 행위에 대하여 그와 반대되는 주장을 법률상으로 못하게 되어 있는 원칙)의 원칙 위반

1) 피항소인 일본국의 종전의 주장

피항소인 일본국은 다음에 말하는 것처럼, "한일청구권협정의 효과는 국가와 국가 사이의 외교 보호권을 포기한 것에 지나지 않고, 개인의 청구권 그 자체를 국내법적인 의미로 소멸시킨 것은 아니다."는 취지의 주장을 여러 번에 걸쳐 해 왔다.

(1) '시(時)의 법령'(을 제 12호중)

쇼와 41년(1966년) 3월 10일 발행된 「시(時)의 법령 별책 일일 조약과 국내법 해설」은, "협정 제2조 3의 규정의 의미는, 일본국민의 재한(在韓) 재산에 대해서 한국이 취하는 조치 또는, 일본국민의 대한 청구권(claim)에 대해서는 국가가 국제법상 가지는 외교 보호권을 행사하지 않는 것을 약속하는 것이다."라는 취지를 기재하고 있다.

(2) 「한일 제(諸)조약에 대해」(갑B 제 43호 중)

외무성 편(編) 「한일 제(諸)조약에 대해」(1965년 10월 발행)은 한일청구권협정에 대해서, "한쪽 국가 및 국민의 재산, 권리 및 이익이었던 협정 서명 일에 한쪽 국가의 관할 아래에 있는 것에 대해서는, 해당 상대국은 어떠한 조치를 취하는 것도 자유롭게 되며, 이러한 조치에 대해서는 어떠한 주장도 할 수 없다. (중략) 또, 협정 서명일 전에 생긴 사유에 근거해 한쪽 국가 및 국민의 청구권에 대해서도 상대국은 향후 어떠한 주장도 할 수 없는 것으로 여겨졌다."라고 해설하고 있어, 이 한일청구권협정에 의해서 '어떠한 주장도 할 수 없게' 되는 것은 쌍방 체결국이며, 결코 쌍방 체결국의 국민은 아닌 것이 명확하게 나타나고 있다.

(3) 시이나 에츠사부로(椎名悦三郎) 외무 장관의 답변

제50회 국회 중의원 = 일본과 대한민국 사이의 조약 및 협정 등에 관한 특별위원회(1966년 11월 5일)에서, 당시 외무장관 시이나 에츠사부로(椎名悦三郎)는, "개인의 청구권을 포기했다는 표현은 적절하지 않다고 생각합니다. 다카츠지(高辻) 법제국 장관이 말한 것처럼, 정부가 이것을 일단 갖고 그리고 그것을 포기한 이런 것은 아니므로, 어디까지나 정부가 재한(在韓) 청구권이라는 것에 대해서 외교 보호권을 포기한, 그 결과 개인청구권이라는 것에 대해서도 저 쪽이 다루지 않는다, 그 다루지 않는 상태를 아무리 해도 어쩔 수 없다, 결론에 대해 구제할 수 없다, 이렇게 되므로, 내가 만약 그것을 포기했다고 하는 표현을 사용했다면 지금 정정 하겠습니다."라고 발언해, 한일청구권협정은 일본과 한국이 서로 외교 보호권을 포기한 것에 지나지 않는 것을 밝히고 있다.

(4) 야나이 슌지(柳井俊二) 외무성 조약 국장의 답변

제 121회 국회 참의원 예산위원회(1991년 8월 27일)에서 당시 외무성 조약 국장 야나이 슌지는 한일청구권협정의 법적 효과에 대해서, "한일 양국이 국가로서 가지고 있는 외교 보호권을 서로 포기했다고 말하는 것입니다. 따라서 이른바 개인의 청구권 그 자체를 국내법적인 의미로 소멸시켰다고 하는 것이 아닙니다."라며(갑G 제 14호 증), 개인청구권을 국내법적으로 소멸시킨 것이 아닌 것을 명확하게 했다.

(5) 다른 소송에 있어서의 해석

이 정부 답변은, 후지코시(不二越) 소송 1심 판결(도야마 지방법원 1996년 7월 24일 판결·판례 타임즈 941호)에서 조선여자 근로정신대원 피해자 등이 가지는 임금 청구권 소멸 시효의 기산점으로 여겨지는 등, 사법을 포함한 일본정부의 공통 해석으로서 확립되어 온 것이다.

동 항소심(나고야 고등법원 가나자와 지부 1998년 12월 21일 판결·판례 타임즈 1046호)에서도 동 취지의 해석이 채택되고, 관부(關釜)소송 항소심 판결(히로시마 고등법원 2001년 3월 29일, 히로시마 고등법원 1998년(네) 제278호, 동 1999년(네) 제257호)에서도 똑같은 해석이 채택되어, 일본정부에서는 정치부분·사법부분을 불문하고 공통된 견해로서 확립되었던 것이다.

2) 이 소송에 있어서의 피항소인 일본국의 주장

그러나 피항소인 일본국은 제 1심인 2002년 11월 14일 제6 준비서면에서, 갑자기 '한일청구권협정에 의한 해결'이라고 제목을 붙여, "만일 원고 등이 일본정부에 대해서 주장하는 청구권이 존재한다고 해도, 일본정부는 한일청구권협정에 의해 이러한 청구에 응할 법적 의무가 없다."는 취지를 주장했다.

3) 금반언(禁反言)의 원칙 위반

이런 피항소인 일본국의 해석의 변천은 오직 자신의 책임을 면하기 위해서 이루어진 궤변이라고 밖에 할 수 없으며, 정의(正義) 형평의 관념에 현저하게 반한다.

스스로 주체가 되어 체결한 이 사건 협정에 대해서, '개인청구권을 소멸시킨 것은 아니다'라고 하는 자신의 견해가 사법에 의해서도 확인되어 확립한 단계에서, 이것을 '원고들은 어떠한 주장도 할 수 없는 것으로 되어 있다'라고 주장하는 것은, 적어도 이 사건 협정에 의해 소송이 배척되지 않을 것을 확신해, 소송 관계에 들어간 원고 등과의 관계에서는, 신의칙(민법 1조 2항, 헌법 12조)에 반해 허용되지 않는다.

4) 원판결의 잘못

덧붙여 원판결은, 반대로 시이나(SHIINA) 발언을 인용해서, "피항소인 일본국은 이 사건 협정 체결 당시부터, 청구권에 대해서는 이 사건 협정에 의해 최종적으로는 법적 구제를 얻을 수 없는 상태에 있는 것을 주장하고 있었다"는 취지를 인정해, "피항소인 일본국이 본소에서 이룬 이 사건 협정에 관한 주장이 신의칙상 허용되지 않는다고는 할 수 없다"는 취지의 판시를 하고 있다.

그러나 질문자가 적절히 "외교 보호권은 포기했지만, 개인의 청구권은 남아 있다고 했지만, 그러면 한국에 대해서 소송을 일으켜 회수하자, 그 길은 막혀 있다. 실질적으로는 포기한 것이 된다."라고 반론하고 있는 것에서도 분명한 것처럼, 시이나 발언을 솔직하게 읽는다면 어디까지나 "개인 청구에 근거하는 소송의 결론이 어떻게 될지는 예외지만, 개인의 청구권은 남아 있다."는 취지를 말하고 있기 때문에, 원판결은 시이나 발언을 곡해하고 있다고 말하지 않을 수 없다.

따라서 이 점에서의 원판결의 판단은 잘못이다.

3. 권리의 남용

1) 피고 등의 행위의 특징

피고 등의 원고에 대한 행위는, 원판결도 인정했던 것처럼 13, 4세의 소녀를 강제 연행해 강제노동을 하게 한 점에서, 개인의 존엄을 부정하고 정의 · 공평하게 현저하게 반하는 행위라고 말하지 않을 수 없고, 국내법 차원에서는 미성년자 유괴 죄 등에 해당해, 국제법상은 강제노동에 관한 조약(1930년의 ILO 제 29호 조약, 일본은 1932년에 비준) 및 국제 관습법으로서의 노예제 금지에 위반하는 등, 국내외를 불문하고 위법인 것은 명료하고, 그 위법성의 정도도 매우 높다.

2) 피고 등에 의한 은폐

원래 피항소인 일본국은 이미 1959년 시점에서, 미쓰비시중공업 도토쿠(道德) 공장에서의 인적 피해에 대해서 상세하게 파악하고 있어, 원호법 적용에 관한 조사를 끝내고 있었다.

그러나 피항소인 일본국은 한국정부와의 협정 체결 과정에서, 개인청구권에 관해서 한국정부가 보유하는 자료가 결정적으로 결여되어 있는 것을 예측해서, 원고 등을 포함한 한국인 피해자에 대해서는 그 존재를 나타내는 증거가 드러나는 것을 회피해, 최대한 은폐한 뒤에 개인청구권에 대한 구체적 사실 확인을 한국정부에 요구해 교섭을 유리하게 진행하려고 했다.

그 증거로, 1963년 12월에 작성된 피항소인 미쓰비시의 순직비 명판에서는, 한반도에서 데려 온 소녀들의 이름은 없었다. 못 보고 넘어갔던 것이 아니라, 순직자 명부에서 의도적으로 말소되고 있었다(다카하시 마코토 高橋信 증인 조서, 갑G 제1호 증 등). 조선인 징용공들의 이름도 고의적으로 빼고 있었다.

이처럼 순직비에는 대만에서 연행된 희생자들의 이름이 새겨지고 있다(이것은 상대국이 이미 1952년에 일화 日華 조약을 체결해, 중화민국과의 국교를 회복하고 있었기 때문이다.). 조선 여자 근로정신대 피해자 및 조선인 징용공들만 누락되고 있다.

즉, 피고 등은 순직자 명부에서 한국 소녀의 이름을 고의로 누락시키는 등 개인청구권의 자료가 될 수 있는 증거를 은폐해, 한일청구권협정을 유리하게 결착하려고 했던 것이다.

3) 권리의 남용

따라서 피고 등은 스스로 했던 위법성이 심각한 강제연행, 강제노동의 피해에 관해서 충분히 그 피해 사실을 인식하고 있었음에도 불구하고, 교섭 과정에서 스스로 그 사실을 의도적으로 은폐한 뒤에 한일청구권협정을 체결하도록 해 놓고, 한일청구권협정 체결 시에는 논의의 대상이 되지 않았던 이 사건 피해에 관해 원고 등으로부터 청구가 이루어지는데 이르러서는, 한일청구권협정을 이유로 응할 법적 의무가 없다고 주장하고 있는데, 이것은 권리의 남용(민법 1조 3항, 헌법 12조)에 해당해 피고 등의 원용을 인정한 원판결에는 법령 해석의 중요한 잘못이 있다.

4. 항변권(抗辯權)의 포기

1) 우노 소스케 외무 장관의 답변

1988년(쇼와 63년) 4월 25일, 제112 국회 중의원 결산위원회에서, 도도쿠 공장에 동원된 조선 여자 근로정신대 피해자 등이 오해에 의해서 괴로워하고 있는 것을 질문 받고, 우노 소스케(宇野宗佑) 외무 장관(당시)은, "이 문제는 가족에 대해서도 그런 식의 오해가 없도록 어떠한 기회에 신속하게 해야 한다는 것을 정말로 저도 통감했습니다. (생략) 즉시 외무성으로서도 후생성과 연락하고, 그리고 무서운 전쟁의 상처 자국을 닦아내도록 최대의 노력을 하고 싶습니다."라고 회답하며, 원고 등의 일본군 '위안부' 동일시 피해의 존재를 인정하고 오해를 풀 것을 약속했다(갑C 제 6호 증).

2) 항변권의 포기

이 답변은 작위 의무 발생 시기를 긋는 것으로서 파악될 뿐만 아니라, 동일시 피해에 대해서는 전혀 해결 완료된 문제가 아닌 것을 솔직하게 승인하고, 이 사건 협정에 근거하는 항변을 행사하지 않는 것을 명확하게 한 것과 다름없다.

그리고 이런 항변 포기가 이루어진 후인 1990년대에 들어와, 한일 양국에서 군 '위안부'문제가 표면화했다. 피항소인 일본국이 스스로의 관여를 부정하며 책임 회피로 시종일관한 결과, 군 '위안부'문제는, 큰 사회 문제가 되어 국제 문제로까지 발전하게 되었다.

그 결과 원고 등의 동일시 피해는 한층 더 심각한 것이 되어, 원고 등의 고뇌는 상상을 초월하게 되었던 것이다.

3) 권리의 남용

따라서 피항소인 일본국이 우노 소스케 외무 장관의 답변에 의해, 원고 등의 동일시 피해에 대해 한일청구권협정에 의해 응할 법적 의무가 없다고 주장하는 것을 포기하면서, 이 소송에서 일한 청구권협정을 이유로 원고 등의 청구에 대해 응할 법적 의무가 없다는 취지의 주장을 하는 것은 권리의 남용(민법 1조 3항, 헌법 12조)에 해당해 허용되지 않고, 이것을 인정한 원판결에는 법령 해석의 중요한 사항에 관한 잘못이 있다.

제6절_ 소괄

이상 말해 왔던 대로, 원판결은 한일청구권협정에 대해 국제 관습에 반하는 조약 해석(헌법 98조 2항), 헌법에 반하는 해석(헌법 29조 3항, 헌법 전문 · 9조 · 13조 · 12조)을 실시해, 원고 등의 피해를 인정하면서도 그 구제를 하지 않았다.

이러한 원판결의 판단은, 법령 해석에 대한 헌법 및 확립한 국제 관습 등과 관계되는 부분에 대한 해석을 잘못한 것이기 때문에, 법령 해석의 중요한 사항을 포함하고 있다고 지적할 수 있다(민소 법 318조 1항 후단).

제1심 및 원심 단계의 주장·입증을 통해서 정당하게 인정된 사실에 의거해, 귀 재판소에서 무엇보다도 원고 등의 인권을 구제하는 판단을 위해서 본 제기를 수리하도록 요구하는 바이다.

3 원고 등이 입은 군 '위안부'와 동일시 피해에 대해

제1절_ 피고 등의 부작위 책임에 대한 상고 이유

1. 원판결의 판시

원판결은 이하와 같이 판시하며, 원고 등이 주장하는 부작위(不作爲) 책임에 근거하는 청구를 배척했다.

"원고 등이 주장하는 '근로정신대'(또는 군 '위안부'을 포함)의 실태에 관한 조사, 조사 결과의 공표 의무라는 것은, 법령 등에 의해서 규정되고 있는 것은 아니다. 또, 선행 행위를 바탕으로 하는 것으로서 주장되는 의무내용도 광범위하고 추상적인 것이며, 결과 회피의 가능성 면에서도 추상적인 가능성에 그치는 것, 덧붙여 원고 등이 주장하는 동일시 피해에 대해서도 이 사건 협정의 대상이 되는 것으로 해석해야 할 것으로 한다면, 위의 의무는 정치적·도의상의 의무·책임이 있는 것에 그쳐, 강제연행·강제노동과는 별개 독립의 위법 행위나 불법 행위를 기초를 만들어 확고하게 하는 작위 의무를 구성하는 것으로는 더욱 인정하기 어렵다."

원판결의 위의 판시는 부작위 책임에 관한 최고재판소 판결에 반하는 한편, 법령의 해석에 관한 중요한 사항을 포함한 사건에 대해서 법 해석을 잘못한 것이다.

이하 순서에 그 이유를 말한다.

2. 최고재판소 판례 위반(민사소송법 318조 1항 전단)

최고재판소 제2 소법정 1984년 3월 23일 판결 '니이지마(新島) 표착 포탄 폭발 사고 상고심 판결'(1981년(오) 제174호. 판례 시보 1112호)은, 해변에 밀려온 옛 육군 포탄에 의해 인신사고가 생겼을 경우에 경찰관에게 그 회수 조치를 취하지 않았던 것이 위법이다고 했다.

이 사건에 대해서 최고재판소는, 해변, 해저에서 포탄 투기에 의해 발사된 포탄이 폭발해 도민의 인신사고가 발생할 위험이 존재하는 가운데, "도민은 이 위험을 통상의 수단으로는 제거할 수 할 수 없기 때문에, 이것을 방치할 때는 도민 등의 생명, 신체의 안전이 확보되지 않는 것이 상당한 개연성을 가지고 예상될 수 있는 상황 아래에서, 이런 상황을 경찰관들에 대해 쉽게 알릴 수 있는 경우에는 경찰관에게 위의 권한을 적절히 행사해, 스스로 또는 이것을 처분하는 권한·능력을 가진 기관에 요청하는 등 적극적으로 포탄 등을 회수하는 등의 조치를 강구해, 좀 더 포탄류의 폭발에 의한 인신사고 등의 발생을 미연에 방지하는 것이 그 직무상의 의무라고 해석해야 한다."라고 한 후, "포탄류의 경고나 포탄류를 발견했을 경우에 신고의 최고(催告) 등의 조치를 취하는 것만으로는 부족하며, 더욱 나아가서 스스로 또는 다른 기관에 의뢰해 포탄류를 적극적으로 회수하는 등의 조치를 강구해야 할 직무상의 의무가 있다고 해석하는 것이 상당하며, 앞서 말한 경찰관이 이런 조치를 취하지 않았던 것은 그 직무상 의무에 위배해 위법이다고 해야 한다."라고 하고 있다.

즉, 위의 판례는 부작위가 위법이 될지에 대해서 작위 의무의 내용을 추상적으로 조정하는 것이 아니라, 결과의 중대성, 결과 발생의 개연성의 유무를 판단해, 의무 내용에 대해서는 '권한을 적절히 행사하는' 것을 요구하는데 그치고 있다.

그리고 작위 내용은, '스스로 또는 이것을 처분하는 권한·능력을 가진 기관에 요청하는 등'이라고 예로서 나타나고 있다.

예시된 작위 내용은 행위 주체도 특정하고 있지 않았기 때문이다.

또, 결과 회피 방법에 대해서도 '요청하는 등', '적극적으로 포탄 등을 회수하는 등의 조치를 강구'라고 예시하는데 그쳐 작위 내용이 반드시 특정되지 않아도, '좀 더 포탄 류 폭발에 의한 인신사고 등의 발생을 미연에 방지하는 것이, 그 직무상 의무이라고 해석해야 할 것이다'라고 해 작위 의무 위반을 인정했던 것이다.

요컨대 판례는, 작위 의무의 내용에 대해 구체성을 요건으로 하고 있지 않다. 추상적이기 때문에 작위 의무가 성립하지 않는다는 입장은 아닌 것이다.

원판결은 이 최고재판소 판례에 반해, 원고 등이 주장하는 작위 의무의 내용이 추상적이라며 청구를 배척하고 있어, 최고재판소 판례 위반이 인정된다.

3. 법령의 해석에 관한 중요 사항을 포함한 사건(민소 법 318조 1항 후단)

1) 작위 기인형 부작위 사안에 관한 법령의 해석의 중요성

이 사건 동일시 피해는, 피항소인 일본국이 군 '위안부'의 강제연행 및 조선 여자 근로정신대의 강제연행을 한국 사회에서 구별 불가능한 상태에서 실시했던 것이 원인이 되어 발생된 피해 회복에 관한 '작위 기인형 부작위' 사안이다.

즉, 법정의 인허가 처분이 늦다, 이루어 지지 않았다 등의 '단순 부작위 사안'이나, 약(藥)으로 인한 피해 문제 등 본래 문제 해결에 임해야 할 당사자(제약회사 등)가 있어, 그 의무 이행을 재촉하는 권한 행사와 관계되는 '규제 권한 불 행사(不行事) 사안'과는 달리, 스스로가 한 위법행위에 의해서 발생시킨 결과에 대한 책임, 즉, 스스로 뿌린 씨앗을 잘라야 할 책임을 묻는 것이다.

따라서 이러한 작위 기인형 부작위에 대해서는, 부작위라 해도 전체적으로는 적극적인 작위 사안이다 라고도 볼 수 있기 때문에, 그 요건에 대해서는 완화해서 생각해야 할 것이다. 실제로 그러한 입장에 서는 하급심 판례나 유력한 학설이 있다.

그리고 행정의 부작위 문제는 중요한 현대적인 법적 과제이며, 작위 기인 형 부작위 사안은 '법령의 해석에 관한 중요 사항을 포함한 사건'이라고 해야 할 것이다. 따라서 상고를 수리해야 할 사유가 있다.

최고재판소 제3소법정 1971년 11월 30일 판결(1967년(오) 제668호. 최고재판소 민사 판례집 25권 8호)은 토지구획 정리 사업의 시공자인 시장이 환지(換地)를 지정해 종전 땅의 사용을 금지하면서 환지 상에 있는 제3자 소유 건물에 대해 이전 제거 권한 행사를 하지 않았던 것에 대해 손해배상 청구를 인정한 사안이며, 작위 기인형 부작위와 관계된 최고재판소 판례이다.

2) 법령 해석의 잘못

전기 1항에서 분명히 한 것처럼 최고재판소 판결은, 작위 의무를 일반적 · 추상적으로 조정하는 것이 아니라, 해당 장면에서 이루어야 할 것과 상정된 작위가 되지 않다고 생각되면 작위 의무 위반을 인정해 부작위의 위법성을 인정하고 있다.

이것은 작위 의무의 외연(外延)이 불명확해도, 더욱 구체적인 장면에서 해당 부작위가 작위 의무 위반이라는 평가를 받아, 위법으로 여겨질 가능성이 있는 것을 나타내고 있다.

이 사건에서, 첫 번째로 정부(외무 장관)는 1988년 4월 25일 제112 국회 중의원 결산위원회 답변에서, 후생성과도 협력해 꺼림칙한 전쟁의 상처 자국을 닦는 노력을 한다는 취지를 말하며, '어떠한 조치'를 취할 것을 약속하고 있다. 추상적 수준이지만 여기에는 분명하게 의무의 인수 행위가 존재한다. 의무의 인수에 따라서, 이루어야 할 첫 번째가 진상 조사인 것은 분명하다.

그럼에도 불구하고, 피항소인 일본국은 조사는커녕 현재에 이르기까지 조선 여자 근로정신대 문제에 관련된 담당 부국(部局)조차 결정하지 않고 오늘에 이르고 있다(이 때문에 상고 수리 원고 등의 일본정부에 대한 요청은, 담당 부국이 없기 때문에 내각부에 대한 진정 취급을 계속 받고 있다).

우선 좀 더 이루어야 할 일이 담당 부국의 결정인 것은 분명한데, 상대국의 이 태만은 분명하게 작위 의무 위반에 해당한다. 게다가 국회에서 이 약속을 한지 벌써 20년이 지나려고 하고 있다.

두 번째로, 피항소인 일본국은 이 사건 소송을 통해서, 사실 인정 여부를 계속 거절하며 형식적인 법 논리로 시종일관 희롱해 왔다. 이 소송 추행 태도는 진상 조사의 가장 반대 극에 있다고 하지 않을 수 없다. 조사 의무의 외연이 명확하지 않아도, 소송 장소에서 사실을 들이댈 수 있었을 때, 그 사실에 대해서 인정 여부조차 하지 않는 부작위는 작위 의무의 핵심에 있어서의 위반을 의미한다.

3) 전후 보상 재판에 있어서의 작위 의무 위반 논점의 중요성

상고 수리 원고 등이 반복해서 주장해 온 작위 의무인 조사·공표·사죄는, 전후 일본이 과거의 역사적 사실에 직면해 왔는지를 묻는 것이기도 했다.

군 '위안부'와의 동일시라고 하는 특수한 피해를 계속 입어 왔기 때문에, 원고 등은 반대로 보편적인 질문을 피고 등에 던지게 되었다.

법령 해석에 있어서의 중요한 사항을 포함한다고 인정해야 할 점이 2가지 있다. 하나는 전쟁터에서의 성범죄 피해자의 명예라는 문제를 떠올린 것이다. 군 '위안부'라고 하는 궁극적·국가적인 성범죄에 의한 피해는, 그 성범죄가 직접적으로 잔학하기 때문에, 성범죄 후, 성범죄 피해자라고 낙인 찍혀서 여성이 계속적으로 입게 되는 인생 피해 문제를 배경으로 물러나게 했다(이것은 성범죄 자체와는 다른 사회적 인생 피해이다).

성범죄에 대한 정당한 인식이 확립하지 않는 남성 중심주의가 지배하는 사회(대부분의 국가 사회가 이것에 해당한다)에서, 군 '위안부' 출신이라고 하면, 해당 여성이 사회에 계속 있을 수 있는 최소한의 명예를 빼앗는 것이었다. 이 사건 작위 의무의 논점은, 전쟁터에서의 성범죄 피해 여성의 명예 문제를 되묻게 했다. 지금도 역시 전쟁터에서 반복되는 병사 등에 의한 성범죄를 통해, 성범죄 피해자가 낙인이 찍힌 피해에 대해서 가해자가 어떠한 작위를 이루어야 할 것인지는 매우 중요한 지금의 과제이다.

두 번째는, 역사 인식 문제이다. 패전의 폐허 속에서 만들어진 일본국 헌법은, 전쟁의 반성을 바탕으로 두 번 다시 전쟁을 하지 않는다는 맹세를 관철하고 있다.

'전쟁을 하지 않겠다'(不戰, No War)는 맹세는, 두 번 다시 잘못을 범하지 않기 위해 과거의 사실을 직시해서, 정확한 역사 인식에 근거하는 과거 전쟁의 총괄을 포함해야 한다.

그런데 일본정부는 이 사건을 포함한 모든 전후 보상 재판에서 사실 인정 여부를 계속 거절하며, 사실에서 눈을 돌려 역사와 마주보길 계속 거절했다. 이 사건 상고 수리 제기가 제기하고 있는 조사 의무 위반 논점은, 이러한 상대국에 대한 비판으로서 보편적인 중요성을 가지고 있다.

제2절_ 군 '위안부'와 동일한 피해도 이 사건 협정에 의해서 아무런 영향을 받지 않는 것

1. 원판결의 판시

한일청구권협정이 원고 등의 개인청구권에 어떤 영향을 미치는 것이 아니다. 그러므로 국내법에 따른 청구에 의해서 어떠한 방해도 되는 것은 아닌 까닭으로 전후에 원고 등이 입은 군 '위안부'와 동일한 피해에 대해서도 타당하다.

이 점을, 원판결은 앞서 말했던 대로 "원인 행위의 핵심은 제2차 세계대전 말기에 근로정신대원으로서 일본에 끌려간 것(그것은 위와 같이, 강제연행에 해당하는 것이다.)에 있다고 해야 한다."(원판결)고 판시하고 있다.

2. 최고재판소 1968년 3월 15일 판결 위반(민소 법 318조 1항 전단)

원판결이 지적하는 대로, 원고 등의 '동일시 피해'에 대해 원인 행위가 같다고 생각했을 경우인, 한편, 만일 이 사건 협정이 모든 청구를 봉쇄하려는 의도로 체결된 것이라고 가정한다고 해도(그러한 합의가 이루어지지 않은 것은 앞서 말했던 대로이다), 그 후에 생긴 손해에 대한 합의의 효력이 미치지 않는다.

이 사건과 같은 경우에는 합의의 효력은 그 후에 생긴 피해에는 미치지 않다는 것이 최고재판소의 판단이다(최고재판소 1968년 3월 15일(1965년 (오) 347호). 이 최고재판소 판례에서는 "모든 손해를 정확하게 파악하기 어려운 상황 아래에서 시급하게 소액의 배상금을 가지고 만족한 취지의 시담 (示談)이 되었을 경우에 대해서는, 시담에 의해서 피해자가 포기한 손해배상 청구권은 시담 당시 예상하고 있던 손해에 대한 것일 뿐이라고 해석해야 하며, 그 당시 예상할 수 없었던 예측 불가능한 재수술이나 후유증이 그 후 발생했을 경우의 손해에 대해서 배상청구권을 포기한 취지라고 해석하는 것은 당사자의 합리적 의사에 합치한다고 할 수 없다"라고 판시하고 있는 것이다. 이 사건 협정에 대해서도 이와 같은 합의의 취지가 해석돼야 한다는 것이 일본 국내법의 해석이며, 체결국의 합의에 근거해 해석되는 조약의 내용이기도 하다.

이 점 원고 등이 입은 군 '위안부'와 동일한 피해('동일시 피해')에 대해서는 원판결이 판시하는 대로, 원고 등이 근로정신대원인 것을 알려지지 않게 숨죽여 생활하지 않을 수 없었던 이상은, 날마다 발생하고 있던 군 '위안부'와 동일한 피해('동일시 피해')가 공공연히 알려진 적은 없었다. 한일청구권협정 체결시의 한일회담을 통해서 화제에 오르지 않았다(오히려 알고 있으면서도 의도적으로 숨기고 있었다)라는 점에서 '모든 손해'가 정확하게 파악되고 있었다고는 말할 수 없는 상황이며, 원고 등의 이 '동일시 피해'는 전혀 고려되지 않은 채 청구권협정이 체결된 것이다.

따라서 원고 등에 발생하고 있던 군 '위안부'와 동일한 피해('동일시 피해')에 대해서는 분명히 이 사건 협정의 범위 외이며, 이 사건 협정의 효력을 어떻게 상정했다고 해도 그 협정 효력이 미치는 것은 절대 아니다. 따라서 최고재판소 판례 위반을 포함한 원판결의 판단에 대한 본 제기는 수리돼야 마땅하다.

제4절_ 마지막으로

지난 6월 26일 미국 하원 외교위원회에서 일본정부의 공식의 사죄를 요구하는 위안부 결의안이 채택되어, 동 결의안은 7월 31일(일본 시간) 미국

하원 본회의에서 정식으로 결의되었다.

만일, 국가 수상(총리대신)에 의한 군 '위안부' 문제에 대한 국가 책임을 애매하게 하려는 언동이 없었다면, 결의안이 외교위원회에서 채택되지 않았을 것이다.

또, 일본의 일부 정치가와 지식인에 의한 '사실'이라고 제목을 붙인 워싱턴 포스트 지의 전면 의견 광고(6월 14일자)가 없었다면, 결의안은 외교위원회에서 채택되지 않았을 가능성이 높다. 그 광고는 군 '위안부'문제에 관한 책임을 축소하려는 의도가 뻔히 보였던 것이었다.

게다가 7월 13일 일본의 지방의원, 학식 경험자가 외교위원회 결의안에 대한 항의서를 주일(在日) 미국 대사관에 보내 하원의원 전원에게 송부하는 행위가 없었더라면, 하원 본회의에서의 결의는 이루어지지 않았을 가능성이 있었다.

이러한 일본 측의 언동 및 행동이, 미국 하원 결의를 더욱 촉진시키는 부분에 대해 객관적으로 살피면 누구에게나 분명하게 보인다. 유감스럽지만 수상도 포함해서 이 나라의 유력한 정치가나 지식인에게는 그런 것조차 이해할 수 없는 수준에 있는 사람들이 상당수에 이르고 있다. 인류 사상 전대미문의 참극을 일으킨 과거의 전쟁에 대한 역사 인식이 너무 얕고 한곳으로 치우쳐 있기 때문이다.

하원 결의에 이르는 경과를 되돌아보며, A급 전범으로서 처형된 토고 시게노리(東郷重徳)의 손자뻘에 해당하는 전(前) 주(駐) 네덜란드 대사 도고 카즈히코(東郷和彦)는, 미국에서 분명히 체험한 미국 여론의 동향을 근거로 다음과 같이 일본의 장래를 예측한다.

"위안부에 대한 대일(對日) 비판은 앞으로도 수그러들지 않고 계속될 것이다. 과거를 반성하지 않고 여성의 존엄을 짓밟는 일본의 이미지는 눈에 나타날 때마다 조금씩 짙어질 것이다. 6월 14일자 광고에서 기술된

'사실'에 대해서는, 인용되고 있는 당시 군의 각서(여성의 납치를 금지하는 취지), 조선에서의 신문 기사(관헌이 여성을 유괴하는 악덕업자를 단속하고 있는 것) 등 개별적으로 올바른 것들이 있다고 해도, 광고의 주목적이 위안부 제도 자체의 정당성을 호소하고 있다고 받아들여진다면, 도무지 세계가 이것을 수용하리라고는 예측되지 않는다.

미국과 유럽, 한국, 중국은 각각의 입장에서 대일 비판 노력을 강화하면 할수록, 일본은 국제적으로 고립된다. 60년 전에 군사적으로 패배한 상황이 이번에는 문화적인 차원에서 일어나고 있는 것처럼 보인다.

일본이 세계 속에서 고립되어 매력 없고 존경받지 못하는 존재가 되면, 필시 그것은 일본의 쇠퇴로 연결된다.'(「월간 현대」 2007년 9월호).

불길한 징조는 그 외에도 있다.

미국에 의한 최신예 전투기 F22의 대일(對日) 수출의 재검토는, 일본에 대한 미국의 신뢰가 요동치고 있는 것을 엿보게 한다.

또, 미국 키팅 태평양 군사령관은 5월 12일, 북경의 미국 대사관 기자 회견에서, "만약 중국이 항공모함 계획을 진행시킨다면 우리가 가능한 만큼 돕겠다."라고 말해 일본의 해상 자위대보다 중국 해군을 중시하는 자세를 엿보게 했다. 5월 30일자 인터내셔널 헤럴드 트리뷴지에는, "아시아의 장래는 중국과 인도에 달려 있지, 일본은 아니다." "일본은 역사 문제로 치명상을 받아 이 지역에서 존재감과 영향력이 차단돼 버렸다"라고 말한 디비드 살보우 교수(조지 워싱턴대학 살보우 교수는, 커터 정권 시대에 짧게나마 국가 안전보장회의나 국무성 정보조사국에 재적한 경험이 있고, 부시 정권 후에 책임 있는 지위에 오를 가능성도 있다)의 논고를 게재하고 있다(「선택」 07년 8월호).

IAEA의 핵사찰 예산의 상당액이 일본의 원자력 발전소나 핵연료 재처리 공장 사찰에 소비되고 있는 것은 주지의 사실이다. 일본은 용이한 만큼 대량으로 핵무장할 수 있는 기술과 원료를 가져, 세계는 일본의 핵무장을 항상 경계하고 있다.

미국이 안전보장의 축을 일본에서 중국으로 옮겼을 때, 도의성을 잃고 아시아 국가들의 신뢰를 상실한 일본이 어떠한 상황에 빠질 것인가? 일본 국내에서의 경솔한 핵무장 논의를 감안했을 때, 일본이 '대량 파괴 무기보유국'라고 보여 일본국 헌법이 허용하지 않을 것이 분명한 전후 폐허를 다시 맛보는 것을 예견하는 것이 결코 비현실적인 일이라고만 할 수 없다.

이 사건에서 상고 수리 원고 등이 주장하는 피고 등의 작위 의무(조사·공표·사죄)는, 침략전쟁이나 식민지 지배의 잘못을 바로잡기 위한 최소한의 작위를 요구하는 것이다.

따라서 이 작위 의무를 끝내지 않고서는, 일본의 장래는 보장되지 않는다.

당장 입법부 및 행정부에 이성적인 판단을 기대할 수 없는 긴급사태 하의 작금, 대국적 견지에 서서 일본을 파멸의 길에서 구할 수 있는 것은 사법부인 최고재판소 이외에 있을 수 없다.

귀 청(廳)의 용기 있는 영단을 기대한다.

이상

기각결정문

최고재판소

(2008년 11월 11일)

2007년 (才) 제1239호
2007년 (受) 제1447호

결정

당사자 표시   별지 당사자 목록기재에 따름

상기 당사자 사이의 나고야고등재판소 2007년(才) 제 374호 손해배상 등 청구사건에 대하여 동 재판소가 2007년 5월 31일에 선고한 판결에 대해 상고인겸 신청인들로부터 상고 및 상고수리 신청이 있었다. 따라서 본 재판소는 다음과 같이 결정한다.

주문

본건에 관한 상고를 기각한다.
본건을 상고심으로 수리하지 않는다.
상고비용 및 신청비용은 상고인 및 신청인들의 부담으로 한다.

이유

1. 상고에 대하여

민사사건에 대하여 최고재판소에 상고하는 행위가 허용되는 경우는 민사소송법 312조 1항, 혹은 2항 등 특별한 경우에 한정하는 바, 본건에 대한 상고 이유는 위헌이라 볼 수 있지만 그 실질적 사항에 대해서는 단지 법령 위반을 주장하는 것으로써 분명 상기 각항에 규정하는 사유에 해당하지 않는다.

2. 상고수리 신청에 대하여

본건 신청이유에 따르면 본건은 민사소송법 318조 1항에 의거해 수리되어야 한다고는 인정할 수 없다.

따라서 재판관 전원 일치의 의견으로 주문대로· 결정한다.

2008년 11월 11일

최고재판소 제3 소법정

재판장 재판관 다하라 무쓰오(田原睦夫)

재판관 후지타 도기야스(藤田宙靖)

재판관 호리고메 유키오(堀籠幸男)

재판관 나스 고헤이(那須弘平)

재판관 곤도 다카하루(近藤崇晴)

당사자 목록

대한민국 광주광역시 남구 서2동 ***

상고인 겸 신청인 박해옥

대한민국 광주광역시 남구 진월동 ***

상고인 겸 신청인 김혜옥

대한민국 광주광역시 서구 화정동 ***

상고인 겸 신청인 진진정

대한민국 광주광역시 서구 양1동 ***

상고인 겸 신청인 양금덕

대한민국 광주광역시 북구 우산 ***

상고인 겸 신청인 이동련

대한민국 마산직할시 남구 신정 3동 ***

상고인 겸 신청인 김중곤

대한민국 경기도 안양시 동구 비산동 ***

상고인 겸 신청인 김성주

상기 7명 소송대리인 변호사

우치카와 요시카즈(内河惠一)

미야타 무쓰오(宮田陸奥男)

이와쓰키 고지(岩月浩二)

다카기 데루오(高木輝雄)

나카타니 유지(中谷雄二)

나지마 아키오(名嶋聰郎)

하세가와 가즈히로(長谷川一裕)

후지이 고이치(藤井浩一)

모리 히로노리(森弘典)

와카마쓰 히데나리(若松英成)

우오즈미 쇼조(魚住昭三)

다마키 히로코(田巻紘子)

야마다 아사토(山田麻登)

이토 다이스케(伊藤大介)

고와 다다시(高和直司)

니시노 야스오(西野泰夫)

무라카미 미치히로(村上満宏)

아사이 준로(浅井淳郎)

아쓰미 유스케(渥美裕資)

이시카와 도모타로(石川智太郎) 외

피상고인 겸 대상　일본

동 대표자 법무대신 모리 에스키(森 英介)

동 지정대리인　다카시마 사토시(高島 聡)

도쿄도 미나토쿠 고난(港南) 2쵸메(丁目) 16번 5호

피상고인 겸 대상 미스비시중공업(주)

동 대표자 대표이사 쓰쿠다 가즈오(佃 和夫)

이것은 정본임을 밝힌다.

2008년 11월 11일

최고재판소 제3소법정

재판소 서기관 세키구치 히로카즈(関口博一)

부 록

여자근로정신대 진실규명을 위한 30년 외길...

독도영유권 주장, 야스쿠니 신사참배, 역사교과서 문제 등이 벌어질 때마다 일본의 행태를 지적하는 목소리들이 높다. 하지만, 정작 "너희가 일본 사람들이냐. 한국 사람들이냐? 한국이 좋으면 한국에 가서 살아라."는 조롱까지 들으면서도 결코 포기하지 않고 양심의 목소리를 내고 있는 일본 내 시민사회를 주목하는 사람들은 많지 않다.

2013년 11월 1일 광주지방법원은 일제강점기 미쓰비시중공업에 끌려가 강제노역 피해를 입은 근로정신대 할머니들이 미쓰비시를 상대로 제기한 손해배상청구 소송과 관련해 원고의 손을 들어줬다. 피해자들이 주변의 편견을 딛고 용기를 내 일본정부와 미쓰비시중공업을 상대로 일본에서 소송을 제기한 때로부터 14년 8개월 만에 듣는 첫 승소였다. 2013년 7월 한국에서 제기된 일제 강제 징용 소송 사건에서의 첫 배상 판결은 있었지만, '여자근로정신대'에 관한 사건으로는 한국 사법부 최초의 배상 판결이었다.

그리고 이날 광주지방법원 204호, 숨소리마저 멎은 법정에는 누구보다 승소 판결을 애타게 기다리며 가슴 졸이는 이들이 있었다. 다름 아닌 일본인들이었다. 바로 '나고야 미쓰비시 조선여자근로정신대 소송을 지원하는 모임'(약칭 '나고야 소송 지원회') 회원들이었다.

일본정부와 제1의 전범기업 미쓰비시에 맞서 나고야에서 도쿄까지 360km의 거리를 마다하지 않고, 과거 일본이 저지른 전쟁 범죄에 고통을 당한 근로정신대 피해 할머니들의 인권회복을 위해 오늘도 금요행동(원정 금요시위)을 강행하고 있는 '나고야 소송 지원회'. 과연 그들은 누구인가.

■ "진실을 외면할 수 없었다"...일본인 교사의 양심

'나고야 소송 지원회'가 결성된 것은 1998년이다. 그러나 그 출발이 시작된 것은 지금으로부터 30년 전, 한 양심적인 교사 그룹으로부터 시작된다.

고등학교에서 세계사를 가르치던 다카하시 마코토(高橋信) 선생과 고이데 유타카(小出裕)씨 등은 1986년 군수공업의 중심지였던 아이치현(愛知縣) 지역의 조선인 강제연행 실태와 미군의 공습 피해를 조사하는 과정에서, '여자근로정신대'의 존재와 피해에 대해 처음 알게 됐다.

> "전쟁을 마친지 40년 이상이 지난 시점에서, 다시는 전쟁의 비극을 거듭하지 않기 위해서 우리들이 할 수 있는 일들이 무엇일까 생각해 왔죠. 그 첫 작업으로 지금까지 밝혀지지 않았던 조선인 강제연행 사건을 새로 발굴해보기로 했습니다."

나고야는 대표적인 공업도시로, 아시아태평양전쟁 당시 미쓰비시중공업 나고야항공기제작소에서는 당시 진주만 폭격에 사용한 것으로 잘 알려진 '제로센' 전투기를 생산하고 있었다. 전쟁 말기 노동력 보충을 위해 무차별적인 강제연행이 이뤄지고 있었는데, 이곳 역시 1944년 5월말 전남과 충남에서 동원된 300여 명의 어린 소녀들이 혹독한 강제노동에 시달리고 있었다.

다카하시 마코토 '나고야소송지원회' 공동대표가 미쓰비시중공업 순직비 앞에서 희생자들의 이름이 새겨진 동판을 설명하고 있는 모습

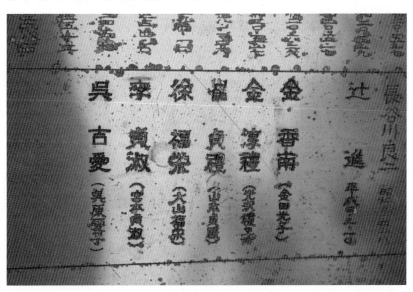

지진에 숨진 6명의 이름이 창씨개명된 이름과 함께 기입된 모습. 처음에는 이름이 빠져 있다가 시민들의 항의에 의해 추후에 기입했다.

다카하시씨 등은 조사 자료를 통해 동원된 피해자들이 불과 13~14세 정도에 불과한 어린 소녀들이었다는데 주목했다. 아울러 1944년 12월 7일 발생한 도난카이(東南海) 지진 당시 공장 건물더미에 압사돼 목숨을 잃은 57명 중 6명은 한국에서 건너 온 어린 소녀들이었다는 사실을 알게 되었다. 특히 당시 미쓰비시가 매년 지진 희생자들에 대한 위령제 행사를 가지면서도, 유독 한국에서 건너 온 소녀들의 희생자 명부는 숨겨 오고 있었다는 것에 큰 충격을 느꼈다.

> "당연한 것이었죠. 그때까지 일본은 자국민의 원폭피해와 미군의 공습피해에 대해서만 교육해 오고 있었습니다. 교사의 양심으로서 가만히 있을 수 없었습니다. 일본이 이웃 국가에 자행한 식민지 침략과 강제연행, 불법노동에 대해 사실대로 가르치지 않으면 제대로 된 평화교육이 아니라고 생각했습니다."

그때부터 곧바로 진실규명 작업에 뛰어들었다. 그러나 상황은 녹록치 않았다. 당시 한국은 아직 군사정권이었고, 그들의 손에 쥐어진 것은 단지 6명의 사망자 명단 밖에 없었다. 6명의 이름 역시 한국인 이름이 아니라, 일본인으로 창씨개명(創氏改名)된 것이었다.

이들은 목숨을 잃은 소녀들의 한국 본적지 주소의 해당 동(면)사무소 등에 유족들을 찾고 싶다며 협조를 요청했다. 아울러 직접 유족을 찾기 위해 본적지 주소만 들고 아무런 연고도 없는 광주전남 지역을 수차례 직접 찾아 나서기도 했다. 때로는 한 유족이 제주도에 살고 있다는 소식을 듣고 제주도까지 찾아가기도 했다. 이러기를 몇 차례, 드디어 1986년 2명의 유족을 확인할 수 있었다. 이어, 1987년 3명 유족들의 소재를 추가로 확인함으로써 사망자 6명중 5명의 유족을 확인하기에 이르렀다.

이들은 이때까지의 조사 내용을 정리해 1987년 4월 29일 일본의 주요 언론에 밝혔는데, 이 보도 후 전쟁 당시 미쓰비시에서의 강제노동에 안팎으로 관여한 사람들로부터 증언과 자료가 하나하나 모여들기 시작했다.

■ "이 슬픔을 되풀이 하지 않기 위해 진실을 여기에 새긴다" −도난카이 지진 희생자 추도비 건립(1988.12.)

1987년 7월 25일 이들은 그동안 여러 증언을 모으고, 자료를 보내온 사람들과 함께 자리를 가졌다. 이 자리에서 이들은 미쓰비시 측 희생자 명부에 여자근로정신대원 6명의 이름을 기입할 것을 요구하는 한편, 미쓰비시 옛 공장 터에 지진 희생자들을 추모하기 위한 추도기념비를 건립해 그들의 넋을 위로하기로 하고 곧 '실행위원회'를 발족키로 했다.

1988년 4월 1일 100만엔(¥)을 목표로 추도기념비 건립 모급활동을 시작하자, 학교와 일반 시민들로부터 기대 밖의 성금이 답지했다. 이어 주최 측은 추모비 제막식에 한국의 유가족들이 참석해 줄 것을 최대한 예의를 갖춰 요청했다. 이어 유가족 등 6명이 방문하기로 했다는 소식이 오자 이들의 초청 경비까지 더 보태 애초 목표액의 두 배에 이르는 모급이 이뤄졌다. 특히, 미쓰비시 공장의 원 소유주였던 닛신보(日淸)방적주식회사 측도 실행위원회 의 취지를 이해하고 부지 내에 희생자들을 위한 추도비를 건립하는데 흔쾌히 협조했다.

이런 과정을 거쳐, 도난카이 지진 발생 44년 만인 1988년 12월 닛신보(日淸)방적(주) 소유 구 미쓰비시중공업 공장 터 한 켠에 시민들의 성금을 모아 지진 희생자들을 위한 추도비를 건립했다. 제막식에는 '실행위원회'의 초청으로 이미 초로에 접어든 피해자 이동련(李東連. 1930生)과 고(故) 김순례(金順禮), 최정례(崔貞禮)의 유족 이경자(李敬子)씨 등 6명이 참석했다.

다카하시 마코토 공동대표가 당시 제주도에 거주하고 있었던 김중곤(지진에 숨진 고 김순
례 유족), 김복례(광주 수창초교 졸업 후 동원)씨를 찾아 옛날사진을 보여주며 당시 얘기를
청취하고 있다.

"처음엔 나도 의심을 했었죠"

"1988년이었는데, 이 사람들이 나를 찾으러 제주도까지 찾아왔더라
고. 그러면서 추모비 제막식에 참석해 달라는 거야. 처음에는 의심했
었죠. 이 사람들이 무슨 숨겨둔 생각이 있는 건 아닌가, 이제 와서 무
슨 짓을 하려는 것 아닌가 하고 말이야.
그런데 추모비에 있는 비문을 보고 나도 모르게 울컥하더라고요. 비
문에는 '다시는 이 슬픔을 되풀이하지 않기 위해서 진실을 여기에 새
긴다' 이렇게 쓰여 있는 거야. 제막식에서는 하나같이 또 모두 눈물을
흘려요. 눈물이 그냥 나오는 것이 아니잖아요. '야, 이 사람들이 보통
사람들이 아니구나' 하는 것을 느꼈어요."
- 故 김순례 유족 김중곤(1924生. 울산광역시)

그들의 각별한 정성은 희생자를 어떻게 대하는가 하는 대목에서도 알 수 있다. 나고야 시민들은 추도비를 건립할 당시 창씨개명 된 일본식 이름이 아닌, 고향 땅에서 부모님이 지어 준 한국 이름을 추도비에 새겨 넣을 계획이었다. 그런데 문제가 발생했다. 지진 희생자 6명 중 5명은 한국이름을 확인했지만, '구레하라 아이코'(吳原愛子)라고 개명된 한국인 희생자가 누구인지는 그때까지 알 길이 없었던 것.

그들은 궁여지책 끝에 추도비에 '吳原愛子'라고 개명된 일본인 이름을 써넣으면서도 본래 한국 이름을 써야 할 칸은 일부러 비워뒀다. 언제일지 모르지만 꼭 본래의 이름을 찾아 그 자리에 새겨 넣겠다는 생각이었다.

그러던 중 2001년 2월 24일 목포 산정초등학교 학적부를 통해 유일하게 본명이 확인되지 않았던 '吳原愛子'라는 피해자가 오길애(吳吉愛)라는 사실을 드디어 확인하게 되었다. 그리고 마침내 그해 12월 고 오길애의 유족 오철석씨를 나고야로 초청해 추도비에 일본식 이름이 아닌 고향에서 불리던 한국인 이름 '오길애'를 다시 새겨 넣을 수 있었다. 산자 뿐 아니라 죽은자의 인권과 존엄까지도 생각하는 그들의 각별한 마음을 읽을 수 있다.

일본 내에 시민들의 성금을 모아 일제강점기 강제연행 희생자들을 위한 추도비를 건립한 것도 많지 않을 뿐 아니라, 특히 추도비에 직접 희생자들의 이름을 한글로 새긴 추모비는 거의 드문 일이다.

추도비의 비문은 다음과 같다.

"이 슬픔을 되풀이 하지 않기 위해 진실을 여기에 새긴다"

한편, '나고야 소송 지원회'는 1988년 추도비 건립 이후 지금까지 매년 12월 7일을 즈음해, 지진 희생자들을 위한 추도회를 개최해 오고 있다. 추도회는 관계자들이 참석한 가운데, 지진 발생 시각인 오후 1시 36분에 맞춰 진행되는데 2015년 12월 현재 28년째다.

'이 슬픔을 되풀이하지 않기 위해서 진실을 여기에 새긴다'. 추모비 앞에서 미쓰비시중공업 도토쿠 공장 노동자로 일했던 무라마츠(寿人) 씨가 희생자들의 이름을 살피고 있다.

■ 기각, 기각, 기각! … 거듭된 패소

유족에 이어 생존한 근로정신대 피해자들을 한 명 한 명 만나게 되면서 흩어진 진실의 조각들을 하나하나 꿰맞춰 나갈 수 있었다. 아울러 이때부터 피해자들의 인권회복을 위해 조심스럽게 전쟁책임 당사자인 일본정부를 상대로 한 재판을 타진했다. 그러나 이들은 뜻밖에 벽과 마주해야 했다. 오히려 당사자인 유족들과 피해 할머니들이 소송을 꺼려한 것이다.

"한국에서 정신대라는 용어는 곧 일본군 '위안부'와 같은 것으로 받아들여지고 있었습니다. 이때까지 피해자 대부분이 근로정신대 피해자라는 사실을 40여년 이상 숨기고 살았다는 것을 알게 됐습니다. 큰 충격이었죠. 소송에 나서는 것은 어렵다며 유족과 피해자들이 오히려 만류했습니다."

근로정신대에 동원된 피해자들이 10대 초반의 어린 나이에 일본으로 끌려가 천신만고 끝에 고국으로 돌아왔지만, 이들에게는 더 큰 고통이 기다리고 있었다. 일본군 '위안부'라는 전혀 예상치 않은 시선이었다. 혼령기에 접어들었지만 제때 결혼하기도 힘들었고, 어렵게 가정을 이뤘더라도 신혼의 단꿈은 잠시 뿐이었다.

"일본에서 몇 명이나 상대하다가 왔느냐. 왜 속이고 나와 결혼했느냐?"
결국 남편의 구박을 견디지 못한 일부 피해자들은 이혼에 내몰리기도 했다. 이처럼 아직 남성 중심의 봉건적 이데올로기가 완강했던 한국사회에 이들은 오랫동안 자신의 아픈 과거마저 감춰야 했다.

'나고야 소송 변호단'과 '나고야 소송 지원회' 관계자가 '태평양전쟁희생자광주유족회' 이금주 회장댁을 찾아와 재판과 관련해 상의하고 있는 모습. (2005년 7월 30일. 안현주 제공)

그러던 중 1997년 '태평양전쟁희생자 광주유족회' 이금주 회장을 통해 소송에 대한 의사가 타진됐다. 1998년 8월 '변호단'(44명 참여)이 결성된데 이어, 1998년 11월에는 소송을 뒷받침하기 위한 '나고야 소송 지원회'가 결성

됐다. 그리고 마침내 1999년 3월 1일, 원고 5명의 이름으로 일본정부와 미쓰비시중공업을 피고로 나고야 지방재판소에 손해배상청구 소송을 제기했다. 이어 다음해인 2000년 12월 원고 3명이 추가로 소송에 합류했다.

소송일이 3월 1일인 것은 각별한 뜻이 숨어 있었다. 1919년 3.1운동 당시 일제에 항거해 분연히 일어선 선열들의 용기와 의지를 생각하며 일부러 소송 일자를 3월 1일에 맞춘 것이다.

> "한국에서 오신 근로정신대 할머니들과 굳게 손을 잡고 법원 앞을 함께 행진했던 일이 지금도 잊혀지지 않는다. 강제연행으로부터 60년 가까운 세월이 지나 일본재판소를 통해 당시 일본정부와 미쓰비시중공업의 책임을 밝히라고 하는 재판은 법이라는 두꺼운 벽 앞에 몇 겹으로 막혀진 그런 곤란한 싸움이었다."
>
> (다카하시 마코토 공동대표)

일본정부와 미쓰비시중공업을 상대로 소송에 나선 원고들이 일본 변호단, 지원단체 회원들과 함께 손을 굳게 잡고 결의를 다지는 노래를 부르며 법원에 소장을 제출하러 가는 모습. (1999년 3월 1일)

위안부로 오인 받아 가정 파탄까지 겪은 피해 할머니들이 일본에까지 가서 재판할 만큼의 경제적 여력이 있을 리 만무했다. 그렇다고 정치권의 관심이나 시민사회의 지원이 있었던 것도 아니다. 재판보다 더 서러웠던 것은 어쩌면 일본에 오갈 때마다 느끼는 주변의 시선이었다.

"일본에 갈 때도 거짓말 하고 다녀왔어요. 동네 사람들한테는 서울에 있는 딸네 집 며칠 다녀온다고 둘러 대기도 하고, 또 자식들한테는 동네 사람들이랑 계에서 강원도 며칠 단풍구경 다녀온다고 하고…"

이러한 상황에서 그 전적인 몫은 '나고야 소송 지원회'에 있었다. 장장 10년 동안 이어진 재판에 변론 횟수만 무려 29회였는데, '나고야 소송 지원회'는 재판 때마다 일본을 방문하는 원고들의 항공료는 물론 교통비, 숙박비 등을 부담해왔다.

무료변론을 자처한 변호단과 함께 그동안 '나고야 소송 지원회'가 원고들의 의견청취, 자료 조사 등의 일로 한국을 방문한 것만 30차례 이상이었고, 공동대표인 다카하시 마코토 대표의 경우, 교류활동 등 그동안 한국을 방문한 횟수만 80회에 이른다.

변호단 역시 마찬가지였다. 10년 동안 이어진 재판 기간 동안 가진 변호단 회의만 합숙 10차례를 포함해 무려 126차례였고, 그렇게 해서 쏟아낸 변론 자료만 수천 페이지(page)에 이른다.

그러나 결과는 번번이 패소였다. 1심(2005.2.24), 2심(2007.5.31)에 이어 결국 2008년 11.11일 도쿄 최고재판소마저 원고들의 청구를 외면하고 말았다.

패소에도 불구하고 성과가 없었던 것은 아니다. 미쓰비시 측의 부정에도 불구하고 재판부는 피해자들이 주장한 강제연행, 강제노동, 임금 미지불을 모두 인정한 것이다. 다만 재판부는 박정희정권 시절인 1965년 한국과 일본이 맺은 '한일청구권협정'을 이유로 재판을 통해 피해를 구제해 줄 수는 없다는 입장이었다.

재판에 참석하러 오는 원고들을 맞이하기 위해 나고야 중부 국제공항에 마중 나온 '나고야 소송지원회' 회원들. (2004년 10월)

■ 주주총회 대응, 35만 엔(한화 400만 원)들여 미쓰비시 주식 취득

진실규명과 인권회복 투쟁에 있어 소송도 어느 일면일 뿐이었다. 정치권과 일본인들의 인식을 바꿔가기 위한 노력은 더 길고 험난한 것이었다.

이들은 무관심한 일본 사회의 인식을 개선하기 위해 2003년 5월에는 회원들이 직접 무대 주인공이 되어 '봉선화-조선여자근로정신대'라는 이름의 연극을 공연하기도 했다. 이 밖에도 초청강연회, 음악회 등 다양한 방식을 통해 일반 시민들의 관심을 호소해왔다.

아울러, 국회 등 정치권과 미쓰비시를 상대로도 지속적으로 요청행동을 펼쳐왔다. 미쓰비시를 상대로는 원고 등이 직접 참가한 13회를 비롯해 지금까지 30차례가 넘게 교섭을 촉구하는 요청행동을 벌여왔고, 일본정부 및 국회를 상대로도 원고 등이 직접 참가한 11회를 포함, 지금까지 20회가 넘는 요청행동을 진행해 왔다.

'나고야 소송 지원회'의 활동이 단지 도의적 차원에 그치지 않는다는 것은 미쓰비시를 상대로 벌인 주주총회 투쟁을 통해서도 알 수 있다.

매년 6월 하순경 도쿄에서는 미쓰비시중공업의 주주총회가 열리고 있다. '나고야 소송 지원회'는 이 주주총회에 대응하기 위해 일부러 주식을 사서 주주총회에 참가해 왔다. 직접 주주들을 대상으로 로비활동을 펼치기 위해서다. 물론 이를 위해 적지 않은 비용을 감수해야 했다. 주주총회는 주식 1천주 이상을 취득하고 있는 주주들한테만 참가 자격이 주어지는데, 1천주의 주식 대금만 약 35만 엔(한화 약 400만 원)이었다. 회사 임원과 주주들에게 직접 호소하기 위해 일부러 이 주식을 취득한 것이다.

이렇게 어렵게 참가 자격을 얻었더라도 발언 기회가 모두 주어지는 것은 아니다. 이들은 주주총회에서 온갖 방해를 무릅쓰고 발언 기회를 얻어내, 그동안 미쓰비시 임원과 주주들에게 근로정신대 문제 해결을 수차례 촉구해왔다.

미쓰비시 주주총회를 마치고 나온 미우라 도시히로(왼쪽), 마에야마 구리오씨.

"주식 사느라 없는 돈에 좀 무리를 했죠"

"미쓰비시 주식을 사고 싶어서 산 것이 아니라, 과거 근로정신대 피해 할머니들에게 임금을 미지급한 것에 대해 사죄와 배상을 요청하기 위해 주식을 매입했다.

미불임금 때문에 국제신용이 떨어지면 영업에 지장이 생기는데 그대로 놔둬도 되느냐 했더니, 사측에서 '할머니들이 미쓰비시에서 일한 것을 인정하고 과거 일을 중요하게 인식하고 있다'고 답변했다" (미우라 도시히로)

"회장에게 기업은 이익을 내는 곳이지만 윤리도 중요하다고 보는데 어떻게 생각하느냐고 했다가 답변을 거절당했다. 주주총회 참석은 3월 31일 이전까지 1,000주 주식을 보유하고 있는 주주에 한해 허용했다. 그 때문에 지난 2월, 없는 돈에 좀 무리를 해서 주식을 취득했다" (마에야마 구리오)

-'한국사람 부끄럽게 만드는 일본사람들'.
2010.6.28. 오마이뉴스 이주빈 기자-

이슈화를 위해서는 국제기구 문도 두드렸다. 다카하시 대표 등은 2008년 5월 27일~30일, 다른 동료 2명과 함께 스위스를 방문해 ILO(국제노동기구)를 상대로 로비 활동에 참가했다. 이들은 국제기준부 사무국, 노동자측 위원 및 사용자측 위원 등에 일제 당시 피해자들의 사진이 담긴 앨범 등을 전달하고, 근로정신대 가혹 행위에 대해서 낱낱이 설명했다. 아울러 같은 해 8월에는 전문가위원회에 근로정신대의 인권구제를 호소하는 문서를 송부하기도 했다. 이러한 호소를 ILO의 전문 용어로서는 '통보'라고 한다.

■ 진실을 향한 360km 원정투쟁... 도쿄 금요행동

도쿄 미쓰비시중공업 본사 앞에서 근로정신대 문제 해결을 촉구하고 있는 나고야 소송 지원회 회원들(2013년 6월 26일)

그러나 이러한 노력들 중에서도 가장 눈에 띄는 것이 있다면 그것은 '도쿄 금요행동'이다.

1심에 이어, 2007년 5월 나고야 고등재판소 판결마저 패소하면서 승소 가능성은 이제 거의 희박해져가고 있었다. 사건이 최고재판소로 옮겨간 직후인 2007년 7월 이들은 지금까지와는 전혀 다른 형태의 새로운 투쟁을 실천에 옮겼다.

최고재판소 판결 역시 기대하기 어려워진 상황에서 미쓰비시 측의 자발적 사죄와 배상을 촉구하기 위해 미쓰비시중공업 본사가 위치한 도쿄 한복판에서 매주 금요일 원정시위를 펼친 것이다. 나고야에서 도쿄까지의 거리는 약 360km. 광주-서울 간 거리(297km)보다 더 먼 거리다. 신칸센 1인당 왕복요금만 25만원(약 2만1천엔)에 이른 비용을 감수해야만 가능한 일이었다.

'금요행동'은 한국에서 일본군 위안부 문제 해결을 촉구하며 일본대사관 앞에서 벌어지고 있었던 '수요시위'에서 착안한 것이었는데, '금요행동'은 미쓰비시의 주요 기업 사장단 회의가 매주 금요일에 있다는 것에 초점을 맞춘 것이다.

이들은 이른 새벽 나고야에서 도쿄행 신칸센 열차에 몸을 싣는다. 일부러 도쿄 시민들의 출근 시간대에 맞추기 위해서다. 물론 도쿄 금요행동에 나고야에서만 참석하는 것은 아니다. 1,100여명에 이르는 회원들이 나고야는 물론 도쿄 등에도 분포하고 있기 때문이다.

'금요행동'은 미쓰비시중공업 본사가 위치한 도쿄 시나가와(品川) 역 앞에서 한 차례 선전활동을 펼친 뒤, 다시 장소를 미쓰비시중공업 본사 앞으로 옮겨 진행되고 있다. 시민들에게 근로정신대 사건이 담긴 전단지를 나눠주며 미쓰비시의 자발적 사죄와 배상을 촉구하고 있는 것.

그러나, 이들의 1년이 넘은 노력에도 불구하고 2008년 11월 11일 도쿄 최고재판소는 결국 원고들의 청구를 외면하고 말았다.

■ "한국 사람이냐, 일본 사람이냐?"

마지막으로 의지했던 최고재판소 판결마저 끝나 더 이상 사법적 구제의 길이 막힌 상황. 그러나 인간의 존엄성 회복을 위해 뛰어든 불같은 이들의 의지는 결코 꺾을 수 없었다.

> "부당(不當)한 판결이다. 최고재판소 판결이 결코 일본정부와 미쓰비시
> 에 도의적 책임마저 면책을 부여한 것은 아니다. 미쓰비시는 지금이라
> 도 자발적으로 배상해야 한다."

더 이상의 출구도 없던 막다른 상황에서 '나고야 소송 지원회'가 또 다시 어려운 결정을 선택했다. 최고재판소 판결에도 불구하고 금요행동을 강행 하기로 한 것. 구실을 찾자면 없는 것이 아니었다. 얼마든지 투쟁을 접을 명분이 있었음에도 불구하고, 지금까지의 금요행동을 계속하기로 한 것이 다. 그러나 그것은 험난한 과정이었다. 비바람과 눈보라, 한 여름 뙤약볕에 서도 굴함 없이 맞서는 각별한 신념이 아니고서는 불가능한 것이었다.

> "우리들은 패소라는 결과에 굴하지 않고 인도적 책임이라는 무거운
> 과제를 해결하기 위해 매주 금요일 이른 아침 멀리 도쿄에 있는 미쓰
> 비시중공업 본사 앞에 서서 할머니들의 인권회복을 계속 요구해 왔
> 습니다.
> 이 운동은, 소송 이상으로 훨씬 곤란한 투쟁이었습니다. 전화로 싫은
> 소리는 헤아릴 수 없이 들었습니다. 좌절할 것 같았던 마음을 계속
> 유지해 준 것은 피해를 입은 할머니들과 그 유가족들의 존엄이 반드
> 시 회복되어야 한다는 확고한 신념 때문이었습니다."
>
> (다카하시 마코토 공동대표. 2012년 3월 1일 편지에서)

나고야에서 도쿄까지 왕복 700km가 넘는 거리, 신간센 요금만 1인당 25만 원에 가까운 돈도 돈이지만, 그보다 더 가슴을 짓누르는 것은 정작 다른 데 있었다. 그것은 투쟁을 계속한다고 해도 어떠한 실낱같은 빛마저 보이지 않는다는 것. 허망한 것은 비단 이것뿐이 아니었다.

> "일본도 똑같이 피해자들이 있다. 너희가 한국 사람이냐. 일본 사람이냐. 한국이 좋으면 한국에나 가서 살아라."

때론 차가운 냉대 속에 조롱 섞인 말까지 감수해야만 했다.

■ 불붙은 한일연대투쟁 … 미쓰비시 "협의체 구성에 동의"

이 무렵 광주에서는 새로운 기운이 움트고 있었다. 근로정신대 피해 할머니들의 안타까운 사연이 알려지고, 특히 피해 할머니들의 투쟁을 일본 양심인들이 뒷받침해 왔다는 사실에 부끄러움을 느낀 몇몇 시민들을 중심으로 '근로정신대 할머니와 함께하는 시민모임'이 결성된 것. 2009년 3월이었다.

때마침 2009년 미쓰비시자동차가 광주에 판매전시장 문을 열면서 반 미쓰비시 투쟁에 도화선을 제공하는 결과가 됐다. 미쓰비시자동차 광주전시장 철수 1인 시위 투쟁에 이어, 2009년 12월 근로정신대 피해 할머니들에게 지급된 후생연금 탈퇴수당 99엔 사건에 대한 국민적 분노로 불길이 옮겨붙으면서 미쓰비시와의 투쟁은 전혀 새로운 국면으로 접어들었다.

'시민모임'을 주축으로 한 20여 명의 일본 항의방문단은 13만 5천여 명에 달하는 규탄 서명용지를 앞세우고 도쿄 시나가와(品川)역에서 미쓰비시중공업 본사까지 삼보일배(三步一拜) 시위를 벌이며 미쓰비시의 결단을 촉구한 것.

미쓰비시중공업과의 역사적인 첫 협상이 있던 날, 출발에 앞서 숙소인 도쿄 YMCA호텔 앞에서 '국격회복(國格回復)' 글씨를 두고 결의를 다지는 모습. 왼쪽부터 고이테 유타카 '나고야 소송 지원회' 총무, 한국 측 이상갑 변호사, 다카하시 마코토 '나고야 소송 지원회' 공동대표, 재일동포 이양수씨. (2010년 11월 8일)

안으로는 3년째에 접어든 도쿄 원정 금요시위, 밖으로는 재판 후 오히려 불붙기 시작한 한국에서의 반발. 안팎으로 조여 오는 압박 속에 미쓰비시 는 결국 '나고야 소송 지원회'를 통해 출구를 타진해 왔다.

"최고재판소 판결도 이미 끝났다. 도대체 언제까지 이렇게 할 것이냐" (2010년 6월 미쓰비시중공업 관계자)

미쓰비시중공업은 결국 2010년 7월 14일 마지막까지 만지작거리던 '협상' 카드를 꺼내지 않을 수 없었다. 미쓰비시가 '나고야 소송 지원회'를 통해 근 로정신대 문제에 대한 '협의체' 구성을 수용하겠다고 공식 발표한 것이다. 도쿄 원정 금요시위 만 3년째였다.

'협의체' 구성을 수용했지만, 애초 미쓰비시 측은 '나고야 소송 지원회'와 이 문제를 협의할 계획이었다. 그러나 '나고야 소송 지원회'와 '근로정신대 할머니와 함께하는 시민모임'은 교섭단에 한국 측 대표가 반드시 참여해야 한다는 입장이었고, 미쓰비시 측에 이를 받아들일 것을 촉구했다.

처음에 완강히 거부하던 미쓰비시 측은 결국 이 안을 수용할 수밖에 없었다. 2010년 11월 11일, 이로써 역사적인 제1차 교섭이 도쿄에 있는 미쓰비시중공업 본사에서 열리게 됐다. 일제강점기 무려 10만 명을 한국에서 강제동원 했던 전범기업 미쓰비시가 피해자 측과 '협의체' 구성에 나선 것은 최초의 일이었다.

■ 갈등과 대립을 넘어 ... '한일청소년평화교류'

한편으로, '나고야 소송 지원회'는 미래세대인 청소년들의 역할에도 관심을 돌렸다. 계기는 2010년 봄 '나고야 소송 지원회'의 활동을 알게 된 광주 신광중학교 학생들이 '나고야 소송 지원회'에 보낸 편지였다.

감사편지를 받고 크게 감동한 '나고야 소송 지원회'는, 그해 8월 자비를 들여 광주지역 청소년 10명(중학생 3명, 고등학생 7명)을 나고야로 초청했다. 마침 전쟁을 돌아보는 평화전시회 행사가 개최되고 있던 때였다.

이에 광주시교육청도 힘을 보탰다. 광주시교육청은 답례로 2011년 겨울 나고야 학생들이 광주를 방문할 수 있도록 지원하였다. 이어, 좋은 취지가 이어질 수 있도록 이후 지속적으로 한일청소년평화교류에 사업비를 편성한 것.

'나고야 소송 지원회'와 '근로정신대 할머니와 함께하는 시민모임'은 이것을 계기로, 매년 정기적으로 '한일청소년평화교류'를 갖고 있다. 과거 일본 정부가 저지른 침략전쟁의 역사를 되돌아보고 한국과 일본의 청소년들이 갈등과 대립의 역사를 뛰어넘어 서로를 이해할 수 있는 기회를 갖도록 하자는 것. 양 단체는 2010년~2015년까지 여름·겨울 방학을 통해 6기에 걸쳐 교류 행사를 가져오고 있다.

■ 교섭결렬 ... 제2차 금요행동 재개

기대에도 불구하고 아쉽게도 미쓰비시와의 협상은 2년 동안 답보상태를 면치 못했고, 16차 교섭에서 최종 결렬(2012.7.6.)을 선언할 수밖에 없었다. 교섭이 성과를 거두지 못한 것은 두말 할 것 없이 미쓰비시 측의 무성의 때문이었다.

그동안의 세월에 비하면 너무나 허무한 결과였다. 협상 결렬에 따른 여파도 없지 않았다. 소송으로부터만 13년에 걸친 메아리 없는 투쟁에 회원들의 손길도 줄었기 때문이다. 그만큼 재정 상태도 점점 어려워져 갔다.

협상마저 결렬되어 더 이상 선택의 여지가 남아있지 않은 상황에서, '나고야 소송 지원회'는 다시 투쟁의 고삐를 움켜쥐기로 했다. 제2차 '금요행동'의 결행이 그것. 미쓰비시 측의 협의체 수용으로 2010년 7월 잠정 중단했던 금요행동을 재개하기로 한 것이다.

2012년 8월 10일 재개한 도쿄 원정 금요시위는 해를 두 번 넘겨, 2016년 4월 22일 현재 179회째(2007.7 1차 금요행동으로부터 연 324회)에 이른다.

그 사이 한국에서는 일제 강제동원 문제에 대한 큰 변화가 있었다. 2012년 5월 24일 대법원이 일제 강제 징용 피해자 소송과 관련, 기존 판결을 뒤집고 일본 기업에 배상책임이 있다며 원심을 파기하고 사건을 항소심 법원으로 되돌려 보낸 것.

이에 힘입어, 2012년 10월 24일 양금덕 할머니 등 미쓰비시로 끌려간 근로정신대 피해자 5명은 미쓰비시를 상대로 광주지방법원에 손해배상 청구 소송을 제기했다.

광주에서의 소송에 '나고야 소송 지원회'가 큰 힘이 됐음은 물론이다. 일본 소송에서는 비록 패소했지만, 10년 동안 재판을 위해 조사한 방대한 피해 입증 자료는 재판에 결정적 힘을 발휘했기 때문이다. 뿐만 아니라, '나고야 소송 지원회'는 어려운 여건에서도 자비를 들여가며 매번 재판 때마다 광주를 방문해, 재판을 함께 응원했다.

그리고 마침내 2013년 11월 1일 광주지방법원은 근로정신대 사건으로서는 한국 사법부 최초로 원고의 손을 들어줬다. 광복 68년, 일본에서 첫 소송을 제기한 때로부터 장장 14년 8개월만의 승전보였다.

이어 곧바로 미쓰비시 측이 항소했지만 2015년 6월 24일 광주고등법원에서도 승소해, 현재 사건은 대법원에 계류 중이다.

■ 도쿄를 무대로 싸우는 사람들

미쓰비시중공업 주주총회가 있는 날 주주들을 상대로 선전활동을 마친 '근로정신대 할머니와 함께하는 시민모임', '나고야 소송 지원회' 회원들이 서로 우정과 연대를 다지는 모습. (2010년 6월 24일)

염려스러운 것은 아베정권 이후 불어 닥치고 있는 일본의 우경화 바람이다. 그리고 이런 전반적 보수화 경향 속에 '나고야 소송 지원회'와 같은 양심적 지원단체의 목소리는 점점 왜소해져 가고 있다. 재정적 어려움도 그중 하나다.

2014년 회계(2014.4~2015.3)를 제외하고라도, 1998년 5월부터 2013년 3월

까지 소요된 비용만 약 6,000만엔(한화 약 6억원)에 가깝고, 그 중에서 원고였던 할머니 등 한국 시민단체의 주요 관계자들을 초청하는데 들어간 비용만 약 1,300만엔(한화 약 1억3000만원)에 이른다. 무료변론을 감안하더라도 인지대 등 변호인단에게 지급해야 할 실비 약 1천만엔(￥)은 아직 미지불 상태다.

일제강점기 강제동원 문제와 관련해 활동해 온 일본 지원단체들은 정치권의 우경화, 소송 종결 등으로 점점 어려운 국면을 맞고 있다. 1,100여명에 이르는 회원들을 감안하더라도, '나고야 소송 지원회' 역시 그 어려움에서 결코 비켜서 있지 않다.

■ 제반 활동 소요비용(1998.5~2016.3)

[표 1] 제반 활동 소요비용(1998.5~2016.3)

활동기간	소요비용	비고
1998.5.1~2016.3.31	약 65,000,000(￥)	※총 소요비용
▲ 원고 등 한국 측 관계자 초청 비용 약 1,300만엔(￥. 한화 약 1억 3000만원) 그 외, 변호인단 비용으로서 약 10,500,000엔의 미불금(未拂金)이 있음		

〈나고야 미쓰비시 조선여자근로정신대 소송을 지원하는 모임〉 제공.

결과적으로 30년 전 어느 양심적 교사그룹에 의해 시작돼, 강산이 거의 세 번 바뀐 30년의 세월동안 딱히 손에 쥔 것은 없다. 그러나 그 결과가 오늘 어떠한 것일지라도, '나고야 소송 지원회' 결성으로부터 18년이 넘는 세월을 달려온 나고야 시민들의 땀의 가치까지 모두 사라진 것인지는 자문해 볼 일이다.

역설적으로, 바보 같지만 좌고우면(左顧右眄)하지 않고 진실과 정의만을 쫓아 달려온 이들의 발걸음이 있었기에, 아직 청산하지 못한 한일과거사 문제에 눈을 뜨고, 식민지 전쟁범죄에 대한 책임을 묻는 새로운 투쟁의 불길을 광주에서 지필 수 있었던 동력이 되었던 것은 아닐까.

한 발 더 나아가, 한국과 일본의 양심적 시민들이 '과거'를 뛰어 넘고 국적을 초월해, 우리 인류가 궁극적으로 추구해 가야 할 인권, 평화의 새 세상을 향해 함께 손을 맞잡고 투쟁하는 것이, 바로 오늘 우리에게 부여된 역사적 책무는 아닐까.

승리의 그날까지, 그들은 매주 금요일 도쿄를 무대로 투쟁을 계속하고 있다.

'부끄러움'에 나선 사람들, 역사를 깨우다

1. 패소 이후 불붙기 시작한 진실규명 투쟁

1) "광주에 부여된 역사적 책무"... '근로정신대 시민모임' 출범

'근로정신대 할머니와 함께하는 시민모임' 결성에 앞서 취지를 함께 나누기 위해 자리한 모습. (2009년 2월 8일)

2009년 2월 중순. 광주 시내 식당 한켠에 20여명의 시민들이 무릎을 마주했다. '근로정신대 할머니와 함께하는 시민모임'의 태동이었다.

"이미 다 끝난 마당에 할 수 있는 일이 있겠느냐"는 우려도 없지 않았다.

틀린 말도 아니었다. 돌아보면 늦어도 한 참 늦은 출발이었다. 피해 할머니들의 바다를 넘어 다니는 외로운 투쟁에도 불구하고 소송은 이미 2008년 11월 도쿄 최고재판소 판결로 끝난 마당이었다.

무슨 특별한 기대를 품을 수 있었던 상황도 아니었다. 오히려 그동안 일본만 탓할 줄 알았지, 정작 피해자들이 일본 시민들의 도움에 의지하는 동안 남의 일처럼 무관심했던 것에 대한 부끄러움과 양심의 가책이 더 컸다. 특히 '나고야 소송 지원회'와 '변호단' 등 일본인들의 살아있는 양심은 그동안 이 문제를 등한시해 온 우리를 민망하게 만들었다.

특히 '근로정신대 할머니와 함께하는 시민모임' 결성 당시 '나고야 소송 지원회'는 나고야에서 도쿄까지 약 360km에 이르는 먼 길을 마다하지 않고 매주 금요일 도쿄 미쓰비시중공업 본사 앞에서 원정 금요시위를 전개하고 있던 상황이었다. 심지어 2008년 11월 최고재판소가 1965년 한일청구권 협정을 빌미로 사건을 기각하자, '판결이 결코 미쓰비시한테 강제연행과 강제노동에 대한 도의적 책임마저 면죄부를 준 것은 아니다'며, 원정 금요시위를 원래대로 강행하기로 한 상태였다. 실로 이 같은 소식들은 한국의 뜻있는 시민들을 더욱 면목 없게 만드는 것이었다. 더불어 시민모임을 태동시킨 가장 큰 자극제였다.

이렇게 해서 서로 무릎을 마주했지만, 시민모임으로 모인 사람들이 무슨 이름깨나 있는 사람들도 아니었다. 평범한 직장인, 예비 사회인, 세일즈맨, 학교 선생님, 시민단체 활동가, 학생, 주부, 노동자들이 대부분이었다. 가진 건 빈손 뿐, 다만 특별한 것이 있다면 누구보다 부끄러워할 줄 알고 가슴 뜨거운 사람들이었다는 것. 그리고 이날 10대에서 60대에 이른 가진 것 없는 사람들은 역사가 부여한 책임을 외면하지 말자며 뜨겁게 손을 마주 잡았다.

2009년 3월 12일, '근로정신대 할머니와 함께하는 시민모임'은 이렇게 닻을 올렸다.

2) 208회에 걸친 1인 시위...13만5천명 항의 서명운동

일본 소송 패소를 계기로 역사에 사라질 뻔한 미쓰비시 근로정신대 투쟁에 불을 지른 것은 역설적이게도 미쓰비시였다. 2009년 9월 25일 광주시청 맞은편에 미쓰비시자동차 판매전시장을 연 것이 그것이다.

'시민모임'은 그해 10월 5일부터 근로정신대 문제 해결을 촉구하며 미쓰비시자동차 광주전시장 앞에서 1인 시위에 돌입했다. 하지만 항의차원으로 시작한 것이었을 뿐 '시민모임'의 조직력이라야 내밀 것은 아무것도 없었다.

그런데 막상 1인 시위가 시작되자 뜻밖의 상황들이 벌어졌다. 1인 시위는 월~금요일 매일 12시~1시까지 진행됐는데, 1인 시위라고 부르기가 머쓱하게 날이 갈수록 사람이 늘어나는 것이었다. 누가 강요한 것도 마지못해 나오는 것도 아니었다. 항의 수단이 많지 않은 가운데, 그나마 1인 시위라도 맥이 끊어져서는 안 된다는 이심전심(以心傳心)이 전혀 의외의 결과를 가져온 것이다.

2010년 7월 30일까지 총 208회에 걸친 1인 시위 과정에는 1일 평균 8.6명, 참여한 연인원만 약 1,800여명에 달했다. 일찍이 볼 수 없었던 시민들의 호응이었다.

어려움이 없었던 것은 아니었다. 그러나 1인 시위로 촉발된 시민들의 분출된 열기는 혹한의 눈보라, 한 여름의 폭염마저도 막을 수 없었다.

눈보라가 퍼 붇는 속에 미쓰비시자동차 광주전시장 앞에서 1인 시위를 하고 있는 시민들의 모습. 1인 시위는 2009년 10월 5일부터 2010년 7월 30일까지 208회에 걸쳐 진행됐다.

한편, 2009년 12월 귀를 의심케 하는 황당한 소식이 일본으로부터 전해졌다. 후생노동성 사회보험청이 미쓰비시 근로정신대 할머니들에게 후생연금 탈퇴수당금 명분으로 해방 당시 액면가 그대로인 단돈 99엔(한화 약 1,200원)을 지급한 것. 99엔은 아이들 아이스크림 값에 불과한 금액이었다.

'시민모임'은 곧바로 항의 서명운동에 돌입했다. 서명 목표는 일제강점기 미쓰비시에 강제 동원된 피해 규모인 10만 명이었다. 사실 상징적 목표를 정했지만 쉽지 않은 일이었다. 하지만 추운 날씨를 아랑곳 하지 않고 시민모임 회원들은 주저 없이 매주 거리로 나섰다. 그리고 휴일도 잊은 채 거리에서, 직장에서 시민들에게 호소했다. 중고등학교를 찾아 청소년들에게 지나간 역사를 다시 상기시키기도 했다.

한마디로 99엔 사건은 불에 기름을 끼얹은 격이었다. 국민들의 분노는 곧 서명운동으로 표출됐다. 광주 86여개 초·중·고등학교를 포함해 전국의 114개 초·중·고등학교에서 서명운동에 참가했으며, 이렇게 모인 서명은 애초 목표를 훨씬 뛰어넘어 13만 5천여 명에 이르렀다. 일본 출정에 앞서 가진 기자회견에서 서명용지를 차곡차곡 쌓아 놓으니 높이만 거의 보통 성인 키높이에 육박했다.

시민모임은 광주지역 각계 인사 20여 명으로 일본 항의방문단을 꾸렸다. 2010년 6월23일 오전 13만 5천여 명의 항의 서명용지를 앞세운 항의방문단은 도쿄 시나가와(品川) 역에서 미쓰비시중공업 본사까지 삼보일배(三步一拜) 시위에 나섰다. 미쓰비시중공업 본사를 방문한 방문단은 미쓰비시 측 관계자들 앞에 서명용지를 내 놓았다. 이와 별도로 이용섭 국회의원(민주당)은 국회의원 100명의 서명을 미쓰비시중공업 측에 전달하면서 이 사안에 대한 한국 국회의 관심을 전했다. 방문단은 이 자리에서 미쓰비시 측의 결단을 강하게 촉구했다. 협상에 응할 것인지, 응하지 않을 것인지 7월 14일까지 답을 달라는 것이었다.

'나고야 소송지원회'의 3년에 이른 금요행동, 재판 이후 오히려 한국 내에서 뒤늦게 확산되는 반(反) 미쓰비시 운동···. 미쓰비시중공업으로서는 근로정신대 문제를 전혀 새로운 차원에서 고민하지 않으면 안 되는 상황에 직면했다. 그리고 드디어 2010년 7월 14일 미쓰비시는 한 장의 팩스를 보내왔다.

"근로정신대 문제와 관련한 대화의 장을 설치하는 것에 동의한다".
-미쓰비시중공업 측 공문(2010.7.14.) 내용-

미쓰비시 측의 전격적인 대화 수용으로 미쓰비시자동차 광주전시장 앞에서 진행되던 1인 시위는 2010.7.30일을 끝으로 중단됐다. 그러나 이미 광주전시장은 1인 시위가 시작된 이후부터 개점 폐업상태나 다름없었다. 결국 미쓰비시자동차는 광주에 진출한 지 1년여 만인 2010년 11월 16일, 부정적 여론과 판매부진을 이기지 못하고 문을 닫고 말았다. 시민들의 결집된 힘으로 일제 전범기업 판매전시장을 퇴출시킨 첫 사례였다. 더불어 2013년

6월 30일 한국 내에 있는 모든 미쓰비시 자동차전시장은 잠정폐쇄되었다.

3) "99엔 값을 투쟁 기금으로"...10만 희망릴레이

하나의 산을 넘으니, 더 큰 산이 기다리고 있었다. 한국에서의 反 미쓰비시 여론을 차단하기 위해 마지못해 협상 테이블에 나온 미쓰비시중공업이 교섭 시작부터 무성의한 태도로 나온 것이다. 우려했던 상황대로였다. 뭔가 새로운 돌파구가 필요했다.

사실 '근로정신대 시민모임'의 내부 고충이 이만저만이 아니었다. 국민의 기대와 달리, 해를 거듭할수록 수차례 협상에 들어가는 항공비와 체류비를 감당하는 것조차 역부족이었기 때문이다. 급기야 임시방편으로 한 회원의 전세자금을 잠시 차용해 막는 등 말 못할 어려움에 봉착했다.

2011년 초 '근로정신대 시민모임'은 고심을 거듭하던 끝에 또 하나의 자구책에 나섰다. 국민 10만 명을 목표로, 1인당 1천 원씩의 협상기금 모금운동에 돌입한 것이다. 일명 '10만 희망릴레이'가 그것이었다. 한화 1천원은 곧 일본정부가 근로정신대 할머니들에게 지급한 후생연금 탈퇴수당 99엔 값, 10만 명은 일제강점기 미쓰비시로 강제동원 된 숫자를 상징하는 것이었다.

그러나 막막한 것도 사실이었다. 서명운동도 쉽지 않은 마당에, 돈까지 내라고 하는 일에 얼마나 호응할 수 있을지 가늠 할 수 없는 일이었다. 더군다나 시민모임은 아직 이름조차 잘 알려지지 않은 작은 단체였고, 시민단체가 국민 10만 명을 상대로 투쟁기금을 모금하는 일도 전례가 없는 일이었다. 그러나 역사의 치욕을 반드시 만회하자는 국민들의 의지는 예상보다 뜨거웠다. '99엔의 치욕을 미쓰비시 투쟁기금으로'라는 호소에 초등학생들부터 80대 어르신들까지 내 일같이 동참하고 나선 것이다. 이번에는 광주광역시 산하 공무원, 광주광역시 교육청 소속 거의 모든 공무원까지 합세했다.

미쓰비시 협상 기금 모금 운동인 '10만 희망릴레이' 돌파에 감사하며, 무등산 증심사 등산로 캠페인 현장에서 시민들에게 하트표시를 하고 있는 회원들 모습. (2011년 11월 13일)

　'근로정신대 시민모임' 회원들도 2011년 3월부터 11월까지 9개월 동안 광주의 명산인 무등산 등산로에서 추위와 더위를 가리지 않고 거리 모금 캠페인을 펼쳤다. 광주지역 170여개에 이르는 중·고등학교 학생들 역시 성금 모금에 자발적으로 참여했다. 이 결과 애초 목표를 뛰어넘어 약 12만 2천여 명이 희망릴레이 성금 모금에 동참하는 또 한 번의 기적 같은 일을 만들어냈다.

4) 광주시 첫 '여자근로정신대 피해자 지원 조례' 제정... 5곳 확산

　한편, 2012년 3월 15일 광주광역시의회는 김선호(金善浩) 교육의원이 대표 발의한 '광주광역시 일제강점기 여자근로정신대 피해자 지원 조례'를 본회의에서 만장일치로 의결했다.

　지원내용은 ▲월 30만원의 생활보조금 ▲월 20만원 이내의 진료비 본인

부담금 ▲사망시 장제비 100만원 지원 등으로, 일제 강제동원 피해자에 대한 지방자치단체 차원의 보조금 지급은 첫 사례다.

그러면 '여자근로정신대' 피해자가 전국적으로 분포하고 있음에도 불구하고, 특별히 광주에서 이 문제가 사회적 공감대를 형성할 수 있었던 것은 과연 무엇일까.

'근로정신대 시민모임'은 짧은 활동에도 불구하고 자칫 역사의 창고에 들어가 묻힐 수 있었던 '근로정신대' 문제를 현실 무대로 끌어내는 과정이었다. 특히 ▲208회에 걸친 미쓰비시자동차 광주전시장 철수 1인 시위(2009.10~2010.7) ▲13만5천여명 사죄 촉구 항의 서명운동(2010년) ▲12만2천여명에 달하는 희망릴레이(2011년) 등의 예는, 피해 당사자를 뛰어 넘어 결집된 시민의 의지를 한껏 보여준 과정이기도 했다.

광주시의 조례 제정은 역사의 상처를 치유하고 정의를 바로 세우고자 하는 시민들의 지난한 과정이 자치단체 차원에서 하나의 정책 의지로 반영된 결과였다. 아울러, 시민들의 결집된 힘이 어떻게 지방자치단체의 제도적 결실로 맺어지는가를 보여주는 좋은 사례였다.

광주광역시 사례는 곧 다른 지방자치단체로 옮겨갔다. 경기도의회는 2012년 11월 6일 광주광역시 조례를 골자로 한 내용의 '경기도 대일항쟁기 강제동원 피해여성근로자 지원 조례'를 제정했으며, 2013년 5월 전라남도, 2013년 9월 서울특별시에 이어, 2015년 10월 인천광역시에서도 관련 조례를 제정해, 현재 5개 광역시도에서 관련 조례를 시행하고 있다.

한편, 비록 제한적 수준의 지원이지만 조례의 의미는 단순히 피해자들에 대한 경제적 도움에 그치지 않는다. 그동안 피해자들은 오랫동안 정치권의 무관심과 사회적 냉대로부터 피해의식에 사로잡혀 있거나 소외되어 왔었다. 이런 상황에서 역사의 피해자이자 한 사회 구성원으로서 자신들도 '충분히 존중받아야 할 사람'이라는 개인의 존엄성을 되찾게 해 줬다는 점에서 이 조례는 또 다른 의미가 있다.

2. 협상 결렬... 다시 시작된 전선

1) 본 교섭 16차례...미쓰비시와의 협상 결렬

> "반복되는 이야기지만 일본 최고재판소 판결이 난 상태에서 개별 보상
> 으로 받아들여질 수 있는 식의 금전 지불은 회사로서는 불가능하다."

2012년 7월 6일 나고야에 있는 미쓰비시중공업 중부지사에서 열린 미쓰
비시중공업과의 16차 협상. 미쓰비시가 근로정신대 협상을 수용한다고 밝
힌 지 만 2년에 이른 시점이었다. 이어진 미쓰비시 측의 말.

> "할머니들이 일본에 가면 공부할 수 있다는 말을 했는데, 이런 점을
> 감안해 미래 지향적 방향에서 일본의 재단법인을 통해 일본에 공부
> 하러 온 한국 유학생들에 대해 장학기구 설립을 검토하고 있다."

그러나 미쓰비시 측의 장학금 얘기는 전형적인 '물 타기' 발언이었다. 시
기도, 규모도 없이 그저 검토하겠다는 것일 뿐이다.

> "미쓰비시가 한국 유학생들에게 장학금을 지급할 생각까지 하고 있
> 는 줄은 몰랐다. 그러나 장학금을 지급하든 지급하지 않던 그것은 미
> 쓰비시가 알아서 할 일이지 이곳에서 논할 얘기가 아니다. 근로정신
> 대 할머니들의 고통을 치유하는 일과 한국 유학생에 장학금을 지급
> 하는 일과 무슨 상관이 있는가"

처음부터 강조한 것이지만, 할머니 지원단 측은 피해 할머니들에게 직접
적인 배상이 지급되지 않는 다른 어떠한 것도 받아들일 생각이 없다는 점
을 거듭 분명히 했다.

미쓰비시는 무성의하고 오만한 태도로 일관했다. 그들에겐 단지 일본 최고재판소 판결 이후 뒤늦게 국민들 사이에서 반 미쓰비시 운동이 확산되는 것을 차단하기 위한 수작이자, 협상을 이유로 한 시간벌기일 뿐이었다.

> "회사로서는 유감이지만 아직 고등법원으로 파기 환송이 내려진 상황에서 계속 다툼 중이므로 특별한 언급은 삼가겠다. 단, 본 건은 일한 양국 간에 체결된 65년 청구권협정에서 국가 간에서는 해결된 문제이며, 대법원 판결 후에도 일한 양국 정부가 그러한 성명을 발표하지 않았는가?"

사실, 반성할 줄 모르는 일본정부나 전범기업 미쓰비시의 태도야 어제오늘의 일이 아니다. 문제는 한국정부에도 있었다.

시민들과 원고들이 2년 동안 일본을 오가며 어려운 협상투쟁을 벌이는 동안 우리 정부는 없었다. 협상이 있는지 없는지, 도대체 몇 번이나 진행되고 있는지, 요구안이 무엇인지조차 모르고 있었고, 알려고도 하지 않았다.

협상 과정에서 전환점도 없지 않았다. 2012년 5월24일 한국 대법원은 일제 강제 징용 피해자들이 제기한 손해배상 소송에서 "일본 기업에 배상의무가 있다"며 항소심 법원으로 사건을 돌려보내는 역사적 판결을 내린 것. 그러나 대법원 판결에도 불구하고 미쓰비시 측의 답변은 달라지지 않았다.

생각할수록 얼굴이 화끈거리는 참담한 장면이었다. 한국정부 태도가 미쓰비시 측이 주장하는 논박의 근거로 활용되고 있는 민망한 상황 때문이다.

앞서 대법원 판결 직후 외교부는 "65년 협정에 포함된 것이어서 정부가 별도로 요구할 것은 없다"고 하지 않는가 하면, 심지어 "민간의 일"이라는 식으로 발을 뒤로 빼고 말았다. 한국정부의 태도가 이런 식이었으니 협상 결과야 이미 정해진 것이었다.

국민적 기대, 한국과 일본의 양심적인 시민들의 노력에도 불구하고 제1 전범기업 미쓰비시중공업을 상대로 한 협상은 성과를 남기지 못한 채 16차 협상을 끝으로, 2012년 7월 6일 최종 결렬을 선언하기에 이르렀다.

2) 사죄 모르는 미쓰비시를 법의 심판대에...

> "파행의 원인은 무성의 한 태도로 일관해 온 미쓰비시 측에 있다. 강조해 왔지만, 앞으로 미쓰비시는 결코 금전으로는 환산할 수 없는 역사의 호된 대가를 반드시 치르게 될 것이다."

'근로정신대 할머니와 함께하는 시민모임'은 미쓰비시와의 마지막 협상 자리에서 이 같이 밝혔다.

그러나 교섭 결렬에 대한 원인이 어디에 있었던 아쉬움이 없는 것은 아니었다. 희망을 품기에는 이미 한계 연령에 이른 피해 할머니들의 절박한 사정, 일본 제1의 전범기업이라는 미쓰비시와의 최초 협상이라는 역사적 의의, 특히 미쓰비시를 협상 테이블로 끌어내기까지 한일 양국 시민들이 쏟았던 지난한 노력을 생각할 때, 그 아쉬움은 쉽게 지워지지 않는 것이었다.

그러나 상실감에만 빠져 있을 수는 없었다. 논의를 거듭한 '시민모임'은 2012년 9월 26일 '제1의 전범기업 미쓰비시 불매 범국민선언운동' 선포 기자회견을 갖고 다시 반(反) 미쓰비시 투쟁에 돌입했다. ▲미쓰비시자동차 ▲니콘카메라 ▲기린맥주 등을 대상으로 하는 미쓰비시 제품 불매운동은 10만 명을 목표로 계속 진행 중이다.

최초로 근로정신대 할머니들의 법정 증언이 있는 날 법정으로 향하고 있는 원고들의 모습. 왼쪽부터 원고 김중곤 어르신, 이동련, 양금덕, 김성주, 박해옥 할머니, 김선호 '근로정신대시민모임' 공동대표. (2013년 10월 4일)

한편, 2012년 10월 24일 양금덕 할머니 등 원고 5명은 광주지방법원에 미쓰비시중공업을 피고로 손해배상청구소송을 제기했다. 대한민국 헌법 정신에 의해 전범기업을 사법 심판대에 세워 역사정의를 바로 세우겠다는 것. 2012년 5월24일 대법원의 일본 기업에 대한 배상 취지의 판결 이후 국내에서 처음 제기된 소송이었다.

우여곡절 끝에 2013년 5월 24일 첫 재판이 시작됐고, 10월 4일 4차 공판에서는 처음으로 근로정신대 피해 할머니들에 대한 법정 증언이 이뤄졌다. 차마 자식들한테까지 터놓지 못했던 피해 할머니들의 증언이 시작되자 법정 곳곳은 눈물과 탄식으로 가득했다. 재판에 대한 열기도 후끈했다. 매번 공판 때마다 70석 정도의 좌석이 학생과 시민들로 빈자리 없이 가득 메운 것도 부족해, 미처 자리가 없어 서서 재판을 방청하거나, 아예 법정 안에 들어가지 못하고 밖에서 상황을 전해 들어야 했던 사람들도 있었다.

3) 근로정신대 사건 사법부 최초 배상명령!

2013년 11월 1일 오후 2시 광주지방법원 204호 법정. 광주지법 제12민사부(부장 이종광) 재판부는 마침내 피고 미쓰비시중공업에 '배상'을 명령했다. 일본정부와 미쓰비시를 상대로 1999년 3월 1일 나고야에서 첫 소송을 시작한 지 장장 14년 8개월만의 승소 소식이었다. 여자근로정신대 사건과 관련해서는 사법부 첫 배상판결이기도 했다.

그러나 기쁨도 잠시, 게이단렌(經團聯)을 비롯한 일본의 4개 경제단체는 판결 직후 "한일 경제관계에 악영향을 미칠 수 있다"며 반발하는가 하면, 미쓰비시 역시 "판결 결과를 수용할 수 없다"며 곧바로 항소한 것이다.

상황이 불리해지자 미쓰비시는 노골적인 시간 끌기에 나섰다. 일부러 변호사 선임을 지연시키는가 하면, 엉뚱한 자료제출 요구로 시간을 끌었고, 재판 쟁점과 무관한 주장으로 하염없이 재판을 지연시켰다.

그 사이 '시민모임'은 다른 피해자들을 규합해, 2014.2.27. 2차 소송(원고 4명), 2015.5.22. 3차 소송(원고 2명)을 제기해, 미쓰비시를 더욱 압박했다.

진실이 바뀔 수는 없었다. 1심에 이어 2015년 6월 24일 광주고등법원 역시 할머니들의 손을 들어줬다. 광복 70년 만에 거둔 역사적 쾌거였다.

이날 저녁 5.18기념문화센터 대동홀에서는 시민과 학생 약 300여명이 모임 가운데, 승소를 기념하는 '시민 보고대회'가 열렸다. 행사에는 중고등학생에서 구순을 바라보는 피해 할머니들까지 세대를 초월해 참석해 함께 기쁨을 나눴다. 300여명이 함께 '아리랑'을 부르며 어깨춤을 추는 광경은 오랫동안 기억될 역사의 한 장면이었다.

그러나 아쉽게도 정의회복은 아직 지체되고 있다. 고등법원 판결에 불복한 미쓰비시는 다시 대법원에 상고하였고, 국내 최대 로펌 '김앤장'을 피고

대리인으로 선임하는 등 배상 판결 결과를 뒤집으려 안간힘을 쓰고 있다.

대법원의 최종 판결을 남겨둔 지금, 그 결과를 장담할 수는 없다. 그러나 우리는 돈으로 환산할 수 없는 아주 소중한 것들을 얻었다. 국적과 국가주의의 틀을 뛰어넘어, 반전·평화·인권을 위해 굳게 손을 맞잡은 한국과 일본의 뜨거운 양심이 함께 하고 있기 때문이다. 무엇보다 이름을 앞세우지 않고 오로지 자기 양심에 따라 함께 길을 걸어 온 수많은 시민들이 있기 때문이다.

이런 측면에서 지난한 투쟁의 가장 큰 성과는 '우리들' 자신인지도 모른다. 투쟁을 통해 지난날 우리의 아프고 시린 역사에 새롭게 눈을 뜨게 되었고, 아울러 부족한 여건을 탓하지 않고 성실하게 역사적 소임을 감당하려 노력해 왔다. 사족에 불과하지만, 이 아름다운 과정들에 감히 어떤 개인의 사심이나 명예 같은 것들이 끼어 들 수 있었을까? 결집된 시민들의 힘은 역사를 다시 깨웠고, 그 발걸음은 아직 진행 중이다.

광주고등법원 항소심 승소 판결 직후 만세를 부르며 감격의 기쁨을 나누는 모습.
(2015년 6월 24일)

[표 1] 여자 근로정신대 피해자 지원 조례 현황

구분	광주광역시	경기도	전라남도	서울특별시	인천광역시
조례명	「광주광역시 일제강점기 여자 근로정신대 피해자 지원 조례」	「경기도 대일항쟁기 강제동원 피해 여성 근로자 지원 조례」	「전라남도 일제강점기 여자 근로정신대 피해자 지원 조례」	「서울특별시 대일항쟁기 강제동원 피해 여성근로자 지원 조례」	「인천시 대일항쟁기 강제동원 피해 여성 근로자 지원 조례」
제정 시행	2012.3월 제정 2012.7월 시행	2012.10월 제정 2014.10월 시행	2013.5월 제정 2014.1월 시행	2013.9월 제정 2014.1월 시행	2015.10월 제정 2016.1월 시행
대상	'대일항쟁기강제동원피해조사및국외강제동원희생자등지원위원회'에서 피해자로 결정된 사람. ▲1년 이상 거주	'대일항쟁기강제동원피해조사및국외강제동원희생자등지원위원회'에서 피해자로 결정된 사람. ▲1년 이상 거주	'대일항쟁기강제동원피해조사및국외강제동원희생자등지원위원회'에서 피해자로 결정된 사람. ▲1년 이상 거주	'대일항쟁기강제동원피해조사및국외강제동원희생자등지원위원회'에서 피해자로 결정된 사람. ▲거주제한 없음	'대일항쟁기강제동원피해조사및국외강제동원희생자등지원위원회'에서 피해자로 결정된 사람. ▲1년 이상 거주
수혜 대상	18명	34명	40명	27명	7명
지원 내용	▲생활보조비 : 월 30만원 ▲진료비 지원 : 본인부담금 중 월 20만원 이내 ▲사망시 장제비 : 100만원	▲생활보조비 : 월 30만원 ▲진료비 지원 : 본인부담금 중 월 30만원 이내 ▲사망시 장제비 : 100만원	▲생활보조비 : 월 30만원 ▲진료비 지원 : 본인부담금 중 월 20만원 이내 ▲사망시 장제비 : 100만원	▲생활보조비 : 월 30만 원 ▲진료비 지원 : 본인부담금 중 월 30만원 이내 ▲사망시 조의금 : 100만 원	▲생활보조비 : 월 30만 원 ▲진료비 지원 : 본인부담금 중 월 30만원 이내 ▲사망시 조의금 : 100만 원
	○조사·연구·교육·홍보·국제교류 등의 사업을 수행하는 단체·법인에 대하여 사업 경비의 일부 또는 전부를 예산의 범위에서 지원(제9조)		○조사·연구·교육·홍보·국제교류 등의 사업을 수행하는 단체·법인에 대하여 사업 경비의 일부 또는 전부를 예산의 범위에서 지원(제9조)	○실태조사, 피해자에 대한 기념·홍보 및 연구 사업, 명예 회복 활동 사업 등 시장이 필요하다고 인정하는 사업에 대한 지원(제5조)	

※수혜 대상 인원은 각 자치단체의 조례 제정 당시를 기준으로 한 것이어서 실제 생존 인원과는 다소 차이가 있을 수 있음. (참고로 2016년 1월 현재 수혜대상은 광주광역시는 16명, 전라남도는 29명으로 줄어들었음)

<표 2> 미쓰비시 근로정신대 한국 소송 원고 현황

구분	원고	당시 연령	비고 (동원 경위, 일본소송 참여여부 등)
1차 소송 원고 5명 (2012.10.24)	양금덕(梁錦德) (1931년생. 여)	14	나주초등학교 6학년 재학 중 동원됨. 일본 소송에 참여
	이동련(李東連) (1930년생. 여)	15	나주초등학교 졸업 후 동원됨. 일본 소송에 참여
	김성주(金性珠) (1929년생. 여)	16	순천남초등학교 졸업 후 동원됨. 일본 소송에 참여
	박해옥(朴海玉) (1930년생. 여)	15	순천남초등학교 졸업 후 동원됨. 일본 소송에 참여
	김중곤(金中坤) (1924년생. 남)	유족	광주수창초등학교 졸업 후 동원된 김순례(金淳禮)와 김복례(金福禮)의 유족. 일본 소송에 참여
2차 소송 원고 4명 (2014.2.27)	김재림(金在林) (1930년생. 여)	15	화순능주초교 졸업 후 친척 언니 대신 동원됨.
	심선애(沈善愛) (1930년생. 여)	15	광주수창초등학교 졸업 후 동원됨.
	양영수(梁榮洙) (1929년생. 여)	16	광주대성초등학교 졸업 후 동원됨.
	오철석((吳哲錫) (1936년생. 남)	유족	목포산정초등학교 졸업 후 동원되었다가 도난카이 지진에 사망한 오길애의 유족
3차 소송 원고 2명 (2015.5.22)	김영옥(金英玉) (1932년생. 여)	13	여수미평초등학교 졸업 직후 동원됨.
	이경사(李敬子) (1943년생. 여)	유족	나주초등힉교 졸업 후 동원되었다가 도난카이 지 진에 사망한 최정례의 유족

미쓰비시의 사죄와 배상을 촉구하는 서명운동. 목표인 10만 명을 넘어 성인 키에 육박하는 13만 5천여 명이 참가했다. 이 서명용지는 미쓰비시를 협상 장으로 불러내는 원동력이 됐다. (2010년 6월 17일)

미쓰비시자동차 광주전시장 철수 모습(2010.11.16.). 광주전시장 철수 이후 미쓰비시에 대한 여론 악화와 이에 따른 판매부진을 이기지 못하고 미쓰비 시자동차는 2013.6.30. 국내 모든 영업장을 폐쇄한 상태다.

'근로정신대 할머니와 함께하는 시민모임' 회원들이 2010년 6월, 도쿄 시나가와 역에서 삼보일배 시위를 갖고 있다.

광주시의회는 2012년 3월 15일 지방자치단체 최초로 근로정신대 지원 조례를 제정했다. 이후 시민모임은 다른 시도에 조례 제정 필요성을 지속적으로 강조해, ▲전라남도 ▲서울특별시 ▲경기도 ▲인천광역시가 동일한 내용의 조례를 제정하게 됐고, 현재 5개 광역시도에서 관련 조례가 실시되고 있다.

시민의 힘으로 미쓰비시를 교섭장으로 불러들였지만, 미쓰비시의 무성의한 교섭태도로 교섭은 답보상태에 빠지게 됐고, '시민모임'은 2012.7.6. 16차 교섭에서 최종 결렬을 선언하게 됐다. 교섭은 비록 실패로 끝나고 말았지만, 제1의 전범기업 미쓰비시가 과거사 문제와 관련해 교섭 테이블에 나온 것은 광복 이후 최초의 일이었다.

학생들과 함께 무등산 증심사 등산로 입구에서 전범기업 미쓰비시 불매 범국민선언운동거리 캠페인을 벌이고 있는 모습. 10만 명을 목표로 지금도 계속 진행 중이다.

서울 일본대사관 앞에서 규탄 기자회견을 갖는 모습.

2012년 10월 24일 근로정신대 피해 할머니와 일본 지원단체 회원들이 광주지방
법원에 소장을 제출하기에 앞서 결의를 다지는 모습. 시민모임은 이후 2014년 2
월, 2015년 5월 모두 3차례에 걸쳐 원고 11명이 미쓰비시를 피고로 법정에 세웠
다.

마침내 우리가 이겼다!. 양금덕 할머니가 승소의 기쁨을 안고 광주지방법원을
빠져 나오며 감격에 겨우 손을 번쩍 든 모습(2013년 11월 1일)

5·18기념문화센터 대동홀에서 열린 광주고등법원 승소 시민보고대회에서 흥겨
워 춤을 추고 있는 양금덕 할머니 모습(2015년 6월 24일)

미쓰비시 근로정신대 사건 전개 및 활동 일지

-1944.05.　　　광주전남, 대천충남 지역 300여 명의 소녀들 미쓰비시중
　　　　　　　공업 나고야항공기제작소 동원

-1944.12.07.　　도난카이(東南海) 대지진에 광주전남 출신 근로정신대
　　　　　　　원 6명 사망

-1945.08.15.　　광복

-1945.10.　　　미쓰비시 동원 근로정신대원 생존자 귀국

-1986. 가을.　　다카하시 등 전시(戰時) 강제연행을 조사하는 나고야의
　　　　　　　시민그룹이 ① 미쓰비시중공업 도토쿠(道德) 공장의 도
　　　　　　　난카이(東南海) 지진 피해기록이 아이치(愛知)현청(縣廳)
　　　　　　　에 남아있다는 것 ② 미나토구(南區) 오에초(大江町)에
　　　　　　　있는 미쓰비시중공업(주) 순직비에 순직자명을 기입한
　　　　　　　동판이 있다는 것 ③ 미쓰비시중공업(주)의 부내(部內)
　　　　　　　에 전시(戰時) 이후의 순직자 명부(지진과 공습으로 희생
　　　　　　　이 된 다수의 조선인 포함)가 남아 있다는 것을 알게 됨.

-1986.12.16.　　미쓰비시중공업(주) 나고야 항공기 제작소의 순직비를
　　　　　　　방문한 시민그룹의 조사로 사망자 이름이 새겨진 동판
　　　　　　　속에 조선인 사망자 이름만 쓰여있지 않은 것을 밝혀냄.
　　　　　　　나고야 시민그룹 사망자 본적지 주소로 유족 수소문, 사
　　　　　　　망자 6명 중 5명의 유족 확인.

-1987.04.29.	나고야의 시민그룹이 미쓰비시중공업(주) 나고야항공기 제작소 도토쿠공장에 동원되어 온 조선여자근로정신대에 관한 그동안의 조사 결과 발표
-1987.07.25.	'도난카이 지진, 구 미쓰비시중공업(주) 나고야 항공기제작소 도토쿠(道德) 공장 희생자 조사 추도실행위원회' 발족
-1988.04.01.	추도실행위원회, 도난카이(東南海)지진 희생자 추도기념비 건립 모금 운동 시작
-1988.04.25.	일본 중의원 결산위원회에서 정부위원의 답변 중 처음으로 ① 전시 나고야의 미쓰비시 공장에 동원된 조선여자근로정신대 지진 희생자 6명의 이름 발표하고 ② 근로정신대원이 전후에 한국사회에서 일본군 '위안부'로 오해 받아 피해를 당하고 있다는 사실과 ③ 외무성과 후생성이 조선여자근로정신대의 전쟁 상처를 씻는데 전력을 다하겠다고 말함.
-1988.12.04.	구 미쓰비시중공업 도토쿠 공장(현 닛신(日淸) 방적 나고야공장) 터에 지진 희생자 추모비 건립. 비문에 희생자 6명 이름 새겨넣음(판명된 5명은 본명을, 1명은 창씨개명한 이름을 새김), 한국에서 유족과 근로정신대 피해자 등 6명이 추도비 제막 행사에 참가.
-1992.09.	〈참고〉 도야마(富山) 지방재판소에 후지코시(不二越) 근로정신대 3명 소송 제소
-1992.12.	〈참고〉 관부(關釜)(야마구치 지방법원 시모노세키 지부에 일본군 '위안부' 2명, 근로정신대 7명) 소송 제소
-1995.07.	나고야의 초청으로 '전후 50년· 피폭 50주년 아이치 기념집회'에 양금덕, 김혜옥, 박해옥 50년 만에 나고야 방문. '태평양전쟁희생자광주유족회' 이금주회장 통해 소송 의

사 전달됨.

-1997. 가을.	나고야의 제소 문제가 관부(關釜) 소송의 야마모토(山本) 변호사, 나고야의 변호사, 시민그룹 사이에서 구체화됨
-1997.11.	포토저널리스트 이토 다카시(伊藤孝司) 한국 방문, 소송 의사 재확인 후 원고 모집.
-1998.05.09.	나고야에서 '미쓰비시 나고야 조선여자근로정신대를 생각하는' 심포지움이 열림. 원고 예정자 박해옥과 태평양 전쟁희생자 광주유족회 이금주회장 참가.
	심포지움 참가 변호사를 중심으로 변호단 결성의 준비가 시작됨.
	박해옥, 후생노동성 사회보험청 아츠타(熱田) 사회보험 사무소에 피보험기간 확인차 방문
-1998.08.03.	'나고야 미쓰비시 조선여자근로정신대 소송 변호단 결성
-1998.09.23.	'나고야 소송 변호단' 광주와 나주 방문 조사(제1차)
-1998.10.15.	'나고야 미쓰비시 조선근로정신대 소송을 지원하는 모임'에 입회를 호소함(호소인: 다카하시 마코토(高橋信)·테라오 데루미(寺尾光身)·우치카와 요시카즈(内河惠一), 이후 나카무라 노리코(中村紀子)〈1999.1.20~〉, 모리 히데키(森英樹)〈1999. 7. 1~〉)
-1998.12.07.	원고예정자 2명(양금덕, 김혜옥) 미쓰비시중공업(주) 나고야 항공우주시스템제작소 측에 진상조사, 사죄, 미지불 임금의 지불, 손해배상 등을 요구, 직접 교섭
-1999.01.18.	'나고야 소송 지원회' 소식지 준비호 발행
-1999.03.01.	나고야 지방재판소에 미쓰비시중공업과 일본정부를 피고로 미쓰비시 조선여자근로정신대 소송 제기. 5인 원고 전원 나고야 소송 참석

나고야에서 열린 재일민족단체 주최의 '제80주년 삼일절 기념식' 참석

원고 5인, 사회보험 피보험 기간을 확인하기 위해 아츠타 (熱田) 사회보험사무소 방문

- 1999.04.01.　'나고야 소송 지원회' 소식지 1호 발행
- 1999.07.03.　나고야에서 제1회 조선여자근로정신대 관련 소송단체 (관부, 시즈오카, 나고야)교류회 개최
- 1999.07.10.　나고야 소송 변호단, 광주 방문 조사(제2차).
- 1999.09.01.　나고야 지방재판소, 제1회 구두변론
- 2000.12.06.　나고야 지방재판소, 원고 3명 추가 소송 제기
- 2001.02.　지진 희생자 오길애(吳吉愛) 유족 확인
- 2001.12.　추도비에 6명 사망자 중 구레하라 아이코(吳原愛子)의 한국인 이름 '오길애' 기입
- 2001.02.13.　원고 김복례 사망
- 2002.03.　'나고야 소송 지원회' 충남지역 근로정신대 피해자 조사 활동
- 2003.05.　'나고야 소송 지원회' 연극 '봉선화-조선여자근로정신대' 공연(나고야)
- 2005.02.24.　나고야 지방재판소 '기각'(구두변론 총 22회)
- 2007.05.31.　나고야 고등재판소 '기각'(구두변론 총 7회) 패소했지만, 판결에 의해 일본정부와 미쓰비시의 강제 연행, 강제노동 책임을 인정하는 성과 얻음
- 2007.07.20.　금요행동(360km 도쿄 원정 시위) 돌입(~2010.7.9. 145회. 연인원 1,300여 명)
- 2008.05.10.　나주초등학교, 재학 중 동원된 양금덕, 이유녀 할머니에게 명예졸업장 수여

-2008.05.27~30.	다카하시 대표, 우오즈미(魚住) 변호사 등 ILO 로비 활동 위해 스위스 방문
-2008.10.	다큐멘터리 [열네 살, 나고야로 끌려간 소녀들] 제작
-2008.11.11.	최고재판소 상고 '기각'(최종 패소)
-2009.01.12.	미쓰비시중공업, 한일정상회담 기간 중 '아리랑 3호' 위성발사 수주
-2009.03.12.	'근로정신대 할머니와 함께하는 시민모임' 결성
-2009.06.	시민모임, 28,174명 서명 용지를 미쓰비시에 전달
-2009.07.25	원고 김혜옥 사망(국립 5·18묘지 안장)
-2009.10.05	미쓰비시자동차 광주전시장 앞 1인 시위 돌입 (~2010.7.30. 총208회)
-2009.12.	후생노동성 사회보험청 후생연금 가입 사실 인정, 탈퇴수당 99엔 지급
-2010.01.	시민모임, '전범기업 미쓰비시 10만 항의 서명운동' 돌입
-2010.06.23.	시민모임, 13만5천여 명 항의서명 용지를 미쓰비시와 일본정부에 전달 및 원정투쟁단, 도쿄 시내 삼보일배 시위
-2010.07.14.	미쓰비시, "근로정신대 문제 협의의 장 설치에 동의". 도쿄 금요행동 중단.
-2010.07.30.	시민모임, 미쓰비시자동차 광주전시장 앞 1인 시위 중단.
-2010.08.12.	나고야 초청 '한일청소년평화교류' (~2016년 현재)
-2010.11.08.	미쓰비시중공업과 1차 본 교섭 시작(도쿄)
-2010.11.16.	미쓰비시자동차 광주전시장 철수
-2011.02.15.	국민 10만 명 협상투쟁기금 모금운동 '10만 희망릴레이' 운동 시작
-2011.06.23.	도쿄 삼보일배 원정 시위(후생노동성 99엔 재심사청구 공개심리 방청 투쟁)

-2011.09.30.	후생노동성 사회보험심사회, 후생연금 99엔 재심사청구 기각 결정
-2011.11.15.	'10만 희망릴레이 달성 보고 기자회견'(12만 2,800여 명 참여)
-2012.03.15.	광주광역시, 일제강점기 여자근로정신대 피해자 지원조례 제정(2012.7.시행)
-2012.05.24.	대법원, 일 미쓰비시중공업, 신일본제철에 '배상' 취지 판결
-2012.07.06.	미쓰비시중공업과의 16차 교섭(나고야), 최종 결렬 선언
-2012.08.10.	나고야 소송 지원회, 도쿄 금요행동 재개(~2016.5 현재)
-2012.09.26.	제1의 전범기업 미쓰비시 제품 불매 범국민선언운동 돌입
-2012.10.24.	광주지방법원에 손해배상 청구 소송 제기 (원고 5명)
-2012.11.	경기도, 대일항쟁기 강제동원 피해 여성 근로자 지원 조례 제정(2014.10. 시행)
-2013.02.19.	화순 능주초등학교, 미쓰비시로 동원된 김재림 할머니에 졸업장 수여
-2013.05.	전라남도, 일제강점기 여자근로정신대 피해자 지원 조례 제정(2014.1. 시행)
-2013.05.24.	광주지방법원 손해배상청구 소송 1차 변론
-2013.06.30.	미쓰비시자동차 한국 내 영업 전시장 모두 철수
-2013.09.	서울특별시, 대일항쟁기 강제동원 피해 여성근로자 지원조례 제정(2014.1. 시행)
-2013.11.01.	광주지방법원, 근로정신대 원고 일부 승소('배상' 판결), 승소 보고대회 개최.
-2013.11.18.	광주지방법원 1심 승소 보고대회(나고야), 미쓰비시중공업, 판결에 불복 광주고등법원에 항소

-2014.01.21.	시민모임, 피해자 지원조례 미이행 관련 경기도 김문수 도지사에 행정심판 청구
-2014.02.27.	광주지방법원에 2차 손해배상 청구 소송 제기(원고 4명)
-2014.09.05.	미쓰비시중공업에 광주고법 판결과 관련 원고 측과 조정에 응할 것을 촉구하는 신청서 전달
-2014.11.	근로정신대 2차 소송 원고 4명, 일본 후생연금 가입 기록 확인
-2014.12.05.	미쓰비시 측 2차 소송 관련 소장 1차 수령 거부(반려)
-2014.12.11.	일본연금기구에 김재림 등 3명 후생연금 탈퇴수당 지급 청구서류 신청
-2015.02.04.	일본연금기구, 김재림 등 3명 후생연금 탈퇴수당 '199엔' 지급 파문
-2015.05.15.	미쓰비시 측 2차 소송 관련 소장 2차 수령 거부(반려)
-2015.05.22.	광주지방법원에 3차 손해배상 청구 소송 제기(원고 2명)
-2015.06.04.	시민모임 나가사키 역사기행단, 나가사키 공항에서 입국 심사 지연
-2015.06.24.	광주고등법원, 피고 미쓰비시중공업에 '배상' 선고 (미쓰비시 곧바로 대법원에 상고)
-2015.07.	일제강제징용 시설 유네스코 산업유산 등재 저지를 위한 독일 투쟁
-2015.10.9.	2심 승소보고대회(나고야)
-2015.10.	인천광역시, 대일항쟁기 강제동원 피해 여성근로자 지원 조례 제정(2016.1. 시행)
-2015.11.	광주시교육청, '초중고 찾아가는 역사교육-조선여자근로정신대' 수업
-2016.03.17.	미쓰비시 측 2차 소송 관련 소장 3차 수령 거부(반려)

▣ 나고야 미쓰비시 조선여자근로정신대 소송을 지원하는 모임

1998년 11월 나고야에서 결성되었다. 누구보다 '일본'을 사랑하고, '평화'를 염원하는 사람들이다. 여자근로정신대 사건을 처음 알게 된 것은 1986년이었다. 일본인의 양심으로써 가만히 있을 수 없었다. 진실규명과 피해자들의 명예회복을 위해 달려 온 지 올해로 30년…. 법정에서는 비록 패소했지만, 법정 밖 많은 이들에게는 인권과 정의의 '역사'가 되고 있다.

▣ 근로정신대 할머니와 함께하는 시민모임

2009년 3월 12일 광주에서 결성되었다. 10년에 걸친 일본에서의 소송은 끝난 상황이었지만, 대부분의 사람들은 여전히 '여자근로정신대'의 존재조차 알지 못했다. 길은 없었다. 시민들과 함께 스스로 길을 만드는 것밖에는…. '이런 사실이 있는지조차 몰랐다'는 부끄러움 하나로 길을 나선 사람들. 이들의 발걸음은 아직 진행 중이다.